Fuerza y Acondicionam

Preparación Física para el Rer

Edición Revisada

Paul Gamble PhD

Edición en Español por:

Jay Ehrenstein

Fuerza y Acondicionamiento Integral: Preparación Física para el Rendimiento Deportivo

Editorial Informed in Sport Publishing, Penticton, Canada. Edición en español publicada en septiembre del 2021. Publicada por primera vez en julio del 2015.

Fotografías por cortesía de Mackenzie Keenan.

Foto de portada por Alisha Lovrich Designs.

Diseño gráfico de los capítulos por Mulizca Studio.

ISBN-13: 978-1-7776086-0-6

Contenido

Prefacio

Scott Drawer PhD

Director de Deportes, Millfield School. Anteriormente Director de Sky Performance Hub en Team Sky, Director de Rendimiento Atlético en la Rugby Football Union (RFU), Director de Investigación e Innovación para el Deporte del Reino Unido.

Recientemente se ha observado el surgimiento de los roles importantes que cumple el entrenador de preparación física, entrenador de fuerza y acondicionamiento, científico de rendimiento, científico de fuerza, científico de entrenamiento, entrenador de movimiento ... o cualquier título que nos atrevamos a usar para definir la práctica emergente y en evolución del desarrollo atlético. Estos avances han ido acompañados de un aumento exponencial de la información científica (no necesariamente conocimiento o sabiduría) y la opinión de los "expertos"* sobre la "ciencia del entrenamiento" relacionada con diferentes aspectos del desarrollo del rendimiento de los atletas.

A menudo, el desafío para quienes operan en el campo de la "ciencia del entrenamiento" ha sido convertir esta información rápida y, a veces, confusa y contradictoria en la práctica en el momento adecuado, en el plan adecuado, con la persona adecuada para sustentar el desarrollo y el rendimiento deportivo. Como profesional, entrenador o científico, está en la constante búsqueda de las "reglas generales" que lo ayuden a navegar en cada situación única para apoyar el desarrollo de un atleta. Este libro proporciona ese conjunto completo de "reglas generales" para cualquier entrenador o profesional emergente interesado en el desarrollo atlético.

Cualquier rendimiento deportivo, y el complejo proceso de desarrollo no lineal que acompaña la travesía, debería ir acompañado –en toda instancia–, de un plan. A menudo, no es el plan en sí el que proporciona la dirección, sino el proceso de planificación dirigido por el atleta y apoyado por el entrenador, así como por su equipo de apoyo. Este libro está desarrollado de una manera que ayuda a articular las herramientas disponibles para el entrenador y el profesional en lo que concierne al proceso de planificación (Capítulo 1). Las subsecciones en el capítulo de apertura brindan al lector algunos de los principios fundamentales que ayudan a establecer los fundamentos de un plan que entrelaza el arte y la ciencia del proceso de desarrollo y entrenamiento. Esto incluye los principios de programación y entrenamiento y cómo todo este proceso se vincula para desarrollar las cualidades funcionales necesarias para desempeñarse en una pista, campo o cancha. El texto ciertamente no le dará las respuestas directas, pero le proporcionará cimientos firmes de las consideraciones que necesita para darle a cualquier atleta la mejor oportunidad de desarrollarse.

Debe entenderse que ningún plan sobrevive a la interacción con el atleta en constante desarrollo, su entorno, entrenador y equipo de apoyo. Como tal, un plan requiere una revisión, evaluación y consideración continuas desde todas las perspectivas. Este libro proporciona una revisión completa de los procesos de evaluación para facilitar una visión objetiva de la efectividad del proceso de planificación (Capítulo 2). Solo debe contribuir a una entrada de la revisión junto con muchas otras aportaciones del entrenador y el atleta que ocurren con frecuencia. Las secciones del capítulo cubren la amplia gama de procesos y procedimientos de evaluación para facilitar la comprensión del impacto específico que cualquier proceso de entrenamiento está manifestando en varios requisitos funcionales de un deporte, incluidos los componentes de la velocidad, potencia, fuerza, agilidad y cambio de dirección. El autor también revisa y actualiza las perspectivas en torno a la coordinación, la resistencia y, lo que es más importante, los procesos necesarios para ayudar a comprender e identificar los factores de riesgo que pueden limitar la disponibilidad de los atletas debido a lesiones y enfermedades.

La destilación de la evidencia actual para explorar el contenido de un plan constituye la parte principal del libro (Capítulos 3 a 7). En realidad, todo el contenido de un plan de entrenamiento está completamente integrado al proceso de planificación. Lo que este texto proporciona al lector es el conocimiento y la experiencia para construir el plan y el marco de desarrollo sobre el cual agregar los microdetalles para cumplir con los resultados de desarrollo específicos del atleta individual y el deporte en particular. El Capítulo 3 se centra específicamente en los métodos y enfoques de acondicionamiento "metabólico", incluida la fisiología subyacente y, fundamentalmente, los diversos tipos de formatos de entrenamiento que desafiarán estos sistemas fisiológicos en el contexto de los diferentes requisitos deportivos. El Capítulo 4 se centra específicamente en los componentes de fuerza del desarrollo del atleta y sigue un modelo similar de detalle y explicación. El Capítulo 5 (Desarrollo de potencia), el Capítulo 6 (Aceleración y velocidad) y el Capítulo 7 (Cambio de dirección y agilidad) se basan en los capítulos de fuerza, centrándose en cualidades y metodologías de entrenamiento más específicas, detallando la eficacia y aplicación de las propuestas de entrenamiento respectivas, con mayor enfoque en la transferencia a patrones de movimiento significativos dentro del deporte.

Además de describir las cualidades fundamentales en torno a varios componentes de un plan curricular de las ciencias del entrenamiento, el libro explora algunas aplicaciones y escenarios muy específicos que son temas de actualidad dentro del deporte de rendimiento. Estos temas incluyen el entrenamiento del "core" (Capítulo 8), las estrategias de preparación para el entrenamiento y la competición, incluidos los calentamientos y la vuelta a la calma (Capítulo 9), el atleta en desarrollo (Capítulo 10), la prevención y gestión de lesiones (Capítulo 11) y los desafíos específicos a la carrera de pie (Capítulo 12). Estas partes del libro proporcionan una visión más específica de los contextos aplicados que muchos profesionales y entrenadores pueden enfrentar en su campo de trabajo. Estos capítulos ayudan a unir toda la travesía del desarrollo atlético y brindan asistencia para resolver los desafíos comunes de rendimiento.

Por último, la estructura del presente libro tiene resultados de aprendizaje claros y una estructura para proporcionar al estudiante, entrenador o profesional una justificación clara de lo que lograrán y por qué lo integrarán al plan de entrenamiento. En un contexto aplicado, la estructura de los capítulos y subsecciones brindarán una herramienta de referencia y recursos de primera clase que pueden proporcionar las "reglas generales" necesarias para navegar por la sociedad rica en información en la que ahora operamos para mejorar la probabilidad de que un atleta, entrenador y su equipo de apoyo logren su mejor rendimiento.

*N.B. La verdadera definición de un experto es alguien que reconoce cuánto desconoce.

Acerca del Autor

Paul Gamble ha trabajado en el deporte profesional y de élite durante dos décadas tanto en el hemisferio norte como en el sur. Paul completó su doctorado en Fisiología del Ejercicio en el 2005, tiempo durante el cual trabajó en la unión de rugby profesional con el equipo London Irish de la Premiership inglesa. Desde entonces, Paul ha aplicado sus habilidades en una amplia variedad de deportes y con atletas de todas las edades y etapas de desarrollo, en particular sirviendo como Líder Nacional de Fuerza y Acondicionamiento del Squash Escocés. Además de su trabajo en el campo de la preparación física y atlética, Paul también es entrenador de pista y campo para atletas de élite, y asistió al Campeonato Mundial de Atletismo del 2017 como entrenador personal acreditado con el equipo de Nueva Zelanda.

Paul publicó su primer libro en el 2009, y la primera edición de "Fuerza y Acondicionamiento Integral" se publicó originalmente en el 2015. Esta edición revisada y actualizada presenta amplias adiciones, citando más de 900 referencias de literatura de la ciencia y medicina del deporte. Además de los recursos formales de aprendizaje, Paul también tiene como objetivo difundir contenido directamente a entrenadores, profesionales y atletas que se encuentran en el campo a través de tutorías, presentaciones y medios en línea, incluido el sitio web informationinsport.com que fundó en el 2015.

Paul es originario del Reino Unido, pero ha viajado mucho, incluido un período de seis años en Auckland, Nueva Zelanda, y en el momento de escribir este libro reside en Vancouver, Canadá.

Este libro está dedicado a los deportistas que he entrenado durante dos décadas en el deporte de élite; me han enseñado mucho y siguen haciéndolo. Muchísimas gracias a los entrenadores que me desafiaron a ser mejor, particularmente al principio de mi carrera, y más recientemente a aquellos a quienes tuve el privilegio de servir como mentor. En una nota similar, gracias a los profesionales excepcionales con los que he tenido la oportunidad de trabajar y aprender de.

Pero siempre y, sobre todo, este libro es para Sian, mi brillante y bella esposa.

Capítulo Uno: Introducción a la Fuerza y Acondicionamiento

Hay una serie de procesos fundamentales que sustentan las formas en que los sistemas biológicos se adaptan a un factor de estrés. De ahí surgen los principios fundamentales que gobiernan la respuesta de un individuo a un estímulo de entrenamiento específico. En este capítulo se describen estos principios y los factores que limitan el rendimiento en diferentes eventos deportivos. Se explora qué significa esta información para el profesional y cómo se aplican estos principios a la planificación y prescripción del entrenamiento.

Objetivos de Aprendizaje:

1   Describir en términos generales el proceso de adaptación al entrenamiento.

2   Comprender los factores limitantes del rendimiento en distintos deportes y eventos atléticos.

3   Describir las variables de entrenamiento agudas que pueden manipularse al diseñar un programa de entrenamiento.

4   Comprender el amplio procedimiento de la preparación física.

5   Entender los diferentes aspectos de la especificidad del entrenamiento, en relación con el acondicionamiento metabólico, la biomecánica y las consideraciones psicológicas.

6   Describir la importancia de la variación del entrenamiento.

1   Introducción a la Fuerza y Acondicionamiento

El término "fuerza y acondicionamiento" ha sido ampliamente reconocido y empleado en demasía en el entorno deportivo de alto rendimiento. Sin embargo, es de suma importancia, que, primeramente, se defina qué es la fuerza y el acondicionamiento y qué abarcan estos términos. En general, el término evoca una imagen de una sala de pesas, y es fácil suponer que esto es todo lo que implica el mismo. De hecho, de manera contraria, antedicho término abarca todos los aspectos del entrenamiento empleados, cuyo objetivo es preparar al atleta para la competición y mejorar sus capacidades en lo que concierne al rendimiento deportivo.

Por lo tanto, es de suma importancia ser explícito acerca de a qué aspecto particular de la preparación física (y las modalidades de entrenamiento relacionadas) nos referimos, en lugar de utilizar el término general "fuerza y acondicionamiento". Además, de acuerdo con esta amplia definición, aquellos que trabajan bajo el título de entrenador de fuerza y acondicionamiento o especialista en fuerza y acondicionamiento –a fin de justificar el título–, deben poseer conocimientos y experiencia en cada una de las diversas áreas de entrenamiento que abarca esta profesión.

1.1   La Ciencia y el Arte de Preparar Atletas

Se propone que el diseño y la impartición de la preparación deportiva componen tanto "un arte como una ciencia" [1]. El aspecto científico se refiere a la adopción de una propuesta de programación de entrenamiento que se fundamenta en la evidencia y literatura científica disponible. Asimismo, la selección e implementación sistemática de métodos apropiados de evaluación –que han demostrado confiabilidad y validez– para dimensionar la forma deportiva del atleta y diagnosticar déficits con el propósito de orientar la prescripción de entrenamiento, son conceptos canalizados por el método científico.

En cada una de las instancias previamente citadas, la adopción de una propuesta científica o basada en evidencia requiere la aplicación adecuada de los datos de investigación disponibles. Inevitablemente, existen desafíos involucrados en la aplicación práctica de la literatura científica, particularmente debido a que es poco común que la investigación en ciencias del deporte y medicina deportiva utilice atletas de élite como participantes. De esta manera, es ineludible, existe una brecha entre lo que se publica en la literatura científica y su aplicación en el contexto del deporte de alto rendimiento.

Parte del "arte" de la preparación física y atlética es cerrar la brecha o conectar los puntos entre el cuerpo de investigación que se publica, en comparación con lo que se exige durante la preparación física de los atletas de alto rendimiento. En esencia, existe un arte de aplicar la ciencia y traducir la información disponible a la práctica [2]. También se hace evidente el concepto artístico de la preparación física durante la combinación de distintas propuestas de entrenamiento y la manipulación cronológica de sus variables, con el propósito de modificar el estímulo de entrenamiento, abordar varios objetivos del programa, y garantizar una mejora continua durante los distintos períodos de entrenamiento. Parte de este desafío, es estar consciente de los requisitos individuales y las diferencias en las tasas de desarrollo entre los atletas que pertenecen a un escuadrón de entrenamiento.

Finalmente, en el proceso de *coaching* (conjunto integrado de acciones orientadas a mejorar el rendimiento a través de la instrucción y retroalimentación) se destaca de manera profusa el componente artístico de la preparación física. Evidentemente, la interacción entre el entrenador y el atleta tiene una influencia considerable en la adherencia del atleta, e incluso en su respuesta al entrenamiento. El arte de fomentar y gestionar con éxito las relaciones interpersonales también es fundamental para garantizar y retener la confianza del atleta, entrenador y personal de apoyo.

Actividad Reflexiva: ¿Existe algún paralelismo aquí con respecto a su propia práctica? Proporcione ejemplos donde sea posible.

1.2 Variables Agudas de Programación para el Diseño del Entrenamiento

Existen múltiples variables agudas que pueden manipularse al diseñar un programa de entrenamiento.

La frecuencia describe el número de veces que el atleta está expuesto al estímulo de entrenamiento particular por unidad de tiempo. Esto puede describirse en términos de sesiones por semana, sesiones por grupo muscular o de un levantamiento en específico por semana (en el caso del entrenamiento de fuerza).

La densidad de entrenamiento explica cómo se distribuyen las sesiones. Por ejemplo, se puede lograr la misma frecuencia de sesiones con una variedad de patrones de densidad, agrupando sesiones en días consecutivos, o incluso múltiples sesiones en un solo día. Este parámetro a menudo se pasa por alto, pero la densidad de las sesiones se puede manipular independientemente de la frecuencia, y esto puede alterar el estímulo de entrenamiento a pesar de que la frecuencia total durante el transcurso de la semana no se modifique.

La modalidad de entrenamiento hace referencia a la actividad utilizada durante el entrenamiento. Los ejemplos incluyen la elección de los ejercicios del entrenamiento de fuerza, o el tipo de actividad/locomoción y el tipo de sesión de acondicionamiento.

La intensidad se relaciona con la carga relativa o absoluta impuesta al atleta. Dependiendo de la modalidad de entrenamiento, esto podría medirse en términos del peso levantado, duración total o duración relativa con respecto a las diferentes zonas de intensidad.

El volumen de entrenamiento es esencialmente la cantidad de trabajo realizado. Esto podría describirse en términos de "repeticiones x series x ejercicios". Las mediciones alternativas de volumen incluyen "series x duración", o si se expresan en términos de "volumen de carga"; "series x repeticiones x intensidad". Adicionalmente, de manera reciente, una revisión sistemática, reportó que el número total de series efectivas (aquellas que son finalizadas cercanas al fallo muscular) cumplen el rol como método de cuantificación del volumen de entrenamiento; específicamente en lo que concierne al entrenamiento enfocado a la hipertrofia muscular [3].

El descanso es un parámetro importante al programar una sesión de entrenamiento. Esto incluye el tiempo de recuperación concedido entre repeticiones, series y sesiones. Otra consideración es el tipo de recuperación permitida; es decir, reposo pasivo en comparación con períodos de recuperación activa a menor intensidad.

Una variable final es el *formato* de la sesión o entrenamiento. Esto incluye el orden en que los ejercicios se presentan dentro del mismo entrenamiento. En el contexto del entrenamiento de fuerza, esto también implica la estructura del entrenamiento; por ejemplo, si el atleta realiza todas las series para cada levantamiento de manera secuencial, en comparación con la presentación de ejercicios en combinaciones, como complejos o "superseries". El formato de la sesión también es un parámetro importante en lo que concierne al acondicionamiento metabólico, por ejemplo, si el trabajo se realiza de manera continua o en un formato interválico.

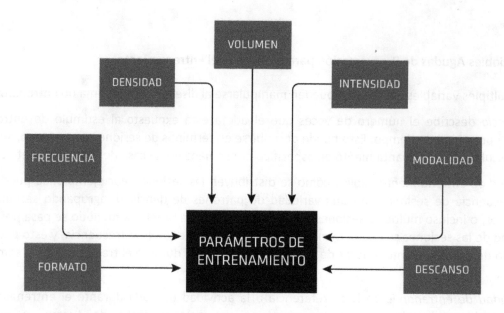

Figura 1.1 – Variables de Programación

2   El Proceso de Adaptación al Entrenamiento

Esencialmente, cuando un atleta está expuesto a un estímulo novedoso o más desafiante durante el entrenamiento, los sistemas fisiológicos y/o neuromusculares afectados se ven obligados a responder aumentando sus capacidades, a fin de afrontar de mejor manera un desafío similar en el futuro. En términos generales, este es el proceso de adaptación al entrenamiento.

El modelo original de respuesta y adaptación al estrés de entrenamiento es el *Síndrome de Adaptación General* (SGA o GAS, por sus siglas en inglés) [4]. El modelo del síndrome de adaptación general detalla una respuesta genérica de un organismo a cualquier forma de estresor. Según este modelo, la primera fase de respuesta a cualquier factor estresante es el "shock" o la alarma; fase caracterizada por una reducción en las capacidades funcionales y/o estructurales del organismo [5]. La segunda fase, es la de "supercompensación", durante la cual, el cuerpo inicia una respuesta adaptativa en las capacidades específicas afectadas, esto con el propósito de adaptarse al estresor particular. Si a pesar del proceso de adaptación, el factor estresante continúa provocando una respuesta de estrés en el organismo — particularmente si esta es excesiva–, en última instancia, el organismo puede entrar en una fase terminal, que se denomina "maladaptación" [5].

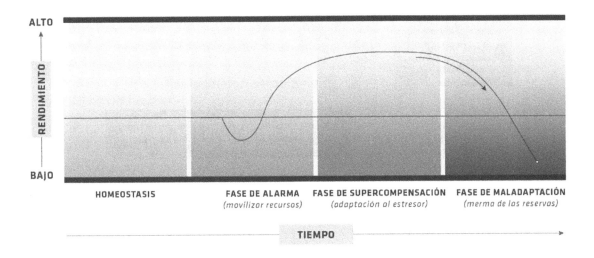

Figura 1.2 – Síndrome De Adaptación General

Sin embargo, cada capacidad neuromuscular o fisiológica tiene su propia ventana individual de adaptación, y el grado total de dicha ventana dependerá de los aspectos genéticos. Efectivamente, el genotipo del atleta establece el límite superior de las ganancias potenciales de una capacidad física particular [1]. La tasa de adaptación en una capacidad particular variará individualmente para cada atleta (de acuerdo con factores genéticos) y también dependerá de su historial de entrenamiento; es decir, cuánta adaptación ya ha tenido lugar.

Por lo tanto, el paradigma del síndrome de adaptación general se ha refinado en la forma del modelo de Aptitud Física-Fatiga *(Fitness-Fatigue,* en inglés*)* [6, 7]. La principal distinción es que este modelo distingue entre las acciones de distintos estresores y las respuestas individuales de diferentes sistemas neuromusculares y metabólicos [6]. De tal manera, cualquier respuesta adaptativa aguda se describe como restringida y específica a los sistemas empleados en el estímulo de entrenamiento; de manera contraria, a la respuesta agrupada que se observa en el modelo del síndrome de adaptación general. Este modelo refinado también describe el alcance y la duración de cualquier efecto a corto plazo después del entrenamiento como específico del estímulo per se, en oposición a una respuesta genérica [6].

Otro avance importante de este modelo es que describe una respuesta adaptativa dual. A grandes rasgos, este describe que cualquier estímulo de entrenamiento dará como resultado una respuesta a corto plazo que incluye una alteración en la aptitud física y la fatiga, a diferencia de la respuesta individual que se observa en el modelo del síndrome de adaptación general. Existen diferencias claras tanto en la magnitud como en la duración de la respuesta de la aptitud física frente a la fatiga [6]. El efecto a corto plazo de las respuestas de aptitud física y fatiga evidentemente ejercerá efectos opuestos sobre el rendimiento; es decir, los efectos de la fatiga afectarán negativamente el rendimiento por un tiempo determinado, mientras que los efectos de la aptitud física tendrán un impacto positivo. Esencialmente, la forma deportiva en cualquier momento está determinada por el resultado neto de estos dos efectos opuestos [6].

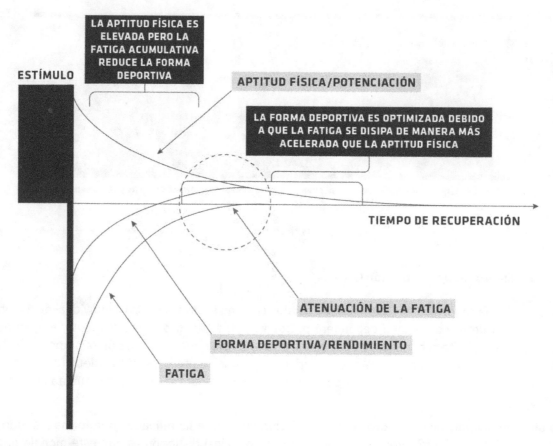

Figura 1.3 – Modelo de Aptitud Física Fatiga

Actividad Reflexiva: ¿Qué ejemplos de los efectos de la aptitud física y síntomas de fatiga asociados con diferentes tipos de entrenamiento ha observado o experimentado en su práctica?

2.1   Reversibilidad y Desentrenamiento

Cualquier adaptación posterior al entrenamiento es transitoria: el proceso de adaptación es, por lo tanto, reversible. Una vez que se remueve el estímulo del entrenamiento, las capacidades físicas volverán gradualmente a sus niveles previos. La regresión parcial o total de las capacidades físicas a su estado previo al entrenamiento subsecuente al cese de este, se le conoce como *desentrenamiento*.

La cronología correspondiente al proceso de desentrenamiento y la magnitud de los efectos de este sobre las capacidades físicas parecen depender de varios factores; por ejemplo, un metaanálisis que investigó los efectos del entrenamiento en las cualidades de fuerza encontró que estos dependen de la edad, por lo que los efectos parecen ser más pronunciados en las personas mayores [8]. La magnitud de las reducciones de fuerza también depende de la duración del cese del entrenamiento; es decir, cuanto más tiempo haya transcurrido desde que cesó el entrenamiento, mayor será la pérdida relativa de fuerza. Después de 3-4 semanas, las pérdidas en las mediciones de fuerza y potencia máxima, y también la fuerza submáxima y la resistencia a la pérdida de fuerza, alcanzan niveles de significación estadística [8].

Los efectos del desentrenamiento parecen atenuarse en los participantes más activos [8]. Como tal, un atleta que continúa realizando otras formas de actividad puede esperar que el nivel de desentrenamiento sea menos evidente e inmediato. Este hallazgo también explica por qué los efectos del desentrenamiento son tan drásticos cuando una extremidad se inmoviliza debido a una lesión.

La reversión en la adaptación del entrenamiento asociada con el desentrenamiento, también se puede minimizar al continuar una *dosis de mantenimiento* a una frecuencia y volumen reducidos. Esto, esencialmente, contribuye a la preservación de las ganancias obtenidas después de un período de entrenamiento, de modo que los efectos del entrenamiento se mantengan durante un período más largo.

Actividad Reflexiva: ¿Qué se puede hacer para reducir o controlar los efectos de desentrenamiento cuando la capacidad de un atleta para entrenar está restringida por una lesión?

3   Factores Limitantes para el Rendimiento en Diferentes Deportes

Los factores que determinan la selección de talento y limitan el rendimiento tenderán a ser específicos al deporte o el evento atlético, en función de los sistemas fisiológicos y neuromusculares involucrados durante la competición. Ciertos aspectos genéticos (genotipo) que no son modificables juegan un papel importante; particularmente, en eventos de resistencia o velocidad pura. En estas disciplinas deportivas o atléticas, es poco probable que un individuo que no posee los rasgos genéticos necesarios alcance la selección de talentos o los niveles de rendimiento de élite, independientemente de la cantidad y calidad del entrenamiento que pueda realizar.

3.1   Características Antropométricas

Un cierto somatotipo (físico o forma y tamaño del cuerpo) está asociado con disciplinas atléticas particulares. Por ejemplo, los atletas de resistencia son predominantemente ectomórficos; es decir, tienen un cuerpo largo y delgado. Los deportes de fuerza y potencia tienden a la mesomorfia (físico muy musculoso) y, posiblemente a la endomorfia, según la categoría de peso y el evento atlético, por ejemplo, eventos de lanzamiento en deportes de campo.

3.2   Morfología Muscular

Evidentemente, uno de los aspectos más importantes con respecto a la fisiología muscular es la proporción relativa de fibras de contracción rápida (Tipo II) y fibras de contracción lenta (Tipo I). Específicamente, la proporción de fibras musculares Tipo II de contracción rápida es crítica para los atletas en eventos de velocidad y potencia. Por el contrario, según lo observado en los atletas de élite, generalmente se considera que contar con una composición de más de 70 % de fibras Tipo I en los músculos locomotores, es un prerrequisito para el éxito en los eventos de resistencia. Los aspectos relacionados de la fisiología muscular que son modificables incluyen la expresión de subtipos de fibra y las isoformas de la cadena pesada de miosina.

Los factores clave en relación con la estructura muscular incluyen la longitud de los fascículos de la fibra muscular, en donde una adaptación potencial que es favorable, en términos de función muscular para los movimientos de alta velocidad, es la adición de sarcómeros en serie. Un factor más ampliamente reconocido en términos de función y adaptación muscular es el área transversal de las fibras musculares. Del mismo modo, los aspectos cualitativos referentes a la arquitectura muscular y el ángulo de penación también tienen una gran influencia en la función, y en las adaptaciones que pueden obtenerse mediante un entrenamiento adecuado.

3.2.1   Sistema Cardiorrespiratorio

El gasto cardíaco se identifica como un factor limitante para el consumo máximo de oxígeno (VO$_2$ máx) [9, 10]. En el caso de los atletas de resistencia de élite que poseen niveles inusualmente altos de VO$_2$ máx, la limitación del sistema respiratorio también puede ocurrir durante el ejercicio de máxima intensidad. Por el contrario, generalmente no existe una limitación del sistema respiratorio para la mayoría de los atletas e individuos sanos. La única excepción a esto es si el individuo sufre trastornos respiratorios restrictivos/obstructivos como el asma.

3.2.2   Fatiga Psicológica y del Sistema Nervioso Central

La tolerancia individual a esfuerzos máximos depende de aspectos psicológicos y de comportamiento. Esto puede limitar (ya sea consciente o inconscientemente) la capacidad del atleta de mantener el máximo impulso voluntario a los músculos que trabajan durante dichos esfuerzos.

3.2.3   Factores Específicos al Deporte y Evento atlético

Debido a las exigencias divergentes de distintos deportes y eventos atléticos, se deduce que los factores limitantes específicos variarán un poco. A continuación, se presentan ejemplos de estas limitantes en una gama de diferentes categorías deportivas y eventos atléticos.

3.2.4   Eventos de Resistencia

Los eventos de resistencia generalmente se consideran "ligados a la fisiología", en el sentido de que los factores limitantes pueden considerarse capacidades fisiológicas, como el VO$_2$ máx. Dependiendo de la duración del evento, estos factores fisiológicos incluyen la disponibilidad de reservas energéticas, la exigencia de oxígeno y la "deuda de oxígeno" o la exigencia anaeróbica [11]. Los atletas campeones en carreras de distancia, ciclismo y esquí de fondo exhiben un VO$_2$ máx muy alto (valores en el rango de 70-85 ml/min/kg). Más allá del VO$_2$ máx, la producción de trabajo del atleta cuando opera frente a dicho consumo es un factor crítico; particularmente en eventos de carrera. Por ejemplo, la velocidad alcanzada frente al VO$_2$ máx (vVO$_2$ máx) explica la variación en los tiempos de carrera dentro de un grupo de corredores de élite de 10 km [12].

Otra característica fisiológica notable de los atletas de élite es la capacidad de mantener un alto rendimiento durante la carrera, en relación con su VO$_2$ máx [11]. Uno de los parámetros fisiológicos que sustentan esta capacidad es el umbral anaeróbico o el máximo estado estable de lactato (MLSS, por sus siglas en inglés). El grado de contribución anaeróbica a la producción energética, en lo que concierne a los eventos de resistencia, puede parecer relativamente menor. A pesar de esto, la capacidad de trabajo anaeróbica puede diferenciar el rendimiento dentro de un grupo de atletas de élite que poseen una capacidad aeróbica muy desarrollada, particularmente en eventos de resistencia de menor duración (por ejemplo, la carrera a pie de 5 km) [13].

La eficiencia metabólica es igualmente crítica para el rendimiento de resistencia. Desde el punto de vista de la disponibilidad energética, retrasar la merma de la reserva energética finita, especialmente de carbohidratos, es un factor importante; particularmente para eventos de mayor duración. Los carbohidratos son el sustrato energético para vías metabólicas de mayor velocidad; una vez que las reservas de carbohidratos se merman de manera significativa y el atleta tiene que depender del metabolismo de las grasas para la producción energética, las intensidades relativas de trabajo que pueden mantenerse se vuelven limitadas [1]. Desde este punto de vista, un determinante importante es el grado en que el atleta puede utilizar preferentemente las reservas de grasa en las primeras etapas de una carrera. Esta es una adaptación que ocurre con el entrenamiento de resistencia a fin de asistir en la conservación de carbohidratos. La optimización de las reservas de carbohidratos antes del evento y la alimentación con carbohidratos durante el evento, son consideraciones igualmente relevantes.

El parámetro final que rige el rendimiento de resistencia es la economía, o la producción de trabajo para un porcentaje dado del VO_2 máx. Las mediciones de la economía de trabajo se identifican como la diferencia entre los atletas de resistencia de élite de los atletas de sub élite que tienen puntajes similares en su VO_2 máx. La economía está determinada por la eficiencia mecánica y metabólica. Los aspectos mecánicos relacionados con la eficiencia del trabajo incluyen la técnica de carrera y la cantidad de trabajo mecánico proporcionado por el retorno de energía elástica en lugar del trabajo metabólico.

3.2.5 Eventos de Media Distancia

Los atletas de élite en eventos de media distancia requieren capacidades aeróbicas y anaeróbicas altamente desarrolladas. Los corredores de media distancia de élite aún manifiestan valores altos en su VO_2 máx, particularmente en el evento en pista de 1 500 m, pero estos valores son más bajos que los valores correspondientes para atletas en los eventos en pista más largos (5 000 m, 10 000 m), particularmente cuando se expresan en relación con la masa corporal [14]. Una preocupación principal con la estrategia de carrera durante eventos de media distancia es conservar las reservas energéticas anaeróbicas para las últimas etapas de la carrera [15]. Asimismo, la capacidad de amortiguar la acumulación de hidrogeniones dentro de los músculos activos también es un factor importante en lo que concierne al rendimiento en eventos de media distancia. La acumulación de hidrogeniones asociados con el metabolismo anaeróbico (glucolítico) durante las carreras de media distancia causa acidosis (caída del pH muscular, de neutro a ácido) dentro de la célula muscular [1]. Se cree que este ambiente ácido dentro de la célula muscular inhibe el metabolismo anaeróbico y posiblemente interfiere directamente con la contracción muscular.

Más recientemente, la "reserva de velocidad anaeróbica" se ha identificado como un factor de rendimiento crítico para eventos de media distancia en la carrera a pie, natación [16] y ciclismo [17]. Este parámetro está definido por la velocidad aeróbica máxima relativa del atleta (vVO_2 máx) y las capacidades de velocidad máxima. En esencia, si tiene dos atletas que poseen la misma velocidad aeróbica máxima relativa, es de esperarse que el atleta con mayor velocidad máxima demuestre un rendimiento superior en la carrera.

Además de las cualidades de velocidad, también se han resaltado otras cualidades neuromusculares como la capacidad de salto. En consecuencia, se deduce que las cualidades de la unidad musculotendinosa, la "rigidez activa" y el rendimiento del ciclo de estiramiento-acortamiento son factores importantes en relación con la contribución elástica a la locomoción durante la carrera a pie en particular. Los corredores con un rendimiento contrarreloj y economía de carrera superiores muestran tiempos de contacto con el suelo más breves [18].

3.2.6 Eventos de Esprint

Los velocistas más rápidos demuestran una capacidad superior para ejercer mayores fuerzas en relación con la masa corporal en un período más corto de contacto con el suelo [19]. La merma de las reservas de sustrato de fosfato de alta energía en el músculo durante las primeras etapas (3-4 segundos) de una carrera de esprint está relacionada con una disminución en la producción de potencia del 40-60 % [1]. Un factor clave para el rendimiento del esprint es minimizar la disminución de la producción energética durante el resto de la carrera, una vez que se merman las reservas de fosfato de alta energía.

Para eventos de esprint de distancias más largas que duran más de 20-30 segundos, por ejemplo, los 400 m en atletismo de pista, la acidosis debido a la acumulación de hidrogeniones es un factor limitante para el rendimiento, de la misma manera que lo es para eventos de media distancia [1]. En un estudio realizado en hombres velocistas, se encontró que una medición de la capacidad anaeróbica podía predecir el rendimiento en carreras de 400 m, mientras que el VO_2 máx no era capaz de predecir antedicho rendimiento [20].

Actividad Reflexiva: En su opinión, ¿en qué medida la selección de talento y el rendimiento están determinados por aspectos genéticos en el(los) deporte(s) que participa?

3.2.7 Deportes "Complejos"

En lo que concierne a los deportes de habilidad, la dotación genética no es el mismo factor limitante que en los eventos deportivos individuales; sin embargo, seguirá influyendo en la selección y la capacidad de participar de manera competitiva en diferentes deportes y posiciones de juego dentro de los deportes de equipo. Este es, particularmente el caso con respecto al tamaño físico en los deportes de colisión, en el que los atletas de élite están cada vez más en los extremos, en términos de altura y tamaño de la población de la que provienen [21]. Del mismo modo, para deportes como el baloncesto y el voleibol, la estatura (altura) es un prerrequisito fundamental de la selección de talentos. De igual manera, para ciertas posiciones de juego en deportes de equipo, la velocidad de carrera es un factor importante en la selección; por lo tanto, factores genéticos similares, como los que se observan en los eventos de esprint (por ejemplo, la proporción de fibras Tipo II) serán un factor determinante en las posibilidades de un individuo de participar en el más alto nivel competitivo.

Actividad Reflexiva: ¿Cómo se compara la información presentada en la sección anterior, con sus propias experiencias en los deportes y atletas con los que ha trabajado? ¿Cómo calificaría la importancia relativa de los aspectos genéticos? ¿Qué otros factores entran en juego?

4 Principios Clave del Entrenamiento

4.1 Principio de Sobrecarga

Esencialmente, el principio de sobrecarga dicta que el atleta necesita ser desafiado más allá de lo que está acostumbrado a fin de producir cualquier adaptación. Este desafío se puede mediar en cualquiera de las tres formas (solo o en combinación):

1. *Intensidad* creciente del entrenamiento,

2. Incremento del *volumen* de entrenamiento,

3. Y/o emplear una *modalidad de entrenamiento novedosa* que difiere de cierta manera a lo que han estado expuestos los atletas previamente.

Por ejemplo, cuando se entrena para mejorar la resistencia, los sistemas cardiorrespiratorios y las vías metabólicas deben ser estimuladas más allá de los niveles normales para suscitar una respuesta de entrenamiento. Con los avances en la forma deportiva, aumentarán los niveles de umbral de frecuencia, volumen e intensidad del acondicionamiento metabólico requeridos para obtener mayores ganancias en el rendimiento de resistencia.

En un contexto de entrenamiento de fuerza, la sobrecarga se describe común y únicamente en términos de aumento de la carga levantada; sin embargo, una interpretación más precisa es que los músculos y los sistemas de control motor requieren un estímulo novedoso para obtener una respuesta de entrenamiento;

además, se pueden lograr aumentos de intensidad aumentando las exigencias de fuerza, ya sea aumentando la masa levantada, incrementando la proximidad al fallo muscular o aumentando la aceleración a la que se ejecuta el movimiento. El reclutamiento de unidades motoras se determina de acuerdo con el "Principio de Tamaño", esto significa que las unidades motoras más grandes Tipo II de alto umbral —necesarias para acciones rápidas y potentes—, solo se reclutarán si las exigencias de fuerza de la tarea de entrenamiento lo requieren. Esta es la razón principal de la eficacia del entrenamiento contra cargas pesadas en términos de suscitar adaptaciones de entrenamiento y mejoras de rendimiento. Por el contrario, esta es una limitación de las modalidades de entrenamiento "funcionales", ya que el desafío de estabilidad involucrado con estos ejercicios limita el grado de carga que se puede gestionar.

Dicho esto, el entrenamiento de fuerza no es solo cuestión de levantar cargas más pesadas o levantar una carga determinada con mayor velocidad. Otro medio de proporcionar un estímulo de sobrecarga para el sistema neuromuscular es mediante el empleo de un desafío de control motor novedoso, cuando se cumplen estas condiciones, el cuerpo da lugar a adaptaciones en el sistema nervioso, los músculos y los tejidos conectivos, con el propósito de afrontar de mejor manera a estas exigencias novedosas en una futura interacción. Incluso el programa mejor diseñado no producirá ganancias significativas sin llevar al sistema neuromuscular más allá de lo que está acostumbrado, en términos de los patrones de movimiento que se ejecutan, la intensidad (levantamiento de masa o aceleración), el volumen de carga y el descanso concedido entre ejercicios y entrenamientos.

4.2 Progresión

Una extensión del principio de sobrecarga es que existe la necesidad de aumentos progresivos en el estrés del entrenamiento aplicado a medida que el entrenamiento avanza para lograr una adaptación continua [22]. La ilustración más simple de la necesidad de progresión es que a medida que el atleta obtiene niveles aumentados de fuerza, una carga que anteriormente hubiera sido un desafío ya no ofrece el elemento de sobrecarga, debido a las capacidades mejoradas de este [23]. En este caso, la progresión se puede lograr aumentando la intensidad del entrenamiento. Sin embargo, la progresión también se puede lograr manipulando las repeticiones realizadas con la carga prescrita, o el número de series y ejercicios realizados en cada sesión. Del mismo modo, la frecuencia de entrenamiento (número de sesiones semanales) y la densidad de entrenamiento (distribución de sesiones dentro de una semana) también se pueden manipular para lograr la progresión [22]. Finalmente, la selección de *drills* (actividad de práctica controlada diseñada para automatizar o reforzar la tarea) o ejercicios se puede utilizar para progresar el entrenamiento de los atletas, progresando hacia ejercicios técnicamente más exigentes a medida que se desarrollan sus capacidades neuromusculares.

La progresión es un proceso continuo que consiste en unir las variables de programación al nivel de adaptación que ya ha tenido lugar. En un contexto de entrenamiento de fuerza para un pesista con experiencia de entrenamiento limitada, casi cualquier programa sistemático de entrenamiento de fuerza representa un nuevo estímulo de entrenamiento para el sistema neuromuscular. Con el aumento de la experiencia de entrenamiento y a medida que avanza la forma deportiva, se requieren regímenes más desafiantes y una manipulación más sofisticada de los parámetros de entrenamiento para obtener una respuesta al mismo [22, 24].

4.3 Variación del Entrenamiento

La variación del entrenamiento es un aspecto crítico de la prescripción efectiva del entrenamiento [25, 26]. De acuerdo con el síndrome de adaptación general [4] y la teoría de la aptitud física-fatiga [6], la exposición continua al mismo estímulo de entrenamiento durante un período prolongado, eventualmente, no logrará una mayor adaptación. Con el tiempo, la aplicación prolongada de un entrenamiento monótono de alto volumen o de una sobrecarga ininterrumpida también puede tener un efecto negativo. El objetivo central de implementar variaciones periódicas en el entrenamiento es, por lo tanto, evitar mesetas innecesarias en la adaptación del entrenamiento y evitar la monotonía del entrenamiento y la "maladaptación".

El grado de variación de entrenamiento requerido variará de acuerdo con la experiencia del individuo [7]. La variación básica y periódica de la prescripción de entrenamiento es suficiente para atletas más jóvenes o atletas que no tienen un largo historial de entrenamiento para una capacidad física particular [7, 27]. Este no es el caso para atletas más avanzados, que a menudo, para optimizar las respuestas de entrenamiento, requieren una variación más pronunciada en los parámetros de entrenamiento, tanto dentro, como entre los ciclos de preparación física.

Actividad Reflexiva: En general, ¿en qué medida cree que la variación del entrenamiento se tiene en cuenta en su deporte? Por ejemplo, con respecto a los ejercicios prescritos.

4.4   Principio de la Individualidad

Los aspectos genéticos influirán en la capacidad de entrenamiento de un atleta para una capacidad fisiológica o neuromuscular particular. Los rasgos heredados de un atleta se describen como su genotipo; esto influirá en su capacidad de respuesta a una forma particular de entrenamiento, y también establece el límite para los posibles efectos del entrenamiento [28]. Como resultado, el genotipo afectará tanto la tasa como el alcance total de la adaptación al entrenamiento que es posible para cada atleta individual. El genotipo del atleta ejerce una influencia particular sobre las capacidades deportivas, tales como la velocidad, la potencia, la fuerza y la resistencia cardiorrespiratoria.

Aunque el genotipo tiene una influencia decisiva en el potencial del atleta individual en términos de entrenamiento y rendimiento, sus antecedentes y entrenamiento previo actuarán para determinar el grado en el que el atleta realmente expresa estos rasgos heredados. Este es el fenotipo del atleta, que será específico al historial de entrenamiento del individuo y otros factores ambientales [28]. La epigenética describe cómo los rasgos que se expresan (es decir, el fenotipo) se rigen no solo por el genotipo del atleta, sino también por su exposición a estímulos y factores estresantes (positivos y negativos), incluidas diferentes formas de entrenamiento y otros factores ambientales [29].

Existen ciertas implicaciones importantes de los rasgos genéticos y la epigenética cuando se interactúa con varios atletas en un escuadrón. Por ejemplo, incluso con la misma carga de entrenamiento "externa", el genotipo y el fenotipo del individuo determinarán la "carga interna" específica impuesta sobre cada atleta. A su vez, esto determinará los efectos observados en respuesta al entrenamiento prescrito a nivel individual con cada atleta del escuadrón [30].

Aunque el potencial genético puede estar más allá del control del entrenador y el atleta, la interacción entre el entrenador y el atleta continúa siendo un factor importante para determinar los resultados del entrenamiento. El grado en que los rasgos heredados se traducen en habilidades de rendimiento en el ámbito de la competición dependerá no solo de la exposición global del atleta al entrenamiento, sino también de la calidad del entrenamiento prescrito, cómo se suministra y el nivel de compromiso y cumplimiento del atleta. De manera similar, los elementos técnicos y tácticos claves que determinan el éxito en los deportes de habilidad son enseñables y, por lo tanto, la calidad del entrenamiento e interacción entre el entrenador y el atleta también sirven para determinar el aprendizaje y la adquisición de habilidades que tienen lugar [28].

Continuando con este tema, la personalidad y el temperamento del atleta son factores importantes que influirán en su propensión al aprendizaje y, por lo tanto, en la efectividad de la adquisición de habilidades. Parte de esto es la voluntad del atleta a aprender y su deseo de dedicar su tiempo a realizar las muchas horas de práctica requeridas [28]. La actitud del atleta hacia su preparación física y atlética también representa un factor crucial que finalmente tendrá una gran influencia en cómo perciben y experimentan el entrenamiento y, a su vez, la efectividad de este.

Actividad Reflexiva: ¿Qué aplicaciones tienen los principios de sobrecarga, progresión, individualidad para el entrenamiento que prescribe para diferentes atletas dentro de un escuadrón?

4.5   Especificidad de los Efectos de Entrenamiento

El acrónimo SAID (por sus siglas en inglés): *adaptación específica a la demanda impuesta*, describe un principio central de la teoría del entrenamiento. Este principio establece que las adaptaciones de entrenamiento obtenidas dependerán de la forma específica de sobrecarga proporcionada por el estímulo de entrenamiento [26]. Las adaptaciones que se producen se relacionan directamente con los componentes neuromusculares y los sistemas fisiológicos involucrados con el estrés específico del ejercicio [22]. Como tal, existirá un impacto muy pequeño sobre los músculos y las vías metabólicas que no se emplean directamente durante el ejercicio particular [31].

Una extensión de estos principios es que el grado en que una modalidad de entrenamiento se asemeja a (es decir, es específico a) las restricciones de una actividad particular, mayor es la probabilidad de que los efectos del entrenamiento se reflejen en un rendimiento aumentado en dicha actividad particular. Este fenómeno se conoce como *correspondencia dinámica* y encapsula varios aspectos.

Las respuestas al entrenamiento de fuerza no solo se limitan a los grupos musculares reclutados durante el ejercicio en particular, sino que, también son específicas al tipo de acción muscular —concéntrica, excéntrica o isométrica— empleado durante el entrenamiento [32]. La especificidad de la velocidad también es evidente en las respuestas de entrenamiento; por ejemplo, las ganancias de fuerza serán mayores en las velocidades que se presentaron durante el entrenamiento. Estos efectos a menudo son más pronunciados cuando las velocidades de contracción empleadas están hacia el extremo superior del espectro [32].

La especificidad metabólica con respecto a las respuestas del entrenamiento se aplica a los sistemas energéticos movilizados durante el ejercicio y los sistemas fisiológicos y músculos involucrados durante el acondicionamiento metabólico. Factores como la cantidad de masa muscular involucrada y la intensidad general del ejercicio decidirán el alcance de los efectos centrales y periféricos del entrenamiento. Por ejemplo, estos factores influyen en si las respuestas al entrenamiento se limitan a adaptaciones que involucran únicamente a los músculos entrenados (efecto periférico), o si se producen cambios centrales en el sistema cardiorrespiratorio [31].

Las respuestas de entrenamiento a diferentes modalidades de acondicionamiento metabólico también observan una restricción por especificidad. Una ilustración de esto es que, según los reportes, el entrenamiento de carrera a pie y ciclismo realizado por triatletas de élite no tuvo un efecto medible en su rendimiento de natación [31]. Del mismo modo, la mejora del rendimiento en natación con este grupo de atletas no se reflejó en sus puntajes de prueba de resistencia efectuados en la caminadora de banda (cinta ergométrica). En los no atletas entrenados, el entrenamiento cruzado (natación) es similarmente inferior al entrenamiento de carrera a pie para mejorar los parámetros de rendimiento en esta [33].

Actividad Reflexiva: En general, ¿hasta qué punto cree que las intervenciones de entrenamiento que se emplean convencionalmente en su deporte explican los aspectos de especificidad descritos?

5   Aspectos Prácticos de Entrenar a Atletas

5.1   La Paradoja de la Especificidad y la Transferencia de los Efectos del Entrenamiento

Se puede esperar que, a corto plazo, las modalidades de entrenamiento que se corresponden más estrechamente con la actividad objetivo produzcan la mayor transferencia directa de los efectos del entrenamiento. Este es el fenómeno previamente descrito, la correspondencia dinámica. Sin embargo, la paradoja de la programación del entrenamiento es que, a largo plazo, el entrenamiento más específico de la tarea empleada de manera individual no necesariamente proporcionará el mejor desarrollo de las cualidades básicas requeridas para un rendimiento óptimo [34].

Un ejemplo del entrenamiento de fuerza es, que si bien, pueden parecer "no específicas", se requieren modalidades de entrenamiento que exijan altos niveles de aplicación de fuerza (especialmente el entrenamiento de fuerza pesado) para desarrollar la capacidad de generación de fuerza del atleta. Para reclutar las unidades motoras Tipo II de alto umbral, el atleta debe estar expuesto a lo que podría denominarse modalidades de preparación "generales"; sin embargo, implican una aplicación de fuerza sustancial. En este caso, el entrenamiento general o "no específico" confiere el desarrollo más efectivo de las propiedades contráctiles subyacentes y los aspectos morfológicos que son los requisitos previos en lo que concierne a un rendimiento de alta intensidad (por ejemplo, el esprint) [35].

Un escenario similar es evidente con el acondicionamiento metabólico. Si bien, realizar una o dos repeticiones por la distancia de competición con un descanso completo puede parecer la propuesta más "específica" para un atleta; durante las diferentes etapas de su preparación, estos atletas se beneficiarán de realizar múltiples esfuerzos en distancias divergentes (tanto más cortas como más largas en relación con la distancia de carrera) a diferentes intensidades relativas (tanto más lento como más rápido que el ritmo de carrera), y con intervalos variables de descanso. Aunque en la superficie estas sesiones parecen ser menos específicas a las limitaciones de realizar una carrera en competición, esta propuesta proporcionará con el tiempo el desarrollo básico de las capacidades oxidativas, la capacidad anaeróbica y la reserva de velocidad anaeróbica que le permitirán al atleta entrenar y competir a distancias e intensidades de competición más adelante en la temporada de competitiva.

5.2   Los Atletas como una "Población Especial"

Básicamente, los atletas deben considerarse como un "población especial" en comparación con los no atletas no entrenados o incluso con los sujetos entrenados en términos de cómo responden al ejercicio y al entrenamiento. Por ejemplo, los factores limitantes para el rendimiento pueden diferir en los atletas al compararse con los no atletas no entrenados o entrenados recreativamente.

Una ilustración de esto se relaciona con el rendimiento de resistencia y el sistema de transporte de oxígeno [36]. La capacidad de resistencia de los sujetos no entrenados está limitada por el hecho de que sus músculos no pueden utilizar completamente el oxígeno disponible que se suministra través de la sangre. Por el contrario, los músculos grandes de individuos entrenados tienen la capacidad de gestionar una cantidad significativamente mayor de sangre oxigenada que la que el corazón puede bombear. Por lo tanto, en los individuos no entrenados o entrenados recreativamente en contraste con los atletas, el factor limitante sin duda es, su gasto cardíaco; es decir, una limitación central en lugar de una limitación periférica como es el caso de los no atletas [36].

Los atletas exhiben de manera similar, diferentes respuestas al ejercicio. Existe evidencia de que la relación entre el volumen sistólico y el VO_2 máx es distinta para atletas entrenados contra individuos moderadamente y no entrenados [36]. Lo que se observa con sujetos no entrenados y moderadamente entrenados es una nivelación en el volumen sistólico a medida que las cargas de trabajo aumentan más allá del 60 % del VO_2 máx, siguiendo el patrón descrito en los libros de texto. Por el contrario, parece que los atletas bien entrenados continúan aumentando el volumen sistólico a medida que aumenta la carga de trabajo hasta el VO$_2$ máx [36].

Actividad Reflexiva: En su propia experiencia, ¿alguno de los atletas que ha entrenado difiere de lo que es la norma para los "mortales"; por ejemplo, con respecto a su capacidad para recuperarse de una lesión o responder a una intervención particular?

5.3 La "Respuesta a la Dosis" al Entrenamiento para Atletas en Comparación con Poblaciones No Atletas

De manera similar, la medida en que aplican los principios de especificidad varía según la forma deportiva inicial y el grado de experiencia de entrenamiento del individuo. En individuos no entrenados, la especificidad no ejerce el mismo grado de influencia que el que se observa con individuos entrenados. Las personas sin entrenamiento y con entrenamiento recreativo muestran una transferencia de los efectos del entrenamiento de resistencia cuando realizan entrenamiento cruzado con otras modalidades de acondicionamiento. Este no es el caso con los atletas de élite; lo efectos del entrenamiento cruzado que se observan en atletas entrenados son limitados y, en consecuencia, no alcanzan las mejoras de rendimiento similares a las provocadas por el entrenamiento con la modalidad específica [31].

Lo mismo se aplica al entrenamiento de fuerza, casi cualquier entrenamiento representa un estímulo novedoso para el sistema neuromuscular no entrenado. Como resultado, las personas sin entrenamiento demuestran una variedad de efectos de entrenamiento, independientemente de la naturaleza de este [37]. En consecuencia, una variedad de intervenciones de entrenamiento producirá adaptaciones favorables en un aspecto dado específico del rendimiento neuromuscular con individuos no entrenados [22]. De nuevo, este no es el caso en pesistas avanzados y atletas de élite entrenados en fuerza.

Cada vez existe más evidencia de que las relaciones dosis-respuesta con respecto al volumen, la frecuencia y la intensidad del entrenamiento de fuerza son específicas al nivel de experiencia y la forma deportiva del individuo [23, 38]. Se ha reportado que las prescripciones óptimas de entrenamiento de fuerza para atletas no entrenados, entrenados recreativamente y entrenados en fuerza difieren notablemente en estas tres variables de entrenamiento [23, 38].

5.4 Aspectos Psicológicos del Entrenamiento

Las capacidades físicas y fisiológicas se manifiestan en un entorno deportivo a través de varios movimientos de gran habilidad que ocurren durante la competición [28]. De ello se deduce que el contexto en el que se realiza el entrenamiento fisiológico puede ser una consideración importante en términos de la efectividad y la posible transferencia del entrenamiento [39]. Por lo tanto, los aspectos psicológicos que incluirán elementos cognitivos y de percepción asociados con el rendimiento también deben considerarse al planificar el entrenamiento del atleta [40].

Para los atletas en deportes de habilidad en particular, las capacidades físicas y mentales están irrevocablemente vinculadas. Tres componentes cruciales interrelacionados que son considerados como elementos influyentes en las respuestas del entrenamiento son la atención, el esfuerzo mental y la intención [40].

Se ha identificado la *atención* como un factor clave en la percepción superior de los estímulos relacionados con el deporte y la toma de decisiones de los atletas de élite en deportes de habilidad. La capacidad de los atletas de élite en estos deportes para atender los estímulos relevantes del entorno de la competición les permite seleccionar y ejecutar la respuesta de movimiento correcta [40]. Durante la competición y las prácticas técnicas/tácticas, la atención es igualmente un factor crucial que sustenta el control motor, las respuestas anticipatorias y los ajustes posturales asociados. Desde el punto de vista del aprendizaje motor, el foco de atención del atleta, en particular si está enfocado externa o internamente, también influye en la adquisición de habilidades y el rendimiento [40].

El *esfuerzo mental dirigido* se reconoce como un factor que puede afectar directamente las respuestas de entrenamiento [40]. Por ejemplo, realizar un esfuerzo consciente de ejercer fuerza máxima, influye significativamente en las ganancias de fuerza y potencia [41]. Se reportan mayores ganancias de fuerza cuando se le instruye específicamente a los sujetos a enfocarse en acelerar al máximo la barra durante cada repetición, en lugar de realizar el levantamiento sin un fin o una instrucción específicos [41]. De manera similar, de acuerdo con la práctica deliberada, es probable que el grado de inversión y participación en la tarea de entrenamiento se reflejen tanto en los cambios en el rendimiento motor como en los cambios neuroplásticos que ocurren.

La *intención* es integral para las adaptaciones neurales que apuntalan aspectos como la fuerza de alta velocidad y la tasa de desarrollo de la fuerza (TDF, o RFD por sus siglas en inglés) [42]. El reclutamiento y la activación de los músculos durante el entrenamiento están en parte dictados por lo que se anticipa antes del movimiento [42, 43]. En consecuencia, si el pesista entrena con la intención consciente de mover explosivamente una carga estática, se demuestra que pueden producirse mejoras significativas en la tasa de desarrollo de la fuerza, a pesar de que en realidad no se produce ningún movimiento [42]. Los patrones de activación neuromuscular durante el entrenamiento y las adaptaciones fisiológicas resultantes son, por tanto, influenciadas por la intención del atleta al realizar las mismas.

Por lo tanto, es importante no solo considerar los aspectos físicos, sino también abordar los aspectos psicológicos dentro del entorno de entrenamiento. Se sugiere que esta propuesta puede alentar un aprendizaje más individualizado y asimismo desarrollar la toma de decisiones [40]. Por consiguiente, la planificación y la impartición del entrenamiento fisiológico deben considerar estos aspectos con el fin de optimizar la transferencia de los efectos del entrenamiento al rendimiento atlético. En particular, el especialista en fuerza y acondicionamiento debe esforzarse por implementar el entrenamiento de una manera que fomente el desarrollo del esfuerzo mental dirigido, la atención específica a la tarea y la intención específica del deporte [44].

6 Planificación y Periodización del Entrenamiento

La periodización ofrece un marco para la variación planificada y sistemática de los parámetros de entrenamiento a fin de evitar respuestas disminuidas y los efectos perjudiciales más graves asociados con la maladaptación del entrenamiento [5,Plisk, 2003 #1403, 45]. Además de evitar los posibles efectos negativos de la monotonía del entrenamiento, esta propuesta se desarrolló para facilitar la planificación de los resultados del entrenamiento al considerar el calendario de competiciones deportivas [26, 28].

De tal manera, más allá de gestionar la monotonía del entrenamiento, los esquemas de periodización permiten priorizar objetivos particulares en momentos específicos del año de entrenamiento [46]. Esto también puede permitirle al especialista en fuerza y acondicionamiento secuenciar los bloques de entrenamiento para aprovechar al máximo los efectos residuales y retardados de los ciclos de entrenamiento anteriores [35].

De acuerdo con estos beneficios propuestos, se ha establecido que el entrenamiento periodizado puede generar respuestas mejoradas en comparación con el entrenamiento sin ninguna variación planificada [25]. Sin embargo, se han publicado escasos estudios de suficiente duración que evalúen los efectos de diferentes propuestas de la planificación periodizada [25, 47]. Como tal, no existen datos suficientes para hacer recomendaciones definitivas sobre cuál es la mejor propuesta a fin de periodizar el entrenamiento de los atletas para un deporte o atleta determinado. De hecho, puede ser que no exista una propuesta distintiva que sea "la mejor", sino que una combinación de distintas propuestas podría ser apropiada dependiendo del deporte, las limitaciones del calendario de competición y las necesidades del atleta como individuo [48].

6.1 Consideraciones para la Planificación Periodizada

Un desafío al planificar el entrenamiento de los atletas es que solo se pueden enfatizar dos o tres objetivos al mismo tiempo [46]. Este es el caso particularmente con objetivos de entrenamiento conflictivos que involucran respuestas hormonales opuestas (por ejemplo, "catabólico" contra "anabólico"); por ejemplo, entrenamiento de "resistencia" contra "fuerza o potencia". Desde este punto de vista, la variación planificada y sistemática del entrenamiento es una necesidad para que los diferentes objetivos de entrenamiento se tengan en cuenta adecuadamente durante las diferentes fases del año de entrenamiento del atleta. La aplicación planificada y coherente de la variación del entrenamiento en el plan periodizado es particularmente importante para los deportes que requieren una amplia variedad de objetivos de entrenamiento.

Inevitablemente, existen obstáculos para la aplicación efectiva del entrenamiento periodizado en muchos deportes; por ejemplo, se ha identificado que la programación del entrenamiento periodizado en deportes de equipo requiere considerable planificación e innovación [49]. Un desafío importante es la gestión de grandes volúmenes de entrenamiento técnico/táctico, así como las frecuentes competiciones. Además de las preocupaciones de programación, la cantidad y variedad de objetivos de entrenamiento exigidos en el deporte son otro factor clave al diseñar un plan periodizado para el año de entrenamiento.

6.2 Esquemas de Periodización

Se ha descrito en la literatura una variedad de modelos de periodización. Aquí se presenta un breve resumen de las diferentes categorías de esquemas de periodización que se emplean en diversos deportes.

6.2.1 Periodización Lineal Clásica

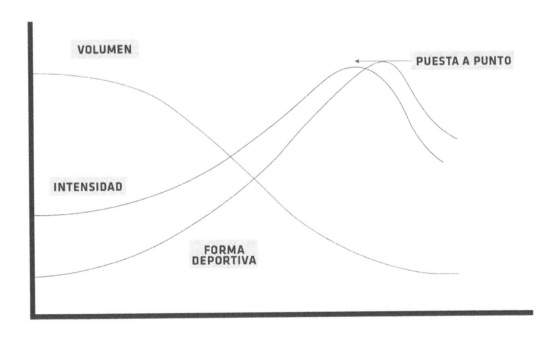

Figura 1.4 – Periodización Lineal Clásica

El clásico formato "lineal" para la periodización del entrenamiento se caracteriza por aumentos graduales en la intensidad del entrenamiento entre los mesociclos sucesivos, con reducciones simultáneas en los volúmenes de entrenamiento. Esta progresión culmina en un ciclo de competición, que está planificado para coincidir con una o más competiciones importantes en el calendario y diseñado para permitir que el atleta llegue a estas competiciones en condiciones físicas máximas [46].

También, se han empleado propuestas de periodización inversa que presentan el patrón opuesto, es decir, alta intensidad y bajo volumen empleados desde el principio, con una disminución progresiva de la intensidad y un aumento del volumen a partir de entonces, que culmina en un entrenamiento de baja intensidad y alto volumen. Sin embargo, la propuesta de periodización lineal inversa produce resultados inferiores a la periodización lineal convencional, así como otros planteamientos de periodización [45, 50].

6.2.2   Periodización Lineal Modificada

Con el formato clásico de periodización lineal, existe una variación considerable en la prescripción de entrenamiento entre fases consecutivas durante el año de entrenamiento, pero poca o ninguna variación dentro de cada bloque de entrenamiento. Por lo tanto, se sugiere que esta propuesta pudiera no proporcionar suficiente variación en el estímulo de entrenamiento en lo que concierne a atletas que poseen amplia experiencia de entrenamiento. Se han empleado modificaciones a la propuesta clásica de periodización lineal que presentan mesociclos de entrenamiento condensados, que sirven para proporcionar una variación más frecuente de los parámetros de entrenamiento. Un ejemplo, es el *modelo lineal condensado* de 8 semanas descrito por Allerheiligen y colaboradores [51] que presenta mesociclos condensados de 2 semanas realizados en serie. Un estudio reciente implementó con éxito otro esquema de periodización lineal modificado y condensado que empleó modificaciones semanales en los parámetros de entrenamiento, siguiendo el patrón lineal clásico de intensidad progresivamente creciente con reducciones concurrentes en el volumen [50].

6.2.3   Periodización en Bloques

Este planteamiento modificado de la periodización se desarrolló como una solución a las deficiencias percibidas de la propuesta lineal clásica en el contexto de las exigencias del deporte moderno de alto rendimiento, y en particular a los desafíos planteados por la combinación de diferentes formas de entrenamiento realizadas por atletas en muchos deportes [52]. La justificación de la periodización en bloques se fundamenta en la afirmación de que las diferentes formas de entrenamiento producirán respuestas fisiológicas y endocrinas conflictivas y, como tal, intentar realizar un "entrenamiento mixto" durante un período prolongado provocaría fatiga excesiva y proporcionaría un estímulo de entrenamiento subóptimo con el paso del tiempo, aunque esta afirmación ha sido cuestionada por otros autores [53, 54].

La solución propuesta que abarca la periodización en bloques es adoptar un énfasis de entrenamiento más "unidireccional" dentro de cada mesociclo de entrenamiento, específicamente, las diferentes modalidades de entrenamiento realizadas simultáneamente por el atleta en cualquier momento deben restringirse a un número mínimo. Esta propuesta esencialmente sugiere un bloque concentrado corto (1-3 semanas), que presenta un alto volumen de entrenamiento dirigido a desarrollar solo una o dos habilidades seleccionadas, que generalmente, es seguido por una disminución gradual de los estímulos de entrenamiento, con el objetivo de preparar al atleta para una competición específica y un período de recuperación activa previo al próximo ciclo de entrenamiento intensivo [52].

6.2.4   Periodización No Lineal

Los esquemas de periodización no lineal u "ondulante" implican variación en la intensidad y el volumen dentro de un microciclo de entrenamiento, además de la variación entre los mesociclos [7]. Se sugiere que la periodización no lineal ondulante es más apropiada para atletas altamente entrenados, debido al mayor nivel de variación de entrenamiento (tanto dentro como entre ciclos de entrenamiento) que ofrece esta propuesta [55]. La periodización no lineal ondulante también está diseñada para mantener al atleta cercano a su forma deportiva máxima en múltiples competiciones que abarcan un período prolongado. La variación entre los entrenamientos dentro de cada microciclo también permite que se aborden simultáneamente múltiples objetivos de entrenamiento [46].

Los esquemas de periodización diaria y semanalmente ondulantes se describen en la literatura y se emplean en el campo [56]. La periodización diariamente ondulante implica una variación diaria para que el estímulo de entrenamiento proporcionado por cada sesión dentro de la semana de entrenamiento sea evidentemente distinto [45]. La periodización semanalmente ondulante implica grandes fluctuaciones en la intensidad del entrenamiento prescrita entre semanas consecutivas. Sin embargo, la programación de las sesiones dentro de cada semana se mantiene constante.

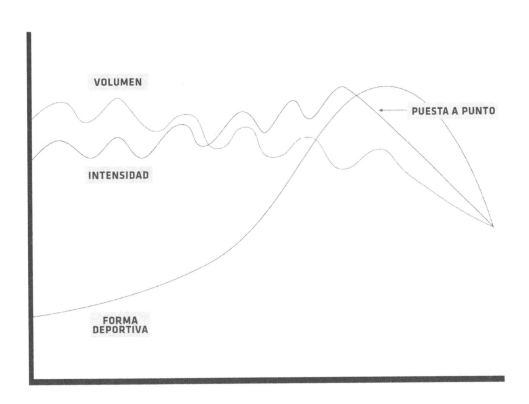

Figura 1.5 – Periodización No Lineal

Para aquellos con menos experiencia en entrenamiento, existe evidencia de que las grandes fluctuaciones en la intensidad del entrenamiento que se presentan en la periodización ondulante semanal; por ejemplo, pueden limitar la efectividad de esta propuesta debido al dolor muscular causado [57]. En este caso, la propuesta lineal tradicional parece ser más efectiva y, por lo tanto, podría ser más adecuada para atletas más jóvenes o menos experimentados, dependiendo de su historial de entrenamiento.

6.2.5   Propuesta de Microciclos Sumados

Las variaciones del método de los microciclos sumados se han aplicado con éxito en deportes de equipo, incluidos la unión y la liga de rugby [58]. Este formato implica un aumento gradual en el volumen de carga (el producto del volumen de entrenamiento multiplicado por la intensidad del entrenamiento), seguido de una disminución pronunciada.

Usualmente, el formato de microciclos sumados descrito en la literatura opera alrededor de un ciclo de cuatro semanas, con la última semana del ciclo de cuatro semanas actuando como una descarga con un volumen de carga considerablemente reducido. La justificación del ciclo de cuatro semanas es acoplar la cronología de los procesos fisiológicos que subyacen a las adaptaciones del entrenamiento y los efectos de la fatiga [7], aunque los profesionales en el campo a menudo también usan ciclos de diferente duración.

Una característica definitoria de la propuesta de microciclos sumados es que, los mini ciclos se repiten en serie a intensidades relativas mayores o menores durante un período prolongado. Por lo tanto, este patrón básico de incrementos semanales seguido de una semana de descarga puede emplearse secuencialmente para crear un patrón ondulante en lo que concierne a la intensidad y el volumen de entrenamiento.

6.3   Consideraciones de Gestión – Interacción entre Distintos Tipos de Entrenamiento

Al planificar el entrenamiento a nivel de microciclo o semana de entrenamiento, los especialistas en fuerza y acondicionamiento también deben tener en cuenta la interacción de los efectos agudos y la fatiga residual asociados con las diferentes modalidades de entrenamiento. Un problema particular, es el efecto de interacción entre el acondicionamiento metabólico realizado concurrentemente con el entrenamiento de fuerza y potencia [49]. La actividad física involucrada en la práctica técnica y las sesiones de entrenamiento táctico tampoco deben pasarse por alto.

Una consideración importante cuando el entrenamiento de fuerza y el acondicionamiento metabólico se llevan a cabo simultáneamente es que un estímulo anterior de resistencia de alta intensidad puede afectar la capacidad de realizar posteriormente un entrenamiento de fuerza el mismo día. Después del acondicionamiento, los atletas no pueden completar el mismo número de repeticiones con una carga dada de la que son capaces sin haber realizado un estímulo de resistencia previo [59]. Además de la fatiga residual, los efectos de interferencia también se atribuyen en parte a las respuestas hormonales conflictivas asociadas con el entrenamiento de fuerza en comparación con el de resistencia. Como resultado, cuando el entrenamiento de fuerza se realiza el mismo día después del entrenamiento de resistencia, el desarrollo de potencia en particular es afectado en ciertos estudios [60]. Existen indicios de que los ejercicios de entrenamiento de fuerza y potencia que requieren un mayor control y coordinación neuromuscular pueden ser más susceptibles a dicha interferencia.

La secuencia del día de entrenamiento parece ser fundamental en lo que concierne a minimizar el grado en que la fuerza y el desarrollo de potencia se ven comprometidos por el trabajo de acondicionamiento metabólico concurrente. Específicamente, cuando el entrenamiento de fuerza se prioriza y se realiza antes del acondicionamiento, estos efectos de interferencia pueden reducirse [59]. Se ha mostrado que secuenciar el entrenamiento de esta manera optimiza las respuestas de entrenamiento de fuerza de los atletas profesionales de la liga de rugby, hasta el punto en que las mediciones de fuerza y potencia se pueden mantener durante el transcurso de un período competitivo prolongado (veintinueve semanas) [61]. Incluso, los atletas más jóvenes (en edad universitaria) pueden aumentar los puntajes de fuerza y potencia durante la temporada de juego adoptando esta propuesta.

Revisión de Conocimiento – Capítulo Uno

1. Un atleta comienza un bloque de entrenamiento de fuerza que implica una carga excéntrica elevada; el día después de la primera sesión manifiesta un rendimiento reducido y dolor muscular. Esto es un ejemplo de:

A. Etapa de choque/alarma de adaptación al entrenamiento.
B. Reversibilidad.
C. Desentrenamiento.
D. Maladaptación.

2. Después de un período sostenido de entrenamiento intenso, un atleta inicialmente no muestra ninguna mejora; sin embargo, después de cesar el entrenamiento de fuerza en la semana anterior a la competición como parte de su reducción previa à la misma, el atleta registra un rendimiento personal históricamente alto. La mejora aguda en el rendimiento probablemente se deba a:

A. Desentrenamiento.
B. Reducción del efecto de la fatiga.
C. Mayor aptitud física.
D. Tanto B como C.

3. A dos atletas gemelos idénticos se les prescribe el mismo entrenamiento: un atleta responde significativamente mejor que el otro. ¿Cuál de los siguientes factores es probable que NO sea responsable de la diferencia en la respuesta al entrenamiento?

A. Experiencia de entrenamiento.
B. Genotipo.
C. Cumplimiento del entrenamiento.
D. Factores psicológicos, incluida la motivación.

4. Pregunta de respuesta múltiple: ¿Cuáles de las siguientes variables de programación entrarán en juego al diseñar un programa de entrenamiento de resistencia basado en la carrera a pie? (selecciona cinco en total):

Cargas de contraste.
Frecuencia.
Sobrecarga excéntrica.
Modalidad de ejercicio.
Selección de ejercicios.
Contactos de pie.
Intensidad.
Carga.
Superseries.
Volumen.
Descanso.
Formato.

5. ¿Cuál de las siguientes afirmaciones es verdadera?

A. La sobrecarga hace referencia a que el atleta debe entrenar hasta el fallo en cada sesión.
B. El Principio de sobrecarga establece que las cargas de entrenamiento de fuerza que exceden la masa corporal sobrecargarán los tejidos esqueléticos y conectivos, y por ello, pondrán en peligro al atleta.
C. A fin de obtener una respuesta de entrenamiento, el estímulo debe desafiar más allá de lo acostumbrado las capacidades del atleta.
D. El Principio de tamaño establece que los atletas más grandes son superiores.

6. VERDADERO o FALSO – La especificidad del entrenamiento significa que la única forma de mejorar el rendimiento es realizar la actividad en sí.

7. VERDADERO o FALSO – La especificidad metabólica significa que los atletas de resistencia solo deben realizar entrenamiento aeróbico.

8. VERDADERO o FALSO – La paradoja de la especificidad del entrenamiento y la transferencia de los efectos del entrenamiento hace referencia a que, para lograr un rendimiento óptimo a largo plazo requerirá emplear una variedad de modalidades de entrenamiento en diferentes momentos durante el año de entrenamiento, incluidas las modalidades de entrenamiento generales o "no específicas".

9. VERDADERO o FALSO – Los atletas muestran una respuesta diferente ante la misma dosis de entrenamiento en comparación con los no atletas y, por lo tanto, requieren una frecuencia, intensidad y volumen de entrenamiento diferentes para optimizar las respuestas de entrenamiento.

10. ¿Cuál de las siguientes afirmaciones es FALSA?

A. La periodización proporciona un marco para la variación periódica del entrenamiento.

B. El entrenamiento de fuerza no debe ser realizado por atletas de resistencia debido a los efectos de interferencia.

C. La calendarización y planeación adecuada pueden ayudar a gestionar los efectos de interferencia de diferentes formas de entrenamiento.

D. Varias propuestas contrastantes de la periodización proporcionan variación y ganancias de rendimiento continuas a lo largo del tiempo.

Capítulo Dos: Evaluación, Examen de Exploración y Detección Preliminar y

Monitoreo

Las pruebas y el monitoreo se emplean en todos los deportes y para una variedad de propósitos. En este capítulo exploramos las diferentes aplicaciones de las pruebas y discutimos el fundamento que respalda su uso. Se describen los diversos parámetros y modalidades de evaluación para diferentes cualidades físicas y capacidades fisiológicas. También se exploran los méritos relativos para guiar al profesional en la selección de evaluaciones que se adapten a su propósito.

Objetivos de Aprendizaje:

1   Describir la justificación del uso de pruebas con atletas.

2   Describir las diferentes cualidades de fuerza que se pueden aislar y evaluar.

3   Describir los parámetros que comprenden el rendimiento de resistencia en el contexto de diferentes deportes y eventos atléticos.

4   Describir los métodos y problemas asociados con la evaluación del rendimiento de la velocidad.

5   Comprender los métodos utilizados para evaluar el equilibrio y la estabilidad.

6   Describir la aplicación del examen de exploración para la detección preliminar del riesgo de lesiones.

1 Fundamentos de la Evaluación del Atleta

1.1 Justificación de Evaluar Atletas

Las pruebas se realizan ampliamente como un medio para evaluar o monitorear, en particular, las capacidades fisiológicas y de rendimiento del atleta para una variedad de propósitos [62]. Por ejemplo, una de las principales aplicaciones de las pruebas, es evaluar la calidad o el estado actual de la forma deportiva del atleta en el contexto de las exigencias de su deporte [30]. Esto puede ser desde un punto de vista de identificación de talento [63] o para identificar las fortalezas y debilidades específicas del atleta [64]. Otra aplicación importante de estas es monitorear la progresión y evaluar la efectividad del entrenamiento prescrito [62]. Finalmente, las pruebas pueden llevarse a cabo con fines de prescripción de entrenamiento; por ejemplo, estableciendo parámetros de intensidad de entrenamiento individualizados basados en los resultados de las pruebas de referencia para cada atleta [65].

Las pruebas también se pueden utilizar para fines de selección de talento [48]; por ejemplo, el National Football League Combine, es la batería estándar de pruebas que se emplea para la selección de talento en el fútbol americano profesional. El rendimiento en estas pruebas se ha identificado como un factor significativo que distingue a los atletas que son reclutados para los equipos de la NFL frente a los que no tuvieron éxito [66]. A pesar de la evidente credibilidad dada a esta batería de prueba, en particular para fines de selección de talento por parte de aquellos en el deporte, un estudio posterior, ha desafiado la medida en que los puntajes de prueba de los atletas reclutados se relacionaron con cómo les fue a estos una vez que llegaron a las filas profesionales [67]. Este estudio encontró que ninguno de los parámetros evaluados, a excepción de los puntajes de esprint en el caso de solamente una posición de juego (corredor), mostró relación con el éxito profesional de los atletas. Esto ilustra la dificultad de seleccionar pruebas que reflejen la capacidad de tener éxito en el deporte de alto rendimiento.

Una aplicación de las pruebas, en lo que concierne a orientar la prescripción de entrenamiento, se ha descrito como un "diagnóstico de fuerza" [68]. En este ejemplo, se registran las puntuaciones relativas del atleta en diferentes parámetros de rendimiento muscular, en el contexto de las exigencias específicas al deporte. Los puntajes del atleta se comparan con valores de referencia, como los puntajes de referencia de la población deportiva (si estuviesen disponibles), o los valores estándar de otros atletas de la misma cohorte, y este proceso puede usarse para identificar déficits en áreas particulares. Dicha evaluación sirve para orientar al especialista en fuerza y acondicionamiento a abordar las áreas identificadas de debilidad relativa durante el(los) bloque(s) de entrenamiento posterior.

Las pruebas también se usan ampliamente para registrar de manera cronológica las mejoras en la forma deportiva y el rendimiento de los atletas. Las mediciones en serie proporcionan un medio para evaluar la efectividad del entrenamiento prescrito para un equipo en su conjunto, y evaluar el estímulo de entrenamiento proporcionado a cada atleta individual [30]. Prestar atención al progreso de cada individuo es importante. Incluso, si la carga externa en términos de intensidad y volumen prescrito es constante en un escuadrón de atletas, los factores individuales de cada atleta afectarán sus respuestas al entrenamiento. Desde este punto de vista, evaluar el proceso de entrenamiento diario parecería ser tan importante como la evaluación periódica del resultado del entrenamiento para valorar la efectividad de este [30].

1.2 Utilidad y Relevancia de las Pruebas Fisiológicas y de Rendimiento

Los dos factores principales utilizados para juzgar cualquier forma de evaluación del atleta son la "confiabilidad" y la "validez" de la medición de la prueba [48]. La confiabilidad se refiere a cuán consistentes son los puntajes de los sujetos cuando una prueba se repite durante un período breve; es decir, cuán reiterativo es la prueba. La validez se refiere a la medida en que la prueba tiene éxito al medir la capacidad física que está diseñada para evaluar. Es posible tener una prueba confiable, una que proporcione puntajes altamente consistentes, que no necesariamente sea una prueba válida, en el sentido de que no mide efectivamente el aspecto particular del rendimiento deportivo que el entrenador desea evaluar.

Por el contrario, una prueba que parece tener un alto grado de *validez aparente* —es decir, refleja o se asemeja mucho al movimiento o aspecto del rendimiento que la prueba está diseñada para medir—, tiene poco valor si no es confiable en términos de producir puntajes consistentes. Esta es una cuestión de *señal* en contraposición del *ruido*. Una prueba ruidosa, con respecto al error estándar de medición, significa que el evaluador no puede estar seguro de que los cambios en la medición de la prueba a lo largo del tiempo reflejan cambios reales en el rendimiento, en lugar de simplemente un resultado del error inherente de la medición.

La confiabilidad es una consideración crítica al evaluar y monitorear atletas de élite. Los atletas de élite representan un grupo peculiar: sus parámetros fisiológicos están inevitablemente elevados hacia los límites superiores de la población en general. Del mismo modo, son un grupo homogéneo, en el sentido de que el rango de puntajes de los atletas que compiten en el nivel de élite generalmente abarca un rango muy estrecho. Por ejemplo; en muchas carreras, márgenes muy pequeños separan al ganador de una carrera frente al atleta que ocupa el décimo lugar, y los competidores en los extremos opuestos de un campo de élite (es decir, primer lugar contra último lugar) diferirán muy poco en la mayoría de los parámetros fisiológicos y de rendimiento. Como tal, el cambio más pequeño significativo para un atleta a nivel de élite a menudo equivale a un cambio minúsculo; es decir, 1 % o menos [69], y la detección de cambios tan pequeños requiere de una medición muy confiable en términos del error aleatorio de medición asociado con la prueba.

Para ser válidas, las modalidades de prueba deben ser específicas a la cualidad física particular, la capacidad fisiológica o la capacidad de rendimiento atlético que son fundamentales para el rendimiento deportivo [70]. La especificidad biomecánica, con respecto a los movimientos involucrados, es un factor clave, pero es solo una parte de la ecuación. También se debe considerar la calidad del movimiento, incluidos elementos como los perfiles de aceleración/desaceleración.

Del mismo modo, si el objetivo de las pruebas es evaluar u orientar la prescripción del entrenamiento, entonces se debe considerar la especificidad en relación con la modalidad de entrenamiento. Los efectos más pronunciados se observan durante las pruebas a velocidades en el rango presentado durante el entrenamiento [32]. De ello se deduce que, las pruebas deben ser específicas a los patrones de movimiento y la velocidad utilizados en el entrenamiento, esto a fin de ser sensibles a los cambios inducidos en la función muscular [63].

Las pruebas empleadas con el propósito de monitorear los efectos de rendimiento provocados por la intervención de entrenamiento también deben ser lo suficientemente específicas como para ser sensibles al rendimiento en el deporte en cuestión. Cuando no se cumplen estas condiciones, se pueden observar mejoras en el rendimiento neuromuscular y atlético (fuerza máxima y puntajes de velocidad) después del entrenamiento, a pesar de que los parámetros evaluados no registran ningún cambio [70]. En este caso, la modalidad de prueba no puede considerarse válida para este propósito. Por lo tanto, las mediciones particulares, así como los movimientos involucrados en la prueba, deben seleccionarse cuidadosamente para cumplir con el objetivo de monitorear la efectividad de la preparación física de los atletas.

1.3 Selección de Pruebas Fisiológicas y de Rendimiento

Para seleccionar una batería de pruebas, el profesional primero debe identificar qué parámetros influyen en el rendimiento de un deporte en particular [71]. Una vez que se han identificado, se pueden buscar pruebas que sean lo suficientemente sensibles como para discernir cambios en el parámetro particular [62]. Por lo tanto, la propuesta recomendada es identificar aspectos aparentemente importantes del rendimiento motor basados en la evaluación cualitativa del deporte, y luego identificar las pruebas establecidas que evalúan cada una de estas áreas [71]. El siguiente paso, es evaluar cómo la prueba seleccionada y los parámetros asociados al rendimiento deportivo se relacionan realmente con el éxito en el deporte. Una forma en que esto se puede hacer, es que los atletas que compiten en diferentes niveles en el deporte se sometan a la batería de pruebas seleccionada. El grado en que una medición de prueba se correlaciona con el nivel de rendimiento en el deporte, proporciona una indicación de su relevancia con respecto al éxito en la disciplina deportiva [71].

1.4 Practicidad de las Modalidades de Prueba para la Evaluación Atlética

Dos complicaciones principales al abordar la evaluación fisiológica y del rendimiento son: la inversión económica (gasto del aparato de prueba y personal calificado para operarlo) y las exigencias de tiempo. Al considerar estos dos factores, es probable que el número de atletas en un equipo tenga una gran influencia. Para los deportes que involucran grandes escuadrones de atletas, la evaluación individual de laboratorio puede no ser asequible o práctica. En estos escenarios deportivos, es probable que las pruebas de campo sean más propicias, ya que pueden llevarse a cabo en el campo (evitando los costos relacionados y las implicaciones de viajar para usar un laboratorio) y también permiten que se pongan a prueba agrupaciones más grandes de atletas en un tiempo relativamente más corto de lo que tiende a ser el caso de las pruebas de laboratorio [48].

Cualquiera sea la modalidad de evaluación, la motivación del sujeto es un factor crucial. Respecto a esto, las pruebas de campo se benefician de la "especificidad de contexto"; es decir, las pruebas que se llevan a cabo en un entorno en el que los atletas entrenan y se desempeñan habitualmente en comparación con el entorno menos familiar de un laboratorio [48]. Además, las pruebas de campo pueden llevarse a cabo con grupos más grandes de atletas, lo que ayuda a aquellos que realizan la prueba, ya que permite incorporar un elemento de competición. En consecuencia, las pruebas de campo pueden ofrecer un mayor cumplimiento y motivación para ciertos deportes; por ejemplo, deportes de equipo. Esto puede facilitar un esfuerzo constante y máximo cuando las pruebas se repiten durante un período en estos deportes [48].

Existen variaciones de los protocolos de prueba de campo que están diseñados con el propósito de brindar una mayor especificidad en lo que concierne a un deporte en particular. En la literatura se describen varias pruebas de campo específicas para cada deporte. Con cualquier prueba de campo diseñada específicamente para un "deporte en específico", inevitablemente existe un compromiso entre replicar las condiciones reales de juego y estandarizar las condiciones de la prueba para obtener una medición confiable. Para interpretar los datos de una prueba novedosa, también se requiere que existan suficientes datos normativos para la población deportiva en cuestión [48]. Sin estos datos, aunque se pueden comparar los puntajes entre los atletas dentro de un equipo, no existe un marco de referencia para evaluar qué es un puntaje "bueno" o "malo" en el contexto más amplio del deporte.

Las pruebas son más útiles si se realizan a intervalos regulares. Una prueba individual revela solamente una imagen instantánea del rendimiento y, como tal, solo puede ofrecer una evaluación aislada de la forma deportiva del atleta en ese momento en particular. Si un entrenador desea monitorear el progreso de los atletas o identificar problemas que afectan el rendimiento (como errores en la programación del entrenamiento u otros factores relacionados con la competición, así como otros factores estresantes) entonces esto requiere que la batería de pruebas se repita regularmente para que los puntajes se puedan comparar cronológicamente. No es necesario realizar la batería de pruebas completa en cada sesión de prueba. La gama completa de pruebas puede reservarse para puntos fundamentales durante el año de entrenamiento y una versión resumida de la batería de pruebas puede implementarse en los períodos intermedios [48].

Actividad Reflexiva: ¿Con qué frecuencia deben realizarse las pruebas en su deporte? ¿Qué factores influyen en la frecuencia de las pruebas? ¿En qué épocas del año o temporada deben realizarse las pruebas? ¿Debería existir cierta diferencia en la composición de la batería de pruebas en diferentes momentos de la temporada o ciclo de entrenamiento?

2 Evaluación de la Fuerza, Potencia y Velocidad

2.1 Fuerza Máxima

La fuerza generalmente se define como el esfuerzo máximo o el torque generado durante la contracción voluntaria máxima bajo un conjunto específico de condiciones. Estas condiciones que afectan la medición de fuerza o torque incluyen la postura, el movimiento (movimientos monoarticulares en comparación con movimientos multiarticulares complejos), el tipo y la velocidad de la contracción muscular [63]. Las cualidades de fuerza se pueden dividir en mediciones isométricas (estáticas), concéntricas (acortamiento) y excéntricas (elongación) en función del tipo de acción muscular empleada. Existe una distinción similar entre la fuerza medida a baja velocidad y la fuerza expresada durante condiciones de contracción de alta velocidad.

Las modalidades de evaluación de la fuerza se pueden clasificar como "isométricas", "isocinéticas" o "isoinerciales".

2.1.1 Evaluación de Fuerza Isométrica

La fuerza isométrica implica la generación de fuerza en condiciones estáticas; es decir, no existen cambios en la longitud de la unidad musculotendinosa o en el ángulo articular [46]. La evaluación de la fuerza isométrica, generalmente usa un transductor de fuerza en el punto fijo en el que el atleta estáticamente aplica la fuerza. Las pruebas también se pueden realizar de pie utilizando una plataforma de fuerza en una jaula de la sentadillas u otro aparato rígido. En este caso, el atleta ejerce la máxima fuerza posible contra una barra fija y la plataforma mide la fuerza aplicada al suelo a través de los pies [68]. Otros aparatos emplean un transductor de fuerza o medidor de tensión para evaluar la producción de fuerza.

Cualquiera que sea la modalidad de prueba, el aspecto definitorio de la evaluación isométrica es que la fuerza se aplica contra un aparato inamovible y que no existe un cambio en el ángulo de la articulación [63]. Por definición, la evaluación isométrica mide las cualidades de fuerza en condiciones estáticas y es distinta de las capacidades de fuerza concéntricas o excéntricas. Los puntajes de fuerza isométrica también varían considerablemente cuando se miden en diferentes ángulos articulares.

2.1.2 Evaluación de Fuerza Isocinética

La evaluación isocinética utiliza un dinamómetro que regula la velocidad de movimiento de un brazo de palanca contra el cual el atleta aplica la máxima fuerza posible. Como tales, estas evaluaciones implican un movimiento de cadena cinética abierta; es decir, la porción distal de la extremidad a la que se aplica la fuerza se mueve (por ejemplo, la extensión de rodilla sentado). El aparato de prueba mide el torque generado a través de un rango de movimiento fijo (ROM, por sus siglas en inglés) para un movimiento restringido monoarticular a una velocidad angular constante [63]. Las condiciones controladas bajo las cuales se registran las mediciones de fuerza isocinética ayudan a producir mediciones confiables (es decir, repetibles). Por lo tanto, la evaluación de la fuerza isocinética es aplicable en lo que concierne a evaluar el torque o la capacidad de generación de fuerza para el movimiento de flexión, extensión o rotación determinado en la articulación respectiva.

Por el contrario, la naturaleza controlada y restringida de la dinamometría isocinética hace que estas modalidades de prueba sean menos válidas como una evaluación de la expresión de la fuerza durante movimientos atléticos. En la mayoría de los deportes, la fuerza se expresa durante movimientos que comúnmente no se realizan sentados, implican acciones complejas en lugar de monoarticulares, y a menudo presentan una cadena cinética cerrada en lugar de movimientos de cadena abierta. De acuerdo con esto, las mediciones de fuerza isocinética no suelen ser sensibles a los cambios en las mediciones de rendimiento deportivo [70].

2.1.3   Evaluación de Fuerza Isoinercial

Lo que define las pruebas de fuerzas isoinerciales es que la inercia de la carga externa es constante (de ahí el uso del prefijo "iso"; que significa "igual"), y la intención del trabajo muscular realizado y la fuerza aplicada durante la evaluación es aquella de superar la inercia de esta carga externa constante, para moverse a través del rango de movimiento especificado. Estas modalidades de prueba emplean pesas libres o máquinas de cargas fijas. La fuerza isoinercial máxima para un ejercicio determinado se evalúa en términos de una repetición máxima; es decir, la mayor carga que el atleta puede levantar a través del rango de movimiento entre un punto inicial, medio y final estandarizado.

Las evaluaciones basadas en máquinas generalmente involucran aparatos de carga fija para el prensa de piernas, press de pectoral o quizás press de hombros. La evaluación de la fuerza isoinercial con peso libre generalmente involucra un(unos) levantamiento(s) máximo(s) como lo(los) observado(s) en los levantamientos de competición del deporte de *powerlifting* (levantamiento de potencia); es decir, la sentadilla, el peso muerto y el press de banca con barra olímpica. Esta modalidad de prueba permite evaluar la fuerza durante los movimientos de cadena cinética cerrada y acopla las acciones excéntricas y concéntricas, por lo que se considera la modalidad de prueba más semejante a lo que ocurre durante los movimientos atléticos [70].

De las dos formas de evaluación isoinercial, las pruebas basadas en pesas libres generalmente corresponden más estrechamente a cómo se expresa la fuerza durante los movimientos atléticos. Por ejemplo, estas pruebas requieren que el atleta equilibre tanto a sí mismo como a la carga mientras genera fuerza, en lugar de tener el plano de movimiento fijo y el cuerpo apoyado en una posición sentada o acostada como ocurre durante las evaluaciones de máquinas de carga fija. Por definición, los puntajes de las pruebas isoinerciales de un atleta estarán limitados en cierta medida por su nivel de competencia al realizar el patrón motor correspondiente al ejercicio de fuerza [63]. Igualmente, dichos factores también influirán en la capacidad del atleta de expresar sus capacidades de fuerza durante la destreza deportiva y los movimientos atléticos [48].

La prueba de fuerza isoinercial de repeticiones máximas (RM) se usa ampliamente en la evaluación física deportiva: una repetición máxima (1RM) se define como el peso más elevado que un atleta puede levantar para una repetición completa durante un levantamiento en particular. Desde un punto de vista práctico, las pruebas de una repetición máxima pueden llevarse a cabo en la sala de pesas, ya que no requieren equipos especializados y, por lo tanto, pueden efectuarse en las instalaciones de entrenamiento diario. La realización de estas pruebas con pesos libres exige un nivel más elevado de competencia técnica. Desde un punto de vista de seguridad, es importante que la técnica del levantamiento no se altere negativamente bajo las cargas máximas utilizadas, particularmente en el caso de la sentadilla y el peso muerto con barra olímpica.

Una alternativa a los problemas de la evaluación de una repetición máxima implica el uso de pruebas de fuerza submáxima (repeticiones bajas con cargas máximas), a partir de donde los valores de una repetición máxima pueden predecirse [72]. Una de estas propuestas es evaluar la carga máxima que el atleta puede levantar para un número específico de repeticiones; por ejemplo, pruebas de 3 o 5 repeticiones máximas (3 o 5RM, respectivamente). La cantidad de repeticiones elegidas para las pruebas de repeticiones máximas con cargas submáximas influye en la precisión de la predicción de una repetición máxima. Según los reportes, la prueba de repeticiones submáximas que predice más estrechamente la carga de una repetición máxima también parece variar según el levantamiento [72].

2.1.4 Evaluación de la Fuerza Excéntrica

Las pruebas de fuerza excéntrica evalúan la cantidad de fuerza o torque que un atleta puede generar, específicamente, durante las acciones musculares donde el músculo se elonga activamente mientras se opone a una carga externa. La evaluación de la fuerza excéntrica se ha realizado más comúnmente utilizando un dispositivo isocinético; es decir, el atleta ejerce una fuerza máxima contra el brazo de palanca del dinamómetro a medida que esta se mueve a una velocidad angular establecida en la dirección opuesta. Esta modalidad de prueba de fuerza conlleva las mismas limitaciones desde un punto de vista de especificidad y validez como se describe para la evaluación de fuerza concéntrica. Por lo tanto, el profesional debe tener claro que lo que está evaluando es la capacidad de generación de torque para el movimiento particular de la articulación, en lugar de la expresión de fuerza para el rendimiento deportivo.

También existen pruebas isoinerciales de fuerza excéntrica, y su uso es cada vez más común [73]. Ciertos protocolos implican emplear variaciones de ejercicios de fuerza convencionales e imponen una fase excéntrica de 3 segundos; es decir, el peso máximo que el sujeto es capaz de bajar durante tres segundos a través del rango de movimiento excéntrico completo para el levantamiento particular. Otros métodos emplean una plataforma de fuerza y miden las fuerzas de reacción del suelo durante una carga alta o movimientos excéntricos de alta velocidad; sin embargo, el uso de estos protocolos estará restringido por el acceso y el personal capacitado para operar el equipo requerido. Dicho esto, cabe considerar que, hoy en día, es más fácil conseguir este equipo en el mercado, incluidos los sistemas portátiles, los cuales son cada vez más asequibles.

La fuerza máxima desarrollada bajo condiciones excéntricas siempre excederá la fuerza voluntaria máxima desarrollada durante las acciones concéntricas o isométricas. Como tal, las cargas involucradas durante las pruebas de carga excéntrica exceden las utilizadas durante las pruebas de carga isométrica o concéntrica [73]. El nivel de carga más abundante impuesto, plantea preocupaciones sobre la seguridad de esta forma de evaluación, para ciertos atletas, particularmente los atletas jóvenes que aún están madurando físicamente y, por el contrario, atletas mayores.

2.1.5 Resistencia a la Pérdida de Fuerza

La resistencia a la pérdida de fuerza se identifica como un aspecto independiente del rendimiento neuromuscular, en oposición a solo un derivado de otras propiedades de fuerza [74]. Con el entrenamiento apropiado, las capacidades de resistencia a la pérdida de fuerza se pueden modificar independientemente de cualquier cambio en la fuerza máxima. Por lo tanto, existe una base sólida para evaluar de forma independiente la resistencia a la pérdida de fuerza, particularmente para los deportes en los que estas cualidades son importantes.

Las evaluaciones de la resistencia a la pérdida de fuerza generalmente registran el número de repeticiones que el atleta puede completar en una carga submáxima dada, generalmente determinada como un porcentaje de su una repetición máxima para el ejercicio de fuerza particular. Propuestas similares implican pruebas de repeticiones máximas con ejercicios en donde la propia masa corporal es la carga por vencer, tales como las pruebas de dominadas o flexiones máximas, de modo que la resistencia a la pérdida de fuerza se evalúa contra la masa corporal del atleta. En cualquier caso, el resultado del trabajo mecánico podría ser un parámetro de resultado más apropiado que simplemente el número de repeticiones. El trabajo se puede calcular en función de la carga multiplicada por la gravedad (para derivar la fuerza), la distancia a la que se mueve la carga contra la gravedad en cada repetición y las repeticiones totales del movimiento realizado.

Un notable ejemplo de una prueba administrada comúnmente que evalúa la resistencia a la pérdida de fuerza es la prueba de repeticiones de press de banca con 100 kg, realizada como parte de la *NFL Combine*. Esto puede clasificarse como una prueba de resistencia a la pérdida de fuerza para estos atletas fundamentándose en el hallazgo de que el número promedio de repeticiones completadas por atletas elegibles puestos a prueba en este evento es de 10 repeticiones o más [66].

2.2 Potencia Anaeróbica o "Velocidad-Fuerza"

La gran importancia otorgada a la potencia "explosiva" o velocidad-fuerza en la mayoría de los deportes queda ilustrada por el gran número y la amplia gama de modalidades de prueba que existen para evaluar la potencia o la capacidad de velocidad-fuerza de los atletas.

2.2.1 Dinamometría Isocinética

Las pruebas isocinéticas que utilizan velocidades angulares más altas en el dinamómetro se han utilizado como una medición tanto de la fuerza de alta velocidad como de la velocidad-fuerza. Esta aplicación de pruebas isocinéticas para evaluar la velocidad-fuerza conlleva las preocupaciones con respecto a la validez que se han descrito al evaluar la fuerza. Los movimientos de cadena cinética abierta monoarticulares involucrados en esta forma de evaluación parecerían carecer de especificidad en relación con los movimientos de cadena cinética multiarticulares y predominantemente cerradas que se caracterizan en los movimientos atléticos potentes. En consecuencia, las mediciones isocinéticas del torque de los isquiosurales y cuádriceps no mostraron relación estadística con los tiempos de esprint en ninguna distancia (5 m, 10 m, o 30 m) en una muestra de atletas de deportes de equipo (atletas de la liga de rugby profesionales y semiprofesionales) [75].

2.2.2 Tasa de Desarrollo de la Fuerza

La tasa de desarrollo de la fuerza se identifica como un componente clave del rendimiento de velocidad-fuerza [37]. Cuando se mide en condiciones isométricas (estáticas), los puntajes de la tasa de desarrollo de la fuerza no muestran cambios en respuesta al entrenamiento balístico, pliométrico u orientado a la fuerza del cuerpo inferior, a pesar de que se manifiestan mejoras en las mediciones de rendimiento atlético dinámico [76]. Del mismo modo, se demostró que una medición concéntrica de la tasa de desarrollo de la fuerza era capaz de discriminar entre buenos y malos resultados en una prueba de velocidad, mientras que la prueba de la tasa de desarrollo de la fuerza isométrica no fue capaz de tal discriminación [77].

Sin embargo, la medición de la tasa de desarrollo de la fuerza requiere de equipo costoso y difícilmente portátil (generalmente una plataforma de fuerza). De esta manera, las mediciones de este tipo tienden a compartir los mismos problemas de practicidad comunes a otras formas de pruebas de laboratorio.

2.2.3 Evaluación Isoinercial de la Producción Mecánica de Potencia

Las modalidades de prueba isoinerciales para evaluar las capacidades de velocidad-fuerza generalmente emplean un ejercicio de fuerza balística; es decir, la carga externa se proyecta en el espacio libre al final del rango de movimiento.

La producción mecánica de fuerza y potencia comúnmente se han evaluado durante los movimientos balísticos a través de sensores de fuerza y movimiento integrados en una jaula de sentadillas modificada. Anteriormente, el equipo de medición de esta modalidad de evaluación generalmente presentaba una barra olímpica fija en los corredores integrados en la jaula de sentadillas; una plataforma de fuerza mide las fuerzas aplicadas a través del suelo, mientras los sensores registran la velocidad de la barra a medida que se impulsa a lo largo de los corredores.

Desde un punto de vista metodológico, parece que el uso de dicho aparato (por ejemplo, la máquina Smith) durante la evaluación isoinercial de velocidad-fuerza puede afectar la relación con el rendimiento deportivo. Una sentadilla con salto sin restricciones usando solo una barra olímpica mostró una relación estadística con los puntajes de esprint en atletas de la liga de rugby [75], mientras que los puntajes absolutos de la sentadilla con salto medidos en aparatos restringidos no lo hicieron [78]. Al restringir el plano de movimiento de la barra, es posible que este aparato afecte la funcionalidad de la prueba al reducir el grado de especificidad de los movimientos deportivos, como los elementos de equilibrio y coordinación.

En años más recientes, una gran cantidad de dispositivos que comprenden transductores de posición lineal y una correa que se puede conectar directamente a la barra, se encuentran ampliamente disponibles. Estos dispositivos permiten medir la fuerza y la velocidad durante los ejercicios balísticos de peso libre en un plano vertical, para permitir una evaluación isoinercial de peso libre sin restricciones de la producción de potencia mecánica, basada en la fuerza (masa multiplicada por la aceleración vertical debido a la gravedad), el desplazamiento vertical y el tiempo de vuelo. La advertencia aquí es que si el ejercicio involucra cualquier grado de movimiento horizontal, los datos son menos confiables. Por ejemplo, la investigación realizada por Cormie y colaboradores, demostró que la cargada de potencia con barra olímpica presentaba un desplazamiento horizontal considerable de la barra durante el movimiento de impulso [79].

De hecho, una investigación de métodos para determinar la producción de potencia mecánica en la sentadilla con salto con barra olímpica, que implica un movimiento vertical predominantemente lineal, concluyó que el método del transductor de posición lineal individual no era válido para este propósito [80]. La recomendación basada en los datos presentados fue emplear un método que utilizara datos cinéticos en combinación con los datos cinemáticos; es decir, transductor de posición lineal en combinación con una plataforma de fuerza. En el caso de los movimientos que implican un desplazamiento horizontal evidente (como la cargada de potencia), los autores recomendaron además el empleo de dos dispositivos transductores de posición lineal, anclados en una formación de triángulo equidistante en el frente y detrás del pesista para permitir que se calcule el desplazamiento vertical mediante trigonometría, junto a la plataforma de fuerza [79, 80].

2.2.4   Evaluación de la Carga de Potencia Máxima "Pmáx"

Se ha prestado mucha atención a la carga con la que se alcanza la producción de potencia máxima (denominada $P_{máx}$), tanto desde el punto de vista del entrenamiento como de la evaluación. La producción de potencia de los atletas en un espectro de cargas con pruebas de modalidad isoinercial (generalmente sentadilla con salto con barra olímpica o lanzamiento de barra olímpica en el press de banca) se han utilizado para identificar su valor de VO_2 máx [81]. Una propuesta similar al evaluar las capacidades de velocidad-fuerza es trazar la curva individual de carga contra la producción de potencia del atleta en un rango de distintas cargas para el ejercicio de fuerza balística (más comúnmente la sentadilla con salto con barra olímpica). El fundamento de esta práctica es orientar la prescripción de entrenamiento de los atletas en un intento de cambiar su curva de carga-potencia en una dirección particular.

Sin embargo, la importancia práctica de este valor de $P_{máx}$ es cada vez más cuestionada. Del mismo modo, la relevancia de las evaluaciones que trazan las curvas de carga frente a la producción de potencia es muy debatida. Las diferencias en la producción de potencia a ambos lados de este valor de $P_{máx}$ a menudo son mínimas. Un estudio en atletas mayores de élite de rugby, reportó que las cargas de 10 % y 20 % por encima o por debajo de la carga $P_{máx}$ identificada afectaron la producción de potencia en solo 1.4 % y 5.4 % respectivamente [81]. Otra consideración, es que los valores de $P_{máx}$ se relacionan solo con el movimiento de entrenamiento puesto a prueba y, por lo tanto, no puede generalizarse a otros ejercicios de entrenamiento. Por ejemplo, una investigación en atletas universitarios entrenados demostró que la potencia máxima para la sentadilla trasera con barra olímpica y la sentadilla con salto con barra olímpica se produjo al 56 % y 0 % de su una repetición máxima en la sentadilla trasera con barra olímpica, respectivamente; y el valor correspondiente para la cargada de potencia fue de 80 % de su una repetición máxima [82].

2.2.5 Pruebas de Repeticiones Máximas con los Levantamientos Olímpicos

Otro marcador común de las capacidades de velocidad-fuerza (con una carga más alta), es la evaluación de repeticiones máximas utilizando un movimiento olímpico del levantamiento de pesas, generalmente una cargada de potencia. Por lo regular, se elige la cargada de potencia debido a la familiaridad de este levantamiento para la mayoría de los atletas y al hecho de que tiene un punto final distinto, es decir, el atleta fracasa o logra atrapar la barra en la porción superior del levantamiento. De la misma manera que para las pruebas de carga isoinercial libre, los puntajes de los atletas tenderán a estar limitados por su competencia técnica con el levantamiento [48].

2.2.6 Evaluación de Salto Vertical

Las variaciones del salto vertical son la medición comúnmente más empleada de la "potencia explosiva" del cuerpo inferior o el rendimiento de velocidad-fuerza para las poblaciones atléticas y no deportivas [83]. Múltiples segmentos (miembros inferiores y superiores) contribuyen al movimiento de salto vertical y, como tal, la coordinación y la habilidad motora influyen en el rendimiento de esta prueba [84]. Desde el punto de vista de evaluar el rendimiento deportivo, el salto vertical es una acción común en la mayoría de los deportes. El movimiento de salto vertical implica la acción de "triple extensión" a través de la cadena cinética de las articulaciones de las extremidades inferiores que se presenta durante la aceleración y varios movimientos dinámicos relacionados con el juego.

La prueba estándar para el impulso concéntrico es la sentadilla con salto, ejecutada desde una profundidad de sentadilla establecida sin ningún contramovimiento. El *salto contramovimiento* (el atleta comienza el ejercicio de pie y realiza un movimiento hacia abajo, e inmediatamente realiza un movimiento ascendente que incrementa la producción de potencia durante el despegue), realizado continuamente sin pausa, es la prueba estándar de rendimiento explosivo para una acción excéntrica-concéntrica acoplada. La diferencia entre las dos mediciones —sentadilla con salto (solo concéntrica) contra la altura del salto contramovimiento— puede usarse para evaluar la contribución de la fase excéntrica al rendimiento del salto del atleta [85]. Los saltos verticales en profundidad también se pueden usar de manera similar para evaluar la contribución del ciclo de estiramiento-acortamiento. Las pruebas para evaluar la fuerza reactiva y el rendimiento del ciclo de estiramiento-acortamiento se analizan en una sección posterior.

Cada vez existen más datos que indican que la tradición de estandarizar la profundidad o el ángulo de la rodilla durante el salto con sentadilla y la evaluación del salto contramovimiento puede no ser necesaria al evaluar atletas [86]. Por lo tanto, permitir que el atleta seleccione su profundidad puede ser más apropiado, ya que esto podría facilitar la evaluación del rendimiento deportivo de una manera menos limitada. Antedicha investigación realizada por Mitchell y colaboradores parece respaldar esto, ya que el rendimiento de salto de los participantes se optimizó en la condición de profundidad autoseleccionada. Dicho esto, el registro de profundidad, o ángulos de cadera y rodilla, durante la evaluación también puede proporcionar información importante; y esto se puede hacer a través de la captura de video sin interferir con el atleta durante la prueba.

El uso del movimiento del braceo durante la acción de salto aumenta la generación de torque en las articulaciones de la cadera y la rodilla durante la fase de impulso del salto vertical [87]. Se ha demostrado que saltar (con la asistencia del braceo) para alcanzar un objetivo por encima de la cabeza influye tanto en la mecánica del movimiento como en la altura del salto [88]. Se reportó que un dispositivo de prueba de campo que utiliza un protocolo de salto y alcance (con impulso de los brazos y alcanzando las paletas de medición colocadas sobre la cabeza) tiene la mayor correlación con la selección de talento en una muestra de atletas de élite de hockey sobre hielo [89]. Curiosamente, los puntajes de salto y alcance vertical usando un aparato de paletas de medición (por ejemplo, el Vertec) se correlacionaron más estrechamente con el orden eventual de selección de talento de los atletas en el período de reclutamiento de la Liga Nacional de Hockey en comparación con los puntajes correspondientes para la sentadilla con salto y contramovimiento (sin impulso de los brazos) evaluados a través de un sistema de plataformas de contacto [89]. Los autores de este estudio concluyeron que un protocolo de sentadilla con salto y alcance exclusivamente concéntrico, utilizando el aparato de paletas de medición, fue el más apropiado para las pruebas fuera del hielo en los atletas de élite de hockey sobre hielo.

Se ha demostrado que un movimiento de iniciación simple, es decir; dar un paso antes de ejecutar un salto contramovimiento (bilateral), aumenta la altura del salto [90]. De manera similar a un salto en profundidad, el paso permite al atleta establecer un estímulo de precarga más abundante, lo que facilita un rendimiento de impulso superior. La iniciación de una zancada en la técnica de salto también altera la biomecánica y la cinemática del movimiento (ángulos articulares y fuerzas de reacción del suelo), a pesar de que el salto todavía se ejecuta desde dos piernas (postura bilateral). Un estudio en atletas de voleibol, en ambos sexos, demostró que los atletas precargaron su pierna delantera durante la versión de la prueba en donde se toma una zancada previa, lo que resultó en mayor torque en la cadera, rodilla y tobillo, y fuerzas de reacción del suelo, medidas en la pierna delantera en comparación con la pierna trasera [90]. Evaluar tanto la pierna dominante como la no dominante, como la pierna principal durante esta prueba, también puede indicar diferencias bilaterales de rendimiento entre las extremidades inferiores. Las variaciones con una sola pierna de las pruebas de salto vertical se pueden usar de la misma manera [91]. También, los saltos verticales con iniciaciones de carrera de varias distancias (1, 3 y 5 zancadas) se han utilizado para evaluar la potencia y el rendimiento deportivo [84].

2.2.7 Pruebas de Salto Horizontal

El salto por distancia de pie y el triple salto de pie, también se usan para medir la potencia del cuerpo inferior en un movimiento horizontal en lugar de vertical. Asimismo, existen versiones con una sola pierna dentro de las pruebas de salto horizontal [92]. Estas evaluaciones unilaterales se emplean en el campo para aplicaciones clínicas y de rendimiento. Además del rendimiento global (distancia de salto o métricas cinéticas), la comparación de puntajes entre extremidades también recibe mucha atención, particularmente en los ámbitos de riesgo de lesiones, rehabilitación y prevención.

Tales pruebas, particularmente aquellas que involucran múltiples saltos, *hops* o *bounds* (despegue a partir de dos piernas con aterrizaje opcional a una o dos piernas; despegue y aterrizaje a partir de la misma pierna; y despegue y aterrizaje desde piernas opuestas, respectivamente), exigen coordinación y equilibrio, además de la velocidad-fuerza de los músculos locomotores [93]. En consecuencia, una consideración metodológica aparente con estas pruebas de salto horizontal es que la familiaridad de los sujetos con el movimiento tenderá a influir en la fiabilidad de las puntuaciones entre los ensayos [94]. Por esta razón, se recomiendan los ensayos de práctica antes de evaluar el rendimiento, particularmente durante las etapas iniciales cuando estas pruebas se introducen por primera vez.

2.3 Fuerza/velocidad Reactiva y Rendimiento del Ciclo de Estiramiento-Acortamiento

La fuerza reactiva se refiere al acoplamiento de acciones musculares excéntricas y concéntricas, y como tal comprende cualidades de velocidad-fuerza excéntricas y concéntricas, además de componentes mecánicos y neurales del ciclo de estiramiento-acortamiento (CEA, o SSC por sus siglas en inglés). Estos movimientos requieren que el atleta primero desacelere y revierta su impulso negativo (es decir, hacia abajo) al tocar el suelo antes de iniciar una acción concéntrica balística (como un salto) [95].

Los movimientos excéntricos-concéntricos acoplados relativamente más prolongados –donde se presentan duraciones más largas (300-500 ms) de aplicación de fuerza o contacto con el suelo–, proporcionan una indicación de la fuerza reactiva y las capacidades de ciclo de estiramiento-acortamiento "lentas". Por el contrario, los movimientos que implican un breve contacto con el suelo (<200 ms) se emplean para evaluar el rendimiento del ciclo de estiramiento-acortamiento "rápido". Probablemente, la medición más común de la fuerza reactiva de la extremidad inferior para movimientos de un ciclo de estiramiento-acortamiento "lento", se deriva de la diferencia entre el salto vertical concéntrico (sentadilla con salto) y las alturas de salto contramovimiento, aunque ciertos autores debatirían si esto es representativo del rendimiento del ciclo de estiramiento-acortamiento.

2.3.1   Evaluaciones de Salto en Profundidad

La prueba equivalente de la fuerza reactiva y el rendimiento rápido del ciclo de estiramiento-acortamiento de las extremidades inferiores es la evaluación de salto en profundidad, en donde existen versiones tanto verticales como horizontales de esta prueba.

Existen dos variaciones principales de la evaluación de salto en profundidad [96]. El "salto en profundidad contramovimiento" enfatiza la altura alcanzada después del contacto, mientras que para el "salto en profundidad con rebote" la instrucción es minimizar el tiempo de contacto. En cualquier caso, las evaluaciones de salto en profundidad requieren una alfombra de contacto o una plataforma de fuerza para medir el tiempo de contacto. La validez de las evaluaciones de salto en profundidad está respaldada por la observación de que los puntajes del índice de altura de salto en profundidad (salto en profundidad con rebote) se correlacionan con el rendimiento del esprint en mujeres velocistas de educación secundaria [97].

La altura del salto en profundidad puede expresarse con respecto al puntaje de altura de salto contramovimiento correspondiente del atleta. De manera similar, realizar estas pruebas utilizando una plataforma de fuerza o una alfombra de contacto permite calcular el "índice de fuerza reactiva", que representa la relación entre el tiempo de vuelo (durante el salto) y el tiempo de contacto (durante la acción de aterrizaje y despegue anterior) [95]. La evaluación de salto en profundidad también se puede ejecutar desde varias alturas de caja [98], y esto permite al evaluador trazar una curva de altura de caída contra la altura de salto para cada atleta.

Los atletas con antecedentes de entrenamiento pliométrico tenderán a saltar más alto desde un salto en profundidad, de modo que la altura de la caja utilizada se puede aumentar hasta que alcancen una altura de salto en profundidad que exceda sus capacidades de fuerza reactiva. Un estudio que evaluó a atletas que practicaban diferentes deportes usando una prueba de salto en profundidad, desde una altura relativamente grande (60 cm), mostró que los atletas de deportes de equipo (fútbol soccer, voleibol, balonmano y baloncesto) emplearon diferentes estrategias motoras en comparación con atletas de remo y atletismo [99]. Al igual que otros tipos de salto, la presencia de un objetivo vertical durante las pruebas de salto en profundidad, parece influir en la mecánica del movimiento, la biomecánica de las extremidades inferiores, el tiempo de contacto e incluso la altura del salto [88].

También existen variaciones de la prueba de salto vertical con una sola pierna que permiten evaluar independientemente la velocidad-fuerza reactiva y el rendimiento del ciclo de estiramiento-acortamiento de la extremidad inferior dominante y no dominante. Estas evaluaciones proporcionan una herramienta de diagnóstico para evaluar la competencia de movimiento y la simetría de la función, así como la producción de fuerza entre las extremidades. Asimismo, también se han investigado las pruebas de salto en profundidad horizontal [100]. Estas pruebas implican caer (verticalmente) desde una caja de altura especificada e inmediatamente al aterrizar saltar por distancia en una dirección horizontal.

La prueba de salto horizontal también incluye variaciones bilaterales y unilaterales. El salto en profundidad horizontal unilateral (es decir, con una sola pierna) ha recibido en particular cierta atención sobre el fundamento de su aparente relación con el rendimiento del esprint [100]. Esta prueba se realiza de manera similar al salto en profundidad: generalmente se usa una caja de 20 cm. La prueba de salto en profundidad horizontal con una sola pierna ha reportado relaciones estadísticas positivas con parámetros de aceleración y rendimiento de velocidad con atletas de deportes de equipo.

2.3.2   Evaluaciones de Saltos Repetidos

Otro método para evaluar la fuerza reactiva y las capacidades del ciclo de estiramiento-acortamiento implica el uso de múltiples saltos realizados consecutivamente. Al igual que con el salto en profundidad, existen diferentes estrategias que pueden emplearse para el salto con rebote, que se enfatizan en maximizar la altura o minimizar el tiempo de contacto, respectivamente. La variación de rebote de la técnica de salto se emplea con mayor frecuencia durante las evaluaciones de saltos repetitivos, y la instrucción para cada aterrizaje sucesivo es despegar lo antes posible después del contacto.

Una evaluación común que se emplea en el campo, implica saltos verticales repetitivos ejecutados en su lugar (sin desplazamiento) aterrizando en una plataforma de fuerza o una alfombra de contacto. Las métricas tomadas de estas pruebas incluyen el tiempo de contacto y el tiempo de vuelo, del cual se derivan los valores del índice de fuerza reactiva. Este tipo de evaluación también se utiliza para evaluar la rigidez activa. Uno de estos protocolos es la evaluación 10/5, por la cual el atleta realiza 10 saltos sucesivos repetitivos (bilaterales) en su lugar, y el promedio de las 5 mejores repeticiones se utiliza para derivar el índice de fuerza reactiva. Un protocolo similar empleado por Nagahara y colaboradores [101] implicó seis saltos sucesivos. Los participantes en esta investigación realizaron una variación de salto de rebote que maximizó la altura (aunque usaron la instrucción de despegar lo antes posible), que los autores denominaron un "salto de tobillo", en donde la instrucción era minimizar el tiempo de contacto y el atleta aterriza en una postura más extendida, con mínima flexión de rodilla o cadera al aterrizar.

Las evaluaciones de salto repetidos en dirección horizontal también se emplean en una variedad de deportes. Estos incluyen variaciones bilaterales (saltos por distancia repetidos de pie) y unilaterales (hops). Una de las evaluaciones más comunes de este tipo empleadas en el campo es la evaluación de triple hop. Se demostró que el rendimiento en esta prueba estaba relacionado con el rendimiento del salto vertical en atletas de fútbol soccer universitario de ambos sexos; y se concluyó que era una medición válida del rendimiento de potencia en estos atletas [93]. Una vez más, la naturaleza unilateral de las pruebas de hops repetidos permite comparar el rendimiento entre extremidades. En consecuencia, las pruebas de hops repetidos de este tipo se emplean con frecuencia en un entorno de rehabilitación para evaluar el rendimiento funcional de la pierna lesionada en comparación con la no lesionada [93].

Además de las cualidades reactivas de velocidad-fuerza y el ciclo de estiramiento-acortamiento, la ejecución de saltos o hops horizontales repetidos requiere de un nivel considerable de atletismo, equilibrio y estabilidad postural. Si bien los atletas tienden a estar familiarizados con los componentes de los movimientos, a menudo están menos familiarizados con la realización de saltos horizontales sucesivos de manera continua. Se deduce que los atletas requerirán práctica y un período de familiarización antes de que se introduzca esta forma de evaluación. En consecuencia, se observa que las métricas de triple salto o hop demuestran un efecto de familiarización evidente [94]. Dada la mayor complejidad de los movimientos secuenciales involucrados, es probable que el rendimiento entre los ensayos sea más variable incluso entre los atletas que están familiarizados con la evaluación.

Se demostró que una variación de cinco saltos de esta prueba identifica las diferencias en el rendimiento entre la extremidad dominante y no dominante entre atletas de sóftbol universitario [81].

2.4   Evaluación de los Componentes de Velocidad

En el contexto de los deportes intermitentes en particular, la velocidad a menudo comprende la capacidad de moverse rápidamente en una variedad de direcciones, con frecuencia no en una línea recta, y la habilidad de cambiar de dirección al ritmo deseado. Los puntajes de los atletas en carreras de velocidad en línea recta y pruebas de rendimiento de cambio de dirección generalmente muestran una relación estadística limitada [102]. Como estas habilidades de cambio de dirección que apuntalan el rendimiento de la agilidad son independientes de la habilidad de correr en línea recta, se deduce que se requieren distintos parámetros de evaluación [34].

Existen varios sistemas de compuertas de temporización electrónicas disponibles en el mercado que ofrecen altos grados de precisión (a las centésimas o milésimas de segundo más cercanas) y confiabilidad. Dichas compuertas de sincronización son susceptibles tanto a las pruebas de velocidad en línea recta como a las pruebas de cambio de dirección; este equipo también es portátil, por lo que es adecuado para pruebas de campo. Desde el punto de vista de la especificidad del contexto, parecería ventajoso que la evaluación de la velocidad y el cambio de dirección se llevara a cabo en la misma superficie y entorno en que los atletas entrenan y se desempeñan [44]. Una advertencia para los deportes que se juegan al aire libre en una superficie de césped, es que el clima y las condiciones del campo pueden variar, lo que puede influir en las mediciones periódicas. Por lo tanto, desde el punto de vista de la estandarización, puede ser preferible utilizar una superficie artificial para todo clima o una instalación de césped artificial en interiores para evaluaciones de velocidad de carrera en campo, en estos deportes que son realizados al aire libre.

2.4.1 Mediciones de las Habilidades de Aceleración en Línea Recta

Los tiempos parciales durante 5 m se han utilizado como una medición de "rapidez de la primera zancada", mientras que los tiempos parciales de los atletas durante 10 m o 15 m también se usan a menudo para evaluar la habilidad de aceleración [34]. Mientras que el tiempo de rapidez de la primera zancada en 5 m y el tiempo de "aceleración" en 10 m se correlacionaron estrechamente en atletas de rugby semiprofesionales y profesionales, sus tiempos de 5 m estuvieron menos relacionados con sus puntajes de velocidad máxima durante 30 m [75]. Tales hallazgos indican que estas habilidades parecen ser bastante distintas entre los atletas de deportes de equipo y este también puede ser el caso de los atletas en deportes relacionados.

2.4.2 Evaluación de la Velocidad de Carrera en Línea Recta

Una práctica comúnmente particular en los Estados Unidos es emplear esprints durante cuarenta yardas (yd) para evaluar la velocidad máxima de carrera en línea recta [103]. La prueba de 40 yd se manifiesta repetidamente en las baterías de prueba de condición física, incluidas las empleadas para fines de selección de talento, como la NFL Combine. Otros deportes emplean distancias de esprints totales de 30 m y 40 m, y esto parece estar determinado, en gran parte, por cuál es la tradición del deporte en particular. Como resultado, existen datos normativos considerables publicados sobre estas distancias, que ofrecen al entrenador los medios para calificar el rendimiento de sus atletas en la prueba de velocidad. Sin embargo, desde un punto de vista de especificidad, cuando se realiza una evaluación de velocidad, es importante que la selección de la distancia total de la prueba (y las distancias para tiempos parciales) refleje lo que ocurre durante la competición; a fin de evaluar las habilidades de velocidad que son relevantes para el deporte.

Las evaluaciones de velocidad a menudo incluyen tiempos parciales en distancias específicas (5 m, 10 m, 20 m). La importancia de evaluar el rendimiento del esprint en una variedad de distancias queda ilustrada por las diferencias observadas entre el rendimiento de la velocidad de los atletas a diferentes intervalos dentro de la distancia general de la prueba de esprint [104]. Con múltiples compuertas de temporización, esto se puede lograr fácilmente registrando tiempos parciales dentro de una prueba de velocidad en una distancia designada, o alternativamente realizando pruebas repetidas en diferentes distancias si el profesional está limitado por el equipo.

La adición de tecnología de radar o láser, ya sea por sí sola o en combinación con compuertas de tiempo, permite aún más el registro continuo de la velocidad a lo largo de la prueba. Esto permite evaluar la curva de aceleración de cada atleta antes de alcanzar la velocidad máxima, además de proporcionar métricas de estos tipos de velocidades para cada prueba. La tecnología infrarroja de pista también está disponible comercialmente, lo que proporciona tiempos de contacto y tiempos de vuelo durante cada prueba, y de esta manera es posible la evaluación zancada a zancada.

Es importante que se usen dispositivos de cronometraje electrónicos cuando sea posible al intentar evaluar objetivamente el rendimiento de velocidad de los atletas [104]. Una variedad de dispositivos electrónicos de compuertas de temporización está disponible comercialmente y los aparatos de pistola de radar también se usan tanto en la investigación como en el campo. Estos dispositivos permiten medir tiempos parciales para que el rendimiento de la velocidad en un rango de distancias pueda evaluarse en una sola prueba. Típicamente, la medición de velocidad registrada es el tiempo total para cubrir la distancia designada. Aunque, no se usa ampliamente en el campo, un método alternativo que se ha empleado en la literatura es evaluar el tiempo parcial más rápido; por ejemplo, la mejor división de 5 m o 10 m dentro de la prueba general de esprint. Alternativamente, los tiempos de *flying sprints* (esprints con una fase previa de aceleración, en donde el atleta toma "vuelo" por una distancia determinada, antes de iniciar un esfuerzo de velocidad máxima) pueden emplearse como una evaluación del rendimiento de la velocidad máxima. Este método implica permitirle al atleta una aceleración previa –en donde alcanza la velocidad máxima–, antes de correr a través de compuertas de tiempo separadas por 10 m o 20 m para obtener la medición de velocidad máxima (expresada en metros por segundo).

Si no está disponible, entonces los dispositivos manuales de cronometraje (es decir, un cronómetro) pueden ser una alternativa aceptable, aunque los entrenadores y atletas deben estar conscientes del menor grado de precisión con este método de cronometraje. Los tiempos registrados con un cronómetro son a menudo más rápidos que el tiempo medido con una compuerta de sincronización electrónica. Sin embargo, este no es un hallazgo consistente, y las diferencias entre las dos mediciones no son constantes. Por lo tanto, la práctica de aplicar un factor de corrección para convertir los tiempos registrados en el cronómetro no es confiable y no debe usarse [105]. De manera similar, dado que los tiempos registrados en el cronómetro no muestran la misma precisión, se deduce que no es apropiado intentar evaluar los tiempos parciales.

2.5 Evaluación del Rendimiento de "Agilidad"

Por definición, la "agilidad" comprende el cambio de dirección o velocidad iniciada en respuesta a un estímulo [106]. Esta definición estipula que cualquier evaluación verdadera de la agilidad debe presentar un elemento de reacción y/o toma de decisiones, además de la tarea particular de cambio de dirección empleada. En consecuencia, es importante definir y distinguir explícitamente las pruebas que incorporan un componente de estímulo-respuesta y, por lo tanto, intentan evaluar la agilidad, de las evaluaciones más frecuentes de las habilidades de movimiento de cambio de dirección. Muchos de los protocolos de prueba descritos en la literatura continúan denominándose pruebas de "agilidad" cuando en realidad solo evalúan el cambio de dirección de los atletas. Las respectivas evaluaciones de cambio de dirección y las pruebas de "agilidad reactiva" se detallarán a continuación.

2.5.1 Evaluaciones de "Agilidad Reactiva"

Existen pruebas de cambio de dirección en uso que incorporan simples señales de reacción, de modo que el movimiento se ejecuta en respuesta a luces o estímulos similares. Ciertos autores han cuestionado si estas pruebas proporcionan una medición válida de los factores de procesamiento de información y toma de decisiones relacionados con el juego que contribuyen al rendimiento de la agilidad en deportes intermitentes [106]. En respuesta a estas inquietudes, se han ideado protocolos en los que se emplea a un evaluador con el propósito de indicar la respuesta de movimiento; por ejemplo, el evaluador realiza un paso lateral en la dirección en que se requiere que el atleta se mueva en un punto predeterminado [107]. Otros protocolos de este tipo utilizan una pantalla de video para que el atleta reaccione ante el movimiento de los atletas en la pantalla [108].

2.6 Evaluaciones del Rendimiento de Cambio de Dirección

Las habilidades de cambio de dirección continúan siendo una piedra angular del rendimiento de agilidad; como tal, las pruebas de rendimiento de cambio de dirección continúan siendo relevantes y proporcionan información significativa. Existe una variedad de pruebas que miden la capacidad de cambio de dirección [102, 106, 109]. Al igual que con otras pruebas de rendimiento deportivo, existe una serie de consideraciones al seleccionar un protocolo de prueba, incluida la cantidad de datos normativos que existen para que la prueba proporcione una referencia para comparar los puntajes obtenidos.

Existe una amplia variedad de pruebas de rendimiento de cambio de dirección que difieren tanto en duración como en complejidad, en términos del número y grados de los cambios en la dirección [110]. Los diversos parámetros de evaluación empleados para evaluar el rendimiento de cambio de dirección a menudo muestran diversos grados de relación estadística entre sí [111]. Esto parece depender en parte del grado de homogeneidad (número/longitud de esprint y grados de cambios de dirección) entre los respectivos protocolos. Del mismo modo, se ha reportado que las pruebas de cambio de dirección muestran diversos grados de relación estadística con los parámetros del rendimiento de la velocidad en línea recta, dependiendo en gran parte del número y el grado de los cambios de dirección involucrados [110]. Finalmente, dependiendo de la distancia recorrida y la duración de la prueba, el resultado también puede verse influenciado por la fatiga y la capacidad de trabajo. Estos hallazgos ilustran no solo la dificultad de obtener una evaluación integral de las habilidades de cambio de dirección de los atletas, sino también la influencia que la selección e interpretación de las pruebas puede tener en la calificación de los atletas con respecto al rendimiento de cambio de dirección.

También, se ha demostrado que la extremidad utilizada para ejecutar los cambios de dirección en la prueba influye en el rendimiento de los atletas [92]. Por lo tanto, el rendimiento en una prueba de cambio de dirección puede diferir dependiendo de si los movimientos de corte se ejecutan con la pierna dominante o no dominante. De tal modo, estas evaluaciones pueden ser útiles a fin de evaluar la simetría en la función de las extremidades, lo que puede ser relevante desde la perspectiva del riesgo de lesiones y para monitorear el progreso en un contexto de rehabilitación.

A continuación, se presenta una selección de protocolos de prueba de cambio de dirección desglosados en diferentes categorías de movimiento.

2.6.1 Giro Individual de 180 Grados

Quizás la evaluación de cambio de dirección más ampliamente estudiada en la literatura actual es la **prueba 5-0-5**. Esta prueba presenta un cambio de dirección individual, que comprende un pivote y giro de 180 grados. La marca de inicio se encuentra a 5 m detrás de la línea "cero", con otro marcador 5 m más allá de este. Desde un punto de inicio de pie, el atleta corre 10 m hacia delante, realiza un pivote y gira para correr 5 m hasta la línea "cero" [106].

2.6.2 Múltiples Giros de 180 Grados

La prueba *Pro Agility Shuttle* (carrera de ida y vuelta) [66] que se presenta en la NFL Combine es esencialmente una versión extendida del protocolo de prueba 5-0-5. Una vez más, solo existen tres marcadores, espaciados a 5 yd de distancia. El atleta comienza en el marcador central y corre 5 yd hacia el marcador externo, luego gira 180 grados para correr 10 yd hacia el marcador externo opuesto, antes de ejecutar un giro final de 180 grados para correr 5 yd de regreso a la línea de salida.

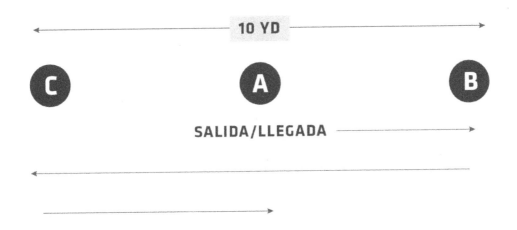

Figura 2.1 – Prueba Pro Agility Shuttle

La Prueba 9-3-6-3-9 descrita por Sporis y colaboradores [111] se realiza en una pista con siete marcadores espaciados a 3 m en línea recta, que se extienden sobre una distancia total de 18 m. Esta prueba consta de cuatro giros de 180 grados y un total de cinco esprints de distancias variables. El protocolo consiste en un esprint inicial de 9 m hasta la mitad del camino, antes de ejecutar un giro de 180 grados para correr 3 m en la dirección opuesta, seguido de otro giro de 180 grados y un esprint de 6 m en la dirección original, luego otro giro de 180 grados y un esprint de 3 m antes de un giro final de 180 grados y un esprint de 9 m hasta la línea de meta.

La **"Prueba 9-3-6-3-9 con una Carrera Hacia Atrás y Adelante"** [111] es una versión modificada de la prueba anterior que cubre el mismo recorrido en lo que concierne al cambio de dirección del atleta en los mismos marcadores. La modificación del protocolo es que, en lugar de girar 180 grados en cada cambio de dirección, el atleta corre tanto hacia delante como hacia atrás mientras mira en la misma dirección (es decir, hacia la línea de meta) en todo momento. Se descubrió que esta versión de la prueba diferencia las habilidades particulares de cambio de dirección de los atletas defensivos y los centrocampistas frente a los atacantes en el fútbol soccer [111].

En la literatura también existen varias pruebas de cambio de dirección de shuttle que implican ejecutar un número prescrito de esprints de shuttle a diferentes distancias. Los ejemplos incluyen la prueba shuttle de 10 yd (9 m), el shuttle de 6 x 5 m y las pruebas de shuttle de 4 x 5.8 m [110].

2.6.3   Combinación de Giros de 90 Grados y 180 Grados

El **"L-Run"** o el **"3-cone drill"** (carrera en "L" o drill de 3 conos, respectivamente) es otra evaluación que se presenta en la NFL Combine, y de todas las pruebas de cambio de dirección empleadas, se reportó que el rendimiento de los atletas en esta prueba tiene la mayor correlación con los atletas de fútbol americano seleccionados por los equipos profesionales [66]. La pista presenta un cono colocado a 5 yd frente al cono de inicio/finalización, con un tercer cono colocado a 5 yd a la derecha de este. Desde la línea de inicio, el atleta inicialmente corre hacia delante hasta el primer cono, gira 180 grados para volver a la línea de inicio, ejecuta un pivote y gira para correr hacia delante una vez más y ejecuta un corte de 90 grados hacia la derecha para correr hacia el segundo cono, antes de ejecutar un pivote final de 180 grados para correr de vuelta al primer cono donde realizan un segundo corte de 90 grados a la izquierda para regresar al cono de inicio/finalización.

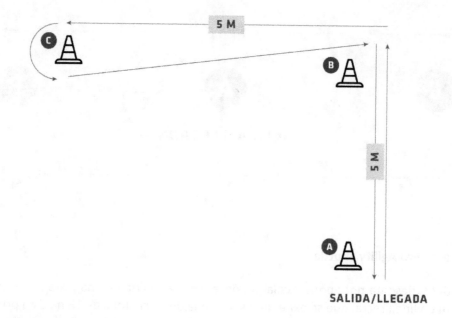

Figura 2.2 – Prueba de 3 Conos

La **prueba T** se emplea ampliamente como una prueba estándar del rendimiento de cambio de dirección [34]. La configuración básica implica un marcador central colocado frente a las compuertas de inicio/finalización, con dos marcadores adicionales colocados en el marcador central. El protocolo consiste en un esprint hacia delante al marcador central, seguido de cortes laterales de 90 grados al marcador colocado en un lado antes de un giro de 180 grados para correr al marcador en el lado opuesto, antes de un giro final de 180 grados para correr de regreso al marcador central, donde el atleta ejecuta un corte final de 90 grados para correr de regreso a las compuertas de inicio/finalización. La configuración convencional es que el marcador central esté a 10 m (o 10 yd en los Estados Unidos) de la puerta de inicio/finalización, con los marcadores laterales separados 5 m (o 5 yd en los Estados Unidos) a cada lado del marcador central. Sin embargo, también existen diferentes versiones de esta prueba con modificaciones en el espacio entre conos. Otras variaciones del protocolo incluyen qué restricciones de movimiento se imponen. Por ejemplo, ciertas versiones estipulan que el atleta debe desplazarse lateralmente entre los marcadores central y externo mientras mira hacia delante, en lugar de pivotar en cada punto.

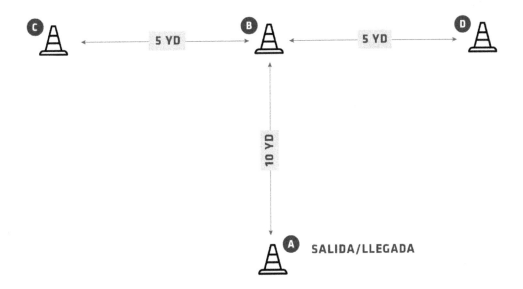

Figura 2.3 – Prueba T

2.6.4   Protocolos de Carrera y "Corte"

Los protocolos que involucran un solo "corte" de menos de 90 grados (típicamente 45 grados) se observan en la literatura y en el campo [112, 113]. La mecánica de los movimientos de cambio de dirección de corte es notablemente distinta a los pivotes de 90 grados o los giros de 180 grados. Específicamente, durante un cambio de dirección de 180 grados existe una necesidad de superar la inercia, ya que el atleta debe detener completamente su impulso antes de acelerar en la dirección opuesta; por lo tanto, estas pruebas dependen en gran parte de la capacidad de absorber y generar una gran cantidad de fuerza en relación con la masa corporal [114]. Por el contrario, los movimientos de correr y cortar generalmente implican desviaciones de dirección menos drásticas y, por consecuencia, están menos determinadas por la capacidad de generación de fuerza pura. Se deduce que la selección de evaluaciones debe reflejar esto; por ejemplo, se observan diferencias significativas en las fuerzas de reacción del suelo y la cinemática de cadera y rodilla durante un corte de 45 grados en comparación con las maniobras de cambio de dirección de 90 grados [112] o 110 grados [113].

La velocidad de aceleración previa empleada también afecta la manera en que se realizan tales tareas de corte debido al mayor impulso que el atleta manifiesta durante la maniobra [115]. Por lo tanto, aparte del grado de corte involucrado en el protocolo, la distancia entre el cono de inicio y el marcador en el que se realiza el corte, es un parámetro clave referente al diseño experimental de la evaluación.

2.6.5   Múltiples Cortes de Diversos Grados

Existen una gran variedad de protocolos ejecutados en "zigzag", que generalmente implican movimientos de cambio de dirección de corte alrededor de tres conos colocados entre los conos de inicio y finalización, como la prueba de ejecución en zigzag descrita por Mirkov y colaboradores [116]. El ángulo de corte habitual entre los conos sucesivos en estos protocolos es de 100 grados, y los conos generalmente se colocan a 5 m de distancia.

Las pruebas de carrera de Slalom también figuran en la literatura [111]. Uno de estos protocolos implica un curso de Slalom a través de seis conos colocados en línea recta a intervalos de 2 m; la distancia total recorrida es de 22 m (11 m en cada dirección). El atleta comienza en la línea de salida con el primer cono del curso de Slalom de seis conos a 1 m de distancia; el atleta completa un curso de Slalom a través de cada cono en una dirección hacia delante y luego realiza un giro de 180 grados después del cono final para completar el curso de Slalom en la dirección opuesta para terminar de nuevo en la línea de inicio.

La **prueba de agilidad de Illinois** [106] es un protocolo establecido desde hace mucho tiempo, que presenta múltiples cortes de Slalom a través de conos y giros de 180 grados. De todas las pruebas estándar de cambio de dirección, la prueba de agilidad de Illinois posiblemente manifiesta la mayor complejidad de movimiento, y la duración para completar la prueba también se encuentra entre las más largas [110].

Actividad Reflexiva: ¿Cuáles son las exigencias relativas de velocidad en línea recta, agilidad y capacidad de cambio de dirección en su deporte? ¿Cómo adaptaría las pruebas para reflejar las exigencias del deporte y los requisitos específicos de este?

3   Evaluación de las Capacidades de Resistencia

Una propuesta utilizada al evaluar las capacidades de resistencia de los atletas es poner a prueba los parámetros fisiológicos individuales que sustentan el rendimiento de resistencia, como el VO_2 máx, la economía de carrera y el umbral de lactato [10]. Se entiende que el VO_2 máx de los atletas entrenados está limitado por el gasto cardíaco, por lo que esta medición se toma para reflejar las adaptaciones centrales [36]; aunque las adaptaciones periféricas también contribuyen de forma independiente [117]. Por el contrario, las mediciones de la capacidad de depuración de lactato se interpretan como un marcador de adaptaciones periféricas.

La resistencia aeróbica está determinada tanto por la aptitud aeróbica del atleta como por su capacidad de mantener un alto porcentaje de VO_2 máx, que puede conceptualizarse como el "VO_2 de carrera" o el "VO_2 de rendimiento" [11]. El último componente está a su vez relacionado con la propensión del atleta de depurar el lactato y la capacidad de amortiguación del músculo. El factor final en la resistencia aeróbica es la economía de carrera o la eficiencia en el trabajo: este factor determina esencialmente qué producción de potencia o velocidad puede producir el atleta en la absorción de oxígeno que equivale a su VO_2 de "carrera" o rendimiento" [11]. Las mediciones de economía solo son relevantes para el trabajo específico realizado. Desde este punto de vista, la prueba debe replicar lo más fielmente posible el tipo y las velocidades de locomoción involucradas durante la competición, para tener en cuenta antedicho factor de economía de movimiento al evaluar la resistencia aeróbica [118].

3.1   Pruebas de Laboratorio de la Máxima Potencia Aeróbica (VO2 máx)

Existen varios protocolos para la evaluación del VO_2 máx en cintas ergométricas, cicloergómetros y remadoras. En el laboratorio, estas evaluaciones implican la medición directa del oxígeno inspirado y el dióxido de carbono espirado. Tales protocolos a menudo también monitorean la frecuencia cardíaca (FC) y, en el caso de los analizadores de gases respiración por respiración, la frecuencia ventilatoria (respiraciones por minuto).

Las mediciones de VO_2 máx son específicas a la modalidad de evaluación empleada. Por ejemplo, los puntajes del mismo atleta en un cicloergómetro serán notablemente más bajos que los registrados cuando se miden en una caminadora de banda. Esto es una consecuencia de factores como la postura (por ejemplo, sentado frente a estar de pie y la cantidad de masa muscular empleada durante el ejercicio ergométrico en comparación con la carrera [119].

Los protocolos para evaluaciones basadas en ergómetro de VO_2 máx son incrementales, es decir, la intensidad del trabajo aumenta progresivamente a intervalos fijos (generalmente de 1 minuto) hasta que el atleta no puede continuar. Durante estas pruebas incrementales, las respuestas ventilatorias y típicamente de frecuencia cardíaca del atleta se miden directamente a través de un equipo especializado. Los protocolos continuos en la caminadora de banda presentan incrementos fijos en la velocidad y, en ciertos casos, la inclinación de esta también aumenta progresivamente a intervalos establecidos (por ejemplo, cada minuto) hasta el agotamiento. Se utilizan criterios definidos (parámetros ventilatorios y de frecuencia cardíaca, así como el esfuerzo percibido) para verificar que el atleta estaba trabajando al máximo cuando se terminó la prueba. También existen protocolos intermitentes que presentan intervalos de descanso entre series de trabajo de intensidad creciente hasta la sesión de trabajo final cuando el atleta alcanza el agotamiento; nuevamente se utilizan los mismos criterios estándar para verificar el esfuerzo máximo al finalizar la prueba.

La velocidad o intensidad de trabajo a la que se alcanza el VO_2 máx (también conocido como "vVO_2 máx") durante una prueba también se puede usar como un índice de la capacidad de resistencia aeróbica. De hecho, se descubrió que la velocidad de carrera a la que se alcanza el VO_2 máx durante las pruebas es un mejor indicador del rendimiento de la carrera de resistencia de los corredores de distancia de élite en comparación con sus puntuaciones de VO_2 máx [120].

Las pruebas de laboratorio requieren equipo especializado que es costoso y de personal capacitado para operarlo. Dados estos problemas de costos, así como las exigencias de tiempo para evaluar a cada atleta individualmente, las pruebas de laboratorio generalmente no se pueden aplicar con escuadrones de atletas [30]. Por lo tanto, en el caso de los deportes intermitentes y, en particular, deportes de equipo, las pruebas de laboratorio generalmente se limitan a un entorno de investigación. Por lo tanto, se han desarrollado pruebas de campo que ofrecen una alternativa más práctica para usar con atletas que compiten en deportes intermitentes. Como los protocolos de las pruebas de campo a menudo se asemejan más a lo que ocurre en los deportes intermitentes, estas pruebas también se consideran más relevantes para los atletas y entrenadores en estos deportes que las pruebas de laboratorio [48]. Los puntajes con estas pruebas de campo exhiben altas correlaciones con las mediciones de pruebas de laboratorio [121] y las ecuaciones de regresión pueden usarse para obtener puntajes estimados del VO_2 máx [30].

3.2 Pruebas Máximas de Campo

3.2.1 Protocolos de Carrera Continua Sobre el Suelo

Los protocolos como la prueba de pista de la Universidad de Montreal se diseñaron originalmente para correr sobre el suelo en una pista de atletismo con el fin de evaluar la vVO2 máx de los atletas y, por lo tanto, proporcionar una estimación indirecta de la capacidad aeróbica máxima sin medición directa del aire expirado [121]. Sin embargo, ha surgido una fuerte relación entre la vVO_2 máx y el rendimiento de resistencia en la competición, por lo que la vVO_2 máx ha reemplazado en cierta medida al VO_2 máx como medición de criterio. Recientemente, se ha desarrollado una versión modificada de la prueba de pista original de la Universidad de Montreal, denominada protocolo Vam-eval. Esta prueba se realiza en una pista de carrera y el ritmo se controla mediante señales de audio: la velocidad de inicio es de 8 ms-1 y la velocidad de carrera aumenta en 0.5 ms-1 cada minuto [122].

3.2.2 Prueba de Shuttle de Varias Etapas de 20 m (MST, por sus siglas en inglés)

Las pruebas de campo más populares de aptitud aeróbica para atletas de deportes de campo generalmente implican variaciones de un protocolo de carrera shuttle [123]. La prueba de aptitud de 20 m de varias etapas se ha convertido en una prueba de campo estándar para la resistencia aeróbica, tanto para el atletismo como para otras poblaciones [124]. Se ha demostrado que el VO_2 máx medido durante la prueba de shuttle de varias etapas de 20 m se corresponde bien con el VO_2 máx medido en el laboratorio durante una prueba máxima en caminadora de banda para atletas de deportes de equipo (atletas de rugby y de hockey sobre césped) [118]. El hecho de que los puntajes de los atletas de resistencia (triatletas y corredores) muestren diferentes puntajes de VO_2 máx entre las pruebas de campo y caminadora de banda, apunta a la mayor familiaridad y especificidad de la modalidad de prueba de carrera de shuttle para los atletas de deportes de equipo en comparación con los atletas de resistencia.

La prueba de shuttle de varias etapas de 20 m se ha adaptado para otros deportes; se diseñó y validó una versión en hielo de la prueba para atletas de hockey sobre hielo [125]. También se han propuesto variaciones de la prueba original de 20 m. Estos incluyen una prueba de shuttle incremental modificada de 20 m que aumenta la velocidad de carrera después de cada shuttle [124], en lugar de aumentar la velocidad a intervalos de 1 minuto como ocurre con la versión original de la prueba. Los autores de este estudio argumentan que esta propuesta evita la tendencia de los atletas a abandonar al comienzo de un nivel de esfuerzo determinado, como puede suceder con el protocolo de prueba original [124]. Tal tendencia puede hacer que la prueba original de 20 m sea menos sensible a los cambios en la forma deportiva, ya que los atletas pueden abandonar voluntariamente una vez que han alcanzado su nivel objetivo en lugar de continuar hasta la fatiga volitiva.

3.2.3 Prueba Intermitente Yo-Yo

Otras pruebas de campo de resistencia aeróbica que se usan ampliamente en deportes de equipo incluyen la prueba de aptitud intermitente Yo-Yo, que se ha vuelto particularmente popular en el fútbol soccer [126]. La característica más llamativa del protocolo de prueba intermitente Yo-Yo es que los atletas no corren continuamente. La prueba requiere que los sujetos realicen períodos de esfuerzos interválicos repetidos (dos series de carreras shuttle de 20 m) a una intensidad creciente, que se intercalan con períodos de descanso de 10 segundos [127]. Un estudio de correlación concluyó que, aunque las dos mediciones estaban correlacionadas, el protocolo de prueba intermitente evaluó cualidades fisiológicas adicionales a una prueba continua de shuttle de 20 m [123]. El protocolo de prueba intermitente Yo-Yo parece asemejarse más a la naturaleza intermitente de los esfuerzos que realizan los atletas durante la competición.

Existen dos versiones del protocolo de prueba intermitente Yo-Yo. El Nivel 1 de recuperación intermitente Yo-Yo (IR1) comienza a una velocidad de carrera más lenta y presenta aumentos más progresivos en la velocidad de carrera. Por el contrario, el protocolo de Nivel 2 (IR2) comienza a una velocidad más rápida para que los sujetos realicen esfuerzos de alta intensidad mucho antes [127]. Se ha encontrado que ambas versiones de la prueba tienen niveles aceptablemente altos de confiabilidad con varios grupos de sujetos. Crucialmente, las pruebas IR1 e IR2 también parecen ser sensibles a los cambios inducidos por el entrenamiento en la aptitud física y las mejoras en el rendimiento en el campo (tiempo dedicado a correr a una alta intensidad y distancia máxima recorrida en un intervalo de cinco minutos durante un partido) [127].

También existen ecuaciones de regresión para predecir el VO_2 máx a partir del rendimiento de la prueba de Yo-Yo IR1 e IR2. Sin embargo, ciertos estudios han encontrado que la prueba de campo intermitente Yo-Yo ofrece una medición menos precisa del VO_2 máx que las pruebas de caminadora de banda que miden directamente el consumo de oxígeno (VO_2) [126]. Desde un punto de vista práctico, debe tenerse en cuenta que obtener una medición de VO_2 máx es relativamente menos importante que evaluar la capacidad de resistencia de los atletas que compiten en deportes intermitentes, que inevitablemente tendrán un componente anaeróbico en mayor o menor medida. Un estudio en fútbol con reglas australianas mostró que los puntajes de VO_2 máx no mostraron diferencias entre los atletas iniciales y los sustitutos, mientras que los puntajes de la prueba Yo-Yo IR2 diferenciaron entre los atletas principiantes y no principiantes [128]. Un segundo estudio, en esta ocasión en fútbol soccer, encontró que los puntajes de las pruebas de YoYo (IR1) registrados por los atletas de este deporte se correlacionan con su rendimiento en el campo (cantidad de carreras totales de alta intensidad realizadas durante los juegos), mientras que sus puntajes de VO_2 máx en la caminadora de banda no lo hicieron [129]. Ambos estudios respaldan la validez de las pruebas de campo de resistencia que presentan un componente anaeróbico desde el punto de vista de ser un reflejo de las capacidades de resistencia en los deportes intermitentes.

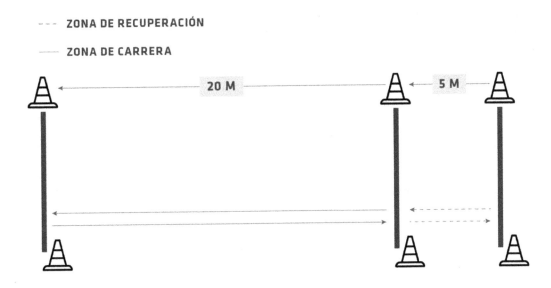

Figura 2.4 – Ilustración de la Prueba Intermitente Yo-Yo

3.2.4   Protocolos de Pruebas Deportivas Específicas

Una propuesta alternativa para evaluar el rendimiento de resistencia es evaluar los puntajes de los atletas en pruebas específicas diseñadas para replicar las exigencias de resistencia del deporte [36]. Se han desarrollado pruebas de resistencia deportivas-específicas de este tipo tanto en la caminadora de banda (de laboratorio) [130] como en el campo [36]. Dichas pruebas tienen como objetivo simular patrones de movimiento e incluso incorporar habilidades técnicas que se presentan en el deporte para aumentar el nivel de especificidad de la medición [30]. La propuesta integral utilizada por tales protocolos específicos al deporte intenta evaluar el rendimiento de resistencia de una manera que reproduzca la bioenergética del deporte. Como tal, estas pruebas no ofrecen información sobre los componentes fisiológicos individuales; más bien, los sistemas energéticos y las capacidades de rendimiento se evalúan en combinación. Sin embargo, existen limitaciones serias a esta propuesta de pruebas deportivas específicas, incluyendo dificultades para estandarizar la prueba a fin de obtener una medición de prueba confiable y acumular suficientes datos normativos para proporcionar valores de referencia, con el objetivo de comparar los puntajes entre atletas. En el caso de las simulaciones deportivas-especificas realizadas en la caminadora de banda, también surgen los problemas habituales con respecto a la practicidad de realizar las pruebas de laboratorio para un gran número de atletas.

3.3   Evaluación de la Economía de Carrera o la Eficiencia de Trabajo

Como se indicó anteriormente, la economía o la eficiencia es un parámetro crítico, ya que esto determina esencialmente qué rendimiento puede producir el atleta en relación con su VO_2 de carrera o de rendimiento [11]. Los atletas de élite que se igualan en términos de su VO_2 máx pueden variar ampliamente en términos de economía de carrera y, a su vez, la velocidad que son capaces de mantener. Por lo tanto, la economía es a menudo el factor decisivo que determina el resultado de una carrera.

La economía del ejercicio generalmente se evalúa como el consumo de oxígeno (VO_2) a una intensidad de trabajo dada [10]. La economía de carrera se evalúa comúnmente en el laboratorio midiendo el consumo de oxígeno del atleta a una velocidad de referencia en la caminadora de banda. Los protocolos convencionales pueden no reflejar las velocidades de competición. De ello se deduce que el profesional debe tener esto en cuenta al seleccionar o diseñar el protocolo, con el fin de proporcionar información relevante. Del mismo modo, el análisis de gases se puede utilizar de la misma manera con un cicloergómetro o remoergómetro a una intensidad de trabajo de referencia para evaluar el mismo parámetro para el rendimiento de ciclismo o remo. Existe un equipo portátil de análisis de gases que puede permitir evaluaciones similares en el campo implementando un ritmo apropiado en la pista para estandarizar la velocidad (sin embargo, esto tiende a ser menos utilizado).

3.4 Evaluación del Umbral de Lactato

El umbral de lactato (UL), o umbral anaeróbico, representa una medición de la intensidad o la producción de trabajo que el atleta puede sostener. Estos términos a veces se usan indistintamente con la "potencia crítica", aunque la potencia crítica depende de la duración, es decir, la potencia crítica para un período de trabajo de 4 minutos diferirá notablemente de lo que el individuo puede mantener durante 20 minutos de trabajo.

El umbral de lactato es un reflejo de la capacidad aeróbica del atleta para períodos de resistencia relativamente prolongados (es decir, más allá de los 4-8 minutos que pueden soportar los atletas de élite con una intensidad de VO_2 máx) [69]. La determinación de la intensidad del trabajo o la velocidad de carrera que corresponde al umbral de lactato a menudo se usa para ayudar a programar el entrenamiento de resistencia. Los cambios en la capacidad de depuración de lactato también parecerían ser un aspecto importante que medir con respecto a las capacidades de resistencia en muchos deportes.

Usualmente, el criterio para el "inicio del acúmulo de lactato sanguíneo" (OBLA, por sus siglas en inglés) o el umbral de lactato ha sido una concentración fija de lactato sanguíneo, típicamente 4 mmol/l [121]. Desafortunadamente, la concentración precisa de lactato sanguíneo que corresponde al umbral de lactato para un individuo puede caer en un rango de 2 a 8 mmol/l [131]. Este valor de inicio del acúmulo de lactato sanguíneo de 4 mmol/l es, por lo tanto, una cifra arbitraria, que poco se parece a la concentración real de lactato sanguíneo a un estado estable para muchas personas. Los puntos de deflexión en la curva entre la velocidad de carrera y el lactato sanguíneo medido también se usan como una medición del umbral de lactato [121]. Dichas pruebas se llevan a cabo típicamente en el laboratorio para permitir que la velocidad de carrera se estandarice y facilite el muestreo de lactato sanguíneo.

El máximo estado estable de lactato se ha propuesto como una forma alternativa de evaluación de la depuración de lactato para atletas. Este se define como la intensidad máxima a la que la depuración de lactato coincide con la producción de este, es decir, la carga de trabajo más alta que puede mantenerse sin la acumulación de lactato sanguíneo [131]. Como la concentración real de lactato sanguíneo que corresponde a esta carga de trabajo del máximo estado estable de lactato varía ampliamente entre individuos (rango de 2-8 mmol/l), comparar valores absolutos de lactato sanguíneo entre atletas no es válido sin determinar primero los valores de referencia basal apropiados para cada individuo.

Dadas estas preocupaciones metodológicas y teóricas con respecto a las mediciones tradicionales del umbral de lactato, la medición del máximo estado estable de lactato parecería ser un marcador más robusto y válido para su uso como un parámetro de rendimiento de resistencia. Sin embargo, la determinación del máximo estado estable de lactato implica un protocolo lento que generalmente se lleva a cabo en un laboratorio. Su medición directa también es invasiva en el sentido de que depende del muestreo repetido de lactato sanguíneo.

3.5 Evaluaciones de la "Capacidad Anaeróbica"

La medición estándar de la capacidad anaeróbica en el laboratorio evalúa el déficit de oxígeno máximo acumulado (MAOD, por sus siglas en inglés). Esta medición del déficit de oxígeno máximo acumulado representa la diferencia medida entre el consumo de oxígeno medido durante una prueba de ejercicio a una intensidad superior al VO_2 máx (por ejemplo, 120 % de VO_2 máx) y la exigencia estimada de oxígeno para esa intensidad, extrapolada de las pruebas incrementales previas de VO$_2$ máx para el atleta [132]. Se ha encontrado que los puntajes del déficit de oxígeno máximo acumulado de los atletas de esprint son un predictor significativo de su rendimiento contrarreloj de 200 m y 400 m [20].

Como se discutió con antelación, las pruebas fisiológicas de laboratorio requeridas para determinar el déficit de oxígeno máximo acumulado probablemente no sean prácticas para la evaluación rutinaria de grandes escuadrones de atletas. Las pruebas de campo se han desarrollado para evaluar la capacidad anaeróbica mediante la evaluación de la producción de trabajo mecánico para esfuerzos máximos individuales realizados a intensidad "supramáxima" [69]. Una limitación es que estos esfuerzos máximos inevitablemente incluirán cierta contribución del metabolismo aeróbico, por lo que estrictamente no se trata de una evaluación puramente "anaeróbica". Sin embargo, esta propuesta ofrece una indicación indirecta de la capacidad anaeróbica y proporciona información relevante para el entrenador.

La prueba de Wingate realizada en un cicloergómetro, a menudo se ha utilizado para evaluar la capacidad anaeróbica en función de la potencia media mantenida durante el esfuerzo total de 30 segundos [133]. Se observa que los efectos de fatiga contemplados y las disminuciones asociadas en el rendimiento del trabajo difieren entre las modalidades de prueba y, por lo general, son más pronunciados para los ejercicios de ciclismo repetido que para los protocolos de carrera a pie [134]. Existen dudas sobre si esta forma de evaluación es relevante o válida para los deportes basados en la carrera a pie, particularmente a nivel de élite [135]. Un protocolo de la carrera a pie que se ha correlacionado bien con el déficit de oxígeno máximo acumulado medido en el laboratorio implica una prueba máxima de 20 m de carrera de shuttle por una distancia total de 300 m [132]. El tiempo necesario para cubrir esta distancia es la medición del resultado, y los valores típicos reportados están en el rango de 62-70 segundos.

3.6   Resistencia a la Fatiga durante Esprints Repetidos

Los métodos de campo más comunes para evaluar la resistencia a la fatiga durante esprints repetidos evalúan el rendimiento en una serie de esfuerzos máximos. La capacidad de esprints repetidos (RSA, por sus siglas en inglés) representa una capacidad específica, que se refleja en las bajas relaciones estadísticas entre estas mediciones y las pruebas de campo estándar de la capacidad aeróbica [136]. La distancia total recorrida (si los períodos de trabajo son de una duración establecida) o la suma de los tiempos de esprints (si se usan esprints de una distancia establecida) generalmente se emplean como parámetro de criterio para los protocolos de valoración de la capacidad de esprints repetidos [137]. Cualquiera de estas mediciones acumulativas parece proporcionar la medición más robusta [138] y confiable [139, 140] de la capacidad de esprints repetidos, en relación con otras métricas que pueden derivarse de estas evaluaciones, basadas en estudios de atletas de deportes de campo.

Además de la producción total de trabajo, los protocolos de capacidad de esprints repetidos a menudo proporcionan una medición relativa del "declive" en el rendimiento. Sin embargo, la forma en que se calcula este parámetro de "fatiga" parece ser un factor crítico [141]. Por ejemplo, ciertos protocolos emplean una medición de índice de fatiga simple, es decir, puntaje porcentual derivado de: (Mejor puntaje de prueba de esprint - Peor puntaje de prueba de esprint) / Mejor puntaje de prueba de esprint. Varios estudios han identificado que esta medición del índice de fatiga generalmente no proporciona una medición confiable de la capacidad de esprints repetidos [138-140]. Se ha recomendado una medición alterna, denominada puntaje de disminución porcentual o Sdec, como una medición de fatiga más válida y confiable para las pruebas de capacidad de esprints repetidos [142]. El cálculo del Sdec considera el rendimiento de todas las pruebas de esprint del protocolo:

$$S_{dec} (\%) = \frac{[(S_1 + S_2 + S_3 \dots + S_{Final}) - 1]}{S_{Mejor} \times \text{Numero de esprints}} \times 100$$

Los diferentes protocolos de prueba de la capacidad de esprints repetidos emplean una variedad de modalidades de ejercicio (ciclismo, caminadora de banda y carrera sobre el suelo). Estas pruebas también varían en múltiples parámetros, incluido el número total de repeticiones de esprint, la distancia o la duración de los esprints, y la duración y el tipo de recuperación (por ejemplo, pasivo o activo) [141]. La mayoría de los protocolos de la capacidad de esprints repetidos emplean duraciones de esprint, de 5-6 segundos (si la modalidad empleada es la caminadora de banda o la bicicleta), lo que equivale a aproximadamente 30-40 m si se usa la carrera a pie sobre el suelo, intercalados con períodos de recuperación de ~24-30 segundos (relación trabajo:descanso de 1:4-5). Sin embargo, el número total de esfuerzos de esprint varía entre protocolos.

La duración o distancia seleccionada para las repeticiones de esprint en un protocolo de prueba de la capacidad de esprints repetidos influye fuertemente en la contribución de los sistemas energéticos y esto también se refleja en los efectos de la fatiga [141]. En consecuencia, los efectos de rendimiento manifestados en las pruebas de capacidad de esprints repetidos dependen de la distancia de esprint examinada. Un estudio que investigó 15 series de esprints de 40 m con diferentes intervalos de recuperación (30 segundos, 1 minuto o 2 minutos) descubrió que los tiempos parciales de 30-40 m se vieron afectados de manera más consistente en los últimos esprints, independientemente del protocolo de trabajo:descanso [143]. En contraste, los rendimientos de esprint en distancias más cortas parecen presentar una merma total reducida.

La duración de los intervalos de descanso concedidos entre esprints también afecta las respuestas fisiológicas y los efectos de rendimiento observados durante los períodos de trabajo sucesivos [143]. Por ejemplo, la capacidad de esprints con series de 5 segundos con períodos de descanso breves (20 segundos) se identifica como una cualidad que es relativamente distinta de la capacidad de realizar repeticiones de carrera de 5 segundos cuando se permiten períodos de descanso extendidos (2 minutos) [144].

Para ser más relevante, se deduciría que la selección de la distancia/duración de los esprints y la duración de los períodos de recuperación debe reflejar al deporte en particular [145]. Una revisión de estudios identificó que las distancias de esprint y las duraciones más comúnmente observadas en los deportes de equipo en campo fueron de 10-20 m y 2-3 segundos, respectivamente, lo que difiere de la mayoría de los protocolos de prueba de la capacidad de esprints repetidos utilizados actualmente. Es probable que los valores correspondientes sean considerablemente menores para los deportes de raqueta y los deportes de combate. Igualmente, la carrera sobre el suelo parece ser la modalidad de ejercicio más específica en lo que concierne al rendimiento deportivo, aunque ciertos investigadores también han empleado caminadoras de banda no motorizadas, que permiten registrar simultáneamente la fuerza y la producción de trabajo [141].

Actividad Reflexiva: ¿Qué pruebas de rendimiento de resistencia se emplean comúnmente en su deporte? ¿Qué parámetros y protocolos de evaluación relacionados son más relevantes para las exigencias de resistencia de la competición?

4 Evaluaciones de Control y Coordinación Neuromuscular

Al igual que para otras formas de entrenamiento, las pruebas cumplen una función importante cuando se realizan intervenciones de entrenamiento neuromuscular. La evaluación adecuada proporciona un medio para evaluar al atleta inicialmente, y posteriormente puede servir como una herramienta para monitorear al atleta y, por lo tanto, orientar la progresión del entrenamiento. Existe una variedad de evaluaciones en la literatura que están diseñadas para evaluar un aspecto particular del control neuromuscular y la función dinámica. Estas modalidades de evaluación se dividen esencialmente en dos categorías:

1. Evaluaciones de equilibrio o la capacidad de mantener el equilibrio bajo un conjunto de condiciones dadas.

2. Pruebas que evalúan cualitativamente la alineación de las extremidades inferiores y la mecánica durante las tareas de movimiento.

Actividad Reflexiva: ¿En qué medida se tienen en cuenta los aspectos de equilibrio y control neuromuscular en las pruebas empleadas en su deporte?

4.1   Pruebas de Habilidades de Equilibrio

El equilibrio es una habilidad compleja que involucra una gran cantidad de capacidades sensoriomotoras y comprende la entrada de información de los sistemas visuales, vestibulares y somatosensoriales [146]. Se pueden identificar habilidades discretas dentro del término global "equilibrio", y también existen varias formas de evaluación neuromuscular para valorar cada una de estas habilidades; es decir, equilibrio postural estático, equilibrio postural dinámico y la estabilización dinámica. Estas distinciones se detallan a continuación:

1   El **equilibrio estático** se puede definir como la capacidad de mantener el centro de masa sobre una base de soporte estática y una superficie de soporte estacionaria [146].

2   El **equilibrio dinámico** se refiere a la capacidad de mantener el centro de masa sobre una base de soporte estática o estacionaria bajo un desafío de movimiento [147].

3   La **estabilización dinámica** representa la capacidad de mantener el equilibrio durante la transición del movimiento a una posición estacionaria, como un movimiento de aterrizaje [148].

Esencialmente, estas modalidades de prueba evalúan la capacidad del atleta de mantener su equilibrio, es decir, mantener su centro de masa dentro de su base de apoyo, bajo un conjunto de condiciones. Esto se puede evaluar de varias maneras, según el tipo de capacidad de equilibrio evaluado y el equipo empleado durante las pruebas.

4.1.1   Equilibrio Estático

El equilibrio postural se define como la capacidad de un individuo de mantener su centro de masa dentro de su base de apoyo. Prácticamente, la capacidad de equilibrio implica la entrada de información a los sistemas visuales, vestibulares y somatosensoriales; este último comprende una variedad de fuentes aferentes, incluidos los receptores de presión en la piel, los receptores articulares y los mecanorreceptores musculares/tendinosos. Por lo tanto, las pruebas de capacidad de equilibrio deben tener en cuenta cada uno de estos subsistemas que contribuyen al equilibrio. Por ejemplo, una variación de una prueba con los ojos cerrados elimina la entrada del sistema visual; del mismo modo, las pruebas de equilibrio que implican girar la cabeza o subir/bajar el mentón intentan aislar la entrada del sistema vestibular.

Ciertas evaluaciones de equilibrio evalúan el rendimiento con una calificación binaria (es decir, si se equilibra con éxito o no), o el número de intentos realizados para equilibrar al sistema bajo un conjunto determinado de condiciones durante un período específico [149]. En un entorno clínico o aplicado, el equilibrio estático generalmente se evalúa como el número de intentos necesarios para equilibrarse durante un período tiempo predeterminado en un conjunto determinado de condiciones (ojos abiertos/cerrados, movimientos de la cabeza en varias direcciones).

Estas evaluaciones también pueden incluir criterios cualitativos, como el grado de esfuerzo, la cantidad de movimientos de las extremidades no relacionadas o la acción correctiva a medida que el atleta intenta mantener el equilibrio o la quietud frente a diversos grados de equilibrio durante la prueba. Los aparatos más avanzados también permiten evaluar la excursión del centro de presión. Por ejemplo, las plataformas de fuerza (tanto sistemas de laboratorio como portátiles para pruebas de campo) están disponibles comercialmente y permiten medir el equilibrio postural registrando el movimiento del centro de presión del sujeto.

4.1.2 Equilibrio Dinámico

Durante la evaluación del equilibrio dinámico, la extremidad de soporte permanece estacionaria o en su lugar, de modo que el participante intenta mantener su equilibrio mientras se enfrenta a los efectos desestabilizadores de un desafío de movimiento. En general, las evaluaciones implican: a) realizar movimientos específicos con la(s) otra(s) extremidad(es), o b) movimiento de la superficie de soporte, o cierta combinación de ambas. Aparatos tales como discos de equilibrio, colchonetas de espuma y tableros oscilantes se utilizan ampliamente para proporcionar una superficie de soporte lábil o inestable durante las pruebas de equilibrio dinámico. Ciertos equipos de tableros oscilantes están construidos con sensores de contacto incorporados en el dispositivo para detectar la pérdida de equilibrio y, por lo tanto, proporcionan una medición cuantitativa al calificar la prueba [149].

Otras pruebas de equilibrio dinámico ampliamente utilizadas desafían al atleta a alcanzar la(s) otra(s) extremidad(es) lo más lejos posible de su base de apoyo mientras retiene su equilibrio. La prueba más utilizada es la prueba de equilibrio en desplazamiento en estrella [146]. El atleta se equilibra sobre una pierna y se califica al mismo por la distancia alcanzada en cada dirección con su pierna opuesta. Estas puntuaciones se corrigen en relación con la longitud de las extremidades, a fin de permitir comparaciones entre atletas [150]. Al atleta solo se le permite entrar en contacto con el suelo ligeramente cuando marca su distancia máxima de alcance en cada dirección; la prueba se descarta y se repite si desplazan su peso sobre la pierna que alcanza.

4.1.3 Estabilización Dinámica

La estabilización dinámica se puede definir como la capacidad de mantener el equilibrio durante el movimiento, y como tal se evalúa durante las tareas que involucran el movimiento de todo el cuerpo de una ubicación a otra, como un aterrizaje. Se concluye que la estabilización dinámica y el equilibrio postural estático son habilidades relativamente separadas y discretas, basadas en la observación de que las mediciones de las habilidades respectivas no están fuertemente relacionadas entre sí [151]. Las pruebas de estabilización dinámica generalmente evalúan la capacidad del atleta de efectuar la transición del movimiento a una posición estática, por ejemplo, realizar un salto o un hop sobre una superficie estable o inestable y sostener la postura del aterrizaje.

Las evaluaciones de la estabilización dinámica en un laboratorio o entorno clínico generalmente implican saltar o aterrizar desde una caja a una plataforma o tapete de fuerza. Hasta la fecha, el uso de estas pruebas se ha restringido en gran parte a un entorno de investigación, empleando aparatos especializados para cuantificar mediciones como el equilibrio postural. En un campo o entorno clínico se emplean criterios de evaluación cualitativa más subjetivos. Un ejemplo de una prueba de campo de estabilización dinámica generalmente implica brincar o saltar sobre una superficie lábil (por ejemplo, un dispositivo de medio círculo o un disco de equilibrio) y "mantener" el aterrizaje sin dar una zancada de ajuste o perder el equilibrio.

Otra evaluación que se ha utilizado en entornos clínicos y de investigación utiliza la electromiografía (EMG) para detectar el reclutamiento y la actividad muscular cuando los sujetos realizan tareas de movimiento [152]. Sin embargo, tales evaluaciones clínicas y de laboratorio requieren aparatos especializados y personal debidamente capacitado para interpretar los datos de la prueba, lo que tiene implicaciones evidentes en términos de costo, tiempo y acceso al personal y al equipo.

4.1.4 Estabilidad Lumbopélvica del Core

La estabilidad se refiere al control neuromuscular y la resistencia a la fatiga en mayor medida que la fuerza. Existen diferentes subsistemas que contribuyen a estabilizar el tronco, la columna lumbar y la cintura pélvica [153]. La combinación particular de músculos que contribuyen a proporcionar estabilidad también varía según la postura y las condiciones de movimiento involucradas [154]. En una postura que soporta peso –la posición en la que la estabilidad lumbopélvica se exhibe con mayor frecuencia durante el rendimiento deportivo–, la musculatura de la cadera que ayuda a estabilizar la pelvis y las extremidades inferiores de soporte también desempeñan un papel fundamental. Durante esta postura, la estabilidad lumbopélvica tiene elementos en común con el equilibrio postural y la estabilización dinámica. Por lo tanto, inevitablemente, existe una interacción cruzada en el equilibrio postural y la estabilización dinámica cuando se intenta evaluar la estabilidad lumbopélvica durante la postura erguida o los movimientos de soporte de peso.

Dada la naturaleza compleja y multidimensional de la estabilidad lumbopélvica, no existe una prueba estándar para la estabilidad del core. Las pruebas de resistencia a la pérdida de fuerza estándar para los músculos del tronco miden el tiempo que un atleta puede mantener una posición o postura determinada [155]. Ejemplos de tales pruebas incluyen la plancha lateral, la prueba de resistencia a la pérdida de fuerza de los flexores de tronco y la extensión estática de la espalda "Biering–Sorensen" [156]. Se han publicado datos normativos para estas pruebas con sujetos sanos como referencia para la comparación desde la perspectiva de identificar el riesgo de lesiones en la espalda baja [155]. Se sugiere que las proporciones de los puntajes de los músculos flexores contra extensores, y las comparaciones entre lados (en el caso de la plancha lateral) son las más útiles para identificar el dolor de espalda baja y el riesgo de lesiones. También existen pruebas clínicas de campo de la estabilidad torsional que se utilizan habitualmente en los protocolos de exploración y detección preliminar funcional (consulte la siguiente sección). Dos ejemplos son la "prueba de flexiones" (de las cuales existen dos variaciones) y la "prueba de puente posterior" [155]. Estas pruebas son cualitativas; el evaluador las califica subjetivamente según los criterios establecidos.

5 Examen de Exploración y Detección Preliminar del Riesgo de Lesión

El examen de exploración y detección preliminar para el atleta se ha convertido en una parte integral de la evaluación y del proceso más amplio de la preparación física en el deporte de élite. Se han desarrollado una variedad de herramientas de exploración y detección preliminar para evaluar diversos aspectos musculoesqueléticos y neuromusculares en un esfuerzo por identificar los factores que pueden predisponer al atleta a sufrir lesiones. Evidentemente, es crítico establecer que la modalidad de evaluación clínica empleada en particular como parte del proceso de la examinación de exploración y detección preliminar es, de hecho, predictiva del riesgo de lesión. Existen ejemplos de protocolos que, a pesar de una lógica aparentemente sólida, posteriormente no han mostrado relación con la incidencia de lesiones.

Una vez más, al seleccionar una batería de pruebas para el examen de exploración y detección preliminar de atletas, cada una de las evaluaciones empleadas debe cumplir con los siguientes criterios:

Fiabilidad – para que el resultado sea altamente repetible y los resultados sean muy similares cuando la prueba la realiza otro profesional.

Validez – es decir, muestra cierta relación estadística con la incidencia de lesiones.

Específica a las condiciones y movimientos encontrados en la competición (esto es fundamental para evaluaciones basadas en el movimiento y pruebas de la función sensoriomotora y neuromuscular).

Sensible a los cambios, para que la prueba pueda registrar mejoras o decrementos con el tiempo.

5.1 Evaluación Musculoesquelética

Los protocolos tradicionales de evaluación musculoesquelética comprenden la medición estática de la postura y una variedad de evaluaciones clínicas de integridad articular y rango de movimiento. Existen limitaciones para evaluar los factores neuromusculares y musculoesqueléticos de manera pasiva (es decir, evaluaciones mediante las cuales el profesional mueve la extremidad en lugar del atleta). La forma en que las articulaciones y los músculos responden durante las pruebas pasivas proporciona información limitada sobre cómo se comporta el cuerpo en condiciones dinámicas. Otro problema es que generalmente existe un seguimiento inadecuado del examen de exploración y detección preliminar; los estudios han identificado que, aunque los problemas musculoesqueléticos se identifican mediante pruebas estáticas en el 10 % de los atletas, la intervención apropiada generalmente se lleva a cabo en solo el 1-3 % de estos [157].

A pesar de estas limitaciones, se ha demostrado que ciertas pruebas clínicas de la función musculoesquelética predicen el riesgo de lesión intrínseco (relacionadas con el atleta). Se recomiendan pruebas de rango de movimiento articular y flexibilidad muscular como un medio para identificar a los atletas en riesgo de lesión por tensión muscular. Se demostró que los puntajes iniciales de la pretemporada en los cuádriceps y particularmente la flexibilidad de los isquiosurales predicen tensiones musculares subsecuentes en atletas Belgas de fútbol soccer profesional durante la siguiente temporada de juego [158]. Se reportó una relación similar con puntajes reducidos del rango de movimiento y distensiones de los músculos aductores en un estudio de atletas de fútbol soccer en Islandia [159]. Las pruebas clínicas de integridad articular también suelen identificar la laxitud articular en la mayoría de los atletas que han sufrido tensiones articulares previas. La lesión previa a menudo se identifica como un factor de riesgo significativo, por lo que el historial de lesiones y las pruebas clínicas de laxitud articular son importantes para identificar a los atletas en mayor riesgo.

5.2 Evaluaciones Clínicas Relacionadas

5.2.1 Pruebas Isocinéticas

Aunque la aplicación de pruebas y entrenamiento isocinético ha sido cuestionada desde el punto de vista del rendimiento, sí es aplicable en lo que concierne a la prevención de lesiones y el monitoreo de la rehabilitación. La evaluación isocinética de las relaciones de fuerza, por ejemplo, entre los rotadores internos y externos del hombro, puede ayudar a identificar los desequilibrios de la fuerza muscular que pueden predisponer a los atletas a sufrir lesiones. La comparación de las mediciones isocinéticas entre miembros contralaterales previamente lesionados y sanos parece identificar a los atletas en riesgo de una lesión recurrente de los isquiosurales. Estas puntuaciones y proporciones isocinéticas (en particular, las mediciones excéntricas y mixtas de relación excéntrica/concéntrica) muestran potencial, específicamente como una prueba de preparación para volver a competir después de un programa de rehabilitación [160]. Del mismo modo, los perfiles de pruebas isocinéticas que evalúan el ángulo óptimo (ángulo de la rodilla en el torque de flexión concéntrica de rodilla más alto registrado) también diferencian entre la pierna lesionada y la extremidad contralateral no lesionada en atletas con antecedentes de lesión recurrente de los isquiosurales [161].

5.2.2 Evaluación de la Función Sensoriomotora

Las pruebas de equilibrio y propiocepción se usan comúnmente como parte del examen de exploración y detección preliminar. Las puntuaciones en las mediciones de campo estándar del equilibrio postural descritas en una sección anterior se utilizan con frecuencia para identificar atletas con inestabilidad crónica de tobillo [151]. Se empleó una prueba de campo de equilibrio con una sola pierna realizada de pie con los ojos cerrados durante diez segundos con hombres que compiten en fútbol americano y fútbol soccer, y mujeres que compiten en fútbol soccer y voleibol universitario [162]. Según los reportes, los puntajes de los atletas en esta prueba fueron predictivos de la subsecuente incidencia de lesiones en el tobillo durante la temporada de juego. Del mismo modo, otra aplicación común de estas pruebas es durante la rehabilitación –particularmente después de una lesión en la rodilla o el tobillo–, debido a que proporciona una herramienta para orientar la progresión de los estímulos de entrenamiento, y sirve como el fundamento a partir del cual emitir juicios sobre la forma deportiva para volver al entrenamiento completo o a la competición [152].

Finalmente, una aplicación particularmente importante de esta forma de prueba es como parte de la evaluación de una conmoción cerebral, que se emplea cada vez más en los deportes de contacto en particular. Recientemente, se ha desarrollado una variedad de protocolos de evaluación de conmoción cerebral que incorporan pruebas de equilibrio como parte de la batería de pruebas para evaluar las deficiencias en la función sensoriomotora. Uno de los protocolos más utilizados es la herramienta de evaluación de conmoción cerebral deportiva (SCAT, por sus siglas en inglés), que incluye tanto una versión completa como una versión abreviada que se puede utilizar para la evaluación durante el juego en los deportes de colisión [163].

5.3 Exámenes de Exploración y Detección Preliminar Basados en Movimiento

Se emplean varias modalidades de evaluación para calificar la función neuromuscular y el control dinámico durante los movimientos de la cadena cinética cerrada desde una base fija de soporte, así como los movimientos de aterrizaje, pivote y corte. Estas modalidades de "evaluación neuromuscular" varían en términos del nivel de sofisticación de la medición y el equipo empleado, lo que refleja su aplicación en entornos de investigación contra entornos prácticos. Se han desarrollado una serie de versiones simplificadas de estas modalidades de evaluación para su uso como una herramienta de exploración y detección preliminar y monitoreo que puede llevar a cabo el personal que trabaja en estrecha colaboración con el atleta.

Un ejemplo de ello es la sentadilla con una sola pierna, que se usa ampliamente en un entorno clínico para evaluar el control neuromuscular y la función de los músculos del complejo de la cadera [164]. En particular, esta prueba está diseñada para evaluar el control proximal de la alineación de las extremidades inferiores, es decir, la posición y el movimiento de la cadera/pelvis y la rodilla en relación con el pie de soporte y el torso del atleta. El ejercicio de sentadilla con una sola pierna generalmente se realiza exclusivamente con la masa corporal del mismo atleta; sin embargo, también aparecen en la literatura versiones de esta modalidad de evaluación realizada con carga externa [165]. Los datos preliminares indican que las calificaciones de rendimiento de los profesionales en esta prueba basadas en criterios específicos son indicativos de las diferencias medidas en la activación de los músculos de la cadera, así como las diferencias en mediciones seleccionadas de la función muscular de la cadera y el tronco entre los sujetos [164].

La exploración y detección preliminar con el salto en profundidad es otra herramienta de evaluación que se ha establecido en un entorno clínico para evaluar la función y el control neuromuscular en condiciones más dinámicas. De la misma manera que la sentadilla con una sola pierna, esta prueba se emplea para evaluar el control proximal de la extremidad inferior durante una tarea basada en el movimiento relativamente básica. En particular, esta modalidad de prueba examina la capacidad del atleta de mantener la alineación de las extremidades inferiores durante el aterrizaje y el despegue, y además la capacidad de resistir los momentos de fuerza de abducción de la rodilla durante estos movimientos. La prueba de salto en profundidad en su formato original, tal como se empleó en un entorno de investigación, también se ha adaptado recientemente para su uso en un entorno clínico y aplicado [166]. Esta versión de la prueba requiere solo una cámara digital y una computadora portátil o de escritorio. Además, la captura de las imágenes relevantes en el aterrizaje y el despegue de la grabación de video y el análisis posterior se pueden realizar utilizando un software que está disponible de forma gratuita a través de Internet.

Es importante destacar que esta versión clínica o de campo de la prueba de salto en profundidad ha reportado un acuerdo cercano con las mediciones de laboratorio, lo que indica que es una herramienta igualmente válida para evaluar la alineación de las extremidades inferiores en el plano frontal en lo que concierne a detectar déficits de control neuromuscular [166]. Del mismo modo, las evaluaciones de este tipo parecen ser lo suficientemente sensibles como para registrar mejoras en el control neuromuscular provocado por las intervenciones de entrenamiento neuromuscular [167]. Una limitación de esta versión de campo o clínica de la prueba de salto en profundidad es que solo proporciona una imagen de la alineación de las extremidades inferiores en un solo plano de movimiento (plano frontal). Por lo tanto, una advertencia es que no proporciona una representación real del control neuromuscular durante movimientos multiplanares más complejos [168].

Existen varios ejemplos en la literatura de medicina deportiva en torno a evaluaciones que valoran la función neuromuscular durante movimientos atléticos más complejos, tales como movimientos de cambio de dirección con pivotes y cortes. En este momento, la aplicación de estas evaluaciones se ha limitado a un entorno de investigación, y estos protocolos de laboratorio requieren aparatos especializados y técnicos capacitados para operar el equipo y analizar los datos. Sin embargo, existe el potencial de desarrollar y validar versiones basadas en campo de estas pruebas para proporcionar una herramienta clínica que sea fácilmente accesible para aquellos que trabajan directamente con el atleta. Un ejemplo de ello es la prueba de bound y corte que apareció en un estudio reciente realizado por Imwalle y colaboradores [169].

Actividad Reflexiva: ¿Qué procedimientos de exploración y detección preliminar se llevan a cabo en los deportes en los que ha participado? Si diseñara el protocolo de exploración y detección preliminar "ideal" para atletas para el deporte(s) en los que participa, ¿cuál (si corresponde) de las evaluaciones "novedosas" descritas merecería inclusión?

De manera creciente, se utilizan una serie pruebas de exploración y detección preliminar basadas en el movimiento junto con, o incluso en lugar de, evaluaciones musculoesqueléticas clínicas estándar; un ejemplo notable es el examen de exploración y detección preliminar de movimiento funcional (FMS, por sus siglas en inglés) desarrollada por Gray Cook. Estos "exámenes de exploración detección preliminar de movimiento" comúnmente comprenden una selección de pruebas activas de movilidad y estabilidad, junto con varias tareas fundamentales de movimiento. Estos últimos exámenes de exploración y detección preliminar de movimiento esencialmente implican evaluar cualitativamente qué tan bien el atleta es capaz de realizar tareas particulares de habilidades de movimiento, como variaciones de la sentadilla y estocada, y esto se califica según los criterios establecidos [170].

La justificación presentada para estos exámenes de exploración y detección preliminar de movimiento y la evaluación "funcional" de la movilidad y la estabilidad parece sólida en teoría, y anecdóticamente muchos profesionales han utilizado esta forma de evaluación con cierto éxito. Sin embargo, continúa existiendo una ausencia de datos publicados para validar estos métodos. Si bien estos protocolos de exploración y detección preliminar son intuitivamente atractivos, hasta la fecha los estudios no han logrado establecer el vínculo hipotético entre la calificación en estas pruebas y la posterior incidencia de lesiones, o incluso el rendimiento deportivo [171].

Cada vez existen más pruebas de que los protocolos de exploración y detección preliminar de movimiento no demuestran una relación sólida con el riesgo o la incidencia de lesiones, o incluso con el rendimiento atlético. Una de las pocas investigaciones hasta la fecha reportó que los puntajes de los individuos en la detección de movimiento funcional mostraron solo relaciones estadísticas débiles con las mediciones seleccionadas de rendimiento deportivo [172]. Otro estudio investigó la relación entre los parámetros de la detección de movimiento fundamental y una variedad de evaluaciones estándar del rendimiento deportivo y una tarea de habilidad deportiva en atletas universitarios de golf [173]. Este estudio no encontró una relación estadísticamente significativa con ninguna de las mediciones de rendimiento examinadas para los puntajes combinados del examen de exploración y detección preliminar de movimiento funcional de los sujetos o sus puntajes en las evaluaciones individuales de dicho examen. También continúa siendo necesario que los estudios proporcionen evidencia en apoyo del vínculo postulado entre la evaluación el examen de exploración y detección preliminar de movimiento funcional y la incidencia de lesiones [171].

6   Monitoreo del atleta

6.1   Pruebas Submáximas de Resistencia

Al realizar mediciones en serie con atletas, el uso repetido de pruebas máximas puede generar problemas de motivación y cumplimiento. Las pruebas progresivas hasta el agotamiento dependen de la motivación de los atletas a fin de manifestar un rendimiento máximo [64]. Una alternativa implica el uso de pruebas submáximas; estas son más propicias para las pruebas repetidas a intervalos regulares, ya que evitan tales complicaciones con respecto a la motivación y el cumplimiento.

La medición en serie de los puntajes de umbral de lactato de los atletas se ha utilizado para realizar un seguimiento de la condición física entre un escuadrón de atletas durante una temporada de entrenamiento y competición. Estas mediciones solo fueron sensibles a los grandes cambios en la aptitud física entre la pretemporada (los atletas de fútbol soccer junior ingresaron en un estado desentrenamiento relativo después de exponerse a un período fuera de temporada sin entrenamiento estructurado) y el comienzo de la temporada de competición [174]. Las mediciones del umbral de lactato no fueron lo suficientemente sensibles como para detectar cambio alguno en la aptitud física de los atletas durante la siguiente temporada de competición.

Otras pruebas submáximas comprenden versiones modificadas de protocolos de pruebas incrementales máximas; esencialmente, la prueba es finalizada con una carga de trabajo submáxima predeterminada. Los puntajes de prueba registrados generalmente se basan en la medición de respuestas fisiológicas (por ejemplo, frecuencia cardíaca) durante y/o después de la carga de trabajo final (submáxima) estandarizada [64]. En el laboratorio, se pueden registrar las respuestas ventilatorias y de frecuencia cardíaca para proporcionar una medición de cuán exigente fue la carga de trabajo submáxima para el atleta en una prueba determinada.

Un ejemplo notable de una prueba de campo equivalente es la versión submáxima "no exhaustiva" de la prueba de aptitud aeróbica Yo-Yo [127]. De manera muy similar a las pruebas de laboratorio, el protocolo utilizado es idéntico hasta el punto en que finaliza de manera "temprana" con una carga de trabajo submáxima. Parece que los protocolos de prueba submáximos deben exceder un umbral mínimo de duración para garantizar que la medición de resultado muestre la relación deseada con el rendimiento máximo. Los datos sugieren que cuanto mayor sea la carga de trabajo (velocidad de carrera) elegida para la etapa final de la prueba submáxima, mayor será la confiabilidad de la medición fisiológica, particularmente la frecuencia cardíaca [64]. Otro problema práctico con las pruebas submáximas de campo es que estas pruebas aún requieren que se controlen las respuestas fisiológicas; en consecuencia, los atletas participantes deben tener acceso a equipos relevantes (por ejemplo, monitores de frecuencia cardíaca) [129].

6.2   Indicadores de Rendimiento Fisiológico y Físico para la Fatiga y la Recuperación

Se emplean varios índices de rendimiento neuromuscular que ejercen la función de representar una medición indirecta de la fatiga del sistema nervioso central. Por ejemplo, las mediciones de salto vertical se emplean en el monitoreo diario de la recuperación y la capacidad de entrenamiento de los atletas. Sin embargo, es importante tener en cuenta que la altura de salto vertical por sí sola puede no ser una medición sensible, ya que la altura de salto se puede mantener mediante el uso de estrategias compensatorias, como tomar más tiempo para lograr el mismo impulso vertical relativo y generar torque adicional en diferentes articulaciones de las extremidades inferiores (especialmente la rodilla).

En última instancia, las capacidades de rendimiento del atleta representan el mejor indicador del grado en que se ha recuperado de los períodos anteriores de entrenamiento o competición. Sin embargo, también se debe considerar que las fluctuaciones diarias en el rendimiento son naturales y son una parte esperada e inevitable de las respuestas de aptitud física y fatiga al entrenamiento [175].

Las concentraciones de lactato sanguíneo a menudo se emplean como un marcador fisiológico de fatiga periférica en los estudios que examinan la recuperación posterior al ejercicio. Sin embargo, debe reconocerse que el lactato no es simplemente un subproducto de los procesos metabólicos, sino que de hecho es un sustrato para la resíntesis de glucosa en el hígado y también una fuente de combustible para el metabolismo aeróbico durante el ejercicio y la recuperación [1]. Cabe mencionar que las concentraciones de lactato sanguíneo son altamente dinámicas. Como tal, la medición de este valor de referencia tomada en un intervalo (por ejemplo, 5 minutos o 10 minutos) después de una sesión o competición esencialmente proporciona solo una imagen instantánea de las concentraciones de este, y dependerá de factores tales como la intensidad del trabajo inmediatamente antes del cese de la sesión/serie de entrenamiento, así como cualquier actividad que el atleta realizó en el intervalo entre la actividad y la muestra que se está tomando.

Además, se ha cuestionado si el lactato puede servir como índice de recuperación en atletas entrenados. De hecho, esto parece muy cuestionable dado que las concentraciones de lactato sanguíneo no parecen correlacionarse con la recuperación aguda de las puntuaciones en varias mediciones de rendimiento evaluadas después del ejercicio [176].

Gran parte de la investigación que explora los métodos de recuperación ha empleado diversas mediciones de dolor muscular de aparición tardía (agujetas o DOMS, por sus siglas en inglés). En particular, los estudios han empleado marcadores sanguíneos como la creatina quinasa como un índice de daño muscular y una indicación indirecta de la efectividad del "tratamiento" de recuperación empleado. Sin embargo, existen problemas metodológicos con el empleo de la creatina quinasa de esta manera, ya que es difícil obtener mediciones confiables y los niveles de creatina quinasa de los atletas varían incluso durante el entrenamiento normal [177].

6.3   Herramientas de Monitoreo Psicométrico

El método más utilizado para monitorear la recuperación en el campo implica el uso diario de herramientas de autoinforme. Estas herramientas comúnmente comprenden respuestas a preguntas sobre aspectos relevantes, como la calidad del sueño y el estado de ánimo, y diversas escalas analógicas visuales relacionadas con el dolor muscular y la forma deportiva percibida para afrontar un entrenamiento. Estos artículos pueden incorporarse a la bitácora de entrenamiento de los atletas.

Existen problemas prácticos evidentes con este tipo de medición, particularmente en relación con el cumplimiento y la adherencia. Específicamente, cuando el atleta debe responder a las mismas preguntas (o muy similares) día con día, es natural que con el tiempo se establezca un cierto grado de estancamiento y aburrimiento. Dichos factores plantean dudas sobre la validez y la sensibilidad de este tipo de herramienta de monitoreo a largo plazo. Después de un período prolongado de exposición, es discutible si el atleta dará a cada pregunta la consideración necesaria para proporcionar respuestas verdaderas y perspicaces.

Actividad Reflexiva: ¿Qué herramientas o métodos para evaluar y monitorear los índices de recuperación/forma deportiva en el entrenamiento ha podido hallar? ¿Cómo calificaría su efectividad y sensibilidad? ¿En qué medida los entrenadores actúan en relación con esta información?

6.4 Índices de Monitoreo de la "Carga Interna" durante el Entrenamiento y la Competición

Recientemente, el desarrollo de la tecnología del sistema de posicionamiento global (GPS, por sus siglas en inglés), y su uso cada vez mayor en un entorno deportivo de equipo profesional, ha proporcionado un medio mucho más rápido y fácil para cuantificar la distancia recorrida [178]. Además de evaluar la distancia recorrida y las velocidades alcanzadas posterior a cada sesión, esta tecnología también permite el monitoreo en tiempo real y la retroalimentación de la velocidad de carrera para los atletas que usan un reloj con dispositivo de GPS. Esta tecnología es aplicada de manera menos laboriosa a deportes de resistencia continua y eventos deportivos donde los atletas entrenan al aire libre. Las sesiones de entrenamiento realizadas en interiores presentan un desafío logístico, ya que obviamente requerirán un dispositivo de GPS que tenga la capacidad de medición en interiores.

Del mismo modo, se ha demostrado que los deportes intermitentes plantean desafíos adicionales en lo que concierne a registrar datos confiables y significativos. Es considerablemente difícil evaluar el estrés fisiológico asociado con los deportes intermitentes por métodos indirectos, como el análisis de tiempo-movimiento, ya que las exigencias energéticas involucradas son muy superiores a lo que se predeciría si cubriera la misma distancia continuamente y corriera en línea recta [179]. Del mismo modo, a pesar de los avances tecnológicos del GPS, su fiabilidad y validez para cuantificar breves esfuerzos de alta intensidad aún es cuestionable [180]. En general, los dispositivos de GPS con frecuencias de muestreo más altas proporcionan datos más precisos; sin embargo, cuanto mayor es la velocidad de locomoción, se asocia un margen de error más abundante con la medición por GPS.

De ello se deduce que la evaluación precisa de la carga interna para un atleta individual requiere un monitoreo directo de los marcadores de estrés fisiológico durante cada sesión. Los marcadores fisiológicos más empleados son la frecuencia cardíaca y la concentración de lactato sanguíneo (BLa, por sus siglas en inglés). Los niveles de lactato sanguíneo están determinados por las tasas relativas de producción, liberación, absorción y depuración de este [181]. Las mediciones individuales de lactato solo proporcionan una imagen instantánea de la actividad realizada durante el intervalo inmediatamente previo al momento en que se tomó la muestra, lo que significa que esta forma de monitoreo solo es aplicable a deportes y sesiones de entrenamiento que involucran actividad continua. Los deportes (y las sesiones de entrenamiento) que involucran actividades intermitentes (por ejemplo, deportes de raqueta, de equipo, y de combate) no son propicios a esta forma de monitoreo fisiológico [48].

Por lo tanto, para la mayoría de los deportes, el monitoreo de la frecuencia cardíaca es favorecido como un indicador más confiable y práctico de tensión fisiológica o gasto energético. El equipo moderno de monitoreo de la frecuencia cardíaca es compacto y liviano, y relativamente económico. Dicho esto, las condiciones involucradas en ciertos deportes (especialmente la natación), plantean desafíos para implementar antedicho monitoreo. Igualmente, si bien se muestra que la frecuencia cardíaca proporciona un indicador robusto y confiable de consumo de oxígeno y gasto energético para deportes intermitentes [182], existen indicios de que, en condiciones competitivas, los valores de frecuencia cardíaca pueden elevarse por factores como la excitación y aspectos psicológicos relacionados, que de cierta manera son, un aspecto independiente de la intensidad de trabajo. Por lo tanto, hasta cierto punto, la influencia de estos factores en la frecuencia cardíaca registrada tenderá a sobrestimar los costos energéticos reales del juego [183]. Finalmente, dado que el monitoreo de la frecuencia cardíaca refleja principalmente las exigencias cardiorrespiratorias, es más aplicable a las sesiones de acondicionamiento, y no proporcionará un buen reflejo de las cargas de trabajo involucradas en otras modalidades de entrenamiento con diferentes exigencias físicas, como el entrenamiento de fuerza.

Para estas otras modalidades de entrenamiento físico, y en casos donde el monitoreo directo de los índices fisiológicos no esté disponible o no sea práctico, una medición indirecta de la carga interna puede ser más apropiada. La calificación del esfuerzo percibido (RPE, por sus siglas en inglés) es la medición indirecta de carga de trabajo o carga interna más comúnmente empleada para diferentes formas de entrenamiento, la cual generalmente muestra un acuerdo satisfactorio con las mediciones directas de carga fisiológica. Esta modalidad proporciona una medición global de esfuerzo para la sesión en su conjunto; la cual puede ser establecida por el índice de esfuerzo durante la sesión o posterior a esta (intra o post-sesión, respectivamente). Ciertas propuestas de monitoreo emplean una medición compuesta de "carga de RPE" que se calcula multiplicando el puntaje del índice de esfuerzo percibido de la sesión (0-10) por la duración de la sesión (minutos). Cabe mencionar que los métodos basados en el índice de esfuerzo percibido son más aplicables a las sesiones de acondicionamiento que son relativamente continuas, específicamente el índice intra-sesión. Por ejemplo, ante dicha propuesta no es adecuada ni apropiada para el entrenamiento de fuerza y otros tipos de entrenamiento que involucran esfuerzos más intermitentes de alta intensidad.

No obstante, aunque el índice de esfuerzo percibido tradicional basado en el esfuerzo no es un indicador preciso de la fatiga dentro de la serie o sesión —en lo que concierne al entrenamiento de fuerza—, investigaciones recientes han rectificado dicha aplicación práctica mediante la escala del índice de esfuerzo percibido basada en repeticiones en reserva (RIR, por sus siglas en inglés). Esta escala específica del índice de esfuerzo percibido hace que los atletas califiquen el número de repeticiones en reserva y se ha demostrado que esta calificación está altamente correlacionada con la velocidad de la barra. En consecuencia, los datos han demostrado que esta escala rectificada es un método válido de prescripción, monitoreo y progresión de la carga correspondiente al entrenamiento de fuerza.

6.5   Monitoreo de la Carga de Trabajo Diaria y Semanal

Se ha convertido en una práctica común en los deportes profesionales y particularmente de élite, monitorear las mediciones de carga de trabajo de manera diaria y semanalmente. El principal objetivo de esto es intentar controlar el estrés acumulativo que se le impone al atleta debido a la competición y el entrenamiento, para detectar si es que manifiestan un riesgo de lesión aumentado; por ejemplo, debido a la fatiga residual.

Si bien esta práctica se ha generalizado y la lógica tiene un sentido intuitivo, aún se presentan múltiples preguntas sin respuesta y la evidencia de apoyo hasta la fecha es deficiente. Por ejemplo, existe una serie de desafíos en la evaluación de la "carga de trabajo" para diferentes modalidades de entrenamiento y competición.

La relación entre la carga de trabajo y el riesgo de lesiones también está lejos de ser franca. El grado de variación individual será considerable; es muy difícil determinar la relación para cada individuo, y sin hacerlo no es seguro generalizar a través de los individuos. Por lo tanto, exigir límites arbitrarios manifiesta poco fundamento tanto en la teoría como en la práctica, e impondrá restricciones al entrenamiento que probablemente limiten la eficacia de la preparación física del atleta.

Revisión de Conocimiento – Capítulo dos

1. La NFL Combine es la batería de prueba estándar utilizada para la selección de talentos de la Liga Nacional de Fútbol Americano. ¿Este es un ejemplo de qué aplicación de prueba para atletas?

A. Identificación de talento.
B. Diagnóstico de fortalezas/debilidades para orientar la prescripción de entrenamiento.
C. Evaluar las respuestas entrenamiento.
D. Evaluar la efectividad del entrenamiento de los atletas.

2. Todas las siguientes declaraciones con respecto a la evaluación deportiva son verdaderas, EXCEPTO:

A. La medición de la prueba debe ser confiable.
B. La prueba debe ser válida en relación con el aspecto del rendimiento que está diseñada para evaluar.
C. Las pruebas deben realizarse con frecuencia para que valgan la pena.
D. Las pruebas deben utilizar aparatos de alta tecnología para ganar la confianza del entrenador y el atleta.

3. ¿Cuál de las siguientes afirmaciones es verdadera en lo que concierne a las pruebas de carga isocinética?

A. Los puntajes de los exámenes son altamente confiables.
B. El puntaje de la prueba no es confiable.
C. Las pruebas isocinéticas muestran especificidad biomecánica de los movimientos atléticos.
D. Las pruebas isocinétlcas son muy sensibles a los cambios inducidos por el entrenamiento en el rendimiento deportivo.

4. Todos los siguientes se utilizan como parámetros de las capacidades de potencia de los atletas, EXCEPTO:

A. Tasa de desarrollo de la fuerza.
B. 1 repetición máxima de la cargada de potencia.
C. Altura del salto vertical.
D. Fuerza isométrica.

5. ¿Cuál de las siguientes combinaciones de evaluaciones se usa para evaluar la fuerza reactiva de un atleta?

A. Altura de la sentadilla con salto contra la altura del salto en profundidad.
B. Altura del salto contramovimiento contra la distancia del salto horizontal.
C. Distancia del salto horizontal contra la altura del salto en profundidad.
D. Altura del salto en profundidad contra la altura del salto contramovimiento.

6. ¿La prueba de VO_2 máx de laboratorio en una caminadora de banda es la más apropiada para cuál de los siguientes atletas?

A. Un velocista de 200 m.
B. Una velocista de 3 000 m.
C. Una atleta de balonred.
D. Un boxeador.

7. Todas las siguientes afirmaciones son verdaderas para las pruebas submáximas, EXCEPTO:

A. Las pruebas submáximas reemplazan la necesidad de pruebas de resistencia máxima.
B. Las pruebas submáximas son más propicias que las pruebas máximas para las pruebas repetidas a intervalos regulares (por ejemplo, semanalmente).
C. Los protocolos de prueba submáximos son a menudo versiones modificadas de los protocolos de prueba máximos.

D. Las pruebas submáximas requieren acceso a un aparato de monitoreo apropiado para registrar las respuestas fisiológicas de los atletas durante la prueba.

8. ¿Cuál de las siguientes es una prueba de campo utilizada como una medición específica de la capacidad anaeróbica para atletas en deportes intermitentes?

A. Salto por distancia de pie.
B. Prueba de VO_2 máx en caminadora de banda.
C. Protocolo de la capacidad de esprints repetidos.
D. Prueba "5-0-5".

9. ¿Cuál de las siguientes es la mejor medición de las capacidades de aceleración en línea recta para un atleta de básquetbol?

A. Esprint de 40 m con tiempos parciales cada 10 m.
B. Esprint de 40 m sin tiempo parciales.
C. Prueba "T".
D. Salto por distancia de pie.

10. ¿Cuál de las siguientes afirmaciones es válida para la evaluación musculoesquelética y el examen de exploración y detección preliminar de movimiento?

A. Las evaluaciones clínicas de la función musculoesquelética pasiva no tienen valor predictivo para identificar el riesgo de lesiones.
B. La prueba isocinética no es apropiada para la evaluación musculoesquelética.
C. Los protocolos de exploración y detección preliminar de movimiento disponibles comercialmente reemplazan la necesidad de la evaluación clínica musculoesquelética por parte de profesionales de la medicina deportiva.
D. El examen de exploración y detección preliminar de movimiento y musculoesquelética solo es efectivo si existe una intervención y seguimiento adecuados.

Capítulo Tres: Fisiología y Práctica del Acondicionamiento Metabólico

La aptitud física y el "acondicionamiento" son componentes comunes en el entrenamiento empleado para todos los deportes, sin embargo, estos términos a menudo son vagos y están mal definidos. En este capítulo profundizaremos en los sistemas energéticos que respaldan el rendimiento en varios deportes y eventos atléticos. Se exploran las bases fisiológicas de las diferentes propuestas de acondicionamiento metabólico para proporcionar al profesional un marco en el cual basar su programación.

Objetivos de Aprendizaje:

1   Describir los sistemas energéticos que fundamentan el metabolismo del rendimiento deportivo.

2   Comprender los factores que sustentan el rendimiento de resistencia.

3   Describir las respectivas adaptaciones fisiológicas centrales y periféricas al acondicionamiento metabólico.

4   Comprender los factores que gobiernan las adaptaciones que tienen lugar después del entrenamiento de resistencia.

5   Comprender las exigencias metabólicas específicas de diferentes deportes y eventos atléticos.

6   Describir las diferentes propuestas y estrategias de entrenamiento que se utilizan en el acondicionamiento metabólico.

1   Bioenergética del Deporte

El metabolismo energético en la célula alimenta el trabajo físico involucrado en el deporte. Solo una proporción (menos de una cuarta parte) de la energía total del metabolismo se convierte con éxito en trabajo externo; el resto se libera como energía térmica. Este exceso de energía térmica liberada durante el metabolismo energético debe ser gestionado por el atleta a fin de evitar el sobrecalentamiento.

La producción energética por lo tanto se divide en dos partes: (1) la conversión de energía en trabajo físico; y (2) los procesos de transferencia de calor.

Tres factores principales determinan las exigencias de resistencia para un deporte en particular: (1) la intensidad *relativa de trabajo* en la que se desempeña el atleta; (2) qué *duraciones de trabajo* están involucrados durante la competición; y (3) si la actividad realizada por el atleta es *continua* o *intermitente*.

Las condiciones ambientales también influyen en las exigencias energéticas, tanto en términos de termorregulación como de tensión fisiológica general. La interacción de estos factores determina tanto los requerimientos energéticos totales, como las contribuciones relativas de cada uno de los sistemas energéticos disponibles.

1.1   Sistemas Energéticos

Existen tres distintos sistemas energéticos que contribuyen al metabolismo energético: (1) el sistema de fosfágenos; (2) el sistema glucolítico; y (3) el sistema oxidativo. Los dos primeros comprenden las vías metabólicas anaeróbicas. El sistema oxidativo constituye el metabolismo aeróbico.

El sustrato de energía que es la "moneda de intercambio" de todos los procesos metabólicos es el trifosfato de adenosina (TFA o ATP, por sus siglas en inglés). Como tal, cada uno de los sistemas energéticos respectivos están relacionados con la producción de trifosfato de adenosina. Por lo tanto, los tres sistemas pueden clasificarse según su *tasa* de producción (potencia) de trifosfato de adenosina contra su *producción general* o la *capacidad* total de producir trifosfato de adenosina [1].

Las **vías energéticas de fosfágenos** comprenden las reservas de trifosfato de adenosina y fosfocreatina (PCr) dentro de la célula muscular. Al ser la fuente más directa, la producción de trifosfato de adenosina (el sustrato de energía química para toda acción muscular) es inmediata con este sistema. En consecuencia, este sistema tiene la mayor tasa de producción de trifosfato de adenosina, pero tiene una capacidad muy finita; las reservas de trifosfato de adenosina y fosfocreatina dentro de las fibras musculares Tipo II de alto umbral se merman principalmente en un esprint de tan solo 15 segundos. Además de su papel principal durante la actividad de máxima intensidad, esta vía complementa la producción energética esencialmente durante las etapas iniciales de cualquier tipo de actividad (independientemente de la intensidad del ejercicio), con el propósito de tener en cuenta la producción de trifosfato de adenosina durante el retraso que sucede mientras los otros sistemas se movilizan por completo. El sistema de fosfágenos, en particular la vía metabólica de la fosfocreatina, es capaz de regenerarse con el tiempo, por lo que puede contribuir a los esfuerzos repetidos de alta intensidad, suponiendo que haya transcurrido suficiente tiempo entre períodos consecutivos.

La **vía glucolítica** genera trifosfato de adenosina a una velocidad relativamente más lenta que el sistema de fosfágenos, pero tiene una capacidad considerablemente mayor. La producción de trifosfato de adenosina no es tan inmediata como si lo fuese a partir de fosfágenos, pero esta vía todavía se moviliza rápidamente, operando a su capacidad máxima dentro de los primeros cinco segundos después del inicio de la actividad. Dicho esto, las reservas de carbohidratos que alimentan esta vía son limitadas; las reservas de glucógeno (carbohidratos) dentro de la célula muscular se merman de manera significativa dentro de 1-2 horas de actividad extenuante. La velocidad a la que ocurre este agotamiento puede reducirse desarrollando el sistema oxidativo, específicamente aumentando la contribución de la oxidación de grasas a la producción energética. Esto sirve debido a la reducción de la utilización del sistema glucolítico, de modo que, las reservas de carbohidratos que alimentan el metabolismo glucolítico se merman de manera menos acelerada.

Figura 3.1 – Sistemas Energéticos

La **vía oxidativa** es alimentada por grasas, carbohidratos e incluso proteínas. Las reservas combinadas de estos sustratos en el cuerpo son considerables, por lo que el sistema oxidativo tiene, por mucho, la mayor capacidad de los sistemas energéticos descritos. Sin embargo, la tasa de producción de trifosfato de adenosina es la más lenta de los tres sistemas energéticos; de forma aislada (es decir, cuando se merman significativamente los sistemas de fosfágenos y glucolítico), el sistema oxidativo solo puede mantener la producción de trabajo que es equivalente a una carrera a pie relativamente lenta. Este es el sistema en el que los atletas de larga distancia y ultra resistencia dependerán una vez que las reservas de combustible para las otras vías se mermen de gran manera en las últimas etapas de una carrera. Al inicio de la actividad, el sistema oxidativo también manifiesta el mayor retraso, esto es, antes de ser capaz de movilizarse por completo. En consecuencia, son los sistemas de fosfágenos y glucolítico los que alimentan principalmente las primeras etapas de la actividad, independientemente de la intensidad o la duración total. Como se describe, estos tres sistemas energéticos NO funcionan de forma aislada; cualquier actividad, independientemente de la intensidad y duración, tendrá contribuciones de los tres sistemas. Como tal, la propuesta tradicional de los sistemas energéticos para el acondicionamiento metabólico que tiene como objetivo desarrollar cada vía de forma aislada parecería defectuoso, además de no ser la forma más eficiente —en lo que concierne al tiempo—, de preparar a un atleta.

Actividad Reflexiva: ¿Los entrenadores con los que trabaja describen su deporte en términos de un solo sistema energético? ¿Cuán frecuente es esta visión "reduccionista" y la propuesta asociada al acondicionamiento de los sistemas energéticos en su deporte?

2   Parámetros de la Capacidad de Resistencia

2.1   Máxima Absorción de Oxígeno

El VO_2 máx (a menudo denominado VO_2 pico) representa la tasa máxima de oxígeno que el sistema respiratorio del atleta puede absorber, transportar a través del sistema cardiovascular y utilizar por los músculos activos durante el ejercicio máximo sostenido [9].

2.2   Regulación de la Absorción de Oxígeno (Cinética de Absorción de VO2)

La regulación de la absorción de oxígeno se describe en términos de la cinética de absorción de VO_2. Esta es esencialmente la tasa a la que aumenta el consumo de oxígeno al inicio del ejercicio con el propósito de satisfacer la mayor exigencia, o el evidente ajuste en respuesta a un aumento en la carga de trabajo durante el ejercicio [10].

Con el entrenamiento, la cinética de absorción de VO_2 se vuelve más receptiva, de modo que el tiempo de retraso entre el ajuste necesario en la absorción de VO_2 –a fin de cumplir con las exigencias alteradas de la producción de trabajo–, sea reducida [184]. A su vez, estas adaptaciones sirven para reducir las exigencias impuestas a los otros sistemas energéticos (particularmente el sistema glucolítico), que de otro modo ayudarían a satisfacer las exigencias aumentadas de trifosfato de adenosina durante este retraso.

2.3   Economía/Eficiencia de Movimiento

La economía del ejercicio se identifica como un componente clave de la aptitud cardiorrespiratoria [10]; y está muy relacionada con el rendimiento en eventos de resistencia, como la carrera a distancia [11]. Una ilustración de la importancia de la economía de carrera para el rendimiento de resistencia es que, si tomamos dos atletas que coinciden en términos de su VO_2 máx, es el atleta con la mejor economía de carrera quien (típicamente) mostrará el rendimiento superior en una carrera [185]. Esencialmente, un atleta con una mejor economía de carrera tiene un costo metabólico más bajo a la misma velocidad de carrera [186], y generalmente es capaz de mantener una velocidad de carrera más alta a la intensidad de "VO_2 de carrera".

Las mejoras en la eficiencia de la locomoción y el movimiento durante la actividad deportiva influyen directamente en el rendimiento de resistencia aeróbica durante la competición. Si bien ciertos factores que influyen en la economía (por ejemplo, tamaño/forma del cuerpo, longitud/dimensiones de las extremidades), no son (fácilmente) modificables, otros aspectos pueden serlo mediante intervenciones de entrenamiento apropiadas. Estos factores modificables incluyen las propiedades de "resorte/elásticas" de las extremidades inferiores durante la locomoción de carrera. Otros factores modificables relacionados incluyen la coordinación neuromuscular y la técnica de carrera.

2.4   Umbral de Lactato o Máximo Estado Estable de Lactato

El umbral de lactato se utiliza como índice de la transición entre el metabolismo aeróbico y anaeróbico (glucolítico) [187]. Por lo general, se utilizan dos índices para este parámetro. El primero de ellos es la intensidad del trabajo a la que la concentración de lactato sanguíneo aumenta por encima de los valores de referencia, a menudo denominado LT1. El segundo de estos índices, y más ampliamente utilizado, es el umbral anaeróbico o LT2, que es la intensidad del umbral superior (porcentaje de VO_2 máx), en el cual el lactato sanguíneo permanece en equilibrio (es decir, los valores permanecen estables mientras se mantiene la producción). Este último parámetro también se denomina "máximo estado estable de lactato" [131].

El máximo estado estable de lactato está relacionado con la potencia o velocidad crítica ("VO_2 de rendimiento") que representa la intensidad máxima que el atleta puede tolerar en condiciones de competición [11]. El entrenamiento apropiado puede elevar la intensidad de trabajo relativa (correspondiente al máximo estado estable de lactato) que los atletas pueden mantener durante un período prolongado. Estos cambios en la cinética de lactato pueden ocurrir independientemente de cualquier cambio en el VO_2 máx.

2.5 Capacidad Anaeróbica

La capacidad anaeróbica incluye tanto la capacidad total de producción energética a través del metabolismo glucolítico como la facultad de mantener dicho metabolismo. Se ha demostrado que, la capacidad de trabajo anaeróbica contribuye a los tiempos de rendimiento para los eventos de carrera de resistencia (5 km) que se consideran principalmente aeróbicos.

Por lo tanto, la capacidad anaeróbica implica una serie de subcomponentes. La composición de la fibra muscular desempeñará un papel importante; por ejemplo, las fibras Tipo II tienen una mayor capacidad para el metabolismo glucolítico. Un factor relacionado es el contenido y la actividad de las enzimas dentro de la célula muscular que están involucradas en el metabolismo glucolítico. La depuración de lactato (transporte y utilización como sustrato energético para el metabolismo oxidativo) es otro parámetro clave con respecto a la capacidad anaeróbica. Finalmente, la capacidad de amortiguación muscular es un factor crítico, ya que sirve para compensar la acidosis dentro de la célula muscular y la inhibición relacionada del metabolismo glucolítico.

2.6 Reserva de Energía Anaeróbica y Reserva de Velocidad Anaeróbica

El rendimiento anaeróbico máximo o las capacidades de velocidad máxima del atleta, también influyen en su capacidad de rendimiento a intensidades superiores al VO_2 máx. Estas cualidades son relevantes para los eventos deportivos que involucran períodos breves o prolongados de intensidad "supramáxima". Los ejemplos incluyen eventos de media distancia en atletismo y deportes intermitentes, incluidos los deportes de equipo y deportes de raqueta. La reserva de velocidad anaeróbica, o reserva de potencia anaeróbica, está delimitada por la velocidad del atleta frente a su VO_2 máx y por la velocidad máxima (o los valores de producción de potencia respectivos). Los atletas de élite que tienen una velocidad o producción de potencia similar al alcanzar su VO_2 máx pueden diferir notablemente en su velocidad máxima o producción de potencia. El modelo de reserva de energía anaeróbica es capaz de diferenciar estas cualidades; de hecho, se demuestra que este modelo predice la realización de esfuerzos breves en ciclistas de élite [17]. La velocidad anaeróbica o la reserva energética también están relacionadas con la potencia crítica a intensidades superiores al VO_2 máx. Por ejemplo, un atleta con una producción de potencia máxima o valores de velocidad máxima más elevados tendrá una reserva más grande; por lo tanto, se sumergirán de manera menos profunda en sus reservas en comparación con otro atleta que se corresponde con su VO_2 máx pero que tiene una velocidad o potencia máximas menos considerables y, por lo tanto, menos capacidad supramáxima de reserva a su disposición. Por consiguiente, se demostró que los valores de reserva de velocidad anaeróbica en una cohorte de nadadores están fuertemente correlacionados con su capacidad anaeróbica y su velocidad crítica de natación [16].

2.7 Capacidad de Esprints Repetidos

En el caso de los deportes que requieren esfuerzos repetidos intermitentes, particularmente con una recuperación incompleta, entra en juego un parámetro adicional. La capacidad del atleta de realizar esfuerzos sucesivos de alta intensidad depende en gran parte de su capacidad de recuperarse de períodos de trabajo anteriores [143]. Este parámetro se ha denominado "capacidad de esprints repetidos".

La capacidad de esprints repetidos tiene elementos en común con la capacidad anaeróbica, incluida la depuración de lactato y la capacidad de amortiguación muscular [188]. Sin embargo, existen factores adicionales que contribuyen a la capacidad de esprints repetidos. Por ejemplo, la habilidad de volver a sintetizar fosfatos de alta energía (fosfocreatina y trifosfato de adenosina) durante los intervalos de descanso es evidentemente crítica [189]. La capacidad aeróbica (específicamente la capacidad oxidativa del músculo) también es importante, ya que esto apoya a la recuperación y resíntesis de trifosfato de adenosina entre esfuerzos de trabajo [190].

3   Adaptaciones al Entrenamiento de Resistencia

Dependiendo de la naturaleza del acondicionamiento metabólico realizado, es decir, el formato, la intensidad, la duración, etc., pueden producirse una variedad de adaptaciones fisiológicas. Estos pueden clasificarse ampliamente como adaptaciones centrales contra periféricas. Las **adaptaciones centrales** se refieren a los órganos cardiorrespiratorios centrales (corazón y pulmones), sistema nervioso central (SNC) y sistema nervioso autónomo (SNA). Las **adaptaciones periféricas** implican cambios estructurales, celulares y morfológicos asociados con los músculos activos y la red vascular local que suministra sangre a estos.

3.1   Adaptaciones Centrales del Acondicionamiento Metabólico

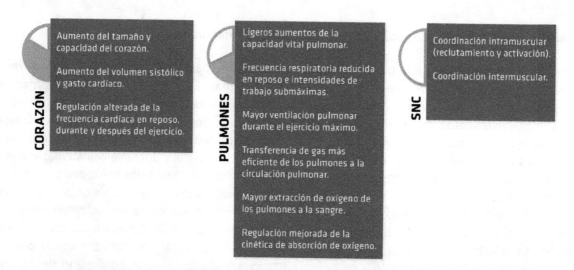

Figura 3.2 – Adaptaciones Centrales del Acondicionamiento Metabólico

3.1.1   Estructura y Función Cardíaca

Las adaptaciones centrales asociadas con el entrenamiento de resistencia incluyen un aumento en el tamaño y la capacidad del corazón [191]. Otros cambios estructurales asociados con el "corazón del atleta" son el grosor aumentado de las paredes ventriculares, y con frecuencia, el diámetro y la masa del ventrículo izquierdo es mayor en los atletas entrenados en resistencia [192]. Una adaptación central que ocurre con bastante facilidad en respuesta al entrenamiento de resistencia es un aumento en el volumen sistólico y el gasto cardíaco. Esto se logra en parte a través del aumento del llenado diastólico, de modo que ingresa más sangre al corazón durante el intervalo (denominado diástole) entre cada contracción. El aumento de la "contractilidad", a través de una combinación de mayor elasticidad y fuerza de la pared cardíaca, también contribuye a aumentar el volumen sistólico y el gasto cardíaco.

Otras adaptaciones centrales incluyen la alteración de la regulación del sistema nervioso autónomo de la frecuencia cardíaca. Esto es evidente al manifestarse una reducción en la frecuencia cardíaca en reposo después de un período de entrenamiento [193]. De la misma manera, las adaptaciones al entrenamiento de resistencia también son evidentes durante el ejercicio, incluida una frecuencia cardíaca más baja para una intensidad de trabajo absoluta dada [194]. Finalmente, las respuestas de frecuencia cardíaca también se alteran en el período posterior a un esfuerzo de trabajo, de modo que existe una recuperación más rápida de la frecuencia cardíaca a los niveles de reposo después del ejercicio.

3.1.2   Adaptaciones Pulmonares

Se pueden observar ligeros aumentos en la capacidad vital pulmonar (volumen máximo de aire que el atleta puede exhalar) después del entrenamiento. Las adaptaciones más frecuentes se refieren a la tasa de ventilación, incluidas las reducciones en la tasa de respiración en reposo y a una intensidad de trabajo submáxima absoluta dada. El aumento de la ventilación pulmonar (movimiento de aire dentro y fuera de los pulmones) durante el ejercicio máximo también se observa con el entrenamiento de resistencia.

Otras adaptaciones pulmonares permiten una transferencia de gases más eficiente entre los pulmones y los vasos sanguíneos pulmonares, incluida una mayor extracción de oxígeno de los pulmones hacia la sangre. También se observa una regulación óptima de la cinética de absorción de oxígeno después del entrenamiento. Esto es evidente en una reducción del retraso al inicio del ejercicio, antes de que el consumo de oxígeno alcance los niveles requeridos, así como ajustes más rápidos a los cambios en la carga de trabajo durante el ejercicio [10].

3.1.3   Sistema Nervioso Central

La coordinación intramuscular se refiere al reclutamiento y activación de unidades motoras dentro de un grupo muscular. Las adaptaciones neuronales relacionadas con los movimientos cíclicos involucrados en la locomoción incluyen el ajuste del momento de activación y relajación dentro de cada ·ciclo de trabajo· (por ejemplo, ciclo de marcha o revolución). Otro aspecto entrenable es la capacidad de activar unidades motoras fatigadas [43].

La coordinación intermuscular, de modo similar, se refiere al refinamiento de la coordinación de la actividad de diferentes músculos. Esto comprende no solo los músculos agonistas que son los principales motores del movimiento, sino también los músculos sinergistas que trabajan en sincronización y los grupos musculares antagonistas opuestos.

3.2   Adaptaciones Periféricas al Acondicionamiento Metabólico

Una adaptación periférica importante con respecto al suministro de sangre y el suministro de oxígeno al músculo en función es un aumento de la capilarización [1]. Las adaptaciones en el sistema vascular local incluyen un aumento en el número y cambios en la arquitectura de los vasos sanguíneos que suministran las fibras musculares.

Otras adaptaciones periféricas que involucran a los músculos mismos incluyen cambios en los subtipos de fibra muscular. En particular, en respuesta al entrenamiento de resistencia, se observa con frecuencia una conversión de la fibra muscular Subtipo IIX (contracción rápida, glucolítica) a Subtipo IIA (contracción rápida, oxidativa, glucolítica).

Dentro de la célula muscular también se puede observar un aumento en el número y la capacidad de las mitocondrias (sitio de producción de energía oxidativa dentro de las células musculares) y un incremento de la mioglobina, la molécula de unión al oxígeno dentro de las células musculares. También es probable que se produzca un aumento en la actividad de las enzimas relacionadas con el metabolismo oxidativo y el metabolismo glucolítico, aunque esto dependerá del tipo de entrenamiento empleado.

Otros cambios están asociados con el almacenamiento y la disponibilidad de sustratos para el metabolismo energético. Por ejemplo, los aumentos en el almacenamiento de glucógeno dentro de las células musculares (un sustrato de energía principal para el metabolismo glucolítico) es una adaptación periférica importante. Un cambio similar es un aumento en las reservas de grasa dentro de las células musculares, situadas preferentemente cerca de las mitocondrias, y estas adaptaciones facilitan un aumento preferencial en la proporción de energía suministrada por el metabolismo de las grasas.

Finalmente, las adaptaciones periféricas que se producen en respuesta al entrenamiento de resistencia adecuado conducen a una mejor depuración de lactato, incluido el transporte y el metabolismo de este. También pueden ocurrir adaptaciones complementarias, dependiendo del estímulo de entrenamiento, que apoyan la capacidad de amortiguación muscular (es decir, la capacidad de neutralizar los hidrogeniones dentro de las células musculares y resistir los cambios en el pH muscular).

4   Factores que Determinan las Respuestas de Acondicionamiento

Existe una relación *dosis-respuesta* con el entrenamiento de resistencia, por lo que existe una respuesta gradual a diferentes dosis de entrenamiento. La naturaleza exacta de esta relación es difícil de dilucidar, ya que depende de la población, por ejemplo, atletas de élite contra atletas recreativos entrenados. Los detalles sobre el historial de entrenamiento también influirán en las respuestas. Finalmente, los factores genéticos influyen en la capacidad de respuesta al acondicionamiento metabólico, por lo que las respuestas al entrenamiento también variarán según el fenotipo del individuo.

La naturaleza de la respuesta de entrenamiento, es decir, cuál de las adaptaciones de entrenamiento anteriores resultará, también depende del tipo de acondicionamiento realizado. Los factores críticos que rigen las respuestas y adaptaciones obtenidas incluyen la *intensidad* del trabajo, el *volumen* (frecuencia y duración), el *contenido* y el *formato* del entrenamiento realizado. Por ejemplo, las adaptaciones aeróbicas dependen en gran parte de la interacción entre la intensidad del trabajo y la duración total del trabajo completado en las sesiones de acondicionamiento [195].

Ciertas adaptaciones centrales, en particular, el crecimiento del tamaño y la capacidad del corazón, así como el aumento de la capacidad vital pulmonar, solo son evidentes en los atletas que han completado grandes volúmenes de entrenamiento de resistencia durante un período de años. No obstante, otras adaptaciones de entrenamiento son mucho más sensibles al entrenamiento.

4.1   Cambios en la Capacidad "Aeróbica"

El volumen del acondicionamiento metabólico, en términos de duración de las sesiones de acondicionamiento y frecuencia de entrenamiento (número de sesiones por semana), es un factor crítico que influye en las adaptaciones cardiopulmonares centrales que respaldan las mejoras en la capacidad aeróbica [196]. Este es particularmente el caso con el entrenamiento de resistencia continuo (en oposición al entrenamiento interválico).

La duración de la sesión es importante hasta cierto punto; debido al componente "lento del VO_2" de la cinética de absorción de oxígeno, por lo que a medida que transcurre el tiempo de la sesión, la absorción de oxígeno se eleva. De esta manera, se puede obtener un consumo de oxígeno cercano a VO_2 máx hacia el final de las sesiones continuas de acondicionamiento a pesar de que la intensidad del trabajo es submáxima, es decir, muy por debajo de la intensidad que normalmente generaría el VO_2 máx.

Es probable que exista un volumen umbral (número de sesiones y duración/distancia por semana) que sea necesario para producir adaptaciones en individuos entrenados. Del mismo modo, los estudios en atletas entrenados indican que también existe un umbral superior o efecto de meseta, por lo que los aumentos adicionales en el volumen (sin ningún aumento en la intensidad del trabajo) no lograrán una mayor adaptación o mejora [197].

La intensidad del entrenamiento es un factor crítico en términos de las adaptaciones provocadas por el entrenamiento de resistencia. Para corredores de fondo bien entrenados, se sugiere que el entrenamiento con la intensidad máxima de consumo de oxígeno puede ser necesario para producir mejoras adicionales en su capacidad aeróbica [9, 198]. Numerosos estudios muestran que el acondicionamiento interválico que involucra períodos cortos a alta intensidad puede suscitar un porcentaje elevado del VO_2 máx y producir ganancias significativas en la capacidad aeróbica [199].

Por ejemplo, en un estudio innovador realizado por Gibala y colaboradores [200], reportaron que una intervención de dos semanas de entrenamiento de ciclismo de alta intensidad y bajo volumen provocó cambios similares en los parámetros de la capacidad oxidativa muscular y mejoras comparables en el rendimiento de las pruebas de ciclismo (tanto en distancias cortas como largas) a un grupo de entrenamiento tradicional de intensidad moderada y alto volumen de acondicionamiento. El acondicionamiento de alta intensidad consistió en 4-6 series de esprints en bicicleta con 4 minutos de recuperación entre series, mientras que el otro grupo de entrenamiento realizó períodos de 90-120 minutos de acondicionamiento continuo en bicicleta. El tiempo total de entrenamiento y el volumen completado por el grupo de alta intensidad fue una fracción de aquel que fue completado por el grupo de entrenamiento de intensidad moderada y volumen abundante.

El acondicionamiento metabólico de alta intensidad es un potente estímulo para provocar adaptaciones periféricas que mejoran la capacidad del músculo para el metabolismo oxidativo. Además, esta forma de acondicionamiento también puede producir adaptaciones cardiopulmonares centrales [201]. Se ha sugerido que las adaptaciones cardiopulmonares provocadas por el entrenamiento interválico dependerán de factores que incluyen el tiempo acumulado por encima del 90 % del VO_2 máx durante las sesiones de acondicionamiento.

El uso de intensidades de trabajo más altas (cercanas o superiores al VO_2 máx), también reduce drásticamente la duración o el volumen de entrenamiento requerido para producir mejoras en el rendimiento de resistencia y cambios en la capacidad oxidativa. Varios estudios han reportado mejoras significativas en la capacidad de resistencia y el rendimiento después de protocolos de acondicionamiento interválico de alta intensidad que involucran una fracción del volumen de entrenamiento empleado con el entrenamiento de resistencia submáximo más convencional.

Una porción de esta potencia del acondicionamiento de alta intensidad parece deberse al hecho de que se recluta una agrupación más grande de fibras musculares durante el entrenamiento, que incluye un mayor uso de las fibras musculares Tipo II de umbral más alto [199]. Estas unidades motoras no se reclutan de igual modo durante el acondicionamiento tradicional realizado a intensidades más bajas.

4.2   Mejoras en el Umbral de Lactato

Por definición, para estimular la depuración de lactato y, por lo tanto, provocar una adaptación, el acondicionamiento metabólico realizado por el atleta debe, en primera instancia, elevar los niveles de lactato [202]. Específicamente, los estímulos de trabajo realizados deben ser iguales o superiores al umbral de lactato o a la intensidad del máximo estado estable de lactato. El ejercicio continuo o intermitente a esta intensidad puede ser igualmente efectivo en el desarrollo de parámetros relacionados con el umbral de lactato [10].

Las mejoras en el umbral de lactato se atribuyen a las adaptaciones periféricas asociadas con la depuración de lactato. Estas incluyen el aumento de la capilarización de las fibras musculares [10], la mejora de la amortiguación ácido-base (ver la siguiente sección), la posible regulación al alza de los transportadores de lactato [131] y el aumento del metabolismo de lactato como sustrato energético (a través del metabolismo oxidativo) [203].

4.3 Capacidad de Amortiguación Muscular

De la misma manera que con la depuración de lactato, el acondicionamiento debe elevar la concentración de hidrogeniones a fin de estimular los mecanismos de amortiguación muscular. Por lo tanto, la sesión de entrenamiento de resistencia debe ser lo suficientemente intensa como para requerir de una contribución significativa del metabolismo glucolítico. En consecuencia, la eficacia del acondicionamiento para obtener las adaptaciones fisiológicas necesarias para desarrollar la capacidad de amortiguación muscular depende de la intensidad del trabajo [204].

En esencia, esto requiere de entrenamiento en intensidades que exceden el umbral de lactato o la intensidad del máximo estado estable de lactato. El entrenamiento por debajo de esta intensidad puede provocar cambios en el rendimiento y adaptaciones en la capacidad aeróbica, pero no producirá cambios en la depuración de lactato y las capacidades de amortiguación muscular [205]. Como estas intensidades no se pueden mantener durante períodos prolongados, esto se logra con mayor frecuencia utilizando un formato intermitente o interválico, en el que las fases de alta intensidad se intercalan con períodos de descanso activo o pasivo. Un ejemplo de la eficacia del acondicionamiento interválico de alta intensidad es que los atletas que compiten en deportes caracterizados por esta forma de entrenamiento, por ejemplo, deportes de equipo, demuestran una mayor capacidad de amortiguación muscular y una capacidad de esprints repetidos superior [188].

4.4 Cambios en la Eficiencia o Economía de Trabajo

Las respuestas de entrenamiento con respecto a la economía de trabajo y la competencia de movimiento dependerán de la modalidad de ejercicio utilizada durante el acondicionamiento. Por ejemplo, un estudio de triatletas de élite reportó que el entrenamiento de carrera y ciclismo no tuvo impacto en su rendimiento de natación [31]. En no atletas entrenados, el entrenamiento cruzado (natación) también muestra ser inferior al entrenamiento de carrera para mejorar los parámetros de rendimiento de carrera [33].

Se deduce que el desarrollo de este componente de resistencia de la economía de trabajo requerirá que el entrenamiento realizado reproduzca el tipo de locomoción y los patrones de movimiento encontrados en la competición. Para los deportes intermitentes, el desarrollo de la competencia de movimiento debe incluir necesariamente las formas no ortodoxas de locomoción realizadas durante la competición, como los movimientos laterales y hacia atrás [48].

Las mejoras en la economía de trabajo también parecen ser específicas en referencia con la velocidad a la que se realiza el acondicionamiento. Esencialmente, las mejoras observadas en la economía de carrera son mayores a la velocidad de carrera a la que el atleta entrena habitualmente [10]. De ello se deduce que el acondicionamiento realizado deberá reflejar las velocidades de movimiento encontradas durante la competición para desarrollar la economía del trabajo a estas velocidades específicas. Para los atletas de resistencia, estas velocidades estarán en el rango asociado con el ritmo de carrera para el evento en particular.

El entrenamiento de fuerza parece tener un papel a desempeñar para mejorar la competencia de movimiento. El entrenamiento de fuerza máxima ha demostrado ser efectivo para reducir el costo de oxígeno en una carga de trabajo dada con atletas de resistencia, lo que indica una economía de trabajo aumentada [36]. Es probable que la selección de ejercicios sea decisiva en lo que concierne a la obtención de ganancias de fuerza y economía de trabajo para los movimientos particulares requeridos y correspondientes a la competición en un deporte determinado.

Actividad Reflexiva: ¿En qué medida se explican los factores que determinan las diferentes adaptaciones en el entrenamiento de resistencia realizado por los atletas con los que trabaja? ¿Qué cambios se podrían realizar para optimizar las adaptaciones del entrenamiento de resistencia?

5 Estrategias de Entrenamiento para Desarrollar Diferentes Aspectos del Acondicionamiento Metabólico

5.1 Formato Continuo Contra Interválico para el Entrenamiento de Resistencia

Por definición, el trabajo continuo durante un período prolongado se limita a intensidades de trabajo que están algo por debajo del VO_2 máx. Las tasas de trabajo más altas simplemente no pueden sostenerse para esfuerzos de distancias más largas o duraciones prolongadas. Por ejemplo, incluso para atletas de élite, el ritmo de maratón equivale a una intensidad de trabajo que se encuentra en ~75-85 % de su VO_2 máx [11].

Por el contrario, el acondicionamiento interválico proporciona un marco a fin de permitir que se realicen intensidades de trabajo más altas en series repetidas. Esencialmente, la intención cuando se emplea el acondicionamiento interválico es que el tiempo total acumulado invertido en estas intensidades más altas es más largo de lo que sería posible si se trabaja continuamente [202].

5.2 Opciones de Entrenamiento Continuo

Entrenamientos continuos más largos merecen inclusión en la preparación para atletas en deportes con una dependencia significativa en la capacidad aeróbica. Un elemento es que, es importante desarrollar la capacidad de los atletas para duraciones de trabajo prolongadas, particularmente para los eventos de resistencia. Además, los entrenamientos prolongados con intensidad submáxima tienen eficacia en lo que concierne a provocar adaptaciones en el metabolismo oxidativo. La duración total (acumulada) a una intensidad dada se identifica como un factor que contribuye a las adaptaciones de resistencia [195].

La reciente popularización de modelos de entrenamiento "polarizados" para atletas de resistencia ha visto un renacimiento para el entrenamiento lento y de larga distancia [206]. Específicamente, los autores señalan el hecho de que los atletas en varios deportes de resistencia participan regularmente en entrenamientos de larga duración a intensidades por debajo del umbral de lactato. De hecho, se observa que la mayoría del tiempo de entrenamiento en muchos deportes de resistencia se comprende por esfuerzos submáximos continuos por debajo del 70 % del VO_2 máx [206].

5.2.1 Entrenamiento Lento y de Larga Distancia (Extensivo)

Como se describió anteriormente, el entrenamiento continuo se realiza necesariamente a intensidades de ejercicio submáximas. Por lo tanto, el entrenamiento lento y de larga distancia se realiza a un ritmo constante con intensidades de trabajo bajas a moderadas y se mantiene durante una distancia o duración prolongada. En individuos no entrenados y moderadamente entrenados, las intensidades de entrenamiento moderadas involucradas pueden provocar mejoras en el rendimiento de resistencia y la absorción máxima de oxígeno. Sin embargo, estas intensidades de trabajo submáximas son relativamente ineficaces para desarrollar la capacidad de resistencia en atletas entrenados cuando se usan de forma aislada [198].

Se ha identificado que los atletas de resistencia entrenados requieren intensidades de entrenamiento más altas para producir mayores ganancias en el rendimiento y el VO_2 máx [9]. Estas cargas de trabajo, en el rango de 95-100 % de la velocidad alcanzada frente al VO_2 máx, no son sostenibles para la duración del trabajo asociada con el entrenamiento lento y de larga distancia. Por lo tanto, emplear esta propuesta de forma aislada no parece ser un medio viable para desarrollar la capacidad resistencia para la mayoría de los atletas.

5.2.2 Entrenamiento de Umbral

El entrenamiento de umbral implica ejercicio continuo a una intensidad relativamente más alta (y un ritmo más o menos constante). Por lo general, el objetivo con el entrenamiento de umbral es que el atleta mantenga un ritmo objetivo que esté en su límite superior en términos de la intensidad que puede mantener durante un período prolongado. Este ritmo objetivo generalmente se prescribe en función de la intensidad asociada con el umbral de lactato o el máximo estado estable de lactato. Se deduce que esta propuesta requiere que esta intensidad se identifique primero para el atleta individual mediante pruebas apropiadas. De manera similar, se requerirá un monitoreo adicional para ajustar la intensidad de acondicionamiento frente a los cambios en el umbral de lactato del atleta o la intensidad de trabajo asociada con el máximo estado estable de lactato.

5.2.3 Entrenamiento Continuo de Intensidad Variable

El método de entrenamiento continuo de intensidad variable conocido como "Fartlek" fue desarrollado originalmente en la década de 1930 por entrenadores suecos [202]. Si bien existen múltiples variaciones de esta propuesta, en general, esta modalidad de acondicionamiento implica trabajar sin pausa, pero alternando períodos de carrera de alta intensidad con fases de duración prescrita a intensidades más bajas. Este método a menudo es relativamente desestructurado, de modo que el atleta selecciona por sí mismo las duraciones y el momento de las transiciones entre el trabajo de alta, moderada y baja intensidad.

También existen otras propuestas de entrenamiento continuo de intensidad variable más estructuradas. Por ejemplo, el "concepto de entrenamiento 10-20-30" descrito en una publicación reciente, implica realizar consecutivamente una carrera de baja intensidad de 30 segundos, una carrera de intensidad moderada de 20 segundos y una carrera de alta intensidad de 10 segundos, y repetir esta secuencia por un período especificado [207]. Este estudio reportó mejoras en el VO_2 máx y el rendimiento de la prueba contrarreloj de más de 1 500 m y 5 000 m, así como cambios favorables en los lípidos sanguíneos y las mediciones de la presión arterial de los sujetos, aunque los sujetos en este estudio incluyeron participantes moderadamente entrenados de ~30 años.

5.3 Acondicionamiento Estratégico del Evento de Carrera

El acondicionamiento estratégico del evento de carrera esencialmente consiste en diseñar sesiones de entrenamiento de acuerdo con el ritmo de competición real o deseado para el(los) evento(s) para el(los) que el atleta se está preparando, o en función de las pruebas contrarreloj en varias distancias. Esto puede tomar la forma de esfuerzos continuos a un ritmo de potencia o velocidad crítica, o el "ritmo de carrera" para los atletas que compiten en eventos de carrera (como los corredores).

Además de los esfuerzos contrarreloj, otra propuesta para los eventos de resistencia más largos es realizar esfuerzos individuales con el "VO_2 de rendimiento" o el ritmo de carrera, pero de menor distancia o duración que la distancia de competición. Por ejemplo, un corredor de maratón podría realizar una carrera de una hora a su ritmo de maratón real o deseado. Alternativamente, se pueden emplear esfuerzos sucesivos en ritmos objetivo para diferentes distancias de carrera (o contrarreloj) durante un solo entrenamiento. Por ejemplo, un corredor de media distancia podría alternar entre un ritmo de 1 500 m y un ritmo de 5 000 m durante el entrenamiento [202].

Actividad Reflexiva: ¿Qué modalidades de acondicionamiento metabólico continuo se emplean en el deporte con el que trabaja? ¿Cree que alguna de las propuestas descritas podría ser aplicable en este?

5.4   Acondicionamiento de Alta Intensidad Interválico

Recientemente se propuso una definición del acondicionamiento de alta intensidad interválico:

"Series repetidas de ejercicios cortos a largos de alta intensidad intercalados con períodos de recuperación" [201].

A partir de esta amplia definición, es evidente que con el acondicionamiento interválico, una serie extensa de distintas propuestas son posibles. La intensidad relativa y la duración de los períodos de trabajo seleccionados, junto con la duración relativa de los períodos de descanso empleados, también determinarán la contribución relativa de las vías energéticas aeróbicas y anaeróbicas. En términos generales, el acondicionamiento interválico puede estratificarse en el "acondicionamiento aeróbico interválico" y el "acondicionamiento anaeróbico interválico", según el sistema energético predominante [201].

5.4.1   Acondicionamiento Aeróbico Interválico

El entrenamiento aeróbico interválico implica períodos de trabajo repetidos a intensidades iguales o superiores al umbral de lactato o al máximo estado estable de lactato [201]. Estos períodos de trabajo repetidos se entremezclan con períodos de recuperación de una duración prescrita, que pueden comprender descanso pasivo o recuperación activa (trabajo de baja intensidad).

Los sistemas aeróbicos y anaeróbicos pueden ser estimulados en diferentes grados, dependiendo de la intensidad de los períodos de trabajo, la duración relativa del trabajo y las fases de recuperación empleadas [208]. Sin embargo, lo que define el entrenamiento en intervalos aeróbicos y lo diferencia del entrenamiento anaeróbico interválico es que el metabolismo aeróbico continúa siendo la fuente energética primaria, como resultado de una combinación de la intensidad y la duración de los períodos de trabajo, así como la relación trabajo:descanso seleccionados. La duración adecuada del intervalo de recuperación es la que proporciona suficiente estímulo fisiológico para provocar la adaptación mientras que evita la acumulación excesiva de metabolitos y la producción de trabajo comprometida [209].

El entrenamiento de este tipo eleva la intensidad relativa del ejercicio que el atleta es capaz de mantener durante períodos prolongados, por lo tanto, es muy similar al método de "entrenamiento de umbral" descrito anteriormente. Los datos también sugieren que el entrenamiento aeróbico interválico promueve el metabolismo oxidativo de las grasas y ahorra glucógeno en mayor medida que el mismo entrenamiento realizado continuamente [202]. El uso preferencial de las grasas para obtener energía y ahorrar las reservas finitas de glucógeno (carbohidratos) es una adaptación importante del entrenamiento de resistencia, que prolonga efectivamente la duración en que el atleta puede mantener intensidades de trabajo más altas.

5.4.2   Acondicionamiento Aeróbico Interválico Corto

Este método implica "ráfagas" cortas (generalmente menos de 30 segundos) a una velocidad relativamente alta, como la velocidad aeróbica máxima (VAM) o la velocidad a la que se obtiene el VO_2 máx (vVO_2 máx), intercaladas con intervalos igualmente cortos de actividad de menor intensidad o descanso pasivo. Como resultado de los breves intervalos de trabajo de alta intensidad, los niveles de lactato sanguíneo permanecen estables, al igual que el nivel de acidez dentro de la célula muscular. De tal modo, la fatiga se retrasa y la producción de trabajo durante períodos de esfuerzo sucesivos se mantiene bien durante un período prolongado. Por el contrario, los breves intervalos de descanso no permiten la restauración completa de las reservas de fosfágenos, por lo que predomina el metabolismo oxidativo [202].

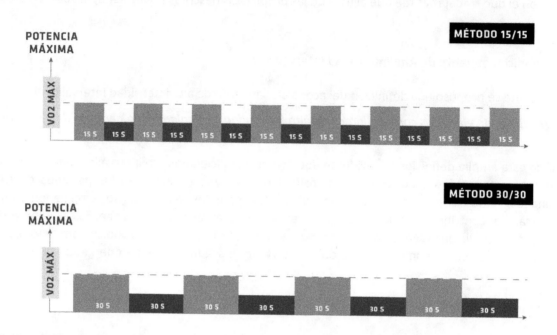

Figura 3.3 – Ejemplos del Acondicionamiento Aeróbico Interválico Corto

Un ejemplo de esta propuesta que se describe en la literatura implica períodos de trabajo de 10 segundos a la velocidad aeróbica máxima intercalados con intervalos de descanso de 5 segundos, de modo que la relación trabajo:descanso es de 2:1. Los atletas de resistencia bien entrenados pueden mantener este formato de acondicionamiento durante 30 minutos, lo que equivale a un tiempo de trabajo efectivo de 20 minutos acumulado a una velocidad a la que se obtiene el VO_2 máx. Un método similar emplea sesiones de trabajo y descanso de 10 segundos (relación trabajo:descanso de 1:1). Más ampliamente utilizado es el esquema 15/15, durante el cual 15 segundos a la velocidad aeróbica máxima se alternan con períodos de descanso de 15 segundos durante los cuales el atleta a menudo continúa trabajando a una intensidad más baja (50 % del VO_2 máx) [131]. Otra propuesta popular es el método 30/30, que emplea intensidades similares para los períodos de trabajo de 30 segundos y descanso pasivo o recuperación activa durante los intervalos de 30 segundos de recuperación. Se recomienda la recuperación activa (50 % de intensidad del VO_2 máx) para mantener la absorción de oxígeno durante los intervalos de descanso y ayudar a la eliminación de los metabolitos.

Cuando el entrenamiento aeróbico interválico se aplica con atletas en eventos de carrera (como atletas de pista), la intensidad de los períodos de trabajo se puede prescribir según las velocidades de carrera específicas de su evento. Por ejemplo, los atletas que compiten en carreras más largas o en eventos de media distancia pueden realizar "repeticiones rotas". Por ejemplo, las series de entrenamiento "rotas" de 800 m se describen en la literatura, mediante los cuales se completan series de cuatro repeticiones de más de 200 m al mejor ritmo personal de 800 m, con períodos de descanso de 30 segundos entre repeticiones sucesivas [210]. Esto es ampliamente similar a la propuesta 30/30, en términos de la duración respectiva de las fases de trabajo y descanso.

5.4.3   Acondicionamiento Aeróbico Interválico Largo

Los intervalos largos implican duraciones de trabajo de más de 60 segundos, y típicamente en el rango de 2-6 minutos [201]. La intensidad de los períodos de trabajo generalmente está entre 90 % y 100 % del VO_2 máx (o la velocidad aeróbica máxima). Generalmente, se permiten períodos de descanso pasivo entre períodos de trabajo. Con esta propuesta, también se recomienda que la duración de los períodos de descanso sea más corta en relación con los períodos de trabajo para evitar que el consumo de oxígeno disminuya demasiado antes del próximo período de trabajo sucesivo [211]. Por ejemplo, un protocolo que ha demostrado ser exitoso involucra series repetidas de 4 minutos realizadas con una intensidad de ~90 % del VO_2 máx, intercaladas con períodos de descanso de 2 minutos [212].

5.4.4   Acondicionamiento Anaeróbico Interválico

El entrenamiento anaeróbico interválico emplea intensidades de trabajo más altas; los períodos de trabajo se llevan a cabo a una intensidad "supramáxima" (es decir, por encima de la intensidad o velocidad en la que se suscita el VO_2 máx), por lo tanto, se relacionan más estrechamente con las velocidades de carrera [213]. El otro factor que diferencia al entrenamiento anaeróbico interválico es que los períodos de recuperación son relativamente más largos, lo que permite una restauración más completa de las reservas de fosfocreatina dentro del músculo. Las pausas más largas entre períodos de trabajo sucesivos finalmente permiten al atleta acumular más tiempo intensidades de trabajo elevadas durante la sesión.

Se ha identificado que un protocolo de ejercicio de alta intensidad intermitente adecuadamente estructurado tiene el potencial de estresar tanto los sistemas aeróbicos como los anaeróbicos [208]. De acuerdo con esto, el ejercicio "anaeróbico" de alta intensidad puede producir ganancias concurrentes significativas en la potencia aeróbica, además de mejorar la capacidad anaeróbica y varios parámetros de rendimiento relacionados con la capacidad de esprints repetidos [214].

5.4.5   Entrenamiento de Esprints Interválico y Acondicionamiento de Esprints Repetidos

Cuando el acondicionamiento anaeróbico interválico implica períodos de trabajo máximos "absolutos", esta forma de entrenamiento se define con mayor precisión como entrenamiento de esprints interválico (períodos de trabajo relativamente más largos de 20-30 segundos) o acondicionamiento de esprints repetidos (duraciones de trabajo de ≤ 10 segundos) [215].

Los protocolos de entrenamiento de esprints interválico comúnmente emplean intervalos de recuperación de hasta cuatro minutos entre intervalos de trabajo [216]. Dependiendo de las condiciones (intensidad del trabajo y naturaleza de la recuperación), los intervalos de descanso de esta longitud son suficientes para la restauración casi completa de las reservas de fosfocreatina dentro del músculo. Por lo tanto, esto debería permitir que la contribución del sistema de fosfágenos a la producción energética se mantenga durante esprints consecutivos. Sin embargo, el metabolismo oxidativo todavía manifiesta una contribución significativa, y cada vez más evidente con cada período de trabajo sucesivo, incluso cuando se utilizan intensidades de trabajo cercanas a la capacidad máxima y períodos de recuperación prolongados.

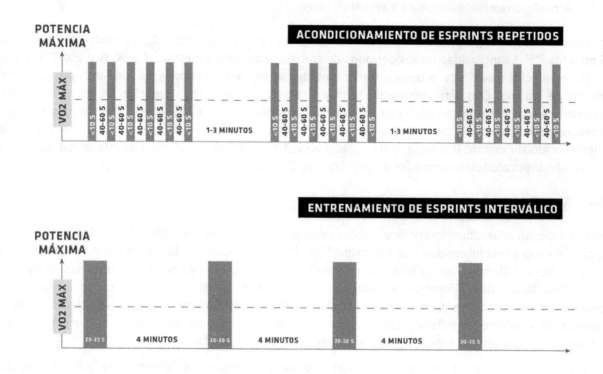

Figura 3.4 – Ejemplos del Acondicionamiento de Esprints Repetidos e Interválico

Ciertos autores sugieren que cuando se emplea el acondicionamiento de esprints repetidos en distancias cortas, el trabajo debe seleccionarse de acuerdo con lo que sea óptimo para mantener el rendimiento del trabajo. Por lo general, las relaciones de trabajo:descanso empleadas con el acondicionamiento de esprints repetidos varían entre 1:4 y 1:6. Sin embargo, el intervalo de descanso apropiado (y la relación resultante de trabajo:descanso) también dependerá de la duración o la distancia de los períodos de trabajo empleados. Por ejemplo, cuando se emplean esprints repetidos de más de 40 m, se concluye que la relación de trabajo:descanso de 1:4 produce fatiga excesiva, en función de la disminución en los tiempos de esprint observados.

5.4.6 Entrenamiento de Esprint

De acuerdo con el modelo de reserva de velocidad anaeróbica o de reserva de potencia anaeróbica descrito anteriormente, al simplemente aumentar la velocidad máxima o la producción de potencia se incrementará la velocidad anaeróbica o la capacidad de reserva de potencia de donde el atleta puede aprovecharse al participar en períodos de trabajo a intensidades superiores al VO$_2$ máx. El entrenamiento más adecuado para mejorar el rendimiento de carrera a pie en esprints y la producción de potencia para otras formas de locomoción (por ejemplo, ciclismo) enfatizará necesariamente aspectos técnicos y se centrará específicamente en la velocidad máxima y producción de potencia, en lugar del volumen de trabajo. Como tal, esta forma de entrenamiento será diferente a las formas convencionales de acondicionamiento, ya que se proporcionará un descanso completo y la frecuencia de entrenamiento, número de repeticiones en un entrenamiento, así como el volumen general serán restringidos a fin de permitir que se mantenga la producción máxima de trabajo.

La noción de participar en trabajo de velocidad pura con el fin de mejorar el rendimiento de resistencia es algo contradictorio. Como tal, esta práctica aún no es común entre los atletas de diferentes deportes y eventos deportivos; por lo tanto, las intervenciones de entrenamiento de esprint para mejorar los parámetros de rendimiento de resistencia no se han estudiado ampliamente. Una investigación de este tipo realizada por Buchheit y colaboradores [217], reportó mejoras en la capacidad de esprints repetidos en atletas de deportes de equipo entrenados después de una intervención de entrenamiento de esprint que emplea un bajo volumen de ejercicios técnicos muy breves de alta velocidad con largos períodos de descanso.

Actividad Reflexiva: ¿Cuál de los métodos de acondicionamiento interválico se emplean en el deporte con el que trabaja? ¿Cómo se emplean? Según la información presentada, ¿agregaría alguno a los métodos que se utilizan actualmente o realizaría alguna modificación?

6   Propuestas para el Acondicionamiento Metabólico para Distintos Deportes y Eventos Atléticos

6.1   Acondicionamiento Metabólico para Eventos de Resistencia

6.1.1   Exigencias Metabólicas

Los eventos de resistencia se consideran eventos deportivos que superan los 30 minutos de duración. Por su naturaleza, estos eventos son predominantemente alimentados por el metabolismo oxidativo [1]. Los campeones en deportes de resistencia tienen valores de VO_2 máx muy impresionantes, en el rango de 70-85 ml/kg/min. Dicho esto, la absorción relativa de oxígeno que el atleta puede mantener, y la velocidad que corresponde a esta intensidad de trabajo relativa, a menudo será más decisiva en términos de rendimiento de carrera.

En consecuencia, factores como el umbral de lactato o el máximo estado estable de lactato, la economía e incluso la velocidad máxima (esprint) se identifican como áreas importantes para los atletas de resistencia. Por ejemplo, incluso para las "verdaderas carreras" de resistencia en donde se registran récords mundiales, todavía existen fluctuaciones en el ritmo de la carrera [11]. El ritmo variable, a menudo observado en los eventos de resistencia, significa que los atletas en estos eventos requieren eficiencia metabólica y economía de carrera en un rango de velocidades por encima y por debajo del ritmo de la carrera.

Cualquier ráfaga de mayor velocidad durante una carrera requerirá contribuciones de los sistemas energéticos de fosfágenos y glucolítico, y la cinética de absorción de oxígeno es un factor clave desde este punto de vista. Por ejemplo, la porción inicial de la carrera es, a menudo, realizada a un ritmo más rápido a medida que el atleta se esfuerza por ponerse en una posición de carrera favorable; y las carreras comúnmente implican un esprint final durante la última vuelta (en el caso del atletismo de pista). Por estas razones, la capacidad del metabolismo anaeróbico y producción de trabajo alta representan factores clave para el éxito de muchos eventos de resistencia. Por lo tanto, la capacidad anaeróbica se identifica como un factor crítico para el rendimiento en diferentes eventos de resistencia en el atletismo. Por ejemplo, se identificó que un parámetro de la capacidad de trabajo anaeróbica es un predictor significativo del rendimiento de la prueba contrarreloj de 5 km en corredores de élite de resistencia (atletas de campo a través) [13].

6.1.2   Propuestas de Acondicionamiento Metabólico para Eventos de Resistencia

Los atletas de resistencia requieren posiblemente la más amplia gama de propuestas de acondicionamiento. La carrera lenta y de larga distancia probablemente aparecerá en la semana de entrenamiento, posiblemente cumpliendo el rol de una sesión de recuperación y para desarrollar la tolerancia de trabajar durante períodos prolongados. De tal modo, probablemente el entrenamiento de umbral tenga un lugar destacado en la preparación del atleta. También, el entrenamiento aeróbico intervállico, con diversas permutaciones de la intensidad del trabajo y la duración del descanso, formará una porción importante del acondicionamiento del atleta de resistencia.

Finalmente, es probable que el entrenamiento aeróbico interválico, incluido el entrenamiento de esprints interválico, se manifieste en el programa de entrenamiento, particularmente durante las fases clave de la temporada de competición. Los atletas de resistencia altamente entrenados pueden requerir un mayor énfasis en el entrenamiento de alta intensidad interválico en su preparación (tanto el entrenamiento aeróbico interválico como el entrenamiento anaeróbico interválico) en comparación con aquellos que están menos entrenados a fin de estimular mejoras adicionales en el rendimiento de resistencia. El entrenamiento de alta intensidad interválico, incluido el entrenamiento de esprints interválico, también ofrece un medio potente a fin de obtener adaptaciones periféricas clave.

Ciertos autores abogan por una propuesta "polarizada" del plan de entrenamiento semanal. Con esta propuesta, una porción (quizás el 30 %) del entrenamiento que realiza el atleta cada semana comprende sesiones de entrenamiento de alta intensidad interválico, mientras que el resto se compone de acondicionamiento más convencional de baja intensidad. Por el contrario, un factor crítico que diferencia a los atletas en el nivel elite parece ser la proporción del entrenamiento que se realiza al ritmo correspondiente con la velocidad aeróbica máxima. Una investigación en corredores de larga distancia de élite de Kenia identificó que la cantidad de entrenamiento semanal del atleta realizado en la velocidad aeróbica máxima fue un predictor significativo de su rendimiento de prueba contrarreloj de 10 km. Esto tendría sentido, ya que es probable que la velocidad aeróbica máxima para estos atletas caiga dentro del rango de velocidades que emplearán durante las carreras competitivas.

6.2   Acondicionamiento Metabólico para Eventos de Media Distancia

6.2.1   Exigencias Metabólicas

Un modelo alométrico descrito en la literatura puntualiza que el VO_2 máx y la economía de carrera son dos factores principales que pueden predecir gran parte de la variación del rendimiento entre los corredores de 800 m y 1 500 m [218]. Esto ilustra que la capacidad aeróbica y la eficiencia metabólica o la economía de carrera dentro de un rango de velocidades asociadas con el ritmo de competición son determinantes clave de la carrera de media distancia.

Sin embargo, incluso si el sistema aeróbico de un atleta se desarrolla a sus límites biológicos superiores, el costo energético calculado de los eventos de media distancia a un ritmo de clase mundial excede lo que puede proporcionar el metabolismo oxidativo [1]. El déficit entre el límite superior de provisión energética por el metabolismo oxidativo y lo que se requiere para un rendimiento de carrera de media distancia de clase mundial está compuesto por el metabolismo anaeróbico, en particular la vía energética glucolítica. Se deduce que tanto la capacidad aeróbica como la capacidad anaeróbica deben estar altamente desarrolladas en estos atletas.

El metabolismo anaeróbico hace una contribución significativa a los eventos de media distancia. Por ejemplo, para los hombres atletas, la contribución relativa entre las fuentes aeróbicas y anaeróbicas durante una carrera de 800 m es de 60:40, mientras que esta proporción está ligeramente más inclinada hacia la contribución aeróbica (70:30) en las mujeres atletas [219]. Como era de esperarse, los valores correspondientes para el evento de carrera en pista de 1 500 m indican una mayor contribución de fuentes aeróbicas, las contribuciones relativas reportadas son de 77 % y 23 % (aeróbico y anaeróbico, respectivamente) para hombres y 86 % y 14 % para mujeres, respectivamente [220].

De acuerdo con estos valores calculados, otros autores han demostrado que la capacidad de trabajo anaeróbica indicada por la capacidad de mantener una alta velocidad de carrera en la segunda mitad de la carrera, después de una primera vuelta rápida, es crítica para los atletas de 800 m [15]. Los estudios de las rondas de clasificación en las principales competiciones (Juegos Olímpicos) confirman la importancia de esto, fundamentándose en la observación de que los atletas exitosos corren la primera vuelta a un ritmo rápido para colocarse en la posición de calificación en la marca de 400 m, e igualmente deben poseer la capacidad anaeróbica requerida para mantener esta posición durante la segunda y última vuelta [221].

El ritmo variable de una carrera de 1 500 m es un poco más complejo. En términos generales, similar a lo que se observa en los 800 m, la posición de carrera del atleta con una vuelta restante es un determinante crítico de la calificación exitosa en eventos importantes [221]. Sin embargo, otra variable táctica clave con respecto al ritmo que está relacionado con el rendimiento de la carrera de 1 500 m parece ser la conservación de la reserva de energía anaeróbica para permitirles a los atletas realizar un último esprint durante las etapas finales de la carrera [15].

6.2.2   Propuestas de Acondicionamiento Metabólico para Eventos de Media Distancia

La preparación de atletas de media distancia incluirá tanto el entrenamiento aeróbico interválico como el entrenamiento anaeróbico interválico; y este último puede incluir tanto el entrenamiento de esprints interválico como el acondicionamiento de esprints repetidos. El desarrollo de la capacidad de gestión y amortiguación de lactato (que sustenta la capacidad anaeróbica) es una prioridad, dadas las exigencias y la gran dependencia del metabolismo glucolítico en estos eventos, y la selección de los intervalos de trabajo:descanso reflejarán esto. El énfasis general y la distribución relativa de las sesiones variarán según la fase de competición del año. En términos generales, el entrenamiento aeróbico interválico predominará durante el invierno y a principios del año de competición. A medida que el atleta se acerca a la fase de competición, la intensidad y la velocidad de los períodos de trabajo aumentarán mientras que el énfasis cambia al entrenamiento anaeróbico interválico. Esta progresión continúa ya que es probable que el entrenamiento de esprints interválico se presente con mayor frecuencia a medida que el atleta se acerca a las fases clave de la temporada de competición. El entrenamiento de calidad de la carrera de alta velocidad y el desarrollo de la mecánica de esprint también son elementos que deberían presentarse durante todo el año, dada la importancia de la reserva de velocidad anaeróbica en estos eventos.

6.3   Acondicionamiento Metabólico para Eventos de Esprint

6.3.1   Exigencias Metabólicas

En vista de las altas tasas de provisión energética exigidas por estos eventos máximos de corta duración, las vías energéticas de mayor velocidad (sistema de fosfágenos y sistema glucolítico), evidentemente son los principales determinantes del rendimiento [1]. De ello se deduce que la potencia anaeróbica y la capacidad de trabajo anaeróbica son los parámetros más importantes que predicen el rendimiento en eventos de velocidad. Por extensión, la reserva de velocidad anaeróbica será particularmente importante para los esprints más largos.

Sin embargo, los eventos de esprint no son completamente anaeróbicos. Usando el ejemplo de eventos de pista (al aire libre), los estudios bioenergéticos de un rendimiento de clase mundial de 100 m reportan que una porción (5-10 %) de la provisión energética total para el evento, es en efecto, suministrada directamente por el metabolismo oxidativo [1, 222]. Estos valores difieren de acuerdo con la propuesta empleada para derivar la contribución aeróbica contra la contribución anaeróbica. Por ejemplo, el método de déficit de oxígeno acumulado estima que la contribución relativa del metabolismo aeróbico es superior al 20 % para los 100 m (21 % para los hombres, 25 % para las mujeres) y alrededor del 30 % para los 200 m (28 % para los hombres, 33 % para las mujeres). Sin embargo, los mismos autores reportaron valores más bajos de 9 % (hombres) y 11 % (mujeres) para los 100 m, y 21 % (hombres) y 22 % (mujeres) para los 200 m cuando otro método de evaluación derivado de las mediciones fosfocreatina y lactato fue empleado [223].

Para los esprints de mayor distancia, que se ubican en el otro extremo del espectro de estos eventos de carrera, los 400 m tienen una contribución significativa del metabolismo oxidativo. La contribución aeróbica para los 400 m equivale a aproximadamente el 40 % de la producción energética total para los hombres, y este valor es mayor (45 %) para las mujeres. De hecho, durante los últimos 20 segundos de una carrera competitiva de 400 m, se pueden registrar tasas de absorción de oxígeno cercanas al VO$_2$ máx [224].

Una vez más, la contribución relativa de las respectivas vías metabólicas varía según el tiempo transcurrido y la duración total de la carrera. El inicio de la carrera es impulsado principalmente por el sistema de fosfágenos. La tasa de actividad del sistema de fosfágenos comienza a disminuir a partir de entonces, lo que coincide con una disminución gradual en la producción energética que sucede alrededor de los cuatro segundos de la carrera en adelante. Por el contrario, el sistema glucolítico alcanza su máxima tasa de producción energética alrededor de los cinco segundos en la carrera y, por lo tanto, comienza a proporcionar una mayor contribución relativa a medida que avanza la carrera, lo que compensa la disminución en la producción de potencia y la velocidad. Como se mencionó, el metabolismo oxidativo comienza a hacer una contribución significativa hacia las últimas etapas de la carrera, particularmente en los esprints de mayor distancia.

6.3.2 Propuestas de Acondicionamiento Metabólico para Eventos de Esprint

Además del entrenamiento de fuerza, potencia y pliometría, el trabajo de acondicionamiento de los velocistas incluirá entrenamiento anaeróbico interválico y entrenamiento de esprints repetidos durante la mayor parte del año. Dicho esto, el acondicionamiento aeróbico e interválico mixto también puede desempeñar un papel en lo que concierne a los esprints de mayor distancia, particularmente durante los ciclos de entrenamiento de preparación general. El desarrollo del metabolismo oxidativo también se logrará a través del estímulo de entrenamiento aeróbico proporcionado simultáneamente por este intervalo anaeróbico y el entrenamiento de esprints repetidos.

La propuesta principal, particularmente para los eventos de distancia más corta, será el desarrollo de la resistencia a la pérdida de la velocidad; es decir, la capacidad de mantener una potencia alta y minimizar la disminución de la velocidad de carrera durante las etapas intermedias y posteriores de la carrera. Como tal, todos los períodos de trabajo serán típicamente de intensidad o velocidad máxima o casi máxima. El desarrollo de la depuración de lactato y el amortiguamiento de hidrogeniones que sustentan la capacidad anaeróbica también es importante, ya que los cambios en el pH muscular están implicados en la disminución de la producción de potencia durante el ejercicio de alta intensidad [1], particularmente en distancias más largas (por ejemplo, 400 m en el atletismo de pista).

La selección de distancias para el trabajo interválico y la duración del período de recuperación variará según el evento para el que el atleta esté entrenando, la forma deportiva del atleta y la fase del año competitivo. El entrenamiento anaeróbico interválico en distancias más largas con una recuperación relativamente más corta se presentará en mayor medida durante el invierno y al comienzo de la fase de competición. Las repeticiones de mayor distancia ofrecen un medio para desarrollar una capacidad de trabajo específica (a menudo denominada resistencia a la pérdida de velocidad) a velocidades de carrera, incluidas adaptaciones neuromusculares que apuntalan la capacidad de operar bajo fatiga. Los esprints de corta distancia y la recuperación más completa predominarán a medida que el atleta se acerque a los puntos clave en la temporada de competición.

6.4 Acondicionamiento Metabólico para Deportes Intermitentes – Deportes de Equipo, Deportes de Raqueta y Deportes de Combate

Se ha reportado que los puntajes de aptitud física de los atletas de deportes de equipo están asociados con la distancia que recorren en un partido [48]. El nivel de condición física de los atletas también mostró una relación directa con la cantidad de esfuerzos de alta intensidad que intentaron durante los partidos [225]. Por lo tanto, para los atletas en estos deportes intermitentes, el acondicionamiento metabólico parece influir no solo en la tasa de trabajo de los atletas sino también en su participación durante el partido.

6.4.1   Exigencias Metabólicas

El esfuerzo físico durante los deportes de equipo, los deportes de raqueta y los deportes de combate es de naturaleza intermitente, y comprende esprints, así como modalidades de esfuerzo de alta intensidad. Estos períodos de actividad intensa se entremezclan con períodos de duración variable dedicados a la locomoción de menor intensidad, durante los cuales puede tener lugar la recuperación activa y la eliminación de metabolitos [36]. Las exigencias metabólicas en los deportes intermitentes alternan entre la provisión energética para períodos de trabajo de alta intensidad, y la restauración de las fuentes energéticas, además de restaurar la homeostasis durante los intervalos intermedios [143].

La naturaleza intermitente de la actividad durante la competición en deportes de equipo, deportes de raqueta y deportes de combate define la bioenergética particular de estos deportes intermitentes. Los cambios frecuentes en la velocidad (es decir, velocidad y dirección) que son característicos de los deportes intermitentes requieren que el atleta supere repetidamente su propia inercia. Estas aceleraciones y desaceleraciones repetidas constituyen una porción considerable del trabajo metabólico realizado por el atleta [226]. Una simple ilustración de esto es que la carrera intermitente realizada bajo condiciones controladas en una caminadora de banda está asociada con una mayor tensión fisiológica que el ejercicio de la misma intensidad promedio realizada de forma continua [179]. Estas consideraciones evidentemente tendrán implicaciones para el acondicionamiento metabólico empleado para preparar a estos atletas para la competición.

Por su naturaleza, los deportes intermitentes requieren períodos repetidos de esfuerzo de alta intensidad, y los cambios frecuentes en la velocidad durante la competición plantean una exigencia fisiológica adicional. Ambos factores requieren una contribución considerable del metabolismo anaeróbico en lo que concierne al suministro energético. Fundamentalmente, para los atletas que compiten en estos deportes, la capacidad anaeróbica es crucial a fin de determinar su habilidad de satisfacer estas exigencias metabólicas. La habilidad de recuperarse de períodos de trabajo anteriores y ejecutar movimientos atléticos y destrezas deportivas a alta intensidad repetidamente, como se requiere en el partido o competición, es particularmente crítica. El desarrollo de la capacidad anaeróbica es, por lo tanto, un objetivo principal del acondicionamiento para los deportes intermitentes a fin de garantizar que los atletas puedan mantener la producción de potencia y el rendimiento de alta intensidad durante el tiempo de juego.

Ciertos autores han inferido que la aptitud aeróbica es de menor importancia relativa fundamentándose en los puntajes de potencia aeróbica comparativamente más bajos reportados para los atletas de deportes de equipo, por ejemplo, en deportes como el rugby y el baloncesto [227, 228]. No obstante, la producción energética durante el entrenamiento de esprints repetidos presenta una contribución aeróbica significativa. Se observa que las fuentes aeróbicas contribuyen a la producción energética de manera significante, durante series sucesivas después del primer esprint, incluso con una recuperación prolongada (cuatro minutos) entre esprints [216].

Además de contribuir directamente al suministro energético, la capacidad oxidativa del músculo también está relacionada con la capacidad de volver a sintetizar la fosfocreatina [216], que es fundamental para el suministro energético en la actividad de esprints repetidos. De acuerdo con esto, se muestra que la capacidad de esprints repetidos de los atletas de deportes de equipo está relacionada con su capacidad aeróbica [190].

Otros parámetros que apuntalan la capacidad de esprints repetidos incluyen la depuración de lactato y la capacidad de amortiguación muscular [190]. El umbral de lactato y la producción de trabajo relativa que es capaz de tolerar un atleta pueden ser parámetros más relevantes para muchos deportes intermitentes que la potencia aeróbica absoluta por sí sola, lo que explicaría las puntuaciones relativamente modestas en el VO_2 máx de los atletas de deportes de equipo. Por el contrario, se ha demostrado que las mediciones de la capacidad de amortiguación muscular y la capacidad de esprints repetidos son más altas en los atletas de deportes de equipo, en comparación con los individuos entrenados en resistencia o no entrenados [188].

6.4.2 Propuesta de Acondicionamiento Metabólico para Deportes Intermitentes

Por su naturaleza, el acondicionamiento aeróbico y anaeróbico interválico parecería ser más propicio para los deportes intermitentes. Además, el acondicionamiento interválico permite desarrollar simultáneamente la capacidad aeróbica y anaeróbica [198]. Por lo tanto, el acondicionamiento interválico parecería ser el formato más apropiado para el acondicionamiento metabólico de deportes intermitentes. Además, esta propuesta es más eficiente, lo cual es una consideración importante en vista del volumen de prácticas técnicas/tácticas y otros entrenamientos requeridos en estos deportes [229].

Se ha demostrado que el entrenamiento de alta intensidad interválico mejora las mediciones de rendimiento de los parámetros de aptitud cardiorrespiratoria durante la competición [225]. Una variedad de modalidades de acondicionamiento ha sido realizada con éxito, incluyendo las carreras en pendientes y ejercicios relacionados con el juego de alta intensidad [174]. Uno de esos estudios con atletas junior de élite de fútbol soccer reportó aumentos en los parámetros de resistencia física que también se reflejaron en mejoras concurrentes en los parámetros de rendimiento [225]. Las mejoras de rendimiento asociadas incluyeron aumentos en la distancia recorrida en un partido, intensidad de trabajo promedio en ambas mitades del juego, la cantidad de esprints realizados y la frecuencia de participación en el juego.

El acondicionamiento de esprints repetidos en distancias cortas utilizando las proporciones apropiadas de trabajo:descanso también ofrece un medio para desarrollar las capacidades requeridas por los atletas que compiten en deportes intermitentes [229]. Esta propuesta se ha sugerido para varios deportes de equipo de campo, como el fútbol soccer, fundamentándose en que las distancias de esprint y las proporciones de trabajo:descanso recomendadas también se corresponden bastante con las reportadas en estos deportes [230].

Una propuesta similar es diseñar el acondicionamiento metabólico sobre patrones de actividad y proporciones de trabajo:descanso observados durante la competición [229]. El proceso de identificación de parámetros relevantes de la competición para la aplicación al acondicionamiento metabólico se ha denominado "modelado táctico". La propuesta de "entrenamiento metabólico táctico" (TMT, por sus siglas en inglés) para el acondicionamiento metabólico es esencialmente una extensión del entrenamiento de alta intensidad interválico/acondicionamiento de esprints repetidos; sin embargo, la principal diferencia es que la intensidad de los intervalos de trabajo y las relaciones trabajo:descanso empleadas se basan directamente en aquellas observadas durante los partidos competitivos. Por lo tanto, los sistemas energéticos se entrenan con una combinación específica en un intento de reflejar la bioenergética de la competición. Se pueden incorporar elementos de habilidad, lo cual es favorable desde el punto de vista del entrenador, ya que permite que las habilidades relacionadas con el juego se ejecuten en condiciones de competición simuladas.

Sin embargo, al integrar el entrenamiento metabólico táctico a las estrategias de acondicionamiento, los patrones de actividad tan variables durante los deportes intermitentes plantean desafíos. Cuantificar objetivamente las exigencias de competición tiende a exigir un extenso análisis de tiempo-movimiento y datos fisiológicos [229]. Si estos datos están disponibles para el deporte en cuestión, las propuestas de entrenamiento metabólico táctico pueden usarse estructurando ejercicios de acondicionamiento en torno a las proporciones de trabajo:descanso reportadas.

Un formato de acondicionamiento alternativo para deportes intermitentes implica el uso de juegos de acondicionamiento basados en habilidades [231]. Estos comprenden juegos diseñados específicamente con áreas y reglas de juego modificadas, que permiten manipular la intensidad del entrenamiento [232]. Dependiendo de la elección del juego de acondicionamiento, es posible obtener diferentes niveles de intensidad de entrenamiento. Los factores identificados que influyen en la intensidad del entrenamiento con los juegos de acondicionamiento incluyen dimensiones del área de juego, atletas por equipo y la presencia de coaching/instrucción [233]. Así, se pueden emplear diferentes juegos y parámetros para proporcionar variedad y manipular la intensidad del entrenamiento.

Hoff y colaboradores [232] concluyeron que los "small-sided games" —Juegos con menos atletas por "equipo"—, cumplían con los criterios necesarios para ser un medio efectivo de entrenamiento interválico para los atletas de fútbol soccer, fundamentándose en la frecuencia cardiaca y las respuestas respiratorias registradas durante el entrenamiento. La aplicación de los juegos de acondicionamiento basados en habilidades tampoco se limita a los deportes de equipo en campo, esta propuesta también es aplicable a los deportes de equipo en cancha como el voleibol y el baloncesto. Un estudio en atletas junior de voleibol de élite mostró que el acondicionamiento de juegos reducidos –basado en habilidades–, involucraba un tiempo comparable en zonas de intensidad específicas (definidas como rangos del porcentaje de frecuencia cardiaca máxima de los atletas), como las que se han registrado cuando los atletas participan en partidos competitivos [223]. Por lo tanto, los datos respaldan el uso de juegos de acondicionamiento basados en habilidades para preparar a los atletas para las exigencias fisiológicas de la competición.

Revisión de Conocimiento – Capítulo Tres

1. ¿Cuál es el sustrato energético de todos los procesos químicos del cuerpo?

A. Trifosfato de adenosina.
B. Glucólisis.
C. Sistema de fosfágenos.
D. Metabolismo aeróbico.

2. Todos los siguientes son parámetros de la capacidad de resistencia para atleta de remo de élite, EXCEPTO:

A. Consumo máximo de oxígeno (VO$_2$ máx).
B. Cinética de la absorción de oxígeno.
C. Economía de la carrera a pie.
D. Máximo estado estable de lactato.

3. ¿Cuál de los sistemas energéticos tiene la tasa más alta de producción de trifosfato de adenosina pero el rendimiento total más limitado?

A. Sistema de fosfágenos.
B. Vía glucolítica.
C. Metabolismo aeróbico.
D. Metabolismo de grasas.

4. Las siguientes adaptaciones centrales al entrenamiento de resistencia responden al acondicionamiento metabólico a corto plazo (~3 meses), EXCEPTO:

A. Regulación de la frecuencia cardíaca.
B. Capacidad vital pulmonar.
C. Regulación de la cinética de la absorción de oxígeno.
D. Coordinación de la locomoción del sistema nervioso central (por ejemplo, economía de carrera).

5. Un corredor joven de 400 m realiza un período de 3 meses de acondicionamiento de carrera lenta y de larga distancia a una intensidad promedio de alrededor del 65-70 % de su VO$_2$ máx. ¿Cuál de las siguientes adaptaciones de entrenamiento es más probable?

A. Incrementos en el consumo máximo de oxígeno.
B. Economía de carrera mejorada a un ritmo de carrera de 400 m.
C. Mejoras en la capacidad anaeróbica.
D. Incrementos en el máximo estado estable de lactato.

6. El entrenamiento de esprints interválico se incluye en cuál de las siguientes categorías de entrenamiento de resistencia:

A. Entrenamiento de umbral.
B. Entrenamiento continuo de intensidad variable.
C. Entrenamiento anaeróbico interválico.
D. Entrenamiento aeróbico interválico.

7. Cada uno de los siguientes es un enunciado verdadero con respecto a las exigencias metabólicas de un esprint de 200 m en pista, EXCEPTO:

A. La contribución de los diferentes sistemas energéticos varía con el tiempo transcurrido durante la carrera.
B. La contribución del metabolismo aeróbico durante el entrenamiento y la competición es insignificante.

C. La tasa de contribución del sistema de fosfágenos a la producción energética disminuye después de los primeros 4 segundos de la carrera, coincidiendo con una disminución en la producción de potencia.
D. La última parte de la carrera tiene una contribución significativa del metabolismo oxidativo.

8. ¿Cuál de los siguientes es probable que aparezca durante el transcurso de un macrociclo de entrenamiento de un año para un atleta de resistencia de élite?

A. Entrenamiento de umbral.
B. Entrenamiento aeróbico interválico.
C. Entrenamiento anaeróbico interválico.
D. Todas las anteriores.

9. Un corredor de 800 m se acerca a la competición clave del calendario. ¿Cuál de los siguientes es probable que caracterice mejor su acondicionamiento metabólico durante este período?

A. Entrenamiento lento y de larga distancia.
B. Entrenamiento de umbral.
C. Fartlek.
D. Entrenamiento anaeróbico interválico.

10. Todas las siguientes propuestas para el acondicionamiento metabólico son apropiadas durante el período de competición para atletas de deportes intermitentes como los atletas de hockey sobre césped, EXCEPTO:

A. Entrenamiento lento y de larga distancia.
B. Entrenamiento anaeróbico interválico.
C. Entrenamiento metabólico táctico.
D. Juegos de acondicionamiento basados en habilidades.

Capítulo Cuatro: Teoría y Práctica del Entrenamiento de Fuerza

El entrenamiento de fuerza es una parte integral de la preparación física que realizan la mayoría de los atletas en todos los deportes. A pesar de esto, conceptos erróneos y malentendidos todavía rodean el entrenamiento de fuerza. En este capítulo separamos la ciencia del entrenamiento de fuerza del conocimiento convencional. Se describe el papel y las diferentes aplicaciones del entrenamiento de fuerza para el deporte de alto rendimiento. Examinaremos más a fondo las mejores prácticas basadas en la evidencia con respecto a la prescripción y la implementación del entrenamiento de fuerza, y esclareceremos los factores que sustentan los resultados exitosos del entrenamiento de fuerza.

Objetivos de Aprendizaje:

1 Describir las clasificaciones de las cualidades individuales de la fuerza.

2 Comprender las diversas adaptaciones potenciales provocadas por el entrenamiento de fuerza.

3 Describir las diferentes aplicaciones del entrenamiento de fuerza.

4 Comprender las consideraciones que influyen en la propuesta adoptada para el entrenamiento de fuerza deportivo específico.

5 Comprender los diferentes métodos y modalidades empleados en el entrenamiento de fuerza.

6 Describir las diversas formas de suscitar la sobrecarga y cómo se pueden manipular las variables de entrenamiento para lograr su progresión.

1   Cualidades y Adaptaciones de la Fuerza

1.1   Clasificaciones de la Fuerza

La fuerza, típicamente, se define como la mayor cantidad de torque que un individuo puede generar durante una contracción voluntaria máxima para un movimiento en particular bajo un conjunto de condiciones especificas [63]. Diferentes condiciones, como el tipo de acción muscular y la velocidad del movimiento, dan lugar a distintas cualidades de fuerza:

La *fuerza isométrica* se define como la fuerza máxima que se puede aplicar en condiciones estáticas.

La *fuerza a baja velocidad* se define como el peso máximo que se puede levantar de forma dinámica, como durante un levantamiento isoinercial (sentadilla, peso muerto, press de banca, etc.).

Por el contrario, la *fuerza de alta velocidad* comprende capacidades de generación de fuerza a velocidades de contracción más rápidas [95].

A velocidades de movimiento negativas; es decir, cuando el músculo se elonga mientras se contrae –como ocurre durante los movimientos de frenado y descenso– los torques máximos se describen en términos de *fuerza excéntrica*. La fuerza excéntrica tiene la mayor magnitud de capacidad de generación de fuerza máxima dentro de todos los componentes de fuerza.

La combinación de fuerza excéntrica y concéntrica produce un componente adicional, denominado "*fuerza reactiva*". Esta cualidad de fuerza se expresa durante tareas en las que el atleta debe superar un impulso significativo en una dirección negativa antes de invertir el movimiento a fin de generar fuerza en una dirección positiva, por ejemplo, durante un salto en profundidad [95].

La *resistencia a la pérdida de fuerza* se cuantifica como la capacidad de realizar múltiples repeticiones de una tarea de fuerza. Las cualidades de resistencia a la pérdida de fuerza, velocidad, y potencia se identifican como propiedades independientes por derecho propio, en oposición a meras derivadas de la fuerza, velocidad y potencia [74]. En condiciones de fatiga, los individuos entrenados muestran una capacidad superior para reclutar y activar grupos musculares fatigados, lo que demuestra que esta capacidad es una cualidad entrenable [43]. Además de los aspectos de coordinación intramuscular que sustentan la capacidad específica de activar unidades motoras fatigadas, otros factores clave que subyacen a la resistencia a la pérdida de fuerza incluyen la amortiguación ácido-base sanguínea [234].

Actividad Reflexiva: ¿En qué condiciones o escenarios podrían entrar en juego en su deporte cada una de las diferentes cualidades de fuerza descritas?

1.2   Modificabilidad de las Cualidades de Fuerza

Todas las cualidades de fuerza individuales descritas con antelación se pueden desarrollar mediante un entrenamiento de fuerza apropiado. Las variables de entrenamiento de fuerza particulares empleadas determinarán cuáles de estas cualidades de fuerza serán desarrolladas [235]. La intensidad, el esquema de repeticiones y el volumen interactúan para influir en la respuesta específica al entrenamiento de fuerza. La modalidad de entrenamiento de fuerza también es un parámetro que tiene un gran impacto en las adaptaciones resultantes. Distintas modalidades de entrenamiento de fuerza tienen una transferencia más directa e inmediata del efecto del entrenamiento para una cualidad de fuerza dada que otros, según la mecánica y la cinética del ejercicio [236]. El método de aplicación de la carga dictará de manera similar el grado de control y coordinación neuromuscular requerido, lo que tiene un impacto considerable en la adaptación neuromuscular resultante y también en cómo transfiere el mismo al rendimiento atlético a corto plazo.

Las adaptaciones resultantes del entrenamiento de fuerza se pueden dividir en "agudas" (respuesta inmediata o a corto plazo a un solo estímulo de entrenamiento) y "crónicas" (acumuladas durante un período completo de entrenamiento). Estas adaptaciones pueden clasificarse ampliamente en adaptaciones neuronales y cambios morfológicos. Las adaptaciones morfológicas incluyen cambios cualitativos que alteran el comportamiento contráctil de la fibra muscular, así como adaptaciones cuantitativas tanto a las estructuras contráctiles como conectivas.

1.3 Adaptaciones Neuronales al Entrenamiento de Fuerza

1.3.1 Coordinación Intramuscular

Las adaptaciones neuronales englobadas bajo la etiqueta de "coordinación intramuscular" se refieren principalmente a la activación de las unidades motoras dentro de los músculos individuales. Una de las principales adaptaciones de la coordinación intramuscular, es un aumento del impulso neural descendente "supraespinal" (aumento de la frecuencia de activación de las neuronas motoras) de la corteza motora [237]. Estos cambios en la entrada neuronal de origen central también se complementan con cambios periféricos. Por ejemplo, también se puede observar un aumento en la entrada excitadora neta a nivel espinal local a las neuronas motoras que inervan al músculo [238]. Otras adaptaciones periféricas incluyen la regulación al alza de la sensibilidad de la neurona motora a la entrada excitadora. Estos cambios aumentan la capacidad de activar al máximo las unidades motoras y, en vista de ello, producen una mayor producción de fuerza durante las contracciones voluntarias máximas [237].

1.3.2 Coordinación Intermuscular

Las adaptaciones neuronales asociadas con la coordinación intermuscular, a su vez, se relacionan con el reclutamiento de los respectivos grupos musculares que están involucrados en un movimiento particular y la sincronización relativa de activación entre estos músculos individuales. Esto incluye los grupos musculares agonistas directamente involucrados en la producción de fuerza, los músculos antagonistas opuestos y los músculos sinérgicos —que ayudan a suscitar el movimiento deseado sin contribuir directamente a la producción de fuerza.

La principal adaptación que ocurre con el entrenamiento de fuerza, es un refinamiento de los patrones de reclutamiento y la coordinación de los diferentes grupos musculares involucrados en la ejecución del movimiento de entrenamiento de fuerza particular. Por ejemplo, la contracción reducida de grupos musculares antagonistas es una adaptación importante con respecto a la coordinación intermuscular que permite una expresión aumentada de la fuerza durante el movimiento [239].

Actividad Reflexiva: ¿Qué cambios observa en la calidad o facilidad con la que los atletas pueden realizar un movimiento de entrenamiento en particular a medida que se acostumbran a un nuevo ejercicio de entrenamiento de fuerza? ¿A qué se pueden atribuir estas mejoras en la calidad del movimiento? ¿Podría presentarse alguna implicación en lo que concierne a la capacidad de los atletas de realizar movimientos similares que ocurren en su deporte?

1.4 Cambios Morfológicos

1.4.1 Remodelación e Hipertrofia de las Fibras Musculares

Existe un aumento en la síntesis proteica y la degradación de proteínas después del entrenamiento de fuerza, que está asociado con la reparación y remodelación de las fibras musculares. Suponiendo que se presentan factores hormonales y ambientales favorables después de la sesión (en particular, el estado nutricional, como se describe en la siguiente sección), la síntesis neta de proteínas será mayor que la degradación de proteínas [240]. En este caso, se puede esperar que ocurra un crecimiento en el tamaño de las fibras musculares reclutadas, lo que resultará en un aumento neto en el área de la sección transversal del músculo completo. Dependiendo de la forma de entrenamiento de fuerza y los esquemas de intensidad/repeticiones empleados, típicamente, se hace evidente un mayor aumento relativo en el área de la sección transversal de las fibras Tipo II, en comparación con las fibras Tipo I [240].

1.4.2 Cambios Estructurales en los Tejidos Contráctiles

Los cambios en la estructura y arquitectura del músculo son evidentes después del entrenamiento de fuerza. Por ejemplo, se han observado cambios en la longitud de los fascículos musculares (haces de fibras musculares) después de tanto un entrenamiento de fuerza concéntrico como excéntrico [241]. Otros cambios en la arquitectura muscular incluyen un aumento en el "ángulo de penación" de las fibras musculares, como se ha reportado después de un período (14 semanas) de entrenamiento de fuerza [242]. El resultado de estos cambios es que se altera la orientación de agrupaciones de fibras musculares. Estos cambios estructurales permiten un mayor aumento de la fuerza muscular del que se puede explicar únicamente a través de los grandes cambios que ocurren en el área de la sección transversal del músculo [242].

1.4.3 Transición entre Subtipos de Fibras Musculares

El principal cambio que sucede después del entrenamiento de fuerza intenso es la conversión del Subtipo IIX (fibras rápidas y glucolíticas) al Subtipo IIAX (fibras intermedias) y al Subtipo IIA (fibras rápidas, oxidativas y glucolíticas). La interrogante de la conversión completa entre tipos de fibras musculares (es decir, conversión del Tipo I al Tipo II o viceversa) aún no está completamente resuelta. En su mayor parte, la proporción total de fibras Tipo I y Tipo II parece permanecer prácticamente invariable. Dicho esto, existe evidencia indirecta de cambios aparentes en los tipos de fibras entre los atletas que están expuestos casi exclusivamente a un estímulo particular de entrenamiento (como los levantadores de pesas olímpicos o los atletas de resistencia). Los avances recientes en las técnicas empleadas para identificar los tipos de fibras tienen el potencial de arrojar nuevas luces sobre esta cuestión [243].

Una parte clave de estos cambios, es la conversión acompañante de isoformas de cadena pesada de miosina (MHC, por sus siglas en inglés). En particular, es evidente un aumento en la proporción del Subtipo MHC IIA [240]. Dichas adaptaciones cualitativas ocurren con bastante rapidez y dan como resultado alteraciones en la función, por ejemplo; cambios en la velocidad de acortamiento, la fuerza de contracción y la resistencia a la acumulación de fatiga.

1.4.4 Remodelación de los Tejidos Esqueléticos y Conectivos

Aunque la genética también es un factor determinante, el principal estímulo para la acumulación de masa ósea y contenido mineral es la carga mecánica [244]. Las cargas mecánicas deben exceder un umbral para desencadenar respuestas adaptativas y, como tales, las actividades de soporte de peso son generalmente más efectivas a fin de producir antedichas adaptaciones. La carga esquelética dinámica es relativamente más osteogénica que las mismas cargas aplicadas en condiciones estáticas [244]. Por consiguiente, es de esperarse que el entrenamiento de fuerza pesado, y otras modalidades de entrenamiento de fuerza que implican altos niveles de producción y absorción de fuerza, provoquen adaptaciones de las estructuras de soporte de carga del esqueleto axial y las extremidades inferiores en particular.

El área de la sección transversal y la arquitectura de los tejidos conectivos responden de manera similar a la carga mecánica asociada con el entrenamiento de fuerza. Por ejemplo, contrariamente a lo que se creía con antelación, la evidencia contemporánea muestra que las estructuras de los tendones son metabólicamente activas y muestran un alto grado de plasticidad [245]. Como tal, el tendón humano *in vivo* es altamente adaptable a las condiciones de carga a las que está expuesto. En consecuencia, diferentes formas de entrenamiento de fuerza que cumplen con las condiciones requeridas en términos de carga de tracción y/o cargas de estiramiento pueden proporcionar un potente estímulo para la adaptación de las estructuras de los tendones. Además, estos cambios sirven para aumentar los límites de fallo de las estructuras tendinosas involucradas en la actividad de entrenamiento.

Actividad Reflexiva: ¿Qué lecciones se pueden extraer de la información presentada, en términos de intervenciones de entrenamiento de fuerza para protegerse contra la tendinopatía? ¿Existen aplicaciones particulares para poblaciones específicas, por ejemplo, prescribir entrenamiento de fuerza en mujeres jóvenes para promover la salud ósea y combatir la osteoporosis en la edad adulta?

1.5 Respuestas Hormonales y Adaptaciones al Entrenamiento de Fuerza

Al considerar las respuestas hormonales y las adaptaciones al entrenamiento de fuerza, es útil diferenciar entre las hormonas anabólicas, que sirven para aumentar la síntesis de proteínas y reducir la degradación de proteínas, frente a las hormonas catabólicas que tienen el efecto opuesto (inhibiendo la síntesis de proteínas y aumentando la degradación de estas) [246]. En lo que concierne a la mayoría de las hormonas, la liberación aguda después de cada sesión de entrenamiento parece ser el factor dominante que modula la adaptación hormonal [247]. Por ejemplo, las concentraciones en reposo de las principales hormonas anabólicas (testosterona, hormona del crecimiento, insulina), generalmente no cambian después de un período de entrenamiento de fuerza. Por lo tanto, parece que las adaptaciones al entrenamiento de fuerza resultan predominantemente debido a los efectos acumulativos de la exposición repetida a la liberación aguda de hormonas posterior a las sesiones de entrenamiento de fuerza.

Se presta mucha atención a la respuesta de la hormona testosterona (anabólica) y cortisol (catabólica) al entrenamiento en relación con la fuerza y la potencia [246]. Se identifica que estas hormonas juegan un papel importante en la modulación de las adaptaciones morfológicas [247]. Además, existe evidencia de que los cambios en las concentraciones respectivas de testosterona y cortisol pueden influir en la función neuromuscular [248]. Por ejemplo, los cambios estructurales y funcionales de la neurona motora y la unión neuromuscular están asociados con los efectos tanto de la testosterona como del cortisol.

La proporción de concentraciones de testosterona:cortisol a veces se emplea como un índice del estado anabólico/catabólico, aunque muchos autores sugieren que esto es una simplificación excesiva [247]. En ocasiones, esta "relación T:C" se usa de manera similar en el campo como un indicador del estrés del entrenamiento y como un medio para alertar al entrenador sobre signos de "sobrealcance" no funcional o "sobreentrenamiento".

La regulación al alza aguda (es decir, transitoria) de los receptores hormonales se produce después de un período de entrenamiento de fuerza. Adicionalmente, los atletas también pueden mostrar una respuesta hormonal alterada a períodos individuales de entrenamiento de fuerza [247]. Asimismo, parecen existir respuestas adaptativas asociadas con los receptores de hormonas catabólicas. La regulación a la baja de los receptores de glucocorticoides (hormona catabólica) es evidente después de un período de entrenamiento de fuerza, lo que indica una respuesta catabólica reducida en individuos entrenados en fuerza [247].

2   La Respuesta Adaptativa al Entrenamiento de Fuerza

En el nivel más básico, las adaptaciones a los tejidos esqueléticos y conectivos observadas después del entrenamiento de fuerza son específicas al sitio de ocurrencia. En pocas palabras, la respuesta al entrenamiento se limita efectivamente a los músculos y las estructuras del tejido esquelético y conectivo directamente involucrados en la actividad del entrenamiento. Una de las principales implicaciones de esto es que la modalidad de entrenamiento empleada juega un papel decisivo en términos de la adaptación resultante.

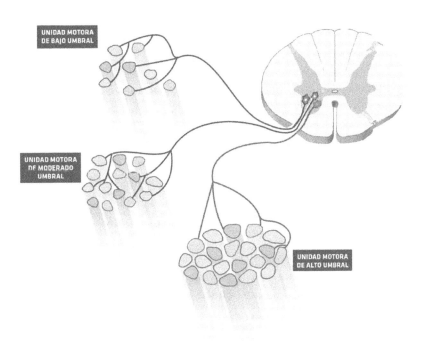

Figura 4.1 – El Principio de Tamaño de la Activación de la Unidad Motora

Por extensión, se deduce que solo las unidades motoras que se reclutan durante una actividad se adaptarán. De acuerdo con el "Principio de tamaño" del reclutamiento de unidades motoras (Figura 4.1), esto significa que para que las fibras musculares asociadas con las unidades motoras de alto umbral se adapten, las exigencias de fuerza del régimen de entrenamiento de fuerza deben ser de suficiente magnitud para ser capaces de reclutar estas unidades motoras.

También existe una serie de distintos factores que sirven para determinar la respuesta adaptativa al entrenamiento de fuerza, que incluyen aspectos contráctiles/mecánicos, metabólicos y nutricionales. Estos estímulos se identifican como los desencadenantes clave de la liberación de hormonas y los procesos de señalización asociados con la descomposición y síntesis de proteínas que median la adaptación inducida por el entrenamiento musculoesquelético [249].

2.1   Desencadenantes Contráctiles o Mecánicos de la Adaptación

Los desencadenantes relacionados con la contracción mecánica y muscular incluyen tanto la tensión como las cargas de estiramiento aplicadas sobre los tejidos contráctiles y conectivos, y la liberación/absorción de iones de calcio durante la activación muscular [249]. Por ejemplo, un período de actividad contráctil sirve para regular al alza la síntesis de proteínas musculares durante un período de 48 a 72 horas después del ejercicio [250]. La fuerza de contracción y la carga de tracción involucradas durante el entrenamiento de fuerza ejercen una fuerte influencia en la magnitud y naturaleza de la respuesta al entrenamiento [251]. En vista de ello, la respuesta hipertrófica al entrenamiento de fuerza está fuertemente influenciada por la intensidad relativa del estímulo. De hecho, existe evidencia que sugiere que los esquemas de carga más altos (≥90 % de una repetición máxima) se asocian con la hipertrofia preferencial de las fibras musculares más grandes Tipo II [240].

El tipo de acción muscular que se presenta es de igual modo un factor importante, debido a que influye tanto en la magnitud de las fuerzas desarrolladas como en la carga de estiramiento impuesta. Por ejemplo, el ejercicio excéntrico está asociado con fuerzas de contracción máximas y cargas de estiramiento mayores. En consecuencia, el ejercicio excéntrico es un potente estímulo en lo que concierne a la adaptación tanto del musculoesquelético como del tejido conectivo.

2.2   Desencadenantes Metabólicos

De manera similar, existen vías de señalización metabólicas asociadas con la liberación de metabolitos que acompañan a los procesos metabólicos que ocurren durante la actividad muscular [249]. De esta manera, el estrés metabólico y el grado de alteración de la homeostasis dentro de la célula muscular –provocado por la actividad del entrenamiento de fuerza–, ayudarán a determinar el estímulo para la adaptación muscular a través de estas vías de señalización. Por ejemplo, se identifica que el estrés metabólico provocado durante el entrenamiento de fuerza juega un papel clave –aunque secundario–, en relación con las adaptaciones hipertróficas [252].

Estos desencadenantes metabólicos se verán afectados por la selección de ejercicios y otros parámetros de entrenamiento empleados. Un factor clave es la cantidad de masa muscular reclutada durante el entrenamiento de fuerza. La interacción entre las variables de entrenamiento, como el número de repeticiones y series realizadas, y el intervalo de descanso empleado entre series, también ayudará a determinar el grado de estrés metabólico provocado y, a su vez, la adaptación resultante.

2.3   Estado Energético y Disponibilidad de Macronutrientes

El estado energético del musculoesquelético involucrado en la sesión de entrenamiento ejerce una fuerte influencia en una serie de procesos metabólicos y fisiológicos, incluidas las vías de señalización que dan forma a la respuesta hormonal aguda y la posterior adaptación al entrenamiento [250]. La disponibilidad de macronutrientes clave durante la sesión de entrenamiento es, por lo tanto, un factor fundamental en términos de la respuesta aguda al entrenamiento. Por ejemplo, la disponibilidad de macronutrientes tendrá un impacto sobre el estrés metabólico y la alteración de la homeostasis que ocurre dentro de la célula muscular durante la sesión de entrenamiento, y de esta manera influirá en la respuesta a esta a través de los mecanismos descritos en la sección anterior.

La provisión de nutrientes después de una sesión de entrenamiento de fuerza también puede jugar un papel determinante en la naturaleza de la respuesta aguda al entrenamiento. En particular, la disponibilidad de carbohidratos y aminoácidos después del ejercicio [253] son dos factores clave con respecto a las respuestas hormonales agudas que ocurren. En consecuencia, la ingesta de nutrientes clave durante la ventana inmediatamente posterior a la sesión de entrenamiento de fuerza ayuda a determinar la respuesta adaptativa que tiene lugar. Por ejemplo, la ingesta proteica en combinación con los efectos de la actividad contráctil precedente asiste a estimular de manera más copiosa la síntesis proteica muscular [250].

2.4 Otros Factores que Determinan la Respuesta de Adaptación al Entrenamiento de Fuerza

Los factores genéticos tienen un papel dominante en la determinación del potencial del atleta de obtener ganancias en la capacidad de generación de fuerza y la hipertrofia muscular en respuesta al entrenamiento de fuerza. Por ejemplo, el genotipo del atleta sirve para gobernar tanto sus niveles hormonales (como la testosterona) durante el reposo, como también la respuesta aguda de hormonas clave al estímulo del entrenamiento de fuerza [246].

El nivel de entrenamiento del individuo y su familiaridad al estímulo de entrenamiento, también influirán en la magnitud y el marco cronológico de la respuesta aguda a los desencadenantes mecánicos, contráctiles y metabólicos descritos. Por ejemplo, los atletas entrenados demuestran una respuesta aguda inhibida y de menor duración cuando realizan sus tareas normales de entrenamiento. Sin embargo, cuando se involucran en una forma desconocida de entrenamiento, la respuesta aguda se revierte hacia la observada en individuos no entrenados [249].

Otro factor que influye en las respuestas del entrenamiento de fuerza y la naturaleza de la adaptación que suscita, es el entrenamiento simultáneo que realiza el atleta junto con el entrenamiento de fuerza. En particular, realizar entrenamiento de resistencia en combinación con entrenamiento de fuerza tiene el potencial de alterar la respuesta adaptativa. Específicamente, ciertos estudios han encontrado que el entrenamiento de resistencia concurrente puede reducir la magnitud de las ganancias en fuerza y potencia después del entrenamiento de estos [60]. Sin embargo, si tales efectos de interferencia se manifiestan en atletas entrenados parece depender del tipo, frecuencia y duración del entrenamiento de resistencia realizado [254], así como de la distribución del entrenamiento de fuerza y resistencia. Por ejemplo, cuando el entrenamiento de fuerza se realiza primero durante el día de entrenamiento (y el entrenamiento de resistencia se programa más tarde en el día), estos efectos adversos sobre las ganancias de fuerza y potencia pueden evitarse en gran medida [59].

Actividad Reflexiva: Según su experiencia, ¿en qué medida se tienen en cuenta cada uno de los factores descritos en el diseño y la impartición del entrenamiento en su deporte? ¿Qué cambios se podrían considerar para ayudar a optimizar las condiciones para la adaptación del entrenamiento?

3 Aplicaciones del Entrenamiento de Fuerza

El entrenamiento de fuerza puede emplearse como parte de la preparación física de un atleta para cumplir una variedad de objetivos. Las diversas funciones y aplicaciones del entrenamiento de fuerza se analizan en las siguientes secciones.

3.1 Entrenamiento de Fuerza y Rendimiento Atlético

Fundamentalmente, los atletas dependen de la capacidad de generación de fuerza de sus músculos locomotores para superar su propia inercia al realizar actividades deportivas. En consecuencia, los parámetros del rendimiento atlético, como la capacidad de salto y el rendimiento de la velocidad, reportan consistentemente de fuertes relaciones estadísticas con los puntajes de fuerza máxima de los atletas, particularmente cuando se expresan en relación con la masa corporal (fuerza relativa) [255]. Asimismo, varios estudios reportan que una variedad de intervenciones de entrenamiento de fuerza ha tenido éxito en obtener mejoras simultáneas en las mediciones de aceleración, velocidad y altura del salto vertical [256]. Otro indicio de la importancia del entrenamiento de fuerza para el éxito en diferentes deportes es que los atletas de nivel élite –típicamente–, reportan puntajes superiores en las mediciones de fuerza y potencia máximas en comparación con los atletas que compiten en niveles más bajos [257].

Sin embargo, la asociación entre el entrenamiento de fuerza convencional y las habilidades atléticas más complejas, como el cambio de dirección y el rendimiento de la agilidad, resulta más difícil de establecer [34]. De manera similar, las modalidades de entrenamiento de fuerza pesado convencionales generalmente manifiestan una transferencia inmediata al rendimiento de habilidades deportivas muy limitada, como la velocidad de lanzamiento, particularmente en atletas entrenados en la fuerza. La probabilidad de transferencia directa al rendimiento a corto plazo puede mejorarse con la selección de modalidades de entrenamiento de fuerza y velocidad-fuerza más específicas, que manifiestan una correspondencia dinámica más copiosa en relación con la habilidad motora específica [48]. Dicho esto, es importante considerar que las modalidades de entrenamiento que mejoran la capacidad general continúan siendo importantes; simplemente, el profesional debe ser consciente de que puede existir un período de retraso involucrado a fin de que los beneficios se hagan evidentes durante la expresión de habilidades atléticas y deportivas.

3.2   Entrenamiento de Fuerza y Rendimiento de Resistencia

La mejora de los factores neuromusculares que contribuyen al rendimiento de resistencia tiene el potencial de aumentar el rendimiento de resistencia independientemente de cualquier cambio en los parámetros de resistencia aeróbica o anaeróbica [258, 259]. Los factores neuromusculares incluyen las cualidades de fuerza de los músculos locomotores y posturales, la coordinación intermuscular y también los componentes neurales y elásticos de las capacidades del ciclo de estiramiento-acortamiento. Varias de estas propiedades se pueden desarrollar mediante un entrenamiento de fuerza adecuado.

La capacidad de generación de fuerza de los músculos locomotores y la capacidad de reclutar al máximo estos músculos durante condiciones de fatiga son factores importantes cuando se realizan actividades de resistencia. El desarrollo de la fuerza, la velocidad-fuerza y la resistencia a la pérdida de fuerza parecerían ser objetivos de entrenamiento importantes que pueden influir positivamente en la economía de locomoción y el rendimiento de la resistencia. El entrenamiento de fuerza también tiene el potencial de modificar el control neuromuscular y los aspectos de coordinación que regulan la rigidez y elasticidad del complejo musculotendinoso durante la pisada al correr [260]. La mejora de estas capacidades mediante el entrenamiento de fuerza puede aumentar la contribución de los mecanismos no contráctiles a la producción de trabajo durante la locomoción. En última instancia, esto reducirá el costo energético a una velocidad determinada y, por lo tanto, mejorará la economía de movimiento y la capacidad de resistencia [259].

Estos efectos benéficos del entrenamiento de fuerza sobre los parámetros del rendimiento de resistencia se han demostrado en atletas de resistencia. La adición del entrenamiento de fuerza a la preparación física de los atletas de resistencia mejoró sus tiempos de carrera de 5 km, sin ningún cambio registrado en sus puntuaciones de VO_2 máx [260]. Otro estudio de atletas de resistencia (triatletas de élite), mostró que una fase de entrenamiento de fuerza de 14 semanas resultó en que el grupo entrenado en fuerza obtuviera puntuaciones significativamente más altas en las mediciones de velocidad-fuerza y economía de carrera en comparación con los atletas que realizaron solo entrenamiento de resistencia [259]. De manera similar, se encontró que reemplazar una cuarta parte del entrenamiento de resistencia de esquiadores de fondo, con entrenamiento de fuerza general y de velocidad-fuerza específico, mejoraba las puntuaciones de economía de trabajo de estos atletas durante una prueba deportiva específica en ausencia de cambios en el VO_2 máx [258].

Actividad Reflexiva: ¿Cuál es el nivel de reconocimiento entre los entrenadores y atletas en su deporte, con respecto a las formas en que el entrenamiento de fuerza puede potencialmente beneficiar el rendimiento en el deporte y los factores involucrados? Por ejemplo, ¿aprecian que el entrenamiento de fuerza apropiado puede ayudar a desarrollar capacidades de resistencia?

3.3 Efectos Protectores Generales del Entrenamiento de Fuerza

Un objetivo que todos los deportes tendrán en común es reducir la incidencia y la gravedad de las lesiones sufridas durante el entrenamiento y la competición. El entrenamiento de fuerza tiene un efecto protector general al lograr que el sistema musculoesquelético sea más fuerte y, por lo tanto, más resistente al estrés incurrido en el deporte en particular. Esto se ilustra con el hallazgo de que la adición del entrenamiento de fuerza a la preparación física de los atletas de fútbol soccer universitario fue seguida por una reducción de casi el 50 % en las tasas de lesiones durante las temporadas de juego posteriores [261].

Un efecto protector general es que los atletas debidamente acondicionados son más resistentes a la fatiga neuromuscular, la cual puede hacer que los atletas sean susceptibles a lesiones hacia el final de un período de competición [262-264]. El músculo entrenado con estímulos de fuerza también es más resistente a los microtraumatismos causados por un esfuerzo físico intenso y también se recupera más rápido [265]. Cabe mencionar que, la adaptación anatómica protectora que resulta del entrenamiento de fuerza está restringida a los huesos y tejidos conectivos asociados con las extremidades y músculos empleados durante el movimiento del entrenamiento.

3.4 Aplicación Específica del Entrenamiento de Fuerza para la Prevención de Lesiones

Además de los beneficios generales del entrenamiento de fuerza, también se pueden implementar intervenciones específicas para proteger contra lesiones identificadas del deporte y el atleta. Los ejemplos incluyen modalidades de entrenamiento de fuerza específicas diseñadas para aumentar las cualidades de fuerza y provocar la adaptación de las estructuras del tejido conectivo de las articulaciones de las extremidades inferiores para protegerse contra lesiones agudas y, en particular, condiciones de sobreuso como la tendinopatía [266]. Otro ejemplo, es la aplicación específica de intervenciones de entrenamiento de fuerza para desarrollar la fuerza de los isquiosurales en mujeres atletas como un medio para ayudar a protegerse contra la lesión del ligamento de la rodilla, al reducir las fuerzas de cizallamiento en la articulación de la rodilla a través de la función de los isquiosurales como un "agonista del ligamento cruzado anterior" [267].

De esta manera, se pueden seleccionar modalidades de entrenamiento de fuerza para abordar específicamente los factores de riesgo asociados con tipos particulares de lesiones asociadas con el deporte. Tales intervenciones se fundamentarán en la comprensión de los factores causales y los mecanismos de lesión que son característicos de las lesiones identificadas [268].

La prevención de lesiones comprende un proceso de análisis de necesidades, que incluye la identificación de factores de riesgo de lesiones que se observan comúnmente en el deporte, antes de seleccionar intervenciones específicas. El proceso de prescripción de entrenamiento de fuerza específico para la prevención de lesiones se explora en el capítulo siete.

Actividad Reflexiva: ¿Cuál es su experiencia? ¿Qué proporción de los programas de entrenamiento de fuerza realizados por los atletas en diferentes deportes está orientada a resultados generales o específicos de prevención de lesiones en contraposición a mejorar el rendimiento?

4 Requisitos del Entrenamiento de Fuerza para el Rendimiento Deportivo

El entrenamiento de fuerza se ha establecido como una parte integral de la preparación física para la mayoría de los deportes [256]. Sin embargo, las diversas exigencias físicas involucradas en diferentes deportes significan que los objetivos de entrenamiento pueden variar ampliamente entre deportes y entre atletas. Como resultado, cada deporte y cada atleta individualmente planteará exigencias únicas y particulares en términos de cómo se aborda e implementa el entrenamiento de fuerza.

Lo que define las capacidades de fuerza "deportivas específicas" es la capacidad del atleta de expresar sus cualidades de fuerza durante la ejecución de actividades atléticas o habilidades deportivas en el contexto de la competición [28]. Como anécdota, muchos entrenadores estarán familiarizados con el escenario de que sus atletas de mejor rendimiento no son necesariamente los que tienen los mejores puntajes en las pruebas de fuerza o levantan los pesos más pesados en la sala de pesas. Un aspecto de esto es que el rendimiento deportivo requiere algo más que un rendimiento de fuerza. Sin embargo, otra implicación es que las capacidades de fuerza y velocidad-fuerza expresadas en el contexto del deporte son algo diferentes a la definición clásica de rendimiento de fuerza en la sala de pesas.

Para la mayoría de los deportes, se sugiere que los atletas requieren niveles óptimos de fuerza en lugar de los niveles máximos de fuerza para competir con éxito [269]. Si bien, muchos atletas se beneficiarán del aumento de su fuerza máxima, es igualmente importante reconocer que, en última instancia, el objetivo es maximizar el rendimiento. Básicamente, los especialistas en fuerza y acondicionamiento no pueden perder de vista el hecho de que están preparando al atleta para desempeñarse en la competición, no para aumentar las pruebas de fuerza del atleta por su propio bien.

Las pruebas de fuerza pueden mostrar correlación con el rendimiento, el nivel de desarrollo del atleta o la selección de talentos en ciertos deportes; sin embargo, el objetivo debe permanecer en desarrollar las capacidades atléticas a fin de facilitar que el atleta compita en su deporte, no para convertir al atleta en un levantador de potencia. Es muy probable que los puntajes en las evaluaciones de fuerza mejoren, particularmente en aquellas pruebas que se asemejan a las exigencias del deporte, pero esto es secundario a la mejora de las capacidades atléticas y la capacidad del atleta de expresar cualidades de fuerza en el contexto del deporte. La medición final del éxito del programa de entrenamiento del atleta es la medida en que mejora su rendimiento en la competición, no en la sala de pesas.

Actividad Reflexiva: Según sus experiencias, ¿hasta qué punto la selección de talento en deportes depende de las puntuaciones del atleta en el gimnasio? ¿Puede pensar en algún deporte o escenario específico en el que las puntuaciones de fuerza representen un rendimiento clave o un criterio de selección de talento?

4.1   Entrenamiento de Fuerza para Atletas

Varias de las prácticas y tradiciones empleadas en la preparación atlética, en particular con respecto al entrenamiento de fuerza, han evolucionado tradicionalmente desde el levantamiento de potencia, el levantamiento de pesas y el fisicoculturismo competitivo [47]. El conocimiento de este contexto histórico es útil al evaluar y diseñar programas de entrenamiento de fuerza para deportes de rendimiento. De tal modo, es importante que los especialistas en fuerza y acondicionamiento sean capaces de discernir entre las prácticas, incluso a nivel de selección de ejercicios, que se basan predominantemente en la tradición en contraposición a las que tienen un propósito específico con respecto a la preparación física de los atletas para el deporte.

Una encuesta que investigó las prácticas de los entrenadores de fuerza y acondicionamiento universitarios de la división I de los Estados Unidos de América reveló que lo que más influyó en el diseño y la prescripción de su entrenamiento fue la información y las prácticas empleadas por sus compañeros (es decir, otros entrenadores de fuerza universitarios) [270]. En contraste, solo el 9 % de los encuestados clasificaron las revistas científicas o los libros como su principal fuente de información al diseñar programas. Encuestas similares de deportes de equipo profesionales de América del Norte no incluyeron esta pregunta. Sin embargo, las encuestas respectivas de entrenadores de fuerza y acondicionamiento en la Liga Nacional de Fútbol, la Liga Nacional de Hockey, la Liga Mayor de Béisbol y la Asociación Nacional de Baloncesto indicaron una dependencia similar en fuentes convencionales y no científicas con respecto al diseño y la impartición de programas en lugar de la práctica basada en evidencia [271-274].

La mayoría de los deportes presentan variaciones de movimientos fundamentales. Ciertos patrones de movimientos atléticos comunes o genéricos incluyen la marcha o locomoción (por ejemplo, correr), patrones de sentadilla, variaciones de movimientos de estocada, empujar y jalar (en diferentes planos), rotación o torsión y equilibrio. Un punto de partida lógico para un programa de entrenamiento de fuerza es abordar cualquier deficiencia o áreas de debilidad que restrinjan la capacidad del atleta de ejecutar con eficiencia estos movimientos atléticos fundamentales.

De manera similar, desde el punto de vista del rendimiento, se puede considerar que un atleta es tan fuerte como el eslabón más débil de la cadena cinética desde la extremidad inferior de soporte hasta la extremidad que ejecuta el movimiento. Se puede considerar que esta cadena cinética se extiende desde el pie de apoyo, a través de la cintura pélvica y el tronco y hasta la cintura escapular y la extremidad superior. Por ejemplo, al ejecutar un movimiento de lanzamiento o golpeo, esta cadena cinética se extiende desde el pie de apoyo hasta la mano o dedo que finalmente imparte fuerza al objeto externo (por ejemplo, pelota, implemento deportivo, y oponente). De ello se deduce que la carencia de movilidad, los déficits de fuerza o una disfunción similar en cualquiera de los sistemas integrados de articulaciones en la cadena cinética pueden, en última instancia, limitar el rendimiento, además de potencialmente suscitar dolor y/o lesiones.

4.2 La Relación Dosis-Respuesta del Entrenamiento de Fuerza para Atletas de Élite

Es importante establecer qué constituye la intensidad, el volumen y la frecuencia "óptimos" del entrenamiento de fuerza para los atletas competitivos. Desafortunadamente, las investigaciones en atletas de élite continúan siendo relativamente infrecuentes, y existe una escasez de datos en atletas de deportes de equipo de élite en particular. En un metaanálisis de treinta y siete estudios de la literatura sobre entrenamiento de fuerza que emplearon atletas [38], los autores encontraron que los parámetros de entrenamiento que optimizaban las ganancias de fuerza en atletas competitivos diferían de los parámetros reportados en estudios de sujetos no atletas.

Por lo tanto, los atletas competitivos muestran diferentes relaciones dosis-respuesta con respecto al entrenamiento de fuerza incluso en comparación con los no atletas entrenados en fuerza [38]. Parece que existe un continuo –en términos de variables de entrenamiento óptimas para ganancias de fuerza máximas–, dependiente del nivel y la experiencia de entrenamiento [23], y que los atletas de élite existen más a lo largo de este continuo dosis-respuesta. En consecuencia, los atletas de élite parecen requerir una intensidad, frecuencia y volumen de entrenamiento de fuerza considerablemente diferentes a fin de maximizar las ganancias de fuerza, incluso en relación con los no atletas entrenados en fuerza [38].

Fundamentándose en los datos disponibles, se pueden hacer ciertas sugerencias para prescripciones de entrenamiento aplicables a los atletas. Se ha descubierto que una intensidad de entrenamiento media de 85 % de una repetición máxima tiene el mayor efecto en los atletas competitivos en la mayoría de los estudios [38]. Esto equivale a la carga correspondiente a ~6 repeticiones máximas, es decir, el mayor peso que se puede levantar durante seis repeticiones cuando se realiza el esfuerzo hasta el fallo. Antedicha recomendación, no necesariamente significa que el esfuerzo requiera ser realizado al fallo muscular, más bien, alude a la intensidad media representada como un porcentaje de una repetición máxima.

En cuanto a la frecuencia del entrenamiento de fuerza, las recomendaciones se basan en el número de veces por semana que debe entrenarse cada grupo muscular. A partir de los datos que analizaron a los atletas, se observó que el entrenamiento de dos o tres días por semana de un grupo muscular en particular era igualmente efectivo [38]. La cantidad de sesiones de entrenamiento de fuerza a las que esto equivale dependerá de la programación de entrenamiento. Por ejemplo, podrían ser dos entrenamientos por semana en el caso de que ambos días sean sesiones dirigidas a todo el cuerpo, mientras que si se usa un formato de "rutina dividida" (programar entrenamientos del cuerpo superior e inferior en días separados), esto podría comprender cuatro o más sesiones de entrenamiento de fuerza por semana. Existe evidencia de que una rutina dividida de cinco días puede ofrecer mayores ganancias de fuerza y masa muscular [275]. Sin embargo, las sesiones combinadas de cuerpo completo pueden ser la opción más eficiente dadas las limitaciones de tiempo impuestas en muchos deportes.

Las recomendaciones para el volumen de entrenamiento de fuerza se hacen de manera similar en términos de grupos musculares individuales. Un número promedio de ocho series por grupo muscular por semana parece maximizar las ganancias de fuerza en sujetos atletas [38]. Esto representa el doble de las recomendaciones de volumen equivalente tomadas de estudios en sujetos no atletas, la mayoría de los cuales encontraron que cuatro series por grupo muscular por semana suscitaban ganancias de fuerza máximas [23]. Por lo tanto, los atletas competitivos parecen requerir un volumen mucho mayor de entrenamiento de fuerza para proporcionar un estímulo de entrenamiento efectivo a fin de ganar fuerza.

Los atletas en deportes de contacto para quienes la hipertrofia es un objetivo del programa requieren aún mayores volúmenes y frecuencias de entrenamiento para obtener las ganancias necesarias; se requerían cuatro y cinco días por semana para obtener ganancias de masa corporal en atletas de fútbol americano universitario con experiencia en entrenamiento de fuerza [234, 275]. Estas diferencias claras en la prescripción de entrenamiento óptimo para los atletas competitivos refuerzan las necesidades específicas de los atletas como población especial.

Actividad Reflexiva: Según su experiencia, ¿se trata a los atletas como una "población especial"? En general, ¿cree que existe suficiente conciencia de las necesidades únicas y la necesidad de una propuesta de entrenamiento contrastante cuando se trata de atletas de élite?

5   Prescripción del Entrenamiento de Fuerza para Atletas

5.1   ¿Entrenamiento de Fuerza Pesado Convencional o Modalidades de Entrenamiento Funcional?

Las adaptaciones neuromusculares provocadas por el entrenamiento de fuerza son en gran parte específicas de la naturaleza de la modalidad empleada [62]. La naturaleza de la modalidad de entrenamiento, como las restricciones cinéticas y cinemáticas involucradas, es, por lo tanto, un factor definitorio en términos de las respuestas de entrenamiento agudas que se generan y el grado de transferencia inmediata al rendimiento. Particularmente, este es el caso de los atletas de élite que tienen una amplia experiencia en el entrenamiento de fuerza.

De acuerdo con los principios de especificidad, se puede esperar que las modalidades de entrenamiento con la mayor correspondencia dinámica (es decir, la semejanza más cercana con el movimiento objetivo con respecto a la cinética del movimiento, cinemática, etc.) den como resultado la transferencia más directa e inmediata de los efectos del entrenamiento de fuerza [235]. Sin embargo, la paradoja de la especificidad con respecto a la programación del entrenamiento de fuerza es que las modalidades de entrenamiento más específicas a la tarea no son necesariamente óptimas para desarrollar las propiedades contráctiles imprescindibles y suscitar las adaptaciones morfológicas que sustentan el rendimiento deportivo.

Al explorar más esta paradoja, se ha demostrado que el desafío de movilidad y estabilidad que caracteriza a las modalidades de entrenamiento altamente específicas de tareas limita la cantidad de carga que se puede gestionar con estos ejercicios [276]. Como resultado, estas modalidades de entrenamiento generalmente no son susceptibles de imponer una sobrecarga significativa. Tomando el ejemplo de un ejercicio de entrenamiento de fuerza del cuerpo superior, se ha identificado que el empuje con cable de pie está limitado a una carga máxima que solo es ~40.8 % de la masa corporal del atleta [276]. Para la cantidad abundante de atletas que pueden ejecutar un press de banca con ~1.5 veces su masa corporal, la carga máxima proporcionada por el empuje con cable de pie representaría una carga relativa de menos del 30 % de la capacidad máxima para la musculatura involucrada.

Si bien la fuerza de empuje del cuerpo superior en este ejemplo no es una limitante para el rendimiento atlético, como correr; continúa siendo ilustrativa en términos de las limitaciones de las modalidades de entrenamiento funcional con respecto a la imposición de la carga máxima. Las consecuencias de esto serán la imposibilidad de reclutar las unidades motoras Tipo II de umbral más alto que producen la mayor producción de potencia. Las modalidades de entrenamiento de fuerza deben desarrollar fuerzas máximas o casi máximas para activar estas unidades motoras Tipo II de alto umbral [251].

Como la fuerza es un producto de la masa y la aceleración, se pueden lograr niveles de fuerza máximos empleando cargas o aceleración máximas durante el entrenamiento, o cierta combinación de ambas. De todas las modalidades de entrenamiento de fuerza, los ejercicios de entrenamiento con cargas pesadas continúan siendo el medio principal disponible para imponer la carga máxima tanto para los músculos como para los tejidos conectivos. Se ha demostrado sistemáticamente que el entrenamiento de fuerza intenso produce las adaptaciones mecánicas y morfológicas que sustentan el desarrollo general de las cualidades de la fuerza. En particular, el entrenamiento excéntrico de cargas altas permite gestionar las cargas más altas y, como tal, es un medio muy potente para provocar las adaptaciones necesarias que aumentan la capacidad de generar y absorber fuerza. En consecuencia, se ha reportado que el entrenamiento de fuerza pesado por sí solo mejora el rendimiento de la aceleración en la carrera [277].

Fundamentándose en los datos presentados con antelación, es poco probable que las modalidades de "entrenamiento funcional" o altamente específicas a la tarea proporcionen, por sí solas, el nivel de desarrollo bruto de las propiedades contráctiles o provoquen la adaptación morfológica que ofrecen las modalidades de entrenamiento de fuerza más convencionales. Por lo tanto, estas modalidades de entrenamiento de movimiento específicas podrían clasificarse como modalidades de "entrenamiento de transferencia". Sin embargo, fundamentalmente el atleta debe poseer primero las cualidades de fuerza bruta para ser capaz de exitosamente suscitar el efecto de transferencia, y para ello se requerirán propuestas de entrenamiento que proporcionen el desarrollo apropiado de los elementos contráctiles y morfológicos subyacentes.

Como se observó en la sección anterior, las modalidades de entrenamiento convencionales que normalmente se emplean con el entrenamiento de fuerza intenso pueden no transferirse directamente a ciertos aspectos del rendimiento de velocidad y agilidad cuando se emplean de forma aislada. Sin embargo, estas modalidades de entrenamiento todavía manifiestan un papel fundamental que desempeñar en el desarrollo general de la fuerza del atleta para, en última instancia, mejorar las capacidades de rendimiento de velocidad y agilidad.

5.2 Métodos y Modalidades del Entrenamiento de Fuerza

La cantidad de masa muscular involucrada en el ejercicio elegido influirá en las adaptaciones que se produzcan, como la hipertrofia muscular y los cambios asociados en la composición corporal [236]. Por ejemplo, los ejercicios de peso libre que reclutan una gran cantidad de masa muscular tienen una mayor exigencia metabólica y provocan una mayor respuesta hormonal, lo que tiende a favorecer alteraciones en la composición corporal y ganancias de masa magra. Esto es importante para los deportes en los que el desarrollo de altos niveles de masa muscular magra es un objetivo clave del programa. De manera similar, los ejercicios de pesas libres multiarticulares que reclutan una gran masa muscular son buenas opciones cuando se busca desarrollar resistencia muscular local y resistencia a la pérdida de fuerza [22].

Para la mayoría de los deportes, el aumento de la fuerza y las adaptaciones asociadas son generalmente la consideración más pertinente, en lugar de la hipertrofia. Una vez más, los datos sugieren que la propuesta del entrenamiento de fuerza empleada es un factor crítico. Por ejemplo, un estudio reciente demostró que una intervención de entrenamiento de estilo de levantamiento de potencia favoreció las ganancias máximas de fuerza en comparación con una intervención de entrenamiento de fuerza de estilo fisicoculturismo con el mismo volumen de entrenamiento, a pesar de que no existieron diferencias en las ganancias de hipertrofia muscular entre las dos intervenciones [278].

Las limitaciones particulares de la modalidad de entrenamiento de fuerza empleada de manera similar sirven para determinar el estímulo proporcionado al sistema neuromuscular en términos de coordinación intra e intermuscular [279]. De esta manera, las características biomecánicas de un ejercicio de entrenamiento de fuerza particular influyen en el grado de transferencia de los efectos del entrenamiento de fuerza a un aspecto dado del rendimiento neuromuscular a corto plazo [280]. Este concepto se ha denominado correspondencia dinámica.

En vista de ello, el método empleado para aplicar la carga durante el entrenamiento de fuerza es un factor clave que influye en el estímulo neuromuscular proporcionado. Para la mayoría de los movimientos multiarticulares, la aplicación de carga de peso libre generalmente se ha considerado más funcional ya que se requiere que el pesista estabilice su propio cuerpo y la carga externa, mientras controla y dirige simultáneamente el movimiento [236]. Por ejemplo, los ejercicios con pesas libres desarrollan la coordinación intramuscular e intermuscular en mayor medida que el entrenamiento con máquinas convencionales de peso integrado. Esto se refleja en una mayor ganancia de fuerza y una transferencia superior a las mediciones de rendimiento atlético y ergonómico en comparación con el entrenamiento de fuerza basado en máquinas [236].

Con el crecimiento de la industria de la fuerza y el acondicionamiento han surgido otros métodos para aplicar la carga y nuevas prácticas de entrenamiento de fuerza. Por lo tanto, el especialista en fuerza y acondicionamiento se enfrenta a una variedad de opciones, dependiendo del acceso al equipo apropiado. Estas opciones van desde métodos de entrenamiento en suspensión en los que la propia masa corporal del atleta proporciona la carga, hasta dispositivos altamente especializados que incluyen máquinas de carga variable y modalidades de entrenamiento de carga neumática. Además, se han empleado ligas, cuerdas y cadenas para proporcionar una carga variable al realizar ejercicios convencionales de entrenamiento con pesas libres.

Actualmente, existen escasos datos que respalden las afirmaciones de los fabricantes con respecto a la superioridad de estos dispositivos y equipos para el desarrollo deportivo. En general, la mayoría de los dispositivos restringen el movimiento y, a su vez, los grados de libertad del ejercicio de entrenamiento de fuerza; el estímulo mecánico y neural asociado proporcionado por lo tanto no corresponde a las condiciones encontradas durante las actividades atléticas comunes [281]. De manera similar, se ha sugerido que, al manipular la carga proporcionada en diferentes puntos del rango de movimiento del ejercicio, el uso de ligas o cadenas altera el perfil cinético y cinemático de la modalidad de entrenamiento de fuerza de una manera artificial que puede no producir una adaptación adecuada en la coordinación neural cuando los movimientos relacionados se realizan en condiciones del "mundo real" durante la competición [281].

Por el contrario, las máquinas de poleas que emplean pesas integradas o carga neumática ofrecen ciertas ventajas, ya que permiten al profesional proporcionar una carga en una variedad de direcciones, mientras que para los ejercicios de pesas libres isoinerciales, por definición, las fuerzas aplicadas están dictadas por la aceleración debida a la gravedad, que de tal modo, actúan solo en dirección vertical negativa. De manera similar, las modalidades de entrenamiento en suspensión se han empleado con éxito, particularmente como un medio para desarrollar la fuerza y la estabilidad dinámica a lo largo de la cadena cinética.

5.3 Modalidades de Entrenamiento de Fuerza Unilaterales

En muchos deportes, la mayoría de los movimientos durante la competición se ejecutan parcial o totalmente desde una base de apoyo con una sola pierna. Las modalidades de entrenamiento de fuerza unilaterales generalmente incluyen modalidades de soporte con una sola extremidad y de soporte de peso parcial. Por ejemplo, esto abarcaría ejercicios ejecutados en una postura de tijera, y también otras modalidades como la estocada y *step up* (subida al cajón), que implican transiciones de fases de soporte de peso bilateral a unilateral y parcial.

Dada la prevalencia del apoyo unilateral durante las destrezas atléticas y deportivas, se deduce que los ejercicios de apoyo unilateral deberían comprender una porción significativa del entrenamiento del atleta, y existen datos que respaldan esta noción. Se reportó que el entrenamiento de fuerza unilateral es igualmente efectivo para producir mejoras en la fuerza y el rendimiento del salto vertical en comparación con el entrenamiento de fuerza bilateral, aunque este estudio incluyó sujetos desentrenados [282]. En contraste con la afirmación de que el entrenamiento de fuerza unilateral no es susceptible a suscitar adaptaciones, también se ha demostrado que la hipertrofia local ocurre en respuesta al entrenamiento de fuerza con una sola pierna, a pesar de la ausencia de una respuesta hormonal anabólica sistémica en este estudio [283]. Otra investigación que comparó una sentadilla trasera con barra olímpica con una sola pierna con una sentadilla bilateral convencional reportó respuestas hormonales y actividad muscular de las extremidades inferiores equivalentes en una muestra de hombres atletas entrenados [284]. Finalmente, un estudio en atletas entrenadas observó que la sentadilla trasera con barra olímpica con una sola pierna también resultó en un reclutamiento más favorable de las extremidades inferiores, con una mayor activación de los músculos de la cadera y de los isquiosurales, en comparación con el reclutamiento dominante de los músculos cuádriceps observado durante la sentadilla bilateral convencional con barra olímpica [285].

Los ejercicios de apoyo unilateral tampoco permiten que el atleta favorezca su extremidad dominante durante el movimiento como puede ocurrir con los levantamientos bilaterales. Por ejemplo, se han observado diferencias en la producción de fuerza entre la pierna dominante y no dominante en atletas de sóftbol universitario cuando realizan la sentadilla bilateral con barra olímpica [91]. Los ejercicios de apoyo unilaterales ofrecen un medio para abordar los desequilibrios de fuerza entre las extremidades. Esto es importante tanto en términos de función y rendimiento, pero también desde una perspectiva de prevención de lesiones en vista de la asociación reportada entre los desequilibrios de fuerza y flexibilidad con la incidencia de lesiones [286].

Figura 4.2 – Press de Banca Inclinado con un Solo Brazo con Mancuerna

De manera similar, los movimientos del cuerpo superior en los deportes de equipo suelen ser unilaterales. De ello se desprende que el entrenamiento para desarrollar la fuerza y la potencia del cuerpo superior de los atletas debe incluir un énfasis apropiado en levantamientos con un solo brazo o de brazos alternados. Tales ejercicios también requieren una mayor estabilización del tronco, ya que la carga unilateral da como resultado torsiones desestabilizadoras que deben ser compensadas por los músculos del tronco en el lado opuesto (contralateral) [287]. Este desafío estabilizador corresponde a lo que ocurre durante el partido, por lo que puede considerarse benéfico en términos de transferencia de los efectos del entrenamiento.

5.4   Entrenamiento de Fuerza Excéntrico

El entrenamiento excéntrico es un medio muy potente de producir adaptaciones en los músculos y tejidos conectivos, además de aumentar la capacidad de generación de fuerza. El ejercicio excéntrico implica prolongar la acción muscular y los movimientos de frenado/desaceleración o "trabajo negativo" contra la gravedad [288]. Como tal, la fuerza externa impuesta durante el ejercicio excéntrico excede la generada por el músculo que resiste. El costo metabólico del ejercicio excéntrico es menor que el del ejercicio convencional, y la entrada neuronal también es característicamente diferente [289, 290]. Se pueden producir momentos de torsión mucho mayores y se pueden gestionar mayores cargas durante la actividad excéntrica, en relación con las acciones musculares concéntricas (acortamiento) o isométricas.

Debido al estímulo adaptativo distintivo proporcionado, las ganancias de fuerza ocurren típicamente a un ritmo evidente y rápido como resultado del entrenamiento excéntrico, particularmente cuando la modalidad de entrenamiento comprende fuerzas y/o velocidades de contracción altas. Como resultado del alto grado de tensión mecánica impuesta, el entrenamiento excéntrico produce adaptaciones estructurales que incluyen cambios en la arquitectura muscular y ganancias en la masa muscular [289]. Los cambios en las propiedades contráctiles incluyen aumentos específicos en la capacidad de generación de fuerza durante acciones excéntricas (por ejemplo, aterrizaje, movimientos de desaceleración) y la capacidad de absorber fuerza y almacenar/devolver energía elástica. Las ganancias de fuerza excéntrica también están mediadas en parte por la adaptación neuronal, incluido el refinamiento en el reclutamiento muscular y las estrategias de activación, lo que finalmente permite una mayor expresión de fuerza durante las contracciones excéntricas.

Existen una variedad de modalidades de ejercicio disponibles para el entrenamiento excéntrico. El entrenamiento excéntrico isotónico o "isoinercial" generalmente emplea una carga externa (constante) usando máquinas de carga fija (como máquinas flywheel) o pesas libres. Recientemente, se han desarrollado una variedad de ergómetros para el entrenamiento excéntrico del cuerpo inferior como superior. Por ejemplo, el ejercicio excéntrico en bicicleta ergométrica se emplea ampliamente con diferentes grupos [288], por lo que el participante se resiste al movimiento de los pedales que se desplazan en la dirección opuesta. El entrenamiento excéntrico isocinético también se puede realizar usando un aparato dinamómetro que proporciona una carga a velocidad constante. Finalmente, el entrenamiento excéntrico basado en la gravedad o la masa corporal comprende actividades como el entrenamiento de carrera cuesta abajo, en el que el atleta realiza un trabajo negativo adicional contra la gravedad para evitar colapsos en cada contacto con el suelo.

Existe evidencia de que el entrenamiento excéntrico de fuerza isoinercial con la masa corporal propia del atleta o basado en la gravedad produce adaptaciones que no son evidentes con el entrenamiento excéntrico isocinético. Por ejemplo, un estudio reciente mostró que el entrenamiento excéntrico con pesas libres produjo mejoras significativas en la fuerza excéntrica y cambios positivos en el tamaño y la arquitectura muscular, mientras que estas adaptaciones no se produjeron en aquellos que realizaron entrenamiento excéntrico isocinético con aparatos dinamométricos [291].

La *sobrecarga excéntrica* también se puede utilizar para aumentar las ganancias de fuerza y la adaptación modificando los ejercicios convencionales del entrenamiento de fuerza (aumentando la carga durante la porción excéntrica del movimiento). En este caso, la porción excéntrica del movimiento se realiza con una carga adicional; el atleta normalmente aún realiza el movimiento concéntrico, pero la carga gestionada se reduce o se proporciona asistencia. Por ejemplo, las cunas de pesas (weight releasers; es decir, "liberadores de peso") se pueden unir a cualquier extremo de la barra cuando el atleta está realizando una sentadilla trasera con barra olímpica; una vez que el atleta alcanza cierta profundidad, las cunas de peso tocan el suelo provocando que se desprendan, y el atleta completa la porción concéntrica (hacia arriba) de la sentadilla con una carga reducida. Alternativamente, se puede lograr un efecto similar usando una carga "supramáxima" de modo que se proporcione una sobrecarga durante el movimiento de descenso, con compañeros pesistas a cada lado de la barra para ayudar al atleta a levantar la barra de regreso a la posición inicial para la siguiente repetición. De modo similar, esta propuesta de cargas supramáximas se puede llevar a cabo al utilizar dos extremidades durante la porción concéntrica, y una extremidad individual en la porción excéntrica (ajuste que altera la distribución de carga). No obstante, ambas estrategias supramáximas deberán ser realizadas bajo supervisión o con medidas de seguridad; por ejemplo: reservar la segunda opción para el entrenamiento de fuerza en máquinas (como pudiera ser en la extensión de cuádriceps en máquina sentado).

Es necesario una prescripción y progresión de la carga cuidadosa para limitar el grado de daño muscular resultante del entrenamiento excéntrico y optimizar la adaptación beneficiosa. El dolor muscular de aparición tardía a menudo se asocia con el entrenamiento excéntrico, especialmente cuando se introduce por primera vez o después de cualquier progresión significativa en la carga, la velocidad o la modalidad de entrenamiento excéntrico. El microdaño a las fibras musculares y las estructuras del tejido conectivo puede ocurrir particularmente cuando el entrenamiento excéntrico implica mucha fuerza y/o alta velocidad, o se lleva a cabo en longitudes musculares extendidas [289]. Cabe destacar que se puede observar una producción de fuerza reducida durante el período de adaptación inicial, lo que puede deberse en parte a una reducción protectora en el impulso neural del músculo.

Suponiendo que el grado de daño muscular no sea demasiado severo, la reparación y remodelación posterior del músculo proporciona cierta protección contra el dolor muscular de aparición tardía y las disminuciones asociadas en la producción de fuerza y el rendimiento. Esto se conoce como el "fenómeno de los esfuerzos repetidos" (RBE, por sus siglas en inglés) y persiste durante un cierto período después de la exposición a un entrenamiento excéntrico [288]. Básicamente, el objetivo es proporcionar suficiente estrés y sobrecarga excéntrica para estimular la adaptación mecánica, morfológica y neural beneficiosa sin causar tanto daño estructural que la capacidad de reparación de las fibras musculares se vea comprometida.

5.5   Formato del Entrenamiento de Fuerza

Otra consideración a la hora de diseñar un plan de entrenamiento de fuerza, que a menudo no se tiene en cuenta por completo, es el formato en el que se realizan los entrenamientos. Los intervalos de recuperación entre y dentro de las series, así como el orden en que se presentan los ejercicios en el entrenamiento son variables que pueden manipularse. Las pautas convencionales con respecto al orden del ejercicio es que los levantamientos que exigen un mayor control y coordinación neuromuscular deben presentarse antes en el entrenamiento para que estos levantamientos se vean menos afectados por la fatiga residual. La otra recomendación común es que se prioricen los levantamientos multiarticulares que reclutan la mayor masa muscular.

Además, las decisiones con respecto al formato del entrenamiento de fuerza también pueden considerar las exigencias del deporte en particular, por ejemplo, con respecto al orden en que se presentan los ejercicios. De esta manera, puede existir una distinción entre disciplinas atléticas que comprenden un esfuerzo máximo individual, como en el caso de los atletas de eventos de campo (es decir, saltadores, lanzadores), y deportes que comprenden movimientos cíclicos de fuerza elevada (atletas de pista, ciclistas, remeros). Esto puede requerir propuestas distintas al formato tradicional de entrenamiento secuencial en el que todas las series se realizan para un ejercicio antes de pasar al siguiente. En el caso de deportes intermitentes, se debe ejecutar una amplia gama de movimientos en múltiples direcciones repetidamente en un orden no especificado.

De manera anecdótica, ciertos especialistas en fuerza y acondicionamiento incorporan el uso de "series compuestas" o "series complejas", es decir, realizar series de un ejercicio intercaladas (por ejemplo, un levantamiento de empuje) con otro ejercicio (por ejemplo, un levantamiento de jalón). Manipular el orden de los ejercicios de esta manera es en general similar a usar un formato de circuito para el entrenamiento de fuerza pesado realizado, que también podría considerarse dependiendo del deporte.

Por ejemplo, un estudio que investigaba una propuesta denominada "entrenamiento en circuito de cargas pesadas" encontró que los sujetos podían levantar la misma carga y volumen sin alternancia en la cinemática de la barra olímpica en comparación con el formato secuencial tradicional, y que también provocaba una mayor respuesta cardiovascular [292]. Los autores concluyeron que se podría esperar que este formato de entrenamiento de fuerza produzca mejoras de fuerza similares con beneficios cardiovasculares adicionales. Esta propuesta no debe confundirse con el entrenamiento en circuito tradicional que presenta cargas submáximas y repeticiones relativamente altas; es únicamente el formato del entrenamiento el que se modifica, y se utilizan las mismas cargas que con el entrenamiento de cargas pesadas realizado en un formato de entrenamiento convencional.

Un estudio posterior ha confirmado la eficacia del entrenamiento de fuerza realizado en un formato de circuito de "cargas elevadas". Una intervención de entrenamiento de 8 semanas con sujetos entrenados en fuerza produjo mejoras similares en la fuerza (una repetición máxima de press de banca y sentadilla trasera con barra olímpica) y puntajes de producción de potencia en el lanzamiento de banca, así como ganancias en masa magra en sujetos que entrenaron con el formato de fuerza tradicional [293]. La duración de la sesión para el entrenamiento en circuito de cargas pesadas fue significativamente más corta, y también existieron mejoras adicionales en la composición corporal que no se observaron con el grupo de entrenamiento de fuerza tradicional. Este último hallazgo corresponde a la mayor respuesta cardiovascular previamente reportada con este formato de entrenamiento [292]. Un estudio anterior de Kraemer [234] reportó mejoras en la resistencia a la pérdida de fuerza (número de repeticiones que el sujeto pudo completar con el 80 u 85 % de una repetición máxima) con atletas de fútbol americano después de un entrenamiento de fuerza de varias series con 8-12 repeticiones máximas, realizado en una modalidad de circuito. Esto se atribuyó en parte a las mejoras en la amortiguación de lactato y el equilibrio ácido-base sanguíneo de todo el cuerpo asociado con el formato del circuito.

6 Aspectos Prácticos de la Implementación de un Plan de Entrenamiento de Fuerza

6.1 Importancia de la Variación en la Prescripción del Entrenamiento de Fuerza

La variación del entrenamiento es un aspecto crítico de la prescripción exitosa del entrenamiento de fuerza [25, 236]. De acuerdo con el proceso de adaptación al entrenamiento, la exposición continua al mismo estímulo de entrenamiento durante un período prolongado eventualmente no logrará una mayor adaptación. Por lo tanto, es necesario variar los parámetros del entrenamiento de fuerza para evitar una meseta en la respuesta al entrenamiento.

El nivel de adaptación ya realizado influirá en el grado y tipo de manipulación de las variables de entrenamiento requeridas. Para un pesista con experiencia de entrenamiento limitada, casi cualquier programa de entrenamiento de fuerza sistemático representa un nuevo estímulo de entrenamiento para el sistema neuromuscular. Con el aumento de la experiencia al entrenamiento y a medida que avanza el nivel del entrenamiento, se requieren esquemas más desafiantes y una manipulación más sofisticada de los parámetros de entrenamiento para continuar obteniendo la respuesta deseada [22].

6.2 Progresión en el Plan de Entrenamiento de Fuerza

Como extensión del requisito de variación, existe igualmente una necesidad de aumentos progresivos y sistemáticos en el estrés de entrenamiento aplicado para lograr una adaptación continua [22]. Manipular la intensidad aumentando la carga levantada es el método más utilizado para lograr una sobrecarga progresiva. Sin embargo, esta no es la única opción para progresar en la intensidad del entrenamiento. Las exigencias de fuerza también pueden progresar aumentando la aceleración, de acuerdo con la ley de Newton: fuerza = masa x aceleración. Se puede introducir una selección de ejercicios que presenten una mayor aceleración para manipular la fuerza desarrollada por el sistema neuromuscular. Además de alterar la intensidad del entrenamiento, la progresión también se puede lograr mediante alteraciones en el volumen de carga.

Los cambios en el volumen de carga también se pueden lograr manipulando una multitud de variables de entrenamiento, incluidas las repeticiones realizadas, el volumen de entrenamiento (número de series y/o ejercicios) y/o la frecuencia de entrenamiento (número semanal de sesiones por grupo muscular) [22].

Los medios restantes para lograr la progresión es manipular la selección de ejercicios. En una sección anterior, discutimos los méritos respectivos de dos propuestas drásticamente distintas del entrenamiento de fuerza; es decir, el entrenamiento de cargas pesadas y las propuestas de entrenamiento funcional o deportivo específico. De hecho, cada una de estas propuestas contrastantes, y las "modalidades de entrenamiento de transición" —que existen en el continuo de fuerza/control neuromuscular entre estos dos extremos—, probablemente tendrán un papel que desempeñar en la preparación física del atleta.

6.3   Progresión, Variación y Transferencia del Entrenamiento

La sincronización y la planificación de la introducción de diferentes modalidades de entrenamiento dentro del plan general de entrenamiento de fuerza adquieren una gran importancia desde el punto de vista tanto de asegurar el desarrollo necesario de las cualidades de fuerza bruta como de facilitar la transferencia de los efectos del entrenamiento al rendimiento deportivo. La variación y progresión planificadas implicarán esencialmente un cambio coherente y secuencial en la selección de modalidades de entrenamiento a lo largo del ciclo de entrenamiento. Por ejemplo, las modalidades de entrenamiento de fuerza pesados podrían aparecer en la fase de preparación general del plan anual, seguido de un cambio progresivo en la selección de ejercicios durante los ciclos de entrenamiento posteriores, culminando finalmente con la introducción de modalidades de "entrenamiento de transferencia" que se transfieren más fácilmente al rendimiento en ciclos de entrenamiento posteriores.

Por el contrario, se presenta un caso sólido de combinar los elementos de entrenamiento respectivos durante todo el año, particularmente en los deportes con una temporada de competencia extendida. También es probable que sea necesario revisar periódicamente el entrenamiento orientada a la capacidad del tejido, en particular en diferentes intervalos del año, a fin de compensar los efectos del desentrenamiento que de otro modo podrían ocurrir con el tiempo.

De esta manera, también es posible proporcionar una progresión coherente en las exigencias de control neuromuscular y motor. El entrenamiento progresivo de tal modo tenderá a implicar un cambio hacia levantamientos técnicamente más exigentes y aquellos que requieren mayor equilibrio y estabilización. Esta propuesta tiene en cuenta el hecho de que es el control motor, más que las capacidades de fuerza bruta, lo que comúnmente diferencia a los mejores atletas en muchos deportes. De ello se desprende que los métodos elegidos para lograr la progresión al diseñar el entrenamiento de fuerza de los atletas deberían reflejar esto en última instancia.

6.4   Efectividad y Eficiencia del Entrenamiento de Fuerza

En vista de las limitaciones de tiempo impuestas por temporadas de competición extendidas y altos volúmenes de entrenamiento concurrente y sesiones de práctica técnico/táctica comunes en muchos deportes a nivel de élite, la eficiencia y efectividad de la preparación física es primordial [28]. Por lo tanto, uno de los criterios clave al evaluar un programa de entrenamiento de fuerza es el grado de mejora en la capacidad del atleta de desempeñarse y mantenerse en forma para participar en competiciones y prácticas en comparación con el tiempo de entrenamiento invertido [239].

La necesidad de optimizar la eficiencia en el tiempo de cualquier entrenamiento de fuerza que se realice es especialmente pertinente para los deportes "complejos" que implican grandes volúmenes de prácticas técnicas/tácticas y otras formas de entrenamiento, incluido el acondicionamiento metabólico. Otras limitaciones y complicaciones que ponen mayor énfasis en la efectividad y eficiencia del entrenamiento de fuerza para los atletas incluyen el programa de competición, con los viajes y el estrés físico, fisiológico, psicológico y emocional asociado involucrado [294].

6.5   El Papel y la Importancia del Coaching en el Entrenamiento de Fuerza

La supervisión y el coaching son aspectos críticos con respecto a la aplicación del entrenamiento. Incluso períodos cortos de entrenamiento sin supervisión pueden resultar en disminuciones apreciables en los parámetros de rendimiento. Por ejemplo, un estudio en atletas de tenis universitario reportó que cuando estos regresaban de un descanso de 5 semanas fuera de un entorno supervisado, demostraban cambios adversos en una variedad de evaluaciones de potencia, velocidad y resistencia a la pérdida de fuerza a pesar de que se les proporcionó un programa estructurado durante el período de entrenamiento [295].

Se ha demostrado que realizar un entrenamiento de fuerza bajo la supervisión de un especialista en fuerza y acondicionamiento mejora la adherencia al entrenamiento [296]. Además, este efecto positivo de la supervisión directa se observa incluso en sujetos muy motivados (atletas de la liga junior de rugby). En el mismo estudio, el efecto de la supervisión directa resultó en una mayor intensidad promedio durante los entrenamientos —en términos de carga levantada—, y esto se reflejó en ganancias de fuerza superiores en comparación con un grupo sin supervisión al final del período de estudio [296].

Actividad Reflexiva: En su experiencia, ¿cuánta de la preparación física realizada por los atletas que ha tratado o con los que ha trabajado no está supervisada? ¿Cómo varía el nivel de supervisión en los diferentes deportes que ha conocido?

Aparte de la motivación y el cumplimiento, la importancia del coaching es primordial en términos de la calidad (y seguridad) del estímulo del entrenamiento de fuerza proporcionado al atleta. Se ha documentado el papel del entrenador con respecto a la adquisición de habilidades; en particular, la literatura hace hincapié en la importancia de la instrucción, la ejemplificación previa de la tarea y la retroalimentación subsecuente [297]. Como tal, la efectividad y el calibre de instrucción y enseñanza proporcionado al atleta tendrán una influencia crítica en la técnica y la biomecánica del ejercicio de entrenamiento de fuerza. Un corolario de esto es que el coaching tendrá un mayor impacto en el estímulo neuronal proporcionado durante el entrenamiento y, a su vez, en las adaptaciones neuromusculares resultantes.

Actividad Reflexiva: En su propia experiencia, ¿existe demasiado énfasis en levantar la mayor cantidad de peso independientemente de la técnica? ¿Los entrenadores de fuerza con los que trabaja son capaces de conciliar la necesidad de mantener elevada la intensidad del entrenamiento para provocar adaptaciones al entrenamiento de fuerza, mientras se mantiene el énfasis apropiado en la técnica?

Si bien, la instrucción y el coaching son críticos cuando se aprenden nuevas técnicas de ejercicio, es igualmente crítico que estas señales verbales de instrucción y aspectos clave de la técnica correcta se refuercen a partir de entonces. Por lo tanto, en general, el especialista en fuerza y acondicionamiento podría adoptar un énfasis en el entrenamiento neuromuscular durante las sesiones de entrenamiento de fuerza, con respecto a mantener el foco de atención en la calidad del movimiento, en lugar de únicamente en la carga levantada [48]. Esta propuesta centrada en las habilidades neuromusculares parecería tener sentido, dado que en muchos deportes —a menudo— son las habilidades motoras superiores, en lugar de las mediciones generales de fuerza o potencia, lo que distingue a los mejores atletas de sus compañeros. En este sentido, en lugar de entrenar cuantitativamente y enfocarse en aumentar las cargas levantadas, se debe inculcar a los atletas el mensaje de que, si no son capaces de levantar una carga determinada con una forma perfecta, entonces no deberían utilizar dicha carga.

De acuerdo con esta propuesta, se deben considerar medidas para facilitar el mantenimiento de la postura y la forma y así contrarrestar los efectos de la fatiga aguda. Un ejemplo de ello implica dividir la serie en porciones más pequeñas; y esto puede tener una aplicación particular durante el período inicial después de que se haya aumentado la carga. Se ha demostrado que la propuesta de las series cluster (estructura de una serie en donde las repeticiones totales son repartidas en agrupaciones menos abundantes con breves períodos de descanso, también llamado conglomerados) reduce las deficiencias en la cinemática del levantamiento en repeticiones sucesivas de una serie, al reducir la fatiga residual [298]. Por ejemplo, un estudio reportó que un breve descanso (20 segundos) entre cada repetición fue efectivo para mantener el desplazamiento de la barra a lo largo de cada una de las 6 repeticiones levantadas, mientras que cuando las 6 repeticiones se realizaron de forma consecutiva, el desplazamiento de la barra (es decir, la altura a la que la barra fue impulsada durante el levantamiento) disminuyó entre la primera y la última repetición [299].

Actividad Reflexiva: En vista de la información presentada en la sección anterior y en este capítulo, ¿cree que la provisión y el estándar de supervisión son adecuados? ¿Ha observado algún caso en el que la ausencia de supervisión adecuada haya provocado malos resultados en el entrenamiento o lesiones?

Revisión de Conocimiento – Capítulo Cuatro

1. ¿Para qué cualidad de fuerza es probable que un atleta exhiba los niveles más altos de capacidad máxima de generación de fuerza?

A. Fuerza isométrica.
B. Fuerza concéntrica de baja velocidad.
C. Fuerza concéntrica de alta velocidad.
D. Fuerza excéntrica.

2. Todos los siguientes son factores desencadenantes importantes para la respuesta adaptativa al entrenamiento de fuerza, EXCEPTO:

A. Fuerzas de tracción y cargas de estiramiento aplicadas.
B. El estado energético de la célula muscular durante y después del entrenamiento de fuerza.
C. El uso de bebidas de recuperación comerciales en lugar de fuentes de nutrición integrales después de la sesión.
D. Estrés metabólico y alteración de la homeostasis celular.

3. Todas las siguientes son declaraciones válidas con respecto a la aplicación del entrenamiento de fuerza para el atletismo en pista, EXCEPTO:

A. El entrenamiento de fuerza apropiado ayudará a que el atleta sea más resistente a las lesiones.
B. Agregar entrenamiento de fuerza al desarrollo de los atletas puede mejorar sus tiempos de carrera independientemente de cualquier cambio en el VO_2 máx.
C. El entrenamiento de fuerza no debe realizarse durante la temporada de competición.
D. El entrenamiento de fuerza puede mejorar la economía de carrera del atleta.

4. ¿Cuál de los siguientes factores de riesgo intrínsecos de lesión puede modificarse mediante un entrenamiento de fuerza adecuado?

A. Historial de lesiones.
B. Desequilibrios musculares y déficits funcionales identificados durante el examen de exploración y detección preliminar.
C. Etnicidad.
D. Sexo.

5. ¿Cuál de las siguientes opciones probablemente será la prioridad al abordar el entrenamiento de fuerza en el período previo a una competición importante para un corredor de 800 m de élite de 25 años?

A. Producir ganancias significativas en las puntuaciones de fuerza de una repetición máxima en la prensa de piernas.
B. Lograr ganancias en la masa muscular magra.
C. Asegurarse de que el atleta pueda realizar una sentadilla trasera con barra olímpica con dos veces su masa corporal como carga en la barra.
D. Asegurarse de que la fuerza ganada en la sala de pesas se refleje en el rendimiento de carrera del atleta en la pista.

6. ¿Cuál de las siguientes afirmaciones es la más válida con respecto a la prescripción de entrenamiento de fuerza para atletas de élite?

A. Quienes trabajan con atletas de élite deben ignorar los estudios de entrenamiento de fuerza publicados, ya que no son relevantes.
B. La intensidad, la frecuencia y el volumen óptimos del entrenamiento de fuerza difieren para los atletas de élite incluso en comparación con los no atletas entrenados en fuerza.

C. Los atletas de élite tienen una mayor necesidad de entrenamiento de fuerza que los atletas en desarrollo.

D. Los atletas de élite tienen menos necesidad de entrenamiento de fuerza que los atletas en desarrollo.

7. ¿Cuál de las siguientes afirmaciones respecto a los méritos relativos del entrenamiento de fuerza pesado frente al entrenamiento funcional es más válida?

A. Solo los ejercicios funcionales o deportivo específicos que simulan movimientos característicos del deporte son apropiados para entrenar a los atletas.

B. Solo se deben emplear ejercicios de entrenamiento de fuerza intensos durante el período de competición.

C. Los ejercicios de entrenamiento de fuerza pesados muestran la transferencia más inmediata de los efectos del entrenamiento a las actividades atléticas como la carrera.

D. A largo plazo, es probable que el uso apropiado tanto del entrenamiento de fuerza pesado como de las modalidades de entrenamiento funcional o deportivo específico en diferentes momentos del año de entrenamiento logre resultados superiores que cualquier propuesta de entrenamiento empleada de forma aislada.

8. ¿Cuál de las siguientes es una declaración válida con respecto a la selección de ejercicios de entrenamiento de fuerza?

A. Se requieren costosas máquinas de carga especializadas para proporcionar un estímulo de entrenamiento de fuerza óptimo.

B. Los ejercicios que involucran máquinas de carga con cable no deben emplearse con atletas.

C. Los ejercicios de entrenamiento de fuerza unilaterales para el cuerpo superior e inferior tienen ventajas en términos de correspondencia dinámica y el desafío de estabilización proporcionado.

D. Solo los ejercicios que involucran mancuernas son deportivo específicos.

9. El entrenador en jefe ha asignado dos espacios en el programa semanal que se utilizarán para el entrenamiento de fuerza. Dentro de estas restricciones, todas las siguientes variables de entrenamiento se pueden manipular para lograr la progresión, EXCEPTO:

A. Frecuencia.

B. Modalidad.

C. Intensidad.

D. Volumen.

10. Es probable que la presencia de supervisión calificada durante los entrenamientos de fuerza de los atletas mejore:

A. El cumplimiento del entrenamiento.

B. La intensidad media del entrenamiento de fuerza realizado.

C. La competencia técnica del atleta y la calidad del estímulo del entrenamiento de fuerza proporcionado.

D. Todas las anteriores.

Capítulo Cinco: Desarrollo de la Potencia para el Rendimiento Deportivo

Desarrollar la expresión de la potencia es un objetivo clave para los atletas en muchos deportes. En este capítulo definimos los diversos componentes que contribuyen a expresar la potencia durante movimientos atléticos. Se exploran las diversas modalidades de entrenamiento que pueden emplearse para desarrollar estos componentes respectivos, incluido el levantamiento de pesas olímpico, el entrenamiento de fuerza balística y la pliometría. Se discuten los méritos respectivos de cada una de estas diferentes modalidades de entrenamiento de velocidad-fuerza para proporcionar al lector una comprensión sobre cómo estructurar su propuesta para entrenar estas cualidades.

Objetivos de Aprendizaje:

1   Comprender las diferentes propuestas de entrenamiento para desarrollar la potencia.

2   Describir qué constituye el entrenamiento de fuerza balística.

3   Comprender la aplicación del levantamiento de pesas olímpico para el desarrollo de la potencia en el deporte.

4   Describir qué constituye el entrenamiento pliométrico y la razón fundamental detrás del uso de este a fin de desarrollar el ciclo de estiramiento-acortamiento y el rendimiento de velocidad-fuerza.

5   Comprender la práctica del entrenamiento complejo y los factores neuromusculares que sustentan la potenciación post-activación.

6   Comprender los factores particulares asociados con el desarrollo de la potencia para los movimientos rotacionales.

1 Entrenamiento para el Desarrollo de la Expresión de la Potencia

Históricamente, han existido diferentes escuelas de pensamiento con respecto a la mejor propuesta de entrenamiento para desarrollar la potencia muscular explosiva. Algunas han sugerido que es suficiente desarrollar únicamente las capacidades de desarrollo de la fuerza (es decir, la fuerza per se) y luego transferir las ganancias de fuerza mediante la práctica de la actividad atlética en particular [234]. Antedicha propuesta esencialmente solo tiene en cuenta el elemento de fuerza de la ecuación de la potencia (*fuerza x velocidad*).

Sin embargo, la potencia explosiva es una habilidad motora aprendida del sistema neuromuscular y se identifica como una capacidad distinta de la producción de fuerza máxima [40]. Aunque la producción de potencia máxima depende de la fuerza en un grado variable según la carga involucrada [300], la expresión de la potencia deportiva específica tiene elementos que son independientes de la capacidad básica de generación de fuerza de la musculatura. Esto se ilustra por la disociación de las puntuaciones de fuerza máxima (una repetición máxima) y potencia explosiva en atletas de élite [301].

De acuerdo con la noción de que la "potencia explosiva" representa una propiedad discreta del sistema neuromuscular, varios estudios han demostrado la eficacia del entrenamiento específico de "velocidad-fuerza" para desarrollar la potencia. Además, las mejoras en las mediciones de rendimiento de potencia explosiva con intervenciones de entrenamiento de velocidad-fuerza a corto plazo, pueden observarse en ausencia de cambios en la fuerza máxima [280, 302, 303].

1.1 La Potencia como un Constructo Multidimensional y el Entrenamiento de "Métodos Mixtos"

Tales observaciones, con respecto a las diferentes respuestas al entrenamiento, han llevado a la génesis de un constructo multidimensional para la potencia muscular explosiva [37]. Se pueden aislar varios elementos discretos del sistema neuromuscular y cada uno de ellos puede influir en la potencia [304]. Además, todos los componentes respectivos del sistema neuromuscular que contribuyen a la expresión de la potencia pueden considerarse entrenables [305].

Por lo tanto, la propuesta de entrenamiento de "métodos mixtos" plantea emplear una variedad de modalidades de entrenamiento específicas para cada capacidad neuromuscular implicada en la expresión de la potencia explosiva [37]. Estos factores, cuando se desarrollan a través de un entrenamiento apropiado, tienen el potencial de contribuir individualmente al desarrollo de capacidades de potencia explosiva. Además, el desarrollo de estos componentes en combinación puede tener un impacto acumulativo sobre la capacidad del atleta de desarrollar potencia muscular explosiva [305].

La evidencia de la eficacia del entrenamiento con métodos mixtos se observa en los resultados superiores obtenidos por el entrenamiento combinado en comparación con el entrenamiento aislado de la fuerza o potencia. En el estudio de Harris y colaboradores [306], se reportaron mayores ganancias con atletas de deportes de equipo entrenados en fuerza (atletas de fútbol americano universitario) en una gama más amplia de mediciones de rendimiento con una combinación de entrenamiento de "potencia" de fuerza y velocidad elevadas. Cuando se realizó de forma aislada, los efectos de la intervención de entrenamiento de fuerza elevada se limitaron a ganancias en las mediciones de fuerza máxima (una repetición máxima) y velocidad-fuerza con cargas pesadas (una repetición máxima en el jalón colgado), sin impacto en las mediciones atléticas dinámicas. Por el contrario, el entrenamiento de "potencia" de alta velocidad resultó en ganancias en las mediciones dinámicas, sin un impacto en las capacidades de cargas pesadas [306].

Un hallazgo notable en el último estudio, fue que el entrenamiento combinado no solo produjo los beneficios asociados con ambas modalidades de entrenamiento, sino que también produjo ganancias en mediciones (carrera shuttle de agilidad de 10 yd y potencia promedio del salto vertical) que no se observan con el entrenamiento de alta velocidad o fuerza elevada implementados de manera individual [306]. La adaptación al entrenamiento de fuerza o velocidad elevada realizados de forma aislada por atletas entrenados en fuerza, se refleja en parámetros de rendimiento que están restringidos a la región de la curva fuerza-velocidad que caracterizó al entrenamiento. Además, se observa que los métodos combinados son más efectivos para desarrollar la altura del salto vertical (la medición de campo estándar de la producción de potencia del cuerpo inferior) [307]. También se ha postulado que los efectos de rendimiento superiores en un espectro más amplio de la curva fuerza-velocidad con el entrenamiento combinado podrían atribuirse a el aprovechamiento simultáneo de diferentes vías de desarrollo del rendimiento explosivo [306].

Actividad Reflexiva: ¿Cuál es el medio preferido para desarrollar las capacidades de potencia explosiva en su deporte? ¿Qué énfasis, si existe, se le da al entrenamiento específico para el desarrollo de potencia?

1.2   Factores contribuyentes a la Expresión de la Fuerza Muscular Explosiva

En esta sección exploramos los elementos individuales que se han identificado como contribuyentes a la expresión de la fuerza muscular explosiva.

1.2.1   Fuerza Máxima

De acuerdo con la curva fuerza-velocidad, la fuerza máxima absoluta se desarrolla a una velocidad de movimiento lenta. No obstante, esta cualidad de fuerza es necesaria al inicio de cualquier movimiento explosivo para superar la inercia cuando la velocidad del sistema es cero; por ejemplo, cuando se comienza desde un inicio estacionario. Por lo tanto, la fuerza máxima tiene una gran influencia en la velocidad inicial a la que se desarrolla la fuerza al principio del movimiento [300]. Para los movimientos de locomoción y salto en particular, incluso en ausencia de una carga externa, existe un componente de inercia significativo debido a la propia masa corporal del atleta. Este componente de inercia es particularmente significativo si existe algún cambio de velocidad, ya que el propio impulso del atleta en la dirección original del movimiento debe primero detenerse y superarse para generar movimiento en una nueva dirección.

Además, se ha reportado que la fuerza de una repetición máxima y la producción de potencia están estrechamente relacionadas durante los movimientos de salto, incluso cuando se realizan sin carga externa. En particular, la fuerza máxima en relación con la masa corporal es un elemento clave en la expresión de la potencia para las acciones motoras gruesas involucradas en una variedad de movimientos atléticos [255]. En pocas palabras, dentro de un grupo de individuos, aquellos que tienen mayores niveles de fuerza consistentemente exhiben mayores niveles de potencia muscular [308]. Para ciertos deportes (por ejemplo, deportes de contacto), la capacidad de generar potencia contra una carga externa también es fundamental. Esto exige un alto nivel de capacidad de generación de fuerza, por lo que los atletas de estos deportes dependen en gran parte de la fuerza máxima.

Además, existe evidencia de que el desarrollo de la fuerza podría ser un precursor importante para el desarrollo de la potencia. Los datos preliminares sugieren que los niveles iniciales de fuerza de los participantes que realizan un entrenamiento específico de velocidad-fuerza muestran cierta relación con la magnitud de la respuesta del entrenamiento a esta modalidad de desarrollo. Específicamente, aquellos que tenían mayores puntuaciones de fuerza en la línea de referencia basal, mostraron una respuesta de entrenamiento más pronunciada después de la intervención de entrenamiento de velocidad-fuerza [308].

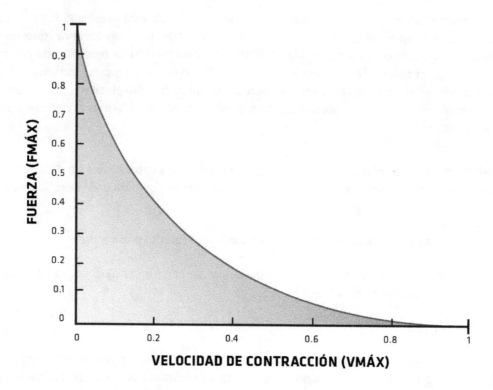

Figura 5.1 – Relación Fuerza-Velocidad

1.2.2   Tasa de Desarrollo de la Fuerza

La tasa de desarrollo de la fuerza comprende la capacidad de desarrollar la fuerza dentro de un marco de tiempo limitado. Este componente representa la pendiente de la curva fuerza-tiempo para una acción muscular. En consecuencia, la tasa de desarrollo de la fuerza se asocia con la capacidad de lograr una aceleración rápida para un movimiento determinado [309]. El intervalo disponible para el desarrollo de la fuerza en muchos movimientos atléticos es muy breve, a menudo dentro de los 300 ms. Con este entendimiento, ciertos autores identifican la tasa de desarrollo de la fuerza como posiblemente el principal factor determinante en la expresión de potencia para los movimientos atléticos y deportivos [77].

La tasa de codificación es un factor importante que influye en la tasa de desarrollo de la fuerza; específicamente las tasas de disparo máximas de las unidades motoras dentro de la ventana para el desarrollo de la fuerza permitida por el movimiento [43]. El reclutamiento de unidades motoras es otro factor crítico: la capacidad de reclutar rápidamente unidades motoras de alto umbral asociadas con la mayor capacidad de generación de fuerza y producción de potencia está directamente relacionada con el desarrollo de potencia máxima. Para las contracciones rápidas que ocurren durante las actividades balísticas, el umbral de activación de la unidad motora es relativamente más bajo que para las contracciones graduales lentas [304]. De ello se deduce que las modalidades de entrenamiento que presentan contracciones balísticas serán favorables para desarrollar esta capacidad.

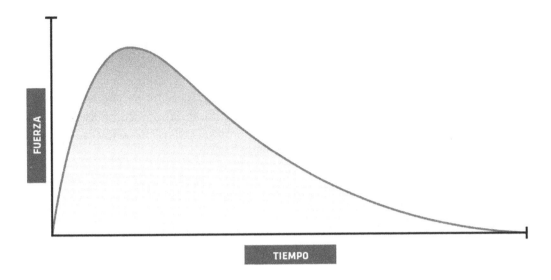

Figura 5.2 – Curva Fuerza-Tiempo

Para desarrollar la fuerza máxima a lo largo de los breves intervalos concedidos por los movimientos atléticos, se deduce que los ejercicios de entrenamiento deben involucrar la aplicación de una fuerza que sea igualmente breve con el propósito de proporcionar un estímulo de entrenamiento apropiado para el sistema neuromuscular. En apoyo de esto, se ha encontrado que cuanto más cercano es el intervalo de la medición de fuerza dinámica al tiempo de contacto observado durante los movimientos atléticos, mayor es la relación con el rendimiento atlético [310]. Por lo tanto, el entrenamiento de fuerza pesado convencional es menos adecuado para desarrollar este componente de la tasa de desarrollo de la fuerza dado que estos ejercicios pueden tardar entre 1.5 a 2 segundos en completar el movimiento en su totalidad. Por el contrario, las tasas de disparo de la unidad motora son apreciablemente más altas durante la ventana corta que se presenta para el desarrollo de la fuerza asociada con las acciones concéntricas balísticas máximas [43].

1.2.3   Fuerza de Alta Velocidad

La fuerza de alta velocidad es la capacidad de ejercer fuerza a velocidades de contracción altas. Refiriéndonos una vez más a la curva fuerza-velocidad, es evidente que la fuerza máxima altamente desarrollada será de uso limitado sin la capacidad de expresar esta capacidad de generación de fuerza a la velocidad de movimiento encontrada en la competición [311].

Las mejoras en el desarrollo de la fuerza a velocidades más altas se atribuyen en parte a las adaptaciones neuronales [311]. En particular, el desarrollo de la coordinación intramuscular es fundamental para la fuerza de alta velocidad, y esto abarca una serie de factores que se describen a continuación. Un factor postulado es la capacidad de reclutamiento de unidades motoras de alto umbral durante acciones balísticas [312]. Otro aspecto clave es la frecuencia de disparo neuronal, es decir, la capacidad de las unidades motoras de disparar rápidamente dentro del corto período concedido cuando un músculo se contrae a altas velocidades de acortamiento [304].

Además, los cambios morfológicos y las adaptaciones mecánicas también pueden contribuir a aumentos preferenciales en la producción de fuerza a velocidades de contracción altas [304]. Por ejemplo, con un entrenamiento apropiado, se reportan cambios en las propiedades contráctiles de las fibras musculares que resultan en un aumento de la velocidad máxima de acortamiento y la potencia máxima [313].

1.2.4 Capacidades del Ciclo de Estiramiento-Acortamiento

La mayoría de los movimientos que aparecen dentro de un deporte implican algún tipo de preestiramiento o *contramovimiento* (movimiento anticipado que se realiza en la dirección opuesta al movimiento primordial con el propósito de potenciar al mismo). Tales acciones preparatorias sirven para incrementar la fuerza y la producción de potencia durante la porción concéntrica del movimiento posterior [314]. El aumento en la producción de potencia observado como resultado del preestiramiento se origina en la interacción entre las estructuras musculares y tendinosas durante la transición entre la acción excéntrica y concéntrica y, en general, esto abarca el ciclo de estiramiento-acortamiento.

El ciclo de estiramiento-acortamiento comprende no solo aspectos mecánicos asociados con las estructuras del tejido contráctil (músculo) y conectivo, sino también aspectos neurales, incluidos los reflejos a nivel espinal local. Los autores distinguen cada vez más entre los movimientos que corresponden a un ciclo de estiramiento-acortamiento "rápido" (100-200 ms) y "lento" (300-500 ms), según la duración del contacto con el suelo o la aplicación de fuerza involucrada [315]. Se sugiere que estas propiedades y efectos de rendimiento observados durante los movimientos que involucran al ciclo de estiramiento-acortamiento son relativamente independientes de la fuerza muscular máxima, particularmente en atletas altamente entrenados.

Existe una serie de aspectos que contribuyen al ciclo de estiramiento-acortamiento. Los componentes mecánicos incluyen elementos en serie de tejido conectivo y contráctil elásticos asociados con los músculos locomotores. La contribución mecánica a la producción de potencia concéntrica durante las actividades del ciclo de estiramiento-acortamiento depende en parte de la capacidad del complejo musculotendinoso de almacenar y utilizar la tensión elástica [316]. La energía elástica es almacenada por los músculos y las estructuras del tejido conectivo durante una acción de contramovimiento o preestiramiento, y gran parte de esto depende de la interacción entre el músculo y el tendón. Además, la interacción entre el músculo y el tendón puede variar según el escenario particular, incluidas las condiciones y el resultado previsto para la tarea determinada.

En particular, se ha destacado recientemente, que la capacidad de generación de fuerza excéntrica durante la porción terminal del contramovimiento parece tener un impacto crítico sobre el "tiempo de amortización", es decir, el intervalo entre la terminación de la acción excéntrica y el inicio del movimiento concéntrico [317]. En vista de ello, la fuerza excéntrica parece ser un aspecto crítico del rendimiento del ciclo de estiramiento-acortamiento de la fuerza. De manera similar, las adaptaciones mecánicas que alteran la compliancia de estas estructuras tienen el potencial de mejorar la capacidad de absorber la fuerza en una dirección negativa y, a su vez, aumentar la producción de potencia durante la porción concéntrica del movimiento [318].

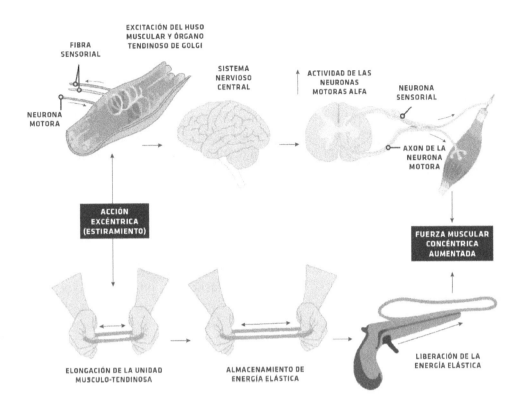

Figura 5.3 – Contribución de la energía elástica al reflejo miotático para aumentar la producción de fuerza concéntrica

Durante los movimientos atléticos que implican una acción de estiramiento-acortamiento, el músculo puede interactuar con el tendón de tal manera que sirve como "amplificador de fuerza". Lo que se puede observar durante actividades como un salto contramovimiento o un salto en profundidad es que el músculo agonista sirve esencialmente para agregar tensión al "resorte" del tendón. Específicamente, durante el contramovimiento, el fascículo muscular se acorta durante el movimiento de flexión para mantener el estiramiento aplicado al tendón y elongar ligeramente la longitud del tendón [319]. Durante la porción inicial de la fase concéntrica, el músculo se acorta a un ritmo acentuado con el propósito de estirar y elongar aún más el tendón. Cuando el músculo y el tendón interactúan de esta manera, existe un cambio mínimo en la longitud total de la unidad musculotendinosa durante la fase descendente y la porción inicial de la acción concéntrica, ya que la mayor parte del acortamiento se produce en el fascículo muscular y contrariamente, se produce la elongación en el tendón [319]. Posteriormente, esta energía elástica almacenada se libera de forma acelerada y se devuelve como energía cinética durante la última porción de la acción concéntrica, de modo que la mayor parte del acortamiento durante el impulso ocurre en el tendón [320].

Existen otros mecanismos neuronales relacionados que dan como resultado la potenciación de la producción de fuerza durante el salto en profundidad o las actividades de salto, incluido el impulso neuronal a los músculos durante el intervalo anterior al contacto con el suelo [314]. Por ejemplo, aumentar la activación muscular en preparación para el contacto con el suelo puede servir para aumentar la "rigidez activa" y, por lo tanto, mejorar la capacidad de aprovechar la energía elástica almacenada con antelación. Esta es una adaptación aprendida que ocurre con la exposición a movimientos que integran al ciclo de estiramiento-acortamiento durante el entrenamiento. Esencialmente, el sistema neuromuscular "aprende" a modificar la entrada a los músculos desde la corteza motora antes del preestiramiento o contramovimiento. Es esta modulación de la rigidez muscular la que es responsable en parte de la mejora en el rendimiento del ciclo de estiramiento-acortamiento "rápido" después del entrenamiento pliométrico.

Un último componente neuronal que puede contribuir a aumentar la producción de potencia concéntrica inmediatamente después del preestiramiento se asocia con el "reflejo miotático" [304]. Este es un reflejo periférico que involucra vías locales a nivel espinal que se activan cuando los órganos sensoriales dentro del complejo musculotendinoso se estimulan en respuesta a un cambio rápido de longitud y tensión. El resultado es que el músculo estirado se contrae en un intento de devolver el músculo a su longitud anterior. Este impulso neural mediado por el reflejo miotático, se superpone al impulso voluntario de los músculos agonistas, lo que conduce a un aumento de la producción de potencia en la fase concéntrica subsiguiente.

Cabe señalar que la potenciación de la producción de fuerza y la aceleración es aparente solamente durante las etapas iniciales del movimiento concéntrico [317]. Por lo tanto, para actividades con una fase concéntrica relativamente larga, los efectos de la potenciación mediada por el ciclo de estiramiento-acortamiento se disipan [316]. Como resultado, cuando el movimiento se realiza con grandes rangos de movimiento, el almacenamiento y retorno de energía elástica ya no es el factor dominante, y el rendimiento depende más de las capacidades de fuerza concéntrica del atleta a altas velocidades de movimiento, es decir, la fuerza de alta velocidad [321].

1.2.5   Coordinación Neuromuscular

De modo general, la coordinación neuromuscular se puede clasificar en términos de coordinación intramuscular y coordinación intermuscular. La coordinación intramuscular comprende el reclutamiento y activación de unidades motoras dentro de grupos musculares individuales [322]. La coordinación intermuscular se refiere a la sincronización de los músculos agonistas, antagonistas y sinérgicos respectivos en cada eslabón de la cadena cinética.

La coordinación intramuscular involucra factores centrales que incluyen al reclutamiento de unidades motoras y al impulso descendente hacia los músculos desde la corteza motora. Los factores locales se refieren principalmente a la entrada excitadora neta a las unidades motoras involucradas en el movimiento que surge de las vías espinales locales. Independientemente o en combinación, estas adaptaciones centrales y locales pueden producir aumentos en la fuerza y la producción de potencia durante los movimientos atléticos y deportivos.

Para las actividades cíclicas, como las involucradas en la locomoción (por ejemplo; correr, andar en bicicleta, nadar), el "ciclo de trabajo" de la coordinación intramuscular que describe el momento de la fase de disparo y la retracción de la entrada neuronal para cada ciclo sucesivo se vuelve crítico [323]. Es necesario regular el tiempo de activación para que se corresponda con las propiedades contráctiles de la unidad motora individual. Específicamente, existe la necesidad de hacer coincidir la sincronización de las distintas fases en términos del encendido y apagado del disparo de la neurona motora, con el tiempo de contracción y el tiempo de relajación del músculo, respectivamente, de modo que el torque muscular se maximice dentro de la ventana de tiempo permitida por cada ciclo de trabajo o ciclo de movimiento. También es necesario considerar la unidad musculotendinosa como un todo, de modo que, además de ajustar el "ciclo de trabajo" del disparo de la unidad motora al músculo, también es necesario optimizar la sincronización de fases de las propiedades elásticas de antedicha unidad. De esta manera, la coordinación intramuscular abarca la sintonía en curso de la sincronización de la fase de disparo motora con las propiedades contráctiles y elásticas de la unidad musculotendinosa en el segmento articular respectivo involucrado en cada ciclo sucesivo del movimiento.

La coordinación intermuscular implica la interacción entre todos los grupos musculares que están directa o indirectamente involucrados durante el movimiento particular [239]. Esto incluye el grado de reclutamiento y también el momento de activación y relajación de los respectivos músculos agonistas, sinergistas y antagonistas [324]. Por ejemplo, un aspecto importante de la coordinación intermuscular incluye la función del músculo sinérgico y la reducción de la co-contracción del músculo antagonista [304]. Por su naturaleza, las adaptaciones provocadas en la coordinación intermuscular son muy específicas a los movimientos que se practican durante el entrenamiento. Un ejemplo de la importancia de la coordinación intermuscular es que el aumento de la fuerza o la producción de potencia de un solo grupo muscular de forma aislada podría perjudicar el rendimiento deportivo si esto no se logra en coordinación con otros grupos musculares involucrados en el movimiento de habilidad atlética o deportiva [239].

1.2.6   Habilidades de Movimiento

El componente final de la expresión de la potencia explosiva es la habilidad de movimiento. Estas habilidades se pueden categorizar ampliamente en términos de habilidades motoras "gruesas" que comprenden movimientos atléticos (correr, saltar, etc.) y habilidades motoras finas o complejas asociadas con las habilidades deportivas en particular. En cualquier caso, la habilidad de movimiento se refiere al control y la coordinación precisos de cada parte de la "cadena cinética" de las articulaciones y los segmentos de las extremidades involucradas en el movimiento.

Por ejemplo, la coordinación de la sincronización y la magnitud del movimiento en cada articulación desde el suelo hacia arriba es fundamental para movimientos rotacionales como lanzar y golpear. En este contexto, la habilidad del movimiento es el factor crítico que finalmente determinará la expresión de potencia y la velocidad que se genera en las extremidades; por ejemplo: la velocidad de la pelota o del implemento en los deportes de lanzamiento y golpeo.

En el contexto de su deporte, la efectividad del atleta está determinada por su capacidad de expresar sus capacidades de potencia explosiva durante la ejecución de movimientos atléticos y deportivos en el momento decisivo de la competición [28]. Dependiendo del deporte y el contexto, estas habilidades motoras pueden abarcar no solo la coordinación de todo el cuerpo, sino también aspectos neurocognitivos y perceptivos, incluida la toma de decisiones.

Actividad Reflexiva: Según sus propias observaciones, ¿en qué medida se consideran y se tienen en cuenta en el entrenamiento cada uno de los componentes de la expresión de potencia descritos en las secciones anteriores? ¿Qué margen existe para explorar otras vías de desarrollo de la potencia?

1.3   Modalidades de Entrenamiento de Velocidad-Fuerza

El entrenamiento de fuerza con cargas pesadas tiene un papel clave en la preparación general de los atletas debido a que provee la base necesaria, para posteriormente emprender en un entrenamiento que desarrolle su capacidad de expresar la potencia muscular explosiva. Sin este desarrollo básico de las capacidades de generación de fuerza, así como las adaptaciones morfológicas y neuronales que se producen por el entrenamiento de fuerza con cargas pesadas, es poco probable que el atleta pueda generar altos niveles de potencia muscular.

Por lo tanto, los atletas requieren una fuerza adecuada o capacidad de generación de fuerza –desarrollada a través de un entrenamiento de fuerza con cargas pesadas apropiado–, como un precursor para cambiar la propuesta hacia un entrenamiento dedicado a la velocidad-fuerza a fin de desarrollar específicamente la expresión de potencia [305, 308].

Sin embargo, después de este desarrollo de la base inicial, existe la necesidad de un entrenamiento específico de velocidad-fuerza para desarrollar los factores anteriormente descritos que contribuyen a la expresión de potencia explosiva. En consecuencia, se ha demostrado que la adición de entrenamiento de velocidad-fuerza produce ganancias más allá de las obtenidas solo por el entrenamiento de fuerza con cargas pesadas [280, 306].

Como lo implica su título, los ejercicios de velocidad-fuerza combinan tanto fuerzas elevadas (el producto de la masa y aceleración) como velocidades de movimiento relativamente altas [311]. Los ejercicios de velocidad-fuerza se caracterizan de manera similar por tasas máximas de desarrollo de la fuerza a lo largo de la acción concéntrica [309]. En consecuencia, ciertos autores también han denominado estos ejercicios orientados a la potencia como ejercicios de "aceleración total" [325].

Las adaptaciones potenciales al entrenamiento de velocidad-fuerza incluyen mejoras en los elementos contráctiles, como una mayor velocidad máxima de acortamiento y producción de potencia de las fibras musculares [313]. Dependiendo de las características de fuerza del entrenamiento de velocidad-fuerza involucrado, se pueden observar aumentos en el área de la sección transversal de las fibras Tipo II, aunque el potencial de ganancias es generalmente menor que en el caso del entrenamiento de fuerza pesado convencional [304]. También se ha demostrado que cambios específicos en la arquitectura de las fibras musculares se provocan mediante intervenciones de velocidad-fuerza como el entrenamiento balístico [324].

Por su naturaleza, los ejercicios de velocidad-fuerza son más adecuados para evocar la intención explosiva que se ha identificado como un factor clave en lo que concierne a provocar las adaptaciones neuronales asociadas con la expresión de la potencia explosiva [42]. Típicamente, este no es el escenario de los ejercicios de entrenamiento de fuerza convencionales, como se observa cuando a los atletas se les permite autoseleccionar la velocidad de levantamiento [41]. En consecuencia, las mejoras en los factores intramusculares e intermusculares se identifican como una parte importante del mecanismo para los aumentos asociados en la producción de potencia después del entrenamiento dedicado de velocidad-fuerza [324].

1.4   Resumen

Evidentemente, la potencia es multifacética: se deduce que el entrenamiento para desarrollar la expresión de la potencia requiere una propuesta multidimensional a fin de tener en cuenta los diferentes factores que contribuyen a esta. El historial de entrenamiento del individuo también debe tenerse en cuenta cuando se realiza un entrenamiento de velocidad-fuerza para el desarrollo de la potencia [325]. En particular, una consideración primordial es la base de fuerza del atleta. Asimismo, cuánta adaptación ya ha tenido lugar de cada factor contribuyente también influirá en el grado en que el elemento respectivo y las modalidades de entrenamiento correspondientes serán efectivas a fin de producir un mayor desarrollo de las capacidades de potencia explosiva [308].

La implementación de modalidades de entrenamiento de velocidad-fuerza también deben seguir los principios de periodización: la variación planificada se ha identificado como un factor importante para optimizar las ganancias en el rendimiento de velocidad-fuerza a lo largo del tiempo. Un formato de periodización que presentaba alteraciones en la intensidad del entrenamiento tanto entre los entrenamientos como entre las sucesivas semanas de entrenamiento se ha empleado con éxito en estudios de entrenamiento de velocidad-fuerza a corto plazo (8 semanas) [303].

Finalmente, la forma en que se realiza el entrenamiento de velocidad-fuerza también es un factor importante. Por ejemplo, el formato de las series realizadas se puede manipular para proporcionar variación y mejorar la calidad con la que se ejecuta cada repetición [326]. Una de estas propuestas implica el uso de series de cluster o "descanso-pausa". Este formato incorpora un breve período de descanso entre repeticiones individuales dentro de la serie, en un intento de compensar los efectos de la fatiga y optimizar el rendimiento del trabajo entre repeticiones sucesivas. Ciertos autores han encontrado que la velocidad de levantamiento es preservada de mejor manera con este método cuando se realiza un entrenamiento de levantamiento de pesas olímpico [298]. El empleo de series cluster también reportó efectos positivos sobre la fuerza, la velocidad y la producción de potencia con el entrenamiento de esfuerzos balísticos (sentadilla con salto con barra olímpica) [327]. De manera similar, se reportaron resultados positivos cuando se emplearon protocolos de carga cluster con un entrenamiento de saltos pliométricos [326]. Por lo tanto, manipular el formato de la sesión de esta manera puede ayudar a optimizar el estímulo de entrenamiento proporcionado, particularmente en términos de impulso neuronal y coordinación.

2   Entrenamiento Balístico

La característica crucial del entrenamiento balístico que lo califica como una modalidad de entrenamiento de velocidad-fuerza es que la carga se libera o se proyecta en el espacio libre al final del movimiento. Es esta naturaleza balística y la proyección de la carga, lo que sustenta la superioridad de esta modalidad sobre los ejercicios de entrenamiento de fuerza convencionales en términos de desarrollo de la potencia muscular explosiva [328].

Los ejercicios de fuerza convencionales generalmente no son adecuados para entrenar de manera explosiva. Intentar levantar las cargas submáximas (45 % de una repetición máxima) que se emplean típicamente con el entrenamiento de cargas balísticas de una manera explosiva cuando se requiere que el pesista detenga el peso en la porción superior del movimiento da como resultado que la carga se desacelere en hasta un 40 % del rango de movimiento [329]. En consecuencia, existe una pérdida de actividad muscular registrada en los músculos agonistas y la co-contracción del músculo antagonista también aumenta de manera similar [312]. Además, los esfuerzos para levantar de esta manera dan como resultado que la barra o la mancuerna acumulen una energía cinética considerable, que finalmente tendrá que ser absorbida al final de su rango de movimiento. Por lo tanto, intentar usar ejercicios de entrenamiento de fuerza convencionales de manera explosiva genera un posible riesgo de lesión.

Las investigaciones de Cronin y colaboradores identificaron la proyección (es decir, la liberación) de la carga como el factor más crucial que influye en la expresión de la potencia máxima al realizar ejercicios de fuerza [312, 328]. Los ejercicios balísticos permiten aplicar fuerza y, por lo tanto, generar potencia en todo el rango de movimiento, ya que no es necesario frenar el movimiento de la carga para detenerla al final del movimiento. A su vez, como la fase de aceleración no termina antes del final del rango de movimiento, se logran velocidades más altas en todo el rango de movimiento con variaciones balísticas de los ejercicios tradicionales de fuerza. Además, como resultado, se obtiene una mayor velocidad máxima y, por lo tanto, una potencia máxima de manera más tardía en el movimiento [329]. Esto se refleja en velocidades promedio y pico mayores con movimientos del cuerpo inferior para un rango de cargas (30-60 % de una repetición máxima) bajo condiciones en las que la carga se proyecta en el espacio libre [328].

2.1   Beneficios Potenciales

La sentadilla con salto con carga externa (es decir, una barra olímpica), se ha identificado como una modalidad de entrenamiento eficaz para desarrollar la potencia explosiva del cuerpo inferior, como la altura del salto vertical en atletas de élite [280]. Otros parámetros de rendimiento que se reporta que mejoran después de las intervenciones de entrenamiento balístico del cuerpo inferior (sentadilla con salto con barra olímpica) incluyen mediciones de la altura de salto, los puntajes de extensión isocinética de rodilla y el rendimiento de bicicleta durante 6 segundos [76]. También se reportó que el entrenamiento de sentadilla con salto a corto plazo (5 semanas) produce mejoras significativas en las mediciones de fuerza, velocidad y potencia (una repetición máxima de la cargada de potencia) en atletas de fútbol americano universitario [330]. Otra investigación de los mecanismos de la adaptación al entrenamiento que incluyó la sentadilla con salto reportó mejoras en la potencia máxima, la tasa de desarrollo de la fuerza y la velocidad máxima, en ausencia de cambios en la fuerza máxima, una repetición máxima de la sentadilla o la expresión del tipo de fibra muscular [303].

El equivalente inequívoco del cuerpo superior a la sentadilla con salto con barra olímpica es el lanzamiento balístico de press de banca. En consecuencia, se ha demostrado que esta modalidad de entrenamiento produce ganancias significativas de potencia [331]. Sin embargo, implementar el entrenamiento de lanzamiento balístico de press de banca de manera segura tiende a requerir aparatos costosos para restringir el movimiento de la barra y frenar el descenso de esta misma una vez que se libera de las manos del atleta. Una alternativa es la flexión balística, que evita la necesidad de equipo especializado, ya que la propia masa corporal del atleta es la carga que se proyecta en el espacio libre. En comparación con las flexiones convencionales modificadas, se reportó que el entrenamiento de flexiones balísticas modificadas (las manos se despegan del suelo en la porción superior del movimiento), en mujeres, provoca una mejora significativa más copiosa en las mediciones de potencia explosiva y ganancias similares en la fuerza [332].

Figura 5.4 – Sentadilla con Salto con Barra Olímpica

2.2   Mecanismos de Adaptación al Entrenamiento

La mayoría de los ejercicios de entrenamiento balístico están precedidos por una acción excéntrica o un contramovimiento. La interacción entre el músculo y el tendón durante estas modalidades de entrenamiento, por lo tanto, difiere un poco de las modalidades de entrenamiento preponderantes por la acción concéntrica, como los ejercicios de levantamiento de pesas olímpicos (ver la siguiente sección). La importancia del acoplamiento entre acciones excéntricas y concéntricas fue evidente en la investigación de Cormie y colaboradores [333] que observaron que la mayor parte de la mejora en la producción de potencia después del entrenamiento balístico (sentadilla con salto) se atribuyó a adaptaciones asociadas con la fase excéntrica.

También se reportan cambios morfológicos en respuesta al entrenamiento de cargas balísticas. La principal adaptación provocada por antedichas intervenciones se refiere a cambios en la arquitectura muscular más que en el área de la sección transversal del músculo. Por ejemplo, se reportaron cambios significativos en el ángulo de penación del extensor de la rodilla después de una intervención de entrenamiento de 10 semanas que empleó entrenamiento de sentadilla con salto con cargas ligeras (0 % y 30 % de una repetición máxima) [324]. Es probable que estas adaptaciones morfológicas alteren las propiedades mecánicas de la unidad musculotendinosa, de manera similar a lo que se observa después del entrenamiento pliométrico [334]. Se podría especular que estos cambios contribuyen a mejorar el rendimiento de la fase excéntrica y mejorar la producción de fuerza durante la porción inicial de la acción concéntrica.

La mayor parte de la mejora en la producción de potencia y el rendimiento atlético después de las intervenciones de entrenamiento balístico se ha atribuido a adaptaciones neuronales [324]. Estos cambios son evidentes en una capacidad aumentada de desarrollar fuerza a velocidades de contracción rápidas. Estas adaptaciones específicas después del entrenamiento balístico se pueden observar en ausencia de cualquier cambio en la capacidad de generación de fuerza isométrica [324]. Los aspectos de la coordinación intramuscular que sustentan estos cambios incluyen un mejor reclutamiento y disparo de unidades motoras de alto umbral a las altas velocidades de contracción asociadas con el entrenamiento balístico [311]. Las acciones balísticas máximas de los músculos implican tasas de activación de unidades motoras apreciablemente más altas que las observadas con el entrenamiento de fuerza convencional [43]. Las contracciones balísticas parecen estar preprogramadas (en parte) por los centros motores superiores en anticipación de cómo se espera que ocurra la acción balística, con cierta modificación de la activación de las unidades motoras basada en la retroalimentación sensorial de ensayos anteriores. De ello se deduce que la exposición repetida dará como resultado un efecto de aprendizaje, lo que resulta en una mayor capacidad de las unidades motoras para disparar rápidamente durante el corto intervalo de desarrollo de la fuerza concedido por la acción balística [40]. En apoyo de esto, las adaptaciones reportadas después del entrenamiento balístico incluyen un aumento en la frecuencia máxima de disparo, y esta mayor tasa de disparo también parece mantenerse durante una porción extendida del movimiento concéntrico [305].

Los cambios en la estrategia de movimiento son evidentes con el entrenamiento de fuerza balística. Por ejemplo, con la exposición al entrenamiento de sentadilla con salto, los atletas parecen adoptar un rango marginalmente más corto pero un contramovimiento más rápido y un tiempo de despegue reducido [324]. Es probable que esto sea similar para las modalidades de entrenamiento balístico del cuerpo superior. Se ha sugerido que los perfiles de aceleración/desaceleración asociados con el entrenamiento de lanzamiento balístico de press de banca se parecen más a las actividades deportivas [328]. Las modificaciones en la longitud relativa y la velocidad de las acciones excéntricas y concéntricas irán acompañadas de cambios en el reclutamiento y activación de los músculos agonistas, antagonistas y sinérgicos durante las porciones excéntricas y concéntricas del movimiento. La coordinación intermuscular también está en gran parte preprogramada. En particular, se cree que la co-contracción del músculo antagonista es un mecanismo protector que actúa para mantener la integridad de la articulación en previsión de las fuerzas y aceleraciones de las extremidades durante la acción balística [43]. El ajuste fino de la entrada de información del músculo antagonista frente a la exposición repetida de entrenamiento balístico reducirá la co-contracción con el propósito de aumentar la producción de fuerza concéntrica neta.

2.3 Controversia sobre la Propuesta de Entrenamiento de la Potencia Máxima "Pmáx"

Se ha sostenido que el entrenamiento balístico con cargas $P_{máx}$ que maximizan la producción de potencia mecánica representa el medio óptimo para desarrollar la potencia muscular explosiva [335]. Estos métodos han demostrado ser efectivos para desarrollar la producción de potencia y las puntuaciones del rendimiento atlético dinámico [76].

Sin embargo, desde un punto de vista metodológico, los intentos de identificar las cargas $P_{máx}$ individuales a menudo producen resultados variables. Los valores de $P_{máx}$ derivados de cuantiosos estudios parecen verse afectados por numerosos factores, incluidas las limitaciones de la actividad de entrenamiento, la fuerza relativa y el historial de entrenamiento de fuerza de los sujetos evaluados [336]. Los datos de atletas mayores de élite de deportes de equipo (atletas de la unión de rugby) también muestran que la producción de potencia con diferentes cargas a ambos lados del valor de carga P$_{máx}$, de hecho, difiere muy poco para un movimiento de entrenamiento dado (sentadilla con salto en máquina) [81]. La contribución de la propia masa corporal del atleta también debe tenerse en cuenta al seleccionar la carga externa para ejercicios de fuerza balística como la sentadilla con salto y la flexión balística que involucran la proyección del cuerpo en el espacio libre [337].

De manera similar, varios autores han cuestionado la importancia práctica del entrenamiento de potencia máxima o dosificado con la "carga óptima". En vista de la naturaleza multidimensional de la potencia muscular explosiva discutida anteriormente en el capítulo, parece contradictorio que entrenar con un porcentaje individual de una repetición máxima sea la forma óptima de desarrollar las capacidades de velocidad-fuerza [337]. Además, otras investigaciones han identificado que las intervenciones de sentadilla con salto de potencia máxima con cargas P$_{máx}$ determinadas individualmente parecen no ser más efectivas que el entrenamiento de fuerza balística con cargas pesadas [338].

Estudios más recientes, han resaltado fallas en la metodología y los métodos de cálculo utilizados para derivar los valores de P$_{máx}$ [80]. Por ejemplo, se ha identificado que la potencia máxima medida difiere para la barra olímpica en comparación a los ejercicios realizados sin carga externa; es decir, exclusivamente utilizar la masa corporal del atleta, y los valores de potencia máxima de la barra olímpica se optimizan con una carga externa considerablemente distinta (80 % de una repetición máxima de sentadilla para la sentadilla con salto con barra olímpica) que la potencia máxima medida en ejercicios realizados sin carga externa (0 % de una repetición máxima de sentadilla trasera con barra olímpica) [339]. Cuando se calcula correctamente, se ha demostrado repetidamente que la carga externa real que maximiza la producción de potencia mecánica en lo que concierne al "sistema" del cuerpo + la barra olímpica para el entrenamiento balístico a través de la sentadilla con salto equivale a cero, es decir, la masa corporal es la única carga que vencer [82, 340].

Cualquiera que sea la carga P$_{máx}$ identificada, el empleo de esta propuesta de entrenamiento de forma aislada, tiende a descuidar los principios de la especificidad. Aunque una carga de entrenamiento particular puede ser óptima para desarrollar la producción de potencia mecánica para un movimiento dado, si la carga no guarda relación con las mismas que enfrenta el atleta durante la competición, entonces el grado de transferencia al rendimiento parece cuestionable. Es igualmente improbable que el entrenamiento con una carga relativa individual produzca mejoras en otras regiones de la curva fuerza-velocidad. En vista de ello, el empleo de una variedad de cargas parecería reflejar la mejor propuesta [337]. Además, se reporta que el entrenamiento de sentadilla con salto con cargas relativamente pesadas es un medio potente para provocar la adaptación en todo el espectro fuerza-velocidad. Por ejemplo, una intervención de entrenamiento de "fuerza-potencia" que empleaba una combinación de cargas ligeras (sin carga externa) y cargas pesadas (90 % de una repetición máxima) produjo mejoras en la potencia máxima en un rango de cargas externas de 0 a 80 kg [302].

Dependiendo de las capacidades del atleta, puede existir un equilibrio entre el grado de carga externa utilizada y las modificaciones de la técnica en relación con la "explosividad" con la que el atleta es capaz de ejecutar el movimiento. Por lo tanto, la evaluación cualitativa de la postura y la técnica de levantamiento, así como la velocidad y la altura alcanzadas, también deben usarse para orientar la carga cuando los atletas realizan ejercicios de fuerza balística.

2.4 Limitaciones

Las modalidades de entrenamiento de fuerza balística convencional son a menudo bilaterales (por ejemplo, sentadilla con salto con barra olímpica) y típicamente presentan una producción de fuerza predominantemente vertical. Como tales, estas modalidades de entrenamiento desarrollan cualidades de velocidad-fuerza de una manera que se transferirá más fácilmente a movimientos bilaterales en dirección vertical. Esto se refleja en la eficacia del entrenamiento con la sentadilla con salto para mejorar el rendimiento del salto vertical.

Sin embargo, estas modalidades de entrenamiento son menos efectivas para desarrollar la expresión de la potencia en movimientos que exigen impulso en dirección horizontal. En particular, los movimientos unilaterales cíclicos como el esprint erguido, que implican la aplicación de fuerzas de reacción del suelo horizontales y verticales, parecerían menos susceptibles al entrenamiento de fuerza balística convencional. De acuerdo con esto, un estudio de 10 semanas que empleó la sentadilla con salto mejoró las mediciones de altura del salto, las puntuaciones de extensión isocinética de la rodilla y el rendimiento de 6 segundos en un cicloergómetro sin ninguna mejora significativa en el esprint de 30 m [76]. Dicho esto, otras investigaciones han indicado mejoras en el rendimiento del esprint después del entrenamiento que incluyó la sentadilla con salto con cargas ligeras [324].

Sin embargo, se podrían explorar las variaciones de las modalidades de entrenamiento de fuerza balística realizadas en una postura de tijera, estocada o desde una base de apoyo unilateral. Tal propuesta del entrenamiento de fuerza balística podría ofrecer una mayor transferencia a los movimientos unilaterales. Un ejemplo de ello es el ejercicio step up con bound con barra olímpica.

Figura 5.5 – Step Up con Bound con Barra Olímpica

También es posible emplear modalidades de entrenamiento de fuerza balística que proporcionen una mayor producción de fuerza horizontal. Aunque no se emplea con frecuencia, la variación de un salto de longitud de pie se puede realizar con cargas manuales, como mancuernas o discos de pesas. Recientemente, se ha renovado el interés de la investigación en esta forma de entrenamiento de fuerza balística, ya que ofrece un medio potencial para desarrollar la potencia tanto en dirección horizontal como vertical [341]. De hecho, en condiciones apropiadas, se pueden lograr mayores distancias de salto y mayores fuerzas de reacción del suelo generadas tanto en dirección horizontal como vertical cuando se realiza un salto de longitud de pie con cargas manuales, en comparación con un salto de longitud de pie sin carga [342].

Actividad Reflexiva: ¿Se emplean habitualmente las modalidades de entrenamiento de fuerza balística en su deporte? Si no es así, ¿habría algún mérito en emplear este tipo de entrenamiento con atletas en dicho deporte? Si se emplean modalidades de entrenamiento de fuerza balística, ¿en qué medida cuentan con variaciones de apoyo unilateral o movimientos horizontales?

3   Modalidades de Entrenamiento del Levantamiento de Pesas Olímpico

Los levantamientos olímpicos se clasifican como ejercicios de velocidad-fuerza sobre el fundamento de que esta modalidad de entrenamiento comprende elementos de fuerza (fuerza per se) y velocidad [343]. A diferencia de las modalidades de entrenamiento de fuerza balística, en los que la carga se libera al final del movimiento, con los movimientos del levantamiento de pesas olímpico, la carga externa (típicamente una barra) se mantiene en todo momento. Sin embargo, estos levantamientos son peculiares debido a que la carga externa (es decir, la barra olímpica) se acelera por la línea natural del cuerpo y la gravedad actúa desacelerando la misma. Como resultado, el sistema neuromuscular no tiene que intervenir para frenar el movimiento de la barra de la misma forma que con otros ejercicios de peso libre [234]. La elevación del propio centro de masa del atleta también representa un componente significativo del trabajo realizado al ejecutar levantamientos olímpicos.

La naturaleza distintiva de los levantamientos olímpicos permite manipular cargas pesadas de forma explosiva [301]. Esto permite desarrollar simultáneamente elementos de la "velocidad-fuerza" de fuerza elevada y la tasa de desarrollo de la fuerza. Los valores de producción de potencia mecánica promedio registrados durante los levantamientos olímpicos están cerca de 3 000 W para el arranque y para la cargada con barra olímpica, que son casi tres veces mayores en comparación con la sentadilla trasera o el peso muerto con barra olímpica (aproximadamente 1 100 W) [344]. Además, la producción de potencia máxima registrada durante la fase del "segundo jalón" puede ser hasta cinco veces mayor (5 500 W).

Se muestra que la carga relativa utilizada influye en la producción de potencia con la que se ejecuta un levantamiento. Tomando como ejemplo la cargada de potencia colgada, la producción de potencia máxima y media varía con cargas del 50 % al 90 % de una repetición máxima [345]. Una característica que hace que los movimientos del levantamiento de pesas olímpico sean distintivos es que la carga relativa a la que se optimiza la potencia mecánica es relativamente más alta en comparación con otros ejercicios de fuerza y velocidad-fuerza, incluidas las modalidades de entrenamiento de fuerza balística. Se reportó que la producción de potencia pico y promedio se maximizaba con la carga del 70 % de una repetición máxima para la cargada de potencia colgada [345]. Dicho esto, los valores de producción de potencia máxima no variaron drásticamente en un rango de cargas de 50 % a 90 % de una repetición máxima. La selección de las cargas de entrenamiento dependerá en parte del deporte y del grado de carga externa involucrada durante la competición. En cualquier caso, se puede utilizar una gama de cargas durante el transcurso de los ciclos de entrenamiento de fuerza periodizados y ciclos de entrenamiento orientados a la velocidad-fuerza.

3.1   Beneficios Potenciales

Se identifica que los levantamientos olímpicos combinan fuerza, potencia y elementos de coordinación neuromuscular de manera que favorece la transferencia a las actividades deportivas [305]. Por ejemplo, se sugiere que la especificidad cinética y cinemática de los levantamientos olímpicos con respecto al movimiento de salto vertical desarrolla la velocidad-fuerza de una manera que se transfiere fácilmente al rendimiento del salto [307]. Se muestra que las fuerzas de impulso máximas relativas a la masa corporal generadas durante el levantamiento de cargada de potencia son similares a las ejercidas durante los movimientos de salto [309]. Asimismo, los levantamientos olímpicos implican un intervalo comparable para la producción de fuerza, típicamente entre 100-200 ms para la segunda fase de jalón [344].

Por tales razones, los levantamientos olímpicos se utilizan habitualmente como un medio de preparación física "deportivo específico" para los atletas [346]. Además del rendimiento de salto vertical, el levantamiento de pesas olímpico también tiene aplicaciones para desarrollar el rendimiento de aceleración del esprint. Un estudio de atletas semiprofesionales de la liga de rugby reportó que las puntuaciones de los atletas en la cargada de potencia colgada en relación con su masa corporal discriminaban entre aquellos que mostraban un rendimiento superior en el salto vertical y los tiempos de esprint de 20 m, así como las mediciones de velocidad-fuerza en la sentadilla con salto con carga [347]. Un estudio anterior con sujetos similares reportó que los puntajes de la cargada de potencia colgada referentes a la masa corporal son predictores significativos de los puntajes de aceleración (10 m) y de velocidad corta (40 m) en atletas de la liga de rugby [348]. De acuerdo con esto, se reportan mejoras en los tiempos de aceleración del esprint de más de 10 m después de las intervenciones de entrenamiento de levantamientos olímpicos [349].

3.2 Mecanismos de Adaptación al Entrenamiento

La mayoría de las variaciones del levantamiento de pesas olímpico, y particularmente los levantamientos de jalón, desarrollan elementos neurales y contráctiles involucrados predominantemente con el rendimiento concéntrico [350], a diferencia de los componentes de la fase excéntrica y el ciclo de estiramiento-acortamiento. Por ejemplo, se descubrió que las mejoras en el rendimiento del salto vertical contramovimiento después de una intervención de entrenamiento de levantamientos olímpicos se debían únicamente a las mejoras durante la fase concéntrica [351].

Las ganancias en la producción de potencia concéntrica observadas después del entrenamiento de levantamiento de pesas olímpico generalmente se atribuyen a mejoras en la tasa de desarrollo de la fuerza y la fuerza de alta velocidad [301, 305]. Se ha reportado un aumento de la tasa de desarrollo de la fuerza máxima con ganancias simultáneas en las puntuaciones de una repetición máxima en un levantamiento olímpico (arranque con barra olímpica) y en la prueba de rendimiento (distancia del lanzamiento de peso) [352].

Como se ha descrito para las modalidades de entrenamiento balístico, los cambios en la tasa de desarrollo de la fuerza y la fuerza de alta velocidad están respaldados por adaptaciones neuronales. Los aspectos relevantes de la coordinación intramuscular incluyen el reclutamiento de unidades motoras de alto umbral y la capacidad de estas unidades motoras de disparar rápidamente durante intervalos cortos. Existen otros efectos de aprendizaje que ocurren con la exposición repetida a las contracciones musculares rápidas de fuerza elevada que caracterizan los ejercicios de levantamiento de pesas olímpicos [32]. Estos cambios incluyen anular la entrada inhibitoria y una optimización anticipatoria de las unidades motoras agonistas durante el intervalo inmediatamente anterior al inicio del movimiento [353].

Finalmente, el alto grado de desarrollo de habilidades neuromusculares y el grado de especificidad del movimiento en relación con los movimientos atléticos se identifican como un factor importante en el alto grado de transferencia de los efectos del entrenamiento observados con los levantamientos olímpicos [305]. Las adaptaciones con respecto a la coordinación intermuscular incluyen la sincronización y la secuencia de la activación entre los grupos musculares agonistas, sinergistas y antagonistas.

3.3   Limitaciones

Las limitaciones impuestas por la habilidad técnica al realizar los movimientos clásicos del levantamiento de pesas olímpico restringirán naturalmente la carga que los atletas son capaces de gestionar. Las variaciones de jalón de los levantamientos olímpicos permiten gestionar cargas más altas (~110-120 %) en relación con los levantamientos clásicos de cargada y arranque, que pueden estar más limitados por deficiencias en la técnica de levantamiento [343]. En consecuencia, las variaciones de jalón de estos levantamientos son una buena opción para introducir levantamientos olímpicos en el entrenamiento de los atletas para el desarrollo de la velocidad-fuerza y para permitir que se desarrolle la técnica de los movimientos clave del primer y segundo jalón y la transición entre estas fases.

A pesar de la efectividad del entrenamiento de levantamiento de pesas olímpico en el desarrollo del rendimiento de salto y su aplicación para mejorar la aceleración inicial, esta forma de entrenamiento es comúnmente menos efectiva en el desarrollo de la velocidad máxima de carrera. Varios estudios no han logrado mostrar mejoras en el rendimiento del esprint incluso cuando se observaron mejoras en la altura del salto y otras pruebas de rendimiento [306]. Un estudio reciente de atletas de fútbol americano universitario que comparó el entrenamiento de levantamientos olímpicos con el entrenamiento de levantamiento de potencia tampoco mostró cambios en el rendimiento de esprint de 40 yd o en la prueba T de cambio dirección en ninguno de los grupos [354]. Por lo tanto, aunque se ha demostrado consistentemente que el entrenamiento de levantamiento de pesas olímpico mejora el rendimiento del salto vertical y la aceleración inicial del esprint, existe cierta incertidumbre sobre si esta forma de entrenamiento bilateral que involucra fuerzas de reacción predominantemente verticales del suelo se transferirá al rendimiento máximo del esprint [239].

Figura 5.6 – Variante de Cargada de Tijera con Barra Olímpica

De manera similar, las mediciones de cambio de dirección del rendimiento pueden ser relativamente insensibles a las intervenciones de entrenamiento de levantamiento de pesas olímpico, en términos de transferencia directa a corto plazo [349, 354]. Una investigación concluyó que los puntajes de las pruebas de cargada de potencia de los atletas no estaban significativamente relacionados con su rendimiento en una prueba de cambio de dirección [347]. Una vez más, esto puede ser una consecuencia de la naturaleza bilateral y la producción de fuerza de reacción predominantemente vertical del suelo que es característica de los movimientos clásicos del levantamiento de pesas. Dicho esto, existen variaciones con una pierna y de tijera de los levantamientos olímpicos que pueden transferirse más fácilmente a una gama más amplia de movimientos atléticos y deportivos.

Actividad Reflexiva: ¿Cuál es su experiencia? ¿Se emplean el levantamiento de pesas y modalidades de entrenamiento relacionadas en el deporte en el que usted participa? En general, ¿con qué eficacia se implementa esta forma de entrenamiento? ¿Cómo podría mejorarse esto? Por lo común, ¿qué tan relevante cree que es el entrenamiento de levantamiento de pesas olímpico para su deporte? ¿Cuáles son los resultados específicos u objetivos de rendimiento para el entrenamiento de levantamiento de pesas olímpico que actualmente utiliza y qué otras aplicaciones podrían tener esta forma de entrenamiento de velocidad-fuerza?

4   Entrenamiento Pliométrico

La pliometría abarca tanto al ciclo de estiramiento-acortamiento, así como a los aspectos de velocidad-fuerza reactiva [355]. Las modalidades de entrenamiento pliométrico se dividen esencialmente en una de dos categorías, según la duración de la aplicación de fuerza o el tiempo de contacto con el suelo. Los ejercicios pliométricos con un **ciclo de estiramiento-acortamiento lento**, se caracterizan por una fase excéntrica preparatoria rápida o acción de precarga, pero implican una mayor duración de la aplicación de fuerza (300-500 ms). Estos ejercicios suelen iniciarse desde una base de apoyo fija, por ejemplo, el salto contramovimiento. Por el contrario, las modalidades de entrenamiento pliométrico con un **ciclo de estiramiento-acortamiento rápido,** cuentan esencialmente con una fase de vuelo anterior, de modo que la duración del contacto con el suelo es muy breve (<250 ms). Un ejemplo es el salto en profundidad; sin embargo, la pliometría con un ciclo de estiramiento-acortamiento rápido también incluye movimientos de salto repetidos y actividades cíclicas de salto.

Si bien categorizar los ejercicios pliométricos de esta manera es útil para mayor claridad, en realidad todas las diversas modalidades de entrenamiento pliométrico se ubican en diferentes puntos sobre un espectro, en términos de duración de la aplicación de fuerza o tiempo de contacto. Además, se pueden identificar diferentes variaciones para el mismo ejercicio pliométrico, y las características cinéticas y cinemáticas asociadas difieren para las respectivas variaciones dependiendo de las restricciones empleadas y la estrategia de movimiento adoptada por el atleta [356]. En este caso, distintas versiones de una modalidad de entrenamiento pliométrico pueden ubicarse en diferentes puntos del espectro de duración del impulso/tiempo de contacto.

Por ejemplo, si bien el salto en profundidad se clasifica en términos generales como un ejercicio que corresponde con un ciclo de estiramiento-acortamiento "rápido", se pueden emplear dos variaciones tanto para la evaluación como para el entrenamiento. Bobbert y colaboradores [96], denominaron las dos versiones de la técnica del salto en profundidad como la variación de "rebote" y la de "contramovimiento". Las principales limitaciones que diferencian las dos variaciones son las instrucciones dadas con respecto a la duración del contacto con el suelo y la intención al realizar el movimiento. Específicamente, las instrucciones para el salto en profundidad con rebote son minimizar el tiempo de contacto con el suelo mientras se maximiza la altura del salto, y una de las principales mediciones de resultado cuando se emplea este movimiento para la evaluación es la relación entre el tiempo de contacto y la altura del salto [96]. Para el salto en profundidad contramovimiento, no existen restricciones en el tiempo de contacto con el suelo; las únicas instrucciones dadas al atleta son maximizar la altura del salto

Existen otros ejemplos de variaciones de "potencia" y "velocidad" para los mismos movimientos cíclicos de salto con un ciclo de estiramiento-acortamiento rápido. Una vez más, la diferencia entre estas variaciones son las restricciones empleadas con respecto a la duración del contacto con el suelo y las instrucciones y la intención al realizar la actividad. Para los bounds de "potencia", el objetivo es generar la mayor cantidad de impulso y distancia, lo que significa que se permiten tiempos de contacto con el suelo más largos; para la versión de velocidad de estos ejercicios, el énfasis está en contactos con el suelo muy breves, mientras se mantiene el impulso.

4.1   Beneficios Potenciales

El entrenamiento pliométrico ofrece un medio potente para desarrollar la capacidad de almacenar y devolver energía elástica durante los movimientos de ciclo de estiramiento-acortamiento. Dependiendo de la actividad, también existe la posibilidad de aprovechar la potenciación de los reflejos. En consecuencia, un metaanálisis de la literatura de investigación ha reportado que las modalidades de entrenamiento pliométrico con un ciclo de estiramiento-acortamiento lento (salto contramovimiento) y rápido (salto en profundidad) producen una mejora significativa en el rendimiento del salto vertical [357]. La evidencia también sugiere que el entrenamiento pliométrico tiene aplicaciones funcionales en diferentes etapas del desarrollo a largo plazo de un atleta. Por ejemplo, se demostró que la adición de pliometría a la preparación física de atletas junior de élite entrenados provoco mejoras significativas en el rendimiento del salto vertical de estos [355].

Si la contribución del ciclo de estiramiento-acortamiento durante el ejercicio pliométrico se traduce en una mayor altura o distancia del salto depende de la compensación neta entre la energía concéntrica aumentada producida frente a la cantidad de energía absorbida durante la actividad [314]. En el caso de un salto contramovimiento, la producción de la fase concéntrica aumentada generalmente excederá el trabajo excéntrico adicional involucrado; por lo tanto, la altura del salto contramovimiento suele ser mayor que la altura de la sentadilla con salto. Por el contrario, la altura del salto en profundidad puede o no ser mayor que la altura del salto contramovimiento. Esto dependerá de factores que incluyen la altura de la caída involucrada y la fuerza excéntrica o "velocidad-fuerza reactiva" y las capacidades del ciclo de estiramiento-acortamiento rápido del atleta [314].

Por encima de una cierta altura de caída ideal, existe una reducción de la preactivación neuronal, que se refleja en una fuerte disminución de la altura del salto que se logra cuando el atleta supera su altura de caída crítica. De esta manera, la interacción entre el músculo y el tendón cambia para comportarse como un "amortiguador de fuerza". Esta parece ser una respuesta protectora que se puede modificar con el entrenamiento. La exposición al entrenamiento pliométrico y al entrenamiento de salto en profundidad en particular aumenta la altura del salto en un rango de alturas de caída y eleva la altura de caída máxima por encima del cual se disminuye el rendimiento de salto del atleta.

Existen indicios de que las instrucciones y restricciones empleadas durante el entrenamiento pliométrico con un ciclo de estiramiento-acortamiento rápido influirán particularmente en las características cinéticas y cinemáticas de la modalidad de entrenamiento y, a su vez, en las respuestas de entrenamiento provocadas. Por ejemplo, un estudio que investigó las variaciones de rebote y contramovimiento reportó que el salto en profundidad contramovimiento pareció provocar diferentes adaptaciones al entrenamiento y esto se reflejó en el grado de transferencia a las evaluaciones empleadas [358]. Como resultado de los efectos diferenciales aparentes y el grado de correspondencia dinámica, los participantes que realizaron la intervención de salto en profundidad contramovimiento reportaron mayores mejoras en el rendimiento en una evaluación de salto vertical.

Una de las aplicaciones más notables del entrenamiento pliométrico es el desarrollo de la velocidad de carrera. El esprint es esencialmente un movimiento unilateral cíclico que presenta ciclos de estiramiento-acortamiento repetidos cada vez que el pie entra en contacto con el suelo. Existe una contribución considerable de los aspectos del ciclo de estiramiento-acortamiento a la producción de potencia y energía durante el esprint, que se vuelve mayor a medida que aumenta la velocidad de carrera [359]. En consecuencia, un metaanálisis de la literatura científica reportó efectos positivos sobre el rendimiento de la velocidad después de intervenciones de entrenamiento pliométrico [360].

De todas las modalidades de entrenamiento que se denominan convencionalmente como pliometría, los ejercicios pliométricos cíclicos unilaterales horizontales de bound y salto (en una dirección horizontal) aparecerían como las modalidades de entrenamiento más apropiados para desarrollar capacidades de velocidad. El bound, en particular, presenta fuerzas de impulso horizontal, posicionamiento y tiempos de contacto del pie, así como la activación muscular comparables con el esprint [361]. En apoyo de esto, un estudio que empleó entrenamiento pliométrico que incluía ejercicios de salto y bound unilaterales en una dirección horizontal reportó aumentos en la aceleración (tiempo de esprint de 10 m) y puntajes generales de esprint de 100 m [277].

Asimismo, es importante tener en cuenta que el esprint en sí es una actividad pliométrica caracterizada por un ciclo de estiramiento-acortamiento rápido. Esprintar en sí mismo es, por tanto, la forma más "específica" de entrenamiento pliométrico para las diversas fases de un esprint.

4.2   Mecanismos de Adaptación al Entrenamiento

Se reporta una amplia gama de adaptaciones después del entrenamiento pliométrico. La capacidad de utilizar mejor la fase excéntrica a fin de impartir una producción más abundante de fuerza y potencia durante la acción concéntrica está asociada con cambios en las propiedades mecánicas y elásticas de la unidad musculotendinosa [367]. Estos cambios también están respaldados por adaptaciones neuronales que resultan de la exposición al entrenamiento pliométrico.

El entrenamiento pliométrico provoca cambios en las propiedades mecánicas de los músculos locomotores y pueden ocurrir cambios modestos en el tamaño del músculo [362]. Los cambios en la arquitectura muscular son particularmente relevantes para el rendimiento del ciclo de estiramiento-acortamiento. Por ejemplo, se muestra que el ángulo de penación está relacionado con la capacidad de absorber las fuerzas de impacto en el momento de aterrizaje durante actividades que se caracterizan por un ciclo de estiramiento-acortamiento rápido, como el salto en profundidad [318]. Asimismo, se mejora el rendimiento contráctil de las extremidades inferiores, y estos cambios se observan a nivel de la fibra muscular. Por ejemplo, se reportan mejoras en la velocidad de acortamiento y la producción de potencia máxima de las fibras musculares individuales Tipo II después del entrenamiento pliométrico [313]. Como resultado, la producción de fuerza y la tasa de desarrollo de la fuerza de los músculos locomotores se mejoran después del entrenamiento pliométrico, y esto también se refleja en las mediciones de potencia y torque máximos [355].

El entrenamiento pliométrico también puede alterar la rigidez activa y las propiedades elásticas de la unidad musculotendinosa [362]. La naturaleza de la adaptación puede variar para diferentes músculos de las extremidades inferiores, de acuerdo con la diferente interacción musculotendinosa observada en las respectivas articulaciones de estas (en particular, el tobillo en comparación con la rodilla) [363]. Se reportan aumentos en la rigidez del músculo flexor plantar y de la articulación del tobillo después del entrenamiento pliométrico [364]. Curiosamente, si bien se reportan aumentos en la rigidez pasiva del músculo gastrocnemio después del entrenamiento, se observa que la compliancia del tendón de Aquiles no cambia o incluso aumenta [334]. Los cambios observados en la rigidez de la unidad musculotendinosa se atribuyen a cambios en las propiedades mecánicas intrínsecas del músculo, y esto es evidente en la observación de un aumento de la rigidez pasiva a nivel de la fibra muscular después del entrenamiento pliométrico [313]. Como resultado de estos cambios, el atleta puede almacenar y retornar de mejor manera la energía elástica durante las actividades del ciclo de estiramiento-acortamiento [318]. Por ejemplo, el entrenamiento pliométrico progresivo a corto plazo en forma de saltos en profundidad a alturas de caída crecientes también puede evocar mejoras en la tasa excéntrica de desarrollo de la fuerza [365].

Además de tales adaptaciones mecánicas y cambios en la función contráctil, el rendimiento mejorado del ciclo de estiramiento-acortamiento que se produce con la exposición repetida al entrenamiento pliométrico también puede atribuirse a cambios neuronales [366]. Se ha demostrado que el acoplamiento mejorado de acciones excéntricas y concéntricas puede estar mediado por cambios en la activación neural durante las diferentes fases de los respectivos movimientos [314]. Esto también puede complementarse con cambios en la habilidad neuromuscular y la estrategia de movimiento de manera similar a lo que se ha observado con el entrenamiento balístico con cargas ligeras [333].

La estrategia neural y el comportamiento asociado de la unidad musculotendinosa pueden diferir según el tipo de ejercicio pliométrico y la carga relativa involucrada [367]. Durante los movimientos pliométricos con un ciclo de estiramiento-acortamiento lento, como un salto contramovimiento, la interacción entre el fascículo muscular y el tendón durante la terminación de la acción excéntrica y el inicio del movimiento concéntrico sirve a fin de elongar y aumentar activamente la carga de estiramiento en el tendón [319]. En vista de ello, para estos movimientos, la unidad musculotendinosa actúa como un "amplificador de potencia" [367].

Por el contrario, a medida que aumenta el grado de carga, se observa un cambio en el comportamiento de la unidad musculotendinosa de diferentes músculos de las extremidades inferiores [367]. Durante los saltos en profundidad, los fascículos de los músculos de la porción inferior de la pierna se contraen de forma cuasi-isométrica, de modo que la mayor parte de elongación de la unidad musculotendinosa que se produce en el momento del aterrizaje se produce en el tendón [363]. Un componente neuronal clave para los ejercicios pliométricos de salto y de bound que están precedidos por una fase de vuelo (por ejemplo, salto en profundidad) es la entrada neuronal descendente a los músculos agonistas durante el intervalo anterior al aterrizaje [366]. Esta "preactivación" de los músculos agonistas aumenta la rigidez activa del complejo musculotendinoso al aterrizar [368]. Siempre que la selección de las alturas de caída sea apropiada, el entrenamiento de salto en profundidad puede servir para optimizar la activación de los músculos agonistas antes y durante el contacto con el suelo, de modo que la longitud de los contactos con el suelo disminuye y la relación entre el tiempo de contacto y la altura del salto de rebote mejora [369].

También se sugiere que la entrada neural descendente de la corteza motora modula la inhibición mediada localmente de las vías neurales a nivel espinal a través del reflejo miotático inmediatamente antes y durante la fase de preestiramiento [370]. Por lo tanto, además de aumentar la preactivación, las adaptaciones neuronales también conducen a la "desinhibición" de la información neuronal mediada por el reflejo miotático local. Como resultado, la contribución del reflejo miotático a la producción de fuerza también puede aumentar después del entrenamiento pliométrico [362]. Ambos factores tendrán un efecto neto de aumentar la producción de potencia en la fase concéntrica posterior.

4.3   Limitaciones

A pesar del amplio uso del entrenamiento pliométrico para el entrenamiento atlético, aún no se ha establecido una metodología estandarizada y basada en evidencia para realizarlo, aunque son posibles ciertas recomendaciones limitadas basadas en la literatura hasta la fecha. Por ejemplo, una omisión notable es la ausencia de investigación sistemática sobre qué carga externa podría ser la carga óptima para diferentes ejercicios pliométricos [76]. En ausencia de tales datos, las modalidades de entrenamiento pliométrico generalmente emplean solo la carga de la masa corporal. Es concebible que la ausencia de datos sobre las condiciones de carga externas pueda contribuir a las mejoras reducidas en el rendimiento concéntrico observadas con el entrenamiento pliométrico convencional en comparación con otras modalidades de entrenamiento de velocidad-fuerza.

Sin embargo, puede ser que sea contraproducente agregar carga a los movimientos pliométricos sobre el fundamento de que esto puede conducir a un efecto inhibitorio protector sobre la activación neural, de manera similar a como se observa con los saltos en profundidad cuando la altura de caída supera un cierto nivel. En apoyo de esta afirmación, un metaanálisis de estudios relacionados con el entrenamiento pliométrico y el rendimiento de esprint reportó que la adición de una carga externa no produjo ningún beneficio adicional [360]. Dicho esto, las investigaciones recientes indican que el entrenamiento pliométrico con cargas puede ser efectivo para mejorar el rendimiento del salto en atletas entrenados [371]. Es evidente que se requieren más estudios para proporcionar claridad; sin embargo, es probable que los beneficios y el grado óptimo de carga externa dependan de la naturaleza de la actividad, así como del historial de entrenamiento y las capacidades del atleta.

Los ejercicios pliométricos que involucran la aplicación de fuerza de reacción del suelo predominantemente vertical pueden tener una transferencia directa limitada a actividades con énfasis en el impulso horizontal, como esprintar a velocidad máxima [239]. Markovic y colaboradores [372] compararon una intervención de entrenamiento pliométrico que incluía saltos con obstáculos con un entrenamiento de velocidad que comprendía esprints en un rango de distintas distancias (10-50 m). Como era de esperarse, el grado de transferencia fue mayor para el grupo de entrenamiento de velocidad, sin embargo, un hallazgo notable fue que el entrenamiento pliométrico no logró obtener mejoras en los tiempos de velocidad de 20 m después de la intervención de 10 semanas.

Los ejercicios pliométricos que se realizan bilateralmente también tendrán limitaciones para desarrollar movimientos cíclicos con una sola pierna involucrados en la locomoción. Por ejemplo, un período de entrenamiento de 10 semanas utilizando saltos en profundidad no produjo ganancias significativas en las puntuaciones de velocidad de 30 m a pesar de las mejoras significativas en el salto contramovimiento [76]. El intervalo disponible para la producción de fuerza durante el esprint (es decir, el tiempo de contacto del pie) también es menos de la mitad en comparación con las actividades de salto vertical convencionales [361]. Estos factores pueden explicar la ausencia de transferencia al rendimiento máximo de esprint en distancias más largas (30-40 m), a pesar de las mejoras en las mediciones de potencia vertical y la aceleración del esprint (tiempos de esprint de 10 m) [76, 306].

Se ha señalado anteriormente que los entrenadores de fuerza prescriben insuficientemente el entrenamiento de potencia específico del cuerpo superior [78]. La mayoría de los ejercicios pliométricos empleados en la preparación e investigación atlética son típicamente intensivos en lo que concierne a las extremidades inferiores, y el entrenamiento para desarrollar las capacidades del ciclo de estiramiento-acortamiento en los movimientos del cuerpo superior ha recibido mucha menos atención en la literatura [316]. Los escasos ejercicios pliométricos dirigidos al cuerpo superior que se implementan generalmente emplean balones medicinales como medio para proporcionar una carga externa. La carga externa proporcionada por estos implementos representa una carga considerablemente menor en comparación con los ejercicios pliométricos del cuerpo inferior correspondientes. En consecuencia, los lanzamientos de balones medicinales en profundidad no lograron producir la mejora en la tasa de desarrollo de la fuerza excéntrica que se observa con el entrenamiento pliométrico de salto en profundidad del cuerpo inferior [365].

Las variaciones de la flexión balística muestran un uso potencial como modalidades de entrenamiento pliométrico equivalentes del cuerpo superior [41]. Con esta forma de entrenamiento, la propia masa corporal del atleta proporciona la carga externa de la misma manera que con los ejercicios pliométricos del cuerpo inferior [332]. Una flexión balística ejecutada con contramovimiento podría usarse para desarrollar las capacidades del ciclo de estiramiento-acortamiento lento. De manera similar, la flexión balística en profundidad iniciada a partir de bloques elevados, o flexiones balísticas repetidas de "rebote" podrían proporcionar un medio para un entrenamiento pliométrico de ciclo de estiramiento-acortamiento rápido.

Actividad Reflexiva: ¿Son las actividades del ciclo de estiramiento-acortamiento una característica del deporte en el que participa? ¿Existen otros resultados o adaptaciones del entrenamiento asociados con la pliometría que podrían beneficiar a los atletas de su deporte? ¿Cuál de las diferentes formas de entrenamiento pliométrico descritas podría ser aplicable al desarrollo de estos atletas?

5   Entrenamiento Complejo

El entrenamiento complejo, o cargas de contraste, describe un método mediante el cual se realiza un ejercicio orientado a la fuerza con una carga más pesada antes de un ejercicio de aceleración completa con una carga más liviana o exclusivamente la masa corporal. Por lo tanto, esta propuesta se usa a menudo junto con el entrenamiento de fuerza balística o ejercicios pliométricos.

El objetivo de esta práctica es aprovechar los efectos neurales y mecánicos agudos –asociados con la carga pesada precedente–, que pueden servir para aumentar la producción de potencia cuando se realiza posteriormente el ejercicio de velocidad-fuerza. Este fenómeno se denomina potenciación post-activación (PAP, por sus siglas en inglés) [373]. Después de una contracción muscular existen dos efectos residuales: uno es la fatiga; el otro es la potenciación post-activación [374]. Es el efecto neto de estos dos factores opuestos lo que determina el resultado en términos de rendimiento en un momento dado después de la actividad inicial.

5.1   Beneficios Potenciales

Se ha observado una potenciación aguda del rendimiento con una variedad de mediciones dinámicas del rendimiento del cuerpo inferior, incluidas las evaluaciones de saltos con carga y sin carga [375]. Se ha demostrado que una variedad de propuestas, incluidas las modalidades de cargas pesadas isométricas y dinámicas, producen con éxito efectos de potenciación post-activación y provocan una mejora aguda del rendimiento [376, 377].

La mayoría de las investigaciones sobre la potenciación post-activación en lo que concierne al entrenamiento del cuerpo inferior han utilizado un ejercicio de entrenamiento de fuerza pesado (típicamente la sentadilla trasera con barra olímpica) con una carga casi máxima [373]. Sin embargo, los efectos de la potenciación post-activación también pueden producirse cuando se emplean modalidades de entrenamiento de velocidad-fuerza como actividad de potenciación. Por ejemplo, también se ha reportado una mejora aguda en el rendimiento de una prueba de sentadilla con salto después de una carga más pesada del mismo ejercicio [336]. Además, un estudio reciente reportó que el rendimiento de la prueba de salto vertical de los atletas mejoró en el punto medio y al final de una sesión de entrenamiento en la que realizaban series de velocidad-fuerza a través del jalón con agarre de arranque con barra olímpica, lo que se atribuyó a la potenciación post-activación [378].

Para hacer un mejor uso de estos efectos transitorios al realizar un entrenamiento complejo, es importante minimizar la fatiga mientras se aprovechan los efectos de potenciación. Los factores clave identificados con respecto a la optimización de la mejora del rendimiento y la minimización de los efectos perjudiciales de la fatiga son la carga y el volumen empleados con la actividad de optimización anterior, y el intervalo de descanso entre este y la actividad objetivo [374].

Los estudios que examinan los intervalos de descanso han empleado típicamente la sentadilla trasera y el press de banca con barra olímpica con cargas pesadas como ejercicios de fuerza de optimización para el cuerpo inferior y superior, respectivamente. Con el entrenamiento de la sentadilla con cargas pesadas, se reporta que las mejoras agudas en el rendimiento del salto vertical son evidentes en atletas entrenados en fuerza, después de un intervalo de descanso de 8 minutos [379]. Otro estudio reportó que el período de recuperación óptimo parecer encontrarse en un rango de 8 a 12 minutos, esto específicamente con el propósito de observar la mejora del rendimiento tanto para la potencia del cuerpo superior como para las evaluaciones de salto vertical [374]. Sin embargo, esto puede variar según la modalidad de contracción presentada en la serie de optimización y el historial individual de entrenamiento del atleta [376].

5.2   Mecanismos de Adaptación al Entrenamiento

Los mecanismos contráctiles y neurales sensibles a la tensión se identifican como subyacentes a la potenciación de la fuerza y la producción de potencia observadas con la carga contrastante [373, 380]. Estos efectos mecánicos y neurales son transitorios y, según se reporta, se disipan aproximadamente veinte minutos después de realizar la serie inicial de precarga de alta intensidad [374]. Curiosamente, existen datos sobre efectos diferenciales en diferentes articulaciones de la cadena cinética de las extremidades inferiores. Por ejemplo, la contribución de la rodilla y el tobillo al aumento del trabajo neto realizado, parece diferir en distintos momentos cuando se alternan múltiples series del jalón con agarre de arranque con barra olímpica con esfuerzos de salto vertical [378].

Se sugiere que los factores mecánicos implican cambios transitorios en la rigidez de la unidad musculotendinosa. Uno de los cambios bioquímicos identificados como subyacentes a estos efectos sobre los tejidos contráctiles es la fosforilación de las cadenas ligeras de miosina reguladoras iniciada por el calcio liberado durante la contracción muscular inicial [373]. Se sugiere que este proceso logra que los elementos contráctiles dentro del músculo sean más sensibles a una mayor liberación de calcio durante la contracción muscular posterior [376].

Los mecanismos neuronales implican principalmente cambios agudos en las entradas reguladoras de las unidades motoras involucradas en el movimiento [374]. Es probable que parte de la modificación de las vías periféricas involucradas se origine a partir de la entrada descendente de los centros motores superiores. Los efectos locales están mediados por los órganos sensoriales asociados con el músculo; cuyo resultado neto es una menor entrada inhibitoria a los músculos agonistas y una mayor inhibición recíproca de los músculos antagonistas [380].

5.3   Limitaciones

Existe evidencia que sugiere un grado de especificidad del movimiento con respecto al grado de rendimiento agudo obtenido en diferentes parámetros de rendimiento deportivo. Por ejemplo, Crewther y colaboradores [377] reportaron que los efectos de potenciación post-activación de la sentadilla con carga pesada se reflejaban en una mejora aguda del rendimiento del salto vertical, pero no en las evaluaciones de aceleración (tiempos de esprint de 5 y 10 m) o potencia horizontal (empuje de trineo cargado por 3 m). Esto indicaría que la actividad del ejercicio de potenciación tendría que mostrar un grado de correspondencia dinámica con la actividad atlética que el entrenador busca potenciar para poder observar efectos positivos.

Los efectos crónicos asociados con el uso del entrenamiento complejo a lo largo del tiempo aún no se han investigado completamente en la literatura [376]. En consecuencia, aun están por determinarse las posibles adaptaciones crónicas y los cambios en el rendimiento provocados por el uso a largo plazo de un entrenamiento complejo. La aplicación de estos métodos también parece depender del nivel de entrenamiento del individuo y existen indicios de que el grado de potenciación está relacionado con las puntuaciones de fuerza del cuerpo inferior del sujeto [375].

En apoyo de esta aparente asociación entre el historial de entrenamiento de fuerza y la potenciación post-activación, se reportó que se observó una mejora del rendimiento en sujetos atletas, mientras que los sujetos entrenados de forma recreativa no mostraron tal respuesta [373]. Otro estudio identificó que los atletas de potencia parecen exhibir respuestas divergentes en comparación con los atletas de resistencia con respecto a la potenciación post-activación [376]. De modo que, tanto la magnitud como la cronología de la potenciación post-activación pueden diferir de acuerdo con los antecedentes de entrenamiento del atleta.

Hasta la fecha, los efectos agudos de las cargas de contraste se han documentado de manera más amplia con ejercicios del cuerpo inferior, generalmente con movimientos de salto como la actividad balística objetivo. Los datos en lo que concierne al entrenamiento complejo del cuerpo superior han sido más ambiguos. Se ha sugerido que una carga menos abundante (~65 % de una repetición máxima del press de banca con barra olímpica) para las series del ejercicio de potenciación puede ser más eficaz con respecto a producir efectos de potenciación con las modalidades de entrenamiento del cuerpo superior [380]. Sin embargo, un estudio reciente con atletas profesionales de rugby, reportó aumentos significativos, aunque modestos, en la producción de potencia máxima del lanzamiento balístico de press de banca en diferentes momentos después de una serie de "precarga" de 3 repeticiones máximas en el press de banca convencional [374].

6   Desarrollo de la Potencia Rotacional

Si bien existe un cuerpo de literatura considerable sobre el desarrollo de la potencia para actividades atléticas lineales como los saltos y los movimientos de aceleración en línea recta, existe comparativamente muy poca información sobre la mejor propuesta para desarrollar la expresión de la potencia para los movimientos rotacionales. Los movimientos rotacionales son característicos de diferentes deportes, como los que implican movimientos de lanzar, golpear y patear.

De hecho, la mayoría de los movimientos deportivos tienen un componente rotacional en uno o más planos de movimiento. Por ejemplo, un lanzamiento de martillo es un movimiento de potencia rotacional fácilmente reconocible como un ejercicio del plano transversal. Sin embargo, un lanzamiento de jabalina o un lanzamiento rápido de bolos de cricket presenta de manera similar el desarrollo de la potencia rotacional y el desarrollo secuencial del momento angular en un plano sagital.

La preponderancia de los movimientos rotacionales en la actividad atlética se resume en la siguiente cita de un gran entrenador de atletismo de pista y campo llamado Tom Tellez:

"El origen de todo movimiento es rotacional... la moción rotatoria describe lo que hacen las palancas del cuerpo en relación consigo mismo... el movimiento de traslación describe lo que hace la masa corporal con respecto al suelo (velocidad lineal)".

6.1   Mecánica de los Movimientos Rotacionales en el Deporte

Estos movimientos rotacionales que se encuentran en los deportes plantean desafíos peculiares. Por ejemplo, desarrollar el torque durante estos movimientos requiere que el atleta coordine la magnitud y la sincronización del movimiento secuencial entre múltiples segmentos del cuerpo, a fin de transferir el momento angular generado en cada fase de la acción. Un ejemplo es el lanzamiento por encima del brazo. La acción de lanzamiento se inicia desde el suelo hacia arriba, de modo que los miembros inferiores inician el movimiento y la pelvis primero comienza a girar hacia el objetivo, le sigue el tronco, con el hombro girando a continuación, y finalmente, en último lugar, se desplaza el brazo lanzador.

Esencialmente, la secuenciación *proximal* (cercana al centro del cuerpo) a *distal* (hacia las extremidades) que ocurre durante los movimientos rotacionales de destreza aprovecha las leyes físicas de modo que la energía cinética se transfiere de manera más efectiva entre los segmentos corporales sucesivos. Iniciar el movimiento en los segmentos proximales más grandes y transferir secuencialmente este movimiento a cada segmento sucesivo de la cadena permite la *suma* de momentos y torques. Este efecto de suma sirve para generar mayores velocidades en los segmentos más distales de la cadena y en las extremidades, es decir, el pie o la mano que aplica la fuerza al objeto externo (por ejemplo, pelota, bate, oponente).

Los ejes de rotación durante los movimientos de destreza deportiva también pueden cambiar a medida que avanza el movimiento. Por ejemplo, en el caso de movimientos de lanzamiento por encima del brazo, el eje de rotación en el plano sagital se origina en la cadera del atleta y luego se desplaza secuencialmente hacia el hombro, el codo, la muñeca y la mano. Durante los deportes de potencia rotacional más complejos, como el lanzamiento de disco, el eje de rotación también cambia con cada fase del movimiento desde la porción posterior del círculo de lanzamiento hasta la acción de liberación final.

La "disociación temporal" de la activación y el movimiento entre los segmentos sucesivos de la cadena cinética es una característica de los movimientos rotacionales de destreza en varios deportes. Esto también se ha identificado para los deportes de golpeo. Por ejemplo, en el deporte del golf, un mayor grado de separación entre la pelvis y la parte superior del torso/hombros durante el *downswing* (el inicio de la bajada hasta el contacto con la bola) se identifica como un factor técnico clave para maximizar la potencia de conducción y la velocidad de la pelota [381].

La sincronización relativa y la magnitud del movimiento secuencial en cada segmento dicta cómo se transfiere el momento angular desde cada parte sucesiva del movimiento [382]. Por ejemplo, para un movimiento de golpeo por encima de la cabeza (el servicio en tenis), la secuencia proximal a distal y el tiempo relativo entre el movimiento de estos segmentos sucesivos está fuertemente relacionado con la velocidad de la pelota [383]. La sincronización que parece "óptima" es que el movimiento de cada segmento sucesivo de la cadena se inicie a fin de coincidir con el momento en que el segmento proximal alcanza la velocidad máxima.

Desde este punto de vista, es importante que exista un retraso en la iniciación del movimiento de segmentos más distales. En este ejemplo, es probable que la iniciación temprana del brazo de lanzamiento o raqueta interfiera con la transferencia eficiente y la suma del impulso, lo que finalmente comprometerá la velocidad de la pelota. Tales fallas de sincronización también pueden ser la causa de tensiones biomecánicas que contribuyen a las lesiones. Por ejemplo, la rotación temprana del hombro durante los movimientos de lanzamiento por encima del brazo se asocia con lesiones de sobreuso del hombro y el brazo de lanzamiento [382].

Por el contrario, la velocidad de lanzamiento o golpeo también es comprometida si el retraso entre el movimiento de los segmentos sucesivos es demasiado grande. Por ejemplo, un estudio de lanzadores de béisbol reportó que un mayor retraso entre alcanzar la velocidad angular máxima en la parte superior del torso después de que se alcanza la velocidad angular máxima en la pelvis resultó en una producción de fuerza reducida en el hombro [384]. De manera similar, en el mismo estudio, un mayor retraso entre la parte superior del torso y las velocidades angulares de extensión máxima del codo redujo la velocidad de la pelota.

6.2 Exigencias de Fuerza y Velocidad-Fuerza de la Expresión de la Potencia Rotacional

Iniciar cualquier movimiento rotacional de destreza requiere que el atleta desarrolle fuerzas de reacción del suelo desde las extremidades inferiores a fin de generar el movimiento inicial en el segmento proximal involucrado en el movimiento rotacional (es decir, caderas y pelvis). En consecuencia, el desarrollo rápido de altos niveles de torque en la cadera y la pelvis es fundamental en lo que concierne a generar la energía cinética que posteriormente será transmitida a través de cada segmento sucesivo durante el resto del movimiento. Esto se ilustra durante un lanzamiento por encima de la cabeza, como el lanzamiento de un *pitcher* en béisbol, en el que, con lanzadores hábiles, una cinética y velocidad de la pelota superior se asocian con un menor requerimiento de tiempo necesario para alcanzar la velocidad angular máxima de la pelvis, después del contacto de la pierna adelantada que realiza la acción de zancada inicial [384].

Como se describió con antelación transmitir energía cinética a lo largo del movimiento y lograr la suma deseada del momento angular requiere un alto grado de coordinación y consistencia en la sincronización del movimiento de los respectivos segmentos. Asimismo, ejecutar eficientemente las transiciones entre cada fase en el movimiento secuencial de destreza deportiva requiere equilibrio dinámico y estabilidad rotacional y torsional para mantener la integridad postural necesaria para la producción y transmisión efectiva de fuerza.

Finalmente, la impartición de potencia o torque al final del movimiento rotacional exige un alto grado de estabilidad torsional y fuerza isométrica de la cadera, el tronco y la cintura escapular. Este es el caso de los movimientos rotacionales de golpeo y lanzamiento en el deporte: la aplicación óptima de la fuerza requiere que el atleta "endurezca" el tronco y la extremidad inferior de apoyo y "detenga" el movimiento de las extremidades opuestas en el momento de la liberación (lanzamiento) o impacto (golpeo), con el fin de impartir todo el torque disponible al objeto que están lanzando o golpeando.

Evidentemente, aunque las modalidades de entrenamiento de velocidad-fuerza descritas en la sección anterior continúan siendo importantes para los atletas en deportes rotacionales, existirá un límite en el grado de transferencia directa de estas modalidades de velocidad-fuerza convencionales para desarrollar el torque en movimientos deportivos rotacionales. Como tal, con el propósito de transferir la fuerza y la potencia desarrolladas, parecería existir una necesidad de modalidades de entrenamiento de velocidad-fuerza más específicas diseñadas para desarrollar distintos aspectos de la potencia rotacional.

6.3   Entrenamiento de Coordinación

Una propuesta para desarrollar la expresión de potencia rotacional consiste esencialmente en aplicar una carga directamente a una porción o a la totalidad del movimiento deportivo de destreza. Se introdujo el término "entrenamiento de coordinación" para describir estas modalidades de entrenamiento [37]. La justificación de esta modalidad de entrenamiento de velocidad-fuerza es que su mayor especificidad o correspondencia dinámica en términos de similitud cinética y cinemática con la tarea de destreza deportiva favorecerá la transferencia directa de los efectos de entrenamiento al rendimiento.

Los efectos de aprendizaje asociados con la expresión de potencia para una acción determinada que ocurren con la exposición repetida son muy específicos al movimiento de entrenamiento empleado [40]. En el caso de la motricidad fina, se evidencia un alto grado de especificidad con respecto a los patrones de movimiento y la velocidad. Además, el alto grado de especificidad de movimiento para desarrollar la expresión de la potencia en destrezas deportivas se observa particularmente en atletas experimentados [37].

Por definición, las modalidades de entrenamiento de coordinación deben presentar patrones intra e intermusculares que reproduzcan fielmente los patrones de movimiento y la velocidad de la actividad atlética. Por lo tanto, tal vez no sea sorprendente que muchos ejemplos de intervenciones de entrenamiento de coordinación exitosas hayan empleado esencialmente una versión de la destreza específica con una carga adicional [385]. Por ejemplo, se han utilizado máquinas de poleas con cierto éxito en lo que concierne a el movimiento de lanzamiento por encima del brazo [386]. Es probable que esta propuesta pueda ser aplicada de manera similar para los deportes de golpeo.

Figura 5.7 – "Entrenamiento de Coordinación" para el Lanzamiento por el Encima del Brazo con Máquina de Poleas

En el caso de los deportes de lanzamiento, se han empleado una variedad de pelotas más ligeras y pesadas como medio para proporcionar una sobrecarga en forma de velocidad y fuerza, respectivamente. Al utilizar esta propuesta para entrenar, el implemento empleado debe tener las mismas dimensiones que el utilizado en el deporte en particular. Los beneficios de las intervenciones de entrenamiento con pelotas de carga reducida han sido reportados previamente por una serie de estudios que analizaron deportes de lanzamiento por encima del brazo, y el entrenamiento combinado con lanzamientos de pelota (sobre el brazo) con peso excesivo y reducido también ha reportado éxito [385]. Los resultados de los estudios que presentan intervenciones de entrenamiento con una pelota de peso excesivo en atletas de lanzamiento por encima del brazo han sido más variables [386]. Sin embargo, estudios han demostrado que el entrenamiento con pelotas de carga más abundante tiene el potencial de aumentar significativamente la velocidad de lanzamiento por encima del brazo con pelotas reglamentarias [387]. Críticamente, la precisión de lanzamiento también parece mantenerse a las velocidades de lanzamiento mejoradas después del entrenamiento [386].

6.4   Limitaciones del Entrenamiento de Coordinación

Parece que se requiere un grado muy alto de especificidad en términos de cinética y cinemática de la carga y el movimiento para que las modalidades de entrenamiento de coordinación sean efectivas. A pesar de la aparente similitud observada en la curva de fuerza-tiempo para el lanzamiento balístico de press de banca con respecto a los movimientos específicos al deporte, se encontró que el entrenamiento de lanzamiento balístico de press de banca no ofrece ninguna ventaja al entrenamiento de press de banca convencional en lo que concierne al desarrollo de la velocidad de pase en atletas de balonred [322]. Se concluyó que las características de velocidad y movimiento involucradas en el lanzamiento balístico de press de banca eran demasiado distintas al movimiento de pase de pectoral de balonred para conferir algún beneficio en términos de ganancias específicas en la producción de potencia de la destreza deportiva. De la misma manera, la diferencia en los patrones motores empleados durante el entrenamiento con pases de dos manos por encima de la cabeza o con pases de pecho con pelotas medicinales es aparentemente demasiado grande a fin de suscitar mejoras de la velocidad de lanzamiento en béisbol, incluso en atletas junior sin experiencia en entrenamiento de fuerza [388].

En el caso de las habilidades motoras finas, se ha propuesto que, si el contraste en la carga es demasiado grande, también puede producirse una perturbación de los patrones motores precisos de la destreza deportiva, lo que puede anular cualquier beneficio derivado del estímulo de entrenamiento. Los datos presentados por DeRenne y colaboradores [387] indicaron que una variación de la carga de +/- 20 % del peso reglamentario fue exitosa para los lanzamientos con un brazo por encima del brazo, lo cual es consistente con los datos anteriores para eventos de lanzamiento en atletismo de pista y campo [386]. Otros estudios de lanzamiento por encima del brazo han reportado éxito con pelotas que superan en un 100 % el peso reglamentario [385]. Sin embargo, cuando el peso del implemento excede este nivel, los estudios típicamente no reportan mejoras en la velocidad de lanzamiento. Por ejemplo, un estudio que empleó pelotas medicinales de 3 kg para lanzamientos por encima de la cabeza a dos manos no reportó ninguna mejora en los lanzamientos por encima de la cabeza a dos manos con un balón de fútbol soccer después de la intervención de entrenamiento [389].

Las modalidades de entrenamiento de coordinación que emplean implementos modificados (por ejemplo: las pelotas de cargas variadas) parecen ser más apropiadas para las destrezas deportivas balísticas –como el lanzamiento–, donde el implemento se puede soltar al final del movimiento. Es más problemático emplear esta forma de entrenamiento con deportes de golpeo, por ejemplo, donde se sostiene la raqueta o un bate en todas las porciones del movimiento. Si se realiza un swing (como en béisbol) con un implemento pesado, al final del movimiento, el impulso del implemento debe ser absorbido por las extremidades y articulaciones. Esto conlleva riesgos pronunciados de lesión, especialmente si se realiza de forma repetida. Para estos deportes de golpeo, la carga en forma de una máquina de poleas puede ofrecer una alternativa más segura y viable para el entrenamiento de coordinación.

6.5   Modalidades de Entrenamiento para Desarrollar la Fuerza Rotacional de la Cadera y Tronco

Un área crítica que requiere un desarrollo específico es la capacidad de generar torque rotacional en las caderas, la pelvis y el tronco. Un ejemplo es la acción inicial que da inicio al movimiento del segmento proximal durante los movimientos de lanzamiento y golpeo. Para la mayoría de los movimientos rotacionales en el deporte, esto generalmente implica generar fuerza y potencia rotacional desde las extremidades inferiores para desarrollar el momento angular en la pelvis.

Por el contrario, la porción terminal de los movimientos rotacionales también es susceptible a esta propuesta; por ejemplo, la aplicación de una carga a la porción final de las acciones de lanzamiento o golpeo. En el último caso, la carga se puede lograr mediante una liga de resistencia, una máquina de poleas, o un implemento pesado que se libera al finalizar el movimiento, por lo que es muy similar a la propuesta de entrenamiento de coordinación descrito anteriormente.

Se ha destacado que los movimientos de torsión aislados en la columna realizados con una carga significativa pueden ser particularmente perjudiciales. Los estudios indican que el dolor lumbar parece ser bastante prevalente entre los atletas en deportes rotacionales, y esto parece estar relacionado con la función de la cadera y la interacción y el movimiento relativo que se produce en la cadera y la columna lumbar durante las actividades rotacionales [390].

Una propuesta consiste en disociar el movimiento de torsión de la generación de torque rotacional sin movimiento. Específicamente, el profesional puede emplear entrenamiento isométrico en "posiciones de potencia" o posturas relevantes a partir de las cuales se genera torque o se imparte fuerza. Por ejemplo, el entrenamiento isométrico se puede realizar con las caderas y los hombros en una posición de separación, mediante la cual se aplica una carga manual para que el atleta genere torque rotacional de manera estática al intentar rotar el tórax con el propósito de nivelar a este con las caderas. Esta propuesta de disociación se ha empleado con éxito en posturas que imitan el swing del bate en el béisbol [391].

Si bien esta propuesta de entrenamiento es adecuada para la acción inicial y el impacto terminal o la porción de liberación de los movimientos de golpeo y lanzamiento; para el resto del movimiento, la separación y el movimiento secuencial entre los segmentos (por ejemplo, la pelvis y la parte superior del torso) se identifican como un factor crítico. Por lo tanto, es importante que esto no se ignore cuando se entrena con el propósito de desarrollar la potencia rotacional. Asimismo, para protegerse contra lesiones, también parecería ser fundamental que el atleta haya recibido con anterioridad el entrenamiento apropiado para que este sea capaz de mantener una postura estable y fuerte del tronco a fin de transferir la fuerza de manera eficiente durante los movimientos rotacionales cuando la pelvis y los hombros se mueven independientemente uno del otro.

Revisión de Conocimiento – Capítulo Cinco

1. Todos los siguientes son factores que contribuyen a la capacidad del atleta de expresar potencia, EXCEPTO:

A. Tasa de desarrollo de la fuerza.
B. Potencia aeróbica.
C. Fuerza a baja velocidad.
D. Capacidades del ciclo de estiramiento-acortamiento.

2. Un atleta de 80 kg registra las siguientes puntuaciones:

Una repetición máxima en la sentadilla trasera con barra olímpica:	165 kg
Sentadilla con salto (exclusivamente concéntrica):	70 cm
Salto contramovimiento:	71 cm
Salto en profundidad desde 30 cm:	69 cm

¿Qué capacidad tiene más probabilidades de desarrollar la potencia relacionada con el salto vertical?

A. Fuerza a baja velocidad.
B. Tasa de desarrollo de la fuerza concéntrica.
C. Capacidades del ciclo de estiramiento-acortamiento.
D. Habilidad neuromuscular.

3. ¿Cuál de las siguientes propuestas es probable que sea más eficaz para desarrollar la potencia en la mayoría de los atletas?

A. Entrenamiento exclusivamente de fuerza con cargas pesadas.
B. Entrenamiento exclusivamente balístico de alta velocidad.
C. Entrenamiento exclusivamente pliométrico.
D. La combinación de entrenamiento de fuerza con cargas pesadas, entrenamiento balístico y pliométrico.

4. Es probable que realizar un entrenamiento balístico que involucre solo movimientos concéntricos (sin contramovimiento antes de iniciar el movimiento de salto hacia arriba) con la sentadilla con salto con barra olímpica resulte en todas las siguientes adaptaciones de entrenamiento, EXCEPTO:

A. Coordinación intramuscular.
B. Coordinación intermuscular.
C. Capacidades del ciclo de estiramiento-acortamiento "rápido".
D. Tasa de desarrollo de la fuerza concéntrica.

5. Una buceadora de 25 años con amplia experiencia en entrenamiento de fuerza realiza un bloque de entrenamiento de 3 meses que incluye levantamientos olímpicos (la cargada de potencia colgada y desde el suelo con barra olímpica). El Especialista en fuerza y acondicionamiento puede estar seguro de que todos los puntajes de las siguientes pruebas mostrarán mejoras cuando la atleta sea evaluado al final del bloque de entrenamiento, EXCEPTO:

A. Altura de la sentadilla con salto.
B. Altura del salto contramovimiento.
C. Tiempo de esprint con aceleración previa.
D. Una repetición máxima de la cargada de potencia.

6. Todos los siguientes se pueden clasificar como ejercicios pliométricos, EXCEPTO:

A. Salto contramovimiento.
B. Sentadilla con salto.
C. Salto en profundidad desde 30 cm.

D. Bounds alternados.

7. Un atleta realiza una prueba de salto contramovimiento y alcance antes de realizar una serie de sentadilla trasera con salto con barra olímpica. Diez minutos después, vuelven a poner a prueba al mismo atleta y registran una puntuación de salto vertical más alta. Esto es un ejemplo de:

A. Entrenamiento balístico.
B. Ciclo de estiramiento-acortamiento "rápido".
C. Potenciación post-activación.
D. Efectos agudos de la fatiga.

8. Una velocista de 200 m de élite se acerca a una fase clave en su calendario de competición. ¿Cuál de las siguientes modalidades de entrenamiento de velocidad-fuerza es probable que ofrezca la mayor transferencia al rendimiento?

A. La sentadilla con salto con barra olímpica con la carga de "$P_{máx}$".
B. Arranque de potencia con barra olímpica.
C. Salto en profundidad (bilateral) desde 60 cm.
D. Bounds alternados en una dirección horizontal.

9. Todas las siguientes son propuestas de entrenamiento específicas para desarrollar componentes particulares de la expresión de potencia rotacional para el lanzamiento de disco, EXCEPTO:

A. Entrenamiento de coordinación.
B. Sentadilla isométrica con barra olímpica.
C. Entrenamiento de fuerza rotacional.
D. Entrenamiento de estabilidad torsional.

10. Al final de un bloque de entrenamiento preparatorio, un atleta de tenis desea realizar un entrenamiento de coordinación para ayudar a transferir sus ganancias de fuerza y potencia. ¿Cuál de los siguientes ejercicios sería el más adecuado?

A. Lanzamiento balístico de press de banca.
B. Lanzamiento de balón medicinal en profundidad.
C. Acción de impulso del derechazo con un máquina de poleas.
D. Lanzamiento de balón medicinal por encima de la cabeza por distancia.

Capítulo Seis: Desarrollando la Aceleración y la Velocidad

La velocidad es un activo muy apreciado por todos los atletas. A pesar de su atractivo universal, para muchos deportes de campo y cancha basados en la carrera a pie ha habido una falta de claridad sobre las cualidades físicas y técnicas que sustentan la aceleración y el rendimiento de velocidad. En este capítulo definimos estas cualidades técnicas y físicas, y desglosamos las respectivas fases que se pueden identificar dentro de un esprint lineal. El lector también descubrirá la mejor manera de abordar el desarrollo de las capacidades relevantes para mejorar la aceleración y el rendimiento de carrera a máxima velocidad.

Objetivos de Aprendizaje:

1 Comprender los diferentes factores que contribuyen a la aceleración y velocidad de carrera.

2 Describir la mecánica de la carrera de esprint.

3 Comprender las cualidades de la fuerza que sustentan el rendimiento de velocidad, así como las exigencias específicas de las diferentes fases del esprint.

4 Entender el rol y la función del entrenamiento de fuerza, velocidad-fuerza y pliométrico para desarrollar la velocidad de carrera.

5 Comprender los diferentes métodos de entrenamiento que desarrollan la aceleración.

6 Describir las propuestas de entrenamiento enfocadas a desarrollar los distintos aspectos de la carrera a velocidad máxima.

1   Fundamentos de la Velocidad de Carrera a Pie

Correr erguido en línea recta a una velocidad constante, se puede conceptualizar como un movimiento de rebote hacia delante en el que el atleta actúa como un resorte (cadena cinética de las extremidades inferiores) con una masa (torso y cabeza) en la porción superior. Si bien esto es algo así como una simplificación excesiva (ya que en realidad los segmentos respectivos de la cadena cinética de las extremidades inferiores se comportan de manera diferente durante el contacto con el suelo), es un modelo útil para describir la marcha de carrera.

Usualmente, la velocidad de carrera se describe como el producto de la frecuencia de la zancada por la longitud de esta. De hecho, es más preciso decir que la velocidad de carrera es el producto de la frecuencia de zancadas y la distancia recorrida con cada zancada [19]. Por consiguiente, los incrementos en las velocidades de carrera se producen tanto por el aumento de la frecuencia de zancada como por la distancia recorrida con cada zancada, esto es, hasta alcanzar un umbral de velocidad. Las velocidades de carrera por encima de este umbral se logran únicamente con una mayor frecuencia de zancada [18].

Sin embargo, en un solo esprint de máximo esfuerzo —como una carrera de 100 m o una prueba contrarreloj–, el panorama es bastante distinto de lo que se describe que ocurre con incrementos escalonados en la velocidad de carrera. Las observaciones de los esprints de élite durante una exhibición de máximo esfuerzo muestran que las tasas de zancada durante cada fase (es decir, la fase de arranque, aceleración inicial, transición y velocidad máxima) permanecen relativamente constantes [392]. En este caso, los cambios principales son evidentes en el tiempo de vuelo y la longitud de zancada, los cuales aumentan a lo largo de cada fase hasta que se alcanza la velocidad máxima. Estos cambios en el tiempo de vuelo se reflejan en las correspondientes reducciones en el tiempo de contacto con el suelo, y así es como la velocidad de zancada permanece constante [392].

1.1   Determinantes de la Velocidad de Carrera a Pie

Se puede identificar una gran variedad de diferentes propiedades antropométricas (estatura, dimensiones de las extremidades), mecánicas, morfológicas, fisiológicas y neuromusculares que contribuyen al rendimiento de la carrera de esprint [34]. Además, cada fase respectiva de un esprint tiene características únicas, en términos de la mecánica involucrada [393]. La contribución relativa y la importancia de las diferentes capacidades y habilidades de movimiento, en consecuencia, difieren entre la aceleración, la fase de transición y la velocidad máxima de esprint.

1.2   Propiedades Contráctiles y de Fuerza-Velocidad

Se ha demostrado que las propiedades fuerza-velocidad de los músculos locomotores son un determinante crítico del rendimiento de la carrera de esprint [394]. En particular, se sugiere que un perfil de fuerza-velocidad dominante de velocidad es un predictor clave del rendimiento en velocistas de élite [395]. Evidentemente, un factor morfológico importante con respecto al rendimiento contráctil es la proporción de fibras Tipo II de contracción rápida, que determina en gran parte las propiedades intrínsecas de fuerza-velocidad del músculo. Una ilustración de esto es la asociación entre la proporción de fibras Tipo II y la cadencia a la que se maximiza la producción de potencia cuando se evalúa en un cicloergómetro. Esencialmente, los atletas con una mayor proporción de fibras Tipo II expresan su producción de potencia máxima a una cadencia óptima más alta [396].

Además de la composición del tipo de fibra muscular —que está determinada principalmente por la genética–, existen otros aspectos morfológicos que influyen en las propiedades contráctiles de los músculos de las extremidades inferiores y, a su vez, en la expresión de la velocidad que es susceptible al entrenamiento [397]. Por ejemplo, la expresión de proteínas reguladoras dentro del músculo y la conversión entre subtipos de fibras responden al entrenamiento de fuerza, y tales adaptaciones alterarán las propiedades de la fibra muscular [240]. Otras adaptaciones potenciales en relación con el rendimiento contráctil y la carrera de esprint incluyen cambios en la longitud del fascículo muscular, que de manera similar podrían producir cambios favorables en la relación longitud-tensión muscular [241].

1.3 Factores Mecánicos

Los factores mecánicos se identifican como un factor limitante del rendimiento de la carrera de esprint [398]. El área de la sección transversal y la capacidad de generación de fuerza de los músculos locomotores son factores evidentemente relevantes, y estas cualidades son susceptibles a la adaptación a través del entrenamiento adecuado. Dicho esto, un estudio en velocistas de élite reportó que la capacidad máxima de generación de fuerza no fue un factor determinante para el rendimiento de esprint de 100 m en esta población [395]. Los hallazgos reportados sugirieron que la producción de potencia máxima y la capacidad de aplicar fuerza en lugar de la capacidad general de producción de fuerza eran factores mecánicos de mayor importancia en lo que concierne al rendimiento de la carrera de esprint.

La arquitectura muscular se puede modificar de manera similar con el entrenamiento. Específicamente, se notan cambios en el ángulo de penación (orientación de las fibras con respecto al eje largo del músculo), que a su vez cambian las propiedades mecánicas del músculo [242]. Por ejemplo, el ángulo de penación del extensor de la rodilla reportó una relación con la tasa de desarrollo de la fuerza durante el salto en profundidad [318]. El ángulo de penación también está relacionado con la capacidad de absorber rápidamente la fuerza durante el contacto con el suelo, lo que también es muy relevante para las actividades cíclicas del ciclo de estiramiento-acortamiento, como la carrera de esprint.

1.4 Rigidez de las Extremidades Inferiores y Comportamiento de Resorte

Como lo ilustra el "modelo resorte-masa" de la carrera a pie, el comportamiento de resorte de los segmentos de la cadena de la extremidad inferior influirá en el almacenamiento y retorno de energía elástica durante cada contacto con el suelo al correr [110]. En particular, los cambios asociados en los tiempos de contacto con el suelo explican más del 90 % de la variación en la rigidez del resorte de las piernas observada al correr a tasas crecientes de zancada [399]. Evidentemente, el tiempo de contacto y la rigidez activa de las extremidades inferiores tienen una relación recíproca. Sin embargo, la capacidad de lograr rigidez activa en los pies y extremidades inferiores durante el contacto con el suelo se identifica como una cualidad importante que contribuye a las tasas de zancada más elevadas y a los tiempos de contacto más bajos observados con los velocistas de élite que demuestran un rendimiento superior en la carrera de esprint [395].

Además de los rasgos genéticos heredados y los factores anatómicos (como las longitudes relativas de los segmentos de las extremidades, los músculos y los tendones), también existen otros aspectos que dictaminan la rigidez y la compliancia de las articulaciones, los músculos y los tendones de las extremidades inferiores que se pueden modificar con el entrenamiento. En particular, la rigidez muscular y articular y la compliancia pasiva del tendón son factores clave que pueden modificarse con diferentes formas de entrenamiento, incluido el entrenamiento de fuerza [364], pliométrico [334] y de flexibilidad [400].

Lo que constituye una adaptación óptima puede depender del segmento respectivo de la extremidad inferior. Por ejemplo, se observa que los velocistas más rápidos tienen los tendones de la musculatura extensora de rodilla más flexibles [397]. Por el contrario, los mismos demuestran mayores niveles de rigidez de la unidad musculotendinosa del flexor plantar. Dicho esto, este último puede ser un reflejo de un aumento en la rigidez de los músculos y las articulaciones del tobillo, en lugar de una rigidez pasiva del tendón.

1.5   Coordinación Neuronal y Aspectos Técnicos

Además de las adaptaciones mecánicas y los cambios morfológicos, la "rigidez activa" generada durante el contacto con el suelo también es modificada por aspectos neuronales y habilidades técnicas asociadas. Por ejemplo, se ha identificado que el comportamiento elástico de la extremidad inferior durante la pisada y la primera parte del contacto con el suelo está regulado por la "optimización" neuronal de estos músculos que se produce inmediatamente antes del contacto con el suelo [401].

La importancia de los factores de coordinación asociados con el momento de activación de los músculos locomotores a velocidades rápidas se destaca de manera similar tanto para el ciclismo de velocidad [402] como para el rendimiento de la carrera de esprint [403]. Por ejemplo, ajustar los patrones de actividad motora a altas velocidades de zancada es fundamental para maximizar la tasa de rotación (proceso de ciclar) y lograr un reposicionamiento óptimo de las extremidades durante la fase de vuelo en un esprint. En consecuencia, las tasas de zancada más elevadas de los velocistas de élite se asocian con un rendimiento superior en el esprint de 100 m, y esto se logra mediante tiempos de contacto correspondientemente más bajos con tiempos de impulso más cortos [395].

Además de ajustar y sincronizar la activación muscular para lograr un contacto con el suelo y tiempos de impulso más breves, la coordinación neuronal también está implicada en la capacidad de aplicar y dirigir las fuerzas de reacción del suelo durante el contacto con este [395]. Morin y colaboradores [404] identificaron la capacidad técnica de la aplicación de la fuerza como un determinante crítico del rendimiento de la carrera de esprint. Específicamente, esto se relaciona con la coordinación del posicionamiento relativo y el movimiento de los respectivos segmentos de las extremidades inferiores antes y durante el contacto del pie y, a su vez, la capacidad de dirigir los vectores de fuerza de reacción del suelo para optimizar el impulso horizontal y vertical, minimizando la duración del contacto con el suelo.

1.6   Factores Metabólicos y Fisiológicos

Los aspectos metabólicos y fisiológicos también influyen en el rendimiento de la carrera de esprint [405]. Más específicamente, los efectos de la fatiga que se manifiestan en la disminución de la potencia y la velocidad al correr. Suponiendo que la duración sea inferior a 60 segundos, el suministro energético no es un factor limitante cuando se realiza un solo esprint. Para esprints individuales de menos de 60 segundos, es la capacidad de resistir la fatiga periférica lo que influye en la disminución de la producción de potencia y la expresión de velocidad [406]. Las capacidades fisiológicas que sustentan la resistencia a la fatiga y la resistencia a la pérdida de velocidad (para un solo esprint) pueden considerarse entrenables [34]. En muchos deportes de equipo y deportes de raqueta, el atleta debe realizar múltiples series de carreras de esprint, intercaladas con períodos de descanso a menudo de naturaleza incompleta. Para estos deportes, la expresión de la velocidad durante los esprints sucesivos también está influenciada por las cualidades metabólicas y fisiológicas asociadas con la capacidad de esprints repetidos.

2   Mecánica de la Carrera de Esprint

El ciclo de marcha de carrera se puede dividir en distintas fases. La fase de contacto o de apoyo comienza con la pisada inicial y termina cuando el pie abandona el suelo, es decir, "el despegue". A su vez, esto se puede subdividir en una fase de frenado o "aceptación de peso" y una fase de impulso. La fase de balanceo comienza con la recuperación inicial durante la cual el movimiento inicial hacia atrás de la extremidad inferior se ralentiza y luego se invierte a medida que la pierna se adelanta para pasar por debajo del centro de masa del atleta. La fase de vuelo se engloba dentro de la fase de balanceo, en la que ambos pies están separados del suelo: esto ocurre durante la porción inicial de la fase de balanceo después del despegue; luego se interrumpe durante la porción media de la fase de balanceo cuando el pie contralateral está en contacto con el suelo, antes de continuar durante la última porción de la fase de balanceo con el movimiento de reposicionamiento previo al próximo contacto con el suelo.

En una muestra de atletas de una combinación de distintos deportes de carrera, la fase de apoyo comprendió el 26.6 % del ciclo de marcha total al esprintar, y el resto (73.4 %) comprendió la fase de balanceo [407].

2.1 Principios Generales de la Carrera de Esprint

En general, el objetivo del velocista es lograr una duración óptima de contacto con el suelo que facilite un alto nivel de impulso que le permita viajar una mayor distancia en cada zancada, evitando al mismo tiempo comprometer la tasa de zancada en la medida en que esta reduzca la velocidad de carrera. Durante la fase de aceleración, los velocistas más rápidos pasan relativamente más tiempo en el suelo, pero el tiempo de vuelo es más corto, por lo que las tasas de zancada son similares a las observadas a la velocidad máxima [392]. A medida que alcanzan velocidades más altas, el velocista se enfrenta cada vez más al desafío de minimizar el contacto con el suelo para lograr las tasas de zancada más altas que se ha demostrado que se requieren para lograr un rendimiento de velocidad de clase mundial [395].

Un factor clave para optimizar el rendimiento del esprint a altas tasas de zancada, es reposicionar la extremidad muy rápidamente durante la fase de balanceo y este es el caso tanto de la aceleración como de la carrera de esprint de velocidad máxima. Por ejemplo, en una muestra de velocistas de élite, los valores de tiempo de balanceo más bajos (intervalo necesario para reposicionar la extremidad entre los contactos con el suelo) se relacionaron con un rendimiento de esprint superior tanto para la fase de aceleración (distancia recorrida en 4 segundos) como para el tiempo total de 100 m [404].

Otro desafío crítico para el velocista es minimizar las fuerzas de frenado durante la pisada inicial y maximizar el impulso neto generado durante cada contacto con el suelo [408]. Existe una serie de aspectos técnicos que los entrenadores enfatizan para reducir las fuerzas de frenado incurridas después del contacto inicial y ayudar a generar impulso tan pronto como sea posible desde la fase de apoyo. Un factor clave es la posición del pie con respecto al centro de masa del atleta. La acción de reposicionamiento y la dirección del movimiento del pie cuando golpea el suelo por primera vez también influirán en las fuerzas de frenado generadas y ayudarán a determinar cuándo se inicia la propulsión de la fase de impulso.

2.2 Determinantes de la Distancia de Zancada

Aunque no se puede modificar con el entrenamiento, un atleta con extremidades más largas será naturalmente capaz de cubrir una mayor distancia con cada zancada [19]. La distancia recorrida con cada zancada también depende de las fuerzas generadas durante cada contacto del pie con el suelo. Estas fuerzas son devueltas por el suelo (la tercera ley de Newton, para cada acción existe una reacción igual y opuesta), por lo que se describen en términos de *fuerzas de reacción* del suelo.

Un estudio de atletas de pista y de deportes de equipo encontró que estos atletas eran capaces de generar fuerzas de reacción del suelo durante el salto máximo que excedían lo que registraron durante la carrera de esprint [19]. Por lo tanto, lo que pareció limitar el rendimiento de los atletas es que no pudieron desarrollar la fuerza con la suficiente rapidez en el breve período de contacto con el suelo cuando corrían a velocidad máxima. De hecho, lo que diferencia a los atletas más rápidos (aquellos que recorren una mayor distancia en cada zancada) no es solo la capacidad de ejercer mayores fuerzas de reacción del suelo en relación con la masa corporal, sino también que son capaces de hacer esto en un período de contacto con el suelo comparativamente más corto [19].

Las fuerzas de reacción del suelo se pueden dividir en componentes verticales y horizontales, y direcciones positivas y negativas con respecto a la dirección del desplazamiento. Una consideración crítica con respecto a la distancia recorrida con cada zancada es el producto neto de las fuerzas de impulso y frenado que ocurren durante el contacto con el suelo. En última instancia, esta relación determina el impulso horizontal resultante en una dirección hacia delante [409]. La capacidad no solo de generar fuerzas elevadas de reacción de suelo durante el pequeño intervalo concedido (la duración del contacto con el suelo), sino también de dirigir las fuerzas en una dirección horizontal para maximizar el impulso mientras se mantiene una producción de fuerza vertical suficiente para evitar el colapso en el contacto y optimizar el tiempo de vuelo, representan habilidades técnicas críticas que determinan la distancia de zancada y, por lo tanto, la velocidad máxima de esprint.

2.3   Determinantes de la Frecuencia de Zancada

La frecuencia de la zancada depende del tiempo necesario para ejecutar la fase de balanceo y las acciones que la componen. Se estima que existe un tiempo mínimo de vuelo que se requiere para permitir al atleta recuperar, balancear y reposicionar la extremidad inferior de manera efectiva [19]. En parte, esto está determinado por la interacción entre los torques pasivos debidos a la inercia de cada segmento de la extremidad oscilante y los torques activos generados en las articulaciones de las extremidades inferiores por los músculos flexores y extensores relevantes [410]. Más específicamente, durante la fase de balanceo, el atleta debe superar la inercia de cada segmento de la extremidad que se balancea para primero desacelerar, luego invertir la dirección de movimiento de cada segmento de la extremidad y posteriormente acelerar en la dirección opuesta. Además, deben hacer esto tanto al comienzo de la fase de balanceo después del despegue como al final de antedicha fase en preparación para el siguiente contacto con el suelo.

El tiempo necesario para ejecutar elementos de la fase de balanceo a su vez también influirá en la duración del contacto con el suelo durante la carrera de esprint [19]. De forma circular, estas acciones de recuperación, reposicionamiento y preparación durante la fase de vuelo también tienen una influencia importante en las fuerzas de reacción del suelo que ocurren en el contacto posterior del pie, incluido el grado de las fuerzas de frenado contra las fuerzas de impulso [18].

Actividad Reflexiva: ¿Cómo ayuda la información presentada a su comprensión y la forma en que puede comunicar la mecánica esencial del esprint? ¿El entrenamiento de la mecánica de carrera tiene lugar en su deporte? ¿En qué medida se consideran estos elementos específicos al desarrollar el rendimiento de carrera?

2.4   Diferencias entre la Fase de Aceleración y la Carrera de Esprint de Alta Velocidad

Existen diferencias evidentes entre la mecánica de carrera durante la fase de aceleración inicial y la carrera a velocidad máxima. Una diferencia es la duración respectiva de las fases de apoyo y balanceo. Durante la aceleración inicial, el período de contacto con el suelo es relativamente más largo, mientras que la duración del período de contacto cuando se corre a la velocidad máxima es necesariamente muy breve. Otras diferencias clave incluyen la postura del atleta y la orientación de su cuerpo. A su vez, la posición de la pisada con respecto al centro de masa del atleta también es evidentemente distinta.

2.5 Mecánica de la Fase de Aceleración

FASE DE APOYO	**CONTACTO INICIAL DEL PIE**	Colocación detrás del centro de masa del atleta La acción de "pico y pala" hace que el dedo del pie/antepié entre en contacto con el suelo con un tobillo en dorsiflexión
	ACEPTACIÓN DEL PESO	Tobillo rígido – sin colapso Rodilla rígida – sin más flexión o movimiento hacia adelante Rodilla opuesta nivelada con la rodilla de la pierna de apoyo Acción de pistón – la pierna inferior se impulsa hacia el suelo y la rodilla opuesta se impulsa activamente en un movimiento pendular hacia adelante
	FASE DE APOYO TARDÍA	Empuje completo – Impulso relativamente largo Extensión completa en la rodilla y cadera
FASE DE BALANCEO	**DESPEGUE DEL PIE**	Despegue instantáneo hacia adelante (sin deriva ni pausa después del despegue)
	RECUPERACIÓN	La rodilla orienta el desplazamiento del talón hacia adelante ("recuperación baja")
	BALANCEO HACIA ADELANTE	El muslo que se balancea hacia adelante alimenta el balanceo hacia abajo/hacia atrás de la pierna delantera como pistones emparejados o péndulos opuestos La acción de pistón hace que la parte inferior de la pierna suba y avance hacia adelante como la cabeza de un pico preparándose para golpear el suelo
	POSICIÓN TERMINAL DEL BALANCEO	Flexion de cadera completa Posición alta de rodilla Tobillo flexionado de manera rígida a 90 grados
	"ATAQUE"	Empuje violento desde la cadera para impulsar la parte inferior de la pierna en un balanceo descendente El talón se dirige hacia el suelo detrás del centro de la masa para entrar en contacto con este con los dedos del pie flexionados/antepié y el tobillo rígido

Figura 6.1 – Parámetros técnicos de la Mecánica de Esprint durante la Aceleración Temprana

La fase de aceleración se puede conceptualizar como una acción de empujar o trepar. Esto se genera tanto a partir de la extensión de la cadera como de la extensión de la rodilla; de modo que, el movimiento de las extremidades inferiores se asemeja esencialmente a una acción de pistón. La fase de aceleración es esencialmente una caída controlada: la orientación hacia delante del cuerpo proporciona un impulso hacia delante y permite que las fuerzas que se alinean de manera aproximada con el cuerpo se dirijan hacia atrás.

La posición de contacto inicial durante la pisada es en la porción trasera del centro de masa del atleta durante la fase de aceleración. Como tal, la posición relativa del pie al entrar en contacto con el suelo trabaja en combinación con la orientación del cuerpo a fin de facilitar la dirección de las fuerzas generadas por la acción de empuje —similar a un pistón— de las extremidades inferiores, esto con el propósito de aplicar un gran componente horizontal a las fuerzas de reacción del suelo y, por lo tanto, producir impulso hacia delante [411].

2.5.1 Mecánica de la Velocidad Máxima

FASE DE APOYO

CONTACTO INICIAL DEL PIE
Dorsiflexión mantenida hasta el instante previo al aterrizaje
Colocación marginalmente por delante del centro de masa del atleta
Presión hacia la parte posterior del arco del pie en el borde lateral
Rodilla de la pierna de balanceo en línea con o marginalmente delante de la rodilla de la pierna de apoyo durante el contacto con el suelo

ACEPTACIÓN DEL PESO
La extremidad de apoyo está relativamente extendida y directamente debajo del centro de masa
Amortización pero sin colapso a través de la cadena cinética
La pierna trasera flexionada forma una "figura de 4" con la pierna de balanceo
Pronación en el pie para que los cinco dedos entren en contacto con el suelo
Tracción máxima a través de la planta del pie

FASE DE APOYO TARDÍA
Extensión de la cadera y tobillo/pie
La pelvis y la columna se mantienen en una alineación neutra
El torso se mantiene casí vertical, extendido y creando tensión

FASE DE BALANCEO

DESPEGUE DEL PIE
Las caderas permanecen niveladas en el plano frontal
Ningún movimiento hacia atrás del talón o rodilla después del despegue

RECUPERACIÓN
Flexión equitativa de cadera y rodilla para levantar el pie
Dorsiflexión temprana
Pie lanzado hacia arriba/hacia adelante y rodilla hacia adelante en oscilación pendular directamente después del despegue del pie

BALANCEO HACIA ADELANTE
La iniciación en la rodilla acorta la palanca y permite un recorrido alto del pie cuando pasa por debajo del cuerpo
Los fémures funcionan como péndulos alternos que se aceleran en direcciones opuestas

POSICIÓN TERMINAL DEL BALANCEO
Cadera flexionada hacia 90 grados desde el torso erguido
Posición alta de la rodilla
La parte inferior de la pierna se balancea pasivamente frente a la rodilla

"ATAQUE"
Muslo/talón acelerado hacia abajo/hacia atrás hasta el contacto inicial
La acción de "látigo" de la cadera hace que la extremidad inferior se extienda a medida que viaja hacia abajo y hacia atrás para entrar en contacto con el suelo

Figura 6.2 – Parámetros Técnicos de la Mecánica de Esprint durante la Velocidad Máxima

La carrera a pie de velocidad máxima, como un *flying sprint*, se puede caracterizar como un movimiento de rebote rodante en el que el pie del atleta entra en contacto con el suelo por debajo del centro de masa y luego imparte los torques generados en la cadera y el tobillo a este. El movimiento del pie desde el despegue hasta el aterrizaje es cíclico, en lugar del movimiento de empuje que es similar a un pistón que caracteriza la mecánica de la aceleración. Asimismo, en contraste con la pronunciada inclinación hacia delante observada durante la aceleración, los atletas adoptan una postura erguida frente a la velocidad máxima [19].

Otra diferencia es que la pisada inicial ocurre marginalmente delante del centro de masa del atleta. La acción subsecuente al despegue del pie es "similar a un látigo", a fin de llevar el pie y la extremidad inferior hacia arriba y a través para pasar por debajo y luego por delante del cuerpo, seguido de un "lanzamiento" hacia atrás del pie para entrar en contacto con el suelo de manera contundente. Como resultado, durante la carrera a velocidad máxima, es la extensión de la cadera y, más tarde, la acción en el pie y el tobillo las que son predominantemente responsables de generar el impulso horizontal [412]. Por lo tanto, el papel de los extensores de la rodilla en la fase de velocidad máxima cambia, del impulso al mantenimiento de la rigidez de las extremidades inferiores, para así evitar cualquier colapso durante el contacto contundente del pie con el suelo y facilitar el almacenamiento y retorno de la energía elástica.

2.5.2 La Fase de Transición

Dadas las diferencias pronunciadas entre la mecánica de aceleración y velocidad máxima, es fundamental lograr de manera clara una transición efectiva entre estas fases. La fase de transición tiene sus propias características únicas y representa un desafío técnico adicional y muy específico. La característica más singular es que la mecánica de carrera cambia constantemente durante la fase de transición. Durante la primera porción de la fase de transición, la mecánica se asemeja a la cinética y la cinemática de la aceleración inicial. A medida que continúa la fase de transición, estas se desplazan progresivamente hacia tiempos de vuelo más largos y contactos con el suelo cada vez más breves que son característicos de la fase de velocidad máxima [413].

Actividad Reflexiva: ¿En qué medida se tienen en cuenta estas fases respectivas en el desarrollo de la velocidad que realizan los atletas en su deporte? ¿En qué medida cada una de estas fases se manifiesta en dicho deporte? ¿Es necesario un mayor énfasis o entrenamiento específico para la mecánica de aceleración, transición o velocidad máxima de esprint, respectivamente?

3 Identificación y Desarrollo de Capacidades Físicas para la Carrera de Esprint

Se muestra que las fuerzas de reacción del suelo registradas, cuando se corre a velocidad constante, aumentan con los incrementos en las velocidades de carrera [414]. Las exigencias correspondientes impuestas a las capacidades de generación de fuerza son, por lo tanto, considerablemente más altas al correr. Sin embargo, la magnitud de estos cambios en la fuerza de reacción del suelo difiere cuando se consideran las fuerzas en direcciones verticales y horizontales. Las fuerzas de reacción del suelo verticales aumentan solo moderadamente, mientras que el aumento relativo de las fuerzas de reacción del suelo horizontales es mucho más evidente.

También se ha reportado que la contribución relativa de los diferentes músculos de las extremidades inferiores a la marcha de carrera cambia a medida que aumenta la velocidad de carrera. Específicamente, a velocidades más altas, el aumento requerido en la frecuencia de zancada y la longitud de esta se logra mediante un mayor reclutamiento de los músculos flexores y extensores de la cadera. Por el contrario, la actividad de los músculos antigravedad (por ejemplo, los músculos extensores de la rodilla, incluidos los cuádriceps) se mantiene relativamente sin cambios [415]. De ello se deduce que los músculos flexores y extensores de la cadera merecen un énfasis particular cuando se entrena para desarrollar el rendimiento de esprint.

Independientemente de la velocidad de carrera, el papel de los músculos extensores de la rodilla y los flexores plantares del tobillo es modular la rigidez del "resorte" de la extremidad inferior antes y durante cada contacto con el suelo para optimizar el almacenamiento y la utilización de la energía elástica [401]. Por el contrario, son los músculos extensores de la cadera inicialmente y luego los flexores plantares los que fomentan principalmente el impulso durante el contacto con el suelo [412].

3.1 Requisitos Específicos de las Diferentes Fases de la Marcha de Carrera

Fundamentándose en la evaluación de la mecánica de la marcha durante la carrera de esprint, se pueden identificar áreas clave para el desarrollo. Durante la fase de apoyo existe un requisito de fuerza isométrica, fuerza excéntrica y velocidad-fuerza reactiva de los extensores de la rodilla y los músculos flexores del pie y el tobillo. Asimismo, desarrollar el impulso durante cada contacto con el suelo requiere del desarrollo de fuerza concéntrica y velocidad-fuerza de los extensores de la cadera, los flexores plantares del tobillo y los flexores de los dedos del pie.

Durante la fase de apoyo, la producción de fuerzas de reacción del suelo cumple una función dual. El primero, es oponerse a las fuerzas que actúan en dirección negativa debido a los efectos de la gravedad durante el contacto con el suelo [414] y, el segundo, es generar impulso en una dirección positiva (particularmente horizontal). Como tal, parte de la función de los músculos inferiores es generar rigidez para facilitar la función de resorte de la pierna. La segunda parte se ocupa de generar impulso de forma activa aplicando una fuerza de reacción del suelo, tanto en dirección horizontal como vertical, para generar un rebote rodante con el fin de impulsar el centro de masa del atleta hacia delante y mantener una elevación vertical suficiente para mantener el tiempo de vuelo necesario.

Los requisitos de fuerza durante la fase de balanceo son evidentemente bastante distintos, particularmente durante la fase de vuelo, ya que el atleta está en el aire. La principal carga por superar es la inercia de cada segmento de las extremidades. Existe una necesidad particular de velocidad-fuerza concéntrica de los músculos flexores de cadera y la rodilla y dorsiflexores del tobillo durante la porción inicial de la fase de balanceo después del despegue del dedo del pie. También existe la necesidad de una fuerza excéntrica de los extensores de la cadera, los flexores de la rodilla y los dorsiflexores del tobillo durante la fase de balanceo para detener el movimiento hacia delante de la extremidad. Finalmente, durante la porción terminal de la fase de balanceo existe una necesidad de fuerza concéntrica de los extensores de la cadera, particularmente para acelerar la extremidad hacia atrás antes del contacto con el suelo.

Durante la fase de balanceo, las exigencias divergentes sobre los flexores y extensores de las extremidades inferiores se deben al hecho de que el atleta debe gestionar la inercia de los segmentos respectivos de las extremidades inferiores en movimiento [410]. En la primera porción de la fase de balanceo, después del despegue del pie, el atleta debe desacelerar rápidamente la extremidad inferior que se desplaza hacia atrás durante la acción de recuperación inicial, lo que requiere una acción muscular excéntrica, antes de cambiar rápidamente a una acción concéntrica para flexionar simultáneamente la rodilla y la cadera con el propósito de realizar la acción de recuperación del talón a la cadera [416]. Después de la acción de recuperación, esta acción concéntrica continúa acelerando la extremidad para que se mueva hacia delante y hacia afuera en la parte delantera del cuerpo (lo que los entrenadores de pista denominan "mecánica frontal"). Posteriormente se requiere el acoplamiento de la fuerza excéntrica y la acción concéntrica de los extensores de la cadera y los flexores de la rodilla para detener primero este impulso hacia delante y luego invertir el movimiento de la extremidad para impulsarla hacia atrás y ayudar a posicionar el pie antes del contacto con el suelo [417].

3.2 Entrenamiento de las Cualidades Físicas Específicas para la Carrera de Esprint

Fundamentalmente, la carrera de esprint depende de la capacidad de impartir fuerzas al suelo durante cada contacto con el pie [414]. Como tal, la fuerza máxima de los atletas (una repetición máxima) para un ejercicio de peso libre de cadena cerrada (por ejemplo, la sentadilla trasera con barra olímpica) a menudo reporta una relación estadística con los tiempos de esprint, particularmente en distancias más cortas [418].

Las cualidades particulares de fuerza que predominan difieren para las divergentes fases dentro de un esprint en línea recta (arranque, aceleración, transición, velocidad máxima), lo que refleja las diferencias en cinética y cinemática entre las respectivas fases [310]. Por ejemplo, las fuerzas de reacción horizontales del suelo durante la fase de aceleración de un esprint son aproximadamente un 50 % más altas que las registradas durante el esprint máximo a velocidad constante [414].

Además de estas diferencias en la cinética (como las fuerzas de reacción del suelo), las diferencias en la postura y la cinemática durante las respectivas fases de un esprint también influyen en la contribución de los diferentes músculos de las extremidades inferiores al impulso. Específicamente, la inclinación del cuerpo hacia delante y la acción de empuje similar a un pistón durante la aceleración permite que los extensores de rodilla contribuyan al impulso en una dirección horizontal. Por el contrario, una vez que se alcanza la velocidad máxima y el atleta está corriendo en una postura erguida, este ya no es el caso, y el impulso horizontal debe ser generada por los músculos extensores de la cadera, los músculos flexores plantares del tobillo y los flexores de los dedos del pie.

Es importante que cualquier desplazamiento hacia abajo del centro de masa del atleta o colapso en cualquier punto de la cadena cinética del miembro inferior se evite en cada pisada. Sin embargo, también es igualmente importante que el atleta evite un desplazamiento vertical excesivo o "rebotar" hacia arriba cuando corre. Esencialmente, el atleta solo requiere un desplazamiento vertical suficiente para permitir el reposicionamiento de la extremidad inferior durante la fase de balanceo antes del siguiente contacto con el suelo. Se observa que los velocistas de élite modulan la fuerza de reacción vertical del suelo cuando corren, de modo que solo se registran fuerzas de reacción del suelo verticales relativamente moderadas incluso a velocidades máximas [419].

Estas observaciones parecen tener ciertas implicaciones para el entrenamiento de fuerza en lo que concierne al desarrollo de la velocidad. Por un lado, es fundamental que se lleve a cabo el desarrollo apropiado de las capacidades de generación de fuerza vertical a fin de que el atleta pueda mantener la rigidez vertical necesaria para optimizar la mecánica de carrera en el rango superior de velocidades que se encuentran en la competición. Por el contrario, una vez que se hayan alcanzado estos mínimos en términos de capacidades de desarrollo de fuerza vertical, parecería prudente cambiar el énfasis del entrenamiento de fuerza para centrarse más en el desarrollo de la fuerzas de reacción del suelo horizontales a fin de que se puedan lograr mejoras adicionales en el rendimiento de la velocidad [414]. Esto parecería lógico, especialmente dado que el impulso y, por lo tanto, el rendimiento de la carrera de esprint depende en gran parte de la aplicación de las fuerzas de reacción del suelo horizontales. Existe un debate en curso sobre la metodología de entrenamiento más eficaz para desarrollar las cualidades de fuerza necesarias para el rendimiento de la carrera de esprint. Puede ser que métodos de entrenamiento particulares tengan aplicaciones específicas para diferentes fases de la carrera de esprint, dadas las aparentes diferencias en las cualidades de fuerza que predominan en cada fase respectiva [310]. Ciertamente, existen indicios de que diferentes intervenciones de entrenamiento provocan mejoras en ciertos parámetros de un esprint, pero en otros no, como la aceleración frente a la velocidad máxima [420]. Por lo tanto, la selección de ejercicios podría variar según la necesidad de desarrollar cualidades específicas para la fase de aceleración, la fase de transición y la carrera a velocidad máxima, respectivamente.

De manera similar, existe cierta controversia sobre qué grado de carga es óptimo cuando se realiza un entrenamiento de fuerza y velocidad-fuerza para desarrollar el rendimiento de carrera de esprint. Ciertos autores han sostenido que las cargas ligeras o las cargas de "potencia máxima" son óptimas. Sin embargo, los estudios que comparan las intervenciones de entrenamiento de cargas ligeras contra pesadas indican que el entrenamiento de fuerza balística con cargas pesadas es igualmente efectivo para mejorar el rendimiento de la carrera de esprint en atletas entrenados [338].

3.3   Aplicación del Entrenamiento de Velocidad-Fuerza

Las modalidades de entrenamiento de velocidad-fuerza parecen tener una variedad de aplicaciones cuando se entrena con el propósito de desarrollar el rendimiento de la carrera de esprint. Por ejemplo, esta forma de entrenamiento ofrece un medio para desarrollar la producción de potencia concéntrica y la capacidad de generar niveles máximos de fuerza de reacción del suelo rápidamente, lo cual es particularmente relevante para la fase de aceleración inicial de un esprint. De manera similar, las modalidades de entrenamiento de velocidad-fuerza ofrecen un medio para mejorar la tasa de desarrollo de la fuerza, lo cual es relevante para maximizar la producción de fuerza de reacción del suelo durante el breve período de contacto con el suelo al correr a velocidades más altas. Las modalidades de entrenamiento de velocidad-fuerza, como el entrenamiento de sentadilla con salto, también mejoran la capacidad de absorber la fuerza y el acoplamiento entre las fases excéntricas y concéntricas y, por lo tanto, tienen el potencial de mejorar la capacidad de almacenar y devolver energía elástica durante cada contacto con el pie al correr [315]. De manera similar, el entrenamiento de velocidad-fuerza que involucra acciones excéntricas y concéntricas acopladas rápidamente puede mejorar la economía y la eficiencia de la locomoción para carreras de esprint [421].

Un resultado clave cuando se entrena para desarrollar el rendimiento del esprint es aumentar la producción de potencia concéntrica, es decir, la capacidad de aplicar niveles elevados de fuerza rápidamente durante las acciones musculares concéntricas rápidas que se presentan particularmente en la fase de aceleración. Las modalidades de entrenamiento de velocidad-fuerza de "aceleración completa", como los ejercicios de levantamiento de pesas de estilo olímpico y sus variaciones, proporcionan un medio ideal para desarrollar estas capacidades, ya que combinan una producción de fuerza considerable con una velocidad de movimiento significativa. En apoyo de esto, se ha demostrado que las puntuaciones de la cargada de potencia colgada diferencian el rendimiento de esprint en atletas entrenados [347].

De relevancia para el rendimiento de la carrera de esprint, las modalidades de entrenamiento de velocidad-fuerza que involucran acciones excéntricas y concéntricas acopladas (por ejemplo, sentadilla con salto con barra olímpica) también proporcionan un medio para desarrollar la *velocidad-fuerza reactiva*, o la capacidad de hacer rápidamente la transición de un movimiento excéntrico a concéntrico [239]. Gran parte de la mejora en la producción de potencia concéntrica después del entrenamiento balístico de velocidad-fuerza, como la sentadilla con salto, se deriva de mejoras durante la fase excéntrica, que confiere una mayor producción de potencia durante la porción concéntrica posterior del movimiento [333]. En vista de los breves tiempos de contacto involucrados durante el esprint, esto parecería ser una adaptación muy beneficiosa. Esta afirmación está respaldada por las mejoras en el rendimiento de la carrera de esprint provocadas por las intervenciones del entrenamiento de velocidad-fuerza, como el entrenamiento de sentadilla con salto [338]. Además, tanto las cargas ligeras como las pesadas parecen ser efectivas para obtener mejoras en el rendimiento de velocidad con estas modalidades de entrenamiento.

Actividad Reflexiva: ¿Cuáles son sus pensamientos? Según su comprensión del entrenamiento para desarrollar las capacidades físicas descritas, ¿hasta qué punto son necesarios el entrenamiento de fuerza y el entrenamiento de velocidad-fuerza para desarrollar el rendimiento de velocidad? ¿Por ejemplo, será diferente la aplicación de las modalidades de entrenamiento de velocidad-fuerza para la fase de aceleración contra el rendimiento de velocidad máxima?

3.4 Pliometría y Rendimiento del Ciclo de Estiramiento-Acortamiento para Esprintar

La capacidad del atleta de absorber rápidamente la fuerza y, almacenarla y devolver la energía elástica durante el breve intervalo de contacto con el suelo representan factores críticos con respecto al rendimiento del esprint. Los atletas que participan en deportes caracterizados por movimientos intensivos del ciclo de estiramiento-acortamiento (salto de longitud y triple salto) exhiben mayores niveles de rigidez musculotendinosa de los músculos flexores plantares, por ejemplo, cuando realizan actividades del ciclo de estiramiento-acortamiento [422]. La incorporación de la pliometría en el entrenamiento de un atleta ofrece, por lo tanto, un medio potencial para aumentar la capacidad de rigidez activa y alterar el comportamiento de resorte de la cadena cinética de las extremidades inferiores al correr.

La alta magnitud de las fuerzas de reacción del suelo y las rápidas tasas de tensión aplicadas durante los movimientos pliométricos hacen de estos una herramienta potente para provocar la adaptación de las propiedades estructurales y funcionales del complejo musculotendinoso [362]. También se demostró que la velocidad de acortamiento y la producción de potencia máxima de las fibras musculares individuales Tipo II aumentaban en respuesta a una intervención de entrenamiento pliométrico que comprendía predominantemente ejercicios de ciclo de estiramiento-acortamiento rápido [313]. Estas respectivas adaptaciones son muy relevantes para el rendimiento de la carrera de esprint.

Por ejemplo, Kubo y colaboradores [364], realizaron un estudio en el que los sujetos efectuaron un entrenamiento pliométrico con salto en profundidad unilateral (solo con una pierna) y entrenamiento de fuerza con la pierna opuesta. El entrenamiento pliométrico de salto en profundidad unilateral provocó cambios en las propiedades mecánicas del complejo musculotendinoso, reflejados en cambios en la rigidez de la articulación del tobillo y un mejor rendimiento en una variedad de pruebas de salto. Estos cambios no se observaron con la pierna opuesta que recibió entrenamiento de fuerza unilateral durante la intervención; la pierna entrenada en fuerza mejoró solo en la prueba de rendimiento de sentadilla con salto (solo concéntrico), aunque aumentó la rigidez pasiva del tendón de Aquiles [364].

De acuerdo con estas observaciones, un metaanálisis reciente de los estudios que investigan el entrenamiento pliométrico sobre las mediciones de velocidad concluyó que esta forma de entrenamiento es un medio eficaz para mejorar el rendimiento del esprint [360]. Se ha identificado que ciertas actividades cíclicas de bounds podrían ser particularmente aplicables para desarrollar el rendimiento de la carrera de esprint en función del perfil cinético de estos ejercicios [361].

También existe evidencia que respalda el papel del entrenamiento pliométrico en la mejora de la economía de carrera [421]. Las propiedades mecánicas del complejo musculotendinoso tanto en la rodilla como en el tobillo se han relacionado con la economía de carrera y el rendimiento en corredores de distancia de élite [423]. También se podría especular que las intervenciones de entrenamiento pliométrico apropiadas pueden adicionalmente mejorar la eficiencia de la locomoción para la carrera de esprint.

4   Entrenamiento de Coordinación para la Carrera de Esprint

El entrenamiento de coordinación es una propuesta del entrenamiento de velocidad-fuerza que implica aplicar una carga directamente a los movimientos deportivos y habilidades motoras. El fundamento de las modalidades de entrenamiento de coordinación, en lo que concierne al desarrollo del esprint, es que proporcionan una sobrecarga muy específica a la propia acción del esprint y, fundamentándose sobre dicha especificidad, deberían favorecer la transferencia directa al rendimiento de este.

Una advertencia que se ha hecho con esta propuesta de entrenamiento, es que la sobrecarga impuesta no debería alterar drásticamente la cinética y, en particular, la cinemática del esprint [424], ya que hacerlo parecería violar la especificidad biomecánica atribuida a estas modalidades de entrenamiento. Dicho esto, los cambios en la cinética y cinemática del esprint se observan comúnmente con las modalidades de entrenamiento de esprint resistido. Estos cambios incluyen un tiempo de contacto con el suelo aumentado, mientras que la longitud de zancada a menudo disminuye durante el esprint resistido, al igual que la frecuencia de la zancada, aunque en menor medida [425].

Se han empleado numerosos métodos de entrenamiento de esprint resistido con el propósito de imponer un estímulo de sobrecarga durante la acción de esprintar [426]. Estas modalidades de coordinación incluyen correr cuesta arriba, remolcar o empujar un trineo con peso, correr con un paracaídas para imponer una mayor resistencia al viento, correr con chaleco con peso y correr con pesas adheridas a las articulaciones de las extremidades inferiores.

4.1   Entrenamiento de Remolque y Empuje para los Extensores de las Extremidades Inferiores

Los cambios característicos en la cinética y cinemática de carrera asociados con el remolque de trineo parecerían hacer que esta forma de entrenamiento sea la más apropiada para desarrollar la aceleración del esprint. Por ejemplo, el aumento de la inclinación hacia delante y la flexión de la cadera observada con el remolque de trineo se asemeja bastante a la cinemática de la fase de aceleración de la carrera de esprint [427]. Los datos recientes también sugieren que el entrenamiento de esprint resistido remolcando un trineo con cargas moderadas puede mejorar el rendimiento de la fase de transición [428].

Se ha observado que los cambios en la cinemática con el entrenamiento de esprint resistido se vuelven más pronunciados frente al uso de cargas más abundantes [427]. Por estas razones, ciertos autores han abogado anteriormente que la carga de remolque no debe ser excesiva para que la interrupción de la mecánica de carrera no sea demasiado grande [424]. La exposición a las condiciones del entrenamiento de esprint resistido podría ser posiblemente perjudicial para la técnica de esprintar a lo largo del tiempo si estas modalidades se utilizan en exceso o si el nivel de carga impuesto es inadecuado. Además de la cantidad de carga en el trineo, también se debe considerar la cantidad de fricción entre el trineo y la superficie. Un estudio reciente validó un método para cuantificar las fuerzas de tracción y de fricción tanto estáticas como dinámicas para el entrenamiento de remolque de trineo [429].

Una propuesta recomendada por varios autores, que tiene en cuenta ambos factores, es monitorear la velocidad de carrera del atleta cuando remolca el trineo [430]. Los partidarios de esta propuesta sugieren que la velocidad de carrera debe mantenerse en o por encima del 90 % de los tiempos de esprint del atleta en condiciones sin carga; si la disminución de la velocidad excede este valor, la cantidad de carga debe reducirse [427]. Para los atletas entrenados que corren en una pista de atletismo sintética al aire libre, este valor de carga máxima generalmente equivale a alrededor del 10 % de la masa corporal del atleta [430].

Figura 6.3 – Remolque de Trineo Pesado

Sin embargo, una investigación más reciente, ha identificado que las cargas de remolque de trineo más pesadas provocan cambios muy positivos en el rendimiento de la aceleración [431]. Los grados de inclinación hacia delante y flexión de la cadera aumentan cuando se remolca un trineo con peso, al igual que el grado de movimiento del cuerpo superior, y estos cambios parecen volverse más evidentes con mayores cargas de remolque. Puede ser que estos cambios sean benéficos en términos de desarrollar elementos técnicos y de velocidad-fuerza específicos de la fase de aceleración. Otro estudio reciente, mostró más apoyo para la aparente superioridad de cargas más pesadas para el remolque de trineo, que reportó que una carga relativa más alta (30 % de la masa corporal) era más efectiva para producir un aumento en las fuerzas de reacción del suelo aplicadas por el atleta [432]. Por el contrario, la carga relativa del 10 % que se propuso anteriormente no difirió de la condición sin carga en términos de las fuerzas de reacción del suelo registradas.

De manera similar, los trineos pesados y los aparatos de entrenamiento relacionados se pueden usar para el entrenamiento de empuje con el propósito de desarrollar fuerza dinámica y velocidad-fuerza de los extensores de las extremidades inferiores en la acción de aceleración del esprint. Este tipo de entrenamiento es similar a la aceleración del esprint de empuje que ocurre en deportes de invierno como el bobsleigh. Las modalidades de entrenamiento de empuje funcionan de la misma manera que las modalidades de entrenamiento con carga de remolque; simplemente, el atleta empuja la carga mientras corre, en lugar de remolcarla. Otra diferencia importante con estas modalidades de entrenamiento es que los brazos están esencialmente fijos y la cintura escapular está reforzada. Es posible que esto aísle en mayor medida la acción de las caderas, ya que la acción de los brazos ya no contribuye al movimiento de las extremidades inferiores. Dado que las extremidades superiores deben soportar la carga, esto puede provocar una mayor activación de los músculos del tronco de una manera similar a la que se ha observado con las modalidades de entrenamiento de core que involucran a las extremidades superiores [433].

Otros métodos de esprint con carga incluyen remolcar con ligas o cuerdas elásticas (generalmente unidas a la cintura o al torso del corredor). La carga generalmente la aplica el entrenador o un compañero que resiste al corredor desde atrás mientras corre. Un estudio que investigó a atletas de deportes de equipo empleó con éxito este método para mejorar el rendimiento de la aceleración inicial [434]. Un método similar implica que el atleta corra con un arnés sujeto a un paracaídas que se remolca detrás de él, proporcionando resistencia al viento.

4.2   Modalidades de Entrenamiento de los Flexores de Cadera

Los músculos flexores de cadera altamente desarrollados que se observan en los velocistas de élite son testimonio de la importancia de estos músculos para la carrera de esprint. Por ejemplo, un estudio investigó las áreas transversales de diferentes músculos de las extremidades inferiores en un grupo de velocistas y encontró correlaciones positivas entre los tiempos de 100 m de los atletas y su mayor desarrollo del psoas en relación con el desarrollo del músculo cuádriceps. En consecuencia, se demostró que un programa de 12 semanas de entrenamiento de los flexores de cadera con ligas de resistencia mejoraba los tiempos de esprint de 10 yd, así como los tiempos de 40 yd (principalmente debido a la mejora durante las primeras 10 yd), y también mejoró los tiempos de carrera de shuttle de corta distancia [435]. Cabe señalar que los sujetos presentados en el estudio fueron estudiantes universitarios recreacionalmente activos sin experiencia de entrenamiento; sin embargo, esta forma de entrenamiento parece merecer ser incluida para desarrollar el rendimiento de velocidad.

No obstante, abordar el entrenamiento de los flexores de cadera no es una tarea sencilla. Los ejercicios tradicionales dominantes de flexión de cadera tienen el potencial de imponer una carga lesiva a la columna, por lo que deben implementarse con precaución [155]. Además, es probable que el uso de cargas pesadas provoque cambios compensatorios en la postura lumbo-pélvica, movimientos extraños y un reclutamiento no deseado de los músculos accesorios. Finalmente, a menos que se tomen las medidas apropiadas, el entrenamiento de los flexores de cadera puede conducir a un acortamiento de estos, lo que con el tiempo puede resultar en cambios no deseados en la postura lumbo-pélvica como el desarrollo de la inclinación anterior de la pelvis [436].

Una modalidad de entrenamiento de los flexores de cadera que se ha empleado con éxito en atletas recreativos [435] y ciclistas de velocidad [437] es el ejercicio de elevación de rodilla con máquina de polea. Con este ejercicio se aplica carga externa a la parte inferior de la pierna a través de un manguito y el atleta ejecuta una acción de impulso de rodilla con la pierna resistida. Este ejercicio se realiza en posición erguida o inclinado hacia delante contra un soporte. Dependiendo del grado de inclinación hacia delante, la última opción crea una línea de tracción que sigue más de cerca la línea del cuerpo, como ocurre durante la aceleración inicial. También existe una versión de este ejercicio que se realiza en posición supina (es decir, atleta acostado de espaldas) con la carga aplicada al pie a través de ligas o cables de resistencia.

Figura 6.4 – Elevación de Rodilla de Pie con Máquina de Poleas

Otras propuestas menos convencionales para fortalecer los flexores de cadera implican realizar un movimiento de elevación de la rodilla utilizando exclusivamente la inercia de la parte inferior de la pierna como la carga a vencer. El primer ejemplo de este método fue desarrollado por Walter George, un corredor que compitió a fines del siglo XIX y que en esencia realizó diariamente 100 repeticiones de la elevación de rodilla de pie con cada pierna.

Una progresión de este ejercicio implica realizar ejercicios de carrera de rodillas altas que suelen utilizar los velocistas de pista, con una o ambas piernas realizando la acción de elevación de rodilla. Esto implica un movimiento más rápido y, por lo tanto, una mayor producción de fuerza al manipular el componente de aceleración de la ecuación fuerza = masa x aceleración. Del mismo modo, otra modificación implica realizar una acción de carrera cíclica de elevaciones de rodillas con pie plano, de modo que el atleta se esfuerce conscientemente por minimizar cualquier empuje del pie a través del suelo y más bien use las caderas para impulsar el movimiento.

Una modificación adicional de este ejercicio de elevación de rodillas implica sostener un bastón de madera por encima de la cabeza para eliminar la ayuda proporcionada por la acción de impulso del brazo. Asimismo, una progresión adicional implica sostener una carga por encima de la cabeza (ya sea una barra o mancuernas). Alternativamente, se podría aplicar una carga adicional a la parte inferior de la pierna. Este método de entrenamiento de esprint con carga se describe en una sección posterior.

Finalmente, se encuentra que la actividad de los músculos flexores de cadera aumenta significativamente al correr en una pendiente [438], lo que sugiere que el entrenamiento de aceleración de superficie cuesta arriba o inclinada descrito en una sección posterior también puede proporcionar un estímulo de entrenamiento apropiado. Es posible que la carrera de esprint en una superficie inclinada con pesos añadidos en las extremidades inferiores (otro método de entrenamiento de esprint con carga descrito en una sección posterior) pueda ofrecer un desarrollo adicional del tamaño de los músculos flexores de cadera y la fuerza de alta velocidad.

4.3   Esprints Cuesta Arriba y Esprints en Escaleras

Una vez más, la mecánica de la carrera cuesta arriba y de subir escaleras es muy similar a la fase de aceleración, en términos de la cinética y cinemática observada. Las características comunes incluyen la orientación hacia delante del cuerpo en relación con la superficie de carrera, la posición de pisada, los ángulos de las extremidades inferiores, y la duración del contacto con el suelo. De forma similar, el esprint cuesta arriba tiene muchos elementos en común con la fase de transición del esprint.

La carrera cuesta arriba requiere que el atleta produzca más energía mecánica para generar impulso, ya que existe una contribución reducida del almacenamiento y retorno de energía elástica [439]. Además, cuanto más pronunciada es la pendiente, mayor es la contribución mecánica adicional que debe generar el atleta. Como tal, los esprints cuesta arriba y los esprints en escaleras representan un estímulo de fuerza altamente específico para la carrera de esprint que es particularmente aplicable a la mecánica de la fase de aceleración y transición.

Las investigaciones de esprints cuesta arriba a menudo emplean carreras inclinadas en una caminadora de banda. Estos estudios identifican que las fuerzas de impacto se reducen en comparación con correr en una superficie nivelada y las fuerzas de impulso máximas son significativamente mayores (se registraron picos de fuerza de impulso en un 75 % más grandes cuando se corría en una pendiente de 9 grados) [440]. También se ha encontrado que correr en una superficie inclinada provoca mayores niveles de actividad para los flexores de cadera (recto femoral), extensores de la cadera (bíceps femoral) y flexores plantares (gastrocnemio), en comparación con correr en una superficie nivelada [438]. En apoyo de la eficacia del entrenamiento de esprint cuesta arriba, un estudio que empleó una intervención de entrenamiento de 6 semanas en una caminadora de banda inclinada reportó un rendimiento mejorado de la aceleración inicial (tiempos de carrera de 10 yd o 9.1 m) en las atletas de deportes de equipo [434].

4.4   Modalidades Alternativas de Entrenamiento de Esprints Resistidos

El entrenamiento con chaleco con peso es otra modalidad de entrenamiento comúnmente empleada para desarrollar de manera específica la capacidad de generar fuerzas de reacción del suelo durante la aceleración y la velocidad máxima [425]. Agregar peso al torso del atleta esencialmente aumenta la magnitud de la "masa" en el "sistema masa-resorte" descrito anteriormente. Por definición, esto representa en gran parte un estímulo de entrenamiento vertical, ya que la sobrecarga proporcionada se debe al aumento de las fuerzas gravitacionales, que actúan en dirección vertical.

El entrenamiento con chaleco con peso se investigó recientemente utilizando una caminadora de banda no motorizada [441]. Este estudio reportó que las fuerzas medias y máximas de reacción del suelo registradas en una dirección vertical durante la aceleración y una vez que se alcanzó la velocidad máxima solo aumentaron significativamente con la carga más pesada (chaleco con peso de 18 kg, que representa aproximadamente 22 % de la masa corporal). Las tasas de zancada registradas una vez que los participantes alcanzaron la velocidad máxima no fueron significativamente distintas con los dos chalecos con peso (9 kg y 18 kg) y las condiciones sin carga; a la inversa, la longitud de zancada disminuyó (en un grado similar) en ambas condiciones de carga [441].

Sin embargo, estos hallazgos deberían interpretarse con cierta cautela con respecto al esprint de velocidad máxima. Correr en una caminadora de banda no motorizada es bastante distinto a correr sobre el suelo. Por ejemplo, con el aparato empleado, el corredor está atado a la cintura, lo que hace que esta forma de entrenamiento sea posiblemente más similar al remolque de trineo que a la carrera de esprint. Por lo tanto, es posible que se justifiquen investigaciones adicionales sobre la cinética y cinemática del entrenamiento de esprint con chaleco con peso realizado sobre el suelo en relación con las fases de aceleración y velocidad máxima, y empleando atletas velocistas de élite en lugar de sujetos recreativos. Fundamentándose en los hallazgos hasta la fecha, el entrenamiento con chaleco con peso parece ser aplicable para la fase de aceleración, mientras que la situación con respecto a su aplicación para la velocidad máxima es más ambigua.

Un método final de entrenamiento de esprint con carga implica agregar masa directamente a las extremidades inferiores. Por ejemplo, una investigación agregó el 10 % de la masa del segmento respectivo tanto a la parte inferior de la pierna como al muslo [442]. Fundamentándose en los hallazgos de este estudio, parece que, de todos los métodos de entrenamiento de esprint resistido descritos, esta propuesta puede causar la menor interferencia en la cinemática del esprint. Aunque los tiempos de esprint se redujeron en la condición de carga, la cinemática de esprint se mantuvo de modo que las variables de zancada (frecuencia de zancada, tiempo de vuelo, tiempo de contacto) no difirieron significativamente de las condiciones sin carga en el grupo estudiado de velocistas entrenados [442]. Sin embargo, se requieren más estudios para determinar si estas aparentes ventajas se traducen en mejoras en el rendimiento de la velocidad después de un período de entrenamiento con esta modalidad.

4.5   Modalidades de Entrenamiento "Asistido" y de "Exceso de Velocidad"

El método más sencillo de entrenamiento de esprint asistido es el esprint cuesta abajo. El fundamento de esta propuesta es que la pendiente descendente permite al atleta alcanzar velocidades que exceden su velocidad máxima habitual cuando corre en llano. Como tal, el sistema neuromuscular está expuesto a un estímulo de "exceso de velocidad". Por ejemplo, en estas condiciones se pueden observar velocidades de zancada más rápidas y tiempos de contacto con el suelo más breves. Una propuesta relacionada es entrenar o competir con un fuerte viento en cola, lo que claramente facilita tiempos de esprint más rápidos de lo normal.

De acuerdo con estos beneficios propuestos, se han reportado mejoras en los tiempos de esprint luego de incluir intervenciones de entrenamiento de esprint cuesta abajo [443]. Las adaptaciones positivas relacionadas con esta propuesta de entrenamiento incluyen mejoras en la velocidad de zancada [444]. Fundamentándose en los hallazgos de los estudios hasta la fecha que han investigado qué pendiente es óptima para el entrenamiento de esprint cuesta abajo, parece que las superficies en declive que oscilan entre -2 y -6 grados producen el aumento deseado en la velocidad al esprintar [445]. Es probable que sea necesario un período de familiarización para que el atleta se adapte a la condición de esprint cuesta abajo y realice los ajustes técnicos necesarios. De manera similar, parecería prudente comenzar con un ligero declive (por ejemplo, -2 grados) y avanzar con el tiempo hasta los ángulos de declive más extremos.

Los esprints remolcados a velocidades máximas o supramáximas es otro método común de entrenamiento de esprint asistido o entrenamiento de exceso de velocidad. De esta manera, el atleta es remolcado, es decir, tirado hacia delante a través de un arnés, que puede ser impulsado mecánicamente o con un máquina de poleas propulsada por un compañero. Por ejemplo, existen máquinas de poleas propulsadas por un compañero que están ancladas en un extremo y su efecto es que el atleta es impulsado hacia delante con el doble de velocidad a la que viaja su compañero que remolca desde el frente.

Actividad Reflexiva: ¿Esta información tiene implicaciones para su deporte? ¿En qué medida se consideran estos elementos en el trabajo de desarrollo de la velocidad realizado por los atletas en dicho deporte?

5 Desarrollo del Rendimiento de Aceleración

5.1 Mecánica de Aceleración

Como se describió en secciones anteriores, la mecánica de la aceleración difiere de las características del esprint una vez que se alcanza la velocidad máxima. Se pueden identificar diferencias clave, que incluyen la pronunciada inclinación hacia delante del cuerpo observada durante la aceleración del esprint para facilitar la aplicación de las fuerzas de reacción horizontales del suelo. También existe un mayor ángulo en las articulaciones de las extremidades inferiores; más específicamente, se hacen evidentes grados notablemente mayores de flexión de cadera y rodilla durante el contacto con el suelo. La distancia horizontal entre el centro de masa del atleta y la posición de pisada también es diferente durante la aceleración. Es decir, la colocación del pie está detrás del centro de masa del atleta, de modo que, si el atleta asumiera esta posición en condiciones estacionarias, se volcaría hacia delante. Una vez más, esto refleja el objetivo de maximizar la aplicación de las fuerzas de reacción horizontales del suelo. Finalmente, la acción de los miembros inferiores es significativamente distinta; la mecánica de la aceleración se asemeja esencialmente a un movimiento de empuje similar a un pistón en contraste con la acción cíclica asociada con la marcha erguida del esprint.

Por lo tanto, la aceleración puede conceptualizarse como un movimiento de caída controlada. La cabeza y el centro de masa del atleta se colocan frente a su base de apoyo, y esto por si solo proporciona impulso hacia delante. Como tal, los tiempos de vuelo durante la fase de aceleración son comparativamente más cortos, lo que refleja una vez más el hecho de que la aceleración se asemeja a un movimiento de caída en lugar del movimiento de "rebote" observado en la velocidad máxima. Estos factores, a su vez, alteran la duración de la fase de apoyo. Específicamente, al atleta se le concede un mayor tiempo de contacto con el suelo para generar impulso [411].

Figura 6.5 –Elevación de Rodilla Resistido Por un Compañero

Se ha identificado que la dirección de las fuerzas de reacción del suelo y la cantidad relativa de impulso horizontal frente a vertical generada están fuertemente relacionadas con la postura del atleta al acelerar. De manera similar, lo que es óptimo en términos de aplicación de las fuerzas de reacción del suelo al acelerar una vez más depende del grado de inclinación hacia delante del cuerpo [411]. Si las fuerzas de reacción del suelo generadas exceden este nivel óptimo, se produce un movimiento excesivo en una dirección vertical, lo que será contraproducente para el rendimiento de la aceleración.

En consecuencia, uno de los factores críticos para maximizar el impulso en una dirección horizontal es la orientación (es decir, el grado de inclinación hacia delante) del cuerpo del atleta durante cada pisada. Los atletas más rápidos logran un rendimiento superior al orientar su cuerpo hacia delante en el ángulo óptimo; a pesar de que las fuerzas de reacción del suelo registradas pueden ser solo modestas en relación con su capacidad máxima de generación de fuerza [411].

Otro factor crítico que determina la orientación del vector de fuerza de reacción del suelo durante la aceleración inicial en particular, es la ubicación del pie que entra en contacto con el suelo referente al centro de masa del atleta. La física dictaría que la colocación del pie y la línea de fuerza aplicada debe estar hacia atrás del cuerpo del atleta en el momento del contacto, dado que el objetivo es impulsar el centro de masa del atleta hacia delante y, en consecuencia, esto diferencia la aplicación de fuerza efectiva y a los velocistas más rápidos [411].

Los factores relacionados que influyen en la ubicación de la pisada y la dirección del vector de fuerza de reacción del suelo es la mecánica de las extremidades inferiores empleada durante la aceleración. La acción de las extremidades inferiores durante la fase de aceleración se caracteriza por empujar o impulsar, a diferencia de la acción de "rebote rodante" empleada para generar propulsión al esprintar a velocidad máxima. Esencialmente, la posición "ideal" de las zancadas iniciales manifiesta una tibia (porción inferior de la pierna) adelantada paralela a la línea del cuerpo del atleta y la pierna trasera, dirigiendo el pie hacia el suelo detrás del centro de masa del atleta.

Figura 6.6 – "Arranque" Inicial de Bloques de Salida

Actividad Reflexiva: ¿Alguna de las modalidades descritas de entrenamiento de coordinación especializado es empleado por los atletas en su deporte? Según sus observaciones y la información presentada, ¿cuál de los métodos descritos podría ser útil para desarrollar las cualidades físicas que sustentan el rendimiento de velocidad en su deporte?

5.2   Posición de Inicio y Técnica de Aceleración Inicial

En el atletismo en pista, todos los eventos competitivos en rangos de distancia de 60-400 m se inician desde bloques de salida. Al entrenar para desarrollar la aceleración, o al realizar repeticiones de esprint desde un inicio estacionario en el entrenamiento, los atletas de pista también emplearán un inicio de 3 puntos, que se asemeja al arranque inicial desde bloques, o un inicio agachado.

La mejor manera de lograr la inclinación hacia delante y el movimiento de caída requeridos para la aceleración inicial en deportes distintos al atletismo en pista es un tema de debate [34]. Un estudio de Frost y colaboradores [446] que investigó las técnicas de inicio de pie desde una posición estacionaria con los pies paralelos sugirió que existen dos opciones disponibles para el atleta desde esta posición. La primera opción es inclinarse activamente hacia delante para mover el centro de masa del atleta frente a sus pies. La segunda opción es dar un paso hacia atrás para colocar la extremidad de apoyo detrás del centro de masa del atleta; esta técnica se describe como un "paso en falso". Este estudio reportó que la técnica de "paso en falso" (dar un paso hacia atrás) logró tiempos de iniciación de esprint más rápidos en distancias cortas (en comparación con inclinarse y dar un paso hacia delante) al comenzar desde esta posición estacionaria de "pies paralelos" [446].

Otros estudios han reportado resultados diferentes que indican que la leve ventaja en términos de aceleración con un "paso en falso" hacia atrás se compensa con los efectos adversos sobre el desplazamiento, o que simplemente esta técnica retrasa el avance. LeDune y colaboradores presentaron estos hallazgos y concluyeron que dar el primer paso en una dirección hacia delante continúa siendo un método superior para el arranque desde una posición de inicio de pie [447]. En realidad, el atleta en contadas ocasiones ejecutará un movimiento de aceleración hacia delante desde una posición estacionaria con los pies exactamente paralelos. Es más probable que, naturalmente, un pie se coloque delante del otro, es decir, una postura de tijera. En la condición final empleada en la investigación original por Frost y colaboradores [446], los sujetos emplearon una posición de postura de tijera con un pie colocado delante del otro, iniciando el movimiento de arranque dando un paso hacia delante con la pierna trasera. Esta técnica de inicio en posición de tijera produjo los tiempos más rápidos (de 0 a 2.5 m) de todas las condiciones empleadas en este estudio.

Una vez más, en realidad, los atletas en deportes de equipo y deportes de raqueta no suelen estar en una posición con ambos pies paralelos apoyados en el suelo cuando inician movimientos de aceleración [34]. Los atletas a menudo realizarán un movimiento preparatorio o de "precarga" en anticipación a ejecutar un movimiento de aceleración. Un ejemplo de ello es el movimiento de "paso de tijera" empleado en los deportes de raqueta. Estos movimientos permiten al atleta reposicionar sus pies y orientar su cuerpo de forma que se favorezca el desarrollo del impulso horizontal en la dirección deseada [448]. Además, el movimiento preparatorio también precarga los músculos de las extremidades inferiores, lo que ayuda a generar rápidamente fuerzas de reacción elevadas.

Figura 6.7 – Arranque Inicial desde Dos Puntos con "Caída Hacia Delante"

Actividad Reflexiva: ¿Qué técnicas iniciales y movimientos preparatorios observa en su deporte elegido? ¿Estos movimientos se tienen en cuenta en el entrenamiento o en la preparación física que reciben los atletas?

6   Desarrollo de la Velocidad Máxima

Dos elementos críticos para mejorar el rendimiento de la carrera de esprint máxima son: optimizar las fuerzas de reacción de impulso del suelo aplicadas en cada contacto del pie y limitar el tiempo de contacto sin comprometer la aplicación de las fuerzas de reacción de impulso del suelo [395]. Esto es subrayado por el hallazgo de que el impulso de propulsión generado por el atleta durante el contacto con el suelo, en relación con su masa corporal, es el mayor predictor individual de los tiempos de esprint en distancias cortas (~16 m) [419]. Coordinar la generación de torque en la cadera y la rodilla, así como la posición y el movimiento del pie —antes y durante el aterrizaje—, representan habilidades neuromusculares complejas. De ello se deduce que se requiere de un entrenamiento que aborde dichas habilidades mediante la exposición regular a esprints de alta velocidad.

Respectivamente, se ha demostrado que el entrenamiento que comprende exclusivamente la carrera de esprint sin carga produce mejoras en el rendimiento de la velocidad [449]. Tales mejoras después del entrenamiento esprint de alta velocidad pueden atribuirse al desarrollo de aspectos de coordinación neuronal [277]. De hecho, el entrenamiento de esprint convencional parece ser el mejor método para producir mejoras a corto plazo en la técnica y la velocidad [450].

6.1   Drills de Desarrollo de la Técnica de Esprint

Los aspectos técnicos particulares del esprint de velocidad máxima pueden ser entrenados y reforzados mediante drills de técnica apropiados. Por su naturaleza, estos drills se realizan a su propio ritmo y se realizan a una velocidad submáxima. Por ejemplo, las versiones de marcha, bounds y de *skipping* (moverse con ligereza y rapidez, dando un pequeño hop después de cada zancada) de los drills "A", "B", y "C", ensayan patrones motores particulares y refuerzan elementos técnicos clave, mientras desarrollan la conciencia y el control postural, y desafían el equilibrio dinámico.

Figura 6.8 – Skip "A" con Bastón por Encima de la Cabeza

Es fundamental desarrollar la capacidad de mantener una posición estable y equilibrada desde la cual se pueden generar y dirigir las fuerzas de reacción del suelo para producir impulso. De manera similar, estos drills ofrecen un medio para desarrollar el control postural y la coordinación necesarios para mantener la rigidez vertical a lo largo de la cadena cinética del miembro inferior y el torso durante la fase de apoyo y evitar cualquier colapso durante cada contacto del pie [18]. Por ejemplo, una intervención de entrenamiento neuromuscular que comprendía ejercicios de control postural y equilibrio específicos del esprint, reportó mejoras en el control del centro de gravedad y el equilibrio dinámico en velocistas de élite [451].

Además de desarrollar aspectos de postura y equilibrio, una de las principales funciones que cumplen estos drills técnicos es desarrollar facetas particulares de la técnica de esprint. Un ejemplo, es el refuerzo de la mecánica correcta de "recuperación" durante la transición entre el final de la fase de apoyo (es decir, el "despegue") y la porción media-temprana de la fase de balanceo. Específicamente, la mecánica óptima de recuperación del talón a la cadera, implica la flexión simultánea de la cadera y la rodilla que se inicia inmediatamente después del despegue. Acortar el brazo de palanca de la extremidad inferior sirve para reducir el momento de inercia de la pierna cuando pasa por debajo del cuerpo [452].

Se emplean otras variaciones de drills técnicos, incluidos los drills de "B" y "C", para desarrollar la mecánica de la fase de balanceo, la pisada y la aplicación de fuerza horizontal. En particular, estos ejercicios son buenas herramientas para enseñar y desarrollar la interacción entre la superficie y el pie con el propósito de maximizar la tracción y, por lo tanto, el impulso horizontal en cada contacto del pie.

Figura 6.7 – Drill de Tijera "C"

Los drills de carrera con los pies planos también enfatizan la mecánica para la carrera máxima de esprint de una manera en que se atenúan las tensiones colocadas en los músculos extensores de cadera, flexores de rodilla y flexores plantares. Este ejercicio reproduce la acción de esprint y desarrolla específicamente la capacidad de mantener la dorsiflexión en el pie y el tobillo durante todo el movimiento descendente hasta el instante previo al contacto. Específicamente, se le instruye al atleta que mantenga el tobillo en dorsiflexión y la activación constante de los extensores de los dedos durante la acción, con el propósito de mantener los dedos alejados del suelo durante cada contacto, de modo que los músculos flexores de los dedos sean eliminados de la acción de esprint.

La acción durante el contacto con el pie es, en vista de ello, menos agresiva, en términos de la tracción y el impulso desarrollados. Como resultado, este drill puede emplearse como una opción provisional de entrenamiento, por ejemplo, cuando un atleta sufre una lesión por distensión de los músculos isquiosurales, o durante las sesiones de regeneración de menor exigencia física, mientras se continúa proporcionando un estímulo de entrenamiento neuromuscular. Además de sincronizar la mecánica y el ciclo de trabajo involucrado durante la carrera de esprint máxima, a medida que avanza el entrenamiento, este drill también se puede utilizar como un comienzo con "vuelo" para la transición a la carrera de esprint. Esencialmente, la transición de la carrera con el pie plano por arriba de la rodilla a la carrera de esprint implica un aumento en la cadencia y la reintegración de la acción de los flexores de los dedos para promover la propulsión durante el contacto con el suelo.

Si bien, la aplicación adecuada de estos drills técnicos permite enfatizar aspectos particulares de la mecánica del esprint, estos drills continúan siendo significativamente distintos con respecto a la cinemática y las velocidades de movimiento características de la carrera a alta velocidad. Por lo tanto, para permitir la transferencia al rendimiento, se ha enfatizado que estos drills técnicos deben progresar en última instancia a una práctica que integre la carrera de esprints [453].

6.2   Entrenamiento de la Carrera de Esprint

Evidentemente, existe una gran cantidad de sincronización y ritmo involucrados con la carrera de esprint, particularmente durante la fase de velocidad máxima. Por lo tanto, es importante que los atletas estén expuestos regularmente a carreras de esprint a alta velocidad. Además, se observa que los patrones de activación y reclutamiento de los músculos individuales a lo largo del ciclo de marcha difieren cuando se corre a diferentes velocidades [416]. Nuevamente, esto enfatiza la necesidad de una exposición regular a carreras de esprint de alta velocidad para desarrollar la coordinación intramuscular e intermuscular específica involucrada en estos ciclos de trabajo de alta cadencia.

De manera similar, se observa que los velocistas de nivel superior minimizan los tiempos de contacto cuando corren a velocidad máxima [395]. Asimismo, una característica clave de los velocistas más rápidos es la capacidad de dirigir las fuerzas de reacción del suelo aplicadas en una dirección horizontal durante el breve intervalo de contacto con el suelo [404]. Una vez más, la coordinación neuromuscular necesaria para desarrollar las capacidades técnicas y de rigidez activa esencialmente solo se puede desarrollar con la exposición a esprintar a alta velocidad.

6.2.1   La Carrera de Esprint de Tempo

Este método describe repeticiones de esprint sobre distancias prescritas que se realizan con un esfuerzo ligeramente submáximo (85-95 %). Las carreras de tempo proporcionan un medio para desarrollar la técnica, la sincronización y el ritmo de esprintar a alta velocidad sin esforzarse por hacer un esfuerzo máximo. El razonamiento de esto es que el atleta puede relajarse y ser más deliberado y controlado, ya que no necesita preocuparse por los tiempos de carrera o competir con sus compañeros de entrenamiento. Estas condiciones más relajadas y controladas le permiten al atleta concentrarse en los aspectos técnicos, así como en la relajación y la rotación cíclica acelerada durante la fase de vuelo en particular, sin la tensión muscular excesiva que a menudo se presenta durante esfuerzos máximos.

6.2.2   Flying Sprints

Como se describió con antelación, los esfuerzos máximos de esprint realizados en distancias más cortas, con una fase de aceleración previa, se conocen como esprints "con vuelo" o *flying sprints* en inglés; específicamente por el "vuelo" que se acumula durante la aceleración. Estos esprints generalmente emplean marcadores o conos: al atleta se le permite una carrera prolongada sobre la cual acelerar, con el objetivo de alcanzar la velocidad máxima en el cono de salida y mantener la velocidad durante la distancia marcada.

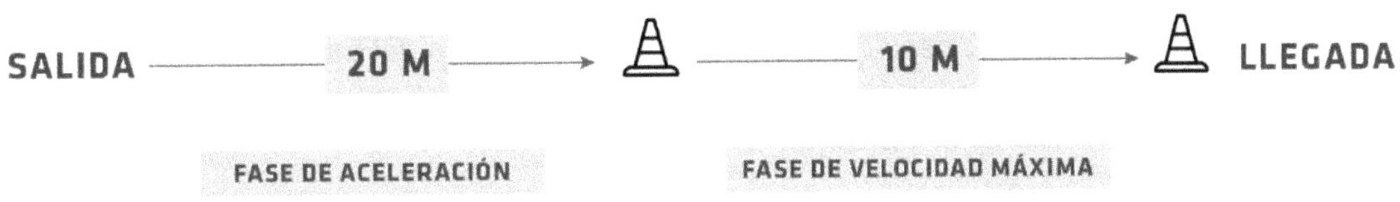

SALIDA ——— 20 M ———→ 🛆 ——— 10 M ———→ 🛆 LLEGADA

FASE DE ACELERACIÓN   FASE DE VELOCIDAD MÁXIMA

Figura 6.8 – Esprint con Vuelo

Un método similar, denominado "entradas y salidas", comprende breves series de esprints máximos de corta distancia que se intercalan con correr a menor intensidad antes de acelerar para el siguiente período de velocidad máxima, llamada la "entrada". Un ejemplo sería; 30 m de inicio con el propósito de acelerar,

20 m de "entrada" a velocidad máxima, 30 m de "salida" reduciendo ligeramente la velocidad a un esfuerzo menos desafiante y luego acelerar antes de los 20 m finales de "entrada" a velocidad máxima.

6.2.3 Repeticiones de Esprint de Cadencia Máxima

Un objetivo importante para el velocista es desarrollar la capacidad de generar y dirigir las fuerzas de reacción del suelo (minimizando las fuerzas de frenado) durante períodos muy breves de contacto con el suelo. Una herramienta para desarrollar esta capacidad es realizar repeticiones de esprint a la máxima cadencia. Esencialmente, la instrucción durante cada repetición es minimizar el tiempo en contacto con el suelo y esforzarse por lograr una rotación acelerada de las extremidades inferiores durante la fase de vuelo. Al igual que con los esprints con vuelo, estas repeticiones de cadencia máxima se realizan con una aceleración previa y, por lo general, se realizan en distancias relativamente cortas para minimizar la fatiga.

6.2.4 Desarrollo de la Longitud de Zancada

Un método para desarrollar la longitud de zancada, o más bien la cantidad de recorrido horizontal por zancada, implica realizar repeticiones de esprints con vuelo utilizando conos como marcadores de la distancia "objetivo" que se desea recorrer por zancada. Los conos se colocan a intervalos de una distancia específica que se personaliza individualmente para el atleta. Se puede calcular una indicación de la longitud de zancada "óptima" individual en función de las mediciones de altura y/o longitud de las extremidades. Por ejemplo, un estudio preliminar examinó los datos antropométricos (la altura y la longitud de las piernas) y realizó un análisis de la longitud de zancada de los velocistas de élite de la época durante el evento competitivo para derivar las siguientes fórmulas de cálculo de la longitud de zancada:

Longitud máxima de zancada 1.3 x Altura   o 2.35 x Longitud de la pierna

Longitud media de zancada   1.2 x Altura   o 2.15 x Longitud de la pierna

Estos datos preliminares son notablemente similares a un estudio más reciente que examinó a los velocistas con récords nacionales en Europa del Este, obteniendo valores de 1.2 x altura y 2.17 x longitud de la pierna para determinar la longitud de zancada promedio [454]. Los datos más recientes disponibles de la competición de élite reportaron que la longitud media de la zancada y la altura de pie relativa de los hombres velocistas en la final de 100 m durante el campeonato mundial del 2017 se encontraban en el rango de 1.16 a 1.25 (valor medio de 1.21). Los valores (relativos a la altura de pie) para las mujeres velocistas reportados en la final de 100 m del campeonato mundial de 2017 parecen ser ligeramente más bajos, con valores promedio en el rango de 1.11-1.26 (valor medio de 1.19).

Cabe señalar que los valores reportados se aplican a velocistas de élite en pista, y existe un rango considerable de valores incluso dentro de esta población de élite. A efectos prácticos, cualquier valor calculado para el atleta solo representa una guía, ya que inevitablemente existirán variaciones individuales en la optimización de cada atleta, dependiendo de su deporte, así como del tamaño, estatura y longitud de sus extremidades. En particular, el espaciamiento deberá reducirse si el entrenador observa que el atleta "da demasiadas zancadas" o "alarga excesivamente" la misma.

6.2.5 Esprints Sobre Vallas Bajas

Realizar esprints con vuelo sobre vallas bajas ofrece un medio para desarrollar varios aspectos técnicos de la fase de velocidad máxima. Los puntos clave incluyen una postura erguida y "caderas altas", elevación alta de las rodillas y acción de recuperación "con los dedos del pie hacia arriba" en preparación antes del aterrizaje. El espacio entre las vallas puede ser muy similar a las pautas promedio correspondientes a las repeticiones de desarrollo de la longitud de zancada descritas en la sección anterior. Sin embargo, una vez más, el entrenador debe estar atento a las zancadas excesivas o a la "extensión" exagerada de esta y estar preparado para ajustar el espaciado de los obstáculos en consecuencia.

6.3   Desarrollo de la Resistencia a la Pérdida de la Velocidad

Existe evidencia de que los efectos de la fatiga manifestados son específicos a la velocidad del movimiento durante la actividad cíclica del esprint [455]. La disminución de la producción de potencia a estas altas velocidades de movimiento también es muy rápida. Por lo tanto, desarrollar la capacidad de resistir esta disminución y, por lo tanto, mantener la velocidad de carrera, es fundamental para los atletas que realizan períodos de velocidad de más de unos escasos segundos. De nuevo, dada la aparente especificidad de velocidad observada con estos efectos de fatiga, se deduce que el desarrollo de esta resistencia a la fatiga esencialmente solo se logrará exponiendo al atleta a carreras de esprint en condiciones de fatiga progresiva.

6.4   Otras Consideraciones

Para los atletas que participan en deportes distintos del atletismo, las sesiones de desarrollo de la velocidad realizadas también deben reflejar el rango de velocidades y distancias encontradas durante la competición. Por ejemplo, un aspecto crítico es desarrollar el control postural y la competencia técnica necesarios para ejecutar el movimiento de aceleración inicial en una variedad de direcciones. Además, para los deportes que implican cargar o botar una pelota, la práctica específica de locomoción a alta velocidad integrando la pelota o el implemento del deporte también debe tenerse en cuenta al diseñar las sesiones de entrenamiento de velocidad [456].

Revisión de Conocimiento – Capítulo Seis

1. ¿La velocidad de carrera de esprint es el producto de cuál de los siguientes factores?

A. Frecuencia de zancada y fuerza de reacción del suelo.
B. Fuerza de reacción del suelo vertical y horizontal.
C. Frecuencia de zancada y distancia recorrida por zancada.
D. Fuerza de reacción del suelo y distancia recorrida por zancada.

2. ¿Cuál de las siguientes afirmaciones sobre el ciclo de marcha de carrera es FALSA?

A. La fase de vuelo describe la porción del ciclo de marcha en donde ambos pies no tocan el suelo.
B. La fase de balanceo comienza después del "despegue" y termina cuando el mismo pie toca el suelo de nuevo.
C. La relación entre el tiempo de vuelo y el tiempo de contacto es siempre de 50:50.
D. La fase de apoyo comprende una fase de frenado seguida de una fase de impulso.

3. Cada una de las siguientes estrategias ayudará al atleta a lograr una mayor velocidad máxima de esprint, EXCEPTO:

A. Minimizar el tiempo de contacto con el suelo.
B. Optimización del tiempo de vuelo.
C. Reducir la duración de la fase de balanceo.
D. Reducir la longitud de zancada.

4. ¿De qué fase del esprint es característica la siguiente descripción del "ataque"? "El talón se dirige hacia el suelo detrás del centro de masa para golpear el suelo con los dedos del pie/antepié flexionados y el tobillo rígido".

A. Arranque inicial.
B. Aceleración temprana.
C. Transición tardía.
D. Fase de velocidad máxima del esprint.

5. ¿Cuál de las siguientes opciones ofrecerá el desarrollo más completo de las cualidades físicas y neuromusculares para cada uno de los elementos respectivos de la carrera de esprint?

A. Modalidades de entrenamiento de velocidad-fuerza (por ejemplo, levantamientos olímpicos).
B. Pliometría.
C. Entrenamiento de coordinación.
D. Todas las anteriores.

6. Cada uno de los siguientes son ejemplos de modalidades de entrenamiento de coordinación para carreras de esprint, EXCEPTO:

A. Sentadilla trasera con barra olímpica.
B. Esprints cuesta arriba.
C. Esfuerzos de 30 m remolcando un trineo lastrado desde una posición de inicio de pie.
D. Elevación de rodilla de pie con máquina de poleas.

7. Un atleta realiza esprints de escalera utilizando escalones de estadio como parte de su desarrollo de velocidad. Esta forma de entrenamiento de coordinación es más aplicable a:

A. Aceleración inicial.
B. Transición tardía.
C. Esprint de velocidad máxima.
D. Recuperación.

8. Una velocista de 200 m de élite se acerca a una fase clave en su calendario de competición. ¿Cuál de las siguientes modalidades de entrenamiento de velocidad-fuerza es probable que ofrezca la mayor transferencia al rendimiento?

A. Sentadilla trasera con barra olímpica.
B. Empuje de trineo con carga pesada (marchando).
C. Salto en profundidad (bilateral) de 60 cm.
D. Esprints con vuelo que incorporan la transición de la inclinación a una posición erguida.

9. Todos los siguientes factores son indicadores clave de rendimiento para la aceleración inicial, EXCEPTO:

A. Inclinación hacia delante pronunciada.
B. Colocación de la pisada durante el contacto hacia atrás del centro de masa.
C. Mecánica de las extremidades inferiores similar a un pistón.
D. Postura erguida y acción cíclica de las piernas.

10. El atleta sufre un desgarro de los músculos isquiosurales de grado 1 (leve). ¿Cuál de los siguientes podría representar una opción provisional de entrenamiento cuando se busca desarrollar la mecánica del esprint de velocidad máxima?

A. Correr con el pie plano.
B. Esprints con vuelo.
C. Esprints sobre vallas bajas.
D. Entrenamiento de esprint de cadencia máxima.

Capítulo Siete: Velocidad de Cambio de Dirección y Agilidad

Varios deportes de campo y cancha requieren que el atleta cambie de dirección y exprese agilidad en reacción al implemento deportivo y a los oponentes. En este capítulo definimos cambio de dirección y agilidad, y qué diferencia estas cualidades. El lector descubrirá cómo las leyes newtonianas del movimiento nos proporcionan un marco para categorizar las tareas de cambio de dirección realizadas en diferentes condiciones. También se discuten las diversas formas de agilidad que se presentan en el deporte. Asimismo, exploraremos las diferentes formas en que los atletas pueden entrenar para mejorar estas habilidades específicas.

Objetivos de Aprendizaje:

1   Comprender conceptos clave en relación con el cambio de dirección y la agilidad, y qué diferencia existe entre estas cualidades.

2   Comprender la mecánica del cambio de dirección en el contexto de las leyes del movimiento de Newton.

3   Describir las cualidades físicas y habilidades motoras involucradas con las tareas de cambio de dirección realizadas en diferentes condiciones.

4   Comprender los factores cognitivos y perceptuales que entran en juego a la hora de expresar la agilidad deportiva, referente a las posibilidades de acción.

5   Definir los parámetros relevantes y determinar la mejor manera de abordar el desarrollo de los componentes críticos para ejecutar las actividades de cambio de velocidad identificadas en el deporte.

6   Explicar los diferentes tipos de agilidad en el contexto del deporte y cómo se puede manipular la programación del entrenamiento para proporcionar incertidumbre y oportunidades para el acoplamiento percepción-acción.

1 Conceptos Clave sobre la Velocidad de Cambio de Dirección y Agilidad

La importancia del rendimiento en el cambio de dirección para competir exitosamente en varios deportes intermitentes se observa repetidamente en las investigaciones de identificación y desarrollo del talento. De todos los parámetros de evaluación de las distintas pruebas de rendimiento, las puntuaciones de los atletas en las mediciones de cambio de dirección son, a menudo, los mejores predictores del éxito y son las variables que con frecuencia diferencian con más éxito entre competidores de élite y sub-élite [110].

Las capacidades de velocidad en la agilidad y el cambio de dirección son distintas del rendimiento de velocidad en línea recta [109]. Esto se demuestra por las relaciones estadísticas limitadas que se muestran entre las puntuaciones en diferentes evaluaciones de estas cualidades respectivas. Simplemente, no es suficiente desarrollar el rendimiento de la velocidad en línea recta y asumir que esto conferirá mejoras en la velocidad de cambio de dirección. Por ejemplo, se ha demostrado que el entrenamiento de velocidad por sí solo no produce mejoras en una variedad de evaluaciones de cambio de dirección, particularmente en atletas entrenados [102].

En parte, la relación y la transferencia del entrenamiento limitada refleja el hecho de que los componentes de la mecánica de la carrera en línea recta en contraposición con las tareas de cambio de dirección son bastante contrastantes [106]. Evidentemente, existen aspectos adicionales que deben considerarse en el caso de los movimientos de cambio de dirección, como la necesidad de desacelerar y acelerar en una variedad de direcciones.

1.1 Definición de Agilidad en Contraposición con el Cambio de Dirección

Al abordar el desarrollo del cambio de dirección y las cualidades de agilidad, el profesional debe tener claros los términos y definiciones. De particular importancia es la distinción entre la capacidad de cambio de dirección y la agilidad. La agilidad en el deporte se ha definido como "movimiento rápido de todo el cuerpo con cambio de velocidad o dirección en respuesta a un estímulo" [106]. Por el contrario, el cambio de dirección puede considerarse en gran parte planificado de antemano y autodeterminado.

De acuerdo con la definición aceptada de agilidad, existen componentes sensoriales, perceptuales y cognitivos adicionales que deben considerarse. Prácticamente, el entorno de entrenamiento cuando se busca desarrollar la agilidad debe, por lo tanto, proporcionar los elementos de reacción, el acoplamiento de estímulo-respuesta e incluso los aspectos de toma de decisiones.

1.2 Comparación de Distintas Habilidades de Cambio de Dirección

Si bien existe un creciente reconocimiento de la distinción entre agilidad y cambio de dirección, los investigadores y profesionales continúan siendo más lentos para distinguir entre habilidades específicas en el contexto de tareas contrastantes. Con demasiada frecuencia, se hace referencia al "cambio de dirección" como una habilidad genérica, y términos generales como "rendimiento en el cambio de dirección" o "capacidad de cambio de dirección" aparecen con frecuencia en la literatura.

Se ha demostrado que, la expresión de la velocidad en el cambio de dirección depende en gran parte de la tarea. Esto se ilustra con el hallazgo de que el rendimiento de los atletas en diferentes parámetros de evaluación de cambio de dirección puede no estar fuertemente relacionado, particularmente cuando las evaluaciones involucradas difieren significativamente entre sí [111]. Las variables que afectan la relación entre distintas evaluaciones incluyen el grado de cambio de velocidad involucrado, el número de maniobras de cambio de dirección en la evaluación y otras restricciones como la dirección de locomoción [110].

El hecho de no reconocer que el rendimiento en diferentes tareas de cambio de dirección comprenderá habilidades específicas, probablemente explica los hallazgos contradictorios de las investigaciones en la literatura. A menudo, las diferencias en los resultados y los desacuerdos en los hallazgos y conclusiones pueden explicarse fácilmente por el hecho de que las investigaciones respectivas emplearon distintas tareas al evaluar la "capacidad de cambio de dirección". Por lo tanto, no es de extrañarse que los resultados sean diferentes; el rendimiento dependerá evidentemente de las limitaciones de la tarea o la evaluación empleada.

1.3   Restricciones de Tareas y Otros Factores

Es evidente que existe una necesidad adicional de definir explícitamente las limitaciones de la tarea cuando se discute tanto el cambio de dirección como el rendimiento de agilidad [34]. Se ha demostrado que estos factores influirán en la transferencia del entrenamiento a diferentes tareas de cambio de dirección. Una ilustración del hecho de que el rendimiento depende de la tarea y las condiciones, es la investigación de Young y colaboradores [102]. El protocolo del estudio empleó entrenamiento de cambio de dirección que comprendía carreras en zigzag con cortes de 80 grados: el mayor efecto de transferencia se observó en las evaluaciones de cambio de dirección que presentaban grados y número de cortes similares, mientras que las mejoras en otras evaluaciones con menos cortes o cortes de ángulos menos extremos tuvieron un pronunciamiento menor [102]. De hecho, el rendimiento subsecuente al entrenamiento del grupo entrenado en "agilidad" (cambio de dirección) en la evaluación en zigzag con el ángulo de corte menos extremo (20 grados) no fue mejor que el de los participantes en el grupo de entrenamiento de velocidad en línea recta.

La situación se complica aún más por la observación de que la mecánica del movimiento de cambio de dirección parece diferir según el deporte. Por ejemplo, parece que existen diferencias en la cinética de los movimientos de cambio de dirección incluso entre dos deportes de equipo (fútbol soccer y baloncesto) con exigencias de movimiento muy similares [457]. De ello se deduce que los profesionales deben tener en cuenta no solo las limitaciones de la tarea, sino también el contexto con respecto a la situación, el entorno de rendimiento y el deporte también deben considerarse.

La observación de que el rendimiento de cambio de dirección depende específicamente de la tarea, las condiciones de ejecución y el contexto evidentemente tiene implicaciones tanto para el proceso de evaluación como para la propuesta de entrenamiento elegida. Por ejemplo, el profesional debe seleccionar cuidadosamente la evaluación empleada para valorar el rendimiento de cambio de dirección, y basar esta selección en las limitaciones específicas al deporte y las actividades particulares de cambio de dirección que se desean desarrollar.

2   Mecánica del Cambio de Dirección en el Contexto de las Leyes del Movimiento de Newton

Si bien existe cierto acuerdo con respecto a los elementos clave de una técnica sólida de esprintar [458], el consenso en relación con los aspectos críticos de la técnica del movimiento de cambio de dirección continúa siendo un tema elusivo.

Se muestra que la mecánica del cuerpo entero [114] y la mecánica a nivel segmentario [459], difieren según las limitaciones de la tarea de cambio de dirección. Por ejemplo, existen claras diferencias en la mecánica de todo el cuerpo y de los segmentos al ejecutar una tarea de corte de 45 grados, frente a una de 90 grados [112, 459].

Dada la naturaleza dependiente de la tarea del rendimiento de cambio de velocidad, es fundamental que la tarea de cambio de dirección esté explícitamente definida. Por ejemplo, un cambio de dirección de 180 grados implica movimientos completamente diferentes a un corte de 45 grados, así como un énfasis mucho mayor en la capacidad de generar fuerza para superar repetidamente la propia inercia del atleta a fin de detenerse y luego invertir la dirección del movimiento. De manera similar, también se deben considerar otras restricciones asociadas con la tarea particular de cambio de dirección, ya que estos factores afectarán de manera similar la mecánica de la tarea y, a su vez, las estrategias de movimiento disponibles para el atleta.

La mecánica de los diversos movimientos de cambio de dirección observados en el deporte se comprende mejor en referencia con las leyes del movimiento de Newton. Del mismo modo, adoptar la lente de la física newtoniana ayudará a orientar la propuesta de entrenamiento seleccionada.

2.1   Primera Ley del Movimiento de Newton

La primera ley de Newton se refiere al concepto de inercia, es decir, ya sea estacionaria o en movimiento, para cambiar de dirección o velocidad, el atleta debe ejercer la fuerza adecuada (en la dirección correcta). Considerar la inercia indica la importancia de la capacidad de generación de fuerza en relación con el cambio de dirección. Una ilustración de la importancia de la inercia es que las mediciones de fuerza relativas a la masa corporal generalmente muestran mayores relaciones estadísticas con las evaluaciones de cambio de dirección en comparación con los valores absolutos de fuerza. Esto apunta a la importancia de la capacidad de generación de fuerza específica de la masa, que se relaciona una vez más con la inercia.

2.2   Segunda Ley del Movimiento de Newton

La segunda ley de Newton define la interacción entre la masa, la velocidad y la aceleración:

La relación entre la masa (m) de un objeto, su aceleración (a) y la fuerza aplicada (F) es **F = m x a**.

La aceleración se define como un cambio en la velocidad. En el contexto del cambio de dirección, la velocidad inicial del atleta y el grado requerido de cambio de velocidad determina la aceleración negativa (desaceleración) y la aceleración positiva (impulso) involucradas. Evidentemente, el otro factor con respecto a los requisitos de fuerza específicos de la masa, es la masa propia del atleta. Además de definir las exigencias de fuerza generales del cambio de tarea, tanto la masa como la aceleración (cambio de velocidad) determinarán a su vez las fuerzas aplicadas a nivel segmentario [115].

2.3   Tercera Ley del Movimiento de Newton

La tercera ley de Newton establece que "para cada acción existe una reacción igual y opuesta". En otras palabras, cuando un cuerpo (un atleta) ejerce una fuerza sobre un segundo cuerpo (el suelo), el segundo cuerpo ejerce una fuerza recíproca de igual magnitud y opuesta en dirección sobre el primer cuerpo. Por lo tanto, esta ley describe las fuerzas de reacción del suelo, es decir, cuando un atleta imparte fuerza a través del suelo, se produce una fuerza de reacción de igual magnitud en la dirección opuesta. A su vez, esto sirve para determinar la dirección de movimiento resultante.

2.4   Vectores en el Contexto del Cambio de Dirección

La discusión de las leyes del movimiento de Newton es instructiva con el fin de ayudar a definir el cambio de dirección y la agilidad en términos de fuerza, velocidad y aceleración. Para completar el marco general y el entendimiento de este, es de suma importancia introducir el concepto de vectores. Las cantidades vectoriales, que incluyen la fuerza, aceleración y velocidad, manifiestan tanto magnitud como dirección (en contraste con las cantidades escalares como la rapidez). Como un cambio en la velocidad (que posee tanto rapidez como dirección), puede implicar un cambio en la rapidez (lineal), la dirección o una combinación de ambas.

Igualmente, es importante considerar las fuerzas de reacción del suelo como cantidades vectoriales. Específicamente, existe la necesidad de "dirigir" la orientación del vector de fuerza aplicado al suelo para que las fuerzas de reacción del suelo correspondientes actúen en la dirección deseada. En particular, la ubicación del pie y, por lo tanto, la ubicación del vector de fuerza de reacción del suelo en relación con el centro de masa del atleta es un factor importante.

2.5   Cambio de Dirección como Cambio de Velocidad

Redefinir el cambio de dirección en términos de cambio de velocidad ayuda a dilucidar las limitaciones específicas de la tarea. Se ha demostrado que diferentes velocidades para la misma tarea de cambio de dirección afectan las exigencias de fuerza. Vanrenterghem y colaboradores [115], demostraron que el aumento de la velocidad durante la aceleración previa afectaba la ruta de salida que las participantes no atletas podían lograr en la tarea de corte de 45 grados. Específicamente, con los incrementos en la velocidad de aceleración previa, los participantes fueron cada vez más incapaces de gestionar el mayor impulso presente en la maniobra y esto redujo el ángulo de corte que pudieron ejecutar.

Una revisión de las investigaciones sobre este tema, llevó a los autores a describir un "trueque de ángulo-velocidad" con respecto a las tareas de cambio de dirección, destacando que la rapidez de ejecución y el grado de cambio de dirección son factores críticos que tienen implicaciones en lo que concierne a la ejecución técnica y una gran cantidad de factores biomecánicos, incluido el riesgo de lesiones [460]. Una vez más, estos estudios ilustran cómo el replanteamiento del cambio de dirección como cambio de velocidad proporciona información importante con respecto a las soluciones de movimiento y los requisitos de fuerza específicos a la masa de la tarea.

2.6   Relación Impulso-Momento de Inercia

Efectuar un cambio en la velocidad requiere que el atleta supere su propio momento de inercia. Una vez más, el momento de inercia es una cantidad vectorial (producto de la masa y la velocidad), por lo que debemos considerar tanto la rapidez inicial como la dirección del viaje. Una extensión de la segunda ley de Newton es la relación impulso-momento de inercia. En esencia, el cambio de velocidad producido está directamente relacionado con la dirección y magnitud relativa del impulso de fuerza aplicado durante la maniobra. Para efectuar el cambio deseado en el momento de inercia, el atleta debe, en vista de ello, aplicar un vector de fuerza de suficiente magnitud al suelo que esté orientado en la dirección requerida.

Por lo tanto, cambiar la velocidad (tanto la dirección como la rapidez) implica un cambio en el momento de inercia, que a su vez requiere la aplicación de fuerzas específicas a la masa en direcciones, tanto negativas como positivas, para detener el impulso inicial del atleta y redirigir su momento de inercia en la nueva dirección. La masa del atleta, velocidad inicial y grado de cambio de dirección (por lo tanto, cambio en la velocidad) involucrados determinarán la magnitud de estas fuerzas. Con respecto a los aspectos cinemáticos, el momento de inercia de los segmentos del cuerpo y las extremidades y las fuerzas asociadas también impactarán considerablemente sobre los torques aplicados a lo largo de la cadena cinética desde la base del apoyo hacia arriba a medida que el atleta ejecuta la maniobra de cambio de velocidad.

2.7   Manipulación de la Orientación del Cuerpo

Las investigaciones de la aceleración lineal proporcionan un ejemplo ilustrativo de cómo el atleta puede lograr la dirección necesaria de los vectores de fuerza de reacción del suelo para generar propulsión en una dirección horizontal. En el contexto de la aceleración, el ángulo de inclinación hacia delante del atleta determina la eficacia con la que puede dirigir las fuerzas aplicadas al suelo para producir las fuerzas de reacción resultantes con el propósito de desarrollar la propulsión y la aceleración horizontal [411].

Si bien, la situación es más compleja cuando se trata de un cambio de velocidad que implica tanto un cambio en la rapidez como en la dirección, se aplican temas similares con respecto a la orientación del cuerpo. La orientación del eje largo del cuerpo en el espacio tridimensional se vuelve crítica para producir el grado de inclinación y rotación del cuerpo alrededor de su eje largo con el fin de aplicar el vector de fuerza de reacción del suelo necesario. Podemos usar la analogía de un *pogo stick* (pogo saltarín) para ilustrar esto: su eje debe estar orientado en el ángulo adecuado y la punta colocada en la dirección apropiada, para poder rebotar hacia el objetivo deseado al tocar el suelo. Las actividades de cambio de velocidad, por lo tanto, exigen la habilidad de manipular la orientación del torso del atleta y la posición del pie de apoyo con respecto a su centro de masa para que puedan dirigir las fuerzas aplicadas al suelo y acelerar el cuerpo en la nueva dirección de movimiento.

Además de manipular la posición y orientación de la extremidad de apoyo y el torso en el momento de aterrizaje, lograr el impulso en las actividades de cambio de velocidad exige la generación de fuerzas de reacción del suelo mediolaterales [461]. Esto implica un reclutamiento y acciones musculares bastante contrastantes a los que ocurren durante la propulsión de un esprint en línea recta.

Previamente se han reportado cambios significativos en la cinética y cinemática de las articulaciones de las extremidades inferiores como resultado de modificaciones en la técnica del movimiento de corte lateral [462]. En vista de ello, las estrategias de movimiento empleadas pueden influir en las exigencias musculares y la eficiencia de la fase de desaceleración de los movimientos. A su vez, esto puede mejorar la capacidad del atleta de posteriormente ejecutar la transición a las fases concéntricas del movimiento de cambio de velocidad.

3   Determinantes de Rendimiento del Cambio de Velocidad y Agilidad

De acuerdo con las leyes newtonianas del movimiento, por definición, efectuar un cambio de velocidad requiere exigencias de fuerza específicas de masa que varían según la tarea de cambio de velocidad o agilidad. Por ejemplo, de acuerdo con la relación impulso-momento de inercia, la velocidad inicial del atleta y el grado de desviación de su trayectoria original sirven para determinar la magnitud y dirección del impulso de fuerza que debe aplicar el atleta. El cambio de velocidad, a menudo, comprenderá fuerzas de frenado para detener el momento de inercia inicial del atleta, la aplicación de propulsión que mueve al atleta en la nueva dirección y trabajo isométrico para reforzar y estabilizar al atleta mientras este ejecuta el cambio en el momento de inercia [110].

Por lo tanto, la porción de desaceleración de tales actividades de cambio de velocidad requiere generar fuerzas de frenado para resistir las fuerzas de traslación y torsión impuestas por el momento de inercia inicial de los propios segmentos corporales del atleta. A su vez, esto exige ciertas cualidades de fuerza tanto de los grupos musculares agonistas como antagonistas; en particular, fuerza excéntrica e isométrica. De manera similar, superar la propia inercia del atleta para propulsarse y acelerar en la nueva dirección de movimiento requiere cualidades de fuerza adicionales, en particular fuerza relativa y velocidad-fuerza [463].

3.1   Cualidades Generales de Fuerza y Velocidad-Fuerza

En vista de ello, se puede identificar una variedad de cualidades de fuerza que se consideran importantes tanto para la aceleración [310] como para la ejecución de movimientos de cambio de velocidad [106]. Dicho esto, una serie de investigaciones que presentan varias pruebas de rendimiento de cambio de dirección han reportado una ausencia de relación estadística con las evaluaciones de fuerza y velocidad-fuerza. Por ejemplo, se reportó que las mediciones de velocidad-fuerza (puntajes de una repetición máxima en la cargada de potencia colgada) se relacionan con la velocidad de carrera de esprint en línea recta pero no con el rendimiento en una simple prueba de cambio de dirección para un grupo de atletas de deportes de equipo [347]. Tales hallazgos, han llevado a la sugerencia de que las cualidades de fuerza determinantes para el rendimiento de cambio de dirección pueden diferir de las cualidades determinantes del esprint en línea recta.

En contraste, otros estudios reportaron que las mediciones de cambio de dirección más simples que involucran solamente un giro de 180 grados están moderadamente relacionadas con las puntuaciones de las pruebas de fuerza y velocidad-fuerza; un hallazgo similar al que se observó para las pruebas de velocidad en línea recta [463]. En vista de ello, la dependencia y la correlación con las diversas cualidades de fuerza parecen depender de la naturaleza y complejidad de los movimientos de cambio de velocidad característicos de los movimientos de agilidad en el deporte en particular.

Esto parecería explicar gran parte de la ausencia de un consenso entre los diferentes estudios que han investigado la relación entre las mediciones de fuerza generales (bilaterales) y el desempeño en evaluaciones particulares de cambio de dirección. Varios de los estudios que reportaron una relación positiva significativa emplearon evaluaciones que incluían cambios de dirección individuales o repetidos de 180 grados, que claramente implican una alta exigencia de capacidad de generación de fuerza para superar repetidamente la inercia del propio atleta para detenerse y luego invertir su dirección de movimiento [255, 464, 465]. Por el contrario, varios de los estudios que no reportaron una relación significativa con las mediciones de fuerza o velocidad-fuerza típicamente presentaban evaluaciones que involucraban ángulos de corte y cambios de dirección menos extremos [466-468].

También es probable que la población involucrada en la investigación sea un factor importante en términos del grado en que la fuerza general o las cualidades de velocidad-fuerza son un factor determinante o limitante para el rendimiento en la evaluación particular de cambio de dirección. La mayoría de los estudios que han reportado relaciones estadísticas significativas con mediciones generales de fuerza han presentado atletas de deportes de equipo [464, 465]. Se puede especular que esta población es más propensa a demostrar limitaciones en la fuerza de las extremidades inferiores en general, y particularmente en la fuerza de la cadera, dado que la diferenciación en el desarrollo de la fuerza de las extremidades inferiores entre sexos surge después de la pubertad [469, 470]. Por el contrario, investigaciones similares con hombres atletas generalmente no han logrado replicar estos hallazgos y a menudo reportan correlaciones deficientes incluso cuando se emplearon evaluaciones de cambio de dirección relativamente "dominantes de la fuerza" que implican cambios de dirección de 180 grados [347, 471, 472].

3.2 Control Postural y Fuerza del Core

Se muestra que la orientación del cuerpo determina las fuerzas de propulsión netas que se pueden generar, así como los parámetros asociados (incluido el tiempo de contacto con el suelo) al acelerar [411]. La capacidad de manipular y controlar la orientación del cuerpo y mantener una postura estable se identifica, por tanto, como un factor clave que influye en el rendimiento de la aceleración y la velocidad en distancias cortas. Específicamente, esto apunta a la necesidad de fuerza y estabilidad postural en los planos sagital, frontal y transversal. De hecho, se ha identificado que la capacidad de los atletas para lograr una orientación hacia delante del cuerpo fue un factor más importante que su capacidad general para desarrollar fuerzas de reacción del suelo al determinar la propulsión horizontal durante la aceleración inicial [411].

También se ha identificado que la co-contracción de una variedad de músculos lumbares y del tronco sirve para endurecer la columna y la pared abdominal, lo que permite un almacenamiento y retorno de energía elástica más eficiente durante movimientos dinámicos como correr [473]. La capacidad de controlar la postura lumbopélvica y endurecer la columna y el torso antes y durante el contacto con el suelo puede influir en el almacenamiento y retorno de la energía elástica durante cada pisada de manera similar a la descrita anteriormente para los músculos extensores de la extremidad inferior. Cuando funciona de esta manera, este "resorte torso/abdominal" podría por lo tanto considerarse como una extensión del "resorte" lineal que comprende la extremidad inferior; como se muestra en el modelo de resorte-masa descrito en la sección anterior.

Volviendo a la analogía del pogo saltarin, está claro que el posicionamiento y la orientación del torso del atleta durante las tareas de cambio de dirección afectará a los vectores de fuerzas de reacción del suelo aplicados y el impulso efectivo en la nueva dirección de movimiento. Además del posicionamiento dinámico del tronco, también se enfatiza la importancia de la capacidad para endurecer la región lumbopélvica en tareas de agilidad [34]. Por ejemplo, el escenario óptimo descrito para los movimientos de cambio de velocidad es que los torques generados en la cadera se transmitan a través de un core rígido [473].

En particular, se ha demostrado que la estabilidad lateral –capacidad para resistir el movimiento lateral no deseado– del tronco es un factor clave para ejecutar movimientos de carrera y corte de forma segura y eficiente, especialmente para las atletas. Por ejemplo, un estudio de capturas de video de lesiones del ligamento de la rodilla identificó la presencia de inclinación lateral del tronco en combinación con una posición de abducción de la articulación de la rodilla durante las grabaciones de mujeres atletas que sufrían lesiones del ligamento cruzado anterior en la competición [474]. Otros estudios, reportan de manera similar que la posición lateral del tronco tiene implicaciones en la alineación de las extremidades inferiores, así como en las fuerzas segmentarias aplicadas asociadas a las tareas de cambio de dirección de corte [475]. Existe evidencia preliminar que sugiere que la preactivación de los músculos lumbopélvicos en preparación para la maniobra de corte puede desempeñar un papel en la orientación óptima del torso y el control de la posición dinámica del tronco durante la tarea [476].

3.3 Cualidades Sensoriomotoras

Un factor clave para las tareas de cambio de dirección y agilidad, es el uso de información visual al ejecutar y coordinar el movimiento. Un ejemplo de esto son las actividades de aterrizaje empleadas en deportes como el balonred y el baloncesto en las que se observa que los sujetos emplean señales visuales para coordinar la activación muscular antes y durante el aterrizaje [477]. La guía visual modula a su vez las fuerzas de reacción del suelo y la cinemática de las extremidades inferiores al aterrizar.

La importancia de esta regulación visual de las fases preparatoria y de contacto del aterrizaje se ilustra mediante la observación de que, cuando se elimina la información visual, los aterrizajes se caracterizan por mayores y más variables fuerzas de reacción del suelo y cinemática articular alterada [477]. En muchos deportes, el atleta debe prestar atención a una variedad de otras señales del entorno, como el movimiento de la pelota y otros atletas mientras ejecuta movimientos atléticos, incluido el aterrizaje. Como tal, existe la necesidad de desarrollar el control, la coordinación y la estabilización dinámica para las actividades de cambio de velocidad con y sin entrada visual estable, de modo que el atleta pueda aprender a utilizar otras entradas sensoriales (vestibular, propioceptivo, cinestésico) para aumentar su estrategia de control sensoriomotora.

3.4 Aspectos Perceptivos y Cognitivos

Los aspectos perceptivos parecen influir de manera similar en los parámetros de movimiento durante la ejecución de cambios de velocidad, incluso cuando se ejecuta un movimiento planificado previamente. Esto se ilustra en otro estudio que reportó que incluso la presencia de un "atleta defensivo" simulado estático (un modelo de esqueleto) alteró significativamente la cinética del movimiento de los atletas en comparación con los ensayos con la misma tarea de movimiento planificada previamente, pero interactuando con un cono colocado en el suelo [461].

El "acoplamiento de información-movimiento" involucrado en la selección, iniciación y control de las respuestas de movimiento depende de la capacidad del atleta de utilizar señales del entorno externo. Se ha demostrado que los atletas diestros exhiben respuestas de movimiento más rápidas y precisas [478]. Esto se atribuye a una capacidad superior para detectar, seleccionar y procesar señales relevantes de la tarea del entorno en el que se realiza el movimiento.

En el caso de los movimientos de interceptación, existen varios aspectos sensoriales, perceptivos y de toma de decisiones que rigen la capacidad de anticipar, regular y adaptar las respuestas de movimiento. En los deportes de pelota, se ha demostrado que los atletas habilidosos adoptan una "estrategia de movimiento predictivo", mediante la cual seleccionan e inician respuestas de movimiento con precocidad en función de la anticipación de la selección de tiro de su oponente y sus expectativas de la trayectoria resultante de la pelota [448]. Esto implica la capacidad de deducir la selección de tiros a partir de señales anticipadas derivadas del entorno, como el comportamiento de movimiento del oponente. A su vez, existen otros aspectos de la experiencia y la percepción asociados con la evaluación del vuelo y el rebote esperado de la pelota.

Se ha observado que estas respuestas de movimiento anticipadas luego se refinan durante el movimiento de acuerdo con la trayectoria real de la pelota, lo que comprende capacidades visomotoras adicionales [448]. De esta manera, el acoplamiento información-movimiento también determina cómo se modifican posteriormente las respuestas al movimiento una vez que este se pone en marcha [479]. Finalmente, los atletas habilidosos demuestran una capacidad superior para reaccionar y responder cuando ocurren desviaciones tardías en el vuelo de la pelota. Específicamente, se reportan diferencias medibles en el "retraso visomotor", es decir, el tiempo transcurrido entre la detección de una desviación y el inicio de un ajuste en la respuesta al movimiento. Como resultado, cuando ocurren estas desviaciones tardías, los atletas habilidosos están en mejores condiciones de realizar la corrección requerida de manera oportuna [479].

4   Categorías de Movimiento de Cambio de Velocidad y Agilidad

Como se describió, la naturaleza del cambio de velocidad o la maniobra de agilidad en relación con las leyes newtonianas del movimiento ayudan a definir las restricciones de la tarea. El rendimiento en diferentes evaluaciones de cambio de velocidad a menudo no muestra relaciones estadísticas de alto grado entre sí, particularmente en el caso de protocolos para los cuales las limitaciones de la tarea son bastante diferentes.

Se ha identificado que "la selección de ejercicios basada en dilemas de tareas específicas es esencial para la adquisición de habilidades" [478]. En vista de estas observaciones, el desarrollo apropiado de los componentes de las habilidades de movimiento que constituyen las actividades de cambio de velocidad que se presentan en el deporte requerirá de una comprensión profunda de la naturaleza de las actividades de cambio de velocidad y agilidad que se observan en este. Evidentemente, esto requiere identificar primero cuáles son estos movimientos y luego evaluar los parámetros relevantes de la tarea para obtener una mayor comprensión de las exigencias involucradas.

4.1   Definiendo los Parámetros de las Tareas

Como se ha destacado, factores como la velocidad de ejecución y el grado de desviación o cambio de dirección, impactan en la ejecución técnica de las tareas de cambio de dirección, con implicaciones de los factores biomecánicos relacionados [460]. Por lo tanto, un primer paso, es definir los parámetros de la tarea para obtener una comprensión más completa de la mecánica involucrada, así como de las cualidades físicas, sensoriomotoras y cognitivas requeridas.

Parámetros críticos de una tarea de cambio de velocidad:

Momento de la iniciación (autoseleccionado, reactivo).

Condiciones de la iniciación (estacionario, en movimiento).

Velocidad de aceleración previa (por ejemplo, acercarse a la línea de inicio desde una caminata o trote).

Grado de cambio de dirección (por ejemplo, corte de 45 grados, 90 grados, 180 grados).

Consideraciones específicas relacionadas al deporte (movimiento "ideal", implementos deportivos).

4.2   "Asequibilidad" en Relación con las Estrategias de Movimiento

Las soluciones de movimiento disponibles para el atleta al realizar una tarea de cambio de velocidad o agilidad estarán dictadas en gran parte por las limitaciones de la tarea, pero también dependerán de las competencias de movimiento del individuo. Por ejemplo, las características del atleta –en relación con la masa corporal y la antropometría–, influirán evidentemente en el desafío específico que plantea la maniobra de cambio de velocidad y las estrategias de movimiento disponibles para ese individuo [34].

El concepto de asequibilidad (posibilidades que se pueden obtener) es útil aquí, ya que proporciona un modelo para comprender el proceso mediante el cual, un atleta, formula soluciones de movimiento para una tarea en particular. En resumen, cada individuo percibe las *posibilidades* de acción para una tarea determinada en función de su evaluación de las limitaciones de esta. La percepción del atleta de las posibilidades de la tarea en particular se forma a partir de experiencias anteriores, y esto también afecta la facilidad con la que puede evaluar con precisión las limitaciones de la tarea y seleccionar una estrategia de movimiento adecuada [480]. Además de las limitaciones de la tarea y el contexto de la situación, es probable que el *comportamiento emergente de toma de decisiones del atleta* también esté determinado por la percepción de sus propias limitaciones o capacidades basadas en la experiencia previa relevante, ya que es probable que esto dé forma a la manera en que evalúan las estrategias de movimiento disponibles para ellos [481].

Una ilustración de las posibilidades es que se observa que la estrategia de movimiento particular adoptada por un atleta varía incluso cuando se negocia un recorrido fijo. Un ejemplo del esquí alpino es la selección de un giro "tallado" frente a un giro deslizante o derrapante alrededor de determinadas compuertas en una pista de slalom [482]. Esto parece ser un proceso relativamente inconsciente ya que la respuesta de movimiento por la que el atleta opta para sortear el obstáculo con la menor interrupción de su velocidad de carrera en una situación dada es, en ciertos casos, contraria a su plan previo a la carrera y a la estrategia de movimiento "ideal". Este ejemplo ilustra una vez más que un factor crítico es el cambio de *velocidad* involucrado en la tarea. La velocidad de aceleración previa y el grado de desviación o "corte" en la maniobra de cambio de velocidad son, por tanto, dos limitaciones de la tarea que regirán la respuesta de movimiento elegida.

4.3   Identificación de los Componentes de las Habilidades de Movimiento para el Deporte

Un primer paso crucial que debe emprenderse al abordar el cambio de velocidad y el desarrollo de la agilidad es identificar primero los tipos de movimiento de cambio de velocidad que se emplean comúnmente en el deporte en particular. Las estrategias de movimiento empleadas para ejecutar un movimiento particular de cambio de velocidad variarán hasta cierto punto entre distintos deportes.

En vista de ello, al desarrollar las habilidades de movimiento, es de suma importancia tener en cuenta el contexto. Dependiendo del deporte, esto puede incluir la consideración de las estrategias de movimiento "ideales", como el trabajo de pies y los patrones de movimiento ensayados que se observan en los deportes de raqueta. Por ejemplo, como se discutió anteriormente, los movimientos empleados en un deporte de evasión y las exigencias de control motor involucradas, probablemente, serán diferentes a los movimientos de interceptación que ocurren en los deportes de raqueta. Otro factor son las limitaciones del entorno de rendimiento, como el área y la superficie de juego, así como la presencia de otros atletas en las cercanías.

4.4   Categorización de los Componentes de Movimiento

Numerosas limitaciones están asociadas con el deporte en sí, basadas en las exigencias específicas de operar en un entorno competitivo particular. Estas limitaciones pueden variar ampliamente entre deportes, pueden variar más, según las posiciones de juego dentro de un deporte, y para los deportes al aire libre, pueden alterarse aún más por las condiciones ambientales que afectan la interacción entre la superficie y el calzado. Tales limitaciones asociadas con el deporte incluyen las dimensiones del área y la naturaleza de la superficie de juego, el número de oponentes, las reglas del deporte, la naturaleza del balón para los deportes de pelota, así como para los deportes de combate, el tipo de implemento involucrado.

Cuando se busca categorizar el cambio de velocidad preplaneado y los movimientos de agilidad reactiva observados en el deporte, estos movimientos se pueden clasificar de acuerdo con una variedad de factores o limitaciones de la tarea. Por ejemplo, un factor clave es si el movimiento en particular se ejecuta desde una posición estacionaria, si existe una "precarga" preparatoria o contramovimiento, o alternativamente, si el atleta está en movimiento cuando se inicia el cambio de velocidad. En el último caso, la acción de cambio de velocidad a menudo presentará un movimiento anterior al movimiento de aceleración en la nueva dirección. La forma que adopte este movimiento precedente dependerá, a su vez, en parte de la velocidad de aceleración previa del atleta y, por lo tanto, de la cantidad de inercia presente en la acción de cambio de velocidad.

Se ha demostrado que la velocidad de la aceleración previa afecta la forma en que los individuos pueden ejecutar la "misma" maniobra de cambio de velocidad, debido a la necesidad de manipular el mayor momento de inercia cuando la velocidad inicial es mayor [115]. Dependiendo del momento de inercia del atleta y del grado de cambio de dirección requerido, el atleta puede necesitar primero desacelerar su momento de inercia antes de acelerar hacia la nueva dirección de movimiento. En este caso, el movimiento de cambio de velocidad contará con una desaceleración anterior o un componente de "aceptación de peso". Alternativamente, si su velocidad inicial no es demasiado excesiva y el ángulo de corte es bastante agudo, es posible que puedan traducir su momento de inercia directamente en velocidad en la nueva dirección de movimiento. Esto implicará un movimiento de transición considerablemente distinto, conocido como paso reactivo o paso de lectura (paso *split* en inglés) mientras está en movimiento.

Con respecto a la porción de aceleración del movimiento de cambio de velocidad, un factor clave es si el cambio de dirección implica que el atleta cambie la trayectoria a la que se enfrenta. Por ejemplo, con un movimiento de *shuffle* (desplazamiento lateral), el atleta permanece mirando en la misma dirección, mientras que, durante un movimiento de corte convencional, el atleta pivotará y girará para enfrentar la nueva dirección de movimiento mientras realiza el cambio. En el caso del último cambio de movimiento con pivote, un factor crítico adicional es si el atleta lidera con la pierna más cercana a la dirección de movimiento deseada o si lidera con la pierna opuesta (es decir, la pierna más alejada de la dirección deseada de movimiento). Estas técnicas de aceleración se han denominado de diversas formas en la literatura, dependiendo en cierta medida de la tradición en el deporte en particular. Por ejemplo, en el tenis, la técnica de iniciar un giro lateral (90 grados) con la pierna adelantada cercana se denomina "paso de jab", mientras que el movimiento que lleva la pierna lejana a través del cuerpo para liderar el movimiento se denomina "paso de pivote" [483].

Las limitaciones cognitivas y perceptivas implicadas en las tareas específicas de agilidad requeridas en un deporte determinado también deben identificarse y contabilizarse. La percepción, la anticipación y la toma de decisiones influirán en la naturaleza y la efectividad de la respuesta de movimiento empleada durante las tareas de agilidad en el entrenamiento como en la competición. La categorización de los movimientos de componentes específicos identificados para el deporte y el atleta en función de estos parámetros puede ayudar al especialista en fuerza y acondicionamiento a abordar sistemáticamente el desarrollo de habilidades de movimiento de cambio de velocidad.

4.5   Tipos de Agilidades Deportivas

Si bien se ha definido la agilidad, la expresión de la agilidad depende en gran parte del contexto y puede variar según el deporte, e incluso la situación específica que se enfrente durante la competición. Por lo tanto, se pueden identificar diferentes categorías de agilidad deportiva, cada una de las cuales implica exigencias sensoriales y cognitivas distintas.

4.5.1   Agilidad de Interceptación

El momento de inicio de los movimientos de interceptación se determinará de diferentes formas dependiendo de la naturaleza del deporte. Por ejemplo, en los deportes de raqueta, el inicio de la respuesta de movimiento es predecible y se basa en la llegada de la pelota al oponente y el posterior inicio del tiro por parte de este [448]. Para los movimientos de interceptación, el grado de certeza, en particular con respecto al momento del inicio de la respuesta al movimiento, permite a los atletas realizar movimientos de "precarga" preparatorios que mejoran su capacidad de iniciar rápidamente el movimiento requerido.

Un ejemplo de esto es el previamente descrito paso split que se realiza en el tenis (y otros deportes de raqueta como el squash). Esta acción comienza con un movimiento de "reducción de peso" mediante el cual el atleta deja caer su centro de gravedad y simultáneamente permite que sus pies se eleven del suelo [483]. El propósito de este movimiento preparatorio es precargar los músculos extensores de la pierna al entrar en contacto con el suelo [448]. Durante el curso de la realización de este movimiento de "inmersión", el atleta a menudo amplía su base de apoyo y altera la orientación de las extremidades inferiores justo antes del aterrizaje para entrar en contacto primero con el pie más alejado de la dirección de movimiento anticipada, y reposicionar sus extremidades inferiores para conducir hacia la dirección prevista [483].

En otros deportes, como los de equipo, la situación es un poco más compleja. Al interceptar la pelota en estos deportes, a menudo se verán implicadas limitaciones de tiempo similares, como es el caso de los deportes de raqueta. Como tal, el atleta puede tener la oportunidad de realizar un movimiento de precarga preparatorio, como se emplea en los deportes de raqueta. Sin embargo, es probable que existan otros factores con los que lidiar al interceptar la trayectoria de una pelota en un contexto de deportes de equipo, específicamente la presencia de otros atletas en las cercanías. Esto puede afectar la toma de decisiones sobre cuándo interceptar la pelota; por ejemplo, el atleta puede optar por intentar interceptar la trayectoria de la pelota antes para atrapar o golpear antes que su oponente. Del mismo modo, la interacción con otros atletas puede obstruir o provocar desviaciones en el camino de la pelota, por ejemplo, rebotando en otro atleta.

A menudo existe un grado de anticipación involucrado en la ejecución de movimientos de interceptación. Dicho esto, la medida en que se emplea la anticipación para iniciar las respuestas de movimiento depende de la capacidad del atleta de prestar atención e interpretar las señales de avance derivadas del comportamiento de movimiento exhibido por su oponente [478]. En el caso de que el atleta sea capaz de "leer" la respuesta de movimiento de su oponente o el movimiento de la pelota, podrá planificar previamente su respuesta de movimiento y ajustar su posición inicial y su postura de antemano. Esta "estrategia de movimiento predictivo" que se ha observado con los tenistas de élite permite al atleta iniciar su respuesta de movimiento con anticipación, lo que finalmente les permite interceptar pelotas que viajan a una velocidad tal que de otra manera no tendrían suficiente tiempo de reacción para hacerlo [448].

Ahora bien, los atletas habilidosos aún adaptan su estrategia anticipada durante el movimiento. Por ejemplo, en los deportes de raqueta, se muestra que los movimientos "preplanificados" iniciados antes de la selección de tiro anticipada del oponente, se refinan de manera reactiva en función de la trayectoria o el movimiento real de la pelota [448]. Además, los atletas habilidosos en estos deportes demuestran una capacidad superior para reaccionar ante desviaciones inesperadas al final del movimiento e iniciar la acción correctiva requerida mientras están en pleno movimiento [479].

De manera similar, en los casos en los que las respuestas de movimiento no se anticipan o se anticipan incorrectamente (es decir, el atleta adivina mal o es eludido por su oponente), el atleta deberá recuperarse primero y luego iniciar la respuesta de movimiento correcta. Este tipo de movimiento de agilidad reactiva "caótica" parecería comprender habilidades específicas. De ello se deduce que la capacidad para realizar estos movimientos reactivos caóticos podría desarrollarse mediante un entrenamiento adecuado de la misma manera que cualquier otro aspecto del movimiento de agilidad.

4.5.2   Agilidad Defensiva

La agilidad defensiva tiene elementos en común con los movimientos de interceptación descritos en la sección anterior. Sin embargo, es evidente que existen exigencias sensoriales y cognitivas adicionales que se deben considerar con la agilidad defensiva. Si bien la trayectoria de una pelota u otro proyectil puede desviarse hasta cierto punto, rastrear e interceptar a un oponente implica una necesidad mucho mayor de adaptarse y responder a desviaciones significativas en el camino del oponente, dado que están buscando activamente evadir al atleta. Además, también existe el elemento de engaño con el que se debe lidiar cuando se intenta interceptar a un oponente que intenta evadir al atleta.

En consecuencia, en el caso de que el atleta se esté moviendo para interceptar a un oponente, juzgar el momento de la respuesta de movimiento original es mucho menos predecible y, por lo tanto, emplear un movimiento preparatorio es mucho menos sencillo. Asimismo, las acciones de adaptación consecuentes a la respuesta de movimiento original juegan un papel mucho más importante en la agilidad defensiva. Dada la mayor propensión a ser engañado o "desviado" por un oponente, la agilidad reactiva "caótica" que se describe en la sección anterior es, por lo tanto, particularmente aplicable para la agilidad defensiva.

4.5.3   Agilidad de Evasión

La agilidad de evasión se ha estudiado de una manera mucho menos abundante. El inicio de estos movimientos es hasta cierto punto autocronometrado por el atleta, aunque el comportamiento de los atletas oponentes también influirá en el momento en que se inician los movimientos evasivos. Por lo tanto, hasta cierto punto, los atletas pueden emplear estrategias de movimiento preplanificadas cuando realizan movimientos evasivos. Como anécdota, muchos atletas en deportes intermitentes desarrollan "movimientos" evasivos favoritos o estrategias de movimiento que emplearán en una situación de juego determinada en un intento de "confundir el pie" de sus oponentes. Se ha reportado de habilidades de movimiento especializadas en deportes que requieren agilidad evasiva, un ejemplo de ello es el "paso en falso lateral", que se identifica que es comúnmente realizado por atletas en deportes de equipo, especialmente en baloncesto [484].

Sin embargo, de la misma manera que se describe para los movimientos interceptivos, es probable que el atleta también modifique cualquier estrategia de movimiento planificada en respuesta a la reacción y el movimiento de los atletas defensivos. En vista de ello, estos movimientos parecen comprender de forma similar, elementos tanto de planificación como de anticipación; sin embargo, la reacción continúa siendo un componente integral de esta forma de agilidad. De ello se deduce que el proceso a través del cual se desarrollan estas habilidades debe reflejar el hecho de que la agilidad de evasión constituye en última instancia habilidades de movimiento adaptativas "abiertas" [485].

5   Propuestas de Entrenamiento de Cambio de Velocidad y Agilidad

No está claro en la literatura exactamente cuál constituye la mejor propuesta para desarrollar el cambio de velocidad y agilidad para un deporte dado [485]. Sin embargo, los estudios han demostrado que existe la necesidad de un entrenamiento especializado para desarrollar estas habilidades. Es evidente que el entrenamiento de velocidad en línea recta por sí solo no proporcionará un desarrollo adecuado del rendimiento de cambio de velocidad, particularmente en el caso de tareas complejas de cambio de dirección que implican muchas variaciones de la trayectoria [102].

Existe un creciente cuerpo de datos que respalda la eficacia de las intervenciones de entrenamiento para desarrollar tanto las habilidades de movimiento necesarias para el cambio de velocidad [110] como los aspectos perceptuales y de toma de decisiones de la agilidad [485]. De las modalidades de entrenamiento empleadas en los estudios que investigan el rendimiento de cambio de dirección hasta la fecha, las intervenciones de entrenamiento que han presentado bounds y/o entrenamiento de destrezas de movimiento han reportado típicamente el mayor éxito en obtener mejoras significativas en los puntajes de las pruebas de cambio de dirección [110].

Finalmente, para asegurar que las destrezas de movimiento de cambio de velocidad adquiridas en el entrenamiento se transfieran en última instancia al entorno de la competición, es importante que estas habilidades se desarrollen como capacidades deportivas adaptativas. Esto parecería requerir una propuesta similar a la que se observa en los dominios del coaching y la adquisición de destrezas deportivas. Con este fin, diferentes autores en la literatura han abogado por una variedad de propuestas para el aprendizaje motor con respecto al desarrollo de la agilidad [34, 478, 486].

5.1 Práctica de Habilidad Cerrada en Contraposición con Abierta para Desarrollar el Movimiento de Agilidad

La repetición de movimientos preplanificados en condiciones de "habilidad cerrada" predecibles y a su propio ritmo es beneficiosa para adquirir las habilidades de movimiento necesarias que comprenden una tarea de agilidad deportiva particular desde el punto de vista de instruir, corregir y reforzar patrones de movimiento correctos. Básicamente, si el atleta no es competente en la ejecución de los movimientos en condiciones cerradas (predeterminadas y a su propio ritmo), parece improbable que demuestre competencia de movimiento en condiciones abiertas.

Dicho esto, existen claras limitaciones a esta propuesta de práctica de movimientos de habilidades cerradas programadas, en lo que concierne a su transferibilidad hacia las condiciones inherentemente impredecibles a los que se enfrentan los atletas durante la competición. La agilidad en el deporte es esencialmente una habilidad motora abierta [485]. En consecuencia, parece poco probable que el entrenamiento de cambio de velocidad que exclusivamente incluya drills cerrados sea suficiente para suscitar el desarrollo de los aspectos sensoriales, perceptuales y de toma de decisiones necesarios para la agilidad.

En última instancia, la propuesta adoptada para desarrollar la agilidad debería apuntar a desarrollar estas capacidades como habilidades motoras adaptativas. La incorporación de un entorno con mayor abundancia de "habilidades abiertas" parece ser un medio más apropiado y eficaz para proporcionar un desarrollo simultáneo de elementos de percepción y decisión. En particular, el acoplamiento de la percepción y acción parecería ser un aspecto clave del desarrollo de las habilidades motoras adaptativas (abiertas) necesarias para que el atleta pueda expresar sus capacidades de movimiento de agilidad en un contexto de competición.

Los datos recientes de un estudio donde emplearon proyecciones de video de un oponente en movimiento que involucró una serie de escenarios diferentes relacionados con el juego durante el entrenamiento de agilidad reactiva para atletas de deportes de equipo de élite apoyan esta afirmación. Las mejoras significativas en una prueba de agilidad reactiva después de esta intervención de entrenamiento a corto plazo (3 semanas) se lograron mediante tiempos de reacción mejorados, mientras que el componente de tiempo de movimiento de las puntuaciones de los atletas se mantuvo prácticamente sin cambios [485]. Por lo tanto, es evidente que el estímulo visual utilizado en esta modalidad de entrenamiento tuvo éxito en el desarrollo de los aspectos perceptivos y de toma de decisiones involucrados en el rendimiento de la agilidad deportiva, y estos cambios se reflejaron en un mejor rendimiento en los parámetros de evaluación de una prueba de agilidad reactiva relacionada.

Sin embargo, un entorno de práctica de habilidades completamente abierto en el que el atleta es libre de operar sin intervención o instrucción inmediata no parece adecuado para desarrollar y reforzar técnicas de movimiento correctas. De acuerdo con esto, un estudio ha demostrado que este tipo de entorno de habilidades abiertas es inferior a la práctica deliberada de habilidades cerradas para mejorar los parámetros de rendimiento en el cambio de dirección [486]. Sin embargo, debe señalarse que el estudio de Bloomberg y colaboradores incluyó sujetos que podrían considerarse atletas novatos. Las condiciones de habilidad abierta parecerían ser más propicias para aquellos atletas experimentados en movimientos de cambio de velocidad.

Efectivamente, parecería existir un continuo entre los dos extremos descritos, la práctica deliberada de movimiento cerrado (previamente planificado y a su propio ritmo) y las condiciones de habilidad abiertas. El desarrollo de la destreza de movimientos de agilidad puede comenzar con la práctica de habilidad cerrada y luego, a medida que se desarrollan las competencias de movimiento, el atleta puede exponerse progresivamente a condiciones en las que los movimientos a su propio ritmo se reducen en términos de velocidad de ejecución, menos predecibles en términos de cuándo se inician los movimientos y brindan menos oportunidades para planificar con antelación las respuestas de movimiento.

5.2   Desarrollo de Habilidades Cerradas

Se ha demostrado que el entrenamiento programado que presenta únicamente drills de habilidades motrices cerradas es efectivo para mejorar los parámetros evaluados de rendimiento en lo que concierne al cambio de dirección, independientemente del desarrollo concurrente de capacidades físicas [486]. Curiosamente, este estudio también demostró que no se requería equipo especializado (por ejemplo, vallas, escaleras de coordinación, etc.) para obtener con éxito estas mejoras. Los factores decisivos resultaron ser la instrucción y la práctica deliberada de técnicas de movimiento específicas, y estos elementos no dependían de equipos especializados [486]. La mayoría de los drills de movimiento que emplean vallas y otros equipos pueden adaptarse. Por ejemplo, dependiendo del escenario deportivo, el especialista en fuerza y acondicionamiento puede emplear marcas o líneas en la cancha cuando realiza drills de juego de pies que normalmente se realizan con la escalera de coordinación [48].

Por lo tanto, una vez que el especialista en fuerza y acondicionamiento ha identificado y categorizado las habilidades de movimiento características del deporte y el atleta, el siguiente paso sería la instrucción y práctica deliberada de las técnicas específicas. Esto podría comenzar concentrándose en el componente de aceleración involucrado en los movimientos de cambio de velocidad. Para aislar esta porción específica del movimiento, se deduce que este podría realizarse inicialmente desde una posición estacionaria. Por ejemplo, los deportes de raqueta como el tenis requieren la capacidad de acelerar en múltiples direcciones. De modo que, los movimientos iniciales introducidos podrían presentar una variedad de movimientos de aceleración en diferentes ángulos (por ejemplo, 45 grados, 90 grados, 135 grados, 180 grados). El atleta también debe desarrollar su capacidad para ejecutar estos movimientos con cualquier pierna adelantada (es decir, la pierna más cercana o alejada de la dirección prevista del movimiento).

Estos movimientos de aceleración se inician en una variedad de formas en el deporte: el atleta puede estar inicialmente en una posición estacionaria, pueden preceder a la acción con un movimiento de precarga preparatorio o pueden estar en movimiento. Cualquiera que sea el escenario que precede al movimiento, la capacidad de ejecutar estos movimientos de aceleración con un alto grado de competencia técnica parece ser un prerrequisito esencial. Por consiguiente, una vez que se ha dominado el rango de movimientos de aceleración que ocurren en el deporte desde una posición estacionaria, la práctica técnica puede progresar precediendo el movimiento de aceleración con los tipos de movimiento de iniciación que ocurren en el deporte.

Volviendo al ejemplo del deporte de raqueta, la progresión del entrenamiento de habilidades de movimiento puede lograrse realizando inicialmente el movimiento desde una posición estacionaria, pero introduciendo un movimiento de "precarga" preparatorio, como variaciones del movimiento de paso split que se emplea con frecuencia en estos deportes [448]. La siguiente progresión lógica sería iniciar el rango de movimientos de aceleración desarrollados mientras el atleta está en movimiento. El movimiento inicial puede ser en una variedad de direcciones, dependiendo de lo que sea apropiado para el deporte. En este escenario, la progresión se puede lograr manipulando la velocidad de aceleración previa, es decir, introduciendo diferentes direcciones de movimiento y aumentando la velocidad. Dependiendo de la dirección inicial y la velocidad del movimiento, ejecutar el movimiento de aceleración puede implicar un componente de desaceleración o aceptación del peso.

En todos los ejemplos de práctica deliberada programada descritos anteriormente, el atleta realiza los movimientos a su propio ritmo. Es decir, los movimientos están preplanificados y el momento de ejecución del movimiento está predeterminado por el atleta. Si bien la eficacia de esta propuesta está validada en lo que concierne a la adquisición de habilidades de movimiento y, por lo tanto, parece ser un elemento necesario para desarrollar el rendimiento de la agilidad, también existe la necesidad de una progresión posterior con el propósito de desarrollar los componentes de estas habilidades en las destrezas deportivas adaptativas requeridas, a fin de expresar estas en condiciones de competición.

5.3 Propuesta de Aprendizaje Práctico para Desarrollar el Rendimiento de Cambio de Velocidad

Se ha demostrado que el entrenamiento específico de cambio de dirección manifiesta una transferencia a las evaluaciones de rendimiento de esta, en particular las pruebas que involucran ángulos de corte similares [102]. Los drills que integran movimientos laterales y de corte específicos permiten desarrollar la técnica y reforzar patrones neuromusculares específicos. Esta propuesta es análoga a los métodos de acondicionamiento programados para el desarrollo de la agilidad descritos por Bloomfield y colaboradores [486].

El profesional también puede adoptar una propuesta de aprendizaje práctico cuando utilice estos drills de movimiento. Básicamente, esto implicará permitir que el atleta presente sus propias soluciones de movimiento. Con el fin de orientar el aprendizaje práctico durante este proceso, el profesional puede progresivamente proporcionar información a los atletas sobre los principios clave de la mecánica involucrada. De esta manera, el atleta tiene la oportunidad de aplicar la información presentada a fin de ayudarlo a encontrar soluciones mientras experimenta con diferentes estrategias de movimiento. Otra forma en que el entrenador puede orientar el aprendizaje práctico es proporcionar ejemplos de estrategias de movimiento empleadas en diferentes deportes.

5.4 Entrenamiento de Desaceleración

Debido a la naturaleza de muchos deportes, con frecuencia se requiere que los atletas desaceleren bruscamente, ya que responden al movimiento de sus compañeros de equipo, oponentes y el balón [487]. En referencia con los movimientos de cambio de velocidad en los que el atleta se encuentra en movimiento, la capacidad de desacelerar suele ser fundamental. Por ejemplo, las tareas de correr y cortar que implican grandes cambios en la velocidad pueden requerir que el atleta primero frene su momento de inercia inicial antes de propulsar el cuerpo en la nueva dirección de movimiento [461].

Fundamentalmente, la capacidad de desacelerar depende de la fuerza excéntrica y la capacidad de absorber una gran cantidad de fuerza rápidamente. Asimismo, existen aspectos técnicos de suma importancia que permiten al atleta desacelerar de la manera más eficaz. Por ejemplo, la posición del centro de masa del atleta, su postura y la posición de sus extremidades en relación con su centro de masa son factores clave referentes a la cinética y cinemática involucradas en el movimiento. El entrenamiento neuromuscular dirigido a desarrollar aspectos técnicos de la desaceleración es, por tanto, un área que, para muchos atletas, tiene mérito.

Del mismo modo, la forma en que se ejecuta una desaceleración dependerá por completo de la acción que deba seguir. Desde este punto de vista, practicar la tarea de desacelerar hasta detenerse de forma aislada tiene un valor limitado si los movimientos de desaceleración que caracterizan el deporte generalmente preceden a otra actividad de algún tipo. De hecho, este suele ser el caso: existen muy pocos casos en el deporte en los que la tarea en su totalidad es simplemente desacelerar hasta detenerse sin ningún propósito más allá de eso. Los ejercicios de este tipo pueden tener valor cuando se instruye inicialmente la mecánica de la desaceleración; sin embargo, el entrenamiento de desaceleración debe progresar rápidamente para incorporar el acoplamiento de movimientos, de modo que la desaceleración preceda inmediatamente a otra acción.

En general, la acción acoplada subsecuente a la desaceleración comprenderá típicamente un cambio de velocidad de algún tipo, con o sin un cambio de dirección. Por ejemplo, el ejercicio podría involucrar al atleta corriendo hacia delante para desacelerar hasta detenerse, antes de iniciar un retroceso inmediatamente después.

5.5   Implementación de Drills de Cambio de Velocidad

Se ha identificado que el equipo especializado comúnmente utilizado junto con los métodos de acondicionamiento de "agilidad" en realidad no son cruciales para el éxito de estas modalidades de entrenamiento. Los drills que involucran equipo especializado pueden ser fácilmente sustituidos por drills equivalentes que desarrollan habilidades de movimiento similares, sin ningún deterioro significativo en las mejoras de rendimiento observadas [486]. Por ejemplo, en lugar de escaleras de coordinación, las líneas marcadas en el campo o la cancha se pueden usar para orientar los ejercicios de juego de pies. De hecho, esta propuesta puede ser preferible ya que, cuando los atletas realicen estos ejercicios sin el equipo típico de escalera de coordinación, estarán menos inclinados a mirar al suelo. El profesional puede progresar al uso de postes estáticos o atletas de pie para simular un atleta defensivo, ya que la presencia de incluso un "atleta defensivo" ficticio estático puede tener una influencia significativa en la mecánica de corte lateral [461].

De manera similar los ejercicios programados pueden progresar incorporando movimientos de habilidad relacionados con el juego. Para los deportes que implican llevar una pelota o sostener un implemento (hockey sobre césped, lacrosse, hockey sobre hielo), existe cierta sugerencia de que los atletas pueden llegar a desempeñarse de mejor manera al sostener el implemento de su deporte. Esto es algo que debe tenerse en cuenta al diseñar el entrenamiento de agilidad en estos deportes. Con la progresión del entrenamiento, se deduce que los ejercicios pueden volverse más deportivo específicos incorporando una pelota o un implemento deportivo en la ejecución del ejercicio [106].

Para muchos deportes, la progresión final será introducir un elemento de reacción o "estímulo-respuesta" al ejecutar estos ejercicios. Se muestra que el control neuromuscular difiere cuando la tarea se ejecuta en condiciones planificadas de antemano frente a condiciones reactivas o imprevistas [488]. De ello se deduce que, para mejorar el control neuromuscular y la mecánica del movimiento durante una tarea de corte inesperada, el atleta debe estar expuesto a estas condiciones durante el entrenamiento. Esta necesidad de elementos de acoplamiento percepción-acción y toma de decisiones se explora con más detalle en la siguiente sección.

5.6   Entrenamiento para Desarrollar la "Agilidad Reactiva"

Existe una distinción importante entre las habilidades de cambio de velocidad durante los movimientos que están planificados con antelación (maniobrar alrededor de obstáculos fijos) y la agilidad específica del deporte ejecutada en respuesta a señales específicas del juego (movimiento de la pelota, oponentes o compañeros de equipo) [489]. Durante las etapas iniciales del entrenamiento para desarrollar la "agilidad reactiva", los movimientos que componen el cambio de velocidad que se presenta en el rendimiento de agilidad podrían desarrollarse mediante la práctica de habilidades motrices cerradas. Sin embargo, la característica definitoria de la agilidad es que el cambio de dirección o velocidad ocurre en respuesta a un estímulo externo [106]. Para avanzar al rendimiento de la agilidad, el entrenamiento debe progresar a condiciones de habilidades motrices abiertas.

6   Entrenamiento de Transferencia Para la Agilidad Deportiva

Junto a la adquisición de las habilidades de movimiento que componen la agilidad, existe la necesidad de que el atleta se exponga progresivamente a un entorno impredecible para que pueda desarrollar la capacidad de ejecutar estas habilidades de movimiento en condiciones reactivas. En última instancia, el tiempo total para completar una tarea de movimiento de agilidad dependerá no solo del intervalo necesario para completar el cambio de dirección, sino también del tiempo transcurrido mientras el atleta detecta y procesa las señales relevantes de la tarea, y luego decide e inicia la respuesta de movimiento adecuada. De ello se deduce que este elemento de percepción y toma de decisiones del movimiento de agilidad no se puede descuidar si el atleta ha de desarrollar la capacidad de expresar sus capacidades de agilidad en condiciones de competición en su deporte.

6.1   Programación de la Imprevisibilidad

La transición al desarrollo específico de la agilidad se puede lograr prácticamente eliminando progresivamente la capacidad del atleta de anticipar las respuestas de movimiento [488]. La progresión en el aprendizaje motor en lo que concierne al cambio de velocidad y agilidad puede observarse en términos de un continuo. La práctica de habilidades de motrices cerradas se encuentra en un extremo del continuo, en contraposición a un entorno de habilidades motrices abiertas completamente aleatorias en el extremo opuesto del espectro. Entre estos dos extremos, los entrenadores y profesionales pueden implementar una serie de drills que exponen al atleta a un desafío sensorial-perceptivo y motor que aumenta progresivamente. Los ejemplos de progresiones incluyen velocidades de ejecución desde autoseleccionadas hasta máximas; progresando desde obstáculos fijos hasta iniciar un movimiento previamente planificado en respuesta a una instrucción; una reacción simple (respuesta individual) a reacción compleja (múltiples respuestas de movimiento); y finalmente incorporar ejercicios de toma de decisiones y lectura-reacción contra un oponente en situaciones deportivas reales.

Las tareas de agilidad y el entorno de entrenamiento empleado al desarrollar la agilidad se pueden describir en términos de *"grados de libertad"*, es decir, el número de variables de percepción y de movimiento involucradas [478]. Utilizando esta propuesta, y en referencia al continuo de las tareas de aprendizaje motor descritas anteriormente, los drills de cambio de velocidad de habilidades motrices cerradas en un extremo del espectro tienen efectivamente cero grados de libertad: el movimiento está preplanificado y su inicio, así como su velocidad de ejecución es determinada por el atleta. En el extremo opuesto del continuo se encuentra el entorno de competición, que implica múltiples grados de libertad, con numerosas variables de movimiento y percepción involucradas en cualquier tarea de agilidad que son dinámicas y determinadas por cada situación de juego.

La aplicación de este concepto permite al especialista en fuerza y acondicionamiento categorizar las tareas de agilidad de habilidades motrices abiertas de diversa complejidad. Esto, a su vez, proporciona un marco que puede emplearse para manipular las variables perceptivas y de movimiento de manera sistemática. De este modo, esto también permitirá una progresión coherente en la prescripción de modalidades de entrenamiento de agilidad.

6.2 Estímulo-Respuesta: Reacción a Señales Externas

Volviendo a la definición original de agilidad como "cambio de velocidad o dirección en respuesta a un estímulo" [106], un medio evidente para progresar en los drills de habilidades motrices cerradas a un ritmo autoseleccionado empleados durante la práctica de movimientos programados es introducir el elemento de reacción. Puede emplearse una variedad de señales externas para desencadenar el inicio de la habilidad de movimiento aprendida. Diferentes autores han sugerido que el especialista en fuerza y acondicionamiento debe seleccionar la señal más relevante a la tarea del deporte para que sea más pertinente. Parece existir una variedad de opciones con respecto a las señales externas que pueden emplearse. La más simple es una orden verbal "adelante" emitida por el entrenador. Otras señales dirigidas por el entrenador incluyen señales direccionales verbales o visuales junto a la orden verbal de "adelante". Las señales visuales pueden estar basadas en el movimiento; por ejemplo, el entrenador inicia la respuesta de movimiento dando un paso para indicar la dirección en la que el atleta debe moverse.

La eficacia de esta propuesta en proporcionar el desarrollo de los aspectos perceptivos y de toma de decisiones, está respaldada por un número creciente de estudios que emplean intervenciones de entrenamiento de "agilidad reactiva" –que incorporan proyecciones de video–, para que las respuestas de movimiento de los atletas se ejecuten en reacción a las acciones en pantalla de un oponente en una variedad de escenarios de juego [485]. Los drills en pareja funcionan de manera similar y también facilitarán el desarrollo de la capacidad del atleta para detectar y procesar señales relevantes derivadas del movimiento de los segmentos corporales de los atletas opuestos [478]. Esto se identifica como un componente clave de la agilidad para los movimientos interceptivos, la agilidad defensiva y, a la inversa, también los movimientos de agilidad de evasión [485]. Sin embargo, los drills en pareja tenderán a involucrar tareas de mayor complejidad, ya que normalmente implicarán un mayor número de variables de movimiento, como se analiza en la siguiente sección.

6.3 Estímulo-Respuesta: Manipulación del Número y Variedad de Respuestas de Movimiento

Además de los grados de libertad de percepción, las variables de movimiento pueden manipularse para variar y aumentar el desafío que se le impone al atleta. Esto se puede lograr especificando qué constituye la respuesta o respuestas de movimiento correctas. De manera similar, el especialista en fuerza y acondicionamiento puede alterar las exigencias de las tareas aumentando el número de respuestas de movimiento disponibles o "acoplamientos de percepción-acción" de los cuales el atleta puede seleccionar. Se muestra que los tiempos de reacción cuando se realizan tareas de respuesta múltiple varían en proporción directa al número de respuestas posibles [479]. Por lo tanto, a medida que aumenta el número de respuestas de movimiento, las exigencias perceptivas asociadas con el acoplamiento información-respuesta también aumentarán al mismo tiempo. En otras palabras, las tareas de reacción simples (es decir, la misma respuesta de movimiento, moverse hacia la derecha o hacia la izquierda) pueden progresar a tareas de reacción más complejas. Por ejemplo, los desafíos avanzados de percepción-acción pueden presentar una serie de respuestas de movimiento (por ejemplo, ¼ de vuelta, ½ vuelta, ¾ de vuelta) en una variedad de direcciones.

Como antes, en última instancia, la progresión implicará la introducción de drills en pareja, en los que el movimiento de otro atleta dicta tanto el momento de la iniciación como la selección de la respuesta del movimiento. Los ejemplos incluyen drills de "sombra" o "espejo" mediante los cuales se ejecutan respuestas reactivas de movimiento en respuesta al movimiento del atleta "líder". Esto parecería ofrecer los medios para desarrollar las habilidades específicas involucradas en la regulación y adaptación de las respuestas de movimiento en reacción a desviaciones imprevistas una vez que la respuesta de movimiento está en marcha. La capacidad superior de movimiento adaptativo es una característica de atletas habilidosos y parecería comprender habilidades específicas que requieren un desarrollo específico [479]. Por el contrario, estos drills también se pueden utilizar simultáneamente como una herramienta para desarrollar capacidades de movimiento de evasión para el atleta que actúa como atleta "líder" de la tarea.

6.4   Incorporación de Restricciones Deportivas Específicas en el Entorno de Práctica

Con los avances en el entrenamiento de la agilidad, las restricciones apropiadas asociadas con el deporte en particular también deben replicarse en el entorno de entrenamiento, a fin de tener plenamente en cuenta los aspectos cognitivos y sensorial-perceptuales [44]. El especialista en fuerza y acondicionamiento puede ser creativo en la programación de estos drills para simular las condiciones de la competición. Diferentes autores han destacado los beneficios potenciales de replicar las condiciones críticas y las limitaciones de la tarea encontradas durante la competición, con respecto a la percepción y la toma de decisiones involucradas en el acoplamiento de los estímulos de la tarea y las respuestas de movimiento [489]. Desde el punto de vista de la transferencia de entrenamiento, existen claras ventajas que se derivan de la replicación de escenarios de juego para que el atleta esté expuesto a condiciones comparables de acoplamiento de "percepción-acción" al iniciar y regular las respuestas de movimiento durante la tarea de entrenamiento.

Al diseñar estos drills de "lectura y reacción" de habilidades motrices abiertas, primero se deben identificar las señales verbales de instrucción y las respuestas de movimiento específicas para el deporte y la posición de juego. A medida que esta forma de entrenamiento progresa más hacia el extremo de las habilidades motrices abiertas del espectro, esto puede desfasarse hacia el "terreno" de la práctica técnica/táctica y el juego competitivo, que es el área del entrenador deportivo.

Revisión de Conocimiento – Capítulo Siete

1. Todas las siguientes declaraciones con respecto al cambio de dirección y la agilidad son válidas, EXCEPTO:

A. El rendimiento del cambio de dirección no es genérico y depende de la tarea.
B. La agilidad por definición implica la respuesta a un estímulo.
C. El rendimiento en la misma tarea de cambio de dirección puede variar en diferentes condiciones.
D. El cambio de dirección y la agilidad son sinónimos, y estos términos se pueden usar indistintamente.

2. Un cuerpo permanecerá estacionario o continuará en movimiento a su velocidad actual a menos que actúe sobre él una fuerza de magnitud suficiente. Esto describe a:

A. Primera ley de movimiento de Newton (inercia).
B. Segunda ley del movimiento de Newton (F = m x a).
C. Tercera ley del movimiento de Newton (acción y reacción).
D. Ninguna de las anteriores.

3. ¿Cuáles de los siguientes factores son relevantes para determinar la magnitud del impulso de fuerza que el atleta necesita aplicar para ejecutar un cambio de dirección cuando está en movimiento, de acuerdo con la relación impulso-momento de inercia?

A. Masa del atleta.
B. Velocidad inicial del atleta.
C. Grado de desviación en la dirección de movimiento requerido por la tarea.
D. Todas las anteriores.

4. ¿Cuál de los siguientes afectará la forma en que se ejecuta una maniobra de cambio de velocidad y qué soluciones de movimiento se emplean?

A. Tarea (por ejemplo, corte de 45 grados frente a cambio de dirección de 135 grados).
B. Condiciones de iniciación y velocidad de la aceleración previa.
C. Población (por ejemplo, un atleta de fútbol americano contra una atleta de sóftbol).
D. Todas las anteriores.

5. ¿Cuál de los siguientes factores determinará las soluciones de movimiento disponibles para el atleta para una maniobra de cambio de velocidad?

A. Masa y proporciones corporales (altura, longitudes de palanca).
B. Capacidad de generación de fuerza (fuerza y velocidad-fuerza).
C. Competencia de movimiento (movilidad, conciencia cinestésica) y percepción de esta.
D. Todas las anteriores.

6. Cada uno de los siguientes son ejemplos de expresiones de agilidad deportiva, EXCEPTO:

A. En tenis, el atleta que recibe el servicio se mueve para interceptar y devolver el mismo.
B. Un atleta defensivo en fútbol soccer rastrea al atleta contrario en posesión del balón y realiza una entrada.
C. Un atleta de béisbol que corre desde la segunda base ejecuta un corte para correr alrededor de la tercera base y continuar hacia el plato sin ser desafiado después de que la pelota es golpeada fuera del parque para un jonrón.
D. Un corredor en el fútbol americano recibe el balón del quarterback e intenta evadir a los atletas en la línea defensiva.

7. VERDADERO o FALSO – La única forma válida de desarrollar la agilidad deportiva para un atleta de deportes de equipo es permitirle participar libremente en la práctica de habilidades motrices abiertas en

condiciones aleatorias a fin de desarrollar las cualidades sensoriomotoras involucradas a través del descubrimiento y la autooptimización.

8. VERDADERO o FALSO – La única forma válida de desarrollar la agilidad deportiva para un atleta de deportes de equipo es participar en la práctica programada de habilidades cerradas con retroalimentación del entrenador en condiciones de autoaprendizaje y autodeterminación para permitirles desarrollar las cualidades sensoriomotoras involucradas a través del aprendizaje orientado y la repetición.

9. ¿Cuáles de los siguientes son elementos importantes cuando se busca desarrollar las capacidades de cambio de velocidad?

A. Desarrollo de habilidades específicas para la propulsión y la aceleración inicial en una variedad de direcciones.
B. Desarrollo de habilidades específicas para ejecutar cambios de velocidad (aceleración, múltiples direcciones) desde diferentes transiciones (por ejemplo, en movimiento, en diferentes direcciones y velocidades).
C. Desarrollo de habilidades específicas para la desaceleración incorporando varios acoplamientos de movimiento (es decir, acciones subsecuentes a la desaceleración).
D. Todas las anteriores.

10. Cada uno de los siguientes es un método para progresar la transferencia de entrenamiento con el propósito de desarrollar la agilidad deportiva, EXCEPTO:

A. Introducir a otro atleta para activar la iniciación de una tarea de reacción simple.
B. Presentar más opciones de respuesta al movimiento para un drill de estímulo-respuesta.
C. Esprints sobre vallas bajas.
D. Actividades de evasión con compañeros.

Capítulo Ocho: Entrenando el "Core"

El rol del core con respecto a la estabilidad de la columna está bien establecido y el core se ha descrito como la "base anatómica del movimiento". A pesar de la importancia y la considerable atención que se le presta a esta área, la propuesta para desarrollar la estabilidad del core para la prevención de lesiones y el rendimiento atlético sigue siendo muy polémico. Esto refleja el número de diferentes músculos asociados con el complejo lumbo-pélvico-cadera y los diversos subsistemas que pueden contribuir a la estabilidad del core en diferentes condiciones. En este capítulo exploramos los diversos componentes que componen el core y las diferentes modalidades de entrenamiento disponibles para el profesional para desarrollar un aspecto dado de la estabilidad lumbopélvica del core.

Objetivos de Aprendizaje:

1   Explicar qué constituye la estabilidad lumbopélvica del core.

2   Describir las diferentes funciones y exigencias de la región lumbopélvica del core.

3   Describir los diversos subsistemas involucrados en la estabilización del complejo lumbopélvico.

4   Explicar cómo el core contribuye al control de las extremidades inferiores.

5   Describir las diferentes propuestas que se pueden usar para desarrollar distintos aspectos de la estabilidad lumbopélvica.

6   Comprender la aplicación de modalidades específicas de entrenamiento enfocadas al desarrollo de la fuerza del tronco.

1   Definiendo el Core

La estabilidad del core se describe en la literatura de la medicina deportiva como: "el producto del control motor y la capacidad muscular del complejo lumbopélvico" [490]. Para ejemplificar el grado de complejidad del "complejo lumbopélvico", existen veintinueve músculos individuales que se insertan únicamente a la pelvis. Otros autores, han definido de manera similar que el core incluye el esqueleto axial (cráneo, columna vertebral, caja torácica, sacro) y todos los músculos y tejidos conectivos con una unión proximal a estas estructuras; por ejemplo, la cintura escapular [491]. Por lo tanto, el término global "core" podría referirse a cualquiera de los diversos componentes independientes que contribuyen a proporcionar estabilidad a las estructuras del complejo lumbopélvico en diferentes condiciones [492].

Dada la complejidad de las estructuras y articulaciones de la columna lumbar, la pelvis y la cintura pélvica, y la cantidad de músculos involucrados; tal vez, no debería ser sorprendente que el desarrollo de la estabilidad lumbopélvica comprenda una extensa serie de diferentes factores. Por extensión, el "entrenamiento de core" podría referirse a determinado ejercicio que reclute cualquiera de los diferentes sistemas musculares involucrados en proporcionar estabilidad lumbopélvica bajo un conjunto dado de condiciones [153]. Desde este punto de vista, es crítico que los entrenadores y profesionales sean precisos y explícitos cuando se refieren a un elemento particular de la estabilidad lumbopélvica del core.

Actividad Reflexiva: En términos de aprendizaje académico y cualquier curso práctico al que haya asistido, ¿cómo compara la enseñanza de la estabilidad del core con su propia experiencia?

Esto probablemente es un factor importante en la confusión y resultados contradictorios de los estudios que investigan la "estabilidad del core". En gran parte, estas diferencias y desacuerdos en los hallazgos en la literatura de la medicina deportiva y ciencias del deporte pueden conciliarse al reconocer que diferentes estudios y autores se refieren a distintas partes de un mismo todo. Una buena analogía para la confusión y los conceptos erróneos sobre el tema, es la parábola de los seis ciegos que describen al elefante [493].

Actividad Reflexiva: ¿Ha encontrado algún ejemplo en el que las disputas sobre cómo abordar la estabilidad del core se puedan explicar como un simple malentendido, como se describe en la sección anterior?

1.1   Las Múltiples Funciones del Core

Si le removiera el músculo y se dejara que la columna dependa exclusivamente del soporte pasivo (huesos y ligamentos), la columna vertebral humana colapsaría con tan solo ~9 kg de carga [494], esto ilustra que la columna depende en gran parte de la estabilidad activa proporcionada por una variedad de músculos [495]. Se muestra que el conjunto de músculos que actúan para proporcionar estabilidad en la columna varía con la postura, la dirección del movimiento y la magnitud de la carga en la columna [154]. Además de proporcionar estabilidad a la columna vertebral, los músculos del complejo lumbopélvico proporcionan estabilidad a la pelvis y la cintura pélvica [496].

Adicionalmente, la columna lumbar, es el sitio a través del cual se transmiten diversas fuerzas de compresión y corte durante la actividad física [497]. La co-contracción de varios músculos lumbopélvicos funciona a fin de incrementar la rigidez de la columna vertebral y la región lumbopélvica [473], esto promueve la transferencia eficiente de fuerzas desde el suelo hacia las extremidades [287].

197

Además de proporcionar estabilidad a las estructuras anatómicas, la estabilidad lumbopélvica se identifica como un componente crítico del equilibrio dinámico de cuerpo completo [498]. La mayoría de los músculos, que mueven y estabilizan las extremidades, se unen proximalmente al complejo lumbopélvico. Los músculos del core colectivamente funcionan como sinergistas para la actividad deportiva, por lo tanto, la región del core se describe como la "base anatómica para el movimiento" [497]. Los movimientos en los deportes ocurren en múltiples direcciones; en consecuencia, existe una exigencia de estabilidad lumbopélvica en todos los planos y ejes de movimiento [490].

2   Exigencias de Fuerza y Control Neuromuscular Impuestas al Core

Se ha resaltado que la columna vertebral es un sistema dinámico y, como tal, existe la necesidad de ser no solamente estable, sino también robusto a los diferentes desafíos y perturbaciones [493]. De acuerdo con la variedad de funciones que cumplen los respectivos subsistemas que proporcionan estabilidad dinámica en diferentes condiciones, existe igualmente una exigencia tanto de resistencia como de fuerza para los respectivos grupos musculares involucrados [499]; por ejemplo, durante el desafío de mantener la integridad postural mientras se sostienen y/o generan fuerzas externas, los atletas requerirán tanto la fuerza como la resistencia de los músculos lumbopélvicos respectivos [500].

Además, de acuerdo con las exigencias del deporte, estas diversas capacidades de control y fuerza neuromuscular son necesarias tanto en condiciones estáticas como dinámicas. La co-contracción de los músculos para endurecer o reforzar la columna vertebral cuando se realizan actividades bajo carga requerirá fuerza en condiciones cuasi isométricas; las actividades de lanzar y golpear, a menudo requieren que los músculos del tronco ayuden a generar torque rotacional, lo que exige velocidad-fuerza concéntrica, por el contrario, los movimientos de desaceleración y cambio de velocidad, implican una carga excéntrica de los músculos del tronco y la cintura pélvica mientras trabajan para resistir el movimiento generado por la propia inercia del atleta. Finalmente, mantener la postura lumbopélvica y la estabilidad de la columna requiere resistencia a la pérdida de fuerza y, en particular, la capacidad de mantener la función en condiciones de respiración desafiantes.

2.1   Estabilidad y Lesiones Lumbopélvicas

Los músculos posturales evitan el movimiento excesivo de la columna vertebral a nivel segmentario y ayudan a mantener la postura deseada de la pelvis y la columna lumbar, también actúan para reducir el estrés sobre la zona lumbar y, por lo tanto, proteger contra lesiones [501]; además, los músculos más grandes y superficiales que sostienen el tronco y resisten las fuerzas externas en condiciones de mayor carga, también ayudan a reducir el estrés impuesto a la columna vertebral [155].

La inestabilidad lumbopélvica, puede ser tanto la causa como el resultado de una lesión. La debilidad o el deterioro en cualquier punto de este sistema integral de soporte puede suscitar daños en los tejidos estructurales, lo que puede provocar lesiones y dolor [494], como tal, las puntuaciones bajas o desequilibradas en diversas pruebas de la función muscular que indican una pobre estabilidad lumbopélvica se identifican con frecuencia como factores de riesgo de lesión [155]. La estabilidad pasiva deteriorada y los patrones motores alterados (que comprometen la estabilización activa) también se observan comúnmente después de una lesión [502], por lo tanto, abordar estos problemas a través del entrenamiento apropiado puede tener un papel protector doble en términos de protección contra lesiones iniciales y reducción de la incidencia posterior en aquellos con antecedentes de lesiones previas.

El consenso en la literatura, es que el entrenamiento, a fin de desarrollar aspectos de la estabilidad lumbopélvica, tiene un papel que desempeñar en la reducción de la incidencia de lesiones [503-505], por ejemplo, se ha demostrado que las puntuaciones de resistencia a la pérdida de fuerza muscular del tronco se correlacionan constantemente con la incidencia de dolor lumbar o lesión [155], y a la vez, se demostró que el entrenamiento lumbopélvico que incorporaba ejercicios de pelota suizas mejoraba con éxito estos parámetros de estabilidad de la columna (tiempos de resistencia a la fatiga de los músculos extensores del tronco y la plancha lateral) en individuos sedentarios [156].

La necesidad de intervenciones específicas para reducir la incidencia de lesiones en la espalda, se destaca por la observación de que la espalda baja comúnmente se reporta como el tercer sitio más común de lesiones en distintos deportes, después del tobillo y la rodilla [506]. El dolor y las lesiones en la porción inferior de la espalda son relativamente comunes entre los atletas recreativos y competitivos, y pueden afectar gravemente la capacidad del atleta para entrenar y competir [502]. La lesión en la espalda es particularmente frecuente en mujeres atletas: los datos de lesiones de atletas universitarios de la Asociación Nacional de Atletas Colegiados (NCAA, por sus siglas en inglés) durante la temporada 1997-1998 indicaron casi el doble de lesiones en la espalda baja en mujeres en comparación con hombres [507].

Además de las lesiones que afectan directamente a la columna vertebral, los déficits en la estabilidad lumbopélvica pueden implicar lesiones a nivel articular en extremidades inferiores, a través de la cadena cinética de las articulaciones que van desde el pie de apoyo hasta la columna lumbar [506]. En consecuencia, la estabilidad lumbopélvica tiene el potencial de afectar la función y el riesgo de lesiones en todas las articulaciones de las extremidades inferiores, en particular, los factores de estabilidad lumbopélvica están implicados en el mecanismo de lesión para las lesiones de rodilla y tobillo [490].

2.2   Estabilidad y Rendimiento Lumbopélvico

El complejo lumbopélvico, representa un vínculo crítico desde el punto de vista de las fuerzas de transmisión generadas durante el contacto con el pie a través de la cadena cinética de las articulaciones de las extremidades inferiores y los segmentos del cuerpo para generar el movimiento del cuerpo en su totalidad [500]. La región lumbopélvica es también el sitio a través del cual se transmiten las fuerzas entre las extremidades inferiores y superiores durante el movimiento. Además de proporcionar una base estable para el movimiento en las extremidades, el core también puede ser el origen a partir del cual se generan y transfieren torques rotacionales a las extremidades [497].

Desde este punto de vista, la estabilización de los segmentos lumbopélvicos de las cadenas cinéticas y la transmisión eficiente de la fuerza a través de la región lumbopélvica parecería ser crítica para el rendimiento deportivo; a pesar de esto, el papel específico de las modalidades de entrenamiento de core en la mejora del rendimiento deportivo aún no se ha dilucidado en la literatura [505, 508]. En parte, esto puede atribuirse a la escasez de estudios que investigan este tema [500]. Otros factores probables, son la carencia de claridad con respecto al término "entrenamiento de core" y las fallas en el diseño experimental del estudio en relación con las mediciones y las modalidades de entrenamiento empleadas [153].

Los estudios hasta la fecha, típicamente, no han logrado diferenciar entre la resistencia a la pérdida de fuerza y la fuerza del core. Parecería que las mediciones de fuerza del core, en oposición a la resistencia de este, mostrarían una relación estadística positiva con el rendimiento deportivo [48]. De manera similar, las intervenciones de entrenamiento empleadas en los estudios generalmente comprenden modalidades de entrenamiento a intensidades relativamente bajas, y esto se refleja en las mejoras observadas en la resistencia a la pérdida de fuerza del tronco después del entrenamiento [505, 508]. Se concluyó que el nivel de actividad muscular del tronco durante ejercicios de estabilidad con pelota comparables a los empleados en estos estudios era insuficiente para producir ganancias en la fuerza del core [509], por lo que estas observaciones ayudarían a explicar la ausencia de un impacto significativo en el rendimiento deportivo con tales intervenciones de entrenamiento de core orientadas a la resistencia a la pérdida de fuerza.

Actividad Reflexiva: En su opinión, ¿es necesario o valioso para los atletas entrenar el core para obtener mejoras en el rendimiento? ¿O debería emplearse el "entrenamiento de core" únicamente para la prevención de lesiones?

3   Componentes de la Estabilidad Lumbopélvica

Existen varios sistemas que pueden contribuir a proporcionar estabilidad al complejo lumbopélvico en un conjunto de condiciones, y se ha demostrado que cada uno de estos componentes puede estar involucrado en una variedad de combinaciones y en diversos grados, dependiendo de las limitaciones de la tarea y las condiciones de carga involucradas.

Una serie de factores determinarán la contribución específica de cada sistema. La postura desempeñará evidentemente un papel clave con respecto a las exigencias de estabilidad impuestas a los componentes respectivos del complejo lumbopélvico, como la posición vertical del atleta, o si soporta peso a través de las extremidades inferiores y/o superiores en una orientación distinta. El grado de participación de cualquier miembro de las extremidades superiores será igualmente un factor importante; evidentemente impactará sobre la contribución de los músculos de la cintura escapular. Otra consideración importante, es qué movimiento está ocurriendo en el tronco, la cabeza y las extremidades superiores e inferiores. Finalmente, las condiciones de carga internas y externas impuestas al atleta influirán en la contribución de diferentes músculos y sistemas estabilizadores.

Por extensión, se ha resaltado que proveer estabilidad mientras se asiste en el desarrollo de movimiento y función representa un desafío altamente dinámico [493]. El papel central del control neural y la coordinación con respecto a la estabilidad lumbopélvica es el control del reclutamiento de cada uno de los diversos grupos musculares de acuerdo con las limitaciones de la tarea y cualquier desafío de estabilidad concurrente impuesto, por lo tanto, no se puede enfatizar demasiado [510]. De hecho, ciertos autores han afirmado que el control sensorial-motor es tan crítico para la estabilidad lumbopélvica dinámica que supera otras consideraciones, como las capacidades (es decir, la resistencia a la pérdida de fuerza, la fuerza, etc.) de los músculos componentes que contribuyen a proporcionar esta estabilidad [511].

3.1   Músculos Posturales Profundos de la Columna Lumbar y la Cintura Pélvica

Los músculos estabilizadores de la columna lumbar profunda tienen puntos de unión a nivel segmentario [494], quizás el más ampliamente reconocido de estos músculos es el músculo multífido; sin embargo, estos músculos también incluyen otros músculos, como los rotadores [155]. Estos músculos son pequeños, lo que limita su capacidad de generación de torque y, por lo tanto, se conciernen principalmente por proporcionar soporte local. El más profundo de los músculos de la pared abdominal, el transverso abdominal, a menudo se agrupa con estos músculos posturales profundos, y colectivamente se denominan "sistema estabilizador local" [512].

La función postural del sistema estabilizador local se refleja en la observación de que este se recluta a un nivel bajo (~10-30 % del máximo) de forma tónica durante períodos prolongados, es decir, estos músculos no se fatigan de la misma manera que los músculos más superficiales [494]. También se muestra que estos músculos contienen una alta densidad de receptores sensoriales [155], esto refleja su papel en proporcionar colectivamente un sentido propioceptivo de la posición y orientación de la pelvis y la columna lumbar.

El control segmentario de las vértebras lumbares y la orientación de la pelvis, también influyen fuertemente en la carga impuesta sobre la columna lumbar y, la actividad de estos músculos se identifica como crítica para la estabilidad de la columna [513]. La capacidad de controlar la postura de la columna lumbar y el posicionamiento/orientación de la pelvis en particular cumplen una función crítica para determinar la capacidad de otros músculos que estabilizan la función del complejo lumbopélvico [514].

En particular, adoptar una anteversión de la pelvis durante la actividad atlética y/o cuando se opera bajo altas exigencias de fuerza parecería problemático, dado que esto afecta negativamente la función de otros músculos, particularmente alrededor de la cintura pélvica [514]; en consecuencia, una postura lumbopélvica habitual caracterizada por una inclinación pélvica anterior (y la lordosis de la columna lumbar que resulta) se asocia con dolor lumbar, así como lesiones y dolor en la ingle [436].

Se ha enfatizado que los músculos posturales profundos que brindan soporte local y estabilidad, no deben descuidarse cuando se entrena para desarrollar la fuerza y la estabilidad "central" de los atletas, a fin de evitar un escenario en el que los músculos más grandes y superficiales intenten compensar en detrimento de un movimiento restringido y deteriorado [500]. Mantener una postura de la columna lumbar "neutral" y controlar la posición y orientación de la pelvis en los tres planos/ejes de movimientos es igualmente crítico para muchas actividades deportivas [153]. Desde este punto de vista, la participación de los músculos estabilizadores locales profundos debe considerarse fundamental para todas las actividades realizadas en el entrenamiento y la competición, independientemente de qué otros subsistemas se recluten.

Sin embargo, las señales verbales o técnicas de instrucción que se emplean al enseñar a los atletas a reclutar los músculos posturales profundos tendrán un efecto determinante sobre la columna vertebral y la estabilidad lumbopélvica [515]. Específicamente, se debe evitar cualquier técnica que aliente el vaciado abdominal o las indicaciones que involucren "acercar el ombligo a la columna vertebral". Si bien estas técnicas pueden resultar exitosas al reclutar los músculos posturales profundos, lo logran a costa de perjudicar la capacidad de sostener el tronco de los músculos estabilizadores más grandes, lo que finalmente reduce la estabilidad de la columna vertebral. McGill utiliza la analogía de los cables de guía que soportan una tienda de campaña: si la base de los cables de guía se estrecha, la estructura se vuelve mucho menos estable [155]. Los paralelos con la pared abdominal son evidentes, por ejemplo; ahuecar el abdomen estrecha la base geométrica de soporte y acorta el brazo de palanca del recto abdominal [515].

Por lo tanto, se ha recomendado que las instrucciones o técnicas enseñadas a los atletas aseguren que la forma o la geometría de la superficie del abdomen no cambien a medida que se van reclutando los músculos posturales profundos. De esta manera, estos músculos pueden ser reclutados de una manera que no comprometa la función de los músculos más grandes que se requerirán para soportar el tronco durante condiciones de mayor fuerza y actividades deportivas [515].

3.2   Músculos Abdominales Más Prominentes

Los músculos del tronco ventral más grandes y superficiales incluyen el recto abdominal y los oblicuos internos y externos, que junto con el transverso abdominal forman colectivamente la pared abdominal anterior y lateral. Estos músculos funcionan de manera colectiva, lo que contradice las propuestas terapéuticas que se centran en músculos individuales (por ejemplo, el transverso abdominal) de forma aislada [495]. Los estudios de modelación demuestran que la coactivación de estos músculos proporciona estabilización lumbar, tanto a través del aumento de la presión intraabdominal, como también el efecto de refuerzo directo en el tronco que aumenta la rigidez y la estabilidad de la columna vertebral [516].

Además, estos músculos también actúan en concierto con los músculos antagonistas posteriores, de modo que su acción combinada sirve para reforzar la columna desde todos los lados [495]. Esta acción de refuerzo coordinada entre los músculos agonistas y antagonistas, se observa durante las actividades que involucran cargas externas e internas en los planos y ejes respectivos, y también durante los movimientos de flexión, flexión lateral y extensión del tronco [516]. La importancia de estos músculos abdominales de proporcionar estabilidad de la columna vertebral se ilustra con el hallazgo de que estos músculos están atrofiados en sujetos con dolor lumbar crónico [517].

Los músculos abdominales más grandes, también ayudan a generar movimiento en el tronco. Las evaluaciones de la arquitectura muscular in vivo sugieren que el recto abdominal está predominantemente orientado a la flexión, los oblicuos internos y externos para la flexión lateral y el transverso abdominal en la rotación axial [518]. Otros autores sugieren que los oblicuos internos y externos están implicados tanto en la rotación axial (torsión) como en el movimiento de flexión lateral [155].

Los movimientos de rotación axial que se producen en el deporte, a menudo se originan en la(s) extremidad(es) inferior(es) de apoyo (por ejemplo, movimientos de lanzamiento y golpeo). En tales movimientos, el papel inicial de los músculos abdominales es ayudar a iniciar la rotación de la pelvis en sincronización con los músculos de la cintura pélvica antes de generar la rotación torácica; además, se ha destacado que las restricciones de movimiento influyen tanto en el reclutamiento muscular como en la cinemática. Específicamente, se muestra que la actividad de los músculos abdominales y la mecánica de la columna lumbar difieren cuando el objetivo de la tarea es estabilizar el torso a medida que gira la pelvis, en comparación con cuando la tarea implica generar rotación torácica mientras se mantiene la pelvis estacionaria [519].

Actividad Reflexiva: En su experiencia, ¿se ha encontrado con algún atleta que exhibe un reclutamiento deficiente de los músculos posturales estabilizadores profundos, pero que puede compensar durante las actividades más desafiantes utilizando los músculos del tronco más grandes?

3.3   Músculos Estabilizadores Grandes de la Columna y la Pared Abdominal Posterior

Los dos músculos grandes de la pared abdominal posterior son el cuadrado lumbar y el psoas mayor. Ambos músculos tienen uniones segmentarias a las vértebras lumbares. Del mismo modo, el papel de estos músculos en la estabilización de la columna también se puede inferir por su gran área de sección transversal fisiológica paralela a la columna lumbar inferior [520].

Si bien el psoas mayor generalmente se considera un músculo flexor de la cadera, también se ha identificado que proporciona estabilidad a la columna lumbar. El psoas mayor se origina en la columna lumbar y se inserta en el fémur a través de un tendón flexor compartido con el iliaco [521], de esta manera, el psoas mayor puede trabajar colectivamente con el iliaco, o independientemente para anclarse de la extremidad inferior y contraerse de forma isométrica para proporcionar estabilidad a la columna lumbar. Además, el psoas mayor se puede dividir en dos porciones distintas [520], la porción "transversal" ("PM-t") se origina en la superficie antero-medial de los procesos transversales de la columna lumbar, y el origen de la porción "vertebral" ("PM-v") son las porciones anteromediales de los propios discos intervertebrales y los cuerpos vertebrales adyacentes, que se extienden desde la unión de T12-L1 a L4/L5 [520].

En particular, el psoas ipsilateral (mismo lado) se activa selectivamente en condiciones en las que se le impone una carga al lado opuesto o contralateral, para sostener y reforzar el complejo lumbopélvico [521]. La importancia del psoas para ayudar a proporcionar estabilidad dinámica de la columna se destaca por la observación de que estos músculos a menudo se atrofian en el lado sintomático entre las personas que sufren de dolor lumbar unilateral [522]. La actividad diferencial entre las porciones del psoas mayor, también se destaca con el punto de origen relativamente más posterior de la porción transversal que favorece la co-contracción con los extensores de la columna, mientras que la función de la porción vertebral se ajusta más a la descripción de un flexor de la cadera [520].

De manera similar, el cuadrado lumbar se identifica como un músculo clave en lo que concierne a la estabilidad dinámica en el plano frontal frente a condiciones de carga [155]. El cuadrado lumbar se comprende por porciones anteriores, medias y posteriores [520]. La porción anterior se origina en el cuerpo de las vértebras torácicas (T12) y la duodécima costilla, y se inserta en la cresta ilíaca y los procesos transversales de la columna lumbar inferior (L4 y L5). La porción media está confinada por las capas anteriores y posteriores; se origina en los procesos transversales de las vértebras lumbares (L1 a L4) y se une a la costilla 12 [523]. La porción posterior tiene fascículos que se originan en la costilla 12 y en los procesos transversales de las vértebras lumbares (L1 a L4), e insertan en el borde posterior de la cresta ilíaca [520]. A pesar de los diferentes puntos de origen e inserción de las porciones respectivas del cuadrado lumbar, parecen funcionar de manera más colectiva que el psoas mayor. Las porciones anterior y posterior del cuadrado lumbar se muestran activas durante diferentes movimientos de la columna vertebral y condiciones de carga, aunque la porción posterior parece ser relativamente más activa durante la flexión lateral ipsilateral (mismo lado) [520]. Debido a su inserción en la cresta ilíaca, se destaca el papel de las porciones anteriores y posteriores en la provisión de estabilidad lumbopélvica dinámica en el plano frontal.

3.4   Músculos Paraespinales Grandes

Los músculos paraespinales grandes, incluyen a los erectores de la columna y los músculos extensores de mayor tamaño; el músculo longísimo torácico y el músculo iliocostal lumbar. Porciones de estos músculos se unen a la porción aponeurótica (estructura tendinosa aplanada) de la fascia toracolumbar (ver la siguiente sección) [524]. Las vainas retinaculares (bandas de tejido conectivo denso y grueso) que confinan estos músculos en las regiones sacra y lumbar también se forman a partir de la lámina profunda de la capa posterior de la fascia toracolumbar. En la porción superior del torso, la fascia paraespinal en las regiones torácica y cervical es igualmente continua con las capas fasciales de la fascia toracolumbar [524].

Por lo tanto, estos músculos tienen un papel central en el soporte de la columna vertebral y contribuyen a la estructura de la cintura que refuerza el tronco [155]. Específicamente, los músculos paraespinales, a través de la vaina retinacular paraespinal, actúan colectivamente para aumentar la presión en el compartimiento del músculo paraespinal de la fascia toracolumbar a medida que se contraen y, por lo tanto, funcionan como un "amplificador hidráulico" que soporta directamente la región lumbar y sacra [524]. Los músculos paraespinales también trabajan cooperativamente con los músculos de la pared abdominal. El "acoplamiento funcional" entre la pared abdominal y los músculos paraespinales está mediado por el borde lateral compartido de la fascia toracolumbar y las estructuras de tejido conectivo asociadas, y sirve para reforzar el tronco y apoyar la transferencia de fuerza [525].

3.5   Estructuras de Tejido Conectivo

Las capas de la fascia abdominal y toracolumbar forman colectivamente una estructura de "corset" miofascial que rodea el torso inferior [524]. Por lo tanto, este corset anatómico que comprende vainas miofasciales y estructuras aponeuróticas que confinan e interconectan con una variedad de músculos se ha descrito como un "cinturón de la naturaleza" [155].

Las porciones de las estructuras respectivas del tejido conectivo, principalmente la aponeurosis toracolumbar, actúan como el punto de unión para porciones de muchos músculos de la pared abdominal, el tronco, la cadera e incluso la cintura escapular y las extremidades superiores. La coactivación de estos diversos músculos por la presente ejerce un efecto tensor sobre las respectivas capas miofasciales que confinan el torso, de esta manera, la fascia toracolumbar y los músculos asociados actúan colectivamente para crear un corset rígido que rodea el tronco que proporciona estabilidad a lo largo de varios ejes [155].

La arquitectura de la fascia toracolumbar y su "acoplamiento funcional" con los diversos músculos de la pared abdominal, el tronco, la cadera y la cintura escapular también están implicados en la gestión de la carga y la transferencia de fuerza [525]; por ejemplo, durante esta acción de refuerzo isométrico abdominal, la co-contracción de los oblicuos internos y externos, junto con el abdomen transversal, proporciona un efecto de refuerzo cruzado que genera rigidez en la estructura.

3.6   Músculos del Complejo del Hombro

Debido a su unión a la capa superficial de la fascia toracolumbar, los músculos más grandes de la cintura escapular y la extremidad superior pueden contribuir a proporcionar tensión y rigidez a la porción superior de la estructura del "corset" descrita anteriormente [526], de esta forma, los músculos asociados con la articulación entre el tórax, la cintura escapular y la extremidad superior ayudan a reforzar el tronco durante las actividades de fuerzas abundantes [155].

Además, cuando el atleta soporta la carga a través de las extremidades superiores, los músculos de la escápula y el manguito rotador están particularmente implicados en la estabilización de la escápula y la articulación glenohumeral, y a su vez, en el tronco como un todo. Una ilustración de la relación sinérgica entre los músculos de la cintura escapular y los músculos del tronco, es que se demostró que la activación relativa de los músculos abdominales y lumbares era notablemente mayor durante los ejercicios de "integración" con afectación de las extremidades superiores, en comparación con los ejercicios de "aislamiento" [433], en particular durante las acciones de la extremidad superior de cadena cinética cerrada, como por ejemplo; las flexiones, estos músculos permitirán al atleta anclar la cintura escapular desde la extremidad superior de soporte, de la misma manera que se describe a continuación con respecto a los músculos de la cintura pélvica.

3.7   Músculos de la Cintura Pélvica

La articulación de la cadera se describe como el punto de pivote central del cuerpo [527]. Las caderas sirven como la base anatómica de apoyo para la pelvis y el tronco durante todas las tareas atléticas que se realizan para soportar peso a través de las extremidades inferiores, y además, las caderas y la cintura pélvica son, de manera similar, el enlace central para toda locomoción. Una de las funciones principales de los músculos de la cintura pélvica es estabilizar la pelvis desde la extremidad inferior de soporte [497]. La articulación sacroilíaca es también el punto de transferencia de fuerza entre la extremidad inferior y la columna vertebral, en donde esta región actúa como un amortiguador durante las actividades deportivas [526].

Aunque las estructuras ligamentosas de la cadera proporcionan mucho más apoyo de lo que se observa en el escenario de la articulación del hombro (glenohumeral), los músculos de la cintura pélvica funcionan de manera muy similar a los músculos del manguito rotador del hombro [528]. La cadera es una articulación esférica sinovial multiaxial altamente móvil. Por lo tanto, al igual que los músculos del "manguito rotador del hombro", existen varios músculos profundos que se ocupan de posicionar de manera óptima la cabeza del fémur en la cavidad del acetábulo a medida que los músculos más grandes de la cadera mueven la extremidad inferior en varios planos. Los músculos más grandes de la cadera también contribuyen a anclar la pelvis desde la extremidad inferior de soporte, que a su vez proporciona una plataforma estable para la columna lumbar y el cuerpo superior en su totalidad [155].

De manera similar a la descrita anteriormente para los músculos del tronco y la cintura escapular, parte de los músculos más grandes de la cintura pélvica se unen de manera similar a la aponeurosis toracolumbar y otras estructuras de tejido conectivo [496], de esta manera, estos músculos no solo pueden proporcionar tensión al "corset miofascial", sino que también cumplen una función clave al proporcionar estabilidad a la articulación sacroilíaca a través del "cierre forzado" [526], y de esta forma, la interacción entre los músculos del complejo glúteo y la fascia toracolumbar es integral para la función adecuada y la transmisión de la fuerza entre las extremidades inferiores, la pelvis y la columna vertebral [496].

La otra función principal de la cadera es proporcionar el enlace funcional entre la región lumbopélvica y las extremidades para generar movimiento [527]. Los músculos de la cintura pélvica contribuyen a la propulsión y proporcionan estabilidad dinámica durante la marcha al caminar y correr. Finalmente, estos músculos son cruciales para generar torque y movimiento durante las acciones de pivote y torsión; por ejemplo, se descubrió que la activación de los glúteos tiene un papel importante durante la acción de lanzamiento en un estudio de lanzadores de béisbol [529]. En consecuencia, se encontró que la activación de los músculos del complejo glúteal (glúteo mayor y glúteo medio) se relaciona directamente con la cinemática de la pelvis (tasa de rotación axial) durante la acción de lanzamiento.

Actividad Reflexiva: ¿En qué medida los músculos de la cintura escapular y pélvica, respectivamente, se tienen en cuenta en los ejercicios de estabilidad del core que generalmente se prescriben para la gestión, rehabilitación y prevención de lesiones?

4   La Contribución del Core a la Función de las Extremidades Inferiores

El complejo lumbopélvico es crítico para la función y la estabilidad de la cadena cinética de las extremidades inferiores [492]. Recientemente, una serie de estudios en la literatura de medicina deportiva han identificado factores relacionados con la estabilidad lumbopélvica en el mecanismo de la lesión de las extremidades inferiores, en particular la lesión del ligamento de la rodilla [530]. La contribución de la estabilidad y el control lumbopélvico en relación con el control neuromuscular de la extremidad inferior, se ha implicado específicamente en el mecanismo de lesión de rodilla para las mujeres atletas [474].

La "conexión mecanicista" entre el tronco, la cadera y la rodilla se ha resaltado con respecto a la función de las extremidades inferiores. A su vez, el control dinámico del tronco y la región lumbopélvica está implicado en el mecanismo de diversas lesiones en las extremidades inferiores [531]. De acuerdo con esto, el papel del control lumbopélvico y los diferentes aspectos de la estabilidad del core se han destacado como áreas críticas de investigación para la prevención de lesiones en extremidades inferiores [532]. Del mismo modo, el entrenamiento de core es una característica común de las intervenciones de prevención de lesiones diseñadas para abordar los déficits de control neuromuscular que predisponen a los atletas a sufrir lesiones en las extremidades inferiores.

4.1   Estabilidad del Tronco

Se han identificado diferencias en el control de la postura del tronco en mujeres en comparación con los hombres durante diferentes tareas atléticas. Por ejemplo, las mujeres ejecutan característicamente movimientos de aterrizaje en una posición vertical; existe una tendencia a aterrizar con una flexión mínima de cadera, de modo que las piernas permanecen relativamente extendidas, lo que a su vez crea una palanca más larga desde el pie de apoyo hasta el centro de masa de la atleta, colocando los músculos de la cadera en una desventaja mecánica. Además, cuando la rodilla está relativamente extendida, esto también es desventajoso para los ligamentos que resisten las fuerzas de corte en la articulación de la rodilla, se sugiere que es probable que las mujeres atletas muestren diferencias asociadas en el reclutamiento y activación de los músculos del tronco y la cadera [492]. En cualquier caso, se identifica que este rasgo postural coloca a los ligamentos de la rodilla, en particular el ligamento cruzado anterior (LCA), en un riesgo particular de lesión [490].

De la misma manera, una capacidad deteriorada para controlar la posición del tronco y, por lo tanto, el centro de masa del atleta durante los movimientos de cambio de velocidad afectará negativamente el torque generado en las articulaciones de las extremidades inferiores. Las mujeres a menudo demuestran un movimiento mucho mayor en el tronco durante tareas atléticas, ya que son menos capaces de resistir las fuerzas de inercia y las perturbaciones [532].

Fundamentándose en estos hallazgos, parecería que las posturas del tronco adoptadas por atletas en general tienen el potencial no solo de modificar la carga en las articulaciones de las extremidades inferiores durante las actividades atléticas, sino también de influir en la biomecánica de dichas extremidades. Por lo tanto, se sugiere que las intervenciones de entrenamiento para modificar las estrategias de control postural permitan un posicionamiento más favorable del torso y la cabeza sobre la base de apoyo durante el aterrizaje relevante, y las actividades de cambio de velocidad también podrían conferir mejoras en la cinética y cinemática de las extremidades inferiores [492].

Los déficits en la estabilidad lateral del tronco específicamente se han implicado como un factor de riesgo importante para la lesión del ligamento de la rodilla con las atletas de deportes de equipo durante los movimientos de cambio de velocidad de pivote y corte. Un estudio prospectivo identificó que una medición de la fuerza lateral del tronco y la capacidad de controlar la inclinación lateral del tronco estaban fuertemente asociadas con la incidencia de lesiones del ligamento cruzado anterior [530]. Esto fue respaldado por una investigación reciente de capturas de video de lesiones del ligamento cruzado anterior, que identificó que la inclinación del tronco lateral se combinó con un mayor ángulo de abducción en la articulación de la rodilla en mujeres cuando sufrieron lesiones del ligamento cruzado anterior [474].

Estos hallazgos sugieren fuertemente que el desarrollo de la fuerza y estabilidad lateral del tronco debería ser un área importante de énfasis para las mujeres atletas en particular. Asimismo, parecería crítico que la propuesta elegida al entrenar estos aspectos se traduzca finalmente en mejoras en la capacidad específica para controlar la inclinación lateral del tronco cuando el atleta realiza movimientos de cambio de velocidad. Por lo tanto, se recomienda que el entrenamiento neuromuscular progrese para incluir el desafío específico de resistir el movimiento lateral del tronco debido a la propia inercia del atleta y las fuerzas de perturbación externas [533].

4.2   Control Proximal de la Cadena Cinética de las Extremidades Inferiores

Además de los músculos del tronco que controlan la posición relativa del torso del atleta sobre la cadena cinética de la extremidad inferior, el papel de la estabilidad lumbopélvica con respecto a la función de la extremidad inferior también se refiere a la función de los músculos de la cintura pélvica que proporcionan "control proximal" a la extremidad inferior [492]. Por ejemplo, se ha investigado el papel potencial del entrenamiento neuromuscular para mejorar la función de abducción de la cadera para la prevención de lesiones de las extremidades inferiores [533].

Similar a la propuesta empleada con el manguito rotador del hombro, los ejercicios de aislamiento podrían emplearse inicialmente para abordar las debilidades identificadas de grupos musculares individuales [528]. De igual modo, la progresión puede suceder desde los ejercicios de aislamiento hasta los ejercicios de integración como se mencionó para el manguito rotador del hombro. En última instancia, el entrenamiento debe progresar para incluir ejercicios de cadena cinética cerrada ejecutados en una postura de soporte de peso.

Actividad Reflexiva: ¿Existe alguna oportunidad en su práctica para incorporar intervenciones de ejercicio apropiadas o promover estas modalidades de entrenamiento para clientes identificados como "en riesgo" de sufrir una lesión en la extremidad inferior?

4.3   Influencias Distales en la Función de la Cadena Cinética de las Extremidades Inferiores

McKeon y colaboradores [534], propusieron recientemente el concepto del "sistema de core del pie" para establecer paralelismos entre los sistemas estabilizadores de la región lumbopélvica, las estructuras pasivas, los músculos intrínsecos y extrínsecos, y los componentes neuronales que proporcionan colectivamente soporte al arco del pie. La función adecuada del core del pie se identifica como parte integral del equilibrio y la estabilidad dinámica. Por extensión, se ha resaltado que la función subóptima en el pie (u otros enlaces distales) altera negativamente la función en enlaces más proximales de la cadena cinética de las extremidades inferiores, y esto se manifiesta en varias lesiones por sobreuso de estas mismas [535]. Por lo tanto, así como la estabilidad lumbopélvica está involucrada en el control proximal de la extremidad inferior, debe considerarse la función igualmente distal en estas mismas extremidades, ya que esto tendrá implicaciones para la función de las estructuras proximales del complejo lumbopélvico, particularmente durante la marcha.

5 Una Propuesta Integral para el Entrenamiento de Estabilidad Lumbopélvica

Como se ha descrito, existen varios subsistemas involucrados en proporcionar estabilidad lumbopélvica, así como una variedad de funciones que estos músculos deben cumplir durante el movimiento atlético. Por lo tanto, se reconoce cada vez más que, además de desarrollar estabilidad y resistencia a la pérdida de fuerza lumbopélvica, la propuesta óptima para entrenar el core también debe comprender el entrenamiento enfocado a desarrollar diferentes atributos de la fuerza [500]. Además, las cualidades de estabilidad, resistencia a la pérdida de fuerza y fuerza se expresan en una variedad de posturas y movimientos. Parece lógico que estos diversos objetivos de entrenamiento requieran una gama de diferentes métodos de entrenamiento que deben ser empleados durante el curso de la preparación física de un atleta.

5.1 Entrenamiento Neuromuscular de Estabilidad Postural

Ciertos autores han sugerido una necesidad general de entrenamiento dedicado a desarrollar los músculos posturales y las capacidades de control neuromuscular involucradas con el control preciso de la postura lumbopélvica y el mantenimiento del equilibrio de todo el cuerpo [503]. Por el contrario, estudios recientes, han demostrado que los ejercicios convencionales de entrenamiento de fuerza pesados pueden provocar una activación relativa comparablemente más alta de los músculos estabilizadores lumbares profundos (incluido el músculo multífido) en relación con los ejercicios de estabilidad isométrica con pelota seleccionados que se emplean para entrenar estos músculos [509]. En respuesta a tales hallazgos, ciertos autores han cuestionado la necesidad de un entrenamiento específico de core [536].

A pesar de estas afirmaciones, se puede observar un reclutamiento y una función aberrantes de los estabilizadores lumbares locales con atletas individuales durante el entrenamiento de fuerza pesado y otras actividades atléticas, particularmente entre aquellos que sufren episodios de dolor lumbar. El examen de exploración y detección inicial puede emplearse para evaluar la capacidad del atleta de involucrar voluntariamente los músculos estabilizadores lumbares profundos, y esto puede usarse para orientar la prescripción del entrenamiento remedial [503]. Esta propuesta comprende movimientos posturales de "bajo umbral" que exigen principalmente resistencia a la pérdida de fuerza y control motor, lo que distingue esta propuesta de entrenamiento del entrenamiento de core más intensivo que proporciona un mayor desafío de fuerza.

Como se describió en una sección anterior, las instrucciones y técnicas que se emplean para involucrar los músculos posturales profundos relevantes al realizar esta forma de entrenamiento juegan un papel decisivo [515]. Específicamente, se deben evitar instrucciones que causen el vaciado de la pared abdominal, lo que compromete la función de los músculos más superficiales que refuerzan el tronco [155].

5.1.1 Ejercicios de Core de "Bajo Umbral"

Estas modalidades de entrenamiento comprenden los ejercicios de suelo más básicos que se emplean normalmente en el entrenamiento remedial y la rehabilitación. Los ejemplos incluyen el ejercicio de alcance contralateral cuadrúpedo o "bird dog", el puente supino y la extensión de cadera en posición prona. Uno de los objetivos de estos ejercicios es desarrollar la propiocepción y, en particular, la capacidad de detectar la posición de la columna lumbar y la orientación de la pelvis [503]. El énfasis al realizar estos ejercicios es mantener una postura neutral de la columna y mantener estable la pelvis.

Estos ejercicios también proporcionan una herramienta para desarrollar el control motor y el reclutamiento de los músculos posturales profundos y los músculos de la cintura pélvica [500]. Las instrucciones de entrenamiento empleadas cuando los atletas realizan estos ejercicios, parecen ejercer una fuerte influencia en los patrones de activación muscular y reclutamiento de músculos accesorios. Por ejemplo, se demostró que la sincronización y el grado de activación del músculo glúteo cuando las mujeres recibieron instrucciones verbales para comprometer estos músculos antes de realizar un ejercicio de extensión de cadera en posición prona fueron significativamente diferentes de cuando estas mismas realizaron el mismo ejercicio sin ninguna instrucción [537]. Los rangos de movimiento empleados al realizar estos ejercicios también influyen en la activación muscular y las fuerzas articulares incurridas [538].

El elemento clave común de todas las modalidades de entrenamiento empleadas para desarrollar estas capacidades es la inclusión de una posición estática durante el ejercicio. Se ha descubierto que este elemento estático diferencia las modalidades de entrenamiento de rehabilitación que demostraron ser exitosos en el desarrollo de los músculos posturales profundos, incluido el músculo multífido [501]. Con respecto a los esquemas de repeticiones, se recomiendan duraciones de pausas estáticas de menos de diez segundos para desarrollar la resistencia a la pérdida de fuerza de una manera que evite los efectos adversos de la acidosis pronunciada, así como de la escasez de oxígeno [473].

5.1.2   Entrenamiento Sensoriomotor para la Estabilidad Postural

Se ha destacado la importancia de las capacidades de control sensoriomotor en relación con la estabilidad del core [511]. El conocimiento de la postura lumbopélvica y la capacidad de corregirla es importante para facilitar la función de los músculos estabilizadores más grandes de la región lumbopélvica [503]. Workman y colaboradores [514], demostraron que diferentes posturas pélvicas (es decir: inclinación posterior, neutral, inclinación anterior) ejercen un efecto evidente sobre la activación de los músculos abdominales y de la cadera durante una tarea isométrica.

En consecuencia, existe evidencia que respalda que las intervenciones de entrenamiento propioceptivo apropiadas empleadas de forma aislada pueden provocar mejoras en los parámetros convencionales de estabilidad central y control postural en participantes atléticos sanos. Por ejemplo, un estudio que empleó una intervención de entrenamiento de control postural específico de movimiento y estabilidad dinámica con hombres velocistas reportó mejoras en los parámetros de control postural y la capacidad de controlar la desviación del centro de gravedad en una variedad de direcciones [451].

También es probable que existan aplicaciones específicas para poblaciones de atletas particulares. Por ejemplo, como se discutió en una sección anterior, se han identificado rasgos posturales subóptimos durante las actividades deportivas en mujeres atletas. Se ha demostrado que las intervenciones de entrenamiento para desarrollar el control postural son efectivas para mejorar la biomecánica de las extremidades inferiores y las cargas segmentarias de las extremidades inferiores en mujeres jóvenes específicamente [148, 539].

5.2   Modalidades de Entrenamiento de Estabilidad con Cargas Más Elevadas

Durante las modalidades de entrenamiento de estabilidad con cargas más elevadas descritas en las siguientes secciones, es vital que los músculos posturales profundos estén comprometidos. Conceptualmente, los músculos posturales profundos representan el núcleo del core, en donde los músculos más grandes y los tejidos conectivos forman las capas externas en la porción superior. Se pueden usar las mismas instrucciones empleadas durante el entrenamiento postural descrito anteriormente para comprometer estos músculos, y esto ayudará a garantizar que se mantenga la alineación de la pelvis y la columna lumbar de manera que los músculos más grandes de la cintura pélvica y el tronco puedan funcionar de manera óptima. La co-contracción de estos músculos más grandes actúa para endurecer el torso y ayudar a mantener la integridad postural bajo las condiciones de carga impuestas por el ejercicio particular [155].

La selección de ejercicios de fuerza/estabilidad del core frente a cargas más elevadas debe ejecutarse predominantemente con la columna en una posición neutral, a diferencia de ejercicios como flexiones abdominales o *crunches* que implican flexiones repetidas de la columna. El entrenamiento en una posición neutral de columna/pelvis refleja mejor la postura empleada durante la mayoría de los movimientos de velocidad y cambio de velocidad [473]. Se ha identificado que el estrés acumulado por realizar movimientos repetitivos de flexión/extensión de la columna a lo largo del tiempo tiene el potencial de exceder los límites de fallo de estos tejidos [155]. Por lo tanto, la adopción de esta propuesta también evitaría un mecanismo potencial para el dolor y las lesiones lumbares.

La afectación significativa de los flexores de la cadera (por ejemplo, el psoas) que suele ocurrir con los ejercicios de "flexión" abdominal o abdominales [154] también impone una carga de compresión considerable en la columna lumbar [155]. Una investigación sobre la carga de la columna vertebral y la activación de los músculos del tronco (es decir, el riesgo de lesiones contra el beneficio) para una variedad de ejercicios identificó que los abdominales tienen la mayor carga de compresión de la columna en relación con la activación muscular abdominal de todos los ejercicios estudiados [540].

Además de estas consideraciones, existe evidencia de que el reclutamiento relativo de los músculos abdominales y lumbares es mayor durante los ejercicios que se caracterizan por la participación de las extremidades superiores y/o inferiores, en comparación con los ejercicios de "aislamiento" de los músculos del tronco [433]. Por lo tanto, un tema común en las siguientes secciones es el énfasis en las modalidades de entrenamiento integrales que involucran cierto grado de soporte de carga o aplicación de fuerza a través de las extremidades superiores e inferiores.

5.2.1 Ejercicios de Estabilidad Estática del Tronco

Como se discutió en la sección anterior, la selección de ejercicios comprenderá efectivamente progresiones y variaciones de la plancha en posición prona, el puente (supino) y los ejercicios de plancha lateral. Existen numerosos medios para progresar el estímulo de estabilización y de fuerza con estos ejercicios, con varias permutaciones. Por ejemplo, se ha demostrado que adoptar una inclinación pélvica posterior durante el ejercicio de la plancha en posición prona altera el reclutamiento de los músculos flexores abdominales y de la cadera en comparación con cuando el ejercicio se realiza con una pelvis y una postura de la columna lumbar neutra [541]. Otra modificación de la plancha en posición prona, es una variación de "palanca larga", mediante la cual los codos y los antebrazos se colocan frente al cuerpo. Cada una de las modificaciones descritas puede emplearse en varias permutaciones para proporcionar variación y progresión.

Figura 8.1 – Plancha en Posición Prona de "Palanca Larga"

Finalmente, también se pueden emplear diversos aparatos y diferentes superficies de apoyo para proporcionar variación y progresión al desafío de estabilidad. Los ejemplos incluyen realizar los ejercicios de estabilidad del tronco en una superficie lábil (por ejemplo, pelota de estabilidad, dispositivo de entrenamiento de equilibrio, etc.). La superficie lábil (es decir, inestable) aumenta el desafío de estabilidad, lo que a su vez aumenta el nivel de actividad muscular del tronco: se ha demostrado que, en particular, la activación de los oblicuos externos mejora en los ejercicios estudiados [542].

Figura 8.2 – Estabilidad Postural Reactiva Asistida por un Compañero

La eficacia e importancia del ejercicio de la plancha lateral se ha abogado de manera similar anteriormente en vista de la importancia de la fuerza y estabilidad del tronco lateral en lo que concierne al rendimiento atlético [153]; esto está respaldado por datos electromiográficos [287]. Otra ventaja aparente con la plancha lateral son las cargas de compresión de la columna lumbar relativamente bajas registradas con este ejercicio [540].

Se recomiendan ampliamente las variaciones de los ejercicios de puente para desarrollar la capacidad de comprometer los músculos de la cintura pélvica y activar simultáneamente los estabilizadores del tronco

[155]. También se ha demostrado que los ejercicios del tronco que incorporan la extremidad inferior y los músculos del complejo glúteal favorecen una mayor activación de los estabilizadores abdominales y lumbares [433].

Figura 8.3 – Plancha Lateral Elevado con Abducción de Cadera

De manera similar, el entrenamiento en suspensión utilizando aparatos como anillos de gimnasia ofrecen un medio potente para desafiar la estabilidad y provocar la activación de una serie de diferentes músculos del tronco y la cadera. Se han investigado varios dispositivos de entrenamiento de suspensión disponibles comercialmente y se ha reportado que son eficaces según el registro electromiográfico durante las flexiones suspendidas [543]. Las modalidades de entrenamiento en suspensión que implican el soporte de peso a través de las extremidades superiores también combinan las ventajas descritas para los ejercicios de integración con respecto a provocar el reclutamiento de los músculos estabilizadores de la porción superior del torso [433].

Figura 8.4 – Puente Supino Elevado con Una Sola Pierna

Siempre que sea posible, se recomienda que la selección de ejercicios favorezca a aquellos que específicamente reportan un alto nivel de activación de una amplia gama de músculos del tronco y un costo de carga compresiva relativamente baja en la columna vertebral [540]. Inevitablemente, existirá un equilibrio entre el riesgo y el beneficio, como suele ser el caso cuando se entrena para alcanzar objetivos de rendimiento.

5.2.2   Modalidades de Entrenamiento de Estabilidad Torsional

Al igual que con los ejercicios de estabilidad estática del tronco descritos, la selección de ejercicios contará predominantemente con versiones avanzadas de ejercicios convencionales (es decir: la plancha, puente de cadera, plancha lateral). La plancha frontal en particular es apta para desafiar la estabilidad torsional. Por ejemplo, un ejercicio que se utiliza en los exámenes de exploración y detección preliminar de movimiento que se emplean con los atletas para observar su habilidad torsional es la "plancha alternada con brazos extendidos". Este ejercicio desafía al atleta a mantener su equilibrio cuando se mueve desde una posición de plancha elevada (con cuatro puntos de contacto) a tres puntos de contacto, levantando una mano del suelo para tocar el hombro opuesto [48]. El desafío de la estabilidad torsional con estos ejercicios se logra principalmente mediante la manipulación de los puntos de contacto; es decir, pasar de una distribución del peso equitativa a una base de soporte unilateral.

5.2.3   Entrenamiento de Estabilidad para Movimientos Rotacionales

Desde el punto de vista del riesgo de lesiones, se ha sugerido que es importante diferenciar entre los movimientos rotacionales de "torsión" axial, en comparación con la generación del torque rotacional. En general, estos autores justifican que la mejor y más segura propuesta puede ser disociar los ejercicios de torsión de los ejercicios de mayor carga que involucran torque rotacional [473]. Según esta propuesta, los movimientos de torsión generalmente se realizan bajo carga limitada durante el entrenamiento. Del mismo modo, la recomendación es que los ejercicios que impliquen la generación de torque rotacional deben realizarse desarrollando el impulso desde las caderas, mientras se mantiene la columna neutra y apoyada.

Figura 8.5 – Rotación Aislada de Tronco en "V-Sit"

Si bien es importante ser fuerte y estable durante los movimientos en los que las caderas y los hombros están alineados, es igualmente fundamental que el atleta pueda mantener la estabilidad y la postura lumbopélvica cuando la pelvis y los hombros se mueven independientemente uno del otro. Esta situación ocurre durante la marcha atlética, como durante la fase de vuelo al correr, y también durante los movimientos de pivote y torsión involucrados en actividades de cambio de velocidad. De la misma manera, los elementos de rotación y separación entre caderas y hombros son una característica de los deportes que implican lanzar o golpear. Desde este punto de vista, parecería vital que la selección de ejercicios incluya modalidades de entrenamiento donde el movimiento de los hombros se disocie de las caderas.

Además, es importante que se incluyan diferentes variaciones, incluidos los ejercicios en los que la rotación de la pelvis se realiza con un torso estable y los ejercicios en los que el objetivo es la rotación torácica mientras se mantiene la pelvis estable. Como se ha discutido en la sección anterior, estas restricciones de tareas respectivas involucran diferentes patrones de activación muscular y movimiento de la columna lumbar a nivel segmentario [519].

Figura 8.6 – Rotación de Cadera Aislada en Pelota Suiza

213

6   Desarrollando la Fuerza del Core

Varias investigaciones han identificado que el nivel de activación de los músculos del tronco provocado por los ejercicios de entrenamiento de fuerza con cargas elevadas, excede, en muchos casos, lo que se observa con las modalidades convencionales de estabilidad del tronco. Por ejemplo, Hamlyn y colaboradores, reportaron que el nivel de activación muscular paraespinal provocado durante una sentadilla trasera y peso muerto con barra olímpica realizado con 80 % de una repetición máxima fue significativamente mayor que múltiples ejercicios de estabilidad realizados en dispositivos de entrenamiento estables o inestables con la propia masa corporal [544]. Nuzzo y colaboradores, reportaron de manera similar que el nivel de activación de diferentes músculos abdominales (recto abdominal y oblicuos externos) provocado durante la modalidad de entrenamiento de cargas elevadas (sentadilla y peso muerto con barra olímpica) realizada en un rango de cargas fue comparable a lo observado con ejercicios específicos de estabilidad del core realizados en una pelota de estabilidad, incluso con cargas submáximas [509]. Además, el nivel de activación de ciertos músculos (multífido y longísimo) fue mayor durante los ejercicios de entrenamiento de fuerza con cargas elevadas.

Estos hallazgos han llevado a ciertos autores a concluir que los niveles respectivos de activación de los músculos del tronco observados durante el entrenamiento de fuerza convencional en comparación con varios ejercicios de estabilidad del core hacen que el entrenamiento específico para el core sea redundante [545]. Un punto de vista alternativo, es que las modificaciones de las modalidades de entrenamiento de fuerza ofrecen un medio potente para obtener ganancias en la fuerza del core. Por lo tanto, esta propuesta podría emplearse de manera que complemente las modalidades de entrenamiento específicas descritas en la sección anterior. Este último argumento se explora en las siguientes secciones.

6.1   Ejercicios de Fortalecimiento de los Músculos de la Cadera

Las modalidades de entrenamiento que entran en la categoría de ejercicios de fortalecimiento de la cadera, incluirán versiones modificadas de ejercicios convencionales empleados en entornos clínicos y de rehabilitación, como el ejercicio de puente supino. Del mismo modo, las modalidades de entrenamiento isométrico y excéntrico para los músculos aductores y abductores de la cadera derivados de la literatura de medicina deportiva también parecen ser muy aplicables.

Recientemente, se ha vuelto popular un ejercicio de entrenamiento de fuerza con cargas elevadas denominado empuje de cadera con barra olímpica (hip thrust), que esencialmente es una versión cargada del puente supino [546]. Además de la adición de carga externa, también se podrían considerar modificaciones asociadas con propuestas de entrenamiento excéntrico. Un ejemplo, usando el ejercicio de empuje de cadera con barra olímpica, es que el movimiento excéntrico se puede realizar con una sola pierna antes de volver a dos piernas para la porción concéntrica del ejercicio.

Figura 8.7 – Plancha Lateral de Aducción Elevada

6.2 Entrenamiento de Fuerza Torsional del Tronco

Esta forma de entrenamiento lumbopélvico comprende ejercicios de fuerza de extremidades alternadas o de extremidades individuales que emplean una máquina de poleas o pesas libres. De este modo, el atleta tiene el desafío de mantener la integridad postural en condiciones de carga externa. Estos ejercicios desafían específicamente la capacidad de reforzar el tronco y la cintura pélvica con el fin de mantener una postura estacionaria y estable mientras el atleta realiza el movimiento resistido con las extremidades superiores o inferiores. Por lo tanto, esta forma de desafío estabilizador presenta elementos de estabilidad torsional y fuerza isométrica de los músculos del tronco y la cadera.

Se ha enfatizado la importancia de la especificidad del movimiento para esta forma de entrenamiento. Específicamente, el reclutamiento y la secuencia de activación de los músculos del tronco deben corresponder a lo que ocurre durante el movimiento en el deporte. Existe un grado de control preventivo de la activación muscular del tronco, que corresponde al desafío de estabilización que se anticipa [500]. En consecuencia, para optimizar la transferencia de las adaptaciones neuronales después del entrenamiento, la programación de los ejercicios de fortalecimiento del core debe tener como objetivo reflejar el tipo de condiciones de carga a las que está expuesto el atleta durante los movimientos de su deporte.

6.3 Entrenamiento Rotacional

La capacidad de generar torque rotacional es crítica para muchos deportes y las caderas, la pelvis y el torso son enlaces integrales en los movimientos rotacionales en estos. Se han resaltado los riesgos de lesiones en la columna vertebral del torque torsional [155]. Del mismo modo, la realidad es que estos movimientos son parte integral de muchos deportes y los atletas realizarán un entrenamiento dedicado para aumentar su capacidad de desarrollar potencia rotacional. En reconocimiento de esto, se deduciría que el entrenamiento neuromuscular debe realizarse con el objetivo de mejorar la capacidad del atleta para desarrollar el torque con la menor tensión mecánica en las estructuras involucradas.

Existen múltiples modalidades de entrenamiento que utilizan dispositivos como pelotas medicinales que se pueden adaptan a fin de proporcionar un desarrollo específico de velocidad-fuerza para los movimientos de rotacionales. Además de la alineación postural, la coordinación y la sincronización del movimiento secuencial de cada segmento son áreas que deben abordarse para optimizar la eficiencia mecánica y reducir la tensión en las estructuras respectivas. Curiosamente, una investigación sobre el rol de la rotación axial en relación con la lesión discal reportó que el torque axial o el movimiento de torsión de forma aislada no causaron herniación discal [547]. Estos autores encontraron que, de hecho, el torque axial o la torsión en combinación con la flexión o extensión causaron la degradación del disco vertebral. Estos hallazgos respaldan la importancia del entrenamiento neuromuscular que se concentra en la postura lumbopélvica y el movimiento segmentario óptimo para garantizar que el movimiento rotacional continúe siendo un torque o rotación puramente axial, y evite la combinación perjudicial de torque o torsión axial con la flexión o extensión de la columna.

Otro estudio investigó la postura lumbar referente a la capacidad de generación de torque de los músculos del tronco. Brown y colaboradores [518], realizaron un análisis de la arquitectura muscular de la pared abdominal a partir de disecciones de cadáveres. Fundamentándose en la arquitectura de diferentes músculos y el modelado biomecánico derivado, estos autores concluyeron que la capacidad de generación de torque era mayor en el rango medio de flexión de la columna. Evidentemente, estos hallazgos deben implementarse con precaución dado el potencial de lesión resaltado previamente frente a la combinación de la flexión (o extensión) y torque axial o torsión [547]. Sin embargo, estos hallazgos pueden ser de interés para los entrenadores y atletas en los deportes de combate y de contacto que implican enfrentamientos de lucha cuerpo a cuerpo, por ejemplo.

Actividad Reflexiva: ¿En qué medida la propuesta descrita en este capítulo refleja el entrenamiento de core en comparación con lo que ha observado en los deportes con los que trabaja? Después de leer la información de las secciones anteriores, ¿consideraría agregar alguna de las diversas categorías de modalidades de entrenamiento de core descritas a las intervenciones de ejercicio que emplea? ¿Habría alguna restricción u obstáculo para hacerlo?

Revisión de Conocimiento – Capítulo Ocho

1. Todas las siguientes son declaraciones válidas con respecto a la estabilidad lumbopélvica y la prevención de lesiones, EXCEPTO:

A. Las puntuaciones bajas o desequilibradas en las pruebas de resistencia a la pérdida de fuerza muscular del tronco están relacionadas con la incidencia de dolor lumbar y lesiones.
B. El deterioro de la estabilidad lumbopélvica durante las tareas de carga está relacionado con el riesgo de lesiones en las extremidades inferiores.
C. No se ha demostrado que la estabilidad lumbopélvica tenga relación alguna con el riesgo de lesiones.
D. La estabilidad lumbopélvica deteriorada puede ser tanto una causa como el resultado de una lesión.

2. VERDADERO o FALSO – Es imposible que el entrenamiento para desarrollar la estabilidad, resistencia a la pérdida de fuerza, o fuerza del core, pueda tener algún impacto en el rendimiento deportivo.

3. (Se relaciona con la sección 3) VERDADERO o FALSO – El músculo transverso abdominal (TrA) es el músculo más importante para estabilizar el complejo lumbopélvico en cualquier condición.

4. ¿Cuál de las siguientes es la descripción más completa de los grupos musculares que proporcionan estabilidad a la región lumbopélvica durante el movimiento?

A. Músculos posturales profundos de la columna lumbar.
B. Músculos del tronco.
C. Músculos de la cintura pélvica.
D. Combinación de todo lo anterior.

5. VERDADERO o FALSO – Se han identificado aspectos de la estabilidad del core en el mecanismo de lesión del ligamento cruzado anterior en mujeres.

6. ¿Cuál de las modalidades de entrenamiento a continuación podría estar contraindicado para una golfista con antecedentes de dolor lumbar?

A. Crunch abdominal.
B. Alcance contralateral cuadrúpedo o "bird dog".
C. Entrenamiento de equilibrio dinámico.
D. Plancha frontal.

7-10 Haga coincidir la modalidad de entrenamiento de core con cada uno de los siguientes ejercicios:

Ejercicios de core de bajo umbral.
Ejercicios de estabilidad estática del tronco.
Ejercicios de fortalecimiento de los músculos de la cadera.
Entrenamiento de estabilidad torsional.
Entrenamiento rotacional.

7. Rotación de cadera en pelota suiza.

8. Plancha alternada con brazos extendidos.

9. Plancha lateral sobre un aparato de semi esfera (por ejemplo, pelota de equilibrio bosu).

10. Puente de cadera excéntrico con barra olímpica con una sola pierna.

Capítulo Nueve: Preparación para el Entrenamiento y la Competición

El "calentamiento" se ha convertido en una práctica rutinaria previa al entrenamiento y la competición, tanto para los atletas como para los entrenadores recreativos. Este capítulo aclara las funciones específicas que cumple el calentamiento. Examinamos la evidencia que sustenta cada aspecto de esta práctica. En este capítulo también exploramos el papel de la vuelta a calma y diferentes aspectos de los procesos de recuperación, regeneración y adaptación que tienen lugar después del entrenamiento y la competición. Exploramos críticamente las diversas modalidades de recuperación que comúnmente son justificadas y empleadas por atletas, y se brindan sugerencias con respecto a las mejores prácticas, basadas en la evidencia actual.

Objetivos de Aprendizaje:

1 Comprender en términos generales la justificación del calentamiento antes del entrenamiento y la competición.

2 Describir los componentes principales de un calentamiento integral.

3 Explicar la aplicación del calentamiento como una oportunidad para implementar el entrenamiento neuromuscular y propioceptivo.

4 Comprender la justificación de realizar la vuelta a la calma después de una actividad extenuante.

5 Demostrar comprensión de los aspectos nutricionales clave de la recuperación.

6 Comprender la justificación y la evidencia de apoyo para el entrenamiento de movilidad y flexibilidad.

1 Justificación y Evidencia Subyacente del "Calentamiento"

El calentamiento es una componente establecido de la preparación física de los atletas tanto para la competición como para el entrenamiento. Los protocolos de calentamiento varían ampliamente; sin embargo, en la mayoría de los deportes, este tiende a incluir un elemento de actividad de intensidad baja a moderada combinado con cierta modalidad de estiramiento. El propósito declarado del calentamiento es cumplir típicamente uno o más de los siguientes objetivos: (1) elevar la frecuencia cardíaca y la frecuencia respiratoria, (2) incrementar la temperatura muscular periférica y central, y (3) aumentar el rango de movimiento.

Uno de los principales beneficios comúnmente atribuidos al calentamiento es la protección contra el riesgo de lesión cuando el atleta posteriormente emprende la sesión de entrenamiento o competición. Los otros beneficios importantes asociados con un calentamiento apropiado son las mejoras en la función y el rendimiento muscular [548], así como la preparación mental del atleta. De particular importancia, para el rendimiento atlético explosivo, es el impacto potencial de una rutina de calentamiento apropiada en el nivel de excitación psicológica de los atletas.

De manera similar, se han realizado ejercicios de estiramiento y flexibilidad antes de la actividad, con el objetivo de mejorar la función atlética y reducir el riesgo de lesión. Tradicionalmente, el estiramiento ha sido una parte integral de la rutina de calentamiento y vuelta a la calma del atleta. Recientemente, los ejercicios de estiramiento convencionales (es decir, estiramiento estático) han caído en desgracia como componente estándar del calentamiento de los atletas. De hecho, las formas tradicionales de estiramiento se han eliminado en gran parte del proceso de calentamiento en ciertos deportes debido a los temores sobre sus posibles efectos negativos sobre el rendimiento.

Actividad Reflexiva: ¿Cuánta atención se presta al calentamiento antes de las sesiones de entrenamiento y competición en el deporte o deportes en los que participa? ¿Ha observado algún cambio en las prácticas de calentamiento durante el tiempo que ha estado involucrado en el deporte?

1.1 Funciones del Calentamiento

En las siguientes secciones exploraremos cada una de las funciones comúnmente atribuidas al calentamiento, en referencia a la evidencia subyacente, y discutiremos el impacto potencial sobre la capacidad de realizar actividades atléticas.

1.1.1 Iniciación de los Procesos Metabólicos

Llevar a cabo un trabajo preparatorio durante el calentamiento, sirve para optimizar los procesos metabólicos y bioquímicos que se emplearán durante la actividad de entrenamiento o competición posterior. En particular, existe un desfase asociado con el aumento del consumo de oxígeno y la movilización completa del metabolismo oxidativo al inicio del ejercicio [1]. Un aspecto benéfico de un calentamiento apropiado es iniciar la cinética de absorción de oxígeno y el metabolismo aeróbico antes del inicio de la actividad, ya que esto mejorará el suministro de oxígeno y ayudará a ahorrar las reservas energéticas finitas para el metabolismo glucolítico [549].

Se observa una mayor absorción de oxígeno al inicio del ejercicio y una reducción de la acumulación de lactato sanguíneo cuando se realiza ejercicio de alta intensidad después de un calentamiento activo apropiado [550]. Aún no se ha investigado el efecto de este aumento en la absorción de oxígeno y la disminución de la respuesta de lactato sanguíneo sobre el rendimiento; sin embargo, los posibles efectos positivos de un aumento en la contribución del metabolismo oxidativo y una mejor depuración de lactato son dignos de consideración.

1.1.2 Función Ventilatoria Mejorada

Además de los beneficios descritos en términos de movilizar el metabolismo del musculoesquelético en función, existe evidencia de que elevar la temperatura de los músculos respiratorios puede cumplir una función similar [551]. Se ha demostrado que la actividad previa que sirve para elevar la temperatura de los músculos respiratorios tiene un efecto benéfico sobre el rendimiento atlético cuando se incorpora a un régimen general de calentamiento. Los posibles efectos benéficos sobre el rendimiento posterior se han demostrado tanto en deportes como la natación, que implican un esfuerzo continuo [551], como con la actividad de carrera intermitente [552].

Los aparentes beneficios en el rendimiento –que suceden como resultado del calentamiento de los músculos respiratorios–, se atribuyen en parte a una reducción en la percepción de los atletas a la disnea (sensación de ausencia de aire) durante el período de actividad intensiva subsecuente [553]. Se sugiere que, para obtener plenamente estos beneficios puede ser necesario el uso de aparatos especializados para proporcionar un calentamiento muscular inspiratorio específico, en combinación con un calentamiento convencional de todo el cuerpo [551]. Esta afirmación se basa principalmente en el hallazgo de un estudio, en donde un calentamiento que involucraba una actividad vigorosa de todo el cuerpo (remar), no provocó efectos agudos significativos sobre la función de los músculos inspiratorios [554].

Actividad Reflexiva: ¿Qué exposición ha tenido a conceptos relacionados con la respiración, especialmente durante el entrenamiento de resistencia, y las prácticas de calentamiento de los músculos respiratorios? ¿Qué conciencia existe entre los atletas y entrenadores del deporte o deportes en los que participa sobre estos elementos?

1.1.3 Reducción de la Viscosidad del Tejido

Una de las funciones del calentamiento de las extremidades es disminuir la viscosidad de los tejidos contráctiles y conectivos. El aumento de la temperatura de los tejidos en sí mismo reduce la rigidez articular pasiva [548]. Los músculos y los tejidos conectivos calientes también toleran mejor el estiramiento pasivo y la carga excéntrica [555]. Además de aumentar la temperatura muscular, un factor clave con respecto a la reducción de la viscosidad del complejo musculotendinoso es la modalidad de actividad y el rango de movimiento (ROM) articular involucrado en el calentamiento.

Un tema crítico que debe considerarse, es el efecto de la actividad de calentamiento sobre la rigidez activa del complejo musculotendinoso. La reducción de la viscosidad de los músculos y el tejido conectivo puede ser benéfica para la función muscular y para reducir las restricciones de movimiento. De la misma manera, es fundamental que la regulación activa de la rigidez no se vea comprometida, ya que se identifica como un factor clave para las actividades del ciclo de estiramiento-acortamiento, como las carreras de esprint. Aquí es importante hacer una distinción entre la rigidez del músculo activo y articular en contraposición con la compliancia pasiva del tejido conectivo.

1.1.4 Aumento de la Contractilidad

El aumento de la temperatura muscular mediante la realización de actividades generales de calentamiento aumentará en sí mismo la velocidad de los procesos bioquímicos implicados en la contracción muscular

[556]. Esto se refleja en los parámetros del tiempo de contracción, incluida una reducción en el tiempo necesario para alcanzar la tensión máxima, así como un tiempo de relajación disminuido. Esencialmente, cuando se realizan movimientos rápidos, un músculo caliente se contrae a una velocidad más rápida [548]. Por lo tanto, se pueden observar mejoras en las características de la contracción muscular (torque máximo y tiempo de contracción) después de cualquier calentamiento basado en la actividad que aumente la temperatura muscular [557].

La activación neural de las unidades motoras también puede aumentar como resultado del aumento de la temperatura muscular. En consecuencia, un calentamiento activo en un cicloergómetro estacionario que elevó la temperatura de la superficie muscular en 3° C suscitó un aumento en la producción de potencia instantánea máxima medida cuando los sujetos realizaron una sentadilla con salto [556]. Estudios más recientes han establecido que estos cambios pueden atribuirse al tiempo de conducción muscular, más que a cualquier cambio en la velocidad de conducción nerviosa [558].

Como resultado de estos cambios, se han observado mejoras agudas en una variedad de mediciones de fuerza dinámica y producción de potencia máxima después de un calentamiento activo [549]. También existen indicios de que se puede observar una mejora de la eficiencia mecánica a altas velocidades de movimiento después de un calentamiento activo que eleva la temperatura del músculo [556].

Actividad Reflexiva: Fundamentándose en la información presentada, ¿existe algún mérito en emplear métodos de calentamiento pasivo para los atletas, con el fin de aprovechar los beneficios asociados con el aumento de la temperatura muscular? ¿Existen oportunidades para incorporar esta práctica en los deportes en los que participa?

1.1.5 Función Neuromuscular Mejorada

Los protocolos de calentamiento que comprenden actividades más intensas (correr y bounds) pueden conferir beneficios adicionales con respecto a la función neuromuscular [557]. Específicamente, además de las mejoras en la contractilidad relacionadas con los procesos bioquímicos, la realización de actividades de alta intensidad o velocidad (por ejemplo, saltar, esprintar, lanzar) también pueden producir un efecto de potenciación post-activación, lo que resulta en una activación neuronal mejorada. En esencia, dentro de una determinada ventana de tiempo, el historial contráctil reciente de un músculo puede influir en su función neuromuscular y la producción de potencia cuando se realizan posteriormente actividades de alta intensidad, como esprintar.

En apoyo de la afirmación sobre la inclusión de la actividad de optimización durante el calentamiento para mejorar la función neuromuscular, se han reportado aumentos significativos tanto en el torque máximo como en la velocidad de acortamiento después de un protocolo de calentamiento activo que incorporó actividades de esprintar y bounds [557]. Un hallazgo notable de esta investigación fue que estos efectos no se produjeron en el mismo grado después de un calentamiento activo que comprende únicamente una actividad de carrera de baja intensidad.

Actividad Reflexiva: ¿Cuál es su opinión sobre las funciones respectivas de los métodos de calentamiento pasivo y activo antes de la competición fundamentándose en sus propias observaciones y experiencias en el deporte en el que participa? ¿Cómo variará la contribución relativa de los métodos pasivos frente a los activos según las circunstancias o limitaciones de la situación (por ejemplo, atletas sustitutos en deportes de equipo)?

1.1.6   Reducción del Riesgo de Lesión

La ausencia de un calentamiento adecuado se reconoce como un factor de riesgo extrínseco que contribuye a la incidencia de lesiones, y en particular a las lesiones por distensión muscular, entre los atletas en todos los niveles de competición [262]. La necesidad de un calentamiento integral también es evidente en la incidencia aumentada de lesiones observada durante las etapas iniciales, cuando los atletas sustitutos ingresan al juego en deportes de equipo [559]. De manera similar, el factor de riesgo de calentamiento también se ilustra en las tendencias que muestran una mayor incidencia de lesiones por distensión muscular de los isquiosurales después de un descanso programado, como inmediatamente después del medio tiempo en deportes de equipo como fútbol soccer y rugby.

La importancia del calentamiento antes de ingresar al juego se ha destacado de manera similar con respecto a la salud de la columna. Se ha observado que el calentamiento previo al partido es eficaz en lo que concierne a reducir la rigidez de la columna lumbar [560]. Desde este punto de vista, una preocupación particular para los atletas no titulares es el hallazgo de que se observa que la rigidez de la columna lumbar aumenta al estar sentados en el banco esperando entrar en el juego, esencialmente revirtiendo los efectos positivos del calentamiento previo al partido.

Por lo tanto, a partir de la evidencia disponible, se ha concluido que el calentamiento confiere efectos protectores en términos de reducir la incidencia de lesiones sufridas tanto en las primeras etapas de competición como inmediatamente después de los descansos programados en un partido [555]. El efecto protector asociado con el calentamiento parece ser más evidente para las distensiones musculares y los esguinces de ligamentos. Por lo general, se recomienda un calentamiento integral como parte fundamental de las estrategias preventivas para reducir las lesiones por distensión muscular.

Actividad Reflexiva: ¿Los problemas descritos son relevantes para su deporte? ¿Existen casos de lesiones agudas que haya tratado en los que un calentamiento inadecuado haya sido un factor de riesgo?

1.2   El Rol del Estiramiento en el Calentamiento

Ha existido controversia en la literatura sobre qué actividades y modalidades deben incluirse en el calentamiento. Gran parte de este debate se ha centrado en la aplicación del estiramiento, y específicamente en la sugerencia de posibles efectos adversos con el uso de métodos de estiramiento estático. Ciertos autores han cuestionado además si el estiramiento tiene algún papel que desempeñar antes de la actividad física dada la escasez de evidencia de efectos benéficos con respecto a mejorar el rendimiento o reducir el riesgo de lesión.

1.3   Efectos Agudos del Estiramiento en el Rendimiento

El estiramiento es un componente integral de los protocolos de calentamiento que se emplean habitualmente en todos los deportes [555]. Sin embargo, varios estudios publicados recientemente han sugerido que el uso de estiramientos estáticos podría causar un deterioro del rendimiento a corto plazo. Como se discutió en la sección anterior, si bien la reducción de la viscosidad del tejido conectivo y muscular parecería benéfica, es importante que esto no se logre a costa de una rigidez activa reducida del complejo musculotendinoso.

Los posibles efectos neurales negativos evocados cuando se aplica un estiramiento prolongado al músculo incluyen una disminución de la excitabilidad de la neurona motora [561]. También se sugiere que existe una reducción en la activación mediada por el reflejo miotático de las unidades motoras durante los movimientos del ciclo de estiramiento-acortamiento, como las actividades de bounds y esprintar [562]. Se ha reportado que tanto el estiramiento estático como los métodos de estiramiento de facilitación neuromuscular propioceptiva resistida por un compañero provocan estos efectos de inhibición [563].

Si bien los resultados son equívocos, varios estudios han reportado puntuaciones reducidas en varias mediciones de rendimiento explosivo inmediatamente después de los protocolos de estiramiento isométrico. Se han reportado deficiencias en el rendimiento en la producción de potencia máxima de extensión isocinética de rodilla [564], altura del salto vertical [563], economía de carrera [565], esprint de 20 m [566], esprint de 50 m [567], así como tiempos de esprint de 60 m y 100 m [568]. Un hallazgo interesante en el último estudio, es que los efectos perjudiciales del estiramiento estático sobre el rendimiento solo se observaron en los segundos 20 m (es decir, tiempo parcial de 20-40 m) de ambos esprints [568].

Actividad Reflexiva: ¿Qué conciencia de estos problemas relacionados con el estiramiento estático durante el calentamiento existe entre los atletas y entrenadores de los deportes en los que participa? ¿Existe una tensión entre intentar evitar los posibles efectos de inhibición sobre el rendimiento y asegurarse de que el atleta esté adecuadamente "calentado y suelto" cuando comience la sesión de entrenamiento/competición?

Por el contrario, otros estudios no han encontrado antedichos efectos perjudiciales del estiramiento estático (en relación con sujetos que no realizaron estiramientos) [569]. Las razones de las diferencias en los hallazgos no están claras en la actualidad, aunque varios factores potenciales podrían influir en si se observa algún deterioro en el rendimiento explosivo. Por ejemplo, la duración y la intensidad de los estiramientos empleados podrían posiblemente influir en los efectos provocados por el protocolo de estiramiento estático [570]. Los grupos musculares involucrados en los estiramientos seleccionados también pueden ser un factor relevante. Por ejemplo, se podría especular que los estiramientos que involucran los músculos extensores de las extremidades inferiores podrían tener un mayor efecto, en comparación con otros grupos musculares que no participan directamente en la propulsión durante las actividades de carrera y salto.

Los antecedentes de entrenamiento y el nivel de rendimiento de los sujetos también parecen influir en el grado de cualquier efecto de rendimiento provocado por el estiramiento estático [570]. Esta fue la explicación ofrecida por un estudio que no reportó ningún deterioro en el rendimiento de carrera entre atletas profesionales de fútbol. Otra consideración importante, es el tiempo transcurrido entre el estiramiento y la realización de la prueba de rendimiento [570].

Un factor relacionado es qué actividad (si se realiza alguna) se ejecuta durante el período intermedio entre el estiramiento y el rendimiento atlético. Un grupo de sujetos en un estudio que realizó actividades de bounds y esprints después del calentamiento y el estiramiento estático reportó un rendimiento contráctil mejorado en comparación con otro grupo que se sometió al protocolo de calentamiento y estiramiento de forma aislada [557]. Recientemente se han reportado hallazgos similares con el rendimiento de lanzamiento. Cuando el estiramiento estático de las extremidades superiores se realizó en combinación con actividades de calentamiento en lugar de forma aislada, se eliminaron los efectos agudos negativos sobre la velocidad de lanzamiento [571].

Fundamentándose en estos hallazgos, parece que realizar actividades de calentamiento de mayor intensidad después del estiramiento sirve para compensar cualquier efecto residual negativo sobre el rendimiento provocado por el estiramiento estático. En un contexto práctico, sería inusual que un atleta pasara directamente al rendimiento atlético inmediatamente después de participar en los protocolos de estiramiento empleados en muchos de los estudios, sin realizar ninguna actividad intermedia.

Actividad Reflexiva: ¿Cuál es su opinión? Según sus propias observaciones y experiencias, ¿el estiramiento estático durante el calentamiento inhibe el rendimiento?

1.4   Propuestas Alternativas al Estiramiento Estático

Una alternativa al estiramiento estático implica el uso de ejercicios de flexibilidad o rangos de movimiento dinámicos. Con estos ejercicios de "movilidad", el atleta se moviliza a través del rango de movimiento activo de manera controlada; por tanto, este método no debe confundirse con el estiramiento balístico. En contraste con los hallazgos del subconjunto de estudios que investigan el estiramiento estático discutido anteriormente, no se reporta que los ejercicios de flexibilidad dinámica produzcan inhibición neural o efectos adversos sobre el rendimiento explosivo [561].

De hecho, existe evidencia de que los ejercicios de calentamiento de flexibilidad dinámica podrían, en efecto, mejorar considerablemente el rendimiento [566, 567]. El fenómeno de la "potenciación post-activación" puede desempeñar un papel en la mejora del rendimiento observada después de los ejercicios de movilidad dinámica [570]. Efectivamente, incluso los estudios que no reportan efectos perjudiciales del estiramiento estático han identificado que el estiramiento dinámico parece ser el método superior en lo que concierne a preparar al atleta para el rendimiento deportivo [569]. El hecho de que el estiramiento dinámico implique un movimiento activo también puede ser benéfico con respecto a contribuir a elevar simultáneamente la temperatura muscular. Dicho esto, existen ejemplos en la literatura de efectos agudos negativos en diferentes mediciones asociadas con el estiramiento dinámico [572].

2   Componentes del Calentamiento

Ciertos autores han utilizado el acrónimo **RAMP** (por sus siglas en inglés, *R*aise, *A*ctivate, *M*obilise, *P*otentiate) para describir los diferentes objetivos del calentamiento con respecto al rendimiento, es decir: elevar, activar, movilizar, potenciar [573]. El primer componente se refiere a elevar la temperatura muscular, una variedad de parámetros fisiológicos y potencialmente también la excitación psicológica. Activar y movilizar, se refiere a reclutar la musculatura que se empleará en la actividad de entrenamiento o competición y trabajar a través de los rangos de movimiento adecuados de las articulaciones. El elemento final, "potenciar", se refiere a los efectos agudos provocados por el calentamiento que pueden servir para mejorar el rendimiento explosivo.

Este marco es útil para comprender los diferentes componentes y las funciones asociados de las modalidades empleadas y las actividades realizadas durante el calentamiento. Sin embargo, no es necesario que el profesional sea demasiado rígido con este acrónimo, en lo que concierne al orden en el que se presentan los componentes respectivos del calentamiento. Esencialmente, las únicas limitaciones son que las actividades de mayor intensidad diseñadas con el propósito de potenciar el rendimiento probablemente deberían figurar en la culminación de la rutina de calentamiento.

Además, es importante tener en cuenta que el propósito de todas las modalidades empleadas durante el calentamiento está diseñado a fin de preparar al atleta para la actividad subsecuente. Si bien elevar la temperatura muscular y central es un aspecto importante del calentamiento, es solo un componente. En reconocimiento de esta distinción, ciertos entrenadores emplean el término "preparación de movimiento" cuando se refieren a la rutina y las modalidades empleadas antes de una sesión de entrenamiento o competición.

Actividad reflexiva: En su experiencia, ¿qué tan completamente conscientes están de las diversas funciones y los diferentes elementos del calentamiento quienes trabajan en su deporte? ¿Es el nivel de conocimiento y educación sobre este tema adecuado entre los entrenadores y el personal médico/de apoyo?

2.1   Movilización para la Actividad

Con el fin de preparar al atleta para la actividad subsecuente, se deben incluir ejercicios de movilidad con el propósito de movilizar las articulaciones y grupos musculares relevantes a través de los rangos de movimiento requeridos. El consenso general en la literatura es que, los métodos de rango de movimiento dinámico representan la propuesta superior de estiramiento, en lo que concierne a preparar al atleta para las actividades dinámicas de ciclo de estiramiento-acortamiento; como sucede durante eventos de carrera, mientras se evita cualquier deterioro potencial en el rendimiento [574]. En la práctica, esto podría incluir variaciones dinámicas de ejercicios de estiramiento convencionales que se realizan de pie, así como sentadillas dinámicas y estocadas de caminata en varias direcciones. Las variaciones de los ejercicios de movilidad derivados del yoga también son buenas opciones para trabajar a través de los rangos de movimiento deseados de una manera activa.

Sin embargo, en el caso de que se identifiquen restricciones de tejido blando, las técnicas de liberación miofascial son modalidades importantes para abordar estas; desde una perspectiva neurológica y no específica a la estructura del tejido. Se han aplicado con éxito en el campo una variedad de modalidades de autoliberación miofascial como un medio para provocar aumentos agudos en el rango de movimiento. Además, abordar la restricción de esta manera antes de avanzar a la porción más dinámica del calentamiento evita superponer el movimiento y las actividades de mayor intensidad a la disfunción potencial.

También es importante tener en cuenta que el estiramiento estático continúa siendo una opción, con el fin de garantizar que la postura, la movilidad y la función no se vean afectadas cuando el atleta comience la sesión de entrenamiento o competición. Por ejemplo, la tensión excesiva en los flexores de la cadera puede causar una inclinación anterior de la pelvis [436], alterando así la postura lumbopélvica que a su vez puede afectar la activación de los músculos del core [514]. En este caso, el estiramiento estático y otros métodos pasivos para aliviar la restricción y permitir al atleta corregir su postura lumbopélvica serán necesarios para prepararlos para el rendimiento atlético deseado.

Esta noción se fundamenta a partir de la investigación de Wakefield y colaboradores, quienes exploraron los efectos del estiramiento estático de los flexores de la cadera antes de realizar la prueba de salto vertical [575]. En este estudio, se reportaron aumentos agudos en el rango de movimiento de extensión de la cadera y la altura del salto cuando los participantes realizaron una evaluación del salto vertical después de la intervención de estiramiento estático de los flexores de la cadera.

Si el entrenador o el profesional opta por incluir estiramientos estáticos, entonces parece prudente permitir un intervalo de 5 minutos o más antes de competir o emprender actividades de entrenamiento explosivas [570]. También se pueden realizar actividades específicas de calentamiento de bounds y esprints después del estiramiento estático, lo que también ayudará a compensar cualquier efecto negativo en el rendimiento de la potencia explosiva de las extremidades superiores e inferiores [557, 571].

Actividad Reflexiva: ¿Cuáles son los roles de los miembros respectivos del personal de apoyo del atleta en términos de asesorar a los entrenadores y atletas con respecto a las prácticas de calentamiento? ¿Qué oportunidades tiene para promover las mejores prácticas a través de su participación con atletas y entrenadores en el deporte?

2.2   Calentamiento Activo

Se han empleado con éxito varias modalidades de ejercicio para aumentar la temperatura muscular y obtener los beneficios asociados descritos en la sección anterior. La gama de actividades empleadas en la literatura incluye ciclismo y trote estacionario o actividades de carrera de baja intensidad. Sin embargo, a fin de preparar mejor al atleta para la actividad subsecuente, parecería benéfico que el calentamiento activo incluyera movimientos relevantes. Parece ser igualmente efectiva una propuesta de habilidades cerradas (con carreras planificadas previamente y a su propio ritmo, así como actividades de cambio de velocidad) o un calentamiento de habilidades abiertas que involucran una pelota y movimientos reactivos [576].

La intensidad de la actividad de calentamiento y el tiempo transcurrido entre el calentamiento y la realización de una actividad de alta intensidad son dos cuestiones que determinarán la eficacia del calentamiento y, en particular, el efecto sobre el rendimiento. Además, es probable que el nivel de acondicionamiento del atleta influya en estos factores. Específicamente, si la intensidad relativa del calentamiento es demasiado alta y/o se permite un tiempo de recuperación insuficiente antes de realizar la tarea, el rendimiento puede verse perjudicado debido a los efectos agudos de la fatiga y también a la merma de sustratos de alta energía, en particular la fosfocreatina [549]. De manera similar, el volumen excesivo o la duración de la actividad de calentamiento podrían mermar las reservas finitas de glucógeno muscular y, a su vez, afectar el rendimiento de la velocidad durante las últimas etapas de un partido o una sesión de entrenamiento prolongada.

Por el contrario, si la intensidad de las actividades de calentamiento es insuficiente, es poco probable que se observen los efectos fisiológicos ergogénicos descritos en las secciones anteriores. Asimismo, si el tiempo transcurrido entre el calentamiento y la actividad de alta intensidad permite que la temperatura muscular y la absorción de oxígeno vuelvan a los niveles de reposo, esto anulará cualquier efecto sobre el rendimiento [549]. Por lo tanto, parece que existe un trueque en términos de intensidad y duración de las actividades de calentamiento y del tiempo transcurrido entre el calentamiento y la actividad de alta intensidad. Básicamente, el objetivo es maximizar la elevación de la temperatura muscular y los parámetros fisiológicos (consumo de oxígeno, frecuencia ventilatoria, etc.) mientras se minimiza la fatiga y la merma de los sustratos de alta energía (fosfocreatina y glucógeno).

Bishop y colaboradores [549], hicieron ciertas recomendaciones basadas en la evidencia disponible. En general, se recomendó una intensidad media moderada (~70 % del VO_2 máx) para los atletas "moderadamente entrenados". Cabe señalar que esta recomendación se refiere a la intensidad media. Existe evidencia que sugiere que la actividad de alta intensidad también debería incluirse dentro del calentamiento activo, según los beneficios de rendimiento observados. De modo complementario, se recomendó una duración total o acumulada de alrededor de 10 minutos en lo que concierne a la porción activa del calentamiento [549]. Estos autores también destacaron que las decisiones sobre la intensidad y la duración del calentamiento dependerán de las condiciones ambientales. Por ejemplo, en condiciones cálidas y húmedas, el profesional puede aprovechar el efecto de calentamiento pasivo y emplear un calentamiento activo truncado para evitar aumentar la carga termorreguladora impuesta al atleta. Asimismo, se sugirió un intervalo superior a 5 minutos entre el calentamiento y la actividad de alta intensidad, aunque este intervalo no debe exceder los 15-20 minutos debido a la necesidad de mantener elevados la temperatura y los parámetros respiratorios.

Es probable que existan ciertas limitaciones impuestas por la naturaleza de la competición en el deporte que determinarán el intervalo entre el calentamiento y el inicio de la actividad competitiva. Se pueden utilizar ciertas técnicas de calentamiento pasivo para ayudar a mantener elevada la temperatura muscular durante este período [549]. Un desafío más complicado es mantener elevada la absorción de oxígeno, ya que esto normalmente volverá a la línea de referencia basal dentro de los cinco minutos posteriores a un calentamiento de intensidad moderada-alta.

2.3   Ejercicios para Potenciar el Rendimiento Atlético

Después de las actividades generales de calentamiento y los ejercicios de movilidad para activar y movilizar la musculatura relevante, se deben realizar actividades específicas de calentamiento para potenciar los movimientos específicos que se presentarán en la competición. Por ejemplo, se ha demostrado que realizar una variedad de esprints y actividades de bounds después de un calentamiento activo general mejora la producción de torque muscular máximo y los parámetros de tiempo de contracción [557].

Existen datos preliminares similares en donde realizar esprints antes de las actividades de potencia explosiva puede tener un efecto de potenciación que se refleja en un rendimiento mejorado. De ello se deduce que los ejercicios de "potenciación" explosivos empleados en la última porción del calentamiento deben comprender los mismos tipos de movimiento que los que se emplearán durante las actividades subsecuentes de entrenamiento o competición.

El calentamiento con carga externa es otro medio potencial para producir un efecto de potenciación. Por ejemplo, un estudio empleó un chaleco con peso que contaba con 2 % de la masa corporal durante un calentamiento dinámico en mujeres atletas [577]. Otro estudio aplicó con éxito una propuesta similar en mujeres [578] y hombres atletas [579].

Actividad Reflexiva: En su opinión, ¿cuáles son los mecanismos probables para los beneficios aparentes de la condición de calentamiento dinámico con carga? ¿Puede observar algún riesgo potencial de realizar frecuentemente un calentamiento dinámico con carga para atletas en una etapa de desarrollo? ¿Cree que el calentamiento dinámico con carga proporciona suficientes beneficios adicionales a los que se observan con el calentamiento dinámico convencional?

Por definición, las actividades de potenciación típicamente son de alta intensidad y, por lo tanto, la duración debe ser muy breve para minimizar los efectos de fatiga que pueden comprometer el rendimiento posterior. De manera similar, se deben permitir intervalos de descanso prolongados entre los períodos de actividad de alta intensidad durante esta fase del calentamiento. Del mismo modo, debe existir suficiente tiempo entre la finalización del calentamiento específico y la tarea de rendimiento designada a continuación, para permitir la resíntesis completa de fosfatos de alta energía y permitir que se disipe cualquier fatiga residual [549].

Parece que otras actividades de calentamiento de "activación", de menor intensidad, también pueden potenciar el rendimiento deportivo. Un estudio reciente investigó los efectos agudos de realizar una variedad de ejercicios de baja intensidad diseñados para activar los músculos del complejo glúteo (es decir, extensión de cadera cuadrúpedo, puente supino y con una sola pierna en decúbito prono) [580]. Se observaron producciones de potencia significativamente más altas en los atletas de deportes de equipo de élite cuando estos ejercicios se realizaron inmediatamente antes de los esfuerzos máximos en una prueba máxima de sentadilla con salto sin carga, en comparación con la realización de ningún calentamiento o un calentamiento en una plataforma de vibración [580].

2.4 Integración del Entrenamiento Neuromuscular para Proteger contra Lesiones

Una aplicación del calentamiento que normalmente se pasa por alto es la oportunidad que ofrece para implementar intervenciones de entrenamiento neuromuscular y propioceptivo. Como anécdota, en muchos deportes (el fútbol soccer profesional es un ejemplo claro) el calentamiento representa una oportunidad inusual en la que el profesional tiene rienda suelta para trabajar con el atleta, e idear y ofrecer cualquier sesión que considere conveniente.

Por ejemplo, existe un margen considerable para implementar intervenciones de entrenamiento remedial como parte del calentamiento y, al hacerlo, proporcionar al atleta un estímulo de entrenamiento neuromuscular diario. El calentamiento también brinda una oportunidad para un entrenamiento neuromuscular más centrado en el rendimiento, como el entrenamiento de habilidades de movimiento.

Según los estudios realizados hasta la fecha, existe evidencia convincente de que las intervenciones de calentamiento neuromuscular que integran ejercicios propioceptivos y otro entrenamiento neuromuscular son efectivas para reducir las lesiones, en particular entre las poblaciones "en riesgo", como las mujeres atletas de deportes de equipo [581]. Un ejemplo de ello, es la investigación de Gilchrist y colaboradores [582], este estudio implementó un protocolo (en lugar del calentamiento convencional) que incorporó ejercicios de fortalecimiento, ejercicios de salto y bound (con instrucción y coaching) y ejercicios de habilidades de movimiento, además de elementos de calentamiento y estiramiento activos. El éxito de esta intervención en la reducción de las tasas de lesiones en las atletas de fútbol soccer universitario apunta a la eficacia del uso del calentamiento para realizar tales intervenciones de entrenamiento neuromuscular [582].

Un estudio posterior de Soligard y colaboradores [583] ha investigado el cumplimiento de los entrenadores y atletas del fútbol soccer juvenil con la implementación de este tipo de protocolo como parte del calentamiento del equipo antes de las prácticas y partidos. Los hallazgos de este estudio fueron altamente positivos, en términos tanto de la aceptación de los entrenadores como de los atletas al protocolo de calentamiento de "prevención de lesiones" empleado, lo que se reflejó en un alto grado de cumplimiento del protocolo de calentamiento durante la siguiente temporada de juego, como la eficacia del protocolo para reducir las tasas de lesiones [583].

Actividad Reflexiva: Según la información presentada, ¿cuál de las opciones de calentamiento (a) estiramiento estático, (b) calentamiento dinámico o (c) calentamiento dinámico con carga recomendaría para los atletas bajo su cuidado? ¿Difiere esto según la edad/etapa del atleta y el deporte en cuestión? En la práctica, ¿qué desafíos existen que podrían representar una barrera para aprovechar la oportunidad de incorporar de la manera descrita las modalidades de entrenamiento neuromuscular en el calentamiento?

3 Vuelta a la Calma y Recuperación Después del Entrenamiento y la Competición

Durante mucho tiempo se ha abogado que se debe realizar la vuelta a la calma (típicamente llamado "enfriamiento"), después de una actividad intensa (entrenamiento o competición). La vuelta a la calma convencional generalmente incluye actividad de baja intensidad (por ejemplo, trote ligero o ciclismo) y estiramiento. Parte de la justificación para realizar la vuelta a la calma de manera activa inmediatamente después del ejercicio es evitar una disminución rápida de la frecuencia cardíaca y la presión arterial que puede ocurrir con el cese abrupto de la actividad física.

Aparte de estos aspectos de seguridad, existen otras funciones específicas comúnmente atribuidas a la vuelta a la calma. El primero de ellos es la eliminación de metabolitos del músculo y circulación periférica, en particular el lactato. El segundo es "disminuir la probabilidad de dolor muscular" en los días posteriores al entrenamiento [584].

Recientemente ha existido un interés creciente en el concepto de *recuperación*. Es cada vez más común que los atletas emprendan una variedad de modalidades de recuperación junto o incluso en lugar de la vuelta a la calma después del entrenamiento y la competición. Además de emplear estrategias de recuperación inmediatamente después del entrenamiento o la competición, se utilizan cada vez más diversas modalidades como parte de "sesiones de recuperación" independientes que se programan de forma rutinaria, como parte de la semana de entrenamiento del atleta. Hasta cierto punto, el creciente interés y conciencia sobre la recuperación entre los atletas, entrenadores y la población en general está impulsado en parte por el sector comercial; existe una variedad cada vez mayor de equipos disponibles a la venta con el propósito de ayudar con la "recuperación".

Actividad Reflexiva: ¿Cuánto énfasis existe en aspectos como la vuelta a la calma y la recuperación en los deportes en los que está involucrado? ¿Ha observado algún cambio en la conciencia y las actitudes hacia la "recuperación" entre los atletas y entrenadores durante el tiempo que ha estado involucrado en el deporte?

3.1   Definiendo la Recuperación

En el sentido más amplio, el término recuperación podría referirse a cualquiera/todos los aspectos desde los segundos iniciales posteriores a una serie de esfuerzo hasta las horas y días posteriores a la sesión de entrenamiento o competición [177]. El descanso/recuperación agudo entre repeticiones o series dentro de una sesión de entrenamiento debe reconocerse como una variable de entrenamiento clave. Por lo tanto, de ahora en adelante, la discusión se centrará en la recuperación como un período de regeneración entre períodos consecutivos de entrenamiento o competición. La duración del período entre intervalos de esfuerzo sucesivos dependerá naturalmente de los programas de entrenamiento y competición involucrados y, como tal, puede variar entre horas y días.

Se reporta que el curso cronológico requerido para que las mediciones de rendimiento neuromuscular seleccionadas vuelvan a la normalidad después de la actividad, varía entre estudios, y también difiere considerablemente entre los individuos dentro de un grupo de estudio. Los factores críticos parecen ser el tipo de actividad involucrada y también el grado de daño muscular incurrido [177]. En general, un período de 48 horas parece ser suficiente para que la mayoría de las mediciones de rendimiento vuelvan a la línea de referencia basal después de una actividad de resistencia exhaustiva y de fuerza de alta intensidad.

3.2   Objetivos y Funciones de las Estrategias de Regeneración

Al definir las modalidades de recuperación en términos de regeneración, una de las principales preocupaciones es permitir que las capacidades de rendimiento del atleta se acerquen lo más posible a los valores de referencia antes de la siguiente sesión de entrenamiento o competición. En esencia, el objetivo es que emprender la modalidad de recuperación particular permitirá al atleta llegar a la próxima sesión de entrenamiento o competición en mejores condiciones de lo que sería de otra manera.

Desde este punto de vista, un objetivo importante de las estrategias de regeneración es ayudar al atleta a hacer frente a los efectos agudos de la fatiga central y periférica inducida por el entrenamiento anterior o los períodos de competición [177]. Para lograr este objetivo es necesario definir los efectos agudos de fatiga central y periférica asociados con el entrenamiento o los períodos de competición transcurridos.

Los efectos específicos de la fatiga periférica y central estarán determinados en gran parte por la forma de actividad física involucrada. El ejemplo más evidente es si la actividad de entrenamiento anterior comprendía una actividad de entrenamiento de resistencia o de fuerza. El tipo de fatiga neuromuscular y los plazos asociados con estas dos formas contrastantes de ejercicio difieren considerablemente [177]. La naturaleza del entrenamiento o la actividad de competición es, por tanto, una consideración crítica con respecto a los efectos de la fatiga central y periférica. Fundamentándose en estas consideraciones, se deduciría que la propuesta adoptada en relación con las estrategias de regeneración debería, a su vez, ser de cierta manera específico para el tipo de actividad física realizada en el entrenamiento o la competición.

Uno de los principales objetivos de las estrategias de regeneración es reducir las sensaciones de rigidez o dolor en los días siguientes a la actividad. En un contexto aplicado, el grado de daño muscular sufrido por el atleta estará influenciado por el tipo de acción muscular empleada en el entrenamiento o la actividad de competición. El daño muscular y los efectos del dolor muscular de aparición tardía suelen ser provocados por una actividad de alta intensidad no acostumbrada con un componente excéntrico significativo [176].

Si el atleta posteriormente experimenta síntomas de dolor muscular de aparición tardía depende de qué tan acostumbrado esté a la actividad de alta intensidad involucrada, es decir, qué exposición previa ha tenido a esa forma de actividad en un período reciente. La exposición previa a entrenamiento que implica actividad muscular excéntrica tiene un efecto protector que reduce los signos y síntomas de daño muscular y del dolor muscular de aparición tardía cuando esta forma de ejercicio se realiza posteriormente en las semanas y meses siguientes. Este fenómeno se conoce como el "efecto de los esfuerzos repetidos" [176].

El aspecto más importante de la recuperación es ayudar a mantener la salud y la función inmunológica del atleta [175]. Los beneficios de evitar enfermedades para un atleta son evidentes en términos de evitar interrupciones en el entrenamiento y permitirle competir. Por ejemplo, un estudio prospectivo de cinco años en atletas de pista y campo demostró que la medida en que los atletas lograron minimizar las semanas perdidas por enfermedades y lesiones fue un determinante importante de si obtenían éxito en lo que concierne al logro de sus objetivos de rendimiento [585].

Las estrategias de regeneración ofrecen un medio potencial para ayudar a combatir los resultados negativos de salud y rendimiento que pueden surgir de un entrenamiento intensivo sostenido [586]. Si bien, la sobrecarga es un componente integral del proceso de entrenamiento, es igualmente importante evitar la degradación prolongada de la capacidad de rendimiento asociada con el "sobrealcance no funcional excesivo" y el "síndrome de bajo rendimiento inexplicable", más crónico, también conocido como "sobreentrenamiento".

3.3   Efectos No Específicos del Estrés sobre la Función y la Recuperación

Si bien los efectos de la fatiga son hasta cierto punto específicos del estrés del entrenamiento impuesto, los profesionales en el campo también reconocen que los efectos del estrés sobre el atleta son en cierto grado inespecíficos. En otras palabras, los factores estresantes de cualquier área de la vida del atleta afectarán su capacidad para hacer frente a las exigencias fisiológicas y psicológicas del entrenamiento competitivo.

Por lo tanto, el entrenador y los profesionales que trabajan con un atleta deben ser conscientes y estar atentos a los factores de estrés no relacionados con el entrenamiento que puedan estar afectando al atleta en un momento dado. Por ejemplo, para los atletas que están inscritos en un estudio académico, se han destacado los efectos adversos asociados con períodos de estudio y exámenes estresantes, con picos significativos en la incidencia reportada de enfermedades y lesiones durante los períodos que coinciden con los exámenes [587].

Este ejemplo ilustra que las tensiones psicofisiológicas impuestas a los atletas son acumulativas. El estrés general experimentado por un atleta en un momento dado está influenciado no solo por los parámetros del entrenamiento del atleta, sino también por otros factores estresantes psicosociales en su vida. Siempre que sea posible, el entrenador debe intentar monitorear el estrés que se ejerce sobre el atleta desde varias fuentes y estar alerta, así como responder a factores relacionadas o no al entrenamiento.

Si bien los beneficios en el rendimiento pueden no ser evidentes de inmediato, parece vital incorporar un descanso y una recuperación adecuados para apoyar la salud y el bienestar general del atleta. Con este fin, recientemente se ha recomendado que las estrategias de recuperación se implementen como una parte rutinaria de la semana de entrenamiento del atleta para ayudarlo a hacer frente a las sesiones más exigentes mental y físicamente [586].

Actividad Reflexiva: ¿Cuál es su opinión? Según sus observaciones, ¿se les brinda a los atletas en los deportes en los que está involucrado una recuperación adecuada entre el entrenamiento intensivo y la competición? ¿Contribuye esto a las lesiones que observa?

3.4 Posibles Efectos de Interferencia del uso Sistemático de las Modalidades de Recuperación

Las estrategias de recuperación funcionan básicamente de dos formas. La primera categoría de modalidades de recuperación ayuda con los procesos normales de recuperación y adaptación del cuerpo, cumpliendo así la definición de modalidad de regeneración. Por el contrario, la segunda categoría de intervenciones de recuperación actúa para reducir o contrarrestar aspectos de la respuesta natural del cuerpo a la actividad intensa.

Si bien, la justificación presentada para los métodos de recuperación es intuitivamente atractiva, la justificación para el uso sistemático de muchas modalidades de recuperación específicas con los atletas parecería cuestionable según la evidencia disponible. En general, los estudios en la literatura a menudo no respaldan ningún beneficio significativo en el rendimiento al realizar la mayoría de las intervenciones de recuperación [176].

Los estudios realizados también típicamente empleado sujetos no entrenados, que muestran respuestas contrastantes al ejercicio y al entrenamiento en relación con los atletas. Por ejemplo, el grado de daño muscular y los síntomas del dolor muscular de aparición tardía incurridos por los sujetos en tales estudios no es representativo de las poblaciones de atletas. Además, las intervenciones de ejercicio empleadas en estas investigaciones tampoco reflejan a menudo las prácticas de entrenamiento y competición de los atletas. Como resultado de su nivel de entrenamiento elevado, será inusual que los atletas experimenten la gravedad de los síntomas y los efectos adversos del dolor muscular de aparición tardía descritos en estos estudios durante el curso de su entrenamiento regular [176]. Desde este punto de vista, la necesidad de estrategias de recuperación podría cuestionarse durante los períodos en los que los atletas realizan su entrenamiento habitual.

Estas consideraciones son particularmente pertinentes para aquellas modalidades de recuperación que están diseñadas para inhibir la respuesta natural del cuerpo al entrenamiento. Además de ser potencialmente innecesarios, estos métodos pueden de hecho ser contraproducentes en la medida en que la eficacia del entrenamiento realizado por el atleta se vea finalmente afectada.

Debe reconocerse que la respuesta inflamatoria provocada por el entrenamiento intenso o la competición es un aspecto integral del mecanismo de adaptación de los tejidos al estrés del entrenamiento. Varias de las modalidades de recuperación se emplean con el objetivo específico de contrarrestar esta respuesta inflamatoria. Por lo tanto, estas "contramedidas" pueden interferir con las respuestas adaptativas del cuerpo que permiten a los músculos y tejidos conectivos involucrados hacer frente al estrés del entrenamiento y la competición.

4   Intervenciones Nutricionales para la Recuperación

4.1   Efectos de la Disponibilidad de Macronutrientes en las Respuestas Agudas Después del Entrenamiento

La ingesta de macronutrientes ejerce una influencia crítica sobre la naturaleza de las respuestas endocrinas y fisiológicas del cuerpo después de un entrenamiento o competición [250]. Por ejemplo, el equilibrio energético del atleta en el período inmediatamente posterior al ejercicio influirá en la naturaleza de la respuesta endocrina al entrenamiento y la competición, específicamente si es anabólica (síntesis neta de proteínas) o catabólica (degradación neta de proteínas).

Un factor relacionado es la disponibilidad de ciertos nutrientes durante la ventana de tiempo inmediatamente posterior al entrenamiento o la competición, que a su vez determina la respuesta de hormonas clave como la insulina. La disponibilidad de glucosa, en particular, tiene una gran influencia en la respuesta del cuerpo después de un período de entrenamiento y competición, lo que refleja el papel fundamental de la glucosa en la función del cerebro y del sistema nervioso central. La alimentación con proteínas después del ejercicio, para aumentar la disponibilidad de aminoácidos, también aumenta la tasa de síntesis de proteínas musculares y disminuye la tasa de degradación de las proteínas musculares después de un entrenamiento o competición [250]. Esta estimulación de la síntesis de proteínas musculares inducida por la ingesta de proteínas dietéticas inmediatamente después del ejercicio se observa después del entrenamiento de fuerza y de resistencia [253].

Por el contrario, en ausencia de la ingesta de proteínas y carbohidratos en el intervalo posterior al entrenamiento/competición, puede llegar a producirse una degradación neta de las proteínas musculares, particularmente después del ejercicio de resistencia [253]. Desde este punto de vista, la ingesta de macronutrientes críticos (particularmente carbohidratos, pero también proteínas) inmediatamente después del entrenamiento o competición determinará esencialmente si el cuerpo entra en un estado catabólico o anabólico [250]. La naturaleza del estímulo de entrenamiento (es decir, énfasis de fuerza contra la resistencia) también juega un papel clave en términos de la naturaleza de la adaptación al entrenamiento. Sin embargo, independientemente del estímulo de entrenamiento/competición, la ingesta de macronutrientes perientrenamiento seguirá teniendo una profunda influencia sobre la respuesta adaptativa del musculoesquelético en particular [250].

4.2   Restauración de los Depósitos de Macronutrientes

La otra función principal de la intervención de nutrientes en el período posterior al entrenamiento y la competición es reponer las reservas clave que sirven como sustratos para el metabolismo energético. Reponer las reservas energéticas es un factor clave, especialmente en el caso del entrenamiento y la competición, que agota significativamente el glucógeno muscular [588]. Las reservas de glucógeno muscular son finitas, por lo que la capacidad del atleta de realizar actividad de alta intensidad o entrenamiento de resistencia intenso estará limitada hasta que las reservas mermadas de glucógeno muscular se restauren por completo [250].

El momento de la ingesta de carbohidratos y proteínas después del ejercicio es, una vez más, crítico. Específicamente, es crucial aprovechar la absorción acelerada de carbohidratos y la resíntesis de glucógeno que se observa en la ventana de tiempo de 1 a 2 horas inmediatamente después del ejercicio. La ingesta de carbohidratos en combinación con proteínas es más eficaz que la ingesta exclusiva de carbohidratos en lo que concierne a reponer rápidamente las reservas de glucógeno muscular [588]. La resíntesis acelerada de glucógeno observada con una mezcla de carbohidratos y proteínas es particularmente evidente en la primera hora después del ejercicio.

La disponibilidad de macronutrientes cuando el atleta comienza la siguiente sesión de entrenamiento también determinará la naturaleza de las respuestas fisiológicas y endocrinas durante y después de ese entrenamiento [250]. El grado en que se reponen las reservas de carbohidratos (glucógeno) sirve para determinar la respuesta relativa de la hormona del estrés al próximo entrenamiento que emprende el atleta, además de influir en su capacidad para realizar ejercicio de alta intensidad.

4.3   Disponibilidad de Macronutrientes y Función Inmunológica

Los factores nutricionales y la disponibilidad de macronutrientes también tienen implicaciones para la función inmunológica del atleta. Está documentado que los atletas de resistencia en períodos de entrenamiento intenso demuestran una disminución de la inmunidad tanto innata como adquirida [589]. Del mismo modo, el estado nutricional y la intervención pueden ayudar a mitigar el impacto del entrenamiento intenso en el estado inmunológico. Por ejemplo, se reporta que la alimentación con carbohidratos inmediatamente en las horas posteriores a un entrenamiento atenúa la respuesta inmunitaria inflamatoria al ejercicio [586].

Mantener la disponibilidad de las reservas de carbohidratos cuando el atleta comienza un entrenamiento o competición se identifica de manera similar como una ayuda para reducir la respuesta de la hormona del estrés y contrarrestar la disfunción inmunológica [586]. Por lo tanto, la eficacia de las intervenciones nutricionales para restaurar las reservas de macronutrientes no solo influirá en el estrés fisiológico y psicológico del atleta por las sucesivas series de entrenamiento, sino también en su susceptibilidad a las enfermedades.

Actividad Reflexiva: Fundamentándose en esta información, ¿qué tan bueno es el conocimiento y el entendimiento de la nutrición y su papel en la recuperación y adaptación al entrenamiento? ¿Es la educación sobre este tema adecuada para entrenadores y personal médico/de apoyo?

4.4   Suplementación de Micronutrientes

Aparte de la ingesta de macronutrientes, otra forma de intervención nutricional empleada para ayudar a la recuperación se refiere al uso de micronutrientes, por ejemplo, vitaminas y minerales. La suplementación con micronutrientes se toma típicamente como una contramedida para uno o más de los cambios transitorios que ocurren después de una actividad intensa, específicamente el estrés oxidativo de la actividad metabólica, la respuesta inflamatoria y la inmunosupresión en las horas posteriores a la actividad [586].

Un ejemplo de la suplementación con micronutrientes que se emplea con frecuencia en los atletas implica la administración de ciertos antioxidantes y *fitoquímicos* que se encuentran naturalmente en las fuentes de alimentos [250]. El fundamento de esta propuesta es intentar reducir la inflamación y el daño celular asociado con la respuesta al estrés oxidativo que se produce como reacción al ejercicio intenso. Específicamente, la idea es que los antioxidantes y fitoquímicos actuarán para neutralizar los radicales libres de oxígeno y las especies reactivas al nitrógeno que se liberan durante la actividad intensa que median la respuesta al estrés oxidativo.

Sin embargo, es importante reconocer que la respuesta al estrés oxidativo es parte integral del mecanismo por el cual el cuerpo se adapta a la tensión fisiológica [250]. Como tal, existe la posibilidad de que mitigar esta respuesta a través de la suplementación con antioxidantes o fitoquímicos pueda afectar las adaptaciones periféricas del entrenamiento.

Los estudios sobre la suplementación con antioxidantes han empleado comúnmente dosis bastante altas de vitamina C y/o vitamina E. Varios de estos estudios han indicado que el régimen de suplementación podría comprometer la respuesta adaptativa del musculoesquelético al entrenamiento de resistencia [250]. El estudio de la suplementación fitoquímica y sus efectos apenas está surgiendo. Los resultados de un número limitado de estudios publicados hasta la fecha continúan siendo ambiguos.

La otra aplicación principal de la suplementación con micronutrientes se refiere a combatir la inmunosupresión transitoria que puede ocurrir con un entrenamiento intenso. La indicación de los estudios hasta la fecha es que, a menos que un atleta muestre una deficiencia en micronutrientes específicos, no existe evidencia que respalde el uso de suplementos de vitaminas o minerales para "estimular" la función inmunológica, particularmente en las dosis abundantes que se emplean con frecuencia [586]. Un área de interés actual en términos de inmunología del ejercicio es la suplementación de varios polifenoles que están presentes en las fuentes dietéticas. Por ejemplo, los hallazgos de los primeros estudios han indicado una variedad de beneficios aparentes de la suplementación con quercetina, incluida la reducción de las tasas de enfermedad [586].

4.5 Rehidratación

La rehidratación óptima después del ejercicio comprende idealmente la restauración completa de todos los líquidos perdidos, y esto requiere que la ingesta de líquidos vaya acompañada de la ingesta de electrolitos. Por lo tanto, la solución de rehidratación oral óptima incluye un contenido apropiado de sodio y potasio en particular, a menudo combinado con carbohidratos. La ingesta de los electrolitos necesarios a través de fuentes dietéticas es otro medio de apoyar la rehidratación. La cantidad de ingesta de líquidos requerida después de una sesión de entrenamiento o competición se estimará directamente pesando al atleta antes y después de estos. La pauta general para los atletas es que se deben consumir 1.5 litros por cada kilogramo de masa corporal perdido debido a la sudoración.

5 Modalidades de Recuperación No Nutricionales

5.1 Intervención Farmacéutica

La intervención farmacéutica posterior al entrenamiento/competición se refiere comúnmente al uso de medicamentos antiinflamatorios no esteroideos (AINEs). Como implica el título, los medicamentos antiinflamatorios no esteroideos ejercen un efecto inhibidor sobre las enzimas que participan en la respuesta natural a la inflamación del cuerpo, y también tienen un efecto analgésico (alivio del dolor) [176]. Los supuestos beneficios de la administración de medicamentos antiinflamatorios no esteroideos incluyen una disminución de la sensación de dolor muscular después de un ejercicio exhaustivo y una recuperación más rápida de la función muscular.

Sin embargo, los beneficios potenciales atribuidos a los medicamentos antiinflamatorios no esteroideos normalmente solo se observan después de intervenciones de ejercicio no acostumbradas que provocan niveles significativos de dolor muscular. Por lo tanto, se ha sugerido que es probable que cualquier efecto sea mínimo para los atletas entrenados durante la realización de su entrenamiento regular [176]. Además, cualquier efecto agudo sobre el rendimiento y el alivio del dolor debe equilibrarse con el posible impacto negativo en la respuesta del atleta al entrenamiento. Las isoformas enzimáticas sobre las que los medicamentos antiinflamatorios no esteroideos ejercen sus efectos inhibidores se han identificado como parte integral de la respuesta adaptativa del musculoesquelético al entrenamiento.

En consecuencia, existe una creciente evidencia de que la administración de medicamentos antiinflamatorios no esteroideos puede reducir la síntesis de proteínas musculares después del ejercicio y, por lo tanto, interferir con la adaptación al entrenamiento [176]. Una advertencia más seria para la administración de medicamentos antiinflamatorios no esteroideos para la recuperación de los atletas que se destaca en la literatura médica es que el uso rutinario de estos puede conllevar riesgos graves, incluidos problemas gastrointestinales y renales e incluso complicaciones cardiovasculares considerables.

Actividad Reflexiva: En su propia experiencia, ¿qué tan extendida está la práctica de administrar medicamentos antiinflamatorios no esteroideos para "tratar" el dolor muscular en el deporte?

5.2   Crioterapia e Inmersión en Agua Helada

La crioterapia se ha utilizado durante mucho tiempo como una modalidad de tratamiento estándar para el traumatismo agudo de tejidos blandos. Esto ha llevado al uso de métodos similares para "tratar" los músculos fatigados (pero no lesionados) después del entrenamiento y la competición. Por lo general, la crioterapia de cierta forma se lleva a cabo con el objetivo de permitir que el atleta recupere su capacidad para desempeñarse a una alta intensidad más rápidamente de lo que sería en otro caso. La inmersión en agua helada se emplea con mayor frecuencia, como piscinas de inmersión y baños de hielo, aunque en ciertos entornos también se utilizan otras modalidades de crioterapia (por ejemplo, cámaras de crioterapia).

A pesar de la generalización de la crioterapia como modalidad de recuperación pasiva, los datos publicados sobre la eficacia de los baños de hielo son muy ambiguos. No se encontró que el tratamiento de inmersión en agua helada atenúe el dolor muscular tardío o altere significativamente las mediciones asociadas de recuperación, incluidos los marcadores de daño y rendimiento musculares, siguiendo un protocolo de carga excéntrica en sujetos desentrenados [590]. Si bien los sujetos y el tipo de carga empleados en este estudio no reflejan particularmente a los atletas o el entrenamiento que realizan, tales hallazgos plantean ciertas interrogantes sobre los méritos del uso rutinario de baños de hielo como modalidad de recuperación.

Otro estudio que empleó atletas de rugby profesionales (menores de 20 años) también reportó que realizar baños de hielo de 5 minutos después de los partidos y sesiones de entrenamiento durante un período de intervención de cuatro semanas no produjo un efecto positivo en las mediciones de capacidad anaeróbica y rendimiento de esprints repetidos [591]. De hecho, fundamentándose en las puntuaciones de los atletas en una de las dos pruebas de rendimiento empleadas, se sugirió un efecto perjudicial.

También debe tenerse en cuenta que un mecanismo principal para el tratamiento con crioterapia es provocar vasoconstricción para reducir el flujo sanguíneo al área, además de reducir la respuesta inflamatoria. En consecuencia, el uso de estos métodos para la recuperación posiblemente podría interferir con los procesos naturales del organismo que suscitan después del ejercicio intenso, del cual la respuesta inflamatoria es una parte integral [176]. Siendo ese el caso, la crioterapia no podría considerarse una modalidad de regeneración desde un punto de vista fisiológico.

Parece que estos efectos son particularmente problemáticos cuando se emplean intervenciones de crioterapia en entrenamientos diseñados con el fin de desarrollar la fuerza, la potencia y la velocidad. Por ejemplo, un hallazgo muy notable es que el uso de baños de hielo después del entrenamiento de fuerza tiene el potencial de interferir con la respuesta anabólica aguda al ejercicio, de tal grado en que las adaptaciones al entrenamiento finalmente se deterioran. La investigación de Roberts y colaboradores [592] reportó que la señalización anabólica en las horas posteriores al entrenamiento se redujo en la condición de inmersión en agua fría después del ejercicio en comparación con la condición de recuperación activa empleada. El resultado acumulativo fue que después de la intervención de entrenamiento de fuerza de 12 semanas, el grupo de inmersión en agua fría no pudo registrar las ganancias en el área transversal del músculo, las adaptaciones morfológicas en las fibras Tipo II, y las mejoras en la producción de fuerza que se observaron en la condición de recuperación activa [592].

Una extensión de los métodos de crioterapia, en particular la inmersión en agua helada, implica un tratamiento de contraste mediante el cual el atleta se somete repetidamente a una duración prescrita (por ejemplo, 1 minuto) de inmersión en agua helada intercalado con breves períodos en una ducha caliente. Uno de los principales objetivos de esta práctica es ayudar a depurar los metabolitos del músculo provocando de manera intercalada vasoconstricción seguida de vasodilatación con el propósito de producir un efecto de bomba venosa [591].

Si bien esta práctica se emplea bastante en el deporte, hasta la fecha existen escasos datos publicados sobre los efectos de los baños o duchas de contraste. Un estudio reciente indicó que los baños de contraste pueden proporcionar algún beneficio y también pueden evitar los posibles efectos perjudiciales identificados con los baños de hielo de 5 minutos [591], aunque los datos reportados no fueron concluyentes.

Un hallazgo notable de ciertas investigaciones es que el tratamiento de agua de contraste supuestamente mejoró las calificaciones de recuperación percibida de los atletas tanto inmediatamente después de la intervención de recuperación como 12 horas después de esta [593]. Existe una creciente evidencia de otras investigaciones sobre la recuperación con crioterapia, de la presencia de un componente psicológico en las calificaciones subjetivas de dolor y función muscular reportadas por ciertos sujetos. Esto ha llevado a ciertos autores a sugerir que existe un efecto "placebo" con esta modalidad. Por ejemplo, se ha reportado que un subgrupo de participantes que perciben que la inmersión en agua helada beneficia la recuperación antes de la intervención será, con mayor frecuencia, los que reportarán posteriormente puntuaciones mejoradas en dolor y función muscular.

Independientemente del mecanismo, se puede argumentar que el principal beneficio potencial de las modalidades de crioterapia, como la inmersión en agua de contraste y los baños de hielo, podría ser como una herramienta para mejorar la recuperación psicológica [594]. No se debe subestimar la importancia de estos efectos psicológicos y el impacto en la percepción de fatiga y recuperación del atleta.

Actividad Reflexiva: ¿Cuál es su opinión? Según su propia experiencia y observaciones, ¿cree que la crioterapia y los baños de hielo producen efectos que valgan la pena? En el caso de que los atletas lo perciban como benéfico, ¿merece la pena aprovechar los aparentes beneficios psicológicos?

5.3   Oxigenoterapia Hiperbárica y Tratamiento con Gas Hiperóxico

La terapia con oxígeno hiperbárico es otra modalidad de tratamiento, aunque mucho menos común, para los traumatismos y lesiones de tejidos blandos. Esencialmente, el atleta está encerrado en una cámara presurizada por encima de la presión atmosférica normal mientras respira oxígeno puro [176]. Recientemente, se ha sugerido que esta modalidad de tratamiento podría ser útil, en lo que concierne a la recuperación después del entrenamiento y la competición.

Por definición, un prerrequisito para emplear la terapia de oxígeno hiperbárico para la recuperación de los atletas es el acceso a equipos muy costosos y altamente especializados, así como a personal capacitado para operarlos. Además, las investigaciones de esta modalidad de tratamiento han producido resultados muy equívocos con respecto a la recuperación de varios parámetros del rendimiento neuromuscular, y varios estudios no reportaron beneficios significativos [176].

Una práctica relacionada implica respirar una mezcla de gases hiperóxicos durante el período inicial después de una competición o una serie de entrenamiento extenuante. Esta práctica ha evolucionado desde un entorno clínico y está demostrado que proporcionar oxígeno suplementario puede aumentar la tasa de restauración de hemoglobina después del ejercicio [593]. Existe una escasez de investigación sobre la aplicación del tratamiento hiperóxico como modalidad de recuperación. Un estudio que investigó el efecto de respirar una mezcla de gas hiperóxico durante 10 minutos durante el período de recuperación después de una sesión de entrenamiento extenuante en un grupo de nadadores no reportó ningún efecto sobre el rendimiento de la prueba contrarreloj al día siguiente en comparación con una condición de control de estiramiento pasivo [593].

5.4   Tratamiento de Masaje

El masaje es la modalidad de tratamiento más utilizada por los fisioterapeutas que trabajan con atletas durante la competición [595]. Los mecanismos propuestos para los efectos benéficos atribuidos al masaje incluyen mejorar el flujo sanguíneo, reducir la tensión muscular, cambios en la excitabilidad neurológica y efectos psicológicos positivos como la relajación. Si bien los datos son algo equívocos, las revisiones de la literatura publicadas sobre el tema concluyen que los ensayos controlados aleatorios generalmente muestran un apoyo moderado para el uso del tratamiento de masaje para ayudar a la recuperación [596]. Como consecuencia de las escasas investigaciones sobre el masaje y sus efectos sobre el rendimiento, recuperación, prevención y rehabilitación de lesiones, se hace evidente una ausencia de datos empíricos sobre los cuales fundamentar estas afirmaciones. Por lo tanto, los profesionales se han fundamentado en gran parte en la evidencia anecdótica y la experiencia profesional al prescribir y realizar la terapia de masaje. Las técnicas de masaje y liberación miofascial existen en una variedad de formas; sin embargo, en la actualidad no existen datos suficientes para orientar al personal de apoyo y a los profesionales a la hora de seleccionar la forma más adecuada de tratamiento de masaje [597].

Una bibliografía reciente y exhaustiva concluyó que, de las diversas modalidades de recuperación estudiadas hasta la fecha, los datos disponibles indican que el masaje parece ser más eficaz para aliviar el dolor muscular de aparición tardía y mejorar las mediciones de fatiga percibida en el período posterior a la sesión de entrenamiento [594]. El consenso fundamentado en esta revisión y en otras es que existe una serie de beneficios psicológicos asociados con el masaje como modalidad de recuperación. Estos efectos psicológicos se reflejan en las autoevaluaciones de los atletas sobre la recuperación percibida. Existe cierta indicación de que estos beneficios percibidos también se reflejan en respuestas atenuadas de la hormona del estrés después del entrenamiento y la competición [597]. La importancia de estos aparentes beneficios psicológicos no debe subestimarse, particularmente dadas las implicaciones positivas de reducir el estrés psicofisiológico general impuesto a los atletas.

5.5   Automasaje y Liberación Miofascial

Un método que ha recibido mucha atención recientemente es el automasaje [584] y, en particular, la liberación miofascial o "masaje de puntos gatillo". Esto se logra con mayor frecuencia empleando equipos disponibles comercialmente, como bastones de masaje y rodillos de espuma. El rodillo de espuma es quizás la modalidad de recuperación más común utilizada por los atletas en muchos entornos.

A raíz de la aceptación generalizada del uso del rodillo de espuma por los atletas de todos los niveles, se han realizado varias investigaciones recientes que evalúan los efectos de este en una variedad de parámetros. El rodillo de espuma parece ser una modalidad eficaz para la autoliberación miofascial o la terapia de puntos gatillo. Por ejemplo, MacDonald y colaboradores [598] reportaron que un período agudo de autotratamiento de los músculos cuádriceps con un rodillo de espuma es eficaz en lo que concierne a producir un aumento transitorio del rango de movimiento medido en la rodilla. La evidencia hasta la fecha sugiere que los efectos benéficos observados con esta modalidad están mediados principalmente a través de mecanismos neuronales y cambios transitorios en las estructuras del tejido conectivo en lugar de cambios en las propiedades musculares [599].

Varios estudios recientes también han investigado las aplicaciones del rodillo de espuma como modalidad de recuperación. El hallazgo más consistente hasta la fecha es que el rodillo de espuma puede provocar cambios positivos en las calificaciones percibidas de fatiga y recuperación. Por ejemplo, la investigación de Healey y colaboradores [600] reportó mejoras subjetivas en la recuperación percibida y el dolor muscular como resultado de la intervención de rodillo de espuma después de la sesión de entrenamiento empleada, sin ningún efecto significativo acompañante sobre las mediciones objetivas de rendimiento. Un pequeño número de estudios ha indicado posibles efectos positivos en la recuperación de mediciones de rendimiento como el salto vertical [599] y los tiempos de esprint [601] en los días posteriores a una sesión de entrenamiento de alto volumen que provoca dolor muscular de aparición tardía significativa. Sin embargo, en general, los hallazgos en relación con los efectos sobre el rendimiento continúan siendo algo ambiguos.

5.6   Prendas de Compresión

El uso de prendas de compresión se ha generalizado entre los atletas y los entrenadores recreativos tanto durante como después del ejercicio, en parte como resultado de un marketing concertado y muy exitoso por parte de los fabricantes. Se promueve que estas prendas proporcionan compresión de una manera "graduada" a las extremidades y partes del cuerpo sobre las que se emplean, de una manera que pretende reducir la acumulación venosa, mejorar la eliminación de metabolitos y el retorno venoso [602]. También existen ciertas sugerencias de que las prendas de compresión pueden reducir los niveles de creatina quinasa asociados con el trauma de los tejidos blandos después de un partido en deportes de colisión.

A pesar de su uso generalizado, solo existe un número limitado de estudios que investigan la eficacia de las prendas de compresión como modalidad de recuperación. Los resultados de los estudios hasta la fecha han sido equívocos con respecto a los efectos fisiológicos propuestos [602]. Existen ciertas sugerencias de niveles reducidos de marcadores de daño muscular como el lactato sanguíneo y la creatina quinasa durante la recuperación con el uso de prendas de compresión. Sin embargo, los protocolos empleados en estas investigaciones han diferido ampliamente; por ejemplo, en un estudio, los sujetos se sentaron con las piernas elevadas durante el período de recuperación. Otras investigaciones no han encontrado ningún efecto del uso de prendas de compresión sobre varios marcadores fisiológicos [176]. También se ha sugerido que los efectos agudos de la compresión sobre la reducción de la inflamación podrían interferir con los procesos naturales de adaptación y reparación del organismo [602].

Los resultados inconsistentes de los estudios que investigan los efectos de las prendas de compresión durante la recuperación se atribuyen en parte a las diferencias en el ajuste y las especificaciones de la prenda de compresión empleada [602]. Estas consideraciones influirán inevitablemente en el grado de presión mecánica aplicada y los segmentos corporales y las extremidades involucradas; normalmente no se reportan los valores de las presiones aplicadas. Además, existen numerosas diferencias en el diseño experimental entre las investigaciones y, de manera crucial, existe una ausencia de datos sobre los efectos de las prendas de compresión en sujetos entrenados y en atletas específicamente.

Las revisiones y los metaanálisis recientes de la literatura han concluido tentativamente que existe evidencia que respalda que las prendas de compresión pueden ser efectivas para mejorar diferentes índices de recuperación [603]. Por ejemplo, un estudio que empleó prendas de compresión ajustadas para todo el cuerpo durante 24 horas después de un entrenamiento de fuerza reportó puntuaciones superiores en la producción de potencia de el cuerpo superior en hombres y mujeres entrenadas, así como diferentes mediciones de inflamación y calificaciones de fatiga en reposo y dolor muscular [604].

Por el contrario, varios estudios no han podido demostrar ninguna mejora en el rendimiento deportivo como resultado del uso de prendas de compresión durante el período de recuperación después de diferentes formas de ejercicio de alta intensidad [602]. En general, los hallazgos positivos más consistentes reportados se limitan a mediciones subjetivas, como las calificaciones de dolor muscular y recuperación percibida [594]. Del mismo modo, tampoco en todos los estudios se encuentran mejoras en estas mediciones subjetivas [602].

5.7   Modalidades de Regeneración Activa

Las modalidades de regeneración activa comprenden comúnmente ejercicio de intensidad leve a moderada, como correr o andar en bicicleta. Existen ventajas adicionales atribuidas a realizar una actividad de recuperación ligera en una piscina fundamentándose en los efectos benéficos propuestos de la presión hidrostática. Cuando se realiza inmediatamente después del entrenamiento o la competición, se ha recomendado la recuperación activa como un medio para proporcionar una disminución más gradual de la frecuencia cardíaca y la presión arterial, y también para ayudar a eliminar los metabolitos de los músculos que antes trabajaban. Además de este papel, durante la vuelta a la calma inmediatamente después del entrenamiento o la competición, otra aplicación de la recuperación activa es servir como una sesión de "regeneración" independiente. Un ejemplo que se ha vuelto común en muchos deportes es la práctica de emplear una sesión de entrenamiento cruzado de intensidad ligera el día siguiente a una competición o sesión de entrenamiento intenso.

La razón fundamental para emplear la recuperación activa de esta manera es ayudar en la recuperación y regeneración natural del cuerpo, por ejemplo, estimulando el flujo sanguíneo a los músculos en recuperación. La recuperación activa también puede aliviar las sensaciones de rigidez y dolor en las horas y los días posteriores a un entrenamiento o competición de alta intensidad. Una modalidad de recuperación que incorpora tanto la recuperación activa como los beneficios propuestos de la hidroterapia comprende el ejercicio a base de agua y el estiramiento [605].

Se muestra que la intensidad relativa del ejercicio empleado para la recuperación activa después de una sesión de entrenamiento influye en la tasa de depuración de lactato sanguíneo [606]. Esto tiene sentido intuitivo dado que el lactato es un sustrato que impulsa el metabolismo en el musculoesquelético y otros órganos [203]. Fundamentándose en antedicho conocimiento, se deduce que el ejercicio relativamente más intenso durante el período de recuperación conducirá a una mayor absorción de lactato por parte del músculo activo. Se sugiere que las intensidades de ejercicio cercanas al umbral de lactato o la intensidad máxima del estado estable de lactato sean óptimas según los datos de depuración de lactato sanguíneo [606].

Sin embargo, una advertencia es que la intensidad y la duración general de la intervención de recuperación activa deben limitarse para evitar afectar la regeneración de las reservas de glucógeno muscular [176]. Un estudio que investigaba la recuperación activa para nadadores identificó que la recuperación activa de 5 minutos (nadar a paso ligero) era adecuada para facilitar la depuración de lactato sanguíneo y era preferible a una sesión de 10 minutos, fundamentándose en los efectos agudos observados en el rendimiento posterior de la prueba contrarreloj de nado [607].

5.8   Reposo

El sueño es fundamental para apoyar la adaptación y la regeneración del entrenamiento, pero a menudo los atletas y entrenadores lo pasan por alto. Los procesos naturales de crecimiento y reparación del cuerpo se maximizan durante el sueño profundo; por tanto, el sueño en cantidad y calidad adecuadas es fundamental para facilitar la adaptación al entrenamiento [608]. El sueño inadecuado o la privación crónica del sueño también afectarán negativamente el estrés psicofisiológico general impuesto al atleta [609].

El sueño también está estrechamente relacionado con la función inmunológica y, por lo tanto, influirá en la salud del atleta y la susceptibilidad a las enfermedades [609]. Por extensión, existe un vínculo aparente entre el sueño y la incidencia de lesiones. Una investigación reciente en atletas adolescentes realizada por Milewski y colaboradores [610] identificó la escasez crónica de sueño como un factor de riesgo independiente de lesión. Específicamente, el hallazgo principal fue que tanto los hombres atletas adolescentes como las mujeres atletas que registraron menos de 8 horas de sueño por noche en promedio sufrieron una incidencia de lesiones 170 % mayor [610].

El sueño se puede evaluar tanto en términos de cantidad (es decir, horas de sueño por noche) como de calidad (número de despertares durante una noche) [611]. La cantidad óptima de sueño variará según el individuo; sin embargo, las pautas generales para los atletas recomiendan un mínimo de 7 horas de sueño por noche para mantener la función inmunológica y protegerse contra enfermedades. La cantidad de sueño requerido por un atleta en un momento dado también dependerá del entrenamiento (y otros factores estresantes) a los que haya sido sometido en el período reciente. Se han elaborado diferentes protocolos que ayudan al atleta a cuantificar sus necesidades individuales de sueño [611].

Además de la susceptibilidad a las enfermedades y lesiones, el sueño también tiene implicaciones para el rendimiento deportivo y la capacidad de trabajo fisiológico [612]. Del mismo modo, el sueño es fundamental para los aspectos cognitivos del rendimiento. Por ejemplo, el estado del sueño afecta la función ejecutiva, incluida la capacidad de atención, la resolución de problemas y la toma de decisiones, y como tal es fundamental para los deportes complejos en particular [612]. La pérdida de sueño impacta de manera similar el estado de ánimo y la capacidad para afrontar desafíos, en términos de control emocional.

Si bien existe un creciente reconocimiento de la importancia del sueño para la salud y el rendimiento, es evidente que esta conciencia no se ha traducido completamente en un cambio positivo en los comportamientos y los resultados. En parte, esto se debe a desafíos logísticos, incluidas las limitaciones de los horarios de práctica, como la necesidad de adaptarse a los entrenamientos matutinos y vespertinos. El calendario de competiciones en muchos deportes plantea un desafío similar, con respecto tanto al horario de las competiciones como a los viajes involucrados. Por ejemplo, es costumbre que los atletas de los deportes de equipo jueguen por la noche, lo que a menudo implica viajar distancias significativas, lo que a su vez significa hacer el viaje de regreso a última hora de la noche después del partido o temprano en la mañana del día siguiente.

Evidentemente, dado el papel fundamental del sueño desde la perspectiva de la salud, las lesiones y el rendimiento, existe una necesidad continua de enfatizar a los entrenadores, profesionales y atletas la importancia vital del sueño como algo que debe considerarse una parte integral de la salud, la preparación y el rendimiento del atleta. Además, existe una aparente necesidad de equipar al atleta con herramientas y estrategias para gestionar las limitaciones de los horarios de práctica, competición y viajes, así como su vida fuera del deporte. Una parte clave de esto es la educación para alentar a los atletas a adoptar un horario de sueño regular en la medida de lo posible, e implementar rutinas y prácticas que favorezcan la cantidad y calidad del sueño [612]. Es evidente que los atletas a menudo sufren interrupciones en su sueño antes de competiciones importantes, por lo que corresponde a los entrenadores y al personal de apoyo ayudar a los atletas con estrategias para gestionar esto [613]. De manera similar, brindar orientación sobre estrategias para administrar los viajes a través de zonas horarias es una parte importante de equipar a los atletas con las herramientas para administrarse a sí mismos. En la práctica, también es importante armar al atleta con contramedidas para compensar la pérdida de sueño que inevitablemente ocurrirá en ocasiones, como tomar una siesta durante el día y permitir tiempo adicional de sueño en los días libres para ayudar a compensar la escasez de sueño [612].

Actividad Reflexiva: ¿Cuál es su opinión sobre la eficacia relativa de las modalidades de recuperación artificial frente a los métodos "naturales" para mejorar la recuperación y la regeneración (recuperación activa y sueño) fundamentándose en su propia experiencia y observaciones?

5.9   Resumen

En vista de las consideraciones exploradas, parecería que los atletas y entrenadores deberían ser muy selectivos en el uso de estrategias de recuperación. En particular, el personal de apoyo del atleta debe restringir el uso de ciertas "contramedidas" de recuperación a períodos de competición intensa o fases de entrenamiento en las que el atleta de otra manera no podría tolerar el estrés físico involucrado. En ausencia de evidencia convincente que respalde sus beneficios, es cuestionable si el uso de aquellas modalidades de recuperación que interfieren con la respuesta normal del atleta al entrenamiento debería promoverse en absoluto, aparte de estos períodos designados en el año.

Por el contrario, las estrategias nutricionales deben emprenderse como parte integral de la práctica diaria del atleta. La ingesta de macronutrientes en particular tiene un efecto potente sobre la naturaleza de la respuesta al entrenamiento, la capacidad del atleta para tolerar entrenamientos sucesivos o períodos de competición y también su función inmunológica. Iniciar y mantener una rutina diaria que le permita al atleta obtener la cantidad y la calidad de sueño necesarias es otro aspecto fundamental para apoyar la adaptación al entrenamiento, la salud y el bienestar general del atleta.

Los métodos de regeneración activa también parecen merecer su inclusión en la rutina de entrenamiento y competición del atleta. Una actividad apropiada tiene el potencial de facilitar y aumentar los procesos fisiológicos naturales de adaptación y regeneración, y es poco probable que tenga efectos negativos. Las sesiones de regeneración activa también pueden aliviar los síntomas de rigidez y dolor.

Por último, no se debe subestimar la importancia de estos aspectos psicológicos de las modalidades de recuperación. En vista de ello, en el caso de que el atleta los perciba como benéficos, también se podrían recomendar varias modalidades de recuperación pasiva que no afecten negativamente a los procesos de adaptación al entrenamiento en un grado significativo.

Actividad Reflexiva: En su opinión, ¿cuál es el papel de los miembros del personal de apoyo a los atletas en términos de asesorar a los entrenadores y atletas sobre las mejores prácticas con respecto a la recuperación? ¿Qué oportunidades tiene para promover el uso adecuado de las modalidades de recuperación en su práctica general?

6 Desarrollo de la Movilidad y la Flexibilidad

Uno de los posibles resultados negativos resultantes de la cantidad de atención y la prioridad que los atletas y entrenadores dan a las diversas modalidades de recuperación es que el entrenamiento de estiramiento y flexibilidad en general queda relegado a un papel menor, o incluso olvidado por completo. Es probable que esto se haya visto agravado hasta cierto punto por estudios en la literatura que reportan los efectos adversos potenciales sobre el rendimiento asociados con el estiramiento (estático) inmediatamente antes del entrenamiento y la competición [562, 563, 565, 568]. Como resultado, los entrenadores y atletas pueden haber recibido inadvertidamente el mensaje de que ya no se recomienda realizar estiramientos convencionales estáticos o asistidos por un compañero en cualquier momento.

Actividad Reflexiva: ¿Cuál es su experiencia? ¿Se ha pasado por alto el entrenamiento de la flexibilidad debido a la mayor atención prestada a otras modalidades de recuperación diversas? ¿Tienen los entrenadores y las personas involucradas en su deporte la impresión de que el estiramiento está ahora contraindicado?

6.1 Evidencia de Respaldo de los Beneficios del Estiramiento y la Flexibilidad

El desarrollo de la flexibilidad se suele citar como un objetivo principal de los programas de preparación física para la mayoría de los deportes. Los beneficios propuestos de mejorar la flexibilidad de un atleta incluyen un menor riesgo de lesiones y un mejor rendimiento atlético. También existe evidencia indirecta convincente de los beneficios del entrenamiento de flexibilidad y movilidad desde el punto de vista de prevención de lesiones. La flexibilidad restringida o un desequilibrio en la flexibilidad entre las extremidades se ha identificado como un factor de riesgo de lesión intrínseco para una variedad de lesiones por distensión muscular [158] y tendinopatía [614]. De ello se deduce que, en teoría, un complejo musculotendinoso más dócil podría absorber energía de una mejor manera, de modo que es menos probable que se produzcan traumatismos en estos tejidos [615]. Existen ciertos datos que sugieren que el estiramiento está asociado con una menor incidencia de lesiones por distensión muscular [561].

Figura 9.1 – Rotación Torácica en Decúbito Prono Asistida por un Compañero

También existen aparentes beneficios de rendimiento al desarrollar las cualidades subyacentes que permiten a un atleta expresar una mejor movilidad. Poseer el rango de movimiento requerido para lograr los movimientos y posturas que exige el deporte es un prerrequisito para poder competir a nivel de élite. La capacidad de moverse sin restricciones y evitar la necesidad de movimientos compensatorios es también importante desde la perspectiva del rendimiento y de las lesiones. Finalmente, un mayor rango de movilidad durante los movimientos de lanzamiento y golpeo permite al atleta aplicar fuerza a través de un rango aumentado y, por lo tanto, le permite finalmente lograr una mayor aceleración e impulso.

A pesar de estos aparentes beneficios, hasta la fecha las investigaciones a menudo no reportan una reducción significativa en la incidencia de lesiones entre quienes realizan estiramientos [615]. Por lo tanto, la relación entre el entrenamiento de flexibilidad y las lesiones aún no se ha demostrado de manera concluyente. Una razón del fracaso de los estudios para demostrar un resultado positivo puede ser que la mayoría de las investigaciones han examinado el estiramiento antes de la actividad [561]. Como se ha comentado anteriormente, esto puede conducir a una inhibición transitoria tanto de la neurona motora como de los reflejos de estiramiento. El momento del entrenamiento de flexibilidad parece ser un factor crítico con respecto tanto a la prevención de lesiones como al rendimiento.

De manera similar, existe cierta ambigüedad con respecto a la relación entre el entrenamiento de flexibilidad y el rendimiento. La rigidez musculotendinosa de las extremidades inferiores se considera fundamental para las actividades del ciclo de estiramiento-acortamiento, como las carreras de velocidad. Sin embargo, un estudio de una actividad de estiramiento-acortamiento rápido (hops) identificó la compliancia del tendón como un factor clave para optimizar el retorno de energía elástica y, por lo tanto, el impulso durante tareas de bounds y carrera [422]. En vista de ello, la rigidez musculoesquelética pasiva (es decir, la compliancia de tendones y músculos) debe diferenciarse de la rigidez musculotendinosa activa observada durante la actividad del ciclo de estiramiento-acortamiento. Está reportado que el entrenamiento de flexibilidad que comprende estiramientos estáticos reduce la viscosidad de los tejidos conectivos (predominantemente tendinosos) sin alterar su propia elasticidad [400].

6.2   Requisitos de Flexibilidad y Movilidad del Deporte y el Atleta

Los requisitos específicos del atleta pueden evaluarse mediante un análisis cualitativo de las exigencias de movimiento del deporte y una evaluación musculoesquelética exhaustiva para evaluar los rangos de movimiento pasivo y activo como las articulaciones respectivas. Ciertos deportes requieren niveles considerables de movilidad para permitir que el atleta opere en rangos de movimiento bastante extremos, por ejemplo, cuando se lanza a toda velocidad para interceptar una pelota en deportes de raqueta como el tenis y el squash.

Por el contrario, en el caso de que el atleta muestre hipermovilidad durante su evaluación musculoesquelética, el entrenamiento de flexibilidad adicional no será una prioridad. De hecho, esto puede incluso estar contraindicado desde el punto de vista de la prevención de lesiones [615]. En este caso, se hará hincapié en la movilidad y el entrenamiento neuromuscular para que el atleta pueda controlar el rango de movimiento que posee y, por lo tanto, pueda retener la integridad postural y articular.

6.3   Entrenamiento de Flexibilidad contra Desarrollo de Movilidad

El objetivo del entrenamiento de flexibilidad o movilidad es esencialmente mantener o aumentar el rango de movimiento. Sin embargo, la distinción entre estas dos modalidades es que el entrenamiento de flexibilidad se refiere al aumento del rango de movimiento pasivo y la compliancia de los tejidos tendinosos y miofasciales. Por el contrario, el entrenamiento de la movilidad implica trabajar a través de rangos de movimiento de una manera activa, a menudo involucrando posturas de soporte de peso. Como tal, los músculos están activos para sostener y estabilizar al atleta mientras se mueven a través del rango de movimiento completo.

Si bien ha existido cierta controversia con respecto al uso de ciertas formas de entrenamiento de la flexibilidad (por ejemplo, estiramiento estático, estiramiento de facilitación neuromuscular propioceptiva) antes del ejercicio de alta intensidad, el desarrollo de la flexibilidad continúa siendo importante y merece su lugar en la preparación física de los atletas. El momento del entrenamiento de flexibilidad es una consideración importante cuando se busca evitar efectos perjudiciales. El estiramiento se emplea comúnmente como parte de la rutina de vuelta a la calma de un atleta después de una competición o sesiones de entrenamiento. El entrenamiento de movilidad y flexibilidad también se puede realizar como una sesión independiente.

Después de una serie de estiramientos, se observa un aumento en el rango de movimiento con una reducción correspondiente en la resistencia pasiva a la elongación, y estos efectos persisten por hasta una hora [561]. La duración total que se aplica la elongación parece ser un factor que influye en los efectos agudos observados en términos de rango de movimiento articular y la resistencia pasiva a la elongación. Se pueden emplear otros métodos en combinación con el estiramiento para facilitar estos cambios [561]. Los ejemplos incluyen técnicas que incorporan la contracción muscular (estática) durante el protocolo de estiramiento.

El fundamento del entrenamiento de la flexibilidad y el entrenamiento de la movilidad es que si estas modalidades se realizan con suficiente frecuencia (por ejemplo, diariamente), los efectos transitorios provocados finalmente darán como resultado cambios persistentes (crónicos) en la compliancia del tejido, con cambios acompañantes en el rango de movimiento de la articulación. Los datos disponibles de los estudios longitudinales tienden a respaldar que este es el caso. Por ejemplo, una intervención de entrenamiento de 20 días de estiramiento estático diario de los músculos flexores plantares produjo aumentos en la flexibilidad (rango de movimiento pasivo con una carga externa determinada) sin pérdida de elasticidad del tendón (rigidez activa) [400]. Estos cambios crónicos se atribuyen a adaptaciones estructurales dentro de los tejidos conectivos que resultan de la exposición repetida al estímulo de estiramiento.

En el caso del entrenamiento de la movilidad, existe un elemento de entrenamiento neuromuscular adicional, con cambios esperados a lo largo del tiempo que apoyan el control y la coordinación neuromuscular, incluida la propiocepción y la conciencia cinestésica. El entrenamiento de la movilidad favorece así mejoras en el equilibrio dinámico y la estabilidad activa en todos los rangos de movimiento empleados.

6.4   Estiramiento Balístico

El estiramiento balístico generalmente involucra movimientos de cadena abierta mediante los cuales la extremidad es impulsada activamente a través de su rango de movimiento. Como tal, el estiramiento solo se aplica durante un breve período, lo que es contrario a la aplicación prolongada que ha sido identificada como un requisito por ciertos autores para provocar cambios en la resistencia pasiva a la elongación de la unidad musculotendinosa [561].

También se sugiere que el movimiento rápido de balanceo o rebote empleado durante el estiramiento balístico probablemente provoque la activación muscular mediada por el reflejo miotático como respuesta protectora [616]. Esta contracción muscular refleja parecería contraproducente cuando el objetivo pareciera ser permitir que el músculo se relaje para conferir una mayor amplitud de movimiento. También se ha argumentado que esta forma de estiramiento puede incluso poner al músculo en riesgo de lesión por tensión [616].

A pesar de estas preocupaciones, los estudios han reportado aumentos en el rango de movimiento con intervenciones de estiramiento balístico, aunque el mecanismo para estos cambios aun no se ha establecido; ya que no se han observado cambios en los parámetros estructurales o mediciones de rigidez de los músculos o tendones [617]. De hecho, datos recientes sugieren que el estiramiento cíclico intermitente podría ser un método superior para estimular la síntesis de colágeno y la remodelación de los tejidos conectivos [618]. Es evidente que se requieren más estudios sobre este tema, y existe una necesidad de claridad con respecto a los objetivos y adaptaciones deseados.

6.5   Ejercicios de Rango de Movimiento Dinámico

Muchos autores identifican los ejercicios de rango de movimiento dinámico como un método superior para movilizar articulaciones y músculos durante el calentamiento previo al entrenamiento y la competición [616]. Como tales, las variaciones de estos movimientos se realizan habitualmente como parte del calentamiento dinámico realizado en deportes de equipo y deportes de raqueta. Los ejercicios de movilidad de cadera con vallas altas también se emplean ampliamente con atletas de pista y campo con el objetivo de mejorar el rango de movimiento activo.

Hasta la fecha, las modalidades de entrenamiento de movilidad de rango de movimiento dinámico no se han estudiado ampliamente en la literatura, por lo que actualmente se carece de datos para respaldar si este método es efectivo en lo que concierne al aumento de la flexibilidad con el tiempo [561]. Una investigación anterior de Bandy y colaboradores [619] reportó que el estiramiento estático con pausas de 30 segundos fue superior para obtener mejoras en el rango de movimiento de los isquiosurales en comparación con una técnica de rango de movimiento dinámico que implica moverse activamente hasta el rango final durante 5 segundos para mantener múltiples repeticiones y así igualar el tiempo total bajo estiramiento. Si bien la naturaleza controlada de esta forma de entrenamiento de la movilidad ayudará a evitar que se produzca un reflejo miotático, una vez más se podría argumentar que la duración del estiramiento aplicado no es suficiente para provocar adaptaciones crónicas en la resistencia pasiva a la elongación. Por el contrario, debido al elemento de entrenamiento neuromuscular, es más probable que este método tenga eficacia para mejorar el control dinámico y la movilidad.

6.6   Estiramiento Estático

El estiramiento estático es, por definición, mucho más propicio para aplicar estiramiento durante un tiempo prolongado que se identifica como un factor que facilita cambios agudos en la resistencia pasiva a la elongación [561]. En consecuencia, se ha reportado que las intervenciones de entrenamiento de la flexibilidad que emplean estiramientos estáticos suscitan con éxito aumentos tanto agudos como crónicos en el rango de movimiento [555]. Los protocolos efectivos generalmente emplean una alta frecuencia de estiramiento estático, generalmente en el rango de 5-7 sesiones por semana y 1-2 sesiones por día [616].

Figura 9.2 – Estiramiento de Triángulo Sentado Asistido por un Compañero

El mecanismo para el aumento del rango de movimiento a través del estiramiento estático no está claro, ya que estos cambios se han observado en ausencia de cambios estructurales aparentes en el fascículo muscular o mediciones de rigidez de los músculos y tendones [620].

Figura 9.3 – Estiramiento de Pared Asistido por un Compañero

6.7   Estiramiento de Facilitación Neuromuscular Propioceptiva (FNP)

Lo que define los métodos de estiramiento de facilitación neuromuscular propioceptiva (o PNF, por sus siglas en inglés) es que el estiramiento estático es intercalado con la contracción isométrica periódica del grupo muscular agonista y/o antagonista [616]. La técnica de estiramiento de facilitación neuromuscular propioceptiva más común consiste en aplicar secuencialmente estiramiento pasivo al músculo durante un período determinado (por ejemplo, 30 segundos) y realizar breves contracciones isométricas del músculo agonista (5 segundos) mientras el músculo está en una posición elongada [563].

Figura 9.4 – Estiramiento de Facilitación Neuromuscular Propioceptiva Asistido por un Compañero

Las diversas técnicas de elongación de facilitación neuromuscular propioceptiva comprenden comúnmente ejercicios de elongación resistidos por un compañero a fin de que otra persona aplique una carga de elongación pasiva al músculo y luego proporcione una fuerza opuesta cuando el atleta realiza la contracción muscular estática con el músculo en una posición elongada. Dicho esto, la elongación de facilitación neuromuscular propioceptiva sin asistencia también se puede realizar con éxito a través del uso de una correa ajustable [621].

La incorporación de la contracción muscular durante el ejercicio de estiramiento parece facilitar reducciones más rápidas de la resistencia pasiva a la elongación [561]. Se ha postulado que el entrenamiento de la flexibilidad que emplea métodos de estiramiento de facilitación neuromuscular propioceptiva puede producir mayores ganancias en flexibilidad en comparación con otras formas de estiramiento [622]. Ciertas investigaciones reportan que los parámetros de rigidez de los tendones se reducen después de una intervención de estiramiento de facilitación neuromuscular propioceptiva [623], aunque esto no se ha observado en otros estudios [624].

6.8   Entrenamiento Excéntrico

Los ejercicios de entrenamiento de flexibilidad excéntrica son igualmente otra opción para mejorar la flexibilidad y la movilidad. Estos ejercicios generalmente involucran movimientos de cadena cerrada (la extremidad de apoyo está plantada y soportando peso) y se pueden realizar tanto con una carga externa como con exclusivamente la masa corporal del atleta.

Figura 9.5 – Peso Muerto de Piernas Rígidas "Rumano" con Barra Olímpica

Como el músculo está activo mientras se aplica gradualmente el estiramiento, esta propuesta tiene aspectos en común con el estiramiento de facilitación neuromuscular propioceptiva. Existe una fuerte evidencia de estudios de entrenamiento excéntrico de que esta forma de entrenamiento es efectiva para producir mejoras concurrentes en la flexibilidad de las extremidades inferiores, particularmente [625]. De manera similar, los resultados preliminares sugieren que el entrenamiento de fuerza con el músculo en una posición elongada puede provocar mejoras en la tolerancia al estiramiento y un cambio favorable en la curva de torque-ángulo [626].

6.9   Modalidades de Entrenamiento de Movilidad Asociados

Las variaciones del yoga también podrían caer en la categoría de ejercicio de rango de movimiento dinámico o entrenamiento de movilidad excéntrica (e isométrica). El yoga ha existido en sus diferentes formas durante milenios. Como tal, las diferentes posturas empleadas en el yoga y los derivados del yoga (en particular, Pilates Mat) han evolucionado durante un período muy largo.

El yoga se ha implementado con éxito como una modalidad terapéutica para mejorar la movilidad y la función de quienes padecen afecciones musculoesqueléticas como el dolor de espalda crónico [627]. Los derivados de los movimientos del yoga también tienen mérito en lo que concierne al entrenamiento atlético. En particular, el yoga representa una modalidad de entrenamiento de la movilidad altamente evolucionada y adaptable que se puede utilizar para desarrollar un rango de movimiento activo y superar la restricción de los tejidos blandos.

Revisión de Conocimiento – Capítulo Nueve

1. Todos los siguientes son objetivos válidos del calentamiento previo al entrenamiento y la competición, EXCEPTO:

A. Inducir fatiga periférica en los músculos.
B. Elevar la frecuencia cardíaca y la frecuencia respiratoria.
C. Elevar la temperatura muscular y del core.
D. Aumentar la flexibilidad de músculos y articulaciones.

2. VERDADERO o FALSO – El aumento de la temperatura mediante métodos pasivos ayudará a reducir la rigidez de las articulaciones y la viscosidad del complejo musculotendinoso.

3. VERDADERO o FALSO – El calentamiento activo con carreras a pie y bounds de alta intensidad confiere una mejora adicional en la función neuromuscular en comparación con lo que se produce al aumentar la temperatura muscular mediante el calentamiento pasivo.

4. Todas las siguientes son declaraciones válidas sobre la información presentada con respecto a los efectos agudos del estiramiento estático en el rendimiento, EXCEPTO:

A. Se ha reportado que los protocolos de estiramiento estático producen una inhibición transitoria del rendimiento neuromuscular explosivo en ciertos estudios.
B. El calentamiento no debe realizarse debido a los efectos negativos reportados sobre el rendimiento.
C. Según otros estudios, se sugiere que los posibles efectos negativos sobre el rendimiento pueden atenuarse o evitarse asegurando que exista un retraso entre la realización de estiramientos estáticos y el inicio de la actividad, y/o la implementación de actividad de alta intensidad en el intervalo entre el estiramiento y el rendimiento.
D. Los ejercicios de rango de movimiento "activo" o "dinámico" proporcionan una alternativa al estiramiento estático o estiramiento de facilitación neuromuscular propioceptiva que evita cualquier efecto de inhibición potencial sobre el rendimiento.

5. ¿Cuáles de los siguientes son los descriptores correctos para el acrónimo RAMP en el contexto del calentamiento?

A. Descanso, Acción, Movilización, Preparación.
B. Elevación, Acción, Movilización, Potenciación.
C. Elevación, Activación, Movilización, Potenciación.
D. Elevación, Activación, Movilización, Pausa.

6. Todos los siguientes son objetivos válidos de las estrategias de recuperación, EXCEPTO:

A. Inhibir los mecanismos naturales para la remodelación y adaptación de los tejidos.
B. Ayudar al atleta a lidiar con los efectos de la fatiga del período de estrés muscular anterior.
C. Reducir la sensación de rigidez y dolor.
D. Mantener la salud y la función inmunológica.

7. VERDADERO o FALSO – El momento de la alimentación y el estado del equilibrio energético del atleta en el período inmediatamente posterior al entrenamiento influye en la naturaleza de la respuesta adaptativa del cuerpo al entrenamiento.

8. ¿Se ha comprado inequívocamente que cuál de las siguientes modalidades de recuperación pasiva mejora tanto la respuesta adaptativa al entrenamiento como la recuperación del rendimiento atlético después de una sesión de entrenamiento?

A. Crioterapia.
B. Oxigenoterapia hiperbárica.
C. Prendas de compresión.

D. Ninguna de las anteriores.

9. ¿Cuáles de los siguientes aspectos están influenciados por la cantidad y la calidad del sueño de un atleta en entrenamiento?

A. Procesos de crecimiento y reparación que sustentan las respuestas adaptativas al entrenamiento.
B. Función inmune.
C. Experiencia de estrés psicofisiológico por parte del atleta.
D. Todas las anteriores.

10. Todas las siguientes son declaraciones válidas con respecto al entrenamiento de flexibilidad, EXCEPTO:

A. La flexibilidad se promueve fundamentándose en que los puntajes de flexibilidad bajos o desequilibrados se identifican como un factor de riesgo para ciertas lesiones.
B. El entrenamiento de flexibilidad es redundante cuando se emplean modalidades de recuperación.
C. El entrenamiento de flexibilidad puede reducir la viscosidad de los tejidos conectivos sin afectar negativamente la elasticidad o las mediciones activas de rigidez.
D. Cuando el entrenamiento de flexibilidad se realiza después del entrenamiento/competición o como una sesión independiente, no existen efectos adversos con respecto a la excitabilidad neuromuscular o la producción de potencia.

Capítulo Diez: Preparación Física para Atletas Jóvenes

Varias observaciones apuntan a la necesidad de una preparación física adecuada para los niños y adolescentes con el fin de minimizar los riesgos de participación y mejorar tanto la capacidad de rendimiento como la experiencia general de los deportes juveniles. Este capítulo describe los efectos del crecimiento y la maduración en varios índices de rendimiento físico y explora cómo estos aspectos interactúan con factores fisiológicos para moldear las respuestas al entrenamiento de niños y niñas de diferentes edades. Discutimos cómo estas consideraciones podrían tenerse en cuenta al diseñar y brindar entrenamiento para atletas jóvenes de diferentes edades, y los desafíos que enfrentan al intentar reconciliar las perspectivas de desarrollo a largo plazo y las presiones de la especialización temprana.

Objetivos de Aprendizaje:

1   Comprender la necesidad de una preparación física formal para los atletas jóvenes.

2   Describir los diferentes problemas y consideraciones especiales que deben tenerse en cuenta al entrenar a atletas jóvenes.

3   Comprender como el crecimiento y la maduración influyen en el desarrollo de habilidades físicas y motoras.

4   Comprender las aplicaciones y propuestas del entrenamiento de fuerza en diferentes etapas de desarrollo.

5   Comprender las aplicaciones de diferentes formas de acondicionamiento metabólico y diferentes mecanismos de adaptación según la etapa de maduración.

6   Describir las perspectivas de desarrollo a largo plazo sobre la propuesta del entrenamiento para atletas jóvenes.

1   Necesidad de la Preparación Física para Atletas Jóvenes

"La tendencia abrumadora reportada en el mundo desarrollado es por comportamientos cada vez más sedentarios y niveles crecientes de inactividad física entre niños y adolescentes" [628].

La actividad física regular en combinación con una nutrición adecuada es fundamental para el crecimiento y el desarrollo normal de los niños y adolescentes. En vista del aumento de los comportamientos sedentarios y la inactividad física de los jóvenes en todo el mundo, la facilitación de preparación física estructurada y el desarrollo de habilidades motoras ha adquirido una mayor importancia.

De hecho, en muchos casos, el entrenamiento apropiado se identifica cada vez más como una necesidad para ayudar a los jóvenes a alcanzar niveles mínimos de actividad física durante los períodos críticos con el fin de alcanzar en última instancia su potencial genético [628]. De manera similar, se ha identificado el requisito de programas sistemáticos que se centren en el desarrollo de habilidades motoras para combatir los niveles decrecientes de actividad física y competencia en habilidades motoras [629].

1.1   Tendencias Decrecientes en el Desarrollo de Habilidades Fundamentales de Movimiento

Los estudios en niños en edad preescolar y escolar, durante las últimas dos décadas, han reportado que el nivel de dominio de las habilidades locomotoras evaluadas es muy variable [630]. Los datos actuales indican que una proporción creciente de niños en las aulas modernas carecen de competencia básica en las habilidades fundamentales de movimiento [631].

La competencia en el movimiento fundamental y las habilidades locomotoras (por ejemplo, correr, esprintar, saltar, etc.) entre los niños está fuertemente relacionada con sus niveles habituales de actividad física y juego activo. Parecería deducirse que cuanto más se involucran los niños en la actividad física y el juego activo, mayor es su exposición y oportunidad de llegar a ser competentes. Ésta también es una relación circular: los niños que dominan mejor las habilidades fundamentales del movimiento, a su vez, tienen más probabilidades de realizar actividades físicas y juegos activos (incluidos los deportes) [632].

Aparte de las implicaciones negativas en términos de rendimiento deportivo, el desarrollo inadecuado de las habilidades motoras también es un factor de riesgo identificado como una variable que contribuye a la incidencia de lesiones deportivas juveniles [633].

1.2   Vínculos entre la Actividad Física y el Desarrollo Cognitivo

El desarrollo de la competencia de movimiento asociado con los niveles habituales de actividad física en los niños muestra vínculos aparentes con el desarrollo cognitivo y el rendimiento escolar. Un estudio en niños de 9 a 12 años encontró que aquellos que demostraron trastornos o deficiencias en una evaluación estándar de las habilidades motoras y la coordinación también tenían una mayor tendencia a obtener calificaciones bajas en términos de rendimiento académico [634]. El creciente consenso en la literatura sobre las ciencias del ejercicio pediátrico es que la actividad física y el juego activo, particularmente en períodos críticos como la preadolescencia, son cruciales para el desarrollo cognitivo [635].

Se observa que la liberación de factores de crecimiento neurotróficos endógenos en el cerebro ocurre con el ejercicio físico, que están asociados tanto con el desarrollo cognitivo como con el estado de ánimo [636]. El ejercicio aeróbico de intensidad moderada en particular se asocia con la mejora de la neuroplasticidad y la conexión funcional entre áreas del cerebro asociadas con el aprendizaje [637]. Estos hallazgos proporcionan ciertos fundamentos para especular que la ausencia de exposición a la actividad física regular puede, por lo tanto, obstaculizar directamente los procesos neurofisiológicos que sustentan el aprendizaje y el desarrollo tanto en el ámbito motor como cognitivo durante los períodos críticos de la niñez y la adolescencia.

El ejercicio se asocia con una mejora aguda de la atención, la cognición y el estado de ánimo tanto en los niños como en los adultos [638]. Con el tiempo, estos elementos pueden contribuir individual y colectivamente al éxito académico en la escuela. Debido a la relación circular entre el juego activo, el desarrollo de habilidades fundamentales de movimiento y la probabilidad de participar en la actividad física a partir de entonces, la carencia de actividad física regular presenta un obstáculo continuo para la salud física y mental, así como para el rendimiento académico no solo durante la niñez sino también a posteriori [639].

1.3 Desarrollo de la Salud Ósea y la Integridad Estructural de los Tejidos Conectivos

Una vez más, existe una fuerte interacción entre la actividad física y el crecimiento, y así como también la maduración se relaciona con la salud ósea, la composición corporal se correlaciona con la salud ósea en la juventud, la que está fuertemente influenciada por la actividad física y el juego activo. Por ejemplo, la masa del musculoesquelético muestra una asociación positiva con el contenido mineral óseo en niños y niñas de 6 a 18 años de diferentes grupos étnicos [640]. Por el contrario, los aumentos en la masa grasa relativa a lo largo del tiempo pueden estar asociados con cambios negativos en la densidad mineral ósea tanto en niños como en niñas [641].

Se aplican consideraciones similares a la integridad estructural de los tejidos conectivos. Como ocurre con los huesos, estos tejidos se adaptan en respuesta a la tensión mecánica. El grado de exposición regular a la carga mecánica que impulsa la remodelación y adaptación de los tejidos durante la infancia y la adolescencia ayudará a determinar la fuerza y la tolerancia a la tensión de las estructuras de tendones y ligamentos.

1.4 Preparación Física Remedial para la Participación en Deportes Juveniles

En este contexto de disminución de la actividad física y la capacidad motora, los jóvenes no están cada vez más preparados físicamente para los rigores asociados con la participación en deportes juveniles [642]. En consecuencia, el aumento de la participación en deportes juveniles organizados en América del Norte ha ido acompañado de un incremento drástico de las lesiones relacionadas con el deporte [643]. Aproximadamente un tercio de los atletas jóvenes que participan en deportes organizados en los Estados Unidos sufren lesiones que requieren atención médica [644].

Estas observaciones apuntan a la necesidad de contramedidas apropiadas en forma de entrenamiento remedial. Por ejemplo, se ha abogado que, como mínimo, los atletas jóvenes deben realizar un programa de preparación física general de dos meses antes del inicio de la temporada de competición en su deporte [645].

Una de las funciones críticas de la preparación física remedial para los atletas jóvenes, es promover la salud musculoesquelética y la tenacidad a la carga. Esta aplicación del entrenamiento para atletas jóvenes se ha denominado "Adaptación Anatómica" [646]. Los efectos positivos asociados con el entrenamiento incluyen una mayor fuerza de tensión ósea, una mayor fuerza de los tejidos conectivos de soporte y una mejor estabilidad pasiva de las articulaciones [642].

Más allá de la necesidad de preparación física general, que incluye entrenamiento de fuerza y acondicionamiento metabólico, existe una necesidad identificada de lo que se ha denominado "entrenamiento neuromuscular integral" desde una etapa temprana [647]. Un entrenamiento complementario específico de prevención neuromuscular y entrenamiento de fuerza para proteger contra lesiones específicas que prevalecen en el deporte también podrían ameritarse, particularmente con atletas jóvenes que tienen antecedentes de lesiones.

Actividad Reflexiva: ¿Cuál es su experiencia? ¿Han existido casos de atletas jóvenes con los que se haya encontrado que carecieran del acondicionamiento físico y la competencia en movimientos atléticos para participar de manera segura en su deporte?

2 Consideraciones Especiales al Entrenar a Atletas Jóvenes

Como se ha mencionado en la literatura, los atletas jóvenes NO son adultos miniaturas. Debe reconocerse que la propuesta de la preparación física y las consideraciones relacionadas en términos de impartición del entrenamiento son diferentes cuando se trata de niños y adolescentes [648].

Los atletas jóvenes responden de manera distinta al entrenamiento en comparación con los adultos. En consecuencia, la prescripción óptima de entrenamiento para un joven atleta es diferente a la de un adulto. Además, la capacidad de respuesta del joven atleta al entrenamiento variará en las distintas etapas de crecimiento y desarrollo. Las pautas de entrenamiento para atletas jóvenes, a su vez, variarán de acuerdo con la etapa respectiva de crecimiento y maduración [27].

Antes y durante los períodos de crecimiento acelerado, las diferentes mediciones de rendimiento pueden, de hecho, disminuir durante un breve período [649]. Alrededor de estos períodos sensibles, la capacidad de entrenamiento y la tolerancia a la carga del joven atleta también pueden verse alteradas. Se deben considerar los estímulos estresantes del crecimiento acelerado y el estrés acumulativo del entrenamiento y la competición, y además, tomar las medidas adecuadas.

Actividad Reflexiva: ¿Cree que existan casos de lesiones deportivas juveniles que podrían atribuirse a que el joven atleta está siendo entrenado como adulto?

2.1 Problemas de Seguridad Relacionados con el Entrenamiento de Fuerza en Jóvenes

Históricamente, el entrenamiento de fuerza ha sido el aspecto más debatido de la preparación física de los atletas jóvenes con respecto a la seguridad. Deben respetarse los peligros potenciales del entorno de la sala de pesas, y comprender que, los riesgos de un comportamiento inapropiado y una supervisión inadecuada son evidentes para cualquier principiante, y este es particularmente el caso de los niños.

Sin embargo, los beneficios del entrenamiento de fuerza para jóvenes están bien documentados. Por lo tanto, el consenso abrumador es que el entrenamiento de fuerza juvenil apropiado para la edad, es seguro y benéfico cuando se realiza correctamente y se realiza bajo supervisión calificada [648].

Este mensaje aún no se ha filtrado completamente en la conciencia pública y, comprensiblemente, algunos padres continúan siendo cautelosos. Es fundamental que el programa de entrenamiento esté diseñado para reflejar la etapa específica de desarrollo del joven atleta y que sea administrado, así como supervisado adecuadamente por un especialista en fuerza y acondicionamiento debidamente calificado. Sin embargo, si se cumplen estas condiciones, no existen motivos de seguridad que impidan la inclusión del entrenamiento de fuerza en la preparación física estructurada de los atletas jóvenes [648].

Actividad Reflexiva: ¿Cuál es su opinión? ¿El entrenamiento de fuerza es seguro para los niños? ¿O el entrenamiento de fuerza se considera contraindicado para los atletas jóvenes en la región o el deporte en el que participa?

2.2   Curvas de Crecimiento y Desarrollo Esquelético en Hombres y Mujeres

Las niñas y los niños están relativamente bien emparejados físicamente antes de la pubertad. Sin embargo, la edad promedio en que las niñas y los niños alcanzan la pubertad y maduran físicamente difiere. Las niñas maduran relativamente antes, de modo que la edad promedio en que las niñas alcanzan la pubertad y las curvas de crecimiento alcanzan la velocidad máxima de altura es de alrededor de 11.5 años para las mujeres [470]. Por el contrario, en el caso de los niños, el promedio reportado está generalmente en el rango de 13.8 a 14.2 años [649]. Las curvas de crecimiento promedio también difieren según la población y la etnia. Por ejemplo, un gran estudio de cohortes en los Estados Unidos reportó que la edad en la que se alcanzaba la velocidad máxima de altura era más temprana para las niñas (11.0 frente a 11.6 años) y los niños afroamericanos (13.1 frente a 13.4 años) [650].

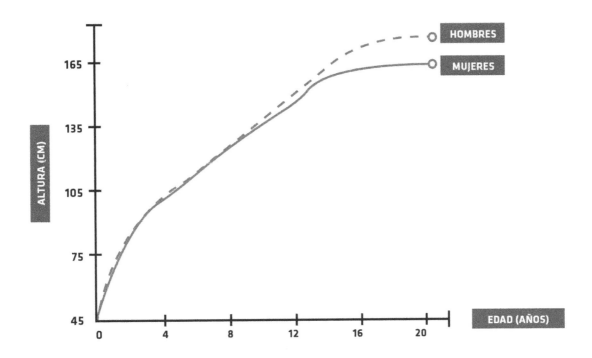

Figura 10.1 – Curvaturas de Crecimiento Típicas (Hombres Contra Mujeres)

Las trayectorias observadas de cambios en la altura y el desarrollo esquelético están evidentemente correlacionadas; sin embargo, el desarrollo óseo no coincide perfectamente con las curvas de crecimiento [650]. Específicamente, existe un desfase entre el crecimiento de la longitud de los huesos y la acumulación de densidad ósea y contenido mineral. Una muestra mixta de niños y adolescentes de diferentes etnias en los Estados Unidos reportó que la acumulación máxima de minerales óseos en todo el cuerpo se retrasó con respecto a la velocidad máxima de altura entre 0.6 y 0.9 años en los niños y entre 0.8 y 1.2 años en las niñas [650]. Una representación más sorprendente de la progresión en la altura frente al contenido mineral óseo es que a la edad de la velocidad máxima de la altura, en promedio, el individuo ha alcanzado alrededor del 90 % de su estatura adulta, pero solo alrededor del 60 % de su contenido mineral óseo máximo de todo el cuerpo.

La acumulación de hueso y los cambios en el contenido mineral óseo también están relacionados con cambios en el tejido blando magro, en particular, cambios en la masa muscular [650]. Esto probablemente explica el retraso relativamente más corto entre la tasa máxima de cambio en las curvas para el contenido mineral óseo de todo el cuerpo y la velocidad máxima de altura en la pubertad en niños contra niñas. Los niños experimentan mayores ganancias en masa muscular durante la pubertad y posteriormente, y este patrón se refleja en los cambios observados en el contenido mineral óseo en los niños en relación con las niñas [650]. A la inversa, esto también ayuda a explicar por qué las tasas de fracturas alcanzan su punto máximo en los niños un año antes de la velocidad máxima de altura, antes de que se produzcan cambios en la masa magra relacionados con la pubertad. De manera similar, el vínculo entre la masa magra y el contenido mineral óseo se observa en las tasas significativamente más bajas de fracturas entre los niños y niñas afroamericanos, lo que refleja la mayor masa de tejido blando magro y el contenido mineral óseo observado en estos grupos [650]. En las mujeres afroamericanas, esto tiene un efecto protector adicional en los años posteriores; de ahí las tasas más bajas de osteoporosis en relación con las mujeres no afroamericanas.

2.3   Edad Biológica contra Edad Cronológica

Las curvas de crecimiento y maduración no solo dependen del sexo, la población y la etnia, sino que también son muy individuales y varían considerablemente entre individuos de la misma edad. Dos atletas jóvenes de la misma edad "cronológica" pueden diferir notablemente en términos de su etapa relativa de maduración biológica y fisiológica. Por lo tanto, es fundamental considerar la "edad biológica" en relación con los atletas jóvenes, ya que las comparaciones basadas únicamente en la edad cronológica pueden ser muy engañosas.

Los atletas jóvenes a menudo se estratifican en "desarrollo temprano", "normal", y "desarrollo tardío". Esto da una representación de la etapa relativa de madurez biológica y, a menudo, se describe en términos de una estimación de la edad cronológica en la que el individuo llegará a la pubertad y experimentará el mayor crecimiento acelerado asociado con cambios fisiológicos/rendimiento. Lo que no se reconoce tan bien es que no solo el momento sino también la magnitud de los cambios en las curvas de crecimiento difiere entre individuos de maduración temprana, normal y tardía [650].

2.4   Potencial de Lesiones por Sobreuso en Deportes Juveniles

Quienes son responsables de realizar el calendario y programar el entrenamiento de los atletas jóvenes deben considerar el hecho de que los huesos, músculos y tejidos conectivos del joven atleta aún no están completamente desarrollados [651]. Como tal, un gran volumen de prácticas deportivas o entrenamiento físico repetitivo puede hacer que el joven atleta sea susceptible a lesiones por sobreuso en particular, esto representa un problema importante. Se ha reportado que las lesiones por sobreuso o los traumatismos repetitivos asociados con la práctica y la competición comprenden alrededor de la mitad de todas las lesiones sufridas en el deporte juvenil [645].

Durante e inmediatamente después de los brotes de crecimiento, existe un retraso antes de que los músculos y los tejidos conectivos se pongan al corriente [633]. Los cambios acelerados en el tamaño y la longitud de las extremidades durante los períodos de crecimiento también alteran la mecánica de los movimientos atléticos. Sin aumentos concomitantes en la fuerza, una mayor masa y palancas más largas colocan al atleta en una ventaja mecánica, aumentando los torques y las tensiones mecánicas sobre las estructuras articulares [262]. Durante la pubertad en los hombres, los aumentos de fuerza particularmente rápidos pueden servir de manera similar para amplificar la carga sobre las estructuras esqueléticas y las cargas de tensión impuestas sobre los tejidos conectivos. A lo largo de estos períodos sensibles, el esqueleto inmaduro puede, por tanto, ser más susceptible a sufrir lesiones que en las etapas posteriores del desarrollo del atleta [633]. Por ejemplo, se observa que las lesiones de la columna lumbar aumentan cuando los atletas jóvenes alcanzan la adolescencia [652].

Asimismo, como el tendón y el ligamento responden relativamente más lento que el músculo, estas estructuras de tejido conectivo pueden colocarse más cerca de sus límites de fallo durante esta fase de retraso después de los brotes de crecimiento [262]. El punto de unión del tendón al hueso (apófisis) es un área particularmente propensa a sufrir lesiones por sobreuso en el joven atleta en crecimiento [633]. El cartílago en crecimiento es igualmente más propenso a lesionarse en comparación con cuando el atleta alcanza la madurez física, lo que también puede ser un factor en ciertas lesiones por sobreuso.

Actividad Reflexiva: ¿Qué lesiones por sobreuso observa en su deporte a nivel de edad? ¿Qué tan frecuentes son estas lesiones en su experiencia?

2.5   Influencia del Crecimiento y la Maduración en el Rendimiento Físico y Desarrollo Motor

Como se mencionó en una sección anterior, la trayectoria del desarrollo de habilidades motoras difiere durante las respectivas etapas de crecimiento y maduración. Esto es evidente por primera vez en la adquisición de habilidades fundamentales de movimiento durante la infancia temprana. La interacción entre el desarrollo motor y el crecimiento y la maduración persiste durante la pubertad y hasta el final de la adolescencia. Los sistemas neural, hormonal y cardiovasculares se desarrollan con los avances de la edad biológica, con los correspondientes cambios en el control y coordinación neuromuscular, y capacidades relacionadas [469]. Incluso al final de la adolescencia, los parámetros de rendimiento deportivo pueden diferir notablemente en relación con los atletas adultos maduros [651].

Se observan cambios característicos en las cualidades de fuerza y el control neuromuscular de las extremidades inferiores como resultado del crecimiento y la maduración normales, que son independientes de cualquier intervención de entrenamiento. Por ejemplo, los alumnos que no participan en ningún programa formal de preparación física muestran una tendencia a mejorar los tiempos de esprint de 30 m con el aumento de la edad cronológica, y esto se observa tanto en niños como en niñas [653]. Sin embargo, estos efectos del desarrollo sobre el rendimiento físico y motor comienzan a diferir entre hombres y mujeres en el período durante y después de la pubertad.

2.6   Métodos para Estimar la Madurez y la Edad Biológica

Se han desarrollado una variedad de métodos para proporcionar una estimación del estado de maduración o edad biológica. Estas fórmulas generalmente se derivan de curvas de crecimiento y utilizan diferentes fuentes de información para calcular el valor de la edad biológica. Por ejemplo, la fórmula producida por Mirwald y colaboradores [654], calcula un "desplazamiento de madurez", expresado como años de distancia de la "velocidad máxima de altura" o el estirón de crecimiento asociado con la pubertad. Estas ecuaciones emplean distintas mediciones antropométricas (altura de pie, altura sentado, longitud de las piernas, masa corporal) y la edad cronológica; existe además una fórmula diferente para hombres y mujeres.

Existen distintos métodos para predecir la estatura adulta. El más simple se denomina "altura media de los padres", que es un promedio de las alturas de ambos padres biológicos del atleta. La expresión de la estatura actual del joven atleta en relación con la estatura adulta prevista puede, a su vez, utilizarse para clasificar a los atletas como "de maduración temprana", "normal" o "de maduración tardía" [655].

Finalmente, Sherar y colaboradores [656], han utilizado curvas de crecimiento junto con la fórmula de compensación de madurez [654], con el propósito de producir tablas de crecimiento que pueden ser usadas para predecir la altura adulta. Este método emplea las mismas mediciones de edad cronológica y antropométricas que el método de compensación de madurez.

2.7 Diferencias de Desarrollo entre Hombres y Mujeres Adolescentes

Los puntajes de fuerza de los hombres jóvenes mejoran significativamente en el período de "velocidad máxima de altura" cuando sus curvas de crecimiento exhiben un aumento pronunciado en altura y masa corporal. Estas ganancias de fuerza y potencia van acompañadas de cambios en otros parámetros neuromusculares. Las mejoras específicas observadas en los hombres incluyen mediciones de control de las extremidades inferiores [657] y también la capacidad de disipar las fuerzas de aterrizaje [469].

Como resultado de estos cambios, los hombres jóvenes muestran mejoras pronunciadas en una variedad de pruebas de rendimiento atlético alrededor de la pubertad, particularmente en relación con las mujeres [649]. En particular, las diferencias significativas entre sexos en el rendimiento de la velocidad se hacen evidentes a partir de los quince años en adelante, de modo que entre los 15 y los 18 años los hombres muestran una disparidad progresivamente mayor en los tiempos de esprint en comparación con las niñas de la misma edad [653]. Estos cambios naturales observados en los hombres jóvenes durante la maduración se atribuyen a un fenómeno conocido como "brote neuromuscular", que está asociado con cambios hormonales concomitantes [469].

En ausencia de estos cambios hormonales específicos, las mujeres atletas no se benefician de tal fenómeno. En consecuencia, las mismas mejoras relacionadas con el crecimiento y la maduración en la fuerza y el rendimiento motor reportadas para los hombres no se observan en las atletas jóvenes después de la pubertad.

Sin intervención, se observa que las mediciones de fuerza absoluta para una variedad de músculos de las extremidades inferiores se estabilizan alrededor de la pubertad para las mujeres. Las mujeres de los grupos de edad de 13 a 17 años no muestran diferencias significativas en la fuerza absoluta de los músculos isquiosurales y de la cadera en comparación con las mujeres de 11 años [470]. De hecho, a medida que aumenta la masa corporal desde la pubertad en adelante, la fuerza de abducción de cadera y flexión de rodilla expresada en relación con la masa corporal disminuye [658]. Esto es agravado por el aumento en la longitud de la palanca a medida que crecen las extremidades, lo que coloca a los músculos de las extremidades inferiores en una desventaja mecánica. El único grupo muscular que sigue el ritmo de las ganancias de masa corporal después de la pubertad son los cuádriceps, lo que refleja su función como músculos "antigravedad". Por lo tanto, las relaciones de fuerza de los extensores de la rodilla aumentan después de la pubertad en las mujeres, no solo referente a la flexión de la rodilla (indicativa de la fuerza de los isquiosurales) sino también con las puntuaciones de fuerza en la aducción de la cadera [658].

Debido a estos efectos diferenciales de la pubertad en las mujeres en comparación con los hombres, las atletas adolescentes y adultas demuestran una cinemática y cinética de las extremidades inferiores significativamente distintas durante una variedad de actividades deportivas [659-662]. Los déficits en el control neuromuscular [157, 663] y un reclutamiento y activación muscular aberrante [664] observados durante los movimientos de aterrizaje, pivote y corte se identifican colectivamente como factores de riesgo intrínsecos para las mujeres atletas. Estos factores contribuyen al aumento de la incidencia de lesiones en las extremidades inferiores que se reporta constantemente en las mujeres atletas.

Actividad Reflexiva: ¿Qué tendencias, si las hubiera, ha observado al trabajar con atletas jóvenes? ¿Observa un efecto de la edad con respecto a las lesiones sin contacto en niños y adolescentes? ¿Existe algún cambio en la proporción relativa de mujeres jóvenes que reportan lesiones en las extremidades inferiores en comparación con los hombres?

3   Capacidad de Respuesta al Entrenamiento en Diferentes Fases del Desarrollo

Lo que constituye un entrenamiento apropiado para un joven atleta estará determinado por su edad y etapa de desarrollo [27]. La madurez emocional y psicológica del individuo es un factor importante por considerar al diseñar e implementar el entrenamiento para atletas jóvenes [665]. Aparte de estos aspectos prácticos, una consideración más fundamental es: cómo responden los niños y adolescentes a las diferentes formas de entrenamiento. Hasta cierto punto, se puede esperar que la fase de crecimiento y maduración del atleta influya en los mecanismos que median los efectos del entrenamiento que se producen.

3.1   Entrenamiento de Fuerza

Contrario al pensamiento tradicional, recientemente se ha establecido que los prepúberes son bastante responsivos al entrenamiento de fuerza. Los atletas prepúberes exhiben un margen significativo para las ganancias de fuerza, mucho más allá de las ganancias naturales atribuibles al crecimiento y maduración normales [648]. Las ganancias de fuerza en relación con la masa corporal que se suscitan a través del entrenamiento de fuerza en sujetos prepúberes son de hecho de magnitud similar a las ganancias observadas por los adolescentes.

En el caso de los atletas prepúberes, los niveles más bajos de hormonas anabólicas circulantes limitan la contribución de la hipertrofia (crecimiento de tejido magro) a las ganancias de fuerza [584]. Los cambios en los músculos que ocurren parecen ser más cualitativos que cuantitativos. En vista de ello, los efectos neuronales parecen respaldar gran parte de los beneficios del entrenamiento de fuerza en estos sujetos más jóvenes. Debido a la naturaleza de las adaptaciones neuronales, tales ganancias de fuerza parecerían ser más transitorias. Por lo tanto, es de esperarse que los atletas prepúberes exhiban efectos de desentrenamiento evidentes una vez que se interrumpe el entrenamiento de fuerza regular [584].

Existen tendencias hacia mayores ganancias absolutas de fuerza en sujetos adolescentes. Los aumentos en las hormonas anabólicas circulantes durante la pubertad tienen un impacto considerable en la forma en que el joven atleta responde al entrenamiento de fuerza, particularmente en el alcance de la hipertrofia tisular. Este es el caso especialmente entre los hombres atletas adolescentes. La mayor respuesta hormonal al entrenamiento de fuerza en adolescentes conduce a cambios estructurales en los músculos y tejidos conectivos asociados [648]. En este grupo de mayor edad se observan cambios evidentes en términos de hipertrofia muscular y ganancias en masa libre de grasa. Los cambios estructurales que incluyen el aumento del área de la sección transversal del músculo y los cambios cualitativos en las fibras musculares aumentan las adaptaciones neuronales que se producen.

3.2   Acondicionamiento Metabólico

Se ha identificado que las respuestas metabólicas de un joven atleta a un estímulo agudo de ejercicio de resistencia difieren según su edad y etapa de maduración biológica [666]. Cada uno de los respectivos sistemas energéticos que contribuyen a impulsar la actividad se desarrollan de manera distinta con el crecimiento y la maduración. Se reporta que el contenido de trifosfato de adenosina y fosfocreatina de los músculos de los atletas jóvenes de diferentes edades es comparable al de los adultos [667]. Sin embargo, antes de la adolescencia, el sistema energético glucolítico está menos desarrollado. Esto se refleja en la respuesta metabólica al ejercicio, predominando el metabolismo oxidativo en los atletas prepúberes. De manera similar, el metabolismo energético en los atletas prepúberes es impulsado en mayor medida por la oxidación de lípidos que en el caso de los adultos [667]. Estas diferencias en el metabolismo del ejercicio pueden ser en parte consecuencia de las diferencias en los perfiles de fibras musculares entre atletas prepúberes y adolescentes.

Las aparentes diferencias en las respuestas metabólicas de los niños de distintas edades llevaron a la génesis de la "hipótesis desencadenante". El principio central de esta hipótesis es que podría existir una edad umbral antes de la cual la capacidad de respuesta al entrenamiento sea limitada; y que después de este "punto desencadenante" se presente una ventana de oportunidad para las adaptaciones correspondientes al entrenamiento de resistencia [666]. Tales teorías sustentan los modelos de desarrollo de atletas a largo plazo que aparecen en la literatura de entrenamiento para varios deportes, que comúnmente estipulan que son necesarias diferentes formas de acondicionamiento en etapas contrastantes de crecimiento y maduración [668].

Por ejemplo, en vista de la capacidad aparentemente limitada del metabolismo anaeróbico (glucolítico), ciertos autores han sugerido que el entrenamiento de resistencia anaeróbico (como el entrenamiento por intervalos) debe evitarse durante las primeras etapas de crecimiento y maduración [651]. En consecuencia, los modelos de desarrollo de atletas a largo plazo han abogado comúnmente que el acondicionamiento metabólico durante estas etapas de desarrollo debe comprender solo varias formas de ejercicio aeróbico.

Sin embargo, datos más recientes que examinan las respuestas de entrenamiento de los atletas prepúberes al entrenamiento anaeróbico desafían esta afirmación [669-671], como se discutirá en la siguiente sección. Si bien, el metabolismo energético durante el entrenamiento anaeróbico difiere, existe una creciente evidencia de que los atletas prepúberes son muy sensibles a esta forma de acondicionamiento metabólico.

3.3 Adaptación Anatómica

El hueso es mecanorespondedor, particularmente durante las fases críticas de crecimiento y maduración; además, la respuesta adaptativa es específica al sitio y tipo de tensión mecánica impuesta [244]. En consecuencia, las formas de actividad física que soportan peso se identifican como osteogénicas para los atletas jóvenes. En una gran cohorte de participantes de 5 a 19 años, la exposición regular a formas de actividad de impacto relativamente mayores se asoció con un contenido mineral óseo más alto, tanto en hombres como en mujeres [672]. El mismo estudio empleó una técnica de modelado que estimó que reemplazar una parte de la actividad física de bajo impacto realizada con actividades de mayor impacto conferiría un beneficio significativo en términos de salud ósea. Los cambios en la masa de tejido blando magro también están fuertemente asociados con la acumulación de hueso en los jóvenes, independientemente del sexo [650]. De ello se deduce que la preparación física que provoca ganancias en la masa magra (especialmente el entrenamiento de fuerza) favorecerá aumentos en el contenido mineral óseo de todo el cuerpo y en sitios específicos involucrados en el entrenamiento implementado.

Los años de pubertad representan una ventana de oportunidad clave para las adaptaciones esqueléticas [244]. De ello se infiere que se deben implementar actividades de entrenamiento osteogénico para amplificar la acumulación ósea que acompaña al crecimiento esquelético y las ganancias en la masa corporal magra que ocurren naturalmente durante estas etapas. En consecuencia, se recomienda que los atletas jóvenes realicen ejercicios dinámicos con soporte de peso, incluido un entrenamiento de fuerza adecuado, durante la infancia y la adolescencia. Una vez más, los datos disponibles indican que una parte de la actividad realizada de forma rutinaria por los atletas jóvenes debería comprender una actividad de alto impacto; en vista de la potencia de estas actividades de suscitar ganancias en el contenido mineral óseo [672].

Los aumentos en el contenido mineral óseo y la densidad mineral ósea derivados del entrenamiento tienen relevancia más allá de la adolescencia para las atletas. Las mujeres en general, y las mujeres que no son de ascendencia africana en particular, tienen una incidencia significativamente mayor de osteoporosis en la edad adulta tardía. Desde una perspectiva de salud a más largo plazo, la acumulación de hueso que se produce durante la infancia y la adolescencia es fundamental debido a la protección que confiere contra la osteoporosis en la edad adulta [650].

Estudios anteriores indican que después de la pubertad las mujeres parecen menos sensibles a la adaptación esquelética, lo que sugiere que podría existir una ventana de oportunidad más temprana y estrecha para desarrollar huesos y tejidos conectivos con las mujeres atletas [244]. Sin embargo, datos más recientes destacan que una parte significativa de la acumulación ósea que se produce durante los años de desarrollo tiene lugar durante la adolescencia tardía tanto en hombres como en mujeres [650].

3.4 Desarrollo de Habilidades Neuromusculares y Motoras

Los preadolescentes exhiben un potencial considerable para el aprendizaje motor. La capacidad de adquirir habilidades tanto cognitivas como motoras en las primeras etapas del desarrollo del niño ha sido enfatizada en la literatura sobre aprendizaje motor [673]. Las habilidades motoras complejas no se dominan hasta los 10-12 años y se sugiere que existe una ventana de oportunidad privilegiada para el desarrollo motor antes de la pubertad [470, 647].

Por lo tanto, se ha enfatizado la importancia del entrenamiento de habilidades neuromusculares y de movimiento específicas durante las fases críticas antes, durante y después de la pubertad [644, 674]. Esto se fundamenta por la efectividad reportada de las intervenciones de entrenamiento neuromuscular remedial en lo que concierne a reducir las lesiones sufridas durante los deportes juveniles [675].

Existen indicios de que la eficacia de las intervenciones de entrenamiento neuromuscular es mayor antes de la fase en la que los déficits suelen ser evidentes. Específicamente, el entrenamiento neuromuscular remedial parece tener un mayor impacto en la reducción de la lesión de las extremidades inferiores cuando se inicia antes de la pubertad en mujeres [676]. Es después de la pubertad cuando las mujeres muestran rasgos de movimiento aberrantes y desequilibrios de fuerza [657, 658, 677]. Según esta afirmación, los atletas jóvenes pueden ser más receptivos durante las fases que se acercan a los períodos de alto riesgo en su desarrollo [647].

MOVIMIENTO
DEPORTIVO
ESPECÍFICO

CAPACIDADES DE
MOVIMIENTO
FUNDAMENTALES

FUNCIÓN NEUROMUSCULAR
Y CAPACIDADES DE CONTROL

Figura 10.2 – Modelo Jerárquico del Movimiento Atlético

También se ha identificado que los atletas jóvenes pueden responder mejor a las intervenciones de entrenamiento neuromuscular "dirigidas" que están diseñadas para abordar los déficits específicos observados en fases particulares de crecimiento y maduración [678]. Esto debe incluir necesariamente instrucción y refuerzo de la mecánica de movimiento "segura" y eficiente, así como aspectos de control postural y estabilidad. Del mismo modo, el énfasis primordial de las propuestas "integrales" del entrenamiento en jóvenes es el dominio de las habilidades fundamentales del movimiento [674].

Actividad Reflexiva: ¿Qué oportunidades observa para incorporar o promover métodos de entrenamiento de habilidades de movimiento para niños o adultos jóvenes que practican deportes juveniles?

4   Entrenamiento de Fuerza

4.1   Seguridad y Eficacia del Entrenamiento de Fuerza en Jóvenes

Los beneficios del entrenamiento de fuerza para jóvenes están bien documentados y se están aceptando universalmente entre los profesionales de la salud. Las asociaciones de profesionales del acondicionamiento físico y las organizaciones de salud están ahora de acuerdo en que el entrenamiento de fuerza juvenil apropiado para la edad es seguro y benéfico cuando se realiza bajo supervisión calificada [648, 679]. Sin embargo, el reconocimiento público de estos beneficios continúa a la zaga y persisten los conceptos erróneos y malentendidos.

Históricamente, las preocupaciones sobre el entrenamiento de fuerza juvenil se derivan de un riesgo percibido de dañar las placas de crecimiento, lo que podría interferir con el crecimiento normal. En realidad, tal daño a las placas de crecimiento nunca se ha reportado con programas de entrenamiento de fuerza para niños que fueron administrados y supervisados por personal calificado. Los estudios que emplean el entrenamiento de fuerza juvenil apropiado, de hecho, reportan una incidencia muy baja de lesiones de cualquier tipo [648]. Lejos de retrasar el crecimiento, la evidencia contemporánea es que el entrenamiento de fuerza, en combinación con una nutrición adecuada, tiene el potencial de mejorar el crecimiento dentro de los límites genéticos en todas las etapas de desarrollo.

Las causas más frecuentes de lesión cuando los niños y adolescentes realizan entrenamiento de fuerza se derivan de técnicas de levantamiento incorrectas, intentos de levantar cargas excesivas, usos inadecuados del equipo y la ausencia de supervisión calificada [648]. Todos estos factores pueden mitigarse o eliminarse con un entrenamiento supervisado y administrado adecuadamente. Naturalmente, los atletas jóvenes, como cualquier pesista sin experiencia, solo deben participar en programas de entrenamiento de fuerza preparados por entrenadores calificados, con equipo seguro y supervisados por instructores competentes. Si se cumplen estas condiciones, esencialmente no existen motivos de seguridad que impidan que los atletas jóvenes realicen un entrenamiento de fuerza supervisado [680].

La realidad es que los niños están expuestos a fuerzas de mucha mayor magnitud y frecuencia durante las actividades deportivas y recreativas en comparación con las que se encuentran durante el entrenamiento de fuerza, incluso si tuvieran que realizar un levantamiento máximo [648]. De todos los ejercicios de entrenamiento de fuerza, los levantamientos olímpicos posiblemente imponen las mayores fuerzas sobre el sistema musculoesquelético. Aun así, los datos sobre lesiones sugieren que el entrenamiento y la competición olímpica de levantamiento de pesas realizados bajo la supervisión de un entrenador calificado es una de las actividades deportivas más seguras que realizan los atletas jóvenes [681]. De hecho, la mayoría de las lesiones que ocurren con los levantadores de pesas jóvenes son comúnmente el resultado de accidentes más que por el estrés de los levantamientos en sí [682].

4.2   Entrenamiento de Fuerza para Mejorar el Rendimiento en Deportes Juveniles

Se está reconociendo que los atletas jóvenes pueden experimentar beneficios similares a partir del entrenamiento de fuerza como aquellos observados en la población adulta [648]. Todos los deportes juveniles exigen fuerza y potencia hasta cierto punto a fin de superar la inercia del propio cuerpo del atleta y de los adversarios en el caso de los deportes de contacto. De ello se establece que el desarrollo de la fuerza mediante el entrenamiento de este tendrá un impacto positivo en el rendimiento deportivo de los atletas juveniles [665].

Los efectos del entrenamiento de fuerza en los atletas jóvenes, que incluyen una mayor fuerza y una mejor coordinación, y además de habilidades motoras, ayudan a facilitar el desarrollo de las capacidades atléticas. A menudo se observan mejoras en las puntuaciones de las mediciones de rendimiento motor después del entrenamiento de fuerza en niños [665]. Se han observado cambios positivos en el salto vertical, el salto de longitud en posición de pie, los tiempos de esprint y los tiempos de carrera de agilidad [584].

Los datos disponibles del número limitado de estudios que se han publicado indican que se pueden lograr aumentos en la flexibilidad, particularmente si el entrenamiento de fuerza incorpora estiramientos específicos y calentamiento/vuelta a la calma [679]. Esto parece refutar las preocupaciones en ciertos deportes juveniles de que el entrenamiento de fuerza hará que el joven atleta se vuelva demasiado musculoso y, en consecuencia, disminuya su flexibilidad y rango de movimiento.

4.3   Entrenamiento de Fuerza para Aumentar la Resiliencia Frente a las Lesiones

Las tensiones en los tejidos conectivos y las propiedades cambiantes de los tejidos en crecimiento hacen que estas estructuras sean más propensas a lesionarse en el joven atleta que en el caso de los adultos [633]. El fortalecimiento de los músculos y los tejidos conectivos mediante el entrenamiento de fuerza ofrece un medio para aumentar las fuerzas que estos son capaces de sostener, lo que ayuda a que el joven atleta sea más resistente a las lesiones de los tejidos blandos. En los adolescentes, en particular, es importante fortalecer estos tejidos conectivos para adaptarse a los rápidos aumentos en la capacidad de generación de fuerza y la masa corporal que se producen durante la pubertad.

Las investigaciones en atletas jóvenes demuestran que aquellos que reportan experiencia en entrenamiento de fuerza tienden a sufrir menos lesiones [680]. Además de servir para reducir la incidencia general de lesiones, el entrenamiento de fuerza también puede ayudar a reducir la gravedad de estas. También existe evidencia que indica que los atletas jóvenes entrenados en fuerza también responden mejor a la rehabilitación después de una lesión [642]. La experiencia en el entrenamiento de fuerza puede ayudar a facilitar un regreso más rápido al entrenamiento y la competición.

Por estas razones, se recomienda el entrenamiento de fuerza en un papel de "preacondicionamiento" para los jóvenes antes de que comiencen a competir en deportes juveniles organizados. Los atletas jóvenes que están mejor acondicionados y menos propensos a lesionarse debido a una preparación física adecuada – incluido el entrenamiento de fuerza–, tienen más probabilidades de continuar participando en deportes juveniles. De esta manera, el entrenamiento de fuerza puede ayudar a reducir las tasas de deserción, lo que a su vez puede ayudar a mantener saludables a los jóvenes en el futuro.

4.4   Aplicación Específica del Entrenamiento de Fuerza para Prevenir Lesiones

El desarrollo de la fuerza general para los movimientos atléticos fundamentales es necesario para respaldar la instrucción de las habilidades de movimiento con respecto a la postura "segura" y la alineación de las extremidades inferiores. El papel integral del entrenamiento de fuerza en relación con abordar el riesgo de lesiones en las extremidades inferiores ha sido destacado por una investigación que identificó que la efectividad de las instrucciones de movimiento y la retroalimentación por sí solas era limitada en ausencia de un entrenamiento de fuerza concurrente [683]. Parece que el desarrollo de las capacidades de generación de fuerza de las extremidades inferiores a través del entrenamiento de fuerza mejora la capacidad del atleta de realizar los ajustes necesarios en la postura y la mecánica de las extremidades inferiores durante los movimientos atléticos según las instrucciones. Estos hallazgos subrayan que el entrenamiento de fuerza concurrente tiene un papel integral en el apoyo al entrenamiento de habilidades neuromusculares y de movimiento para mitigar el riesgo de lesiones [684].

Aparte de los beneficios del entrenamiento de fuerza general, el entrenamiento de fuerza específico que incluye ejercicios particulares también puede usarse para protegerse contra ciertas lesiones que ocurren comúnmente en los deportes. Este papel de prevención de lesiones específicas para el entrenamiento de fuerza a menudo se pasa por alto, particularmente en atletas jóvenes. Con demasiada frecuencia, los ejercicios para fortalecer las áreas propensas a lesionarse solo se prescriben una vez que ya ha ocurrido la lesión.

Desafortunadamente, en la actualidad existe un número insuficiente de estudios prospectivos en la literatura que involucran a atletas juveniles para proporcionar pautas de entrenamiento basadas en evidencia con respecto al entrenamiento efectivo para la prevención de lesiones [685]. Sin embargo, los datos de las poblaciones juveniles y los estudios epidemiológicos del deporte relevante pueden ayudar a dirigir nuestros esfuerzos.

4.5   Importancia de Desarrollar la Fuerza Unilateral

Los atletas prepúberes suelen tener una mayor tendencia a exhibir un rendimiento asimétrico de las extremidades inferiores. Por ejemplo, se observan diferencias pronunciadas entre las extremidades en las pruebas de salto con una sola pierna [644]. En ausencia de intervención, estos desequilibrios pueden persistir después de la pubertad tanto en hombres como en mujeres [470]. El entrenamiento de fuerza unilateral apropiado ofrece un medio para ayudar a corregir tales desequilibrios en la función de las extremidades inferiores, particularmente en combinación con el entrenamiento neuromuscular. El papel identificado del entrenamiento de fuerza para abordar los desequilibrios de fuerza de lado a lado es pertinente para los atletas jóvenes en todas las etapas de desarrollo.

4.6   Necesidades Específicas del Entrenamiento de Fuerza en las Atletas Jóvenes

El perfil característico observado con las mujeres que tienden a ser tanto "dominantes de ligamentos" (es decir, propensas a depender más de la estabilidad articular pasiva proporcionada por las estructuras del tejido conectivo) como "dominantes de cuádriceps". La importancia del desarrollo de la fuerza de las extremidades inferiores en general y del fortalecimiento de los isquiosurales en particular se ha enfatizado para que las atletas jóvenes combatan estos rasgos [470].

Los isquiosurales comprimen la articulación de la rodilla y se oponen a las fuerzas de cizallamiento anteriores durante los movimientos de cadena cerrada con soporte de peso, por lo que estos se describen como un "agonista" del ligamento cruzado anterior [267]. Por el contrario, la acción de cuádriceps demasiado dominantes puede aumentar las fuerzas de cizallamiento en el ligamento cruzado anterior. Por lo tanto, la debilidad relativa de los isquiosurales y la estrategia de reclutamiento dominante del músculo cuádriceps es potencialmente perjudicial para el ligamento cruzado anterior en las mujeres. La relación de fuerza de los isquiosurales:cuádriceps es menor una vez que las mujeres alcanzan la adolescencia. Esto se ilustra por las tasas de 2 a 10 veces mayores de lesión del ligamento de la rodilla sin contacto observadas en las atletas adolescentes, en comparación con los hombres [643].

La intervención de entrenamiento de fuerza apropiada representa el medio más efectivo disponible para corregir el perfil de fuerza de las extremidades inferiores que de otro modo se desarrolla después de la pubertad en las mujeres. Se ha demostrado que el entrenamiento de fuerza es eficaz para mejorar los índices de control neuromuscular de las extremidades inferiores durante el salto y el aterrizaje en atletas adolescentes [686]. En consecuencia, se aboga por que se instaure el entrenamiento de fuerza antes de la pubertad como parte regular de la preparación de las atletas para combatir estos cambios [658].

Actividad Reflexiva: ¿Cuál es la situación en su deporte? ¿Cuán conscientes están los entrenadores y atletas de la aparente necesidad de las mujeres jóvenes de comenzar el entrenamiento de fuerza en una etapa temprana de su desarrollo para protegerse contra lesiones en las extremidades inferiores? ¿En qué medida se siguen estas recomendaciones?

5   Acondicionamiento Metabólico

5.1   Efectividad de las Modalidades de Entrenamiento de Resistencia Antes de la Pubertad

Los primeros estudios en la literatura sugirieron que antes de la pubertad, los atletas jóvenes podrían responder de manera menos abundante al entrenamiento aeróbico. Sin embargo, estudios más recientes no han encontrado que este sea el caso. Se especula que los hallazgos equívocos anteriores fueron simplemente el resultado de que el entrenamiento proporcionado no fue lo suficientemente exigente como para obtener una respuesta significativa [666]. La imagen que está surgiendo ahora es que una variedad de modalidades y protocolos de entrenamiento de resistencia producen ganancias en la capacidad aeróbica con sujetos prepúberes [669-671].

Como se discutió en una sección anterior, los atletas prepúberes exhiben una menor capacidad para el metabolismo glucolítico. En vista de esto, se había sugerido previamente que los prepúberes no son susceptibles de realizar formas anaeróbicas de entrenamiento, como el acondicionamiento interválico. Por lo tanto, las pautas en la literatura han abogado el por qué estas formas de acondicionamiento metabólico deben evitarse en esta etapa de desarrollo. Sin embargo, recientemente se ha acumulado un creciente cuerpo de datos que cuestionan esta afirmación [687]. Estos estudios encuentran que, si bien la naturaleza de las respuestas metabólicas de los atletas prepúberes al entrenamiento de alta intensidad interválico puede diferir, continúan siendo muy capaces de realizar esta forma de ejercicio y demuestran una propensión a adaptarse de manera ampliamente positiva al entrenamiento de alta intensidad interválico [666].

5.2   Mecanismos de Adaptación al Entrenamiento

Existe una ausencia de datos en lo que concierne a atletas jóvenes, en parte debido a razones éticas, que impiden que se lleven a cabo métodos invasivos de evaluación con niños. En particular, aún no está claro en qué medida las adaptaciones cardiorrespiratorias centrales o las adaptaciones periféricas son responsables de las mejoras en la resistencia observadas en atletas prepúberes, púberes y adolescentes en respuesta a diferentes intervenciones de entrenamiento [670]. Baquet y colaboradores [670] han especulado que la contribución relativa de las adaptaciones centrales frente a las periféricas podría diferir según la modalidad, el formato y la intensidad del acondicionamiento empleado.

También es probable que se puedan atribuir diferentes mecanismos a las respuestas de entrenamiento observadas después del acondicionamiento anaeróbico de alta intensidad con atletas prepúberes contra atletas adolescentes. Por ejemplo, la capacidad limitada de los atletas prepúberes para el metabolismo glucolítico da como resultado niveles reducidos de producción de lactato durante esta forma de ejercicio. Se reportan concentraciones más bajas de lactato muscular en atletas prepúberes, y la caída en el pH muscular es correspondientemente menor debido a los niveles reducidos de iones H^+ liberados con la producción de lactato a través de la glucólisis [667]. De ello se deduce que es probable que esto limite las adaptaciones de entrenamiento específicas asociadas con la amortiguación de iones H+ y la eliminación de lactato que se observan después de la pubertad en respuesta al entrenamiento anaeróbico

5.3 Modalidades de Acondicionamiento Aeróbico

Los parámetros de entrenamiento para el acondicionamiento metabólico pueden variar según las respectivas etapas de crecimiento y maduración, particularmente en términos de volumen y duración general. Antes de la pubertad, también se sugiere que la tasa de progresión en términos de duración o distancias recorridas debe ser gradual y relativamente conservadora para los atletas más jóvenes [646]. Ambas perspectivas apuntan a un abordaje menos reglamentado en relación con el utilizado con los grupos de mayor edad. De esta manera, el acondicionamiento no solo sigue siendo agradable, sino que el joven atleta también puede autorregular la intensidad del trabajo.

La selección de modalidades de entrenamiento empleadas también debe modificarse a medida que el atleta crece y madura. Se recomienda una variedad más amplia de actividades y modalidades de entrenamiento cruzado para los atletas prepúberes [646]. De igual modo, se sugiere que las actividades de entrenamiento de resistencia empleadas particularmente antes de la pubertad se seleccionen para evitar la monotonía y apuntar a incorporar un elemento de diversión. A medida que el joven atleta madura, las pautas de entrenamiento cambian para reflejar los cambios correspondientes en las capacidades físicas. Por ejemplo, las modalidades de entrenamiento se volverán más específicas para el deporte y la intensidad de las actividades de acondicionamiento también aumentará.

El acondicionamiento interválico basado en la carrera a pie se ha utilizado con éxito para mejorar las capacidades aeróbicas de los atletas jóvenes de deportes de equipo [688]. Los ejercicios de habilidad y movimientos relacionados con el deporte también se pueden adaptar para fines de acondicionamiento [36]. Los juegos de pelota con reglas simplificadas son otra buena opción para las actividades de acondicionamiento con atletas más jóvenes [688]. A medida que el joven atleta entra en la adolescencia, existirá una exigencia creciente de que las modalidades de entrenamiento utilizadas para el acondicionamiento metabólico sean más específicos al deporte.

5.4 Modalidades de Acondicionamiento Anaeróbico

A medida que los atletas jóvenes alcanzan la pubertad, aumenta su capacidad de metabolismo anaeróbico [649]. Sin embargo, la tolerancia de cada atleta al entrenamiento diferirá según su etapa individual de desarrollo, que puede variar ampliamente en un grupo de atletas de la misma edad cronológica. Esto debe tenerse en cuenta especialmente cuando se entrena a atletas dentro de un rango de edad en el que pueden estar pasando por la pubertad.

La adolescencia se identifica como el momento de mayor especialización en la preparación física de los atletas jóvenes [646]. Los cambios fisiológicos durante la pubertad aumentan la capacidad de respuesta de los atletas jóvenes al entrenamiento para desarrollar la capacidad anaeróbica [651]. Este es un componente importante para muchos deportes; en vista de ello, el entrenamiento anaeróbico debería figurar cada vez más en la preparación física de los atletas adolescentes.

Se ha demostrado que varias modalidades de entrenamiento interválico son efectivas para mejorar las mediciones de la condición física de resistencia y los índices de rendimiento con atletas jóvenes [232]. Por ejemplo, se demostró que la carrera a pie de alta intensidad interválica en colinas provoca mejoras significativas, incluido el umbral de lactato, en atletas de fútbol soccer jóvenes, lo que, de manera importante, también se transfiere a las mediciones del rendimiento del fútbol soccer durante los partidos [225]. Los drills basados en habilidades también se pueden adaptar para el acondicionamiento anaeróbico. Un ejemplo de este tipo en la literatura es un protocolo específico de fútbol soccer que implica botar una pelota a través de un campo, intercalado con esprints hacia delante y hacia atrás a través de conos, el cual reportó que provocaba intensidades suficientemente altas (93 % de la FCmáx o 91 % del VO$_2$ máx) para desarrollar capacidades anaeróbicas [232].

Actividad Reflexiva: ¿Cómo se compara/contrasta esta información con su propia experiencia de lo que se recomienda para el entrenamiento de atletas jóvenes? ¿Cuál es la tradición en los deportes juveniles en los que ha estado involucrado?

6 Perspectivas de Desarrollo Atlético Largo Plazo en el Entrenamiento de Jóvenes

Al abordar la preparación física de los atletas jóvenes, se podría argumentar que el objetivo final no debería ser lograr el máximo rendimiento de acuerdo con su edad. Más bien, la función de la preparación física de los atletas jóvenes durante sus años de desarrollo debería ser la de construir las bases necesarias para que estén en condiciones de entrenar y competir al más alto nivel en el que finalmente compiten una vez que alcanzan la madurez. Este es, en esencia, el tema principal de los modelos de desarrollo de atletas a largo plazo.

Evidentemente, transferir este objetivo general en práctica requerirá que aquellos que entrenan y aconsejan al joven atleta mantengan una perspectiva a largo plazo. Las partes críticas que deberán estar a su lado para lograr finalmente este objetivo incluyen al entrenador deportivo, los profesionales, los padres y cualquier otra persona que esté en posición de influir en el joven atleta. Inevitablemente, existirá una tensión entre esta visión a largo plazo y la tentación de concentrarse únicamente en lograr el éxito a corto plazo en su deporte de acuerdo con su edad. Es factible que estos problemas sean particularmente evidentes con los atletas jóvenes que han sido identificados como "talentosos" o atletas de élite en su categoría de edad [689]. Este conflicto normalmente se manifestará en las siguientes áreas:

1. El calendario de entrenamiento y competición del deporte principal.

2. Participación reducida en otros deportes.

3. La preparación física del atleta.

Actividad Reflexiva: ¿Existe conciencia de las perspectivas a largo plazo sobre el desarrollo de los atletas entre quienes participan en su deporte? ¿En qué medida se reflejan en la práctica estos principios del desarrollo del atleta a largo plazo?

6.1 "Muestreo" Contra Especialización Temprana para el Desarrollo Atlético a Largo Plazo

Los autores del desarrollo atlético a largo plazo enfatizan la necesidad de variedad en términos no solo de actividades de entrenamiento sino también de participación deportiva [690]. La participación en múltiples actividades deportivas y atléticas durante los años de desarrollo se ha denominado "muestreo". Se sugiere que esta propuesta brinda al joven atleta mayores oportunidades para desarrollar una gama más amplia de habilidades motoras y cognitivas [691]. A su vez, se argumenta que esto, en última instancia, beneficiará su desempeño en el deporte en el que finalmente opte por especializarse en un nivel superior [689].

Existe evidencia que respalda que la participación en múltiples deportes durante los años de desarrollo del atleta puede, de hecho, conferir en última instancia una ventaja en términos de rendimiento en relación con aquellos que caen en la especialización temprana [692].

6.2 Presión para la Especialización Temprana en el Deporte

A pesar de los beneficios atribuidos a la participación deportiva variada, aquellos que han sido seleccionados en programas de élite o de nivel nacional, de hecho, a menudo participan mucho menos en otros deportes [692]. Una razón de esto es que el horario de práctica y competición ya no le permite al atleta el tiempo para hacerlo. En muchos deportes, por ejemplo, el fútbol soccer, los jóvenes que muestran ser atletas prometedores suelen ser seleccionados por equipos representativos, además de su club y equipo escolar existente. Por lo que a menudo, competirán varias veces en una semana.

Otra razón por la que los atletas jóvenes talentosos dejan de participar en otros deportes es, porque, en muchos casos, el entrenador de su deporte principal desalienta dichas prácticas [689]. La literatura sobre la adquisición de habilidades con respecto a los beneficios potenciales de la práctica deliberada a una edad temprana en lo que concierne al dominio o el rendimiento experto [673] puede haber dado lugar, hasta cierto punto, a este impulso hacia la especialización deportiva temprana [690].

Un ejemplo ilustrativo es la regla de los 10 años o de las 10 000 horas en relación con la experiencia y la práctica deliberada para lograr el dominio en una disciplina determinada que puede haber alentado a los padres y entrenadores a intentar lograr un "comienzo temprano" (quizás demasiado temprano) en el deporte elegido [692]. Asimismo, muchos equipos deportivos profesionales y órganos rectores nacionales comienzan cada vez más su reclutamiento a una edad muy temprana. La idea de que una estrella futura pueda ser identificada a edades tan tempranas es absurda y no está respaldada en absoluto por ninguna evidencia, sin embargo, esta práctica continúa.

Actividad Reflexiva: ¿Cuáles son las barreras y desafíos para cambiar comportamientos y prácticas con el propósito de evitar los peligros descritos de la especialización temprana?

6.3 La Especialización Temprana como Factor de Riesgo de Lesiones por Sobreuso

Como se discutió en una sección anterior, las tensiones acumuladas de grandes volúmenes de práctica deportiva repetitiva se identifican como una de las principales causas de lesiones por sobreuso entre los atletas jóvenes [645]. Este es un riesgo particular en las fases sensibles del crecimiento y desarrollo del atleta [262]. La especialización temprana es un factor causal relacionado con la participación excesiva en la práctica y la competición deportiva que predispone a los atletas jóvenes a sufrir lesiones por sobreuso [692].

De acuerdo con estos hallazgos, las pautas recientes para los médicos sobre la prevención de lesiones pediátricas por sobreuso recomiendan varios pasos para contrarrestar la especialización temprana [645]. La primera de ellas es que se deben imponer límites diarios/semanales al volumen de práctica de un deporte determinado. En segundo lugar, se debe alentar activamente a los atletas jóvenes a que continúen participando en múltiples deportes. Finalmente, en el caso de que el atleta participe en el deporte principal durante todo el año, se recomienda que se impongan pausas periódicas de las prácticas y la competición.

Además de las tensiones físicas de la especialización deportiva temprana, también se deben considerar los efectos nocivos psicológicos y psicosociales [689]. Se identifica que tales factores contribuyen a las altas tasas de agotamiento psicológico observados en los deportes que promueven la especialización temprana, por ejemplo, lo que se entiende a observar en mujeres tenistas.

Actividad Reflexiva: ¿Cuál es su experiencia? ¿Qué peligros ha observado con respecto a los deportes juveniles organizados y la incidencia de lesiones por sobreuso y agotamiento psicológico?

6.4 Recomendaciones Contra Realidades

A pesar de que las autoridades han promovido los beneficios del muestreo y han abogado en contraposición de la especialización durante la última década (y continúan haciéndolo), el impacto en las decisiones tomadas por los atletas jóvenes y sus padres ha sido limitado. Las oportunidades de participar en un solo deporte durante todo el año desde una edad temprana no han dejado de crecer. En un entorno competitivo, muchos atletas jóvenes continúan compitiendo en su deporte elegido durante todo el año, con el apoyo total de sus padres, independientemente de las pautas o consejos de los profesionales.

Identificando esta realidad, ciertas voces notables en el campo han comenzado a plantear una propuesta más pragmática del mensaje que damos a los entrenadores, padres y atletas. Si bien en teoría es sólido poner a prueba y participar en una amplia gama de deportes tan tarde como sea posible en los años de desarrollo; en la práctica, el tiempo y las energías del joven atleta son finitos, particularmente dada la necesidad de adaptarse a los compromisos escolares y otros elementos esenciales de la vida.

A pesar de ser bien intencionado, animar a los atletas jóvenes a seguir participando en múltiples deportes, sin tener en cuenta los compromisos de práctica y competición de su deporte principal, puede llegar a un punto en el que se vuelva contraproducente. Existe un costo de oportunidad en la elección de participar en múltiples deportes, particularmente dada la necesidad de adaptarse a los horarios de práctica y competición. En un horario apretado evidentemente algo tiene que ceder y, a menudo, lo que el atleta elige renunciar es participar en cualquier preparación física y atlética dedicada de manera regular. Por lo tanto, la participación en múltiples deportes a menudo tiene el costo de eliminar la posibilidad de invertir el tiempo y la energía necesarios en una preparación física estructurada de manera constante.

Este escenario no es infrecuente y demuestra que los consejos de los expertos pueden causar daño inadvertidamente en ciertos casos si se aplican de manera demasiado servil. Yendo más allá de las pautas de las mejores prácticas, en última instancia, debemos ayudar a los atletas jóvenes y a sus padres a tomar las mejores decisiones de una manera que considere el contexto de la situación y reconozca las limitaciones bajo las que están trabajando.

6.5 Propuestas de la Preparación Física para Atletas en Desarrollo

Para evitar agravar los problemas descritos en la sección anterior, se deben hacer todos los esfuerzos posibles para evitar que la especialización temprana se integre en la programación de la preparación física de los atletas jóvenes. La madurez emocional y psicológica del individuo es un factor más a considerar al diseñar e implementar el entrenamiento, particularmente para los atletas prepúberes [665]. Si bien un joven atleta puede ser propenso a un tipo particular de entrenamiento, el especialista en fuerza y acondicionamiento deberá tener en cuenta su madurez emocional y psicológica al decidir qué modalidades de entrenamiento podrían emplearse para lograr la mayor motivación y cumplimiento del atleta.

En términos de entrenamiento de fuerza, los principales objetivos deben seguir siendo la adaptación anatómica y el desarrollo de una base sólida. Como tal, la selección de ejercicios se enfocará en desarrollar la fuerza general para los movimientos atléticos fundamentales [674]. En consecuencia, el uso de modalidades de entrenamiento de "transferencia" altamente específicos para el deporte estará restringido hasta que el joven atleta alcance la adolescencia media-tardía. La frecuencia y particularmente el volumen del entrenamiento de fuerza también será limitado, particularmente durante los períodos sensibles de crecimiento y maduración.

A pesar de la escasez de datos que apoyan la afirmación de que existe un efecto de la edad con respecto a la capacidad de respuesta a diferentes formas de entrenamiento de resistencia, existe la necesidad de adaptar el acondicionamiento metabólico durante las respectivas etapas de desarrollo hasta que el joven atleta alcanza la edad adulta temprana. Por ejemplo, deben evitarse días consecutivos de altos volúmenes de entrenamiento de resistencia repetitivo, particularmente durante períodos sensibles como los períodos de crecimiento acelerado, para evitar las tensiones acumuladas que, en última instancia, pueden conducir a lesiones por sobreuso.

Los peligros de la especialización temprana en términos de participación deportiva y el entrenamiento empleado con atletas jóvenes también se han destacado en lo que respecta a la maladaptación al entrenamiento, el agotamiento del atleta y las lesiones por sobreuso [692]. Esto subraya la importancia de incorporar una gama de modalidades de entrenamiento y actividades contrastantes al diseñar el acondicionamiento metabólico con atletas jóvenes, con un uso mucho mayor del entrenamiento cruzado durante todo el año que en el caso de los atletas mayores [27].

Actividad Reflexiva: En su opinión, ¿cuál es el papel del entrenador a la hora de influir en las prácticas de entrenamiento de los deportes juveniles? ¿Existe alguna oportunidad en su práctica para asesorar o promover las mejores prácticas para entrenadores o padres involucrados con atletas deportivos juveniles?

6.6   Una Propuesta "Integral" para el Entrenamiento de Atletas Jóvenes

Una propuesta de la preparación física estructurada para niños y adolescentes que ha sido promovida recientemente por las autoridades en el campo de la prevención de lesiones se denomina "entrenamiento neuromuscular integral" [674]. Como implica el título, esta propuesta presenta muchos de los principios de las intervenciones de entrenamiento neuromuscular multidimensional que han demostrado ser exitosas en lo que concierne a reducir la incidencia de lesiones en las extremidades inferiores en poblaciones de riesgo (por ejemplo, el programa "SportsMetrics").

Específicamente, la propuesta de entrenamiento integral involucra entrenamiento neuromuscular, que incluye instrucción y desarrollo de habilidades de movimiento, en combinación con entrenamiento de fuerza en una variedad de formas [674]. Las formas rudimentarias de salto y entrenamiento pliométrico también se destacan, con énfasis en la mecánica de aterrizaje seguro. El tema común que se enfatiza es el dominio de las habilidades fundamentales de movimiento. La implementación de esa propuesta debe estar apuntalada por un alto grado de supervisión y entrenamiento calificado.

6.7   Pautas de Entrenamiento para Atletas Jóvenes

En general, la preparación física de los atletas jóvenes debe realizarse de una manera altamente receptiva [27]. Para lograr los resultados deseados, incluido el desarrollo concurrente de las habilidades de movimiento, se deduce que debe existir un énfasis en la calidad del movimiento a través de la supervisión apropiada y la intervención de entrenamiento. A su vez, esto requiere un alto grado de supervisión y entrenamiento llevado a cabo por entrenadores altamente capacitados y experimentados.

Estas consideraciones se resumen en las siguientes pautas:

1. Cada atleta individual debe ser monitoreado de manera continua.

2. La progresión y variación de los parámetros de entrenamiento deben ser graduales, evitando grandes incrementos en la carga, el volumen y la dificultad del ejercicio.

3. La programación debe ser sensible a los cambios transitorios en las capacidades físicas del joven atleta.

4. Finalmente, en consecuencia, el entrenador debe estar preparado para modificar el entrenamiento día a día.

Actividad Reflexiva: ¿Qué se puede hacer para gestionar los riesgos descritos? ¿Existen ejemplos positivos en términos de políticas y esfuerzos para salvaguardar el bienestar de los atletas a nivel juvenil en los deportes en los que ha estado involucrado? ¿Está de acuerdo con las recomendaciones descritas en este capítulo?

Revisión de Conocimiento – Capítulo Diez

1. Todas las siguientes son declaraciones válidas con respecto a la necesidad de preparación física para los atletas jóvenes, EXCEPTO:

A. Los estilos de vida sedentarios modernos hacen que los niños estén cada vez menos preparados para los deportes juveniles.
B. La preparación física adecuada puede tener un efecto protector contra las lesiones deportivas juveniles.
C. Debido a las crecientes tendencias de inactividad física entre los niños, no deben participar en deportes juveniles o preparación física por motivos de seguridad.
D. Se recomienda la preparación física general con el propósito de preparar a los niños a participar en deportes juveniles.

2. En particular, ¿en qué etapa de su crecimiento y maduración es probable que los atletas jóvenes muestren la mayor tasa de mejoras en el rendimiento físico y los parámetros fisiológicos?

A. 12 años.
B. Antes de la pubertad (prepubescencia).
C. Al inicio de la pubertad.
D. La edad a la que alcanzan la velocidad máxima de altura.

3. Todos los siguientes son efectos asociados con un apropiado entrenamiento de fuerza administrado y supervisado adecuadamente para atletas jóvenes, EXCEPTO:

A. Mayor contenido mineral y densidad ósea.
B. Retraso en el crecimiento.
C. Adaptación y fuerza mejorada de los tejidos conectivos.
D. Mayor estabilidad articular.

4. VERDADERO o FALSO – El entrenamiento de fuerza tiene un papel importante a desempeñar para que los atletas jóvenes desarrollen estructuras musculoesqueléticas para los rigores de los deportes juveniles.

5. VERDADERO o FALSO – El entrenamiento de fuerza apropiado bajo la supervisión de entrenadores calificados puede considerarse seguro para los atletas jóvenes en todas las etapas de desarrollo, asumiendo que demuestren la madurez emocional necesaria.

6. VERDADERO o FALSO – Los atletas prepúberes no responden al entrenamiento de fuerza.

7. VERDADERO o FALSO – El mecanismo de respuesta al entrenamiento de fuerza difiere entre atletas prepúberes y adolescentes.

8. ¿Cuáles de las siguientes son declaraciones válidas con respecto a la especialización deportiva temprana y el desarrollo atlético a largo plazo?

A. El objetivo del desarrollo atlético a largo plazo es ganar títulos juveniles.
B. El desarrollo atlético a largo plazo establece que el dominio de un deporte requiere que el joven atleta se especialice a una edad temprana.
C. Se requiere una especialización deportiva temprana para los niños que quieran competir profesionalmente a fin de ganar contratos y becas.
D. La perspectiva del desarrollo atlético a largo plazo estipula que los niños deben participar en el desarrollo físico general y en múltiples deportes.

9. Todas las siguientes son recomendaciones válidas para el acondicionamiento metabólico para un atleta prepúber, EXCEPTO:

A. El acondicionamiento debe incluir un elemento de diversión.
B. Solo deberían aparecer las modalidades de acondicionamiento deportivas específicas.

C. El formato de acondicionamiento debe permitir al joven atleta autorregular su intensidad de trabajo.

D. El acondicionamiento debe incluir una combinación de modalidades de entrenamiento, incluido el entrenamiento cruzado.

10. (Se relaciona con la sección 6) Todas las siguientes son pautas válidas para la programación de la preparación física para atletas jóvenes, EXCEPTO:

A. Los atletas deben especializarse en su deporte elegido y emplear modalidades de preparación física que sean más específicas para ese deporte desde una edad temprana.

B. Las modalidades de entrenamiento de transferencia altamente específicas para el deporte no deben usarse extensamente hasta mediados y finales de la adolescencia.

C. Las modalidades de entrenamiento de fuerza general y las de acondicionamiento de entrenamiento cruzado deben comprender una proporción significativa del entrenamiento del joven atleta en todas las fases hasta el final de la adolescencia.

D. La madurez emocional y psicológica del joven atleta es un factor importante para tener en cuenta al planificar la progresión de la preparación física de cada individuo.

Capítulo Once: Entrenamiento para la Prevención, Gestión y Rehabilitación de Lesiones

La protección contra lesiones es un objetivo primordial de la preparación física que realizan los atletas. Comprender la causa de las lesiones y los factores de riesgo que se aplican al deporte y al atleta es un punto de partida importante para diseñar intervenciones de entrenamiento. En este capítulo describiremos los factores de riesgo relevantes y ayudaremos a identificar los mecanismos de lesiones que son comunes en diferentes deportes y poblaciones de atletas. Discutiremos cuál es la mejor manera de maximizar la efectividad del entrenamiento para modificar el riesgo y gestionar las lesiones. El lector también aprenderá sobre las cuestiones prácticas relacionadas con la impartición del entrenamiento que pueden afectar el cumplimiento, la eficacia y los resultados de este.

Objetivos de Aprendizaje:

1   Describir el modelo multidimensional para la causalidad de lesiones y comprender el papel de la preparación física.

2   Definir los factores que pueden contribuir al riesgo de lesiones en el deporte.

3   Comprender la importancia de la identificación de los mecanismos de lesión con el fin de abordar los riesgos relacionados.

4   Describir el proceso de programación de las intervenciones de entrenamiento específicas para ayudar a prevenir lesiones.

5   Comprender los aspectos prácticos de la implementación de intervenciones efectivas en la prevención de lesiones.

6   Describir las aplicaciones específicas de diferentes propuestas de entrenamiento para la gestión de lesiones y el proceso de rehabilitación.

1   Un Marco Teórico para la Causalidad de Lesiones y el Papel de la Preparación Física

Originalmente, Meeuwisse [693] propuso un modelo multifactorial teórico para describir la causalidad de las lesiones en el deporte, y desde entonces, otras dos figuras prominentes en el campo de investigación de las lesiones deportivas han esclarecido aún más este trabajo inicial [268]. El punto de partida de la cascada es que un conjunto particular de *factores de riesgo intrínsecos* asociados con el individuo puede crear a un "atleta predispuesto". A su vez, cuando el atleta se expone a los *factores de riesgo extrínsecos* asociados con el entrenamiento y la competición en el deporte, se convierte en un "atleta susceptible". El paso final del modelo concluye cuando el atleta se encuentra con el "evento incitante" que finalmente resulta en que este sufra una lesión específica.

Figura 11.1 – Modelo de la Causalidad de Lesiones

Como han señalado los autores, este modelo es algo simplista; sin embargo, es importante que reconozcamos la naturaleza compleja, dinámica y cíclica de la causalidad de las lesiones. Por ejemplo, de manera circular, es probable que la exposición y posterior supervivencia a eventos que tienen el potencial de provocar una lesión causen adaptaciones y confieran cierta protección a escenarios futuros similares [694]. Del mismo modo, el efecto acumulativo de la exposición repetida puede ser negativo, ya sea produciendo una maladaptación o reduciendo la tolerancia de una manera que hace que el atleta esté más predispuesto o susceptible a lesiones en el futuro.

Cualesquiera que sean las limitaciones del modelo, el punto crítico es que la preparación física y atlética ofrece un medio potencial para intervenir en la cascada de eventos descritos. Las intervenciones de entrenamiento apropiadas pueden servir para influir favorablemente en el resultado de cada etapa, haciendo que el atleta esté menos predispuesto a sufrir lesiones, aumentando así su capacidad de trabajo y tolerancia de carga, y proporcionando las herramientas para enfrentar de mejor manera los eventos imprevistos que de otro modo podrían resultar en una lesión. En efecto, la preparación física y atlética puede influir favorablemente en los resultados; incluso, después de la etapa final, una vez que ha ocurrido una lesión. Como veremos hacia el final de este capítulo.

Ciertos factores de riesgo intrínsecos no son modificables, por ejemplo, la edad y el sexo. Del mismo modo, los factores extrínsecos que están presentes en el entorno de competición y las exigencias asociadas del deporte en el que el atleta compite, hasta cierto punto, no se pueden evitar. Si bien estos factores de riesgo no pueden eliminarse, su efecto sobre el atleta con respecto a volverlos predispuestos o susceptibles a lesiones sí puede modificarse.

Por el contrario, los factores de riesgo restantes son modificables; como tal, los riesgos asociados pueden mitigarse en diversos grados con intervenciones apropiadas de entrenamiento y coaching. Los aspectos relevantes de la preparación física incluyen el acondicionamiento metabólico, el entrenamiento de fuerza general y específico, y una variedad de modalidades de entrenamiento neuromuscular, que incluyen intervenciones para mejorar el equilibrio y la propiocepción, así como el entrenamiento de habilidades de movimiento.

Con un diseño e implementación efectivos del programa, el resultado neto de esta función de prevención de lesiones de la preparación física puede ser una disminución en la incidencia general y gravedad de las lesiones ocurridas. La preparación física también tiene una aplicación directa en lo que concierne a gestionar la lesión ocurrida, así como en el consiguiente proceso de rehabilitación que le sirve al atleta para un completo regreso al entrenamiento y competición.

1.1   El Concepto del "Entrenamiento de Prevención de Lesiones"

El término "entrenamiento de prevención de lesiones" se ha consolidado tanto en la literatura de medicina deportiva como en los ámbitos de la fuerza y el acondicionamiento. La noción de la prevención de lesiones, y las diversas modalidades implementadas para este propósito, frecuentemente se discuten de una manera independiente y aislada a las prácticas de entrenamiento que se establecieron desde hace tiempo con el fin de mejorar el rendimiento. Conceptuar el diseño y los resultados del entrenamiento de prevención de lesiones en forma aislada del entrenamiento orientado al aumento del rendimiento es una especie de separación falsa, ya que el entrenamiento de protección para aumentar la resiliencia a las lesiones y el entrenamiento para aumentar el rendimiento son esencialmente dos caras de la misma moneda.

Reducir la pérdida de tiempo por lesiones, por definición, tiene una función crítica desde el punto de vista del rendimiento. Se reporta constantemente que las lesiones que provocan una pérdida de tiempo significante son un factor determinante que afecta negativamente las posibilidades de éxito de los atletas independientemente del deporte [695]. En los deportes profesionales, incluido el fútbol soccer y el rugby, los equipos que logran evitar lesiones en los atletas primordiales finalmente tienen un mayor éxito en la competición [696, 697]. Esta relación entre lesión y rendimiento también es válida para atletas de deportes individuales. Un estudio prospectivo a lo largo de 5 años en atletas de atletismo demostró que un factor significativo que determina si estos lograron sus objetivos de rendimiento es si evitaron o no estar ausentes de entrenamientos y competiciones debido a una lesión o enfermedad durante este período [585].

Si la preparación física y atlética realizada por los atletas logra exclusivamente permitirle participar en la práctica y la competición de manera consistente, esto representa un resultado de rendimiento decisivo.

Un último punto crítico, es que nuestra tarea es mitigar los factores de riesgo en la medida de lo posible. Como se señaló en la discusión sobre la causalidad de las lesiones, ciertos elementos de los riesgos intrínsecos y extrínsecos a los que están expuestos los atletas en el deporte son inevitables. A pesar de los estudios en la literatura médica deportiva donde hacen referencia a la prevención de lesiones, no es realista esperar que cualquier intervención, por eficaz que sea, las prevenga por completo. Por lo tanto, un término más apropiado en relación con las intervenciones es la *gestión del riesgo de lesiones* [2], en contraposición a la *prevención de lesiones* —y esta es una perspectiva más apropiada para las discusiones en el capítulo siguiente—.

1.2   Efecto Protector General de la Preparación Física

Uno de los principales objetivos de los atletas es protegerse contra lesiones a través del entrenamiento y, en última instancia, reducir la frecuencia y gravedad de las propias lesiones sufridas en el deporte. Por ejemplo, entre los resultados benéficos de la preparación física sistemática se encuentran los cambios resultantes en la integridad estructural de los músculos, huesos y tejidos conectivos asociados, que sirven de manera eficaz para aumentar los límites de fallo de estos tejidos.

El acondicionamiento físico apropiado que comprende varios elementos, incluido el entrenamiento de fuerza y diferentes formas de entrenamiento neuromuscular, puede influir favorablemente en el perfil de riesgo de lesión de un atleta cuando entrena y compite en su deporte [698]. Un efecto protector general es, que los atletas debidamente acondicionados son más resistentes a la fatiga neuromuscular, la misma que hace que los atletas sean susceptibles a lesiones [263, 264]. La importancia de esto se ilustra en que muchos deportes de equipo tienen una tendencia a mayores tasas de lesiones en las últimas etapas (o minutos) de los partidos cuando los atletas se encuentran fatigados [699-701].

De manera similar, se demostró que participar en un programa de acondicionamiento de pretemporada reduce por más de la mitad las lesiones sufridas por atletas de fútbol soccer de secundaria durante la temporada siguiente [702]. Existe evidencia de que un acondicionamiento metabólico más "deportivo específico" puede ser más eficaz para protegerse contra estos efectos negativos de la fatiga neuromuscular [264]. De esta forma, la función protectora del acondicionamiento metabólico con respecto al riesgo de lesión puede mostrar efectos de especificidad hasta cierto punto.

El entrenamiento de fuerza tiene un efecto protector general al hacer que el sistema musculoesquelético sea más fuerte y, por lo tanto, más resistente al estrés incurrido durante la competición. De todos los elementos de las intervenciones de entrenamiento que reportan eficacia en la reducción de lesiones, el entrenamiento de fuerza se identifica como la modalidad individual más efectiva [703]. Un metaanálisis anterior identificó que la adición del entrenamiento de fuerza redujo las lesiones agudas a un tercio y redujo las lesiones por sobreuso en alrededor del 50 % según los datos de múltiples estudios [704]. Los aspectos críticos del beneficio del entrenamiento de fuerza para reducir las tasas y la gravedad de las lesiones (en términos de pérdida de tiempo por esta), es que el músculo entrenado es más resistente al microtraumatismo causado por el esfuerzo físico intenso y también se recupera más rápido [265].

También existe cierta evidencia de un efecto dosis-respuesta en lo que concierne a las intervenciones de entrenamiento y la reducción en el riesgo de lesiones. Las investigaciones que han empleado volúmenes relativamente más altos de entrenamiento de fuerza han reportado una mayor eficacia en la reducción de lesiones [703]. La función protectora del entrenamiento de fuerza también exhibe especificidad, ya que está restringida a los huesos y tejidos conectivos asociados con las extremidades, y a los músculos empleados durante el entrenamiento.

1.3   Aplicación de Intervenciones Específicas para la Reducción de Lesiones

Como se exploró, existen efectos protectores generales asociados con el entrenamiento de fuerza y el acondicionamiento metabólico que suelen llevar a cabo los atletas, en términos de aumentar la tolerancia general al estrés y la resistencia a la fatiga. Además, otra propuesta más específica implica la aplicación de intervenciones de entrenamiento diseñadas para protegerse contra lesiones particulares en el deporte.

En ciertos casos, el entrenamiento convencional por sí solo no es suficiente para abordar los factores de riesgo críticos y los déficits de control neuromuscular identificados para lesiones particulares. Por ejemplo, el entrenamiento de fuerza convencional realizado de forma aislada puede no manifestar un impacto significativo en la biomecánica aberrante de las extremidades inferiores que predisponen a las atletas a sufrir lesiones en la rodilla, a pesar de aumentar significativamente la fuerza de las extremidades inferiores [705].

Por el contrario, las intervenciones dirigidas, particularmente cuando se realizan como parte de una propuesta multimodal, tienen el potencial de modificar los factores de riesgo y, por lo tanto, proteger específicamente contra las lesiones identificadas a las que el atleta puede estar predispuesto. Por ejemplo, la estabilidad dinámica de las articulaciones puede mejorarse mediante intervenciones específicas de entrenamiento de fuerza para no solo desarrollar la fuerza de los músculos antagonistas que resisten un movimiento determinado, sino también aumentar la fuerza excéntrica de los músculos agonistas. Esto último puede ser particularmente importante como se suele observar en la inestabilidad funcional del tobillo [706].

Las intervenciones de entrenamiento realizadas para la gestión del riesgo de lesiones comprenden tanto la protección contra la primera lesión, como la reducción del riesgo de recurrencia de lesiones anteriores. Las secciones subsecuentes exploran los factores de riesgo relevantes y examinan las propuestas específicas de entrenamiento neuromuscular y de fuerza que se pueden emplear para abordar este concepto y los mecanismos de lesión identificados.

Actividad Reflexiva: ¿El entrenamiento específico para protegerse contra lesiones es un componente de la preparación física realizado normalmente en su deporte elegido? ¿El trabajo de prevención de lesiones está integrado en los entrenamientos o se realiza como una sesión independiente?

2   Identificación de los Factores de Riesgo de Lesión

Con el fin de implementar intervenciones específicas para abordar las lesiones asociadas con el deporte, es evidentemente necesario identificar primero cuáles son estas lesiones. Para la mayoría de los eventos deportivos y atléticos, existen datos de vigilancia disponibles de lesiones que describen la frecuencia y gravedad de las lesiones observadas en la población de atletas estudiada. De la misma manera, a menudo existe información en la literatura de medicina deportiva sobre el tipo, la ubicación y el mecanismo de las lesiones comunes que sufren los atletas durante el entrenamiento y la competición.

El siguiente paso es dilucidar los factores de riesgo relevantes asociados con las lesiones observadas. Evidentemente, una consideración crítica son los factores de riesgo intrínsecos que pueden predisponer a un atleta individual a ciertas lesiones. También debe reconocerse que la situación con respecto a la causalidad de las lesiones y los riesgos asociados es dinámica, y refleja circunstancias e influencias que son fluidas y están en constante cambio [694]. De ello se desprende que, además de ser consciente de los factores de riesgo intrínsecos y extrínsecos, el profesional también debe estar atento a los eventos y otros factores que podrían predisponer al atleta a un mayor riesgo en un momento dado.

2.1   Factores de Riesgo Intrínsecos "Relacionados con el Atleta"

La edad puede ser un factor de predicción del riesgo general de lesiones [263]. Se reportó que los atletas mayores sufrían una mayor frecuencia de lesiones en deportes de equipo como el fútbol soccer [159]. La etnicidad también puede influir en el riesgo de lesiones. Por ejemplo, los atletas de ascendencia africana se identifican como más propensos a ciertas lesiones musculares, en particular las distensiones de los músculos isquiosurales [707]. La composición corporal también puede ser un factor de riesgo de lesiones. Las investigaciones han reportado que los atletas de deportes de equipo con un índice de masa corporal alto tienen un mayor riesgo de ciertas lesiones, como los esguinces de tobillo sin contacto [708].

El sexo es un factor de riesgo intrínseco importante para las lesiones en los deportes de equipo: las mujeres sufren un número significativamente mayor de lesiones en las extremidades inferiores [263]. En especial, es particularmente evidente que las lesiones de rodilla son un factor de riesgo que deben considerarse —las investigaciones reportan de diversas maneras que las mujeres sufren entre 2 y 10 veces más lesiones del ligamento cruzado anterior en diferentes deportes [664]. La exploración de los datos de lesiones de la Asociación Nacional de Atletas Colegiados muestra que la tasa de lesión del ligamento cruzado anterior entre las atletas de fútbol soccer y baloncesto universitario se ha mantenido relativamente constante (y consistentemente más alta que la de los hombres), mientras que las tasas de lesión del ligamento cruzado anterior en atletas de fútbol soccer universitario disminuyeron durante el mismo período que abarca entre 1990-2002 [709]. Este fenómeno de tasas más altas de lesiones entre las atletas [263] perdura a pesar de la considerable atención de la investigación y las numerosas estrategias de prevención de lesiones diseñadas para abordar este riesgo aumentado.

El historial de lesiones (lesiones previas) es un factor de riesgo intrínseco notable que predispone a los atletas a la recurrencia (una lesión posterior) [263, 710]. Por ejemplo, se encontró que los atletas de fútbol soccer mayores que reportaron lesiones previas tenían de cuatro a siete veces más probabilidades de sufrir lesiones, lo que a menudo implica la recurrencia de una lesión anterior [159]. La rehabilitación inadecuada y el regreso prematuro a la competición después de una lesión se identifican de manera similar como un factor relacionado que hace que el atleta corra un mayor riesgo después de una lesión [263]. Las consecuencias de una lesión recurrente también tienden a ser más graves en términos de pérdida de tiempo en comparación con nuevas lesiones [700, 711].

Se pueden identificar varios factores de riesgo intrínsecos musculoesqueléticos mediante exámenes de exploración y detección preliminar, así como evaluaciones clínicas. Las mediciones de laxitud articular están asociadas con el riesgo de lesiones, siendo los niveles más altos de laxitud, un indicador de inestabilidad mecánica relacionada con una mayor incidencia de lesiones [263]. Por el contrario, el rango de movimiento restringido indicado por las mediciones respectivas representa otro factor de riesgo de lesión intrínseco potencial. Los puntajes promedio de flexibilidad de los músculos isquiosurales y cuádriceps en la pretemporada de los atletas de fútbol soccer que sufrieron lesiones en estos músculos fueron más bajos que los que permanecieron sin lesiones [158]. También se reporta de una asociación similar entre la disminución de las puntuaciones en el rango de movimiento de la cadera y la incidencia posterior de distensiones del músculo aductor en atletas de fútbol soccer [159]. También se sugiere que los desequilibrios en las mediciones de fuerza y flexibilidad están asociados con el riesgo de lesiones [286].

Finalmente, la forma deportiva o aptitud física del atleta es un factor importante de riesgo intrínseco modificable de lesión [268]. Esto incluye no solo mediciones globales de aptitud cardiorrespiratoria y niveles generales de fuerza, sino también la forma deportiva relacionada con las exigencias particulares del deporte. De manera similar, el nivel de habilidad del atleta también se identifica como un factor de riesgo intrínseco, particularmente su competencia con respecto a las modalidades particulares de locomoción y otros movimientos específicos que ocurren en el deporte [268].

Actividad Reflexiva: ¿Cómo aplica esta información a su deporte elegido? ¿Se reconoce que alguno de los factores de riesgo intrínsecos enumerados predispone a los atletas a sufrir lesiones en dicho deporte?

2.2   Factores de Riesgo Extrínsecos

Los factores de riesgo extrínsecos se refieren a las exigencias características asociadas con la participación deportiva, incluidas las prácticas y el entrenamiento complementario. Los ejemplos de factores de riesgo extrínsecos relacionados con la participación deportiva incluyen el nivel de competición, el equipamiento y los aspectos relacionados con el entorno de entrenamiento, incluida la superficie en la que compiten los atletas y las condiciones ambientales en el día determinado.

Ciertos tipos de lesiones tienden a darse específicamente en determinados deportes, de acuerdo con las exigencias características y los riesgos extrínsecos asociados. Cuando se ajusta al tiempo de exposición, los atletas generalmente tienen más probabilidades de sufrir lesiones durante el juego que durante la práctica [263]. Los niveles más altos de competición dentro de un deporte en particular se asocian típicamente con una mayor incidencia de lesiones en general, y también una ocurrencia más frecuente de lesiones específicas, como la lesión del ligamento cruzado anterior [712].

Los errores en el diseño y la implementación del entrenamiento también representan importantes factores de riesgo extrínsecos. Por ejemplo, una mala técnica de levantamiento y una mecánica de movimiento incorrecta que exponen las estructuras musculoesqueléticas a un estrés excesivo pueden desarrollarse mediante una instrucción inadecuada y un entrenamiento deficiente. Errores de entrenamiento similares incluyen fallas en la programación del entrenamiento de fuerza que, en última instancia, pueden suscitar desequilibrios musculares o exacerbar los preexistentes. Del mismo modo, los errores de programación que imponen una carga excesiva en términos de frecuencia o volumen de entrenamiento pueden llevar a una sobrecarga no funcional, lo que puede predisponer a los atletas a sufrir lesiones por sobreuso y un riesgo elevado de lesión aguda debido a la fatiga neuromuscular residual.

El equipo empleado en el deporte puede modificar el riesgo asociado con la participación deportiva de manera positiva, neutra o negativa. Un efecto potencial positivo es brindar protección contra lesiones por contacto, pero el equipo también puede tener un impacto negativo al contribuir directa o indirectamente al riesgo de lesiones. Los ejemplos negativos incluyen calzado de fútbol que aumentan la tracción de la superficie del zapato de una manera que resultó en un aumento en las lesiones del ligamento cruzado anterior [713] y calzado de baloncesto con células de aire en el talón que se asociaron con una incidencia cuatro veces mayor de lesiones de tobillo, presumiblemente al disminuir la estabilidad del pie [714].

Ejemplos positivos de la influencia del equipo de juego en el riesgo extrínseco asociado con la práctica deportiva incluyen la introducción de máscaras de cobertura completa obligatorias en el hockey sobre hielo universitario que ha servido para reducir drásticamente las lesiones faciales y dentales [715]. Paradójicamente, el equipo de protección también puede conducir a un juego y a una toma de riesgos más agresivos, lo que de hecho puede causar un mayor número de lesiones [268].

La interacción entre las condiciones ambientales y la superficie de juego es otro factor importante desde el punto de vista del riesgo de lesiones. Específicamente, las condiciones climáticas pueden tener un efecto profundo con respecto a la tracción entre la superficie de juego y el calzado deportivo [712]. Evidentemente, esto influirá en el riesgo extrínseco asociado con el campo de entrenamiento y competición para los atletas que participan en deportes de campo al aire libre.

Actividad Reflexiva: fundamentándose en la información aquí presentada, en la literatura, así como sus propias observaciones, ¿cuáles identificaría cómo los principales factores de riesgo extrínsecos asociados con la participación en el deporte elegido?

3   Evaluación del Riesgo para el Atleta y Deporte

La elaboración de perfiles de cada atleta individual del equipo ofrece un medio para identificar los factores de riesgo intrínsecos. El primer paso es recopilar información relevante del atleta, que incluirá la edad, etnia, sexo, características antropométricas e historial/nivel de entrenamiento. Será necesario tener un historial médico y de lesiones completo, incluido el estado actual de las lesiones. La siguiente parte de esta recopilación de información comprenderá un examen de exploración y detección preliminar o evaluación previa a la participación deportiva.

Los estudios epidemiológicos que reportan datos de lesiones para grupos representativos que participan en un deporte en particular ofrecen un medio para ayudar a identificar los factores de riesgo extrínsecos asociados con la competición y el entrenamiento. En el caso de los deportes de equipo, el riesgo inherente asociado con la competición también puede variar para diferentes posiciones de juego, y es probable que esto se refleje en las lesiones particulares reportadas para los respectivos grupos posicionales dentro de un equipo.

Por lo tanto, los datos de vigilancia de lesiones proporcionan una fuente útil de información sobre la incidencia relativa de diferentes tipos y sitios de lesiones en el deporte. Dichos datos también pueden ofrecer más información sobre los riesgos específicos asociados con las diferentes posiciones de juego, el riesgo relativo de lesión durante el entrenamiento frente a la competición, así como la frecuencia y los tipos de lesiones comunes a las diferentes fases de la misma competición [716].

Actividad Reflexiva: ¿Cómo podría emprender este proceso de análisis de necesidades para los atletas en su deporte? ¿Cuáles podrían ser los obstáculos para identificar y revisar la información relevante que determina las lesiones comunes, los mecanismos de lesión y los riesgos relacionados con el deporte?

3.1   Identificación de Mecanismos de Lesiones Habituales en el Deporte

Como se describe en la cascada de eventos para la causalidad de lesiones, un atleta que puede estar predispuesto se vuelve algo susceptible a sufrir lesiones debido a la exposición a factores de riesgo extrínsecos durante el entrenamiento o la competición, y finalmente la ocurrencia de un evento desencadenante puede resultar en una lesión [268]. El evento desencadenante en el modelo de causalidad de la lesión pertenece al mecanismo de la propia injuria. Existen varios estudios en la literatura de medicina deportiva que aclaran los mecanismos de las lesiones comúnmente identificadas en los deportes respectivos.

Un primer paso necesario al diseñar un plan de entrenamiento con el objetivo de reducir las lesiones es recopilar la información pertinente del deporte y de los atletas individuales para ayudar a orientar las intervenciones de entrenamiento específicas, particularmente aquellas que involucran entrenamiento de movimiento o reentrenamiento. Nuestro objetivo es aplicar esta información para diseñar intervenciones que, en última instancia, hagan que el atleta sea más robusto y esté mejor preparado para hacer frente a los riesgos específicos de participar en el deporte, de modo que cuando se exponen a un posible evento desencadenante, es menos probable que resulte en una lesión; o si es que ocurre una lesión, la gravedad sea menor en términos de tiempo perdido.

3.2   Examen de Exploración y Detección Musculoesquelética y de Competencia de Movimiento

La razón fundamental por la cual se lleva a cabo una evaluación musculoesquelética y de competencia de movimiento previa a la participación deportiva, es "examinar" al atleta en busca de factores de riesgo potenciales (modificables) que puedan predisponerlo a sufrir una lesión [717]. El proceso de exploración y detección preliminar empleado en el deporte de élite generalmente ha comprendido cierta forma de evaluación clínica musculoesquelética. Si bien se ha dicho que no existe un protocolo de evaluación distintivo e ideal que sea aplicable a todos los deportes y atletas; en general, se reconoce que la evaluación debe ir más allá de la evaluación clínica y también debe analizar los factores de riesgo biomecánicos o incluso fisiológicos, según corresponda al deporte.

Tradicionalmente, la examinación previa a la participación deportiva ha sido realizada por un fisioterapeuta o quizás un médico deportivo. Sin embargo, una propuesta integral, mediante la cual este proceso es realizado conjuntamente por el fisioterapeuta y el especialista en fuerza y acondicionamiento, ofrece más beneficios [48]. La porción musculoesquelética inicial de la evaluación naturalmente estará dirigida por el fisioterapeuta. En gran parte, esto incluirá pruebas clínicas estándares de integridad articular pasiva y rango de movimiento.

Sin embargo, como se ha identificado, es importante evaluar los componentes mecánicos y funcionales que contribuyen a la estabilidad y la movilidad en conjunto [718]. Por consiguiente, la segunda parte, que puede denominarse perfil dinámico, generalmente comprenderá un examen de exploración y detección preliminar de movimiento, el cual ha sido seleccionado de la literatura científica. Esta parte de la evaluación puede ser dirigida por el especialista en fuerza y acondicionamiento, pero ambos profesionales la puntúan conjuntamente.

Esta propuesta dual, que incluye evaluaciones clínicas musculoesqueléticas y dinámicas, permitirá la identificación de factores mecánicos (laxitud articular, función articular pasiva, etc.), así como estabilidad funcional y movilidad en condiciones activas (déficits en el equilibrio dinámico, control postural, etc.).

Como se describe en el capítulo dos, existen numerosas pruebas clínicas que pueden emplearse para la evaluación musculoesquelética. También existe una serie de evaluaciones aplicables de control y función neuromuscular que indican el riesgo de lesión en las extremidades inferiores.

Actividad Reflexiva: ¿Qué evaluaciones previas a la participación deportiva y protocolos de exploración y detección preliminar ha encontrado en el deporte elegido? ¿Quién dirige este proceso? ¿Cómo se utiliza la información derivada de las evaluaciones?

Finalmente, el proceso de exploración y detección preliminar debe abarcar la evaluación del atleta a medida que realiza actividades que se destacan en la preparación física y competición de su deporte. Esto podría incluir la realización de una evaluación cualitativa de la mecánica de movimiento a medida que el atleta realiza esfuerzos máximos en determinadas tareas de rendimiento. En la práctica, esto se puede observar mediante grabación de video cuando los atletas realizan la batería de pruebas de rendimiento empleadas en el deporte, para su posterior análisis [171]. El fisioterapeuta y el médico deportivos también deberían dedicar tiempo a observar al atleta en el entorno de entrenamiento y competición; una vez más, la grabación de video para su posterior reproducción y análisis puede ayudar con este proceso.

Actividad Reflexiva: En general, ¿qué tan útil es el proceso de evaluación previa a la participación deportiva que se emplea con los atletas en el deporte elegido? Fundamentándose en la información presentada en el artículo y sus propias observaciones, ¿qué cambios son necesarios para que los protocolos de exploración y detección preliminar sean más válidos y eficaces a la hora de proporcionar información significativa?

4   Aplicación de Intervenciones de Entrenamiento Específicas para la Gestión del Riesgo de lesiones

Los metaanálisis de los estudios en la literatura relacionados con las intervenciones de "prevención de lesiones" reportan de pruebas sólidas para respaldar la eficacia de los "programas de entrenamiento específicos" enfocados a la reducción de las lesiones [719]. El punto de partida lógico al diseñar el programa es seleccionar intervenciones específicas para abordar los factores de riesgo particulares identificados a partir de la exploración y detección preliminar musculoesquelética y el perfil dinámico del atleta.

La comprensión de la biomecánica del deporte, así como de los mecanismos y factores de riesgo de lesiones que prevalecen en el deporte son factores igualmente críticos que orientarán la selección de las modalidades de entrenamiento [48]. Existe una serie de estudios en la literatura que han investigado una variedad de diferentes intervenciones neuromusculares para abordar los factores de riesgo conocidos, particularmente para los grupos de alto riesgo y lesiones graves como las rupturas del ligamento cruzado anterior.

4.1   Programación de la Gestión del Riesgo de Lesión

En muchos casos, las intervenciones de prevención de lesiones que se emplean tanto en estudios como en el campo son esencialmente las mismas que las que han tenido éxito en un entorno de rehabilitación. Los puntos en común entre la rehabilitación y las intervenciones de "prevención de lesiones" en la literatura incluyen no solo la modalidad de entrenamiento empleada, sino también otros parámetros de entrenamiento prescritos.

Por ejemplo, es habitual que muchas intervenciones de entrenamiento de rehabilitación se realicen con una frecuencia diaria; de hecho, los regímenes de entrenamiento excéntricos comúnmente empleados en rehabilitación estipulan que los ejercicios se realicen dos veces al día [266]. Debido a la relativa escasez de estudios y datos relevantes, las relaciones dosis-respuesta del entrenamiento en la reducción de lesiones aún no se han establecido completamente [720]. Sin embargo, la frecuencia de entrenamiento diaria (o dos veces al día) parecería contraria a lo que se conoce sobre el curso cronológico para la adaptación de los tejidos musculares y conectivos, así como a lo que se conoce sobre el rango óptimo de frecuencia de entrenamiento para provocar adaptaciones neuromusculares a partir de la literatura científica del entrenamiento.

Se ha identificado en la literatura de medicina deportiva que la prescripción de ejercicio en un entorno de rehabilitación y prevención de lesiones no suele tener en cuenta los aspectos fundamentales de la programación del entrenamiento, como la variación, la progresión y la periodización [266]. Del mismo modo, aún no se ha resuelto qué selección de ejercicios podría ser óptima para prevenir lesiones.

En teoría, las intervenciones de entrenamiento que han demostrado ser eficaces para la rehabilitación de lesiones específicas parecen ser un punto de partida sensato. Del mismo modo, se debe reconocer que un atleta ileso tiene requisitos y capacidades muy diferentes a los de un atleta que recientemente ha sufrido una lesión en particular. En apoyo de este argumento está la observación de que la aplicación "profiláctica" de los protocolos de rehabilitación convencionales para lesiones particulares no parece ser particularmente eficaz para reducir la incidencia de lesiones en atletas previamente sanos [721].

Por ejemplo, el estudio de Fredberg y colaboradores [722] empleó ejercicios de fuerza de baja intensidad con la propia masa corporal, derivados de protocolos de entrenamiento excéntrico de rehabilitación para la tendinopatía de Aquiles y rotuliana. La intervención de entrenamiento no logró reducir la incidencia de lesiones posteriores en los atletas de fútbol soccer. De hecho, las tasas de lesión en los atletas que estaban asintomáticos al inicio del estudio pero que mostraban anomalías en el tendón de Aquiles y/o rotuliano en sus ecografías antes de la intervención fueron más altas que la norma para el grupo en la temporada siguiente. Estos resultados indican que la intervención de entrenamiento no solo no cumplió con ninguna función preventiva, sino que también fue ineficaz como modalidad de tratamiento o rehabilitación temprana [722].

Fundamentándose en estas observaciones, parece que al abordar la prevención de lesiones es importante hacer una distinción entre los atletas que tienen antecedentes de lesiones y los que no tienen una incidencia previa. Aquellos que corren un mayor riesgo en relación con su historial de lesiones y/o deficiencias continuas en la función neuromuscular pueden identificarse fácilmente mediante cuestionarios o entrevistas y calificar las respuestas de los atletas utilizando herramientas de evaluación clínica disponibles en la literatura de medicina deportiva [720].

4.2   Entrenamiento para Protegerse de la Reincidencia de una Lesión

En el caso de los atletas que reportan una incidencia previa de una lesión en particular, es importante identificar y tener en cuenta los factores de riesgo específicos asociados con volverse a lesionar. En particular, el profesional debe considerar los déficits neuromusculares y sensoriomotores que pueden resultar de las lesiones particulares. En este caso, la intervención empleada para protegerse contra la recurrencia de lesiones es generalmente similar a la propuesta empleada durante las últimas etapas de la rehabilitación antes de volver a la competición (ver secciones posteriores).

Sin embargo, debe tenerse en cuenta que las intervenciones preventivas convencionales que incluyen ejercicios de rehabilitación no han demostrado ser efectivas en ciertos estudios, incluso entre aquellos identificados como de alto riesgo fundamentándose en lesiones previas o la presencia de una función reducida al inicio del estudio [720]. Esto sugiere que la propuesta convencional de "rehabilitación" para la prescripción del entrenamiento de prevención de lesiones puede no ser suficiente incluso para atletas previamente lesionados.

Es fundamental abordar cualquier déficit sensoriomotor e inestabilidad funcional para aquellos que han sufrido una lesión previa. La alteración de la función somatosensorial y el asociado riesgo de lesión recurrente aumentado parece persistir durante un período bastante prolongado [723]. El profesional también debe ser consciente de que la cinética y cinemática de un movimiento aberrante pueden solo ser aparentes cuando el atleta realiza actividades de mayor velocidad [724].

Por lo tanto, las intervenciones dirigidas hacia la restauración de la función sensoriomotora y la protección contra la aparición una lesión recurrente deben incluir una combinación de modalidades de entrenamiento, incluyendo el entrenamiento de fuerza y entrenamiento neuromuscular para desarrollar control y coordinación sensoriomotora. Es importante que los ejercicios se realicen con ambas extremidades, ya que ciertos cambios posteriores a la lesión también pueden ser evidentes en la extremidad contralateral sana [723].

Particularmente para aquellas lesiones que reportan una alta tasa de reaparición, como esguinces de tobillo y distensiones de los músculos isquiosurales, se ha identificado que se requiere de una propuesta sistemática explícitamente definida y objetiva, con el fin de preparar el regreso del atleta a la competición [725]. Este tema se trata con más detalle en la sección final de este capítulo.

4.3 Entrenamiento para Reducir el Riesgo de Lesión por Primera Vez

La concepción del entrenamiento con el propósito de proteger contra lesiones a los atletas previamente sanos (con respecto a una lesión en particular) parecería necesitar una propuesta menos conservadora y más progresiva, en lugar de simplemente emplear la misma prescripción de entrenamiento que se aplica para la rehabilitación. Por ejemplo, es muy probable que el umbral de intensidad o desafío neuromuscular requerido para provocar la adaptación deseada sea mayor para un atleta sano en comparación con un atleta lesionado.

En apoyo a esta información, una revisión de los estudios de prevención de lesiones por lesión del ligamento cruzado anterior identificó que es la inclusión de entrenamiento pliométrico de alta intensidad lo que a menudo diferencia las intervenciones exitosas de otros estudios que no lograron reportar reducciones significativas en la incidencia de lesiones [684]. De hecho, existe una creciente evidencia de que las formas avanzadas de entrenamiento, incluido el entrenamiento de fuerza intenso, el entrenamiento excéntrico y la pliometría, posiblemente representan el medio más potente disponible para aumentar la resiliencia y protegerse contra lesiones [726].

Al realizar la intervención de entrenamiento particular, también existirán diferencias en el estado de ánimo entre los atletas lesionados y no lesionados. Los atletas sanos no tendrán la misma motivación intrínseca, es decir, realizar la intervención de entrenamiento para aliviar el dolor y otros síntomas, que tendrá un atleta lesionado. Asimismo, para ayudar al cumplimiento a largo plazo, así como para facilitar la adaptación continua, es probable que sea necesario modificar la frecuencia, proporcionar un mayor desafío e incorporar más variación al emplear esta forma de entrenamiento con atletas sanos con el fin de reducir la monotonía y el aburrimiento del entrenamiento.

4.4 Selección de las Modalidades de Entrenamiento

Se ha implementado una amplia gama de modalidades de "entrenamiento neuromuscular" en diferentes intervenciones para la prevención de lesiones en la literatura y en el campo [719]. Las intervenciones exitosas incluyen entrenamiento del equilibrio o sensoriomotor en varias formas, incluidos los protocolos de calentamiento que generalmente involucran actividades similares. Lo que se ha denominado una "propuesta biomecánica preventiva" en la literatura de medicina deportiva implica el examen de exploración y detección preliminar y luego, el intento de corregir la mecánica de movimiento potencialmente dañina durante actividades atléticas como saltar, aterrizar y cambiar de dirección, con algún tipo de instrucción o intervención de "entrenamiento de movimiento" [727]. Entrenamiento más avanzado también ha sido capaz de reportar un efecto protector sobre el riesgo de lesiones, incluido el entrenamiento de fuerza en diferentes formas [703], el entrenamiento pliométrico, así como otras intervenciones de entrenamiento que se asocian más fácilmente con el ámbito del rendimiento, como el entrenamiento de velocidad y agilidad [728].

Por último, existe una serie de ejemplos de "intervenciones de entrenamiento multifacéticas" [729] que presentan una combinación de diferentes modalidades. Estas intervenciones mixtas comúnmente emplean entrenamiento de fuerza, pliometría, entrenamiento sensoriomotor e instrucción, así como la práctica de habilidades de movimiento en diferentes combinaciones [704].

4.5 Ejemplos de Implementación Exitosa

Es útil revisar los ejemplos descritos en la literatura de medicina deportiva sobre programas exitosos de prevención de lesiones deportivas que se han implementado en el campo. Un buen ejemplo, es el protocolo de entrenamiento Sportsmetrics desarrollado en la Fundación de Educación e Investigación en Medicina Deportiva de Cincinnati, que se ha reportado que reduce con éxito la incidencia de lesiones en las extremidades inferiores entre las mujeres atletas [267]. Una característica notable del protocolo Sportsmetrics es que comprende una gama de diferentes elementos de entrenamiento.

La propuesta multifacética del programa Sportsmetrics parece ser un factor crítico en su éxito. Se ha identificado que las intervenciones realizadas en combinación reportan una mayor efectividad en términos de mejorar la mecánica del movimiento [730]. Por ejemplo, el entrenamiento de habilidades de movimiento que comprende retroalimentación por video no produjo cambios en la cinemática de las extremidades inferiores cuando se empleó de forma aislada, pero se observaron cambios significativos cuando se realizó la misma intervención en combinación con entrenamiento de fuerza [683].

Otro ejemplo de un programa exitoso que ilustra los beneficios que se pueden derivar del uso sistemático de una intervención relativamente sencilla, es el FIFA 11 plus [583]. En particular, existen lecciones que aprender de cómo se ha realizado esta intervención a gran escala. Específicamente, un factor importante en el éxito de esta intervención es que se implementa durante la rutina diaria de calentamiento de los atletas, ya sea como reemplazo o como una extensión de su calentamiento regular [583]. Esto asegura que el atleta reciba una "dosis" frecuente de entrenamiento neuromuscular, y el hecho de que se asimile en la rutina normal no solo ayuda con la captación inicial, sino que también hace que sea mucho menos probable que sea abandonado a largo plazo.

4.6 Integración del Entrenamiento de Protección y la Preparación Atlética

Como se señaló anteriormente en el capítulo, disociar las lesiones de los resultados de rendimiento es desacertado; de ello se desprende que la práctica relacionada de diseñar y realizar intervenciones de entrenamiento para mitigar el riesgo de lesiones de forma aislada del resto del entrenamiento atlético es bastante absurda. Sin embargo, esta ha sido regularmente la norma hasta la fecha. Los problemas fundamentales con la forma en que se ha implementado la "prevención de lesiones" hasta la fecha se ejemplifican en los problemas de adherencia que se citan con frecuencia en la literatura de la medicina deportiva [675]. Se ha reportado un cumplimiento deficiente incluso entre los grupos identificados como de alto riesgo de lesiones particulares, lo que en ciertos casos ha provocado que no se completen ni siquiera la frecuencia mínima de entrenamiento recomendada y el volumen que se considera necesario para un efecto profiláctico [720].

En general, la adherencia es superior cuando las intervenciones de prevención de lesiones se realizan en un entorno supervisado, en comparación con la prescripción sin supervisión. Por ejemplo, una propuesta que es muy prometedora en términos de resolver problemas de cumplimiento es integrar ejercicios preventivos o de protección en el calentamiento del atleta antes del entrenamiento, bajo la supervisión adecuada de un entrenador o profesional [582]. De ello se deduce que cualquier intervención empleada debe realizarse con la supervisión adecuada en la medida de lo posible.

Además, el cumplimiento se refiere no solo a la adherencia, sino también a la calidad de la ejecución [720], que también estará determinada por la atención del atleta y el esfuerzo mental dirigido al realizar los ejercicios prescritos. Desde este punto de vista, cuanto mayor sea el grado en que tales intervenciones se incorporen al programa de entrenamiento, mejor será el nivel de cumplimiento. De ello se deduce que, en lugar de realizar la intervención de entrenamiento particular como una sesión independiente, los elementos relevantes pueden integrarse en el programa de entrenamiento de fuerza (supervisado) del atleta. Por ejemplo, los objetivos de entrenamiento neuromuscular remedial o "correctivo" pueden abordarse durante el entrenamiento pliométrico y las sesiones de desarrollo de la velocidad, y los ejercicios de equilibrio dinámico y estabilización pueden incorporarse en la rutina de calentamiento antes del entrenamiento.

4.7   Eficacia y Dosis-Respuesta

Los investigadores en el campo de la medicina deportiva han identificado que existe cierta disonancia entre la justificación y la evidencia de los protocolos de entrenamiento convencional comúnmente prescritos en un entorno de rehabilitación. Por ejemplo, Allison y Purdham [731] argumentaron que los protocolos de entrenamiento excéntrico que se emplean habitualmente para la tendinopatía de Aquiles no son óptimos a fin de provocar la adaptación deseada y no se transfieren bien a las actividades deportivas en términos de mejorar las capacidades funcionales durante estas.

En vista de ello, los parámetros del entrenamiento de rehabilitación empleados en un entorno de recuperación se basan en gran parte en tradiciones más que en pruebas sólidas. Dado que las intervenciones de prevención de lesiones empleadas hasta la fecha a menudo han sido poco más que protocolos de rehabilitación reutilizados, no es seguro asumir que las prescripciones de entrenamiento actuales son óptimas en términos de la selección de ejercicios, intensidad, volumen y frecuencia de entrenamiento.

Según los datos disponibles, parece que la dosis-respuesta de las intervenciones de entrenamiento de fuerza mejora en términos de reducción del riesgo relativo cuando se aumenta la intensidad y el volumen general [703]. Es probable que exista un efecto techo en esta relación dosis-respuesta; sin embargo, dado que este hallazgo se derivó de un metaanálisis de la literatura existente sobre prevención de lesiones, existen indicios de que lo que se prescribe actualmente es demasiado conservador en términos de intensidad y volumen-carga.

Los datos de las intervenciones de entrenamiento neuromuscular indican de manera similar un efecto de dosis pronunciado. La dosis-respuesta en términos de eficacia en la reducción de lesiones mejora cuando se prescribe una frecuencia más alta (es decir, múltiples sesiones en una semana) para la intervención de entrenamiento neuromuscular particular [732]. Asimismo, las intervenciones de entrenamiento neuromuscular de volumen relativamente mayor reportan una eficacia aumentada en relación con los protocolos de volumen moderado o bajo. Estos hallazgos tienen un sentido intuitivo dada la naturaleza del estímulo de entrenamiento y la necesidad de repetición, así como refuerzo para conferir cambios en la coordinación intra e intermuscular.

Asimismo, la duración de las sesiones de entrenamiento neuromuscular no tiene por qué ser excesiva [733]. Fundamentándose en datos de atletas jóvenes sanos, parece que una sesión con una duración de 10 a 15 minutos produce beneficios comparables a las sesiones de entrenamiento neuromuscular de mayor duración (por ejemplo, ciertas intervenciones en la literatura tienen una duración cercana a una hora). Desde una perspectiva logística, esto es muy pertinente; si las intervenciones requieren un tiempo desmedido, esto se convierte en una barrera para la aceptación desde el punto de vista del entrenador deportivo [734]. Por lo tanto, según la evidencia disponible, parece crucial optar por la frecuencia de la dosis al prescribir sesiones de entrenamiento neuromuscular, de modo que los atletas tengan una exposición regular al estímulo de entrenamiento.

Figura 11.2 – Estabilizador de Hombro en Decúbito Prono Isométrico

4.8   Progresión del Entrenamiento de Protección

Cabe señalar que si una intervención de entrenamiento en particular reporta resultados exitosos en un entorno de rehabilitación, no significa que el mismo entrenamiento será efectivo para atletas sanos. Como se discutió en la sección anterior, la intensidad del entrenamiento preventivo o profiláctico deberá exceder un umbral a fin de provocar la adaptación en tejidos sanos. Además, de acuerdo con el principio de tamaño, será necesario un entrenamiento de mayor intensidad (es decir, que requiera que el atleta aplique y absorba altos niveles de fuerza) para reclutar las unidades motoras de alto umbral que se requerirán cuando el atleta esté trabajando a alta velocidad y/o contra una carga externa elevada durante la competición.

Adicionalmente, se debe considerar que, los atletas sanos tenderán a adaptarse más rápidamente; por lo tanto, para evitar estancamientos en la respuesta al entrenamiento, será necesario presentar una progresión en el estímulo de entrenamiento. Igualmente, la tasa de progresión requerida de los diferentes parámetros de entrenamiento será necesariamente divergente de lo que se observa típicamente en un entorno de rehabilitación. Por definición, un atleta lesionado tiene limitaciones que no están presentes en un atleta sano. La tasa de progresión para los atletas con antecedentes de una lesión en particular podría determinarse mediante criterios establecidos, como el regreso a la línea de referencia basal de las capacidades neuromusculares y sensitivomotoras específicas. Los atletas sanos generalmente mejorarán de una forma más rápida, particularmente cuando realizan un entrenamiento neuromuscular para desarrollar el control sensoriomotor. En consecuencia, regularmente será necesario progresar el entrenamiento prescrito más rápidamente, particularmente con respecto al entrenamiento neuromuscular, y ser creativo al diseñar progresiones de entrenamiento para que el protocolo continúe siendo desafiante y estimulante para el atleta sano.

Actividad Reflexiva: ¿Cuál es su experiencia? ¿Cómo se compara esta propuesta específica de entrenamiento de prevención de lesiones descrita con lo que ha observado?

4.9   Resumen

La escasez de estudios de lesiones bien controlados hace que las recomendaciones definitivas con respecto al entrenamiento de prevención de lesiones basadas en la evidencia sean difíciles de brindar, particularmente en el caso de lesiones musculares como las distensiones de isquiosurales [735]. En ausencia de tales estudios, es necesario basarse en lo que se sabe acerca de los mecanismos de lesión específicos y los factores de riesgo modificables relevantes para la lesión en particular.

A partir del cuerpo actual de conocimiento sobre el tema, se pueden identificar ciertas características comunes. Un elemento es abordar la estabilidad funcional mejorando la propiocepción, la conciencia cinestésica y el control neuromuscular. La incorporación de todas las partes de la cadena cinética es otro aspecto importante; un ejemplo de esto es reconocer el papel de la musculatura de la cadera al proporcionar control proximal a la extremidad inferior y absorber las fuerzas de aterrizaje en relación con las lesiones en la extremidad inferior [684]. Muchos estudios identifican el entrenamiento de fuerza como quizás el componente más crítico de cualquier intervención [703, 704], debido a la necesidad crucial de desarrollar la capacidad y facilitar las adaptaciones provocadas por las intervenciones de entrenamiento neuromuscular concurrentes. Aumentar la fuerza muscular y abordar los desequilibrios de fuerza para incrementar la estabilidad mecánica proporcionada a una articulación son también temas clave. Abordar las restricciones y los desequilibrios en la movilidad a través del entrenamiento de flexibilidad específico se identifica de manera similar como objetivos importantes cuando se identifican déficits.

Finalmente, la inclusión de un entrenamiento más avanzado, donde se requiere que el atleta desarrolle y absorba fuerzas elevadas, así como moverse a velocidades más rápidas de una manera que refleje lo observado durante la competición, es fundamental, en última instancia, para garantizar que las intervenciones de entrenamiento para la prevención de lesiones sean más efectivas [726]. Para conferir el efecto protector requerido, la programación de una intervención de entrenamiento para mitigar el riesgo de lesiones en los atletas no solo debe ser específico para la lesión o lesiones identificadas, sino que también debe considerar las necesidades y exigencias del deporte [268]. Una implicación aquí es que la prescripción de ejercicio debe progresar a ejercicios que tengan un grado de correspondencia dinámica con los movimientos y las exigencias biomecánicas específicos del deporte [48].

Actividad Reflexiva: Según la información presentada, ¿es adecuado el entrenamiento específico en prevención de lesiones que se emplea habitualmente en su deporte? ¿Qué cambios cree que podrían ser necesarios?

5   Aplicación del Entrenamiento para la Gestión de Lesiones

Volviendo una vez más al modelo secuencial de la causalidad de la lesión, las aplicaciones finales del entrenamiento específico se relacionan con las etapas subsecuentes a la ocurrencia de una lesión. El papel del entrenamiento después de una lesión se refiere a la aplicación específica de modalidades de entrenamiento para ayudar a gestionar y mitigar el impacto de la lesión en el atleta y sus objetivos de rendimiento. Esto incluye apoyar el proceso inicial de curación y reparación, mantener la capacidad y el acondicionamiento y, por último, facilitar la recuperación de la función.

Recientemente, se ha reexaminado el acrónimo de RICE (reposo, hielo, compresión, elevación) empleado para orientar el tratamiento de las lesiones [736]. Una de las revisiones principales es el reconocimiento de que la carga mecánica tiene un papel central en el proceso de gestión y reparación de lesiones. El consenso actual es que el acrónimo POLICÍA (POLICE, por sus siglas en inglés) (proteger, carga óptima, hielo, compresión, elevación) es más apropiado [736].

5.1 "Mecanoterapia" para Apoyar la Curación y Reparación de Tejidos

Las modalidades de entrenamiento son un medio potente para provocar una adaptación positiva en los tejidos "mecanorespondedores" [737]. La aplicación apropiada de la carga activa puede provocar una mayor síntesis y renovación neta de colágeno, promoviendo la reparación y remodelación [738]. La aplicación terapéutica del ejercicio con cargas y movilización, descrito por ciertos autores como "mecanoterapia" es, por tanto, relevante, no solo para las lesiones que afectan al músculo, sino también al tejido conectivo, el colágeno, al cartílago articular e incluso al hueso [739].

La mecanotransducción describe la respuesta celular a los estímulos mecánicos [740]. El musculoesquelético es particularmente sensible a los estímulos mecánicos; las fuerzas y la deformación aplicadas a la fibra muscular son esenciales para provocar adaptaciones morfológicas y cambios en la función [741]. Esta señalización mecánica y esta cascada que en última instancia provoca la adaptación, implica no solo a la fibra muscular en sí, sino también a la matriz extracelular interna. Estos incluyen cambios en el tamaño muscular y la orientación de las fibras musculares, la integridad estructural, la capacidad fisiológica, así como las propiedades contráctiles [740].

Como el vínculo entre el musculoesquelético y el sistema esquelético, y la función principal de transmisión de la fuerza, los tendones están naturalmente sujetos a una variedad de tensiones mecánicas y cargas de deformación. La unidad musculotendinosa opera en concierto y funciona de manera dinámica de acuerdo con lo que exige la situación específica. La distribución del movimiento y la carga, en términos de elongación relativa y contribución al almacenamiento y retorno de energía elástica entre el músculo y el tendón, varía según las condiciones de carga y la fase respectiva del movimiento [742-744]. Los procesos de mecanotransducción ocurren en el tendón, en la unión musculotendinosa, el cuerpo principal de la estructura del tendón y la inserción al hueso. Las respectivas estructuras de los tejidos tendinosos se adaptan a la carga y descarga, y esto ocurre a través de cambios celulares y bioquímicos efectuados por la expresión génica y la señalización de proteínas reguladoras desencadenadas por los estímulos mecánicos impuestos [745], que de forma circular alteran las propiedades mecánicas de estos tejidos.

En particular, la rotación de colágeno dentro del tendón responde a las condiciones de carga mecánica, y la organización y orientación de las fibras de colágeno también se adaptan a la magnitud así como la dirección de la tensión mecánica a la que están expuestas estas estructuras. El nivel de plasticidad del tejido, las tasas de renovación del colágeno y la capacidad de respuesta general a los estímulos mecánicos parecen diferir entre las diferentes regiones del tendón. Ciertas agrupaciones de tejido dentro del tendón parecen ser muy estables, mientras que otras partes son más dinámicas y adaptables [745].

En general, mientras que el tendón responde mejor a los estímulos mecánicos y demuestra una actividad metabólica mucho mayor de lo que se pensaba anteriormente [245], estos tejidos no exhiben el mismo nivel de plasticidad que el musculoesquelético, y esto debería reflejarse en la propuesta de entrenamiento cuando se le impone una carga a los tejidos lesionados o sintomáticos [746].

Como señaló la investigadora de tendinopatía Jill Cook, las respuestas adversas tienden a coincidir con cambios repentinos o drásticos en la carga de trabajo [747]. Igualmente, una cita atribuida a otra figura destacada en el campo llamado Micheal Kjaer, nos afirma que "debemos imponerle una carga al tendón, de lo contrario se olvidará que es un tendón" [746]. Por lo tanto, el desafío es encontrar el equilibrio adecuado al aplicar un nivel favorable de carga mecánica sin abrumar la tolerancia de los tejidos para ese individuo en un momento dado. En consecuencia, un esquema de repeticiones de "realizar el trabajo tolerado" ha reportado resultados superiores a la propuesta inflexible y más común de prescribir un número estricto de series y repeticiones, que no toma en cuenta las fluctuaciones diarias en los síntomas y la tolerancia [748].

De la misma manera que para las lesiones de tejidos blandos, la aplicación terapéutica de las intervenciones de entrenamiento representa una forma de imponer un estímulo mecánico sistemático para el proceso de "mecanotransducción" del hueso que sustenta la reparación de la fractura [749]. El proceso de reparación está mediado en gran parte por factores mecánicos. De acuerdo con esto, tanto la formación de hueso nuevo como la formación considerable de cartílago son evidentes cuando se aplica un estímulo mecánico, lo cual no se observa cuando se emplea la inmovilización durante este período. Dada la conexión mecánica, existe cierta superposición en el proceso de mecanotransducción que ocurre con el hueso, el músculo y el tendón [750].

Otra consideración es que el proceso de reparación que ocurre espontáneamente después de una lesión en los tejidos puede resultar en la formación de fibras de colágeno desorganizadas, que no tienen la misma integridad estructural y propiedades mecánicas del tejido sano [737]. En vista de ello, además de proporcionar un estímulo general para favorecer la regeneración, la aplicación dirigida de carga mecánica también puede servir para dirigir la adaptación y remodelación que se produce, por ejemplo, con respecto a la orientación y alineación de nuevas fibras de colágeno.

5.2   Momento y Progresión de la Movilización y Carga después de la Lesión

La movilización adecuada también puede ayudar a combatir las adherencias a la vaina del tendón asociadas con la cicatrización tisular que pueden ocurrir durante el proceso de reparación de los tendones [737]. Este es un ejemplo de la maladaptación que puede ocurrir y que es particularmente problemática ya que afecta la función de los tendones flexores después de la lesión. La introducción temprana de una movilización pasiva y activa adecuada, así como una carga ligera durante la fase aguda proporciona un medio para evitar estos cambios estructurales y funcionales no deseados.

Sin embargo, las decisiones sobre el momento y la implementación de la movilización, así como la carga durante la fase aguda inmediatamente posterior a la lesión no son sencillas. Pueden presentarse consecuencias negativas si la movilización o la carga se aplican prematuramente o si estas progresan de manera acelerada. Puede producirse una formación excesiva de tejido cicatricial si la movilización por ejemplo, se produce inmediatamente después de una lesión muscular [751]. Por lo tanto, el profesional debe lograr un equilibrio delicado, descrito como "carga óptima", y esto debe juzgarse caso por caso, ya que variará según el tipo, la ubicación, la naturaleza y la gravedad de la lesión en particular [736].

No obstante, la movilización durante la fase aguda posterior a la lesión tiene el potencial de beneficiar la recuperación de la lesión, al facilitar la regeneración y prevenir la maladaptación estructural y funcional [725]. Por ejemplo, los protocolos de tratamiento inicial que involucran de manera acelerada el levantamiento de cargas (durante la primera semana después de la lesión) y el ejercicio de movilización en lugar de la inmovilización completa y la descarga reportan resultados superiores en lo que concierne a las lesiones por esguince de tobillo de grado I y II (leves o parciales), lo que resulta en una recuperación más rápida de la función sin consecuencias negativas con respecto a las mediciones de dolor o hinchazón en comparación con un tratamiento más conservador [752].

Por lo tanto, estas propuestas de "rehabilitación funcional", se recomiendan cada vez más durante el período inicial después de un esguince de ligamentos y lesiones de tendones [736]. De manera similar, mientras que las pautas generales para las lesiones musculares son restringir el movimiento y la descarga durante el período crítico inicial para evitar un daño mayor y minimizar la formación de tejido cicatricial, a partir de entonces se recomienda la introducción gradual de la movilización apropiada y la aplicación de la carga [751].

5.3   Prevención de la Maladaptación y el Desacondicionamiento Después de una Lesión

Otro papel importante del entrenamiento es mantener la función y protegerse contra la maladaptación y el desacondicionamiento. Si bien, tradicionalmente, se ha recomendado proteger y descargar la región lesionada durante el período posterior a la lesión, la aplicación excesiva o prolongada de antedichas estrategias también puede debilitar la respuesta de reparación e inhibir la recuperación [736]. Paradójicamente, el desuso y la inmovilización continuos se asocian con adaptaciones fisiológicas y morfológicas desfavorables. Por ejemplo, cuando se elimina la tensión mecánica o se restringe, los cambios adversos en la estructura y función del tendón pueden ocurrir con bastante rapidez [737].

Una vez más, el tratamiento de la tendinopatía proporciona un ejemplo ilustrativo. El efecto de la descarga sirve esencialmente para debilitar la integridad estructural del tendón, debido tanto a la privación del estímulo anabólico como al aumento del catabolismo [737]. Estos cambios fisiológicos y estructurales sirven en última instancia para reducir aún más los límites funcionales de los tejidos. Por lo tanto, es evidente que retirar completamente la carga mecánica aplicada sobre las estructuras de los tendones no es aconsejable para un atleta que desea continuar entrenando y compitiendo, incluso para condiciones relacionadas con la sobrecarga, como la tendinopatía [747]. Por lo tanto, se recomienda la movilización temprana y el soporte de peso para las lesiones de tejidos blandos, es decir, esguinces de ligamentos y distensiones musculares, así como tendinosas [752].

En este caso, el entrenamiento de fuerza pesado, como el entrenamiento de fuerza isométrico, ofrece un medio para mantener la función y evitar una respuesta catabólica o de desentrenamiento sin agravar los tejidos sintomáticos. Esta aplicación de entrenamiento se ha denominado "entrenamiento neuroplástico del tendón", que es un guiño al hecho de que los beneficios no se limitan a la morfología muscular y la adaptación del tendón, sino que también incluyen cambios neuroplásticos que ayudan a abordar los cambios adversos, así como restaurar la entrada corticoespinal y el control neuromuscular [753].

Los efectos de someter a las estructuras del tejido conectivo a una carga activa a través de las modalidades de entrenamiento de fuerza incluyen un aumento de la rotación y una mayor síntesis neta de colágeno; ambos favorecen la remodelación y la reparación [738]. A su vez, la adaptación provocada conduce a cambios favorables en la función y las propiedades mecánicas del tejido, haciéndolo más resistente a la carga y más capaz de tolerar el estiramiento. Se recomienda un nivel de carga relativamente alto, esencialmente cargas moderadas a pesadas, que no provoquen más dolor. Otras pautas incluyen movilizarse dentro de un rango de movimiento medio a interno para limitar el grado de compresión al que se somete el tendón [747].

5.4   El Entrenamiento de Fuerza como Modalidad de Tratamiento

De acuerdo con el papel central de la carga mecánica en la gestión de lesiones, existe un creciente reconocimiento de que varias modalidades de entrenamiento son útiles en lo que concierne a gestionar diferentes lesiones musculoesqueléticas y afecciones crónicas. La aplicación apropiada de la carga (denominada carga óptima por los autores en el campo de la medicina deportiva), cumple una variedad de funciones en el proceso de tratamiento y gestión de lesiones [754]. Además de proporcionar el estímulo mecánico para facilitar la reparación y curación de los tejidos, otros efectos favorables incluyen modificar los síntomas y ayudar a mantener o mejorar la función, en parte a través de adaptaciones neuronales.

Por lo tanto, el entrenamiento de fuerza en particular se está reconociendo como una modalidad de tratamiento altamente efectiva. En conjunto, los hallazgos de una revisión que recopiló los resultados de más de 50 investigaciones que emplearon intervenciones de entrenamiento de fuerza en diferentes grupos de pacientes que padecían diversas afecciones musculoesqueléticas, fueron abrumadoramente positivos y respaldaron al entrenamiento de fuerza como una modalidad eficaz para la gestión de lesiones que influye positivamente en los resultados del tratamiento, en particular para las afecciones crónicas.

Un ejemplo ilustrativo de la aplicación del entrenamiento como modalidad de tratamiento es el uso del entrenamiento de fuerza pesado para la tendinopatía [755]. La aplicación de modalidades de entrenamiento como el entrenamiento isométrico cumple una variedad de funciones en este caso, particularmente con la tendinopatía en etapa temprana, denominada "tendinopatía reactiva" [756]. En primer lugar, existe un efecto agudo por el que las respuestas al dolor se modifican durante un período después de la contracción isométrica. Este fenómeno se describe como "hipoalgesia mecánica" y, en los casos de tendinopatía reactiva, el alivio de los síntomas y la respuesta al dolor alterada pueden persistir durante horas [747].

6 Rehabilitación y Vuelta a la Competición

Los diferentes componentes de la preparación física tienen aplicaciones importantes durante el proceso de rehabilitación, restauración y preparación por etapas que, en última instancia, permiten que el atleta vuelva de manera segura al entrenamiento y la competición. Las respectivas fases de este proceso se presentan en la Figura 11.3.

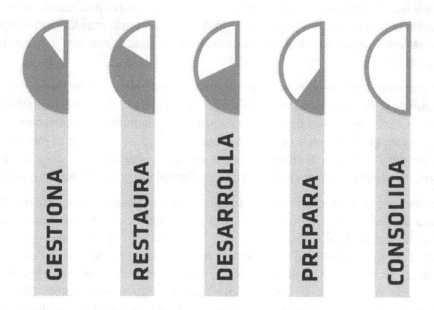

Figura 11.3 – Fases de Rehabilitación y Regreso a la Competición

La duración del proceso general y la duración relativa de las respectivas fases diferirán evidentemente según la lesión. Estas duraciones pueden medirse en días o semanas en el caso de una lesión muscular (según el grado o la gravedad), o meses en el caso de una lesión más traumática, como la rotura del ligamento cruzado anterior. Las diferentes aplicaciones del entrenamiento y las respectivas modalidades que pueden emplearse en cada fase se analizan en las siguientes secciones.

6.1 Funciones de las Intervenciones de Entrenamiento

Las funciones principales de las intervenciones de entrenamiento en el proceso de rehabilitación y regreso a la competición se pueden resumir con las 4 C: Capacidad, Competencia de movimiento, Cascada y Contexto [2]. Los objetivos que entran en estas categorías se describen en la Figura 11.4, y estos temas aparecen de manera frecuente en las siguientes secciones.

En términos generales, la Capacidad se refiere a restaurar y crear capacidad de reserva en relación con la tolerancia a la carga tisular, la capacidad de generación de fuerza y las capacidades fisiológicas. La Competencia de movimiento en este contexto se relaciona con la movilidad, la función neuromuscular, incluido el control y la coordinación, así como la "destreza", que se relaciona con la precisión, la sincronización, el ritmo y la "sensación" del movimiento. La Cascada se refiere a factores que son secundarios a la lesión original, incluidos déficits, estrategias sensitivomotoras alteradas y compensaciones. Finalmente, el contexto comprende la correspondencia dinámica con los movimientos atléticos y deportivos, relacionando las intervenciones con el deporte y reintroduciendo las limitaciones y condiciones del entorno de competición.

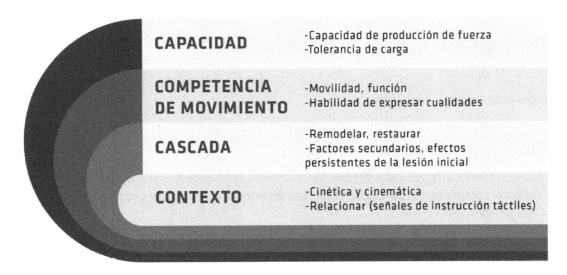

Figura 11.4 – Aplicaciones y Objetivos del Entrenamiento para la Rehabilitación y el Regreso a la Competición

6.2   Entrenamiento Modificado para Mantener el Acondicionamiento

Una parte clave del entrenamiento realizado durante la fase de rehabilitación después de una lesión, se refiere al mantenimiento de la función general del atleta en el período en el que su capacidad para participar en su entrenamiento normal es limitada como consecuencia de la lesión. Si bien se pueden imponer restricciones en el área lesionada, es igualmente importante evitar el desentrenamiento de las extremidades ilesas. El entrenamiento de fuerza adecuadamente modificado ofrece un medio para mantener o incluso mejorar la fuerza y la función de las regiones corporales y los segmentos de las extremidades proximales al área lesionada, así como de las partes y extremidades del cuerpo no lesionadas.

De manera similar, es fundamental protegerse contra el desacondicionamiento y limitar la disminución de la condición física general del atleta durante el período en que su participación en el entrenamiento normal está restringida por una lesión. Los entornos de entrenamiento modificados, por ejemplo, el entrenamiento en el agua y otros aparatos de entrenamiento "asistidos" o "sin cargas", pueden ser útiles en esta situación. Asimismo, las modalidades de entrenamiento cruzado ofrecerán un medio para realizar un acondicionamiento metabólico que permita al atleta mantener sus capacidades fisiológicas.

La importancia de mantener algo parecido a una rutina de entrenamiento normal para el atleta va más allá de los ámbitos físicos y fisiológicos. Es crucial que consideremos los elementos psicológicos y emocionales de afrontar no solo la lesión, sino también el período subsecuente cuando el atleta no puede participar plenamente en el entrenamiento y la competición. Las emociones negativas como la tristeza, la ansiedad, el enojo y la frustración, a la inversa, pueden pasar factura de una manera que tiene implicaciones para el proceso de curación y recuperación. Específicamente, se demuestra que el afecto negativo (estados de ánimo, como la tristeza e ira) evoca una respuesta inflamatoria, en la medida en que esta se puede detectar en concentraciones elevadas de citocinas sanguíneas durante el período subsiguiente, que no se observa en aquellos que mantienen un estado emocional positivo [757]. Por lo tanto, los profesionales deben reconocer que la gestión del estado emocional del atleta durante la fase de rehabilitación tiene una gran influencia en el apoyo al proceso de curación y en facilitar un resultado positivo. Mantener algo parecido a una rutina normal mediante el uso de entrenamiento adaptado y entrenamientos de objetivos secundarios, por lo tanto, tiene beneficios secundarios y cumple un propósito importante desde este punto de vista, además de los otros beneficios directos.

6.3   Papel de las Modalidades de Entrenamiento Específicas en el Proceso de Rehabilitación

Restaurar la función después de una lesión involucra varios aspectos [758]:

1. Desarrollo de la fuerza.

2. Rango de movimiento y movilidad.

3. Estrategia y control sensoriomotor.

4. Remodelación de la mecánica del movimiento.

El entrenamiento de fuerza y las diversas formas de entrenamiento neuromuscular, por lo tanto, tienen roles específicos en el cumplimiento de los objetivos respectivos trazados para el proceso de rehabilitación y regreso a la competición.

6.3.1   Entrenamiento de Fuerza

El entrenamiento de fuerza ofrece un medio potente para provocar la adaptación y remodelación de los tejidos musculares y conectivos asociados con la región lesionada. Esto es pertinente ya que las investigaciones que han empleado técnicas de diagnóstico por imagen como la resonancia magnética indican que el proceso de curación del tejido puede estar en curso incluso en una etapa en la que los síntomas se resuelven y la función se ha restaurado [759]. Más allá de la adaptación tisular, el entrenamiento de fuerza también tiene mérito en lo que concierne a promover cambios neuroplásticos que abordan la cascada de efectos persistentes, cambios compensatorios y cualquier déficit en el control neuromuscular que pueda estar presente como resultado de la lesión original. El restablecimiento del control neuromuscular se identifica como una función importante que cumplen las intervenciones de entrenamiento de fuerza empleadas en la rehabilitación; en particular, las modalidades de ejercicio excéntrico se identifican como útiles para este propósito [760].

Como se indica en el paradigma de carga óptima para el tratamiento y la rehabilitación de lesiones, se pueden aplicar diferentes modalidades para dirigir la carga a regiones y tejidos específicos, dentro de rangos de movimiento determinados [754]. En consecuencia, durante las etapas iniciales del proceso de rehabilitación, el entrenamiento de fuerza tenderá a comprender entrenamiento aislado para estimular regiones específicas y proporcionar un estímulo directo con el fin de promover la adaptación y remodelación. Las propuestas de entrenamiento de fuerza específicas incluyen entrenamiento isométrico especializado e intervenciones de entrenamiento excéntrico. Las modalidades de entrenamiento de fuerza más convencionales, incluidos los ejercicios monoarticulares, también tendrán aplicación aquí.

A medida que se produzca la adaptación requerida y se restablezca la función, existirá un cambio gradual hacia movimientos multiarticulares para reintegrar la región lesionada en movimientos coordinados que incorporen el resto de la cadena cinética durante los movimientos realizados bajo carga. Como se señaló anteriormente en el capítulo, los resultados de las lesiones y el rendimiento son dos caras de la misma moneda. De manera similar, las modalidades de entrenamiento empleadas cuando se busca que el atleta vuelva a competir con su forma deportiva ideal deberían corresponder igualmente a las empleadas al preparar a los atletas saludables para la competición.

Los datos también apuntan al probable beneficio profiláctico de modalidades de entrenamiento de velocidad-fuerza más avanzadas que presentan tasas más altas de desarrollo de fuerza. Específicamente, estas ofrecen los medios para mejorar la capacidad del atleta para lograr el índice y la magnitud de producción de fuerza requerida al ejecutar movimientos atléticos en condiciones imprevistas. La indicación basada en los datos de las investigaciones de las diferencias de sexo en la cinética y las estrategias de movimiento asociadas, es que esta es un área que requiere de un desarrollo específico para las mujeres atletas [761]. Como se señaló en el capítulo 5, una característica definitoria de las modalidades de entrenamiento de velocidad-fuerza, incluido el entrenamiento de fuerza balística y los ejercicios derivados del levantamiento de pesas olímpico, es su propensión por provocar cambios en la coordinación intramuscular que confieren una mejor expresión de la fuerza y una tasa de desarrollo de esta.

Finalmente, el entrenamiento de fuerza proporciona un ambiente productivo para crear *contexto* de una manera en que se respalden los resultados del entrenamiento neuromuscular. Específicamente, las diferentes modalidades de entrenamiento de fuerza ofrecen un medio para desarrollar la conciencia somatosensorial y el sentido cinestésico para posturas así como movimientos específicos. Esto permite que tanto el profesional como el atleta conecten la intervención de entrenamiento de fuerza con el ámbito de competición. Por ejemplo, el profesional puede relacionar las señales verbales de instrucción y la retroalimentación cinestésica proporcionada por el ejercicio en el contexto del modelo de rendimiento del atleta, de modo que las señales verbales de la sala de pesas se transfieran al entorno de práctica de habilidades técnicas y de movimiento, y viceversa.

6.3.2 Entrenamiento Neuromuscular y Sensoriomotor

Las propuestas de entrenamiento neuromuscular comúnmente empleadas en la rehabilitación de lesiones incluyen entrenamiento de equilibrio o propioceptivo y entrenamiento para desarrollar la estabilidad postural. Para ciertos tipos de lesiones, a menudo es necesario un entrenamiento remedial para restaurar el control sensoriomotor. Los ejemplos incluyen esguinces de tobillo y también muchas lesiones de hombro que se asocian con síntomas persistentes que incluyen la alteración de la propiocepción y el sentido cinestésico. Por ejemplo, se reporta que existe "discinesia escapular" (percepción alterada de la posición y el movimiento de la escápula) después de un alto porcentaje de lesiones en el hombro [762]. Por lo tanto, se requieren intervenciones específicas de entrenamiento neuromuscular para restaurar la función sensoriomotora cuando se presentan síntomas de disfunción [758]. Las intervenciones deben progresar desde ejercicios de equilibrio estáticos y dinámicos, desde una base fija de apoyo hasta actividades de estabilización dinámica que implican la transición del movimiento a una postura estacionaria, como saltos y ejercicios de marcha que requieren que el atleta cambie su pierna de apoyo para recuperar y estabilizar su masa a través del pie opuesto y la extremidad de apoyo.

Los efectos neuronales sistémicos a menudo forman parte de la cascada de factores secundarios que se producen como consecuencia de la lesión original. La respuesta del sistema nervioso central a la entrada aferente interrumpida de los mecanorreceptores periféricos en el sitio de la lesión, a menudo comprende cambios compensatorios que incluyen una estrategia sensorial-motora alterada [763]. Por ejemplo, una estrategia de control motor dominante por el procesamiento de la información visual se manifiesta comúnmente después de una lesión del ligamento cruzado anterior, a fin de compensar la interrupción en la entrada aferente de los mecanorreceptores en el sitio de la lesión [764].

Lo que es importante reconocer es que los cambios neuroplásticos y los déficits asociados en el control neuromuscular pueden presentarse tanto en la extremidad lesionada como en el lado contralateral no lesionado [765]. De ello se deduce que las intervenciones de entrenamiento neuromuscular para abordar estos factores deben incluir tanto la extremidad lesionada como la sana. Además, las intervenciones empleadas deben buscar no solo restaurar el control sensoriomotor, sino también restablecer las estrategias sensoriomotoras a fin de equipar al atleta con las capacidades y competencias necesarias para volver al entrenamiento y la competición [766]. Específicamente, existe la necesidad de reducir la dependencia de una estrategia de control visomotor, particularmente para deportes que requieren que el atleta escanee visualmente y preste atención a otros atletas y objetos en movimiento en el entorno mientras se encuentra en movimiento. Prácticamente, esto implicará condiciones de ejercicio que retiran la entrada visual (es decir, variaciones de ojos cerrados), incorporando movimientos de la cabeza durante el ejercicio, incluido un elemento de procesamiento paralelo para que el atleta tenga que escanear visualmente y prestar atención a otros estímulos en el entorno, y tareas concurrentes como como interceptar objetos en movimiento (por ejemplo, atrapar una pelota por encima de la cabeza).

6.3.3 Entrenamiento de las Habilidades de Movimiento

Un aspecto relacionado del entrenamiento neuromuscular es el entrenamiento de habilidades de movimiento. Hasta cierto punto, puede ser necesario "reaprender" movimientos atléticos particulares después de una lesión, o abordar y remodelar patrones motores aberrantes que pueden haber sido una causa o, a la inversa, una consecuencia de la lesión original. Por ejemplo, es bastante común que los atletas que sufren lesiones crónicas particulares, como la tendinopatía rotuliana, desarrollen una cinética y una cinemática de carrera aberrantes que pueden no haber estado presentes antes del inicio de la afección [767].

De manera similar, es evidente que después de la cirugía, los atletas con un ligamento cruzado anterior reconstruido pueden presentar déficits y alteraciones mecánicas durante las tareas funcionales y las actividades atléticas, que pueden persistir durante un período prolongado después de la lesión original. Por ejemplo, los cambios en la cinética y cinemática durante la carrera en relación con los controles sanos, así como las asimetrías entre las extremidades lesionadas y no lesionadas se reportan en los hombres cuando se les monitorea durante un período prolongado después de la reconstrucción del ligamento cruzado anterior [768]. También es digno de mención que dichos déficits solo pueden hacerse evidentes cuando se realizan actividades atléticas como tareas de cambio de dirección a velocidades más altas [724]. Una implicación importante de este último hallazgo es que la rehabilitación debe incluir un entrenamiento de habilidades motoras atléticas más progresivo que incluya un aterrizaje a mayor velocidad y actividades de cambio de velocidad.

En la práctica, las intervenciones de entrenamiento de habilidades de movimiento comprenderán actividades de salto y pliometría en diferentes planos, desarrollo de aceleración y velocidad, y entrenamiento adecuado para desarrollar la mecánica de los movimientos de cambio de dirección que sustentan las tareas de agilidad en el deporte. En consecuencia, la impartición de entrenamiento para desarrollar estas habilidades de movimiento atlético debe seguir los principios descritos en los capítulos anteriores.

Es importante señalar que operar en este espacio requiere que el profesional posea no solo un conocimiento profundo de la biomecánica fundamental del movimiento atlético, sino también una comprensión íntima del modelo técnico y de rendimiento para el deporte y el atleta individual. Además, profundizar en la instrucción del movimiento atlético y la intervención de entrenamiento para remodelar los rasgos de movimiento existentes exige experiencia específica en los ámbitos del aprendizaje motor y la adquisición de habilidades [726].

La mecánica fundamental se puede introducir en condiciones controladas y a su propio ritmo durante las primeras etapas de la rehabilitación y el regreso al proceso deportivo. A medida que el atleta progresa, existirá margen para aumentar las exigencias y la intensidad de las respectivas modalidades de entrenamiento, para consolidar y ajustar estos patrones de coordinación a velocidades y amplitudes más altas, en términos de altura y distancia del salto. Esta consolidación continuará a través de los preparativos finales hasta la plena participación en el entrenamiento y la competición, y de manera similar, será necesario incorporar condiciones imprevistas y variaciones de lectura y reacción con diversos grados de complejidad, según lo requiera el deporte.

6.4   Importancia de la Evaluación Inicial y el Seguimiento en el Proceso de Rehabilitación

Las características específicas y la gravedad de una lesión en particular varían ampliamente de un caso a otro. En vista de esta heterogeneidad, recientemente se destacó que la lesión en particular debe clasificarse cuidadosamente para facilitar una rehabilitación más integral con el propósito de abordar los factores de riesgo específicos que pueden predisponer al atleta a sufrir más lesiones [769]. Con este fin, se introdujo en la literatura de medicina deportiva el "sistema de clasificación de lesiones musculares de Múnich", que tiene como objetivo proporcionar una mayor claridad en la terminología y subclasificación de las lesiones durante el diagnóstico inicial [770].

La naturaleza de la lesión evidentemente tendrá implicaciones en términos de la trayectoria de recuperación y progresión durante el proceso de rehabilitación, y las probabilidades con respecto a las posibles líneas cronológicas para la reintegración al entrenamiento normal y el regreso a la competición [769]. Evidentemente, el período para las lesiones estructurales será necesariamente más largo con el propósito de permitir que el daño estructural sane, y es posible que se requiera una evaluación clínica adecuada que incluya técnicas de imagen (rayos X, tomografía computarizada, resonancia magnética, ultrasonido) para evaluar cómo está progresando la curación del tejido. Por el contrario, las lesiones sintomáticas y las afecciones asociadas con deficiencias funcionales, generalmente serán susceptibles a una progresión más rápida y períodos relativamente más cortos para volver a la competición.

6.5   Progresión Basada en Criterios Durante la Rehabilitación

La evaluación periódica proporciona una indicación del estado actual y ofrece al profesional una idea de la trayectoria que está tomando la recuperación de la función. La toma de decisiones basada en criterios para orientar el progreso a través de una rehabilitación por fases y el proceso de regreso al deporte generalmente implica cierta combinación de evaluación objetiva y evaluación clínica o funcional.

Los valores de referencia se eligen para cada medición respectiva, y estos criterios forman parte de la base para la evaluación general del riesgo y las decisiones finales sobre la forma deportiva para volver a la competición. Cuando estén disponibles, los puntajes iniciales previos a la lesión de los atletas pueden proporcionar una referencia para medir el progreso y una indicación del grado en que el atleta ha recuperado su nivel de función anterior. No obstante, el profesional debe estar consciente que los niveles iniciales de función anterior son quizás insuficientes, en lo que concierne a la protección contra la lesión; y en consecuencia, pudiese ser necesario desarrollar valores de rendimiento superiores a la línea de referencia basal pre-lesión. Lastimosamente, a menudo estos datos no se encuentran disponibles; y en este caso, se pueden utilizar las puntuaciones de la extremidad contralateral ilesa, aunque el profesional debe reconocer que pueden haber existido diferencias bilaterales antes de la lesión.

Por ejemplo, las pruebas funcionales comúnmente empleadas después de una lesión de tobillo incluyen evaluaciones de rango de movimiento y mediciones de equilibrio y propiocepción [771]. Como tal, las intervenciones de entrenamiento empleadas durante la etapa final de la rehabilitación a menudo están diseñadas para mejorar las puntuaciones del atleta en las evaluaciones elegidas que se utilizan para evaluar la forma deportiva en lo que se relaciona con su capacidad de volver a la competición. Entonces, en el ejemplo anterior, el entrenamiento realizado por el atleta podría incluir entrenamiento de flexibilidad para ayudar a restaurar su rango de movimiento de dorsiflexión y entrenamiento propioceptivo para mejorar sus puntajes en la evaluación de equilibrio.

Una propuesta relacionada es emplear evaluaciones de rendimiento atlético para indicar capacidades funcionales, incluidas evaluaciones con una sola extremidad que permiten una comparación entre las extremidades. Además de las puntuaciones del atleta en las evaluaciones de rendimiento, también es útil para el profesional evaluar la cinemática del movimiento al realizar la tarea de evaluación. La grabación de video ofrece los medios para observar el movimiento desde múltiples ángulos, lo que respalda la retroalimentación posterior y el análisis de seguimiento.

Nuevamente, cuando están disponibles los puntajes anteriores obtenidos en estas pruebas —cuando el atleta estaba sano— proporcionan una buena línea de referencia basal. De manera similar, la evaluación de las puntuaciones entre la extremidad lesionada y la no lesionada proporcionan una base para la comparación. Dicho esto, existe una advertencia importante cuando se usa la extremidad sana como referencia para la comparación. Si bien las puntuaciones relativas en relación con la extremidad sana proporcionan cierta indicación de progreso, también se deben considerar las puntuaciones absolutas para las extremidades sanas y lesionadas. Esencialmente, la paridad entre las extremidades no ofrece ninguna protección si ambos lados son igualmente débiles. La investigación de Zwolski y colaboradores [772] identificó este problema con la rehabilitación del ligamento cruzado anterior y los criterios de retorno a la competición. En vista de ello, la comparación con los valores normativos para poblaciones sanas proporcionaría una mejor indicación del estado actual y el riesgo relativo. Por consiguiente, debe tenerse en cuenta la disponibilidad de esos datos normativos al seleccionar las evaluaciones a emplearse.

Es fundamental que el entrenamiento prescrito durante el proceso de rehabilitación responda a los cambios en curso del estado del atleta, en términos de síntomas y nivel de función. El profesional debe estar preparado para modificar el entrenamiento prescrito día a día y las decisiones con respecto a cómo progresa el entrenamiento deben tomarse de manera similar semana a semana, basadas en el monitoreo y la evaluación continuos.

6.6   Preparación del Atleta para Regresar a la Competición

En ciertos escenarios, existen protocolos establecidos en la literatura de medicina deportiva para regresar a entrenar o a la competición después de una lesión específica. El proceso para decidir cuándo un atleta está listo para regresar a la competición después de una lesión varía ampliamente y depende esencialmente del contexto, así como de las circunstancias involucradas.

En la medida de lo posible, el proceso de toma de decisiones debe basarse en métricas objetivas, incluida la evaluación biomecánica. Asimismo, es fundamental reconocer el grado de incertidumbre inherente a este proceso de toma de decisiones; no existe una prueba objetiva definitiva de la forma deportiva que capture completamente las exigencias y limitaciones del entorno de competición. Como tal, ninguna medición objetiva de regreso al deporte de la batería de pruebas proporciona una garantía de salud y seguridad del 100 %. Inevitablemente, existe un elemento de juicio subjetivo involucrado, por lo que las mediciones objetivas deben complementarse con una evaluación cualitativa de la forma deportiva, incluida la autoevaluación por parte del atleta. Existe cierto debate sobre a qué miembro del personal de apoyo se le debe otorgar la responsabilidad de tomar la determinación final sobre la forma deportiva para regresar a la competición [773]. Prácticamente, esto tenderá a ser un esfuerzo compartido y, en última instancia, el deber del personal de apoyo es proporcionar al entrenador y al atleta una evaluación realista del riesgo relativo para que puedan tomar una decisión orientada en el contexto de la situación.

Evidentemente, también deberían existir criterios basados en el rendimiento para establecer las decisiones sobre el regreso a la competición de un atleta. Con ese fin, será evidente que el atleta deberá realizar una preparación física más progresiva durante las últimas etapas del proceso de rehabilitación a fin de recuperar su nivel de preparación para el rendimiento deportivo requerido. En última instancia, el objetivo hacia las últimas etapas del proceso de rehabilitación y regreso al deporte es preparar al atleta para las exigencias físicas, fisiológicas y sensorial-perceptivas de aquello a lo que está regresando. Por lo tanto, durante esta fase se requiere una propuesta más agresiva, que está de acuerdo con una revisión reciente que identificó que las intervenciones de entrenamiento más desafiantes pueden producir un resultado más favorable [774].

En consecuencia, en esta fase el profesional debe incluir propuestas de entrenamiento más avanzadas que requieran que el atleta genere y absorba niveles apropiados de fuerza con la extremidad previamente lesionada [726]. Específicamente, existe un papel para el entrenamiento de fuerza pesado [774], el entrenamiento de velocidad-fuerza y el entrenamiento pliométrico [719]. También se recomienda un entrenamiento de velocidad más elevada y cambio de velocidad con supervisión y entrenamiento apropiados antes de regresar a la competición [728]. Esto se basa en el hallazgo de que una cinética y cinemática aberrantes pueden demostrarse a velocidades más altas en sujetos previamente lesionados, a pesar del hecho de que estas mecánicas alteradas pueden no ser aparentes cuando la misma actividad se ejecuta en condiciones de velocidad más baja controladas [724].

Por último, debería presentarse una reintroducción gradual a las limitaciones y dinámicas del entorno de competición, incluida una integración por etapas de desafío sensoriomotor y cognitivo, acoplamiento percepción-acción, toma de decisiones y condiciones "en vivo" con otros atletas.

Revisión de Conocimiento – Capítulo Once

1. Todas las siguientes declaraciones en relación con la preparación física y las lesiones en el deporte son válidas, EXCEPTO:

A. Los factores de riesgo intrínsecos de lesión pueden modificarse favorablemente mediante la preparación física.

B. La preparación física, como el entrenamiento de fuerza, tiene un efecto protector general sobre el riesgo de lesiones.

C. El entrenamiento apropiado puede hacer que los atletas sean más resistentes y permitir un regreso a la competición más rápido después de una lesión.

D. Las lesiones son una parte inevitable del deporte y su incidencia, así como su gravedad no se pueden cambiar mediante la preparación física.

2. Las condiciones inusualmente cálidas y secas conducen a campos muy duros para el inicio de la temporada de rugby. Esto es un ejemplo de:

A. Factor de riesgo intrínseco.

B. Factor de riesgo extrínseco.

C. Atleta predispuesto.

D. Ninguna de las anteriores.

3. Según los reportes, los atletas mayores de los deportes de equipo sufren más lesiones. Esto es un ejemplo de:

A. Factor de riesgo intrínseco inmodificable.

B. Factor de riesgo intrínseco modificable.

C. Factor de riesgo extrínseco.

D. Combinación de todo lo anterior.

4. Un entrenador demasiado entusiasta hace progresar de manera inapropiada la carga de entrenamiento de fuerza de un atleta, y este se dobla bajo una carga que no puede gestionar; posteriormente agravándose la lesión durante la competición. Este es un ejemplo de:

A. Factor de riesgo intrínseco inmodificable.

B. Factor de riesgo intrínseco modificable.

C. Factor de riesgo extrínseco.

D. Combinación de todo lo anterior.

5. VERDADERO o FALSO – La función del proceso del examen de exploración y detección preliminar previo a la participación deportiva es identificar los factores de riesgo intrínsecos modificables que podrían abordarse mediante una intervención adecuada, incluido el entrenamiento específico.

6. ¿Cuáles de las siguientes modalidades de entrenamiento se han empleado en protocolos exitosos de prevención de lesiones reportados en la literatura de medicina deportiva?

A. Entrenamiento sensoriomotor.

B. Entrenamiento de fuerza.

C. Entrenamiento pliométrico.

D. Todas las anteriores.

7. Todas las siguientes son recomendaciones para implementar el entrenamiento de prevención de lesiones basadas en la información presentada en el texto, EXCEPTO:

A. La propuesta de entrenamiento para atletas sanos debe ser diferente al de los atletas con antecedentes de lesiones.

B. Los protocolos convencionales empleados para la rehabilitación son suficientes para protegerse contra lesiones tanto nuevas como recurrentes.

C. Se recomienda una propuesta menos conservadora y más progresiva para los atletas sanos.

D. La integración del entrenamiento de prevención de lesiones en la rutina de entrenamiento normal de los atletas puede ayudar con el cumplimiento de este.

8. VERDADERO o FALSO – El entrenamiento de fuerza puede considerarse una modalidad de tratamiento, fundamentándose en que la aplicación adecuada puede influir positivamente tanto en los síntomas agudos como en los resultados del tratamiento de las lesiones musculoesqueléticas.

9. Cada uno de los siguientes se identifica como factores que deben abordarse para restaurar la función después de una lesión, EXCEPTO:

A. Modificar los factores de riesgo extrínsecos.

B. Desarrollo de fuerza.

C. Restaurar el rango de movimiento y movilidad.

D. Desarrollando el control sensoriomotor.

10. Las decisiones relacionadas con la progresión del entrenamiento prescritas durante la rehabilitación y el proceso de regreso a la competición deben ser:

A. Orientadas por criterios.

B. Basadas en la evaluación y el monitoreo continuos.

C. Susceptibles de modificación en el día a día.

D. Todas las anteriores.

Capítulo Doce: Lesiones Dadas por la Carrera a Pie – Mecanismos, Gestión y Prevención

Correr es una actividad con una amplia participación entre una variedad de poblaciones, incluidos los atletas en la mayoría de los deportes, los corredores recreativos y los que hacen ejercicio para la salud y la aptitud física. A pesar de ser una forma de locomoción "natural", existe una tasa desproporcionadamente alta de lesiones asociadas con la carrera a pie. Este capítulo explora los factores que contribuyen a esto y examina los mecanismos específicos de las lesiones asociadas con correr. El lector conocerá las mejores prácticas actuales para la gestión y la prevención de lesiones por correr, incluida la forma de evaluar la marcha de carrera con el fin de identificar una biomecánica de carrera aberrante, y las diversas intervenciones disponibles para reducir el riesgo de lesiones tanto para corredores sanos como para aquellos con antecedentes de lesiones.

Objetivos de Aprendizaje:

1   Comprender los factores atribuidos a la prevalencia de lesiones por correr.

2   Comprender la mecánica de la marcha de carrera a pie.

3   Describir y explicar los diversos factores de riesgo de lesión por correr.

4   Describir las lesiones más comunes asociadas con la carrera a pie.

5   Comprender las diferentes propuestas para gestionar las lesiones por correr y reducir sus recurrencias.

6   Comprender las diferencias en las propuestas de intervención para corredores saludables.

1 Una Breve Historia de las Lesiones por Correr

A pesar de ser una actividad de soporte de peso que representa una modalidad natural de locomoción para los seres humanos, existe una incidencia notablemente alta de lesiones asociadas con la carrera a pie [775]. Las tasas de lesiones reportadas entre corredores recreativos y competitivos se encuentran consistentemente en un rango de 20-80 % [776]. Otro ejemplo de la prevalencia de las lesiones por correr es que, durante el transcurso de un año, entre el 30 % y el 70 % de los corredores pueden esperar sufrir algún tipo de lesión relacionada con esta actividad física, según los resultados de estudios hasta la fecha [775]. La ausencia de un impacto significativo en las tasas de lesiones durante los últimos 30-40 años, a pesar de una mayor conciencia y una gran atención invertida en contramedidas e intervenciones, es evidentemente una causa de consternación entre las autoridades de la medicina deportiva.

Existen varias hipótesis que se han propuesto para explicar el número de lesiones causadas por correr y la aparente ineficacia de las diversas intervenciones que se emplean comúnmente para abordar las causas de estas lesiones. Una explicación, es que correr, simplemente es una actividad perjudicial. El argumento a dicha afirmación, es que existe un riesgo inherente de lesión asociado con correr y, como tal, el número de lesiones observadas es esencialmente natural. Esto parecería contradecir tanto la lógica como el hecho de que los seres humanos han evolucionado durante millones de años para correr largas distancias sobre terrenos contrastantes [775].

Una explicación alternativa es que, como consecuencia de los estilos de vida sedentarios modernos y los problemas musculoesqueléticos asociados, en combinación con las condiciones ambientales modernas (como las superficies duras de las carreteras), muchas personas están cada vez menos adaptadas para correr una distancia significativa. Un argumento relacionado es que las lesiones a menudo son causadas por errores en la forma en que se aborda el entrenamiento de carrera a pie. Por ejemplo; un escenario común, es que los corredores recreativos, particularmente, no permiten que se produzca la adaptación necesaria e intentan regímenes de entrenamiento que son demasiado exigentes. Por lo tanto, se teoriza que un mecanismo común de lesión es que los corredores se proponen un kilometraje semanal inadecuado y/o una frecuencia de sesiones que excede sus capacidades, así como los límites de fallo sus tejidos.

La última hipótesis para explicar el desproporcionado número de lesiones sufridas por los corredores, sostiene que se trata de una cuestión de habilidad neuromuscular. Específicamente, la mala técnica de carrera es un factor central que contribuye a una gran cantidad de lesiones de carrera que se reportan. Este argumento se explorará en detalle a lo largo de este curso.

Actividad Reflexiva: ¿Cuál es su opinión? ¿Con cuál de las explicaciones exploradas sobre la prevalencia de las lesiones por correr está de acuerdo? ¿Existen otras teorías o factores que puedan ayudar a explicar este fenómeno?

1.1 Una Breve Historia de las Zapatillas para Correr

Durante los años 1970 y 1980, las tasas altas de lesiones entre los corredores de diferentes niveles se reportaron cada vez más. Dichos reportes llevaron a los fabricantes de zapatillas para correr a desarrollar y comercializar diversas innovaciones en sus diseños. La industria del calzado deportivo se ha expandido drásticamente en los años posteriores con diferentes modificaciones en el diseño de este, a fin de proporcionar amortiguación y absorción de impacto par así reducir estas fuerzas y las lesiones al correr.

Además, los fabricantes de calzado deportivo han ideado una miríada de modificaciones tecnológicas para proporcionar soporte de arco reforzado y características de ingeniería diseñadas para controlar o atenuar la torsión y pronación del pie. Se pretende que tales características de diseño aborden varios aspectos de la mecánica del pie y el tobillo que ocurren durante la pisada y la fase de apoyo al correr, y a su vez ayudan a prevenir lesiones comunes de esta actividad física. De hecho, una de las recomendaciones típicas que se propone para evitar lesiones al correr, es usar un calzado adecuado. Ha surgido una microindustria dentro del sector minorista de calzado deportivo que proporciona una "evaluación" y orientación adecuadas para ayudar al cliente a comprar el calzado que en particular cumpla con sus requisitos biomecánicos individuales. Del mismo modo, la experiencia en el área de "prescribir" el calzado adecuado para correr se considera ahora una habilidad crítica para los profesionales de medicina deportiva y fisioterapia, como parte de su papel en la gestión y prevención de lesiones por correr entre sus clientes [777].

1.2   La Paradoja de las Zapatillas Diseñadas para Correr

A pesar de los avances tecnológicos en el diseño de zapatillas para correr y los consejos de especialistas al comprar dichos implementos, es evidente que antedichos avances han manifestado poco o ningún impacto en la prevalencia general de lesiones entre corredores [778]. Por ejemplo, una revisión sistemática de la literatura que abarca un período comprendido entre 1982 y 2004, identificó tasas de lesiones en las extremidades inferiores relacionadas con la carrera a pie comprendidas entre 19.4 % a 79.3 %, sin ninguna disminución aparente en las tasas de lesiones cronológicas [776].

Paradójicamente, existen indicios de que las propiedades de ciertas zapatillas diseñadas para correr pueden tener efectos adversos sobre el estrés que se produce al correr y contribuir indirectamente al riesgo de lesiones en las extremidades inferiores. Por ejemplo, correr con zapatillas muy acolchadas hace que el corredor aumente la rigidez activa de las extremidades inferiores, resultando en un aumento en la carga de impacto final [779]. Las características de diseño que son habituales en las zapatillas de correr modernas, como la suela acolchada y el talón elevado, también pueden promover una mala mecánica de carrera. Un ejemplo es que la suela acolchada y el talón elevado permiten y promueven al corredor a entrar en contacto con el suelo con el talón cuando corre. Se muestra que esta estrategia de pisada con el talón primero o de retropié produce un pico de doble impacto en las fuerzas de reacción del suelo [780]; como tal, se asocia con fuerzas máximas de impacto y tasas de carga vertical más altas [781, 782]. Una investigación en corredores novatos que usaban zapatillas para correr convencionales identificó que el 99 % empleaba una estrategia de pisada con el retropié [783].

Cabe señalar, que no es simplemente la estrategia de pisada empleada lo que determina las tensiones y la eficiencia mecánica, sino también cómo se ejecuta. Sin embargo, otro ejemplo de la relación paradójica entre la comodidad adicional que brindan las zapatillas para correr modernas, contra los beneficios derivados, es que la amortiguación proporcionada puede servir para reducir la retroalimentación sensorial de los receptores cutáneos y articulares, así como la propiocepción durante el contacto inicial y la fase de postura, por lo que la ejecución es afectada [775]. Además, las suelas rígidas y el soporte del arco proporcionado externamente, que son característicos de muchas zapatillas modernas para correr, pueden con el tiempo llevar al corredor a desarrollar debilidad en los músculos y estructuras del pie, al igual que la parte inferior de la pierna. La presencia de antedicha debilidad, además de manifestar una actividad reducida de los músculos intrínsecos y extrínsecos del pie, puede predisponer al corredor a diversas formas de lesiones relacionadas con la carrera que afectan a la extremidad inferior, incluido el síndrome compartimental o de "sobrecarga biomecánica" [784].

Además, una revisión de la literatura de investigación dedujo que, hasta la fecha, no existe evidencia concluyente de que las características de diseño de las zapatillas para correr modernas sean efectivas para cumplir las funciones que se les atribuyen o para prevenir lesiones por correr [777]. Por ejemplo, los sistemas de "control de pronación" que se promueven para corregir la alineación y el movimiento del retropié no resultan ser efectivos y existe una carencia de datos que respalden que estas características de diseño produzcan una reducción en las tasas de lesión [785]. A pesar de los supuestos beneficios de las características de diseño de las zapatillas de "estabilidad" o "control de pronación", los datos de estudios prospectivos con seguimiento extendido indican que un zapato neutral parece ser el más apropiado;

incluso, para corredores novatos, a quienes se les ha identificado una postura de pie en pronación durante el examen de exploración y detección preliminar [786]. Por lo tanto, parece que la práctica de "prescribir" zapatillas de correr específicas para abordar los requisitos biomecánicos individuales del corredor carece actualmente de evidencia [777].

Actividad Reflexiva: ¿Cuál es su opinión? ¿Cómo aconsejaría a los atletas que eligieran sus zapatillas para correr?

1.3   El Advenimiento de las Zapatillas Minimalistas para Correr

El aparente fracaso de las zapatillas para correr acolchadas y diseñadas para resolver la epidemia de lesiones por correr, recientemente, ha generado un mayor interés en correr descalzo. La razón fundamental para correr descalzo es que los humanos han estado caminando y corriendo sin zapatillas durante millones de años y, por lo tanto, la marcha humana al correr ha evolucionado respectivamente [775]. Como tal, se argumenta que los humanos deberían estar bien preparados para correr descalzos sin un riesgo indebido de lesiones. Por extensión, se argumenta que correr con un "estilo descalzo" también podría evitar la biomecánica potencialmente dañina que puede ser facilitada por correr con zapatillas acolchadas y, a su vez, favorecer el desarrollo de una técnica de carrera más sólida mecánicamente [787].

Siguiendo esta tendencia, se pidió a una gran cantidad de fabricantes de calzado que ofrecieran zapatillas para correr "minimalistas", que se comercializan como una imitación de correr descalzo mientras que al tiempo ofrecen cierta protección al pie [788]. Desafortunadamente, al usar zapatillas para correr de gran apoyo y amortiguación durante varios años; para muchos corredores, este cambio puede resultar demasiado drástico cuando no se gestiona adecuadamente. Al igual que con la carrera estando descalzo, el período de transición aguda cuando se cambia a zapatillas minimalistas suele ir acompañado de dolor y molestias transitorias. También se reportan mayores tasas de lesiones durante el período inicial consecuente a la transición del calzado convencional al minimalista [787], probablemente, de cierta manera, en consecuencia a que las estructuras óseas y tejidos blandos no reciben suficiente tiempo de adaptación.

Otro problema, es que el efecto de cambiar a un "estilo descalzo" no atenúa necesariamente las tasas de carga iniciales a corto plazo. Las tasas de cargas verticales observadas cuando los corredores habitualmente calzados intentan por primera vez correr descalzos, pueden de hecho aumentar [789], particularmente en los corredores que regularmente inician el contacto con el suelo con el retropié [790]. Muchas de las mismas tendencias se observan cuando los corredores cambian de zapatillas para correr convencionales a minimalistas. Los cambios favorables en la cinética de carrera pueden no ser evidentes a corto plazo, y los participantes a menudo reportan dolor y molestia durante el período de transición, particularmente con un kilometraje semanal relativamente más alto [787]. Ciertos estudios reportan un aumento de las lesiones, aunque la incidencia de lesiones difiere entre los estudios.

Debido en parte a estos problemas, la tendencia de las zapatillas para correr minimalistas ha demostrado ser algo efímera. El péndulo parece haber oscilado en la dirección opuesta y muchos fabricantes han vuelto recientemente a producir zapatillas para correr acolchadas y con soporte para satisfacer la exigencia popular, incluso introduciendo zapatillas para correr "maximalistas" en el extremo opuesto del espectro [791].

Sin embargo, debe reconocerse que, fundamentalmente, el efecto protector de una buena técnica de carrera con respecto a la reducción del riesgo de lesiones relacionadas con la carrera se aplicará independientemente de que una persona esté corriendo descalza, calzada con zapatillas minimalistas o con cualquier otra forma de zapatilla para correr. En palabras de Daniel Lieberman:

"... cómo uno corre probablemente es más importante que lo que tiene uno puesto en los pies (pero lo que está en los pies puede afectar la forma en que se corre)" [775].

2   La Biomecánica de Correr

Existen varias diferencias clave que distinguen el ciclo de marcha de carrera del ciclo de marcha al caminar [792]. La marcha se conceptualiza a menudo utilizando un modelo de péndulo doble en forma de L invertida. La marcha al caminar se adapta muy bien a este modelo. Sin embargo, existen diferencias críticas entre caminar y correr. Al caminar, ambas piernas permanecen relativamente extendidas en todo momento, y durante la etapa del ciclo de marcha que abarca el contacto del talón de la pierna delantera con el suelo y el "despegue" de la pierna trasera, ambos pies están en contacto con el suelo simultáneamente (esto se conoce como "fase de doble postura").

Siguiendo el movimiento de cada extremidad inferior a la vez, podemos dividir cada ciclo de marcha para el miembro respectivo en una fase de apoyo (pisada del talón a la punta del pie durante la marcha al caminar) y fase de balanceo. Una de las características únicas de la marcha de carrera, es que la fase de apoyo solo involucra una extremidad a la vez; no existe una "fase de doble apoyo" como ocurre al caminar, ya que en ningún momento ambos pies están en contacto con el suelo. La mecánica de la acción de recuperación en la porción inicial de la fase de balanceo también es considerablemente distinta al correr.

La principal diferencia que distingue el ciclo de marcha de carrera es que presenta una fase de "vuelo" o "flotación", durante la cual ninguna pierna está en contacto con el suelo, de modo que, el corredor está esencialmente en el aire [792]. Esta fase de vuelo es exclusiva de la marcha de carrera y comprende el 73.4 % del ciclo de marcha de carrera durante el esprint con velocidades máximas [407]. La acción de reposicionamiento que ocurre durante las últimas etapas de la fase de vuelo y balanceo (en preparación para la siguiente pisada) también es exclusiva de la carrera y es un factor crítico con respecto a la economía de carrera, así como el impulso efectivo durante el contacto posterior.

2.1   Modelos de la Locomoción al Correr

La marcha de carrera se puede conceptualizar en términos de un **sistema de resorte-masa plano** [793]. La esencia de este modelo es que, durante la fase de apoyo, las articulaciones de la cadena cinética, desde el pie de apoyo del atleta hasta su centro de masa, actúa como un resorte con el centro de masa del atleta en la parte superior; de ahí el "sistema resorte-masa". El movimiento plano se describe como un movimiento de rebote a una velocidad dada. Por lo tanto, la carrera en línea recta puede observarse como un movimiento de rebote hacia delante en el que el atleta actúa como un resorte (cadena cinética del miembro inferior) con una masa (torso y cabeza) en la porción superior.

Al analizar la fase de apoyo del ciclo de marcha de carrera, el modelo resorte-masa descrito anteriormente puede complementarse con el modelo de "péndulo doble en forma de L" [34]. La adopción de este modelo híbrido permite al profesional considerar también las fuerzas de colisión en el pie y los torques en la articulación del tobillo durante la pisada.

Desarrollando aún más el modelo de resorte de masa, en lugar de un resorte de una sola "pierna", la cadena cinética del miembro inferior se representa mejor como una serie de resortes. Los estudios de cinética y cinemática durante la marcha de carrera demuestran que el grado relativo, la secuencia de la cinética y la energía de las articulaciones durante el contacto con el suelo difieren entre el tobillo, la rodilla y la cadera [794]. La masa que se asienta sobre estos respectivos resortes en serie es el tórax y la cabeza del atleta. La serie de resortes comienza en el pie: subiendo por la cadena, el siguiente resorte está formado por las unidades musculotendinosas de la porción inferior de la pierna, luego la pierna superior, la cintura pélvica y finalmente los músculos y estructuras miofasciales que conectan la cintura pélvica hasta las costillas inferiores y el tórax.

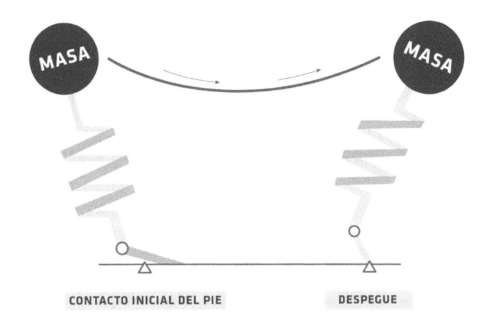

Figura 12.1 – Péndulo en Forma de L Aplicado el Modelo de Resorte-Masa de la Locomoción

2.2   Consideraciones para la Fase de Apoyo de la Marcha de Carrera

En términos de técnica de carrera, existen esencialmente tres elementos críticos a considerar durante la fase de apoyo del ciclo de marcha de carrera. El primero, es gestionar las fuerzas de impacto durante la pisada. El segundo factor, es optimizar el almacenamiento y retorno de energía elástica durante el resto de la fase de contacto después del contacto inicial. El objetivo final y general que relaciona ambos elementos es minimizar las fuerzas de frenado y maximizar el impulso horizontal.

Particularmente, desde el punto de vista de las lesiones, es evidentemente importante disipar de manera eficiente las fuerzas de colisión que ocurren en cada contacto con el suelo durante la carrera [792]. La pisada con el talón o retropié se asocia con tasas más altas de carga vertical instantánea [795]. Además de las fuerzas de impacto vertical, las fuerzas de frenado horizontales en el contacto inicial también son una consideración tanto desde la perspectiva de la eficiencia mecánica como de las lesiones. La fuerza de frenado máxima se ha identificado como un parámetro cinético que está fuertemente asociada con el riesgo de lesiones en el corredor [796]. Un parámetro clave identificado es la distancia horizontal entre el centro de masa del atleta y el pie adelantado durante el momento de contacto [797]. Además de la posición relativa del pie adelantado en el momento del aterrizaje, la orientación del pie en el contacto inicial también es un factor clave desde este punto de vista. Por ejemplo, debe evitarse la flexión plantar temprana antes del contacto con el suelo para mitigar las fuerzas de frenado en el contacto y las tensiones asociadas en el pie y el tobillo.

La activación óptima de los diversos músculos de la cadena cinética del miembro inferior, también parece ser un factor clave en términos de absorción de impacto activo a través de la estructura musculotendinosa en lugar de estructuras esqueléticas, cartilaginosas y ligamentosas. Esencialmente, existe la necesidad de optimizar la sincronización de la fase de activación de los músculos en cada segmento articular de la cadena cinética en la extremidad inferior, para cada "ciclo de trabajo" que ocurre cuando el atleta entra en contacto con el suelo [323]. La carencia de sincronización o la coordinación subóptima de reclutamiento en cada segmento manifestará consecuencias, en términos de las tensiones aplicadas a las estructuras involucradas en los respectivos eslabones de la cadena cinética.

De la misma manera, el corredor también debe evitar que su centro de masa descienda durante la fase de apoyo. Por el contrario, el impulso vertical excesivo durante cada contacto con el pie dará lugar a una oscilación vertical no deseada del centro de masa del corredor. En consecuencia, se observa que los corredores expertos, como los velocistas de élite, generan solo fuerzas de reacción verticales moderadas en el suelo, a un nivel suficiente para evitar el colapso durante la fase de apoyo y asegurar un tiempo de vuelo suficiente para mantener la distancia de zancada, mientras minimizan el movimiento resultante en una dirección vertical ascendente [419]. Esto es particularmente importante a velocidades más rápidas cuando el centro de masa del corredor sigue una trayectoria más lineal [793].

La activación coordinada de los músculos extensores de las respectivas articulaciones de las extremidades inferiores, desde el contacto inicial hasta el despegue, es crucial para modificar la rigidez y, a su vez, las propiedades mecánicas y contráctiles de la cadena cinética de estas extremidades durante la fase de apoyo [315]. De acuerdo con el modelo de resorte-masa, mantener una rigidez suficiente a lo largo de los resortes respectivos de la cadena cinética de la extremidad inferior, es fundamental para optimizar el almacenamiento y el retorno de la energía elástica a fin de facilitar el "movimiento de rebote plano" descrito al correr. El grado y la secuencia de la amortización que se produce en las articulaciones respectivas (en particular la rodilla frente al tobillo), durante la fase de apoyo es diferente [794]. El compuesto de las respectivas articulaciones es lo que determina la rigidez general de la pierna durante cada pisada. Una vez más, es el ajuste de la sincronización de activación de las unidades motoras durante cada ciclo de marcha de carrera el factor crítico que regula y modula el comportamiento de resorte en cada zancada.

El posicionamiento y orientación relativos del pie durante el contacto inicial también influyen en el almacenamiento y retorno de energía elástica durante el contacto con el suelo [780]. Por ejemplo, como la articulación del tobillo, así como los músculos y las estructuras del tejido conectivo asociados permanecen bajo tensión durante la pisada con antepié, se facilita la capacidad de almacenamiento de energía elástica del tendón de Aquiles, así como el arco longitudinal del pie [798]. Por el contrario, se sostiene que, durante la pisada con el retropié, gran parte de la energía cinética se pierde en el contacto inicial; y, también, se ha observado –en ciertos participantes– un nivel más bajo de preactivación de los músculos de las extremidades inferiores previo al contacto con el suelo cuando corren con una estrategia de pisada con el retropié [799].

Finalmente, un desafío crítico durante la fase de apoyo es minimizar las fuerzas de frenado durante cada contacto con el suelo mientras se maximiza el impulso [419]. Esto adquiere una importancia creciente y, en consecuencia, se vuelve más desafiante a medida que aumenta la velocidad de carrera, dado que la duración del contacto con el suelo se vuelve cada vez más breve. Como se comenta en la siguiente sección, la forma en que el corredor prepara la extremidad inferior y el pie para sobreponer su peso al pie de apoyo al contactar con el suelo es una vez más, un factor crucial que influirá en las fuerzas de frenado durante el contacto con el suelo [18].

2.3   Las Fases de Balanceo y Vuelo de la Marcha de Carrera

La fase de balanceo del ciclo de marcha de carrera se inicia después del despegue, cuando la extremidad que viaja hacia atrás pasa a una acción de recuperación y la porción inicial del balanceo hacia delante. Durante una porción de la fase de balanceo, la extremidad contralateral está en contacto con el suelo. Este intervalo de soporte de peso durante la fase de balanceo es precedido y seguido por la "fase de vuelo" cuando ambas extremidades inferiores están despejadas del suelo y el corredor está en el aire. Un aspecto crítico de la porción final de la fase de balanceo (y vuelo) es el reposicionamiento y movimiento del pie en preparación para el próximo contacto con el suelo.

Un elemento clave de la acción de recuperación después del despegue, es la flexión simultánea de la cadera y la rodilla, que sirve para llevar el pie hacia arriba y más cerca del eje de la cadera, a medida que la extremidad inferior oscilante pasa hacia delante y por debajo del cuerpo. Flexionar la pierna de esta manera, sirve para acortar el brazo de palanca y así reducir el momento de inercia del miembro inferior durante esta porción de la fase de balanceo, en lo que concierne al trabajo mecánico involucrado. Esto también es importante para evitar retrasos no deseados y tiempos de balanceo prolongados que, en última instancia, pueden restringir la velocidad de la zancada, especialmente a velocidades de carrera más altas [452].

Como se ha descrito, la porción inicial del balanceo activo hacia delante de la pierna trasera que sigue a la acción de recuperación coincide con el balanceo descendente de la pierna adelantada contralateral durante la pisada [792]. En el transcurso de la porción subsecuente del ciclo de marcha de carrera, el atleta soporta el peso sobre la pierna contralateral y genera impulso en una dirección hacia atrás a través del pie de apoyo a medida que impulsa la pierna oscilante frente a la línea media del cuerpo. El acoplamiento dinámico entre la extremidad delantera y trasera que se produce a lo largo del ciclo de marcha de carrera se explorará en detalle más adelante en este capítulo.

A medida que la pierna de apoyo se mueve hacia la porción terminal de la fase de apoyo, la pierna de balanceo continúa avanzando. También existe movimiento de la pelvis en el plano transversal, ya que la cadera ipsilateral gira hacia delante, lo que sirve para alargar la zancada. Este movimiento del plano transversal en la pelvis y la cadera, también acerca la posición de pisada subsiguiente a la línea media del cuerpo [792].

La rotación hacia delante de la pelvis y la cadera durante la fase de vuelo es facilitada por una contrarrotación de la cintura escapular y el impulso del brazo hacia atrás, mismo que tiene un efecto de contrapeso. La acción de oscilación segmentaria hacia delante del brazo ipsilateral durante el impulso en la fase de apoyo sirve de manera similar para contrarrestar el momento angular generado por la pierna de apoyo [792]. El papel de la extremidad superior durante la marcha a menudo se pasa por alto; sin embargo, los entrenadores expertos en esprints reconocen y enfatizan la importancia del "impulso del brazo" como un componente crítico de una técnica de carrera sólida [458].

Como se describió anteriormente para la acción de recuperación que inicia la fase de balanceo, la acción de reposicionamiento que ocurre durante la terminación de la fase de balanceo/vuelo también se desvía del modelo de locomoción de "doble péndulo" y, una vez más, diferencia la marcha de carrera de la marcha al caminar. Específicamente, en las últimas etapas de la fase de oscilación, la extremidad inferior no se balancea simplemente hacia delante en forma de péndulo antes de la pisada. Las razones de esto son bastante evidentes: balancearse hacia delante para entrar en contacto con el suelo distanciaría del centro de masa la posición de pisada del corredor, y el pie también se estaría desplazando hacia delante previo al contacto con el suelo; ambos factores conducirían inevitablemente a fuerzas de frenado excesivas al hacer contacto con los pies.

Los corredores expertos optimizan su mecánica de carrera para minimizar las fuerzas de frenado y maximizar el impulso durante cada contacto con el pie, y esto ocurre en gran parte durante la acción de reposicionamiento durante la última fase de balanceo/vuelo e inmediatamente antes del contacto con el suelo. Después de haber ayudado a impulsar la pierna hacia delante durante la porción inicial de la fase de balanceo, durante las últimas etapas de la fase de balanceo/vuelo, los extensores de la rodilla se relajan para permitir que la pierna se impulse hacia delante libremente [792]. Por el contrario, las estructuras musculotendinosas de los extensores de la cadera y los flexores de la rodilla durante la última fase de balanceo/vuelo, desaceleran el impulso hacia delante de la pierna. Estos músculos luego trabajan de forma concéntrica para impulsar el pie en un arco hacia atrás y hacia abajo durante la pisada [792]. Iniciar el movimiento del pie hacia atrás antes de entrar en contacto con el suelo dirige el movimiento del pie debajo del cuerpo del corredor; acercando la posición de inicio al cuerpo, lo que reduce las fuerzas de frenado y facilita el impulso durante la porción inicial de la fase de apoyo.

Actividad Reflexiva: ¿Cómo se relaciona la información presentada con su experiencia? ¿Cuáles son sus observaciones? ¿Cree que estos elementos describen lo que ha observado con corredores altamente entrenados? ¿Cuáles cree que son los principales aspectos que diferencian la técnica superior de corredores de élite en comparación con corredores recreativos?

3 Factores de Riesgo de Lesiones por Correr

Existe una serie de factores de riesgo intrínsecos y extrínsecos que se citan en la literatura sobre la etiología de las lesiones relacionadas con la carrera. Como suele ser el caso, a pesar de la aparente correlación entre las variables, la causalidad es mucho más difícil de establecer. A pesar de los esfuerzos de investigación en esta área, para la mayoría de los factores respectivos, la relación clara o la capacidad para predecir la incidencia de lesiones por correr continúa siendo difícil de alcanzar [800]. En esta sección exploraremos los principales factores de riesgo comúnmente identificados como contribuyentes a las lesiones en corredores y evaluaremos la evidencia disponible.

3.1 Factores Anatómicos y Musculoesqueléticos

Un individuo con anatomía funcional que se desvía de lo normal puede estar predispuesto a un mayor riesgo de lesiones al correr. Por ejemplo, existe evidencia de que una diferencia en la longitud de las piernas se asocia con una mayor incidencia general de lesiones por correr en las extremidades inferiores [776]. De manera similar, en ciertos estudios de lesiones se ha implicado un mayor "ángulo Q" debido a su efecto sobre la alineación de las extremidades inferiores y la carga asociada durante las actividades de soporte de peso como correr [801]. Los factores anatómicos que influyen en el estrés al correr pueden afectar a cualquier punto de la cadena cinética de las extremidades inferiores, incluidas la pelvis y la columna. Por ejemplo, las anomalías en la curvatura de la columna vertebral (por ejemplo, escoliosis) pueden, a su vez, conducir a una alteración de la mecánica durante la marcha de carrera, particularmente en el movimiento de la pelvis [792]. Las anomalías anatómicas en la porción distal de la cadena cinética de la extremidad inferior (es decir, pie y tobillo) pueden predisponer de manera similar a una persona a sufrir lesiones debido a las tensiones asociadas incurridas durante la pisada y el contacto con el suelo al correr.

Aparte de los aspectos anatómicos, los problemas musculoesqueléticos, como la restricción de los tejidos blandos, pueden interferir con la mecánica normal de la pelvis y las extremidades inferiores al correr. Por ejemplo, los flexores de la cadera tensos pueden provocar una inclinación pélvica anterior y una lordosis lumbar asociada, lo que puede colocar las estructuras locales y adyacentes bajo mayor tensión. Esta postura lumbopélvica rotada anteriormente –lordótica–, también puede interferir con la activación de los músculos clave de la cintura pélvica que se emplean durante la marcha de carrera [514]. Además, estos músculos también tienen una función principal en la estabilización de la pelvis y el apoyo de la extremidad inferior y, por lo tanto, están implicados en el riesgo de lesión de la extremidad inferior [802].

Sin embargo, la relación entre los rasgos anatómicos y la incidencia de lesiones relacionadas con la carrera no es del todo sencilla. Por ejemplo, un estudio reportó que no había una asociación aparente entre las mediciones de alineación estática de las extremidades inferiores derivadas de la evaluación clínica y la incidencia de la mayoría de las lesiones relacionadas con la carrera, con la excepción del dolor femororrotuliano [803]. Otro estudio no logró encontrar ninguna relación entre la postura del pie de los sujetos evaluada en bipedestación y el desarrollo de dolor femororrotuliano durante un programa de entrenamiento de carrera de 10 semanas en una muestra de corredores recreativos [804].

Por el contrario, la hipermovilidad de las articulaciones de la cadera y las extremidades inferiores también puede ser una causa de una mecánica aberrante que puede predisponer al individuo a sufrir lesiones cuando se realiza una actividad de carrera [792]. La hipermovilidad puede aumentar enormemente el desafío de la estabilización; esencialmente existe un mayor grado de movimiento que controlar. De esta manera, la hipermovilidad puede resultar en un movimiento excesivo en los eslabones respectivos de la cadena cinética de la extremidad inferior durante la marcha y el efecto de la inestabilidad en las articulaciones proximales probablemente se amplifique en las articulaciones más distales.

3.2   Factores Neuromusculares

Las deficiencias o disfunciones, asociadas con el complejo lumbo-pélvico-cadera, suelen tener un impacto sobre la cinética y cinemática de la cadera, así como de las estructuras más distales de las extremidades inferiores durante la actividad dinámica de soporte de peso, como correr. Estudios recientes identifican la "disfunción proximal" como un mecanismo clave que contribuye a la lesión de las extremidades inferiores [805]. Los déficits en la estabilidad lumbopélvica cuando se realiza una actividad de carrera son, por lo tanto, un factor de riesgo común para una variedad de lesiones relacionadas con la carrera que involucran las extremidades inferiores [792].

Como se discutirá en la sección posterior, los individuos que sufren síntomas de dolor y aquellos con antecedentes de lesiones por correr, a menudo exhiben problemas biomecánicos característicos. Comúnmente existen patrones de debilidad muscular específica, desequilibrios musculares, además de un reclutamiento o activación muscular aberrantes, que contribuyen a la cinética y cinemática articular anormales observadas durante la marcha de carrera a pie [792]. Independientemente de si estos rasgos representan un síntoma secundario o una causa principal de una lesión al correr, está claro que tales problemas biomecánicos colocarán a las estructuras musculoesqueléticas afectadas en mayor riesgo de lesión al realizar una actividad de carrera.

3.3   Composición Corporal

Las fuerzas de impacto incurridas durante la pisada serán naturalmente mayores entre los corredores que tienen una mayor masa corporal. Sin embargo, los datos publicados hasta la fecha sobre la relación entre las mediciones de la composición corporal y la lesión por correr son ambiguos. Una investigación de las lesiones por correr en una muestra de corredores novatos identificó que un índice de masa corporal (IMC) más alto era un factor de riesgo significativo asociado con la incidencia de lesiones entre los sujetos durante el período de estudio, pero esta relación no se encontró con las mujeres [806].

Por el contrario, un estudio reportó que los hombres corredores con un índice de masa corporal superior a 26 kg/m^2 reportaron una menor incidencia general de lesiones en las extremidades inferiores relacionadas con la carrera [807]. Sin embargo, esto puede ser un hallazgo anómalo: este fue un estudio que contó con corredores relativamente novatos y parece que la subpoblación de participantes con un índice de masa corporal más alto tuvo menos lesiones debido a que realizaron menos sesiones de carrera. A su vez, se ha sugerido que el índice de masa corporal más alto de estos podría ser un reflejo de su participación reducida en el entrenamiento [776].

3.4   Sexo

El sexo es el factor de riesgo más sistemáticamente reportado en mujeres que se asocia con una incidencia notablemente más alta de lesiones relacionadas con la carrera [776]. Las corredoras no solo sufren una mayor incidencia general de lesiones relacionadas con la carrera, sino que las tasas de lesión específicas de las extremidades inferiores también son notablemente mayores. Por ejemplo, la incidencia del síndrome de dolor femororrotuliano entre las corredoras es aproximadamente el doble que la de los hombres [808].

Las diferencias anatómicas que son características de las mujeres adultas, en relación con los hombres, parecen afectar la mecánica de carrera de una manera que contribuye a su riesgo intrínseco de sufrir lesiones particulares al correr. Por ejemplo, las mujeres poseen característicamente una pelvis más ancha y un mayor genu valgo del fémur como resultado, demostrado por mayores mediciones del ángulo Q entre las mujeres [809]. Parece que estas diferencias anatómicas se reflejan en diferentes cinemáticas de las extremidades inferiores durante la carrera. Específicamente, se muestra que la mecánica de la cadera y la rodilla en los planos frontal y transversal difiere entre mujeres y hombres, y también se observan diferencias en el reclutamiento de los músculos de la cintura pélvica [810].

Asimismo, se sugiere que, los cambios en la composición corporal que ocurren después de la pubertad también pueden contribuir al mayor riesgo de lesiones por estrés repetitivo en la extremidad inferior que se observa en las corredoras. Las mujeres sexualmente maduras tienen naturalmente mayores reservas de grasa corporal que los hombres. Como tal, incluso las corredoras muy delgadas que compiten a nivel de élite pueden llevar alrededor de 5 kg más de grasa corporal que sus contrapartes [809]. Las mujeres tampoco se benefician en la misma medida de los aumentos naturales en la masa muscular magra y la fuerza que se observan en los hombres después de la pubertad. Por ejemplo, un corredor de élite generalmente tiene 3 kg más de masa muscular magra que una corredora de élite.

Del mismo modo, en ausencia de una intervención de entrenamiento de fuerza, es probable que las corredoras también presenten debilidad muscular específica que afecte a ciertos grupos musculares. Por ejemplo, se observa que las mediciones absolutas de la fuerza de los isquiosurales se estabilizan en mujeres a partir de los 12 años en adelante [470]. Esto se refleja en función y rendimiento. Después de la pubertad, son evidentes las diferencias significativas en las mediciones de rendimiento neuromuscular, incluida la rigidez activa de las extremidades inferiores, entre mujeres y hombres, mientras que este no es el caso en niños y niñas prepúberes [677]. La ausencia de mejoras pronunciadas en el rendimiento neuromuscular en combinación con ganancias concurrentes en masa corporal y aumentos en la longitud de las extremidades (y por lo tanto la longitud de la palanca) después de la pubertad puede servir para reducir el control y la estabilidad de las extremidades inferiores [469]. En consecuencia, se observa una tendencia a que las mediciones de control neuromuscular, como la alineación dinámica de las extremidades inferiores, empeoren progresivamente una vez que la mujer entra en la adolescencia [657].

Actividad Reflexiva: ¿Refleja esto su experiencia? ¿Cuál sería su estimación de la incidencia relativa de lesiones relacionadas con la carrera en hombres frente a mujeres entre los atletas y corredores recreativos con los que trabaja? ¿Ha observado ciertas lesiones atribuidas a la actividad de correr que son particularmente frecuentes entre las mujeres?

3.5 Edad del Corredor

Aunque los datos reportados hasta la fecha son algo contradictorios, ciertos estudios han reportado que una mayor edad se asocia con una mayor incidencia de lesiones por correr [776]. Sin embargo, estos hallazgos pueden explicarse por el hecho de que los participantes de mayor edad tienen más probabilidades de tener antecedentes de lesiones por correr, que es un factor de riesgo principal para dichas lesiones, como veremos en la siguiente sección.

3.6 Lesión Previa o en Curso por Correr

El hallazgo constante de los estudios que investigan las lesiones por correr es que existe una fuerte asociación entre las lesiones previas y las tasas de lesiones en las extremidades inferiores reportadas entre los corredores [776]. Por ejemplo, una investigación en corredores novatos reportó que los hombres con antecedentes de lesiones en las extremidades inferiores registraron una incidencia 2.6 veces mayor de lesiones por correr [806]. En otro estudio, la mitad de los participantes que resultaron lesionados durante el período de estudio reportaron antecedentes de lesiones en la misma ubicación anatómica [807]. Por lo tanto, los antecedentes de lesiones por correr o los síntomas persistentes de dolor y lesiones, representan un factor de riesgo importante para la aparición o recurrencia de lesiones por correr.

Los corredores lesionados suelen presentar una variedad de problemas musculoesqueléticos, que a su vez contribuyen a un mayor riesgo de lesiones recurrentes. El reclutamiento muscular anormal y la mecánica de carrera alterada prevalecen entre los corredores previamente lesionados [808]. De hecho, fundamentándose en hallazgos recientes, parece que los rasgos biomecánicos exhibidos por corredores previamente lesionados son diferentes a los rasgos exhibidos por corredores sin antecedentes de lesiones [811]. Esto se explorará a detalle en la sección 5 de este capítulo.

En vista de ello, parece que los mecanismos y los factores de riesgo asociados de lesión recurrente son diferentes a los asociados con la primera incidencia de lesión. Evidentemente, esto tiene una serie de implicaciones para los entrenadores y profesionales. Específicamente, en vista de estos hallazgos, parecería que la gestión y prevención de la recurrencia de una lesión por correr necesitará una propuesta bastante diferente a la requerida para prevenir la primera incidencia de una lesión por correr.

3.7 Biomecánica de la Marcha y Técnica de Carrera

La técnica de carrera se identifica como un factor importante en relación con las fuerzas externas e internas impuestas sobre el sistema musculoesquelético cuando se realiza una actividad de carrera a pie, y también se hace evidente una relación con la dirección y distribución de estas estas fuerzas [812]. Quizás la mejor ilustración del profundo efecto de la técnica de carrera sobre el riesgo de lesiones son las diferencias significativas en las tasas de lesión entre corredores expertos y corredores recreativos. Un metaanálisis de investigaciones de lesiones por carrera en diferentes poblaciones reportó la menor incidencia en corredores de larga distancia entrenados que compiten en atletismo de pista y campo (2.5 lesiones por 1 000 horas de exposición), y la incidencia más alta fue reportada en corredores novatos (33.0 lesiones por 1 000 horas de exposición) [813]. Ciertas de las diferencias pueden explicarse por la ausencia de acondicionamiento y el hecho de que las estructuras musculoesqueléticas aún no están completamente adaptadas en los corredores novatos. Sin embargo, las tasas de lesiones reportadas en los estudios de corredores recreativos (que están adaptados a la actividad de correr) continúan siendo evidentemente más altas, con valores promedio reportados en el rango de 6.9 a 8.7 lesiones por 1 000 horas de exposición [813].

Cuando la biomecánica empleada se desvía notablemente de lo que es óptimo para una locomoción y disipación de fuerzas eficientes, esto afectará naturalmente las tensiones incurridas durante el ciclo de marcha de carrera y, a su vez, afectará la forma en que estas tensiones actúan sobre las estructuras respectivas de la cadena cinética de las extremidades inferiores. De ello se deduce que aquellos que exhiben una técnica menos sólida mecánicamente y una economía de carrera deficiente se expondrán inevitablemente a un mayor riesgo de lesiones.

Ciertos investigadores han explorado la cuestión de la existencia de un cierto tipo de marcha patológica asociada con las lesiones de carrera [814]. Se han identificado una serie de factores en relación con la mecánica de carrera que predisponen a los corredores a sufrir lesiones. Estos factores incluyen la orientación del tronco, el control dinámico de la pelvis y la cintura pélvica durante la fase de apoyo y la orientación del pie y el tobillo en el contacto inicial [814]. Cada uno de estos elementos de la marcha de carrera se ha relacionado con lesiones comunes de tejidos blandos relacionadas con la carrera.

Uno de los aspectos críticos de la marcha de carrera que recientemente ha recibido mucha atención es la estrategia de pisada empleada. Existe cierta disputa sobre la mejor manera de categorizar y definir las diferentes estrategias observadas [812], pero esencialmente existen tres. La primera de ellas, y la más común entre los corredores de resistencia, es una pisada con el *retropié*; el contacto inicial sucede en el talón, por lo que también se denomina "pisada de talón". La segunda categoría es la pisada con el *mediopié*, con un contacto inicial en la región del mediopié. Finalmente, la pisada con el *antepié,* con frecuencia, implica que el contacto inicial se produce en el borde lateral del antepié, aunque la aceptación del peso se produce posteriormente a través del mediopié.

Una investigación retrospectiva de las lesiones entre los corredores competitivos de campo a través identificó que los que empleaban una pisada con el retropié sufrían aproximadamente el doble de lesiones por estrés repetitivo reportadas entre los corredores que habitualmente corrían con una pisada con el antepié o el mediopié [812]. Según los hallazgos del mismo estudio, también parece que los corredores de fondo que emplean una pisada con el retropié pueden sufrir una mayor proporción de lesiones categorizadas como "moderadas" o "graves" en comparación con aquellos que utilizan una pisada con el antepié.

Como se describe en una sección anterior, se muestra que una pisada con el retropié o el talón genera un pico de impacto adicional en el perfil de fuerza de reacción del suelo al contacto del pie. Mientras que la amortiguación proporcionada por las zapatillas para correr amortigua las fuerzas de impacto; hasta cierto punto, el resultado continúa siendo que la tasa máxima de carga es considerablemente mayor con una pisada con retropié [775]. Estas tasas más altas de carga de impacto están asociadas con el riesgo y la incidencia de diversas lesiones por estrés repetitivo en la extremidad inferior [812].

Otro aspecto menos estudiado de la estrategia de pisada durante la marcha de carrera, son las implicaciones para los torques generados en las respectivas articulaciones de la extremidad inferior [815]. Por ejemplo, la pisada con antepié se asocia con mayores momentos de fuerza generados en el tobillo durante la carrera [816]. Por el contrario, los corredores habituales de pisada con el retropié reportan un trabajo negativo relativamente mayor en la rodilla [817]. Por lo tanto, cada estrategia de pisada tiene implicaciones para las tensiones incurridas en los segmentos respectivos de la cadena cinética del miembro inferior [818] y, posiblemente, el riesgo asociado de lesiones específicas [817].

Se han observado otros factores de riesgo asociados con irregularidades en la marcha de carrera para lesiones particulares en las extremidades inferiores. Por ejemplo, se descubrió que varias características de la marcha identificadas a partir de las mediciones de la presión plantar durante la carrera calzada y los análisis tridimensionales de la cinemática de la marcha de carrera, estaban relacionadas con el desarrollo de "dolor en la porción inferior de la pierna relacionado con el ejercicio" en sujetos jóvenes activos sanos [819]. Otro estudio prospectivo investigó la posible asociación entre las presiones plantares medidas durante la carrera y el desarrollo de dolor femororrotuliano en una muestra de corredores recreativos novatos sin antecedentes de molestias en las extremidades inferiores [804]. Este estudio reportó que los corredores que desarrollaron dolor femororrotuliano durante la intervención de entrenamiento de carrera de 10 semanas exhibieron mayores fuerzas de impacto vertical en su marcha de carrera durante la pisada, en particular debajo de la porción lateral de la superficie plantar del talón. En ciertos estudios se ha identificado una subpoblación de corredores de pisada con retropié "atípicos", que muestran este patrón característico de inicialmente entrar en contacto con el suelo con la porción lateral del retropié, antes de rápidamente ajustar la posición, absorbiendo así las fuerzas de impacto en el mediopié [795].

3.8 Volumen Total de la Carrera y "Errores de Entrenamiento"

Es probable que el volumen total de carrera, como el kilometraje semanal realizado por un corredor, sea un factor en la etiología de las lesiones por estrés repetitivo relacionadas con la carrera [820]. Parecería deducirse que un mayor volumen de carrera daría lugar a una mayor cantidad de estrés acumulativo simplemente debido al mayor número de zancadas, particularmente para aquellos con deficiencias en su técnica de carrera. En consecuencia, una revisión sistemática de la literatura identificó que la distancia de entrenamiento superior a 64 kilómetros por semana se asoció con una mayor incidencia de lesiones entre los hombres corredores recreativos y competitivos en los estudios revisados [776].

De manera similar, cuando un corredor aumenta su volumen de carrera semanal, también parece ser más propenso a sufrir lesiones por sobreuso [820]. Dicho lo anterior, esta relación no es sencilla. Se ha propuesto y popularizado la "regla del 10 %", que afirma que los incrementos en la carga de entrenamiento no deben exceder el 10 % a la vez. Sin embargo, una revisión sistemática de las investigaciones del volumen de entrenamiento semanal y las lesiones al correr reportó que los aumentos semanales que llevaron a una mayor incidencia de lesiones en los estudios examinados excedieron drásticamente este umbral del 10 % [821]. Además, los participantes del estudio que permanecieron libres de lesiones pudieron sostener de manera segura aumentos del 22.1 ± 2.1 % en el volumen de carrera semanal.

Se sostiene que hasta un 60 % de las lesiones por sobreuso al correr observadas en los estudios clínicos pueden atribuirse a "errores de entrenamiento" [801]. Como se señaló, la prescripción incorrecta y la progresión del kilometraje semanal, es un error de entrenamiento común identificado como contribuyente a las lesiones entre los corredores. Otro "error de entrenamiento" que se suele citar es no programar suficiente tiempo de recuperación entre las exigentes sesiones de carrera para que tenga lugar la regeneración y la adaptación necesarias, de modo que, los tejidos involucrados se acercan más a sus límites de fallo. Existe evidencia que respalda esta afirmación, en donde un mayor número de sesiones de carrera por semana es asociado con una mayor incidencia de lesiones por distensión muscular en la porción superior de la pierna [776].

Por el contrario, una investigación de un programa de entrenamiento de carrera supervisado que involucró principalmente a corredores novatos identificó que aquellos participantes que solo completaron una sesión por semana eran más propensos a sufrir lesiones en las extremidades inferiores [807]. De manera similar, existe evidencia de que una mayor distancia de entrenamiento por semana se asocia con menos lesiones en la rodilla y el pie en corredores recreativos [776]. Por lo tanto, es concebible que pueda existir un umbral de frecuencia y volumen de entrenamiento de carrera (número de sesiones de carrera y posiblemente distancia por semana) que se requiera para provocar las adaptaciones y las mejoras en la coordinación necesarias para experimentar un efecto protector en corredores recreativos.

Actividad Reflexiva: ¿Cuál es su opinión? ¿Qué patrones ha observado con diferentes grupos con respecto al kilometraje de carrera, frecuencia de entrenamiento y lesiones? ¿Esta relación se altera según el nivel del atleta o la competencia técnica del individuo, u otros factores (edad, experiencia de entrenamiento, historial de lesiones)?

3.9   Velocidad de Carrera y Frecuencia de Zancada

En contraste con los aparentes riesgos asociados con un alto volumen y frecuencia de carrera, parece que aumentar la velocidad de carrera por encima del ritmo de carrera preferido o habitual de los participantes puede conferir ciertos efectos benéficos, en términos de mejorar la biomecánica y reducir las tensiones asociadas impuestas en las estructuras de la extremidad inferior.

Contrariamente, una investigación reciente de la distribución de la presión plantar reportó que al correr a baja intensidad o velocidad (es decir, trotar), las cargas relativas registradas en ciertas regiones del pie pueden ser proporcionalmente mayores que cuando los participantes corren a alta velocidad [822]. Fundamentándose en estos hallazgos, los autores abogaron que los corredores (y los atletas en los deportes de carrera) no deben realizar un kilometraje excesivo al ritmo de trote para evitar sobrecargar los metatarsianos.

También se sugiere que la frecuencia de zancada habitual empleada por los corredores puede ser un factor biomecánico que contribuye a las lesiones al correr. Siguiendo este razonamiento, la manipulación de la frecuencia de zancada (específicamente el aumento de la frecuencia de zancada por encima de la selección de frecuencia propia) se ha convertido en una forma popular de reentrenamiento de la marcha.

4   Un Resumen de los Tipos de Lesiones por Correr Más Comunes

Por definición, la mayoría de las lesiones típicas relacionadas con la carrera se pueden clasificar como "lesiones por estrés repetitivo" [775]. Ciertas de estas lesiones pueden clasificarse como lesiones por impacto, ya que se deben principalmente a las fuerzas de impacto repetitivas que se producen durante el contacto con el pie y, como tales, afectan principalmente al pie y a la porción inferior de la pierna. Los factores críticos asociados con la incidencia de estos tipos de lesiones incluyen no solo la *magnitud*, sino también la *tasa* de carga y tensión impuestas a las estructuras de la extremidad inferior durante la marcha de carrera [812].

Bertelsen y colaboradores [823] delinearon un marco que define los parámetros clave en relación con el riesgo de lesiones relacionadas con la carrera. El primer elemento que considerar es la capacidad de las estructuras respectivas de la cadena cinética de las extremidades inferiores. A su vez, es importante evaluar las tensiones acumuladas sobre estructuras específicas durante una sesión de carrera determinada y considerar cómo la capacidad específica de la estructura podría reducirse o deteriorarse durante el transcurso de la carrera. Siguiendo este marco, podemos obtener información sobre cómo pueden ocurrir lesiones relacionadas con la carrera como resultado de la superación de la capacidad de las estructuras respectivas.

Volviendo al modelo de causalidad de lesiones presentado en el capítulo anterior, si la capacidad o tolerancia de carga de las estructuras respectivas para el individuo no es alta, ya sea por carencia de fuerza, acondicionamiento insuficiente o por estar comprometida por una lesión previa, entonces es evidente cómo el individuo puede estar predispuesto a sufrir lesiones. De manera similar, si la capacidad específica de la estructura es afectada debido a una recuperación insuficiente después de una sesión de carrera previa, o debido a una reducción en la capacidad que se produce durante el curso de la carrera, es probable que el corredor sea susceptible a lesionarse. Si las tensiones incurridas a estructuras específicas durante la carrera son excesivas debido a una mecánica de carrera inapropiada o defectuosa, también es evidente que es factible que esto aumente la probabilidad de abrumar con el tiempo la capacidad y la tolerancia de carga de las estructuras involucradas.

Sin embargo, existen otras formas de lesiones relacionadas con el sobreuso durante la carrera a pie, cuya etiología es menos clara. Esta categoría de lesiones por correr se caracteriza generalmente por un inicio insidioso y pueden afectar a cualquier parte de la cadena cinética del miembro inferior. Ciertos ejemplos de este tipo de lesiones incluyen afecciones como la fascitis plantar.

4.1   Fracturas por Estrés y Lesiones Óseas por Reacción de Estrés

Las fracturas por estrés son la culminación de microtraumatismos acumulados como resultado de las tensiones aplicadas sobre las estructuras esqueléticas que soportan la carga de la extremidad inferior durante la marcha [824]. Existe una etapa intermedia denominada "reacción de estrés": con un diagnóstico temprano e intervención adecuada en esta etapa, es posible evitar que la lesión por microtrauma progrese a una lesión por fractura por estrés. La naturaleza de la lesión por estrés es importante en términos de pronóstico y tratamiento de la lesión. Las lesiones por estrés de compresión responden mejor al tratamiento conservador y, generalmente, tienen un mejor resultado, mientras que las microfisuras por estrés de tensión son menos estables y más propensas a desplazamiento en el sitio de la fractura [824].

Si bien las lesiones por fracturas por estrés que afectan al pie se asocian comúnmente con la carrera, la tibia es de hecho el sitio de fracturas por estrés registrado con más frecuencia en los corredores [825]. El síndrome de estrés tibial medial es una de las lesiones musculoesqueléticas más comúnmente reportadas entre los corredores [778]. Por ejemplo, en un estudio que investigaba un programa de carrera supervisado para corredores recreativos principiantes e intermedios, el "síndrome de estrés tibial" fue la lesión diagnosticada relacionada con la carrera más frecuentemente reportada que sufrieron los participantes [807].

Debido a la naturaleza de estas condiciones, la reducción del contenido mineral óseo y la densidad mineral ósea, son los principales factores de riesgo intrínsecos para la reacción de estrés y las lesiones por fractura por estrés. En consecuencia, el sexo también se asocia con un mayor riesgo de estas lesiones, en parte debido al menor contenido mineral y densidad ósea observadas en las mujeres, que empeora progresivamente con la edad [824]. La incidencia de lesiones de fractura por sobrecarga reportada por ciertos estudios ha sido dos veces mayor entre las atletas y corredoras [825].

Otros factores de riesgo intrínsecos para la reacción por estrés y la lesión por fractura por estrés incluyen aspectos anatómicos, como la morfología del pie y la alineación de las estructuras de la extremidad inferior [824]. De acuerdo con esto, existen ciertos datos preliminares que respaldan que la prescripción de ortesis de pie personalizadas podría ofrecer algún beneficio como medio para gestionar y reducir la incidencia de fracturas por estrés en la extremidad inferior [826].

El mecanismo de las fracturas por estrés, y las lesiones asociadas a la reacción de estrés, están relacionados con la magnitud y la velocidad de las fuerzas de impacto incurridas durante la marcha de carrera [801]. Por ejemplo, se reportó que tanto las fuerzas máximas de reacción vertical del suelo, como la tasa de carga vertical registrada durante la carrera, fueron mayores en las corredoras con antecedentes de fracturas tibial por sobrecarga [825]. Una revisión sistemática reciente de la literatura reportó que es la tasa de carga vertical, más que la magnitud general de las fuerzas de reacción del suelo, lo que muestra de manera más consistente una relación estadística con la lesión por fractura por estrés de las extremidades inferiores [827].

Además de las fuerzas de reacción del suelo registradas durante la pisada, la "aceleración tibial" en una dirección positiva (hacia arriba) después del impacto inicial al correr es otra medición relacionada con las fracturas por estrés tibial [828]. En consecuencia, se reporta que las mediciones de "impacto tibial" son mayores en corredoras con antecedentes de fractura tibial por sobrecarga [825]. Por último, ciertos autores han sugerido que el control dinámico y el movimiento del pie que se produce durante la fase de apoyo pueden estar implicados con las lesiones por fractura por sobrecarga [801].

En el caso de las fracturas por estrés o lesiones por reacción al estrés que afectan el pie y el tobillo, también se identifica que existe una asociación entre la región del pie afectada y la estrategia de pisada habitualmente empleada por el corredor [812, 829]. La pisada con antepié parece estar asociada específicamente con una lesión relacionada con el estrés en los metatarsianos. Por el contrario, las fracturas por estrés observadas entre los corredores que emplean una pisada con retropié pueden afectar cualquier parte del pie y la porción inferior de la pierna (con la excepción del antepié y los metatarsianos). Por razones similares, las fracturas por estrés del navicular se observan con más frecuencia en velocistas de pista y corredores de media distancia en comparación con los corredores de larga distancia, debido tanto a la estrategia de pisada con antepié empleada como a las mayores fuerzas generadas durante el despegue por estos atletas [824].

4.2 Tendinopatía de Aquiles

El dolor en el tendón de Aquiles es muy frecuente en los corredores y afecta con mayor frecuencia la porción media del tendón (tendinopatía de la porción media) o la inserción de Aquiles en el calcáneo (tendinopatía de Aquiles insercional) [829]. A pesar de la prevalencia de la lesión por sobreuso del tendón de Aquiles entre los corredores, se observa que, hasta la fecha, sorprendentemente escasos estudios en la literatura de medicina deportiva han examinado la etiología de esta lesión y los factores de riesgo asociados [830].

Se ha identificado que la patología del tendón es un continuo. En términos generales, la tendinopatía de Aquiles se puede estratificar en fase aguda (tendinopatía reactiva), sanación fallida (deterioro del tendón) y tendinopatía degenerativa crónica. De ello se deduce que la propuesta del tratamiento debe variar según el lugar en el que el diagnóstico encaje en el continuo [829]. Sin embargo, los casos individuales de tendinopatía de Aquiles, "inducida por carga", también varían ampliamente en la forma en que se presentan y responden a diferentes protocolos de tratamiento [756].

Si bien, se han propuesto una variedad de factores de riesgo, incluidos varios factores biomecánicos y ambientales, la mayoría no se han estudiado de manera prospectiva. En un estudio en cadetes militares, se encontró que las puntuaciones reducidas en la fuerza de flexión plantar (evaluado con un dinamómetro isocinético) y el rango de movimiento de dorsiflexión, eran predictivos de los síntomas de tendinopatía de Aquiles durante la intervención de entrenamiento [830]. La prevalencia del dolor en el tendón de Aquiles también muestra una asociación con cambios agudos en el entrenamiento de carrera que afecta la cinética de carrera de una manera que aumenta la tensión en este, como cambios en la superficie de carrera o aumentos en la velocidad e intensidad de las sesiones de carrera u otras sesiones de entrenamiento de alto impacto [831].

Por lo tanto, tanto la fuerza como la flexibilidad de los flexores plantares parecen ser importantes en términos de gestión y prevención de lesiones por sobreuso en el tendón de Aquiles. De acuerdo con esto, una variedad de esquemas de carga han reportado efectividad con la tendinopatía de Aquiles [755]. Por ejemplo, las intervenciones de entrenamiento excéntrico se han empleado típicamente para aliviar los síntomas de la tendinopatía de Aquiles y restaurar la función [832]. De la misma manera, los casos individuales varían ampliamente y, en ciertos escenarios, la respuesta al entrenamiento excéntrico durante el tratamiento inicial o el proceso de rehabilitación puede no ser favorable. Se ha argumentado que el éxito de las intervenciones de ejercicio excéntrico como modalidad de tratamiento para la tendinopatía de Aquiles puede atribuirse en parte a proporcionar entrenamiento de flexibilidad para los músculos flexores plantares y los tejidos conectivos asociados [731].

Más allá de una propuesta localizada que aborde la integridad estructural del tendón de Aquiles y la fuerza y función de los flexores plantares, la función de la cadena cinética del miembro inferior también debe considerarse con respecto a la etiología de la tendinopatía de Aquiles y su gestión [829]. Por ejemplo, el control neuromotor alterado de los músculos glúteos está implicado con la tendinopatía de Aquiles, lo cual refleja el papel de la cintura pélvica en el control proximal de la extremidad inferior [833]. Por lo tanto, las intervenciones integrales deben abarcar tanto el eslabón distal de la cadena (es decir, el pie) como los ejercicios de control proximal que integran la cadena cinética del miembro inferior en su conjunto; además de ejercicios que aíslan la función del complejo musculotendinoso flexor plantar-Aquiles.

4.3   Dolor de Rodilla Anterior y Tendinopatía Rotuliana

La rodilla es el sitio más común de lesiones relacionadas con la carrera [776]. De estas lesiones relacionadas con la carrera, el diagnóstico más común es el dolor anterior de la rodilla o "síndrome de dolor femororrotuliano" [804]. Esta condición es particularmente prevalente entre las corredoras [811]. El síndrome de dolor femororrotuliano abarca una serie de quejas que pueden estratificarse utilizando criterios que incluyen síntomas específicos y también la presencia de una mala alineación basada en el examen clínico [834]. El inicio del dolor femororrotuliano con la carrera a pie o la actividad relacionada tiende a estar vinculado tanto con la carga aplicada como con la función de la articulación femororrotuliana, en alguna combinación [835]. Con el tiempo, los individuos que padecen dolor femororrotuliano crónico pueden desarrollar elementos psicológicos y conductuales, incluido el miedo y la tendencia a evitar la actividad que provoca los síntomas [836].

Los factores anatómicos pueden contribuir a la mala alineación de la rótula y la inestabilidad en la articulación femororrotuliana. Los rasgos o anomalías particulares en la anatomía de las extremidades inferiores, que pueden predisponer a un individuo a una mala alineación y al dolor femororrotuliano asociado, conciernen principalmente a aquellos que afectan la alineación entre el fémur y la porción inferior de la pierna [834]. Las anomalías en la morfología del pie y un movimiento aberrante del pie durante la marcha también se han propuesto como posibles factores de riesgo para el dolor femororrotuliano. Dicho esto, los estudios prospectivos más recientes no han logrado encontrar una asociación entre estos factores y los sujetos que desarrollaron dolor femororrotuliano [804]. De manera similar, un metaanálisis reciente identificó que las ortesis de pie prescritas para corregir la alineación y el movimiento subastragalino generalmente no logran un éxito significativo como modalidad de tratamiento o medida preventiva para combatir el dolor femororrotuliano [826]. Fundamentándose en la evidencia disponible, parece que la pronación excesiva del retropié puede afectar el movimiento de rotación interna de la cadera durante la marcha en un grado que podría predisponer al individuo al dolor femororrotuliano, pero este no es el caso de quienes exhiben niveles más moderados de movimiento del retropié [837].

La rigidez de los músculos de las extremidades inferiores y los tejidos conectivos asociados también puede afectar la alineación y la carga en la rótula. Por ejemplo, la rigidez en el cuádriceps puede aumentar la compresión de la articulación femororrotuliana y la restricción de los isquiosurales y el gastrocnemio puede aumentar de manera similar la carga sobre el tendón rotuliano [834]. De acuerdo con esto, las puntuaciones reducidas en la flexibilidad de los isquiosurales y cuádriceps han reportado una relación estadística con la incidencia de tendinopatía rotuliana [614]. La restricción en las estructuras laterales del tejido conectivo de la rodilla y la porción superior de la pierna puede crear de manera similar fuerzas laterales que interrumpen la alineación y pueden resultar en una inclinación lateral de la rótula [834]. Esta inclinación lateral de la rótula, en combinación con la rotación interna del fémur, puede servir para aumentar el estrés por contacto y los síntomas de dolor [838].

Las deficiencias en la función neuromuscular y el control dinámico de la alineación de las extremidades inferiores también se identifican como un factor de lesiones, como la tendinopatía rotuliana [839]. Estos problemas se han relacionado con la mayor incidencia del síndrome de dolor femororrotuliano entre las mujeres [810]. Un enfoque común durante la evaluación clínica es la fuerza y función del vasto medial oblicuo (VMO) debido a su función como estabilizador principal de la rótula, y la observación de que aquellos con afecciones como la tendinopatía rotuliana pueden presentar atrofia específica de este [834]. Por otro lado, los déficits en función de la musculatura proximal también se han implicado en quienes padecen dolor femororrotuliano [840]. En particular, los músculos de la cintura pélvica, como los músculos del complejo glúteo, han sido el enfoque de investigaciones recientes [808, 841].

Se identifican tres parámetros cinéticos clave con respecto a la carga de la articulación femororrotuliana y las estructuras asociadas: carga máxima en cada zancada; tasa de carga; y carga acumulada de la sesión [835]. Una cinemática aberrante en diversas partes de la cadena cinética de los miembros inferiores durante la marcha de carrera también está implicada con la etiología del síndrome de dolor femororrotuliano. Los factores comúnmente reportados incluyen la aducción y la rotación interna de la cadera, el grado de flexión de la rodilla durante la fase de apoyo y la dorsiflexión durante el contacto inicial [842]. Aunque normalmente ha recibido menos atención, el movimiento en la tibia también merece consideración cuando se trabaja con corredores con dolor femororrotuliano [843].

Se sugiere que la mecánica específica asociada con el dolor femororrotuliano puede diferir entre mujeres y hombres [811]. Las corredoras suelen demostrar una mayor aducción de la cadera y una mayor rotación interna durante el contacto inicial con el suelo, en particular, lo que conduce a una alineación en valgo de las extremidades inferiores, y esto es, incluso, más pronunciado en las corredoras que padecen dolor femororrotuliano [838]. Tanto los hombres sanos [810] como los corredores que padecen dolor femororrotuliano [811] exhiben menos aducción de la cadera durante la marcha en comparación con las mujeres. En los corredores parece que la aducción máxima de la rodilla durante la fase de apoyo es el mayor problema para quienes padecen el síndrome de dolor patelofemoral. Los corredores sintomáticos también parecen mostrar una mayor caída pélvica contralateral, indicativa de un control lumbopélvico dinámico deficiente, en comparación con los corredores sanos [811].

Una revisión exhaustiva ha demostrado que la biomecánica alterada exhibida por corredores de ambos sexos es susceptible a cambios positivos a través de intervenciones específicas [844]. Las intervenciones de entrenamiento de fuerza enfocadas a la rodilla y la cadera, respectivamente, por lo regular reportan resultados positivos con respecto al dolor y la función femororrotuliana [845]. El entrenamiento específico de fuerza y neuromuscular para mejorar la fuerza de la cadera y el control proximal, también manifiesta mérito. Lo anterior, fundamentándose en estudios que –hasta la fecha–, reportan mejoras a corto y mediano plazo en los síntomas y la función en corredores [846].

4.4   Síndrome de la Banda Iliotibial

El síndrome de la banda iliotibial (ITB) comprende esencialmente irritación y flexibilidad reducidas de las estructuras de tejido blando laterales a la rodilla [847]. Esta es una condición de sobreuso que es común en los corredores, particularmente durante períodos de entrenamiento intenso, que tiene un inicio insidioso. Los síntomas de esta afección suelen ser relativamente leves, especialmente en las primeras etapas; por lo que los corredores a menudo continuarán entrenando con normalidad a pesar de la incomodidad experimentada durante o después de las sesiones de carrera. Aquellos que padecen de este síndrome generalmente responden bastante bien a un tratamiento conservador que incluye estiramiento, liberación miofascial (en lugar del masaje de tejido profundo), aplicación de hielo y entrenamiento neuromuscular para mejorar la fuerza de abducción de la cadera; sin embargo, la intervención quirúrgica puede considerarse en casos graves [847].

Los corredores que desarrollan tensión en la banda iliotibial pueden presentar dolor o molestias inespecíficas en la rodilla. La porción distal de la banda iliotibial se fusiona con el retináculo lateral, y la restricción en estos tejidos conectivos puede afectar la posición de reposo y el movimiento de la articulación femororrotuliana [834]. Sin embargo, el examen clínico que utiliza criterios comunes para afecciones como el síndrome de dolor femororrotuliano (por ejemplo, dolor provocado por la palpación en la inserción del tendón rotuliano o compresión directa de la rótula) suele ser incapaz de detectar la afectación.

Los datos de los estudios hasta la fecha sobre los posibles mecanismos y los factores de riesgo asociados con la aparición y el desarrollo del síndrome de la banda iliotibial, son ambiguos, por lo que es difícil sacar conclusiones definitivas [847]. La asimetría en la longitud de las extremidades es uno de los factores de riesgo más consistentes reportados con esta condición. Ciertos estudios indican que quienes padecen de este síndrome pueden manifestar una biomecánica divergente cuando corren en comparación con los sujetos de control; igualmente, estos mecanismos de carrera alterados pueden ser un resultado secundario que se observa entre los individuos sintomáticos.

Los corredores con síndrome de la banda iliotibial también pueden registrar puntuaciones reducidas de fuerza de abducción de cadera. Sin embargo, una vez más, esto puede ser un síntoma más que una causa de esta condición. La restricción de la banda iliotibial suele ir acompañada de restricción y pinzamiento en el tensor de la fascia lata (TFL) y los músculos circundantes [847], que a su vez pueden inhibir el reclutamiento y la activación de los músculos de la cintura pélvica. En vista de ello, estos efectos pueden contribuir tanto a la reducción de las puntuaciones de fuerza en la abducción de la cadera como a la alteración de la biomecánica de carrera que se observa con el síndrome de la banda iliotibial.

4.5   Fasciopatía Plantar

La fasciopatía plantar engloba condiciones que se asocian con inflamación aguda y sobrecarga crónica de la fascia plantar [829], y es uno de los diagnósticos de lesiones más comunes reportados por corredores [778].

Una de las principales funciones de la fascia plantar, es mantener la integridad estructural del pie, lo que incluye proporcionar estabilidad –estática y dinámica–, y sostener el arco longitudinal medial [848]. Como tal, es probable que la estructura y la función dinámica de los componentes activos y pasivos del complejo del pie durante la marcha jueguen un papel en la etiología de las lesiones por sobreuso relacionadas con la marcha, como la fascitis plantar [535]. Por ejemplo, la morfología y el movimiento del pie (específicamente la hiperpronación) se han relacionado previamente con esta condición. La función y el movimiento del tobillo también son relevantes para esta condición; las fibras del tendón de Aquiles son continuas con la fascia plantar [829] y, por lo tanto, la acción del complejo musculotendinoso del tobillo tiene un efecto tensor sobre la fascia plantar. De acuerdo con esto, a menudo se observa un rango de movimiento de dorsiflexión reducido en el tobillo en corredores que padecen fasciopatía plantar [848].

Ciertos estudios han observado una reducción de la altura del arco medial entre aquellos con antecedentes de fasciopatía plantar, aunque no se encontró relación con mediciones estáticas de alineación del retropié, rango de movimiento de dorsiflexión o movimiento dinámico del retropié evaluado durante la carrera a pie [848]. De acuerdo con la asociación reportada con la altura del arco longitudinal medial, generalmente se reporta que la prescripción de ortesis de pie tiene efectos positivos en términos de reducción del dolor y mejora de la función para quienes padecen fasciopatía plantar, particularmente ortesis rígidas y semirrígidas moldeadas a medida [826].

Además de los aspectos anatómicos y la morfología del pie, la magnitud y la tasa de carga de impacto durante la marcha también se han identificado como factores que contribuyen a la fasciopatía plantar. En apoyo de esto, se encontró que la tasa de carga vertical en particular era significativamente mayor en las corredoras con antecedentes de fasciopatía plantar, en comparación con los valores registrados de corredoras equiparadas por edad y kilometraje sin antecedentes de esta condición [848]. Por tales razones, la estrategia de pisada empleada también puede estar relacionada con el desarrollo de fasciopatía plantar en los corredores, fundamentándose en la observación de que las tasas de lesiones por estrés repetitivo de este tipo son mucho más frecuentes en los corredores de fondo que se observó que empleaban una estrategia de pisada con el retropié [812]. Es difícil discernir si los déficits en la capacidad de atenuar las fuerzas de contacto en la pisada representan un factor preexistente que contribuye a la incidencia de fasciopatía plantar o constituyen un efecto secundario que se observa después de la presencia de esta condición.

4.6 Síndrome Compartimental por Esfuerzo

El síndrome compartimental por esfuerzo o "periostitis tibial" es común entre corredores, y se caracteriza por dolor e incomodidad con un inicio gradual, que generalmente se produce durante actividades como correr y caminar. El síndrome compartimental se asocia más comúnmente con el compartimento anterior de la porción inferior de la pierna; sin embargo, el síndrome del compartimento posterior profundo también es relativamente común y los compartimentos posterior lateral y superficial también pueden verse afectados [849]. Los corredores que padecen esta afección generalmente se quejan de un dolor similar a un calambre y músculos congestionados, así como tensos [784]. Estos síntomas generalmente desaparecen cuando la actividad es descontinuada.

El mecanismo que se ha descrito usualmente para el síndrome compartimental por esfuerzo implica isquemia e hipoxia tisular como resultado de la presión elevada debajo de la fascia y dentro del músculo [784]. En casos crónicos graves, la intervención quirúrgica se realiza a veces en un esfuerzo por proporcionar alivio e intentar corregir esta acumulación de presión intracompartimental [850]. Si bien el éxito a corto plazo de los procedimientos de fasciotomía quirúrgica está bien documentado, el resultado a largo plazo es en muchos casos decepcionante y, con bastante frecuencia, los síntomas reaparecen [784]. También se ha observado que existen dificultades para administrar adecuadamente las mediciones de presión intramuscular utilizadas para confirmar el diagnóstico [849], y también se han identificado fallas metodológicas en los procedimientos comúnmente empleados. Como resultado, ciertas autoridades en el campo de la medicina deportiva están cuestionando cada vez más el mecanismo de esta lesión y la mejor manera de abordar el tratamiento.

Franklyn-Miller y colaboradores [784] recientemente propusieron un diagnóstico alternativo, al que denominan "síndrome de sobrecarga biomecánica". La justificación de esto se basa en parte en las observaciones de que se ha demostrado que modificar la mecánica de la marcha es bastante eficaz en lo que concierne a la reducción de los síntomas. Los autores argumentan que muchos sujetos que presentan los síntomas clásicos del síndrome del compartimento anterior sufren de hecho los efectos de la fatiga neuromuscular resultante del reclutamiento y activación aberrante de los músculos, que afectan específicamente a los músculos dorsiflexores [784]. Según esta teoría, la sobrecarga y la fatiga prematura de los dorsiflexores pueden verse agravadas por otros factores (el calzado, presencia de una carga externa, y la pendiente de la superficie de carrera) que ejercen una tensión adicional sobre estos músculos. También se sugiere que un escenario similar, que involucra debilidad, activación muscular aberrante y fatiga prematura del tibial posterior, desempeña un papel potencial para los corredores que presentan dolor en la espinilla posteromedial comúnmente diagnosticado como síndrome del compartimento posterior.

En vista de ello, estos autores han abogado por el tratamiento no quirúrgico como un medio para reducir la carga sobre los tejidos afectados y, en vista de ello, aliviar los síntomas [784]. Específicamente, se ha propuesto que la gestión de la lesión debe comprender la intervención de entrenamiento neuromuscular y, en particular, el reentrenamiento de la marcha [851]. Existe una creciente evidencia de que, los corredores que padecen síndrome compartimental de esfuerzo tienden a exhibir una mecánica de marcha aberrante que probablemente exacerba los síntomas [852]. Por ejemplo, una investigación en corredoras reportó que, en comparación con el grupo de control sano, los participantes con síndrome compartimental bilateral mostraron una mayor tendencia a realizar un *overstride* (alargar de manera excesiva la zancada; entrando en contacto con el suelo muy por delante del cuerpo) y tenían un mayor grado de dorsiflexión en el contacto inicial con el suelo [853].

Actividad Reflexiva: ¿Cuál es su opinión sobre el "síndrome de sobrecarga biomecánica" como hipótesis alternativa con respecto al diagnóstico y al tratamiento? ¿Refleja esto su experiencia y sus propias observaciones en relación con la intervención quirúrgica para tratar esta afección, en comparación con las opciones de tratamiento no quirúrgico, incluido el reentrenamiento de la marcha?

5 Gestión de las Lesiones por Correr y Reducción del Riesgo de Lesiones Recurrentes

Aquellos que han sufrido lesiones previas relacionadas con la carrera o están experimentando síntomas actuales, a menudo presentan problemas musculoesqueléticos y rasgos biomecánicos característicos.

Ha existido cierto debate sobre si la disfunción y los déficits observados en los corredores lesionados representan factores que contribuyen a la lesión original; o si, de hecho, son síntomas secundarios a la lesión [841]. El consenso creciente es que la evidencia apunta al último escenario: los déficits neuromusculares y la biomecánica de carrera alterada observados entre aquellos que sufren lesiones particulares relacionadas con la carrera parecen, en muchos casos, ser una consecuencia de la lesión más que un factor predisponente. Por ejemplo, un estudio prospectivo de corredores novatos que comenzaron un programa de entrenamiento de carrera no encontró ninguna relación estadística entre las puntuaciones de referencia de la fuerza muscular de la cadera y aquellos que desarrollaron dolor femororrotuliano durante el período de estudio [841]. Otro estudio identificó que la sincronización alterada y la magnitud de la activación de los músculos del complejo glúteo durante la carrera y la mecánica de carrera aberrante asociada, exhibida por mujeres con síndrome de dolor femororrotuliano, no estaban presentes en sujetos de control asintomáticos [808]. También se ha observado que los corredores que sufren dolor femororrotuliano crónico modifican la cinemática de la articulación de la rodilla durante el transcurso de una carrera una vez que han desarrollado síntomas de dolor [767]. Como era de esperarse, estos cambios compensatorios no ocurren en corredores sanos.

La mejor ilustración de la disfunción persistente y los déficits, que a menudo están presentes en aquellos que han sufrido lesiones relacionadas con la carrera proviene de estudios de lesiones en las extremidades inferiores relacionadas con la carrera, que afectan solo una extremidad. Los déficits observados afectan específicamente a la pierna lesionada de los participantes del estudio; estas anomalías no estaban presentes en su miembro contralateral ileso [854].

Actividad Reflexiva: ¿Cómo se relaciona la información presentada con su propia experiencia? ¿Ha notado rasgos de movimiento o anomalías particulares en aquellos con los que ha trabajado y que han sufrido lesiones relacionadas con la carrera? ¿Cuál es su postura? ¿Estos representan una causa o síntoma secundario a la lesión original?

5.1 Evaluación del Atleta Lesionado

Se aboga que, un primer paso fundamental en el proceso de evaluación es realizar un historial completo del paciente y recopilar información relevante. El historial de lesiones previas es quizás la información más crítica dado que este es el predictor más consistente de futuras lesiones relacionadas con la carrera a pie [800]. En el caso de las corredoras, puede ser pertinente recopilar información sobre el uso de anticonceptivos orales [800] y establecer el historial menstrual [855], incluida la regularidad y la fecha del último período, dada la asociación con el riesgo de lesión por fractura por sobrecarga en particular [800, 855]. Evidentemente, es importante indagar sobre cualquier lesión actual, por ejemplo, cuándo y cómo se presentan los síntomas durante la carrera o la realización de otras actividades. La información destacada que no pertenece directamente a la lesión actual incluye los hábitos de entrenamiento del corredor, como la programación de sesiones, el kilometraje semanal y cualquier entrenamiento simultáneo que esté realizando.

De manera similar, el profesional debe establecer si el corredor ha realizado algún cambio en su rutina durante el período reciente, como cierta alteración en su entrenamiento que pueda proporcionar pistas sobre la aparición de los síntomas [856]. Como parte de este proceso, también se recomienda que el profesional examine las zapatillas para correr que el atleta está usando actualmente y también pregunte sobre cualquier cambio reciente en el calzado [855]. Por ejemplo, es probable que la edad y el kilometraje de las zapatillas afecten a la absorción de impacto [807]. Los signos de desgaste en el calzado para correr también pueden proporcionar una indicación del área habitual de pisada y la ubicación del peso, así como las tensiones colocadas en diferentes regiones del pie.

5.1.1 Evaluación Postural durante la Bipedestación y la Marcha

Después de esta recopilación de información preliminar, la evaluación musculoesquelética debe comenzar con la evaluación postural. La evaluación inicial se llevará a cabo de pie; sin embargo, la evaluación postural dinámica también debe formar parte del examen durante la evaluación subsecuente de la marcha al caminar y correr.

La información destacada en relación con la postura habitual en bipedestación incluye el posicionamiento de la cabeza, las formas de curvatura de la columna, la posición de la cintura escapular en reposo, la alineación entre los segmentos corporales (cabeza, tórax, pelvis, huesos largos de las extremidades inferiores, pies) y la distribución del peso resultante. Por ejemplo, la gravedad dicta que la alineación vertical de la cabeza, el tórax, la columna lumbar y la pelvis tiene implicaciones en la carga compresiva general a través de la columna y a nivel segmentario durante la postura erguida [857]. La alineación sagital toraco-lumbo-pélvica también afectará el movimiento corporal durante la fase de vuelo y la distribución de las fuerzas de compresión y cortantes, así como los torques en las articulaciones respectivas durante el aterrizaje y durante la fase de apoyo al correr.

En particular, es importante estar alerta a los signos de una postura y alineación lumbopélvica aberrantes al observar al sujeto. Se ha identificado que los desequilibrios en la longitud en reposo y la fuerza de los músculos del complejo lumbo-pélvico-cadera pueden afectar la orientación de la cintura pélvica y la curvatura de la columna lumbar [858]. Por ejemplo, la presencia de una inclinación pélvica anterior, acompañada de un aumento de la lordosis de la columna lumbar, es pertinente ya que se ha demostrado que afecta la función de los músculos de la cintura pélvica y la región lumbopélvica [514]. Como tal, estos rasgos posturales aberrantes están asociados con una variedad de lesiones que afectan la espalda baja, el triángulo femoral y las extremidades inferiores [436, 805].

Así mismo, durante la evaluación de la postura y el movimiento de la columna también se debe buscar si existe evidencia de la presencia de escoliosis, ya que se reporta que esta puede interferir con la mecánica de carrera [792]. El corredor también debe ser examinado de manera preliminar para detectar discrepancias en la longitud de las extremidades, inicialmente evaluado de pie y luego verificado, mediante un examen más detallado, en una postura sentada, ya que esto también se ha identificado como un factor de riesgo potencial de lesión de las extremidades inferiores [776]. Si bien estos aspectos anatómicos no son modificables, esto proporcionará información relevante.

5.1.2   Examen de Exploración y Detección Musculoesquelética y de Competencia de Movimiento

La evaluación musculoesquelética generalmente también comprenderá un examen completo de la función y movilidad articulares, comenzando en la columna vertebral y descendiendo por cada articulación de la extremidad inferior respectiva. Dado el papel fundamental de la cadera para proporcionar control proximal y servir como origen del movimiento de las extremidades inferiores, la cintura pélvica merece una atención especial durante la exploración y detección preliminar musculoesquelética. La restricción o pinzamiento en la articulación femoro-acetabular tiene implicaciones particularmente en términos de inhibición de los músculos de la cintura pélvica. La función deteriorada y los síntomas del dolor a menudo resultan en cambios compensatorios que incluyen patrones de marcha alterados al caminar y correr [859].

La evaluación musculoesquelética también debe incluir la evaluación de la función de la articulación de la rodilla. Por ejemplo, el profesional debe evaluar la posición y el seguimiento de la rótula durante el movimiento pasivo, así como en condiciones activas y resistidas [856]. La articulación y el movimiento en la tibia, el tobillo y las respectivas regiones del pie son igualmente importantes. Esencialmente, es importante evaluar cada una de las articulaciones de la cadena cinética del miembro inferior y establecer cómo los déficits pueden afectar la función y las tensiones resultantes en los eslabones respectivos durante la carrera.

También es importante evaluar la longitud de los músculos en reposo y el rango de movimiento pasivo y activo en la cadera, la rodilla, el tobillo y el pie, en referencia a los valores normales [855]. Las pruebas clínicas convencionales del rango de movimiento articular y flexibilidad de las extremidades inferiores, como la prueba de Thomas, también pueden proporcionar información importantemente confiable y útil sobre la restricción de los tejidos blandos y la flexibilidad reducida de grupos musculares específicos [860], que son relevantes para diferentes tipos de lesiones de las extremidades inferiores relacionadas con la carrera. La elevación de la pierna extendida, que comprende una evaluación activa y pasiva, también ameritaría inclusión. Por ejemplo, las puntuaciones bajas en la flexibilidad de los isquiosurales se asocian con un aumento de las fuerzas en la articulación de la rodilla durante la carrera y el correspondiente riesgo de lesión por sobreuso [861].

La evaluación de un corredor lesionado debe incluir la evaluación de la función de los respectivos grupos musculares que contribuyen a la estabilización dinámica y el impulso durante la marcha. Por ejemplo, se recomienda que la evaluación funcional incluya un examen de exploración y detección preliminar de la debilidad de los músculos de la cadera y los desequilibrios de fuerza correspondientes entre las extremidades [854]. Los dinamómetros de mano disponibles ofrecen mayor precisión y sensibilidad de medición; sin embargo, en ausencia de este aparato, también se puede emplear la evaluación de resistencia a la pérdida de fuerza isométrica resistida manualmente. El examen de exploración y detección preliminar exhaustivo de los músculos de la cadera debe incluir una valoración de la fuerza isométrica de la flexión y extensión de esta, su fuerza de aducción y la abducción y, finalmente, la rotación interna y la rotación externa de antedicha estructura. Por ejemplo, se han demostrado déficits en la fuerza isométrica para la extensión y abducción de la cadera, medidos con un dinamómetro de mano, en personas que padecen dolor femororrotuliano [862]. Por lo tanto, esta forma de evaluación tiene mérito tanto para la evaluación inicial como para el proceso de rehabilitación de esta lesión relacionada con la carrera en particular.

Una propuesta relacionada es evaluar la resistencia a la pérdida de fuerza de los extensores de la cadera, mediante el uso de la evaluación del puente de isquiosurales con una sola pierna, que se califica de acuerdo con las repeticiones obtenidas hasta el fallo muscular. Se ha demostrado la validez de esta evaluación para predecir el riesgo de lesión de los isquiosurales [863], y las métricas derivadas también permiten la comparación entre extremidades contralaterales. De manera similar, también se recomienda evaluar el movimiento y la fuerza de los músculos del pie y el tobillo [855].

El reclutamiento y el control motor de los músculos estabilizadores de la cintura pélvica se identifican como factores críticos con respecto a la marcha de carrera y las lesiones asociadas [805]. Las pruebas clínicas, como la prueba de extensión de cadera en decúbito prono, ofrecen un medio para evaluar la capacidad del corredor de reclutar estos músculos; y esto también permite al profesional evaluar el control motor, la estabilidad lumbopélvica y el grado de co-contracción durante los movimientos prescritos [537]. Estas capacidades también se pueden evaluar en condiciones más desafiantes y de soporte parcial de peso utilizando variaciones del puente supino, a menudo denominado "prueba del puente posterior" o "prueba del puente pélvico". La versión de apoyo con una sola pierna o de piernas alternadas de esta prueba también ofrecen un medio para evaluar la estabilidad torsional y cualquier diferencia en el control proximal, así como la estabilidad lumbopélvica entre las extremidades de soporte [855].

Se pueden emplear exámenes de exploración y detección preliminar de competencia de movimiento para evaluar la estabilidad lumbopélvica y el control dinámico de las extremidades inferiores durante movimientos "funcionales" de soporte de peso. Una evaluación sencilla del control postural a través de la cadena cinética de los miembros inferiores y el equilibrio dinámico con una sola pierna que corresponde a la fase de apoyo cuando se corre, es la prueba de Gillet-Liekens (también conocida como la prueba de stork) modificada. Ejemplos de otras evaluaciones dinámicas que se han empleado con éxito, tanto en un entorno de investigación como en el campo, incluyen la prueba de descenso desde un escalón (step down test) [856] y la evaluación de sentadilla con una sola pierna [164]. Estas pruebas emplean criterios establecidos para permitir al profesional evaluar cualitativamente el movimiento de una manera sistemática y consistente. Las últimas evaluaciones presentan un mayor grado de coordinación y desafío de control neuromuscular debido al mayor rango de movimiento involucrado. Sin embargo, desde un punto de vista de correspondencia dinámica, la sentadilla con una sola pierna y el step down son menos representativos de la postura y la mecánica de la marcha erguida. Recientemente, se ha identificado que la cinemática de las extremidades inferiores en el plano frontal cuando se evalúa durante la evaluación de sentadilla con una sola pierna no se corresponde con lo que se observa durante la evaluación de la marcha de carrera [864].

Actividad Reflexiva: ¿Tiene la información presentada alguna implicación para su propia práctica? ¿Consideraría integrar alguna de las pruebas descritas en la batería de evaluaciones que suele utilizar? ¿Existen pruebas clínicas u otras mediciones, que no se exploran en esta sección, que le hayan resultado valiosas al evaluar corredores lesionados?

5.1.3   Análisis de la Marcha de Carrera

Evidentemente, la evaluación del corredor lesionado debe incluir una evaluación de su mecánica de marcha de carrera. Los profesionales a menudo primero realizarán un examen preliminar de la mecánica de la marcha al caminar, ya que esto puede proporcionar información relevante [855]. La evaluación de la marcha de carrera (y caminar) se puede realizar de varias formas, dependiendo de las instalaciones disponibles. Por ejemplo, existen una serie de clínicas de análisis de la marcha de carrera que ofrecen una evaluación exhaustiva, incluido el modelado tridimensional, mediante el uso de cámaras de alta velocidad y aparatos de caminadora de banda instrumentados. Alternativamente, una propuesta que tiende más al "hágalo usted mismo", que evita problemas de accesibilidad y el costo de tales instalaciones especializadas, es igualmente una opción para el profesional. Ambas opciones se detallan con mayor profundidad más adelante en este capítulo.

Cualquiera que sea la propuesta empleada, registre la marcha de carrera en el plano frontal (es decir, vista frontal) y plano sagital (vista lateral). La evaluación en el plano frontal debe incluir la evaluación del control postural y lumbopélvico, así como la alineación dinámica a través de la cadena cinética durante la postura y la mecánica del balanceo en el plano frontal. Los análisis de la marcha de carrera a menudo evalúan la "caída de la pelvis contralateral" durante la fase de apoyo; y esto se emplea como un índice de control lumbopélvico dinámico durante la actividad de carrera. Por ejemplo, los corredores que sufren de dolor femororrotuliano reportan una mayor caída de la pelvis contralateral, en comparación con los controles sanos [811]. De manera similar, aquellos con antecedentes de dolor en la espinilla medial, según se reporta, demuestran una mayor rotación interna de la cadera e inclinación pélvica en el plano frontal [865]. Estos rasgos, que son indicativos de deficiencias en el control proximal y la estabilidad lumbopélvica durante la marcha, están por lo tanto fuertemente asociados con las lesiones por correr.

Por el contrario, un movimiento aberrante de la pelvis durante la marcha puede deberse a una mecánica adversa de las extremidades inferiores al correr. Por ejemplo, se ha reportado que los corredores que exhiben una excursión en varo excesiva en la rodilla también demuestran como resultado una mecánica alterada de la cadera en el plano frontal [866]. Tales observaciones indican que los aspectos más distales de la alineación dinámica de las extremidades inferiores durante la marcha de carrera también deben considerarse en su evaluación. Además de monitorear la alineación de las extremidades inferiores en valgo de los corredores, parecería igualmente importante que el profesional esté alerta a los signos de un desplazamiento excesivo de la rodilla en varo durante la carrera, particularmente en lo que concierne a hombres corredores.

La evaluación de la marcha de carrera en el plano sagital comprenderá la evaluación de la posición del torso, el control lumbopélvico y la alineación, así como el movimiento de las extremidades inferiores durante las respectivas fases de apoyo (contacto inicial, aceptación del peso, despegue) y de balanceo (recuperación inicial, balanceo hacia el frente, balanceo terminal, reposicionamiento previo al contacto).

Un área en particular que ha recibido mucha atención recientemente, con respecto a las lesiones por correr, es la naturaleza de la pisada que el corredor emplea habitualmente. Como se mencionó con antelación, un estudio retrospectivo reciente que observó las tasas de lesiones reportadas entre corredores reportó que aquellos que empleaban una pisada con retropié sufrieron alrededor del doble de lesiones por esfuerzo repetitivo, en comparación con otros corredores de la muestra que emplearon una pisada con mediopié o antepié [812]. Al evaluar este aspecto de la marcha de carrera, es importante evaluar no solo la región del pie que hace el contacto inicial, sino también analizar lo que ocurre durante la subsecuente fase de aceptación del peso.

Actividad Reflexiva: ¿Cómo evalúa la marcha de carrera (y caminar) de los atletas o corredores recreativos con los que trabaja?

5.2   Tratamiento y Gestión de Lesiones por Correr

Las contramedidas e intervenciones convencionales comúnmente empleadas desde que las autoridades tomaron nota por primera vez del fenómeno de las lesiones por correr han tenido poco o ningún impacto en términos de reducción de las tasas de estas. Una de las recomendaciones más comunes para quienes han sufrido una lesión por correr consiste en "prescribir" un calzado distinto [820]. Sin embargo, la evidencia de investigaciones recientes plantea serias dudas sobre los méritos de seleccionar zapatillas con características de diseño especializadas, según la morfología particular del pie del corredor clasificada mediante la evaluación de la alineación de las extremidades inferiores [777].

Por ejemplo, un estudio prospectivo reciente de corredoras investigó los efectos de hacer coincidir la selección de zapatillas con las clasificaciones de morfología del pie de los participantes ("neutral", "pronado", "altamente pronado"), contra asignar al azar diferentes diseños de zapatillas con niveles de estabilidad y control de movimiento característicos [785]. Los participantes del estudio que usaban zapatillas "adaptadas" a la clasificación de sus pies durante la intervención de entrenamiento de carrera no experimentaron ningún beneficio en términos de reducción de las puntuaciones de dolor reportadas durante el período de estudio. De hecho, de los tres tipos de diseño de calzado ("neutral", "estabilidad", "control de movimiento"), el zapato de control de movimiento se asoció con puntuaciones más altas de dolor entre los participantes clasificados como "pronados", así como los clasificados como "neutros" [785]. Además, los participantes que usaban zapatillas de control de movimiento perdieron más días debido a lesiones durante el período de estudio que cualquier otro tipo de calzado.

El plan de tratamiento y rehabilitación típico para las lesiones por correr también incluye a menudo la prescripción de aparatos ortopédicos. Un metaanálisis reciente identificó que la efectividad de las ortesis para tratar ciertos tipos de lesiones por correr puede ser limitada cuando se emplean de forma aislada [826]. En particular, los datos indican que las ortesis de pie no tienen un impacto evidente en la incidencia de tendinopatía rotuliana. Sin embargo, durante las etapas iniciales de la tendinopatía rotuliana se ha sugerido el uso de aparatos ortopédicos como un medio para proteger y reducir las tensiones sobre el pie y la extremidad inferior [820]. Dicho esto, se sugiere que tal vez debería ser una medida temporal para fines de gestión de lesiones, y el profesional podría considerar retirar el uso de aparatos ortopédicos después de este período crítico con el propósito de permitir que las estructuras relevantes se adapten.

Aparte de las modalidades de tratamiento clínico convencionales y los cambios en el calzado del corredor, las intervenciones comúnmente empleadas para gestionar las lesiones al correr y aliviar los síntomas se dividen esencialmente en una de cuatro categorías: (1) entrenamiento de flexibilidad; (2) intervenciones de entrenamiento neuromuscular; (3) entrenamiento de fuerza; (4) intervenciones de reentrenamiento de la marcha.

Actividad Reflexiva: ¿Cuál es su postura en lo que concierne a la "prescripción" de zapatillas para correr con características especializadas adaptadas al "tipo" de pie de una persona?

5.3 Entrenamiento de Estiramiento y Flexibilidad

Actualmente, existe una ausencia de consenso en la literatura con respecto a si la aplicación general de estiramiento ayuda a prevenir lesiones por correr [867]. Independientemente de estos debates, en el caso de que se hayan identificado déficits específicos de flexibilidad durante la evaluación postural del corredor y el examen de exploración y detección preliminar musculoesquelético, esto debe abordarse mediante la prescripción específica de entrenamiento de flexibilidad [820]. Por ejemplo, se sabe que la rigidez en los músculos flexores de la cadera afecta la postura lumbopélvica, interfiere con la función de los músculos que estabilizan el complejo lumbo-pélvico-cadera [802] y potencialmente coloca los músculos isquiosurales bajo mayor tensión [868].

El entrenamiento de flexibilidad también tiene el mérito de abordar factores específicos asociados con lesiones particulares relacionadas con la carrera. Por ejemplo, una flexibilidad inapropiada de los isquiosurales se asocia con mayores momentos de fuerza en la articulación de la rodilla [861]. De ello se desprende que se deben enfatizar las intervenciones apropiadas de entrenamiento de la flexibilidad en estos casos, particularmente para los corredores que padecen molestias asociadas, como dolor patelofemoral. El entrenamiento de flexibilidad para las respectivas estructuras musculotendinosas también tiene mérito en lo que concierne a abordar los déficits en el rango de movimiento de la flexión plantar asociados con dolencias específicas como la tendinopatía de Aquiles y la fasciopatía plantar. El entrenamiento de flexibilidad dirigido para la fascia plantar tiene un papel particular que desempeñar en el tratamiento de la fasciopatía plantar [829].

5.4 Intervenciones Remediales de Entrenamiento Neuromuscular

Fundamentándose en hallazgos recientes, los autores en el campo de la medicina deportiva abogan cada vez más por la musculatura proximal como el foco de las intervenciones de evaluación y entrenamiento cuando se considera una lesión en las extremidades inferiores [805]. Por ejemplo, la activación alterada de los músculos del complejo glúteo durante la carrera que se observa entre los corredores que sufren molestias en las extremidades inferiores, parece estar directamente asociada con una biomecánica aberrante de carrera que se manifiesta por estos individuos [808]. Evidentemente existe un vínculo entre el control neuromuscular que involucra a los músculos de la cintura pélvica en particular y la biomecánica de carrera; y estos factores respectivos están a su vez vinculados con los síntomas de las lesiones relacionadas con la carrera.

De ello se desprende que el entrenamiento neuromuscular remedial para restaurar el control motor y la función de los músculos relevantes representa una herramienta crítica para controlar los síntomas de las lesiones relacionadas con la carrera y reducir el riesgo de recurrencia. Por ejemplo, dado que la sincronización de activación es el problema para quienes padecen dolor femororrotuliano [808], se deduce que el mayor beneficio directo se derivaría de la instrucción específica y al entrenar al corredor a involucrar estos músculos inmediatamente antes del contacto del pie con el suelo mientras se corre.

Existe una sugerencia de que la debilidad en los músculos de la cadera, entre quienes padecen molestias en las extremidades inferiores relacionadas con la carrera, puede atribuirse en parte a factores neuronales [841]. Por ejemplo, la aparición tardía de la activación de los músculos del complejo glúteo reportada durante la carrera y otras tareas entre los individuos sintomáticos parecería indicar problemas de reclutamiento y activación [808]. De ello se deduce que un aspecto integral de las intervenciones de entrenamiento neuromuscular será el desarrollo de la capacidad de reclutar estos músculos durante los movimientos relacionados. También es probable que emplear ejercicios de entrenamiento de fuerza específicos que incorporen posturas y movimientos relevantes facilite mejoras simultáneas en el control motor.

5.5   Entrenamiento de Fuerza

El entrenamiento de fuerza tiene múltiples aplicaciones como modalidad de tratamiento y rehabilitación para las lesiones relacionadas con la carrera. Por ejemplo, diferentes formas de entrenamiento de fuerza, incluido el entrenamiento isométrico y el entrenamiento excéntrico, tienen una aplicación directa en el tratamiento de las lesiones relacionadas con la carrera, en particular la tendinopatía rotuliana y la tendinopatía de Aquiles. El entrenamiento de fuerza ofrece además los medios para aumentar la capacidad, desarrollar la competencia de movimiento y abordar la cascada de efectos secundarios comúnmente observados con las lesiones relacionadas con la carrera. En referencia al marco para las lesiones relacionadas con la carrera propuesto por Bertelsen y colaboradores [823], la intervención de entrenamiento de fuerza puede modificar favorablemente el riesgo específico de reincidir en una lesión y el riesgo general de lesiones al correr al aumentar las capacidades de estructuras específicas, aumentando así la tolerancia a la carga y elevando los límites de fallo de estos tejidos.

Está establecido que quienes sufren una lesión por sobreuso relacionada con la carrera a pie presentan debilidad en los grupos musculares asociados con la extremidad lesionada, incluso en comparación con la extremidad sana contralateral [869]. En gran parte, estos parecen ser efectos secundarios, y el entrenamiento de fuerza remedial tiene mérito en lo que concierne a restaurar la fuerza y la función de grupos musculares específicos donde se identifica la debilidad. Por ejemplo, se han recomendado intervenciones de entrenamiento de fuerza para abordar la debilidad de los rotadores externos y los abductores de la cadera para los corredores lesionados, y en ciertos estudios también se ha identificado la debilidad de los flexores de la cadera [854].

Las modalidades de entrenamiento de fuerza ofrecen un medio para desarrollar la capacidad donde se identifican los déficits; por ejemplo, existe un acuerdo general en que la intervención de entrenamiento de fuerza es necesaria para proporcionar un desarrollo remedial de la fuerza y función de la musculatura de la cadera. Sin embargo, las intervenciones de entrenamiento de fuerza empleadas de forma aislada reportan una efectividad limitada para corregir la mecánica de las extremidades inferiores al correr [870]. Esto no es del todo inesperado, ya que se han reportado resultados similares anteriormente con respecto al fracaso del entrenamiento de fuerza convencional de forma aislada para corregir los déficits en el control dinámico de la alineación de las extremidades inferiores durante varias tareas en mujeres atletas [705]. Por lo tanto, para facilitar el resultado positivo más abundante, las intervenciones de entrenamiento de fuerza deben implementarse junto con el entrenamiento neuromuscular específico, que incluya entrenamiento y corrección de movimientos relevantes para la tarea y los errores de movimiento específicos identificados.

Actividad Reflexiva: ¿Qué intervenciones de entrenamiento de fuerza y de entrenamiento neuromuscular en particular ha empleado con corredores lesionados con los que ha trabajado?

5.6   Reentrenamiento de la Marcha

Al diseñar una intervención de reentrenamiento de la marcha, la propuesta de cualquier ajuste de la cinemática de esta se basará en gran parte en los resultados del análisis de la misma carrera a pie. Los factores cinéticos con respecto al riesgo de lesiones relacionadas con la carrera son más consistentes. Por ejemplo, cualquier intervención de reentrenamiento de la marcha, debe considerar el "pico de impacto" inicial o el pico en el trazado de la fuerza de reacción del suelo del corredor observado antes del "pico activo" cuando el corredor realmente genera impulso [868]. La magnitud relativa de estas fuerzas máximas de reacción del suelo de impacto se ha relacionado con el riesgo de lesiones en las extremidades inferiores por estrés repetitivo en los corredores [801]. En particular, la tasa de carga vertical se identifica como el factor más importante en relación con el riesgo de fractura por tensión [827].

Además de la carga vertical, las fuerzas de frenado horizontal en el momento del aterrizaje también están fuertemente vinculadas con el riesgo de lesiones relacionadas con la carrera. Curiosamente, de todas las variables cinéticas capturadas (incluidos los parámetros de carga vertical), la fuerza de frenado máxima fue el factor predictivo más importante de una lesión subsecuente relacionada con la carrera en un estudio prospectivo de corredoras recreativas [796]. Por lo tanto, las fuerzas de frenado máximas representan otro elemento crítico a abordar durante las intervenciones de reentrenamiento de la marcha.

5.6.1 Estrategia de Pisada

La pisada es posiblemente el área más estudiada con respecto a la marcha de carrera y las lesiones. La velocidad de carga y el perfil característico de la fuerza de reacción del suelo que se produce con cada contacto con el suelo está determinado por el tipo de pisada empleado por el corredor [775, 780]. La fuerza máxima y la tasa de carga difieren entre las distintas estrategias de pisada, pero el patrón observado difiere según la respectiva articulación de la extremidad inferior y el plano de movimiento en cuestión [818]. En general, la pisada con antepié se asocia con tasas de carga vertical más bajas en la cadera, la rodilla y el tobillo; sin embargo, las fuerzas máximas parecen ser más altas que las observadas con los corredores que habitualmente emplean una estrategia de pisada con retropié. Además, en la dirección anteroposterior o adelante y atrás, mientras que las fuerzas máximas y las tasas de carga en la rodilla son más bajas en los corredores que regularmente adoptan una estrategia de pisada con antepié, los valores correspondientes para el tobillo y la cadera son de hecho más altos [818].

Los componentes críticos del reentrenamiento de la marcha de carrera con respecto a la modificación de las fuerzas máximas de reacción del suelo del impacto se refieren al contacto inicial y más específicamente a cómo el corredor interactúa con el impacto de su propia masa corporal en el pie de apoyo durante el aterrizaje. Evidentemente, la estrategia de pisada empleada influye, y también existen diferencias características en la distribución de la fuerza a través de la planta del pie en el momento de la pisada con diferentes estrategias de contacto del pie [795]. De manera similar, la posición del pie en contacto con el suelo en relación con el centro de masa del corredor influye tanto en las fuerzas generales de la pisada como en su distribución en diferentes regiones a través del pie [868]. Un énfasis importante de las intervenciones de reentrenamiento de la marcha que tienen el propósito de reducir el impacto de las fuerzas máximas de reacción del suelo –independientemente de la estrategia de pisada–, es erradicar el alargamiento excesivo de la zancada al acercar la posición de contacto al centro de masa del corredor, ya que este es un factor importante que contribuye a la magnitud y velocidad de carga del pico de impacto inicial en las fuerzas de reacción del suelo.

Cuando se ejecuta correctamente, una pisada con antepié [812] o con mediopié [871], puede ayudar a mitigar el pico de impacto inicial en el perfil de fuerza de reacción del suelo del corredor, que a menudo, se reporta al correr con una pisada con retropié. Del mismo modo, lo que con frecuencia no se reconoce es que la velocidad de carrera es el principal determinante de qué estrategia de pisada es la más adecuada [872]. Se ha demostrado que la pisada con retropié es de hecho más económica a velocidades de carrera más lentas [873]. En consecuencia, incluso en el nivel de élite, se observa que la mayoría de los corredores de larga distancia de medio maratón y superiores emplean una pisada con retropié. Por el contrario, se observa que la mayoría de los corredores de media distancia en el nivel de élite emplean una pisada con mediopié o antepié [874], y esto simplemente refleja el ritmo de carrera significativamente más rápido en los eventos de distancias más cortas.

Aunque el concepto de correr con el antepié se está volviendo cada vez más popular, debe implementarse de manera adecuada y ejecutarse correctamente para evitar complicaciones. Por ejemplo, existe una tendencia de alargar de manera excesiva la zancada cuando se corre con una pisada con antepié, lo que una vez más produce un pico de impacto inicial en las fuerzas de reacción del suelo [775]. Como se señaló anteriormente, un factor que probablemente contribuya a este escenario es emplear una pisada con antepié a velocidades de carrera relativamente lentas, cuando otra estrategia de pisada podría ser más apropiada. Al adoptar una pisada con antepié, también es importante que el corredor comprenda que, si bien el contacto inicial se produce en el antepié, la aceptación del peso posterior debe ocurrir en la porción media del pie, de modo que el pie esté esencialmente plano sobre el suelo en este punto de la fase de apoyo. Con demasiada frecuencia, quienes intentan correr con una pisada con antepié terminan corriendo con la punta del pie; esto aumentará la tensión sobre las estructuras involucradas y, como resultado, probablemente incrementará el riesgo de lesiones. Quizás reflejando estos problemas, una serie de intervenciones recientes de reentrenamiento de la marcha han optado por la transición a la carrera con mediopié, en lugar de instruir a los participantes a que empleen una pisada con antepié [871].

Si bien, la literatura se ha centrado en la estrategia de pisada empleada en el contacto inicial, lo que ha recibido mucha menos atención es la acción posterior en el pie y la porción inferior de la pierna durante la fase de aceptación del peso y el impulso durante la fase de apoyo. Esto es sorprendente, dado que esta porción de la fase de apoyo es más crítica desde una perspectiva de economía de impulso y carrera, y también tiene una influencia importante en las tensiones que se ejercen sobre las estructuras de las extremidades inferiores.

5.6.2   Alineación de las Extremidades Inferiores

Es benéfico que el reentrenamiento de la marcha se lleve a cabo junto con una intervención de entrenamiento neuromuscular adecuada, ya que se aplicarán las mismas señales verbales de instrucción con respecto al control postural y la alineación dinámica de las extremidades inferiores. El reentrenamiento de la marcha que proporciona información en tiempo real sobre la alineación de las extremidades inferiores ha demostrado ser eficaz. Por ejemplo, con el propósito de mantener la alineación de las extremidades inferiores, una propuesta que se empleó con éxito en la literatura consistió en proyectar una imagen del corredor en una pantalla frente a ellos, representando visualmente el ángulo de su cadera en tiempo real, con un gráfico superpuesto que indicaba el área objetivo deseado. Las participantes del estudio eran corredoras que padecían síndrome de dolor femororrotuliano y, después de la intervención, reportaron mejoras significativas en las puntuaciones del dolor percibido y la función, así como efectos positivos en las variables cinemáticas y cinéticas medidas durante la evaluación sucesiva de la marcha [875].

Un método que depende menos de "tecnología avanzada", pero quizás más práctico, que reportó resultados exitosos de manera similar con corredoras que sufrían dolor femororrotuliano, implica el uso de un espejo de cuerpo entero a fin de proporcionar retroalimentación visual instantánea durante la carrera a pie en caminadora de banda [870]. La retroalimentación visual de la biomecánica del corredor (en el plano frontal) se complementó con señales verbales de instrucción básicas para ayudar a corregir la postura y estimular la activación de los músculos de la cadera. En este estudio, la retroalimentación visual y verbal proporcionada fue eliminada progresivamente durante las últimas etapas del período de intervención. Se reportó que la retención de las mejoras en la mecánica de carrera evaluadas tres meses después del final del estudio fue buena; es importante destacar que esto también se reflejó en las puntuaciones de los participantes en las mediciones de dolor y función [870].

5.6.3   Gestión de las Fuerzas de Impacto

La gestión de las variables de carga de impacto durante la pisada es un área importante de énfasis para las intervenciones de reentrenamiento de la marcha [876]

. Particularmente, las fuerzas de impacto vertical en el contacto inicial han sido un foco para las investigaciones de lesiones por correr. Se ha demostrado que la aceleración tibial, las fuerzas de impacto vertical y las tasas de carga son modificables con una intervención de entrenamiento adecuada. Más recientemente, investigadores han demostrado que las fuerzas horizontales en el contacto inicial están de igual modo altamente vinculadas con las lesiones relacionadas con la carrera a pie, y los parámetros de carga horizontal como la fuerza máxima de frenado se identifican como factores de riesgo cinético [796].

Por ejemplo, un estudio empleó acelerómetros para proporcionar información en tiempo real de la cinética de carrera (aceleración tibial) indicativa de la carga en las extremidades inferiores; esta información se mostraba en una pantalla frente al corredor para proporcionar retroalimentación en tiempo real mientras corría en una caminadora de banda [828]. Se reportaron reducciones en la aceleración tibial, las fuerzas de impacto vertical y las tasas de carga después del período de intervención, y estas mejoras se mantuvieron cuando los participantes fueron evaluados durante el seguimiento de 1 mes.

Se ha empleado con éxito una propuesta muy similar que se centra en las fuerzas de frenado horizontales. Napier y colaboradores emplearon una intervención de reentrenamiento de la marcha a corto plazo en corredoras que comprendió ocho sesiones en total utilizando una caminadora de banda que proporcionó información en tiempo real de las fuerzas de frenado horizontales máximas. A los corredores participantes se les dijo que su objetivo era mantener el trazo de la fuerza máxima de frenado en la pantalla por debajo de la línea objetivo, y no se proporcionó ninguna otra instrucción durante las sesiones. Se reportaron reducciones en la fuerza máxima de frenado durante las pruebas de seguimiento al final del período de entrenamiento, lo que indica que los corredores pudieron idear estrategias exitosas para reducir las fuerzas máximas de frenado durante el contacto inicial y asimilar estos cambios en su marcha de carrera [877].

Actividad Reflexiva: ¿Ha realizado un reentrenamiento de la marcha con aquellos con los que ha trabajado? ¿Qué métodos ha empleado para proporcionar retroalimentación e instrucción?

Los aspectos críticos de la instrucción de la técnica de carrera y las intervenciones de entrenamiento asociadas que pueden emplearse se analizan en detalle en la sección final de este capítulo.

5.6.4   Ajuste de la Tasa de Zancada y la Velocidad de Carrera

Una propuesta indirecta para modificar las tensiones incurridas durante la carrera es manipular variables como la frecuencia de zancada y la velocidad de carrera, en relación con el ritmo de entrenamiento habitual del corredor y los patrones de marcha de carrera.

Se ha demostrado que, las estrategias de activación y reclutamiento muscular durante la marcha de carrera se modifican según la velocidad de esta [415]. También se han observado cambios en la activación muscular cuando se manipula la frecuencia de zancada sin ningún cambio en la velocidad de carrera [878]. Por lo tanto, estas intervenciones se han propuesto como un medio para modificar la activación muscular y, por consiguiente, las fuerzas articulares de una manera en que se puedan gestionar de mejor modo las tensiones sobre el corredor, protegiendo al mismo contra lesiones.

Una investigación reciente en corredores entrenados registró los patrones de actividad muscular de los músculos críticos de la cadera, la rodilla y el tobillo durante la carrera sobre el suelo a diferentes velocidades [415]. A medida que los corredores alcanzaban velocidades más altas, se observó que alteraban tanto la longitud de la zancada como la frecuencia de la zancada de una manera característica, y también se encontró que la actividad relativa de los respectivos grupos musculares cambiaba. En particular, los investigadores observaron un aumento exponencial en la actividad de los músculos extensores de la cadera, especialmente cuando la velocidad de carrera excedía los 7 m/s (~25 km/h) [415].

También se propone aumentar la velocidad o frecuencia de zancada independientemente de cualquier cambio en la velocidad de carrera para conferir varios efectos positivos con respecto a la biomecánica de carrera y los factores de riesgo de lesiones.

Dos estudios recientes investigaron los efectos de manipular la frecuencia de zancada durante la carrera en caminadora de banda mientras la velocidad de carrera se mantuvo constante. El primero de estos estudios evaluó las fuerzas de reacción del suelo cuando la velocidad se modificó en un 15 % y un 30 % por arriba como por debajo de la velocidad preferida del participante (la velocidad de la caminadora de banda se mantuvo a 2.5 m/s, o 9 km/h, para todas las pruebas). Las fuerzas máximas de reacción del suelo de impacto vertical y las tasas de carga vertical reportadas fueron considerablemente mayores cuando se redujo la frecuencia de zancada; a la inversa, estos valores se redujeron ligeramente cuando se corrió a un 15 % por encima de la velocidad preferida [879].

El segundo estudio examinó los cambios en los patrones de activación muscular cuando se manipuló la frecuencia de zancada. Este estudio estableció la caminadora de banda a la velocidad de carrera preferida del participante para todas las pruebas y midió la actividad muscular cuando la tasa de zancada se incrementó un 5 % y un 10 % por encima de la tasa de zancada preferida de los participantes [878]. El nivel de actividad de muchos de los músculos de las extremidades inferiores fue bastante constante durante la mayor parte del ciclo de marcha en las diferentes condiciones de frecuencia de zancada. Las excepciones fueron los extensores de la cadera, y los músculos del complejo glúteal en particular, que reportaron un aumento de la actividad muscular durante las diferentes fases del ciclo de marcha con aumentos en la frecuencia de zancada [878].

Dos advertencias importantes de esta línea de razonamiento se refieren a la suposición de que las velocidades de zancada autoseleccionadas adoptadas naturalmente por los corredores no son óptimas, y el argumento de que imponer una frecuencia más alta mejorará la carga involucrada. Las investigaciones en corredores demuestran que los individuos autorregulan la frecuencia y la rigidez de la zancada de manera muy eficaz, y son capaces de ajustar continuamente estos parámetros para mantener la economía de carrera con los cambios en la función y la aparición de la fatiga [880]. Existe algún indicio de que esta modulación espontánea de la frecuencia de zancada se rige al igualar las propiedades intrínsecas de su sistema biomecánico pasivo durante la marcha [881]. Parece que este "ajuste de resonancia" de la frecuencia de zancada a la frecuencia pasiva natural del sistema optimiza el comportamiento de resorte y la mecánica musculotendinosa.

Tales observaciones plantean serias dudas sobre el argumento de que la velocidad de zancada que se adopta naturalmente es subóptima y requiere manipulación. Por extensión, es probable que imponer arbitrariamente una tasa de zancada estandarizada a un individuo interfiera con la autooptimización observada a través del ajuste de esta en respuesta a estímulos auditivos y la modulación continua de la tasa de zancada a cambios transitorios en la función y la fatiga.

Otro problema que se ha observado es que la imposición de una velocidad de zancada más alta generalmente hace que el corredor dé más zancadas para cubrir la misma distancia. Como tal, mientras que la condición de reentrenamiento de la marcha con una frecuencia de zancadas más alta podría reducir las fuerzas de colisión incurridas en cada zancada, el número más alto de zancadas para cubrir una distancia determinada niega estos efectos, ya que el estrés acumulado a lo largo de la carrera, en general, no cambia esencialmente [882].

La manipulación de la frecuencia de zancada es bastante sencilla de lograr cuando se corre en una caminadora de banda mediante el uso de un metrónomo. Sin embargo, esto representa una especie de desafío logístico cuando se considera dicha manipulación en distintas superficies. También debe tenerse en cuenta que un estudio reciente no logró encontrar ninguna reducción significativa en la tasa de carga vertical durante la carrera con un aumento del 10 % en la frecuencia de zancada [871].

Por lo tanto, los profesionales pueden considerar que, aumentar la velocidad de carrera, representa el mejor método para alterar el estrés de la carrera y provocar cambios positivos en la activación muscular, sobre todo porque esto es mucho más fácil de lograr en la práctica que intentar manipular la frecuencia de zancada de forma independiente.

Actividad Reflexiva: ¿Ha utilizado calzado para correr con el antepié o estrategias de carrera sin calzado usted mismo o con sus atletas? ¿Su experiencia ha sido positiva? ¿Prevé posibles riesgos o contraindicaciones de correr descalzo o de la transición a correr con el antepié?

6   Prevención de Lesiones al Correr para Corredores Novatos y Atletas No Lesionados

Es evidente que los factores de riesgo en corredores novatos y previamente sanos diferirán de los que se observan con aquellos que tienen antecedentes de lesiones por correr [811]. También parece que los factores de riesgo asociados con la incidencia de lesiones relacionadas con la carrera pueden diferir aún más entre hombres y mujeres [806]. El conocimiento de los factores de riesgo relevantes representa un punto de partida importante, ya que orientará el enfoque de las intervenciones para proteger contra las lesiones comunes al correr. Sin embargo, la tarea de reducir el riesgo general y la incidencia de lesiones específicas al correr no ha resultado sencilla. Se ha identificado que la mayoría de las iniciativas de prevención de lesiones reportadas en la literatura hasta la fecha generalmente han reportado muy poco éxito y las tasas de lesiones por correr continúan siendo altas [812].

De acuerdo con la hipótesis de la "habilidad neuromuscular" de las lesiones al correr, una propuesta principal para prevenir las lesiones relacionadas con la carrera entre individuos sanos será evaluar y, cuando sea necesario, remodelar su biomecánica de carrera. Recientemente, se ha prestado considerable atención a la investigación sobre la etiología de las lesiones por correr y los métodos de tratamiento o rehabilitación para abordar los problemas musculoesqueléticos asociados. Sin embargo, lo que está mucho menos claro en la literatura hasta la fecha es cuál es la mejor manera de abordar el diseño y la impartición de intervenciones para corregir o perfeccionar los aspectos críticos de la técnica de carrera.

En general, se asume que la mecánica de correr y las habilidades motoras asociadas se desarrollan como una parte natural del aprendizaje motor que ocurre durante el desarrollo físico normal de los niños y los procesos de crecimiento y maduración, de la misma manera que ocurre con la marcha al caminar. Esta suposición parecería algo sospechosa, particularmente en vista de los hallazgos que han salido a la luz recientemente con respecto al aprendizaje motor y la adquisición de habilidades entre los niños en las sociedades modernas.

Por ejemplo, estudios recientes en niños en edad preescolar y primaria han reportado que el nivel de dominio de las habilidades locomotoras evaluadas (por ejemplo, correr, esprintar, brincar, saltar) varía ampliamente [631]. Además, a partir de estas investigaciones, también parece que la competencia en estas habilidades fundamentales de movimiento y locomoción parece estar relacionada con los niveles habituales de actividad física y juego activo de los niños. En vista de la tendencia creciente de los comportamientos sedentarios y la disminución de los niveles de actividad física de los jóvenes en todo el mundo [628], parecería cada vez más inseguro suponer que un individuo determinado exhibirá una habilidad motora y una coordinación bien desarrolladas sin un entrenamiento específico de dichos requerimientos.

En consecuencia, para una proporción considerable de la población, puede ser necesaria una instrucción remedial sobre la mecánica de la marcha para evitar lesiones. Los programas de entrenamiento de carrera organizados para corredores principiantes e intermedios se han reportado anteriormente en la literatura de medicina deportiva. Uno de esos estudios incluyó las clínicas de entrenamiento para corredores recreativos que se preparaban para la carrera "Sun Run" de 10 km en Vancouver [807]. Un análisis de las lesiones reportadas por los participantes en este programa indicó un éxito limitado en la prevención de lesiones al correr: la tasa promedio de lesiones en los 17 sitios donde se impartió el programa fue del 29.5 %. Además, las tasas de lesión variaron ampliamente entre los sitios de investigación, mientras que en ciertas "clínicas" la tasa promedio de lesiones fue inferior al 20 %, otras reportaron tasas de lesión en hasta el 48 % de los participantes [807]. Estos hallazgos subrayan que la enseñanza de la técnica de carrera y la calidad de la información proporcionada por el entrenador son probablemente factores diferenciadores con respecto a la eficacia de los programas para reducir el riesgo y la incidencia de lesiones relacionadas con la carrera.

Actividad Reflexiva: ¿Qué experiencia ha tenido con programas de entrenamiento enfocados a abordar las lesiones de la carrera a pie? ¿Ha encontrado programas que hayan tenido éxito? Por el contrario, ¿ha visto ejemplos de programas que fueron ineficaces en la gestión de riesgos y tasas de lesiones al correr?

6.1   Evaluación y Valoración de Corredores No Lesionados

La propuesta adoptada al valorar o evaluar a un corredor sin antecedentes de lesiones tenderá a diferir un poco de lo que se ha descrito en las secciones anteriores. Como se ha comentado, es probable que un corredor lesionado –previa o actualmente sintomático–, muestre ciertos rasgos musculoesqueléticos y deficiencias neuromusculares que a menudo también son evidentes en su biomecánica de carrera. Por el contrario, según los estudios realizados hasta la fecha, es poco probable que estos patrones sean evidentes en individuos sanos que no tienen antecedentes de lesiones al correr [804, 808].

La evaluación musculoesquelética preliminar generalmente se enfocará en aquellas evaluaciones que han demostrado estar relacionadas con el riesgo de lesiones para corredores sanos. Por ejemplo, un estudio prospectivo no reportó ninguna relación entre las mediciones estáticas de la alineación de las extremidades inferiores evaluadas en bipedestación y la incidencia posterior de lesiones al correr [803]. En contraste, se encontró que las puntuaciones deficientes de flexibilidad de los isquiosurales estaban relacionadas con mayores momentos de fuerza en los extensores de la rodilla medidos durante el análisis de la marcha de carrera, que son indicativos de riesgo de lesión de rodilla por sobreuso [861]. De ello se deduce que los profesionales deben tener en cuenta esta información y ser selectivos al considerar las evaluaciones a emplear con corredores saludables.

Al evaluar a un corredor que no tiene antecedentes de lesiones, un examen de sus capacidades funcionales puede proporcionar información importante sobre la carga impuesta a estructuras específicas y una indicación de qué estructuras pueden ser propensas a cargas excesivas. Esta evaluación incluirá necesariamente la realización de una evaluación exhaustiva de la mecánica de la marcha de carrera. Existe un número creciente de clínicas que ofrecen un análisis integral de la marcha de carrera mediante el uso de una caminadora de banda instrumentada y cámaras de video de alta velocidad que capturan vistas desde varios ángulos, en combinación con softwares especializados para analizar los datos recopilados. Esta tecnología esencialmente modela cada segmento del cuerpo del corredor y evalúa el movimiento de los respectivos segmentos en tres dimensiones [868]. Junto con la medición concurrente de las fuerzas de reacción del suelo, esta permite una evaluación completa de la cinética y cinemática de carrera, incluida la inferencia de fuerzas a nivel articular y entre distintos segmentos de las extremidades. En su forma actual, la captura y el análisis del movimiento de la marcha de carrera se limita en gran parte a la carrera en caminadora de banda.

Sin embargo, todavía es posible realizar una evaluación cualitativa confiable de la mecánica de carrera sin una clínica de marcha de carrera equipada con costosas caminadoras de banda instrumentadas y sistemas de captura de movimiento. Recientemente, los avances tecnológicos significan que los profesionales pueden tomar fácilmente secuencias de video a través de una cámara de video digital o dispositivos inteligentes con tecnología de cámara digital incorporada. Asimismo, se ha puesto a disposición una serie de herramientas de software para la captura y el análisis de video que son de fácil acceso y de bajo costo. Una variedad de parámetros cinemáticos de una vista de plano sagital se puede evaluar de manera confiable mediante análisis 2D [883]. Existe cierta indicación de que las variables del plano frontal pueden ser más difíciles de registrar con un alto grado de aprobación entre los evaluadores [884]. Dicho esto, se reporta que otros estudios han podido registrar de manera confiable la cinemática del plano frontal relevante, como la caída pélvica contralateral y los parámetros relacionados con la alineación de las extremidades inferiores durante la fase de apoyo [885, 886]. Al comprender las limitaciones, un profesional que posee un conocimiento profundo de la mecánica de la marcha de carrera puede usar estas herramientas para evaluar la técnica de un corredor, incluso sin acceso a un análisis cinético y cinemático especializado de la marcha.

6.2   Entrenamiento de Fuerza de "Protección"

Las funciones respectivas de los grupos musculares de la extremidad inferior durante la fase de apoyo se han descrito así:

"La función del tobillo (flexores plantares) y los extensores de la rodilla es crear una gran rigidez articular antes y durante la fase de contacto; mientras que los extensores de la cadera son los principales motores hacia delante del cuerpo" [401].

Este patrón dominante de cadera, con respecto tanto a la mecánica de la fase de balanceo como a la fase de impulso, se vuelve más evidente con el aumento de la velocidad de carrera [415]. Esto parecería indicar que el entrenamiento de fuerza para los músculos de la cintura pélvica tendría un papel en la facilitación de una mecánica sólida de la marcha de carrera. Dicho esto, una investigación prospectiva con corredoras principiantes no logró reportar una asociación entre las mediciones isométricas de la fuerza de los músculos de la cadera y la incidencia de lesiones durante la carrera, como el dolor femororrotuliano en corredoras novatos [841]. Otra investigación realizó evaluaciones similares de la fuerza isométrica de los músculos de la cadera y no reportó ninguna asociación con la cinemática de las extremidades inferiores observada durante una evaluación de la marcha de carrera en corredoras principiantes [887].

Una vez más, estos hallazgos no son completamente inesperados dada la carencia de relación entre el entrenamiento de fuerza aislado y los cambios en la biomecánica de las extremidades inferiores reportados en otros estudios [705]. En vista de esto, los hallazgos no deben interpretarse necesariamente como una indicación de que el entrenamiento de fuerza para los músculos de la cadera no tiene mérito. Dado su rol en proporcionar control proximal a la extremidad inferior y la debilidad muscular específica de la cadera observada en las mujeres, es probable que el entrenamiento de fuerza tenga un papel que desempeñar en la protección contra las lesiones por correr, particularmente en las mujeres. Sin embargo, los resultados de los estudios anteriores también indican que es probable que las intervenciones de entrenamiento de fuerza sean más efectivas cuando se realizan junto con el entrenamiento neuromuscular, incluida la retroalimentación adecuada [683].

Para los corredores de ambos sexos, el entrenamiento de fuerza para ciertos grupos musculares involucrados en la marcha de carrera proporciona un medio para aumentar la capacidad estructural específica de una manera que se pueda incrementar la tolerancia a la carga y los límites de fallo de estos tejidos y, por lo tanto, modificar favorablemente el riesgo de lesiones durante la carrera. Por ejemplo, se debe considerar el entrenamiento de fuerza para los flexores plantares, en vista de la aparente asociación entre la fuerza del músculo flexor plantar y la tendinopatía de Aquiles entre los corredores [830].

Conforme a las investigaciones en corredores novatos, parece existir un papel para el entrenamiento de fuerza en lo que concierne a los estabilizadores laterales del tronco, particularmente en las corredoras. Por ejemplo, una investigación reciente reportó que las puntuaciones bajas en los tiempos de resistencia a la pérdida de la fuerza en la plancha lateral (una medición de la estabilidad lateral del tronco) se asociaron con una mecánica aberrante de las extremidades inferiores durante las evaluaciones de la marcha de carrera en corredoras novata [887]. Estos déficits pueden abordarse mediante una combinación de modalidades de entrenamiento de "estabilidad central" apropiadas, como variaciones del ejercicio de puente lateral (consultar el capítulo ocho) y entrenamiento de fuerza para desarrollar la estabilidad torsional y la fuerza postural en el plano frontal. Las modalidades de entrenamiento más avanzadas, incluido el entrenamiento de fuerza pesado, entrenamiento excéntrico y el entrenamiento de velocidad-fuerza, así como los pliométricos, son útiles para los corredores. Se ha demostrado la eficacia del entrenamiento de fuerza pesado [259], el entrenamiento de velocidad-fuerza [888] y el entrenamiento pliométrico [421] para mejorar la economía de carrera en los corredores.

6.3   Modalidades de Entrenamiento Neuromusculares

A pesar de los beneficios sugeridos de las modalidades de entrenamiento neuromuscular para correr, una intervención de preacondicionamiento para corredores principiantes descrita en la literatura no logró producir un efecto protector significativo sobre las tasas de lesión [889]. La intervención de 4 semanas se utilizó antes de un programa de carrera de 9 semanas, y el protocolo empleado comprendió una combinación de ejercicios de caminata y hops. Se podría especular que la intervención fue demasiado conservadora y no lo suficientemente desafiante para obtener mejoras significativas que obtendrían una transferencia a la carrera.

La correspondencia dinámica y otros aspectos de la especificidad también son factores importantes en términos del grado de transferencia directa de cualquier intervención de entrenamiento neuromuscular a la carrera. De ello se desprende que cuando se busca desarrollar aspectos como el control postural, el equilibrio dinámico, así como el control y coordinación neuromuscular, es importante que las posturas, condiciones y patrones motores involucrados sean representativos de lo que ocurre durante la marcha de carrera. En la literatura se ha descrito un protocolo de entrenamiento propioceptivo alternativo que comprende ejercicios de equilibrio dinámico específicos para esprintar que produjo mejoras en las mediciones de estabilidad postural dinámica y control del centro de gravedad en velocistas [451]. Es posible que un protocolo de este tipo resulte más eficaz para cumplir una función protectora o de preacondicionamiento para corredores y atletas sanos en los deportes de carrera.

Como actividad cíclica de apoyo con una sola extremidad, esto implica que el desarrollo de la propiocepción, el equilibrio dinámico y el control de las extremidades inferiores durante la postura unilateral sería importante para fundamentar una mecánica sólida de la marcha de carrera. Los elementos de la coordinación neuromuscular también son importantes durante las diferentes partes del ciclo de marcha e influirán en el comportamiento mecánico de la cadena cinética de las extremidades inferiores durante la fase de apoyo en particular. Por ejemplo, se requiere coordinación y preactivación para interactuar correctamente con el suelo durante la porción inicial de la fase de apoyo y lograr un contacto de pie "activo". La coordinación y el momento de activación antes y durante la pisada afecta la "rigidez activa" de las estructuras musculotendinosas [793]. El "controlador servomotor" que regula la rigidez activa de las unidades musculotendinosas en cada eslabón de la cadena cinética está sujeto a un circuito (bucle) de retroalimentación/hacia delante continuo [881]. Esencialmente, el corredor está refinando y ajustando continuamente el "ciclo de trabajo" de activación y relajación que ocurre con cada ciclo de marcha, con el fin de "ajustar" la mecánica musculotendinosa [323] y así optimizar el comportamiento de resorte de la cadena cinética de las extremidades inferiores en su conjunto con cada zancada.

6.4   Aspectos Críticos de la Técnica de Carrera para la Intervención del Entrenador

6.4.1   Estrategia de Pisada

La naturaleza de la pisada dependerá en gran parte de la velocidad de la marcha de carrera [890]. Ciertamente, los patrones habituales de pisada que se observan con los atletas de pista que corren a altas velocidades, como los velocistas de pista, difieren de los corredores de resistencia. Específicamente, cuando estos atletas corren a alta velocidad, es posible que el talón no entre en contacto con el suelo o la superficie de la pista, en parte como resultado de la duración más breve del contacto con el suelo [868]. Por el contrario, en los corredores de distancia (y los corredores recreativos) a menudo el talón hará contacto con el suelo durante la fase de aceptación del peso, independientemente de la estrategia de pisada que el corredor emplee en el contacto inicial [812]. Para la mayoría de los corredores recreativos, las velocidades habituales de carrera son relativamente lentas. Se ha demostrado que la pisada con retropié es más económica a estas velocidades de carrera más lentas [873]. Esto cuestiona la recomendación general de alterar la estrategia de pisada como una contramedida convencional, independientemente de cualquier consideración de la velocidad de carrera.

Aparte de la velocidad de las fuerzas de impacto y la magnitud de las fuerzas de frenado, la ejecución de la pisada afecta la forma en que las fuerzas se distribuyen entre las estructuras de la extremidad inferior durante la primera porción de la fase de apoyo. Se ha identificado que una pisada con el retropié puede provocar una sacudida como consecuencia del aterrizaje rígido en el talón [775]. Por el contrario, el empleo de una pisada con antepié aumenta el trabajo excéntrico del flexor plantar y la carga sobre las estructuras del tendón del tobillo, en particular el tendón de Aquiles [891]. La transición a una estrategia diferente de pisada cambia efectivamente la distribución de fuerzas en los segmentos respectivos de la extremidad inferior [892].

Cuando se ejecuta correctamente, correr con una pisada con antepié o de mediopié puede eliminar eficazmente el pico de impacto inicial en las fuerzas de reacción del suelo que se pueden observar con una pisada con retropié [812]. A pesar de estos cambios favorables, las fuerzas generales de reacción del suelo y las tasas de carga en los corredores que adoptan una estrategia de pisada con antepié pueden ser comparables a las de los que adoptan una estrategia de retropié [893]. Los resultados preliminares de una investigación de diferentes estrategias de pisada reportaron que correr con una pisada con mediopié se asemeja más al perfil de las fuerzas de reacción del suelo observado al correr descalzo [894]. Un beneficio auxiliar potencial de alterar la estrategia de pisada (como la pisada con mediopié) es provocar un aumento en la preactivación de los músculos del complejo glúteo durante el intervalo inmediatamente anterior a la pisada, en relación con el estilo habitual de carrera con el retropié de los participantes del estudio, que puede impactar de manera favorable la carga, impulso y economía de movimiento [871].

La estrategia de pisada empleada puede influir en la posición del contacto inicial con respecto al centro de masa del corredor. Por ejemplo, una pisada con retropié se asocia con una tendencia a alargar de manera excesiva la zancada, por lo que el contacto inicial ocurre más adelante del cuerpo, lo que hace que el corredor produzca mayores fuerzas de frenado durante la porción inicial de la fase de apoyo [775]. Igualmente, se debe reconocer que también se puede observar una tendencia similar a la zancada excesiva en los corredores que emplean una estrategia de pisada con antepié, aunque las fuerzas de frenado generadas tienden a ser menores en este caso. En general, una estrategia de mediopié se asocia con la colocación del contacto inicial más cercano al cuerpo y, en consecuencia, una zancada relativamente más corta, lo que ayudará a optimizar la producción de impulso frente a las fuerzas de frenado. Un estudio reciente que investigó una variedad de intervenciones reportó que cambiar la estrategia de pisada mediante la adopción de una estrategia de mediopié era el medio más eficaz de atenuar el estrés por impacto al correr, según los efectos observados en las fuerzas de reacción del suelo [871].

Igualmente, debe reconocerse que una alta proporción de corredores de fondo emplean una estrategia de pisada con el retropié; por ejemplo, un estudio de un medio maratón de élite clasificó al 75 % de los que competían como corredores de pisada con retropié [872]. De hecho, incluso en los eventos en pista de media distancia, se observa que un número considerable de atletas de élite adopta una estrategia de pisada con el retropié [874]. Es importante que los profesionales y entrenadores sean conscientes de esto. Si bien, se han propuesto los beneficios potenciales de adoptar patrones alternativos de pisada, otros autores han concluido que no existe una clara ventaja mecánica entre las estrategias de pisada con el retropié y el antepié cuando se corre a velocidades moderadas [816]. Lo que es apropiado depende de la velocidad de carrera [895], por lo que el escenario ideal es que el atleta sea competente con una variedad de estrategias de pisada que pueda emplear de acuerdo con el ritmo de carrera. Dado que los corredores de resistencia de élite habitualmente adoptan una estrategia de retropié, se debe aceptar que esta estrategia de pisada continúa siendo una buena opción para estos atletas, asumiendo que se ejecuta correctamente, el atleta no sufre de lesiones recurrentes.

6.4.2   Mecánica de la Fase de Apoyo

Además del tipo y la posición de la pisada, la mecánica que ocurre durante el contacto inicial del pie también parece ser un factor importante. Por ejemplo, un estudio identificó varias diferencias en las presiones plantares y la cinemática entre los sujetos que desarrollaron dolor en la porción inferior de la pierna relacionado con el ejercicio [819]. Fundamentándose en los resultados observados, los autores concluyeron que un contacto inicial menos estable en la pisada contribuyó a aspectos de la mecánica anómala observada. La mecánica del contacto inicial estará influenciada hasta cierto punto por la acción de "reposicionamiento" que ocurre antes de la terminación de la fase de vuelo (es decir, inmediatamente antes del contacto con el suelo), que se discutirá en la siguiente sección.

El comportamiento elástico de la extremidad inferior al entrar en contacto con el suelo está esencialmente regulado por la "preparación" neural de estos músculos que se produce inmediatamente antes de este [401]. Otros factores críticos que determinarán la mecánica de las extremidades inferiores durante la fase de apoyo y, por lo tanto, el impulso generado, incluyen el reclutamiento muscular apropiado y el momento relativo de activación de estos músculos.

Un aspecto que se relaciona con la mecánica de la fase de apoyo y balanceo es el rango total de movimiento que se produce en la cadera desde el balanceo terminal hasta el despegue de los pies. Los datos reportados por Dicharry y colaboradores [868] indicaron que el arco de flexión de la cadera hasta la extensión de esta –durante la carrera a pie– fue de alrededor de 60 grados. El grado de extensión máxima de la cadera durante el despegue del pie es generalmente inferior a 20 grados, lo que indica que la mayor parte del alargamiento del arco de flexión a extensión se produce frente al cuerpo. En relación con dichos datos, la "mecánica frontal" a la que los entrenadores de velocidad se refieren con frecuencia hace alusión principalmente a la porción terminal de la fase de balanceo, como se analiza en la siguiente sección.

Además de la técnica de carrera, también es posible que las diferencias en el reclutamiento muscular, como la activación de los extensores de la cadera, incluidos los músculos del complejo glúteal, puedan explicar las diferencias en el arco de flexión-extensión entre corredores de élite y recreativos. La extensión de este arco y el aumento del grado de extensión de la cadera al despegar parecería ser un área importante de énfasis al desarrollar y perfeccionar la técnica de carrera. Estos esfuerzos pueden complementarse con un entrenamiento neuromuscular concurrente para mejorar la capacidad del corredor de reclutar los músculos adecuados en posturas y rangos de movimiento articulares relevantes.

6.4.3   Mecánica de la Fase de Balanceo y Vuelo

Inculcar la acción correcta de las piernas durante la última porción de la fase de vuelo debería ser otra propuesta para la intervención de coaching técnico. Una vez más, este aspecto del ciclo de marcha de carrera difiere de lo que ocurre durante la marcha al caminar. En lugar de la acción de péndulo que se produce cuando la pierna se balancea hacia delante en la pisada con retropié al caminar, durante la carrera la pierna se impulsa inicialmente hacia delante pero luego se impulsa hacia atrás antes del contacto con el suelo [415]. Esta acción es crítica no solo para posicionar la extremidad y orientar el pie para el contacto con el suelo, sino que también sirve para minimizar las fuerzas de frenado y facilitar el impulso durante la fase de apoyo [868]. La activación de los músculos del complejo glúteal de la pierna adelantada al final de la fase de vuelo en anticipación de la pisada se ha identificado como un factor crítico en términos de facilitar la mecánica sólida de las extremidades inferiores durante el contacto del pie y la primera porción de la fase de apoyo [808].

La importancia del papel de la pierna trasera para contribuir a generar el movimiento de la pierna adelantada durante la fase de balanceo ha sido destacada en el estudio de Dorn y colaboradores [415]:

"Los músculos de la pierna contralateral (opuesta) son tan importantes como los músculos de la pierna ipsilateral (del mismo lado) en lo que concierne a controlar la aceleración de las articulaciones ipsilaterales de la cadera y la rodilla (durante la fase de balanceo)".

Esencialmente, los músculos de la cadera contralateral trabajan sinérgicamente durante la fase de balanceo y vuelo, ayudando a impulsar la pierna delantera hacia delante inicialmente y luego apoyando el lado contralateral mientras los extensores de la cadera de la pierna delantera trabajan para impulsar la pierna oscilante en una dirección hacia atrás antes del contacto con los pies [415]. Por lo tanto, el desarrollo de este "acoplamiento dinámico" entre la pierna delantera y trasera, así como la función sinérgica de los músculos respectivos de la cintura pélvica, parece ser fundamental para establecer una mecánica de carrera óptima. Por ejemplo, un ejercicio de zancadas por encima de vallas bajas desarrolla este acoplamiento reflexivo de flexión y extensión entre la pierna trasera y la delantera.

6.5   Métodos de Retroalimentación Visual

Diferentes métodos de aprendizaje y modalidades de retroalimentación también pueden ayudar con el reentrenamiento de la marcha. Por ejemplo, cuando se utiliza una caminadora de banda es posible proporcionar información visual. La retroalimentación en tiempo real de la cinética o la cinemática parece ser un método muy eficaz de reentrenamiento de la marcha en corredores [781]. Por ejemplo, el empleo de un sistema de cámara de video con una pantalla colocada directamente en frente del corredor para proporcionar retroalimentación instantánea durante una intervención de reentrenamiento de la marcha en una caminadora de banda reportó cambios positivos en la cinemática [875].

Si la tecnología está disponible, también es posible proporcionar información en tiempo real de la cinética durante la carrera en caminadora de banda. Por ejemplo, con el uso de una caminadora de banda instrumentada o acelerómetros, el corredor puede recibir información en tiempo real de las tasas de carga vertical o la aceleración tibial en una dirección vertical [828]. Con acceso a una caminadora de banda instrumentada, la misma propuesta puede proporcionar información en tiempo real de las fuerzas de frenado horizontales en cada contacto con el suelo. Este método se ha empleado con éxito con corredores recreativos [877]. Con esta propuesta, el atleta tiene la oportunidad de poner a prueba diferentes estrategias para modificar estos parámetros cinéticos mientras corre, y esto se puede hacer sin retroalimentación externa. Es importante destacar que los cambios provocados por una intervención de entrenamiento de carrera que implica una retroalimentación visual de la cinética en tiempo real parecen perdurar. Por ejemplo, uno de estos estudios notó cambios positivos observados en el seguimiento de 1 año después de una intervención de 2 semanas con corredores novatos que recibieron retroalimentación en tiempo real de la carga vertical [896].

Cabe señalar que la mecánica de carrera en una caminadora de banda difiere un poco de la carrera sobre el suelo [897]. Por lo tanto, es importante que cualquier intervención de reentrenamiento de la marcha realizada en la caminadora de banda también incorpore y progrese a las condiciones de carrera sobre el suelo. La carrera en superficie es, evidentemente, menos susceptible de proporcionar retroalimentación en tiempo real mientras el corredor está en movimiento. Sin embargo, es posible obtener retroalimentación verbal y el uso periódico de retroalimentación visual a través de la grabación de video con su respectivo análisis durante los descansos.

6.6   Instruyendo la Técnica de Carrera

Los ejercicios de práctica de la marcha al caminar o carrera comúnmente empleados en el atletismo en pista son útiles a fin de entrenar y reforzar elementos particulares de la mecánica de la marcha de carrera.

Estos ejercicios también proporcionan un desarrollo simultáneo del equilibrio y la estabilidad postural, especialmente cuando se realizan de forma lenta y controlada. El corredor podría considerar realizar estos ejercicios sin sus zapatillas, ya que esto enriquecerá la retroalimentación propioceptiva proporcionada y agregará un mayor desafío de estabilidad. También existen varias progresiones de estos ejercicios básicos, incluidas variaciones de skips y bounds (el corredor puede querer usar sus zapatillas para correr cuando realiza estos ejercicios más avanzados).

Se han empleado varias señales verbales de instrucción en intervenciones exitosas de reentrenamiento de la marcha y estas también pueden adoptarse al instruir y entrenar la técnica de carrera con corredores saludables. Por ejemplo, un estudio empleó indicaciones verbales relacionadas con la alineación de las extremidades inferiores ("correr con las rótulas apuntando hacia delante") y el reclutamiento de la musculatura de la cadera durante el contacto con el pie y la postura ("aprieta los glúteos") [870]. Sin embargo, estas señales verbales de instrucción internas centradas en el cuerpo deben usarse con moderación para minimizar la interrupción de la coordinación y, por lo tanto, la eficiencia mecánica [898]. Es importante reconocer que la acción cíclica, como correr, no manifiesta una ventana de tiempo lo suficientemente amplia para dirigir conscientemente las acciones dentro de cada ciclo de marcha. Este tampoco debería ser el objetivo, dado que se ha demostrado que es probable que al hacerlo se interrumpa la coordinación, con efectos adversos sobre la eficiencia y la economía mecánica [898]. En última instancia, el objetivo es proporcionar al corredor una sensación de mecánica sólida, para que pueda atender los aspectos relevantes cuando corre, minimizando el ruido cognitivo y las posibles interferencias con la coordinación y el ajuste continuo del ciclo de marcha; ambos son procesos relativamente inconscientes con un alto grado de automaticidad. Por lo tanto, una instrucción más general para que el corredor sea consciente de su postura y forma, y preste atención a la sensación general del movimiento que abarca la fase de balanceo y apoyo, puede ser más apropiada; ya que esto no parece afectar de manera adversa la coordinación y eficiencia de la carrera de la misma manera [899].

Las señales verbales de instrucción más orientadas al exterior (externas), que se dirigen hacia el resultado de la acción y la interacción del corredor con el entorno, ofrecen otra opción y generalmente tienen menos efectos adversos. Un ejemplo de esta propuesta es pedirle al corredor que preste atención al sonido y la sensación de cada contacto con el pie, incluidas las señales verbales de instrucción de correr con una zancada más suave y silenciosa [828]. En el último caso, es importante que el corredor no malinterprete la instrucción en el sentido de que debe correr con una pisada pasiva. Más bien, se debe alentar al corredor a ser consciente de cómo se relacionan inicialmente con el suelo, pero mantienen una forma fuerte a través de la cadena cinética y el "resorte" de la extremidad inferior [900]. Teniendo esto en cuenta, quizás una señal más apropiada sería minimizar el ruido excesivo y correr con una pisada "nítida" en lugar de "fuerte".

Con respecto a las señales verbales de instrucción para la fase de vuelo, se debe alentar al corredor a que impulse activamente la pierna trasera hacia delante y hacia arriba inmediatamente después del despegue. A partir de entonces, el corredor puede usar el impulso del movimiento pendular hacia delante de la pierna trasera para facilitar el movimiento pendular hacia atrás y hacia abajo de la pierna adelantada. Este es un ejemplo de "acoplamiento dinámico" de cadena cinética abierta entre extremidades durante la fase de vuelo. Lograr un movimiento elíptico del pie a través de la fase de balanceo permite este barrido hacia atrás de la pierna delantera durante la fase terminal de la acción de balanceo antes del contacto del pie con el suelo. Una analogía útil al entrenar este aspecto de la técnica de carrera es conceptualizarla como similar al movimiento que se usa al propulsar una patineta o un scooter [868].

6.7 Gestión de la Transición en el Reentrenamiento de la Marcha de Carrera

La modificación de la estrategia de pisada es un medio común propuesto para reducir el riesgo de lesiones específicas por estrés repetitivo y el número total de lesiones sufridas al correr, ya que ofrece la posibilidad de reducir las tensiones de impacto sostenidas durante cada contacto del pie con el suelo [871].

Del mismo modo, también debe reconocerse que la transición de la técnica de carrera desde el retropié hasta el mediopié o el antepié debe gestionarse con mucho cuidado [812]. El peligro con la pisada con antepié en particular es que, a menos que el corredor (y el profesional) tenga un conocimiento completo de la mecánica involucrada, incluido no solo el contacto inicial sino también lo que ocurre durante la aceptación del peso posterior, la pisada con antepié puede implementarse incorrectamente con un resultado poco deseado; tensiones aumentadas en el corredor. Por ejemplo, se ha observado con antelación que ciertos corredores pueden alargar de manera excesiva la zancada cuando corren con una estrategia de pisada con antepié, lo que lleva a un pico de impacto en las fuerzas de reacción del suelo [775]. Teniendo esto en cuenta, y en vista de los efectos positivos que se han observado con las intervenciones que han empleado una pisada con mediopié [871];[894], puede ser prudente entrenar al corredor a que emplee esta estrategia de pisada en lugar de hacer la transición a la pisada con antepié.

Los corredores que habitualmente han empleado un pisada con retropié (es decir, la mayoría de los corredores) inevitablemente requerirán un período de reacondicionamiento para que los músculos y las estructuras del tejido conectivo se adapten a las exigencias modificadas que se les imponen. Por ejemplo, para los corredores que habitualmente adoptan una pisada con retropié, la transición a correr con el antepié (y el mediopié) impone mayores exigencias a los flexores plantares y al tendón de Aquiles [891]. Como tal, es importante que el volumen de entrenamiento de carrera se modifique durante este período de transición, para permitir que estos tejidos se adapten y así evitar dolor y lesiones [812]. El acondicionamiento adicional, en particular el entrenamiento de fuerza para desarrollar la fuerza isométrica y excéntrica necesaria también ayudará al corredor a realizar esta transición sin complicaciones.

6.8   Intervenciones Adicionales

6.8.1   Selección de Zapatillas para Correr

La elección del calzado se ha incorporado a la gama de recomendaciones enfocadas a reducir el riesgo de lesiones relacionadas con la carrera. La selección de zapatillas para correr en los extremos del espectro de "maximalista" a "minimalista" puede ser un factor con respecto a la cinética observada durante la marcha de carrera [779]; [871]. La cinética de las articulaciones también puede diferir con la selección de calzado para correr. Por ejemplo, la investigación de Hashizume y colaboradores [901] reportó que la cinética en la articulación de la rodilla difería cuando se usaban zapatillas para correr acolchadas frente a zapatillas de carrera, aunque los momentos de la articulación de la cadera y el tobillo eran comparables.

Sin embargo, la validez de la práctica común de recomendar zapatillas para correr con características de diseño específicas (por ejemplo, "estabilidad", "control de movimiento") de acuerdo con el tipo de pie particular del corredor continúa siendo cuestionable, ya que hasta la fecha no existe evidencia que sugiera que esto sea efectivo o benéfico [777]. De hecho, en ciertos casos, se pueden observar puntuaciones más altas de dolor y más días perdidos debido a una lesión entre los corredores que usan zapatillas para correr "diseñadas" para su tipo de pie [785]. Curiosamente, en un estudio prospectivo con un seguimiento de 1 año, la postura estática del pie y el grado de pronación de la línea de referencia basal tampoco mostraron relación con el riesgo de lesión al correr cuando se usa una zapatilla neutral [786].

La selección de calzado puede tener implicaciones en lo que concierne a la economía de carrera. Los zapatillas para correr con un diseño más complejo con características como soporte de arco incorporado y control de estabilidad también tienden inevitablemente a ser más pesados. Se ha demostrado que usar zapatillas para correr más pesados aumenta el costo metabólico de esta actividad [902].

En consecuencia, las autoridades en el campo abogan cada vez más por una propuesta "sencilla" al seleccionar las zapatillas para correr, y recomiendan que el corredor debe elegir esencialmente una zapatilla neutra y ligera que se sienta cómoda. La recomendación es que la zapatilla debe sujetar el pie de forma segura, sin ningún colapso evidente al estar de pie con una sola pierna, pero de lo contrario, la elección del corredor debe basarse en gran parte en el peso y la comodidad de esta [820].

6.8.2 Carrera Descalza

Como se mencionó con antelación, los partidarios de correr descalzo abogan que los corredores novatos y saludables se beneficiarían de estar expuestos a las condiciones de esta estrategia. Esto se basa en la biomecánica de carrera más favorable reportada al correr sin calzado, particularmente con respecto a la estrategia de pisada empleada, y los beneficios asociados de correr descalzo, que incluyen una mejor propiocepción. Es importante destacar que correr descalzo también representa un medio para ayudar a fortalecer los músculos plantares y las estructuras articulares del pie, que es probable que se deterioren en muchas personas que han usado habitualmente zapatillas para correr con suelas acolchadas y soporte para el arco [775].

Si bien esto es sólido en teoría, se debe tener precaución al introducir esta estrategia cuando la persona regularmente ha corrido calzada durante varios años. Cuando se expone inicialmente a correr descalzo, las tasas de carga pueden ser mayores hasta que el corredor se habitúe [789]. La introducción o transición para correr descalzo o al calzado "minimalista" debe gestionarse con cuidado para evitar tensiones y lesiones en los músculos flexores plantares y el tendón de Aquiles en particular. Inicialmente, se requerirá un período de aclimatación al introducir sesiones de carrera descalzo para permitir que las estructuras articulares y del tejido conectivo se adapten a las diferentes condiciones de carga asociadas con la carrera descalza. Como anécdota, incluso los corredores experimentados pueden mostrar una reacción bastante extrema en términos de dolor muscular de aparición tardía que afecta a los músculos de la porción inferior de la pierna durante los días posteriores a su primera sesión de carrera descalza.

Del mismo modo, a nivel práctico, valdrá la pena tener en cuenta las posibles heridas punzantes y abrasiones en el pie causadas por la superficie de carrera, incluidas piedras, vidrios rotos y otros escombros, especialmente en las primeras etapas cuando es probable que la piel de la superficie plantar sea bastante delicada. El uso de zapatillas minimalistas ofrece cierta protección, aunque se ha identificado que correr con estas no es una réplica estricta de correr descalzo [903]. Introducir al individuo a la práctica de correr descalzo sobre arena (cuando sea posible), pasto o incluso en una caminadora de banda durante las etapas iniciales podría evitar ciertos de estos problemas. Sin embargo, incluso al correr sobre arena, se justificará la precaución con respecto al aumento de las exigencias sobre los músculos flexores plantares y los tejidos conectivos.

Finalmente, aunque correr descalzo es una herramienta disponible para el entrenador y el profesional que ofrece una serie de beneficios propuestos, no debe considerarse como la única solución. El más importante de los beneficios asociados con la carrera descalza es facilitar una técnica de carrera mecánicamente más sólida. Por lo tanto, el desarrollo de esta mecánica aumentada de la marcha de carrera también conferiría un efecto protector independientemente de si el corredor entrena habitualmente con zapatillas de correr convencionales, zapatillas minimalistas o corre descalzo.

Las investigaciones de las intervenciones de correr descalzo han identificado que los efectos de correr descalzo no son consistentes y existen diferencias significativas en la respuesta entre los individuos. Tam y colaboradores [904] identificaron subgrupos de "respondedores positivos" que adoptaron espontáneamente una mecánica de carrera más sólida desde el punto de vista mecánico, un grupo neutral que no sufrió cambios en gran parte y un grupo de respondedores negativos que exhibió cambios adversos después de la intervención de entrenamiento descalzo. Los autores de este estudio concluyeron que una intervención de entrenamiento con los pies descalzos debe ir acompañada de instrucción y entrenamiento para ayudar a orientar al corredor sobre la mecánica de la marcha y la estrategia de pisada adecuadas al correr descalzo [904]. Hipotéticamente, la investigación futura también podría descubrir que existe una subpoblación de corredores que no se adaptan bien a correr descalzos (o a usar zapatillas minimalistas) debido a ciertos factores anatómicos y musculoesqueléticos que aún no se han identificado [775].

6.9   Consideraciones Finales

Ya que en la mujer existe un riesgo intrínseco asociado con una mayor incidencia de lesiones relacionadas con la carrera, es probable que se justifique una atención adicional. Por lo tanto, la propuesta con las corredoras podría diferir, con un énfasis adicional en las intervenciones de entrenamiento neuromuscular para abordar los déficits en el control de las extremidades inferiores y el rendimiento neuromuscular comúnmente observado entre las mujeres adultas en relación con los hombres. Por ejemplo, se recomienda un énfasis específico en el desarrollo de la fuerza de los músculos de la cintura pélvica para las corredoras, con el fin de ayudar al control proximal de la alineación de las extremidades inferiores [841], y es probable que también sea necesario el desarrollo de la fuerza remedial para los isquiosurales [658].

También es evidente que existen diferencias de sexo con respecto a los errores comunes observados en la marcha de carrera. Una mayor alineación en valgo de la rodilla y movimiento de rotación y aducción interna de la cadera se observa de manera característica en corredoras (sanas) en relación con los hombres [810]. De ello se deduce que las áreas de énfasis y la propuesta general para las intervenciones de entrenamiento y el coaching de la mecánica de carrera deberían, en consecuencia, diferir para las corredoras en comparación con los hombres.

Cualquiera que sea el tipo de intervención empleada, el grado de supervisión e impartición son factores evidentemente importantes en referencia a la eficacia de las iniciativas destinadas a reducir el riesgo de lesiones por correr. La propuesta de la impartición se regirá en gran parte por las limitaciones de la situación y las herramientas disponibles para el profesional. Por ejemplo, una caminadora de banda instrumentada que proporciona retroalimentación visual en tiempo real ameritaría ser incluida, si está disponible; sin embargo, en contadas ocasiones este será el caso. El tiempo de interacción entre el atleta y el entrenador, así como la experiencia en entrenamiento también son limitaciones importantes que considerar. Los programas organizados para corredores recreativos principiantes e intermedios descritos en la literatura a menudo comprenden solo una sesión de carrera supervisada por semana [807]. Esto en sí mismo puede ser un factor que contribuya a la efectividad algo limitada en la reducción de las lesiones relacionadas con la carrera reportadas con ciertas iniciativas.

Del mismo modo, la instrucción que se proporciona y la manera en que se comunica la información destacada también influye de manera importante en si la señal verbal proporcionada provoca un cambio favorable. Básicamente, el desafío al que se enfrenta el profesional es proporcionar al corredor claridad sobre la mecánica de lo que busca hacer, sin bombardearlo con instrucciones explícitas y ruido cognitivo distractor cuando corre. El enfoque de la instrucción y la impartición del entrenamiento variará según la experiencia del corredor, el grado y la agudeza de la conciencia somatosensorial que posea [905] e incluso, su personalidad [906]. En general, los corredores más experimentados demuestran un mayor ancho de banda para atender conscientemente a su mecánica de carrera mientras corren sin afectar negativamente los patrones de coordinación [907]. Los corredores con un mayor nivel de conciencia corporal y una sensación más desarrollada de su carrera también son más capaces de hacer ajustes en su mecánica con la dirección adecuada. Finalmente, considerar la voluntad del atleta, y específicamente su tendencia a pensar demasiado y estar "perdido en su cabeza", regirá cuánta instrucción explícita proporcionar, cuántas señales verbales de instrucción y de qué tipo, y si debe dirigir la atención del atleta hacia el entorno externo o en su propio cuerpo.

Revisión de Conocimiento – Capítulo Doce

1. Según la información presentada, los siguientes son factores probables que contribuyen a la prevalencia de lesiones relacionadas con la carrera, EXCEPTO:

A. Estilos de vida sedentarios y niveles deficientes de acondicionamiento básico y rasgos musculoesqueléticos asociados.
B. Factores biomecánicos asociados con la técnica de carrera.
C. Correr es simplemente una actividad dañina y, como tal, las personas sanas pueden esperar lesionarse si corren.
D. Entrenamiento inadecuado por corredores recreativos que excede su capacidad para adaptarse a la frecuencia/volumen de estrés involucrado.

2. VERDADERO o FALSO – De acuerdo con la información presentada, los corredores no deben depender de la elección del equipo o el calzado (incluida la carrera descalzo), sino que deben esforzarse por optimizar la técnica para reducir y gestionar de mejor manera el estrés que se les impone cuando corren y, por lo tanto, minimizar el riesgo de lesiones.

3. Todos los siguientes factores diferencian la marcha de carrera de la marcha al caminar, EXCEPTO:

A. La marcha al caminar presenta una "fase de doble postura", mientras que en ningún momento del ciclo de marcha de carrera los dos pies están en el suelo al mismo tiempo.
B. En el ciclo de marcha de carrera no existe la fase de balanceo.
C. La acción de recuperación subsecuente al despegue y la acción preparatoria antes de la pisada cuando se corre son considerablemente diferentes a lo que ocurre durante la marcha al caminar.
D. La marcha de carrera incluye una fase de vuelo, mientras que esta no se manifiesta durante la marcha al caminar.

4. VERDADERO o FALSO – Cuando corre a velocidades máximas, el corredor está "en el aire" (es decir, ambos pies están separados del suelo) durante más del 70 % del ciclo de marcha de carrera.

5. ¿Cuál de los siguientes representa un factor de riesgo modificable (sin una intervención quirúrgica drástica) que, según se reporta, influye en los riesgos de lesión por correr?

A. Características anatómicas de la pelvis y las extremidades inferiores.
B. Sexo.
C. Biomecánica de la marcha/técnica de carrera.
D. Historial de lesiones.

6. VERDADERO o FALSO – Según ciertos estudios, los "errores de entrenamiento" son un factor que contribuye hasta en un 60 % de las lesiones al correr.

7. VERDADERO o FALSO – La tasa de carga durante la marcha de carrera parece ser un factor más importante con respecto al mecanismo de ciertas lesiones por esfuerzo repetitivo en la extremidad inferior, en lugar de la magnitud general de las fuerzas.

8. Según la información presentada, todas las siguientes son declaraciones válidas en relación con las lesiones por correr, EXCEPTO:

A. La rodilla es el sitio más común de lesiones relacionadas con la carrera.
B. La tibia es el sitio más común de fracturas por estrés o lesiones por reacción al estrés reportadas por los corredores.
C. El síndrome de sobrecarga biomecánica ofrece una explicación alternativa para el mecanismo y la propuesta de tratamiento de las lesiones que se presentan como síndrome compartimental por esfuerzo.
D. Según la evidencia hasta la fecha, la prescripción de ortesis de pie parece ser relativamente ineficaz como opción de tratamiento para la tendinopatía rotuliana.

9. Fundamentándose en la información presentada, se debe incluir todo lo siguiente al evaluar a un corredor lesionado, EXCEPTO:

A. Un historial completo y una recopilación de información para establecer el entrenamiento habitual del corredor.
B. Prueba de velocidad para evaluar la velocidad máxima de carrera del corredor.
C. Evaluación musculoesquelética.
D. Análisis de la marcha del corredor al caminar y correr.

10. ¿Cuál de las siguientes afirmaciones con respecto al calzado para correr y las lesiones por correr es más precisa (según la evidencia presentada)?

A. Se deben usar zapatillas para correr de alta gama en todo momento; de lo contrario, se producirán lesiones.
B. Se ha comprobado que las características de diseño especializadas y la tecnología de calzado para correr previenen lesiones, pero solo si el calzado para correr prescrito coincide con el tipo de pie del corredor.
C. Hasta la fecha, no existe evidencia que respalde que la tecnología de control de movimiento o pronación presente en ciertas zapatillas para correr especializadas sea efectiva o reduzca las lesiones en los corredores.
D. Todos los corredores no deben usar zapatillas para correr y solo deben correr descalzos, de lo contrario se lesionarán.

11. VERDADERO o FALSO – La evaluación de la marcha de carrera es imposible sin acceso a una clínica especializada con equipo personalizado, que incluye una caminadora de banda instrumentada, cámaras de alta velocidad y software de computadora para análisis 3D.

12. Fundamentándose en la información presentada, todas las siguientes son declaraciones válidas en relación con las intervenciones para reducir el riesgo de lesiones al correr, EXCEPTO:

A. Una transición completa a correr con el antepié o descalzo es la única opción eficaz para reducir el riesgo de lesiones al correr tanto para los corredores sanos como para los previamente lesionados.
B. La transición a una pisada con mediopié representa una buena opción para muchos corredores con el fin de reducir o eliminar el pico de impacto en las fuerzas de reacción del suelo al correr.
C. La incorporación de sesiones de carrera descalzo en la semana de entrenamiento de un corredor ofrece una herramienta potencial para fortalecer el pie y la extremidad inferior, pero debe emplearse de forma selectiva y con precaución.
D. El entrenamiento con la supervisión y la retroalimentación adecuadas para desarrollar aspectos específicos de una técnica de carrera sólida es el medio principal para reducir el estrés que se incurre al correr y, por lo tanto, el riesgo de lesiones.

Preguntas y Soluciones de la Revisión de Conocimiento

Capítulo Uno

1. Un atleta comienza un bloque de entrenamiento de fuerza que implica una carga excéntrica elevada; el día después de la primera sesión manifiesta un rendimiento reducido y dolor muscular. Esto es un ejemplo de:

A. Etapa de choque/alarma de adaptación al entrenamiento.
B. Reversibilidad.
C. Desentrenamiento.
D. Maladaptación.

Solución – A

2. Después de un período sostenido de entrenamiento intenso, un atleta inicialmente no muestra ninguna mejora; sin embargo, después de cesar el entrenamiento de fuerza en la semana anterior a la competición como parte de su reducción previa a la misma, el atleta registra un rendimiento personal históricamente alto. La mejora aguda en el rendimiento probablemente se deba a:

A. Desentrenamiento.
B. Reducción del efecto de la fatiga.
C. Mayor aptitud física.
D. Tanto B como C.

Solución – D

3. A dos atletas gemelos idénticos se les prescribe el mismo entrenamiento: un atleta responde significativamente mejor que el otro. ¿Cuál de los siguientes factores es probable que NO sea responsable de la diferencia en la respuesta al entrenamiento?

A. Experiencia de entrenamiento.
B. Genotipo.
C. Cumplimiento del entrenamiento.
D. Factores psicológicos, incluida la motivación.

Solución – B

4. Pregunta de respuesta múltiple: ¿Cuáles de las siguientes variables de programación entrarán en juego al diseñar un programa de entrenamiento de resistencia basado en la carrera a pie? (selecciona cinco en total):

Cargas de contraste.
Frecuencia.
Sobrecarga excéntrica.
Modalidad de ejercicio.
Selección de ejercicios.
Contactos de pie.
Intensidad.
Carga.
Superseries.
Volumen.
Descanso.
Formato.

Solución – (1) Frecuencia (2) Intensidad (3) Volumen (4) Descanso (5) Formato

5. ¿Cuál de las siguientes afirmaciones es verdadera?

A. La sobrecarga hace referencia a que el atleta debe entrenar hasta el fallo en cada sesión.
B. El Principio de sobrecarga establece que las cargas de entrenamiento de fuerza que exceden la masa corporal sobrecargarán los tejidos esqueléticos y conectivos, y por ello, pondrán en peligro al atleta.
C. A fin de obtener una respuesta de entrenamiento, el estímulo debe desafiar más allá de lo acostumbrado las capacidades del atleta.
D. El Principio de tamaño establece que los atletas más grandes son superiores.

Solución – C

6. VERDADERO o FALSO – La especificidad del entrenamiento significa que la única forma de mejorar el rendimiento es realizar la actividad en sí.

Solución – FALSO

7. VERDADERO o FALSO – La especificidad metabólica significa que los atletas de resistencia solo deben realizar entrenamiento aeróbico.

Solución – FALSO

8. VERDADERO o FALSO – La paradoja de la especificidad del entrenamiento y la transferencia de los efectos del entrenamiento hace referencia a que, para lograr un rendimiento óptimo a largo plazo requerirá emplear una variedad de modalidades de entrenamiento en diferentes momentos durante el año de entrenamiento, incluidas las modalidades de entrenamiento generales o "no específicas".

Solución – VERDADERO

9. VERDADERO o FALSO – Los atletas muestran una respuesta diferente ante la misma dosis de entrenamiento en comparación con los no atletas y, por lo tanto, requieren una frecuencia, intensidad y volumen de entrenamiento diferentes para optimizar las respuestas de entrenamiento.

Solución – VERDADERO

10. ¿Cuál de las siguientes afirmaciones es FALSA?

A. La periodización proporciona un marco para la variación periódica del entrenamiento.
B. El entrenamiento de fuerza no debe ser realizado por atletas de resistencia debido a los efectos de interferencia.
C. La calendarización y planeación adecuada pueden ayudar a gestionar los efectos de interferencia de diferentes formas de entrenamiento.
D. Varias propuestas contrastantes de la periodización proporcionan variación y ganancias de rendimiento continuas a lo largo del tiempo.

Solución – B

Capítulo Dos

1. La NFL Combine es la batería de prueba estándar utilizada para la selección de talentos de la Liga Nacional de Fútbol Americano. ¿Este es un ejemplo de qué aplicación de prueba para atletas?

A. Identificación de talento.
B. Diagnóstico de fortalezas/debilidades para orientar la prescripción de entrenamiento.
C. Evaluar las respuestas entrenamiento.
D. Evaluar la efectividad del entrenamiento de los atletas.

Solución – A

2. Todas las siguientes declaraciones con respecto a la evaluación deportiva son verdaderas, EXCEPTO:

A. La medición de la prueba debe ser confiable.
B. La prueba debe ser válida en relación con el aspecto del rendimiento que está diseñada para evaluar.
C. Las pruebas deben realizarse con frecuencia para que valgan la pena.
D. Las pruebas deben utilizar aparatos de alta tecnología para ganar la confianza del entrenador y el atleta.

Solución – D

3. ¿Cuál de las siguientes afirmaciones es verdadera en lo que concierne a las pruebas de carga isocinética?

A. Los puntajes de los exámenes son altamente confiables.
B. El puntaje de la prueba no es confiable.
C. Las pruebas isocinéticas muestran especificidad biomecánica de los movimientos atléticos.
D. Las pruebas isocinéticas son muy sensibles a los cambios inducidos por el entrenamiento en el rendimiento deportivo.

Solución – A

4. Todos los siguientes se utilizan como parámetros de las capacidades de potencia de los atletas, EXCEPTO:

A. Tasa de desarrollo de la fuerza.
B. 1 repetición máxima de la cargada de potencia.
C. Altura del salto vertical.
D. Fuerza isométrica.

Solución – D

5. ¿Cuál de las siguientes combinaciones de evaluaciones se usa para evaluar la fuerza reactiva de un atleta?

A. Altura de la sentadilla con salto contra la altura del salto en profundidad.
B. Altura del salto contramovimiento contra la distancia del salto horizontal.
C. Distancia del salto horizontal contra la altura del salto en profundidad.
D. Altura del salto en profundidad contra la altura del salto contramovimiento.

Solución – D

6. ¿La prueba de VO$_2$ máx de laboratorio en una caminadora de banda es la más apropiada para cuál de los siguientes atletas?

A. Un velocista de 200 m.
B. Una velocista de 3 000 m.
C. Una atleta de balonred.
D. Un boxeador.

Solución – B

7. Todas las siguientes afirmaciones son verdaderas para las pruebas submáximas, EXCEPTO:

A. Las pruebas submáximas reemplazan la necesidad de pruebas de resistencia máxima.
B. Las pruebas submáximas son más propicias que las pruebas máximas para las pruebas repetidas a intervalos regulares (por ejemplo, semanalmente).
C. Los protocolos de prueba submáximos son a menudo versiones modificadas de los protocolos de prueba máximos.
D. Las pruebas submáximas requieren acceso a un aparato de monitoreo apropiado para registrar las respuestas fisiológicas de los atletas durante la prueba.

Solución – A

8. ¿Cuál de las siguientes es una prueba de campo utilizada como una medición específica de la capacidad anaeróbica para atletas en deportes intermitentes?

A. Salto por distancia de pie.
B. Prueba de VO$_2$ máx en caminadora de banda.
C. Protocolo de la capacidad de esprints repetidos.
D. Prueba "5-0-5".

Solución – C

9. ¿Cuál de las siguientes es la mejor medición de las capacidades de aceleración en línea recta para un atleta de básquetbol?

A. Esprint de 40 m con tiempos parciales cada 10 m.
B. Esprint de 40 m sin tiempo parciales.
C. Prueba "T".
D. Salto por distancia de pie.

Solución – A

10. ¿Cuál de las siguientes afirmaciones es válida para la evaluación musculoesquelética y el examen de exploración y detección preliminar de movimiento?

A. Las evaluaciones clínicas de la función musculoesquelética pasiva no tienen valor predictivo para identificar el riesgo de lesiones.
B. La prueba isocinética no es apropiada para la evaluación musculoesquelética.
C. Los protocolos de exploración y detección preliminar de movimiento disponibles comercialmente reemplazan la necesidad de la evaluación clínica musculoesquelética por parte de profesionales de la medicina deportiva.
D. El examen de exploración y detección preliminar de movimiento y musculoesquelética solo es efectivo si existe una intervención y seguimiento adecuados.

Solución – D

Capítulo Tres

1. ¿Cuál es el sustrato energético de todos los procesos químicos del cuerpo?

A. Trifosfato de adenosina.
B. Glucólisis.
C. Sistema de fosfágenos.
D. Metabolismo aeróbico.

Solución – A

2. Todos los siguientes son parámetros de la capacidad de resistencia para atleta de remo de élite, EXCEPTO:

A. Consumo máximo de oxígeno (VO$_2$ máx).
B. Cinética de la absorción de oxígeno.
C. Economía de la carrera a pie.
D. Máximo estado estable de lactato.

Solución – C

3. ¿Cuál de los sistemas energéticos tiene la tasa más alta de producción de trifosfato de adenosina, pero el rendimiento total más limitado?

A. Sistema de fosfágenos.
B. Vía glucolítica.
C. Metabolismo aeróbico.
D. Metabolismo de grasas.

Solución – A

4. Las siguientes adaptaciones centrales al entrenamiento de resistencia responden al acondicionamiento metabólico a corto plazo (~3 meses), EXCEPTO:

A. Regulación de la frecuencia cardíaca.
B. Capacidad vital pulmonar.
C. Regulación de la cinética de la absorción de oxígeno.
D. Coordinación de la locomoción del sistema nervioso central (por ejemplo, economía de carrera).

Solución – B

5. Un corredor joven de 400 m realiza un período de 3 meses de acondicionamiento de carrera lenta y de larga distancia a una intensidad promedio de alrededor del 65-70 % de su VO_2 máx. ¿Cuál de las siguientes adaptaciones de entrenamiento es más probable?

A. Incrementos en el consumo máximo de oxígeno.
B. Economía de carrera mejorada a un ritmo de carrera de 400 m.
C. Mejoras en la capacidad anaeróbica.
D. Incrementos en el máximo estado estable de lactato.

Solución – A

6. El entrenamiento de esprints interválico se incluye en cuál de las siguientes categorías de entrenamiento de resistencia:

A. Entrenamiento de umbral.
B. Entrenamiento continuo de intensidad variable.
C. Entrenamiento anaeróbico interválico.
D. Entrenamiento aeróbico interválico.

Solución – C

7. Cada uno de los siguientes es un enunciado verdadero con respecto a las exigencias metabólicas de un esprint de 200 m en pista, EXCEPTO:

A. La contribución de los diferentes sistemas energéticos varía con el tiempo transcurrido durante la carrera.
B. La contribución del metabolismo aeróbico durante el entrenamiento y la competición es insignificante.
C. La tasa de contribución del sistema de fosfágenos a la producción energética disminuye después de los primeros 4 segundos de la carrera, coincidiendo con una disminución en la producción de potencia.
D. La última parte de la carrera tiene una contribución significativa del metabolismo oxidativo.

Solución – B

8. ¿Cuál de los siguientes es probable que aparezca durante el transcurso de un macrociclo de entrenamiento de un año para un atleta de resistencia de élite?

A. Entrenamiento de umbral.
B. Entrenamiento aeróbico interválico.
C. Entrenamiento anaeróbico interválico.
D. Todas las anteriores.

Solución – D

9. Un corredor de 800 m se acerca a la competición clave del calendario. ¿Cuál de los siguientes es probable que caracterice mejor su acondicionamiento metabólico durante este período?

A. Entrenamiento lento y de larga distancia.
B. Entrenamiento de umbral.
C. Fartlek.
D. Entrenamiento anaeróbico interválico.

Solución – D

10. Todas las siguientes propuestas para el acondicionamiento metabólico son apropiadas durante el período de competición para atletas de deportes intermitentes como los atletas de hockey sobre césped, EXCEPTO:

A. Entrenamiento lento y de larga distancia.
B. Entrenamiento anaeróbico interválico.
C. Entrenamiento metabólico táctico.
D. Juegos de acondicionamiento basados en habilidades.

Solución – A

Capítulo Cuatro

1. ¿Para qué cualidad de fuerza es probable que un atleta exhiba los niveles más altos de capacidad máxima de generación de fuerza?

A. Fuerza isométrica.
B. Fuerza concéntrica de baja velocidad.
C. Fuerza concéntrica de alta velocidad.
D. Fuerza excéntrica.

Solución – D

2. Todos los siguientes son factores desencadenantes importantes para la respuesta adaptativa al entrenamiento de fuerza, EXCEPTO:

A. Fuerzas de tracción y cargas de estiramiento aplicadas.
B. El estado energético de la célula muscular durante y después del entrenamiento de fuerza.
C. El uso de bebidas de recuperación comerciales en lugar de fuentes de nutrición integrales después de la sesión.
D. Estrés metabólico y alteración de la homeostasis celular.

Solución – C

3. Todas las siguientes son declaraciones válidas con respecto a la aplicación del entrenamiento de fuerza para el atletismo en pista, EXCEPTO:

A. El entrenamiento de fuerza apropiado ayudará a que el atleta sea más resistente a las lesiones.
B. Agregar entrenamiento de fuerza al desarrollo de los atletas puede mejorar sus tiempos de carrera independientemente de cualquier cambio en el VO_2 máx.
C. El entrenamiento de fuerza no debe realizarse durante la temporada de competición.
D. El entrenamiento de fuerza puede mejorar la economía de carrera del atleta.

Solución – C

4. ¿Cuál de los siguientes factores de riesgo intrínsecos de lesión puede modificarse mediante un entrenamiento de fuerza adecuado?

A. Historial de lesiones.

B. Desequilibrios musculares y déficits funcionales identificados durante el examen de exploración y detección preliminar.

C. Etnicidad.

D. Sexo.

Solución – B

5. ¿Cuál de las siguientes opciones probablemente será la prioridad al abordar el entrenamiento de fuerza en el período previo a una competición importante para un corredor de 800 m de élite de 25 años?

A. Producir ganancias significativas en las puntuaciones de fuerza de una repetición máxima en la prensa de piernas.

B. Lograr ganancias en la masa muscular magra.

C. Asegurarse de que el atleta pueda realizar una sentadilla trasera con barra olímpica con dos veces su masa corporal como carga en la barra.

D. Asegurarse de que la fuerza ganada en la sala de pesas se refleje en el rendimiento de carrera del atleta en la pista.

Solución – D

6. ¿Cuál de las siguientes afirmaciones es la más válida con respecto a la prescripción de entrenamiento de fuerza para atletas de élite?

A. Quienes trabajan con atletas de élite deben ignorar los estudios de entrenamiento de fuerza publicados, ya que no son relevantes.

B. La intensidad, la frecuencia y el volumen óptimos del entrenamiento de fuerza difieren para los atletas de élite incluso en comparación con los no atletas entrenados en fuerza.

C. Los atletas de élite tienen una mayor necesidad de entrenamiento de fuerza que los atletas en desarrollo.

D. Los atletas de élite tienen menos necesidad de entrenamiento de fuerza que los atletas en desarrollo.

Solución – B

7. ¿Cuál de las siguientes afirmaciones respecto a los méritos relativos del entrenamiento de fuerza pesado frente al entrenamiento funcional es más válida?

A. Solo los ejercicios funcionales o deportivo específicos que simulan movimientos característicos del deporte son apropiados para entrenar a los atletas.

B. Solo se deben emplear ejercicios de entrenamiento de fuerza intensos durante el período de competición.

C. Los ejercicios de entrenamiento de fuerza pesados muestran la transferencia más inmediata de los efectos del entrenamiento a las actividades atléticas como la carrera.

D. A largo plazo, es probable que el uso apropiado tanto del entrenamiento de fuerza pesado como de las modalidades de entrenamiento funcional o deportivo específico en diferentes momentos del año de entrenamiento logre resultados superiores que cualquier propuesta de entrenamiento empleada de forma aislada.

Solución – D

8. ¿Cuál de las siguientes es una declaración válida con respecto a la selección de ejercicios de entrenamiento de fuerza?

A. Se requieren costosas máquinas de carga especializadas para proporcionar un estímulo de entrenamiento de fuerza óptimo.

B. Los ejercicios que involucran máquinas de carga con cable no deben emplearse con atletas.

C. Los ejercicios de entrenamiento de fuerza unilaterales para el cuerpo superior e inferior tienen ventajas en términos de correspondencia dinámica y el desafío de estabilización proporcionado.

D. Solo los ejercicios que involucran mancuernas son deportivo específicos.

Solución – C

9. El entrenador en jefe ha asignado dos espacios en el programa semanal que se utilizarán para el entrenamiento de fuerza. Dentro de estas restricciones, todas las siguientes variables de entrenamiento se pueden manipular para lograr la progresión, EXCEPTO:

A. Frecuencia.
B. Modalidad.
C. Intensidad.
D. Volumen.

Solución – A

10. Es probable que la presencia de supervisión calificada durante los entrenamientos de fuerza de los atletas mejore:

A. El cumplimiento del entrenamiento.
B. La intensidad media del entrenamiento de fuerza realizado.
C. La competencia técnica del atleta y la calidad del estímulo del entrenamiento de fuerza proporcionado.
D. Todas las anteriores.

Solución – D

Capítulo Cinco

1. Todos los siguientes son factores que contribuyen a la capacidad del atleta de expresar potencia, EXCEPTO:

A. Tasa de desarrollo de la fuerza.
B. Potencia aeróbica.
C. Fuerza a baja velocidad.
D. Capacidades del ciclo de estiramiento-acortamiento.

Solución – B

2. Un atleta de 80 kg registra las siguientes puntuaciones:

Una repetición máxima en la sentadilla trasera con barra olímpica: 165 kg
Sentadilla con salto (exclusivamente concéntrica):   70 cm
Salto contramovimiento: 71 cm
Salto en profundidad desde 30 cm: 69 cm

¿Qué capacidad tiene más probabilidades de desarrollar la potencia relacionada con el salto vertical?

A. Fuerza a baja velocidad.
B. Tasa de desarrollo de la fuerza concéntrica.
C. Capacidades del ciclo de estiramiento-acortamiento.
D. Habilidad neuromuscular.

Solución – C

3. ¿Cuál de las siguientes propuestas es probable que sea más eficaz para desarrollar la potencia en la mayoría de los atletas?

A. Entrenamiento exclusivamente de fuerza con cargas pesadas.
B. Entrenamiento exclusivamente balístico de alta velocidad.

C. Entrenamiento exclusivamente pliométrico.

D. La combinación de entrenamiento de fuerza con cargas pesadas, entrenamiento balístico y pliométrico.

Solución – D

4. Es probable que realizar un entrenamiento balístico que involucre solo movimientos concéntricos (sin contramovimiento antes de iniciar el movimiento de salto hacia arriba) con la sentadilla con salto con barra olímpica resulte en todas las siguientes adaptaciones de entrenamiento, EXCEPTO:

A. Coordinación intramuscular.

B. Coordinación intermuscular.

C. Capacidades del ciclo de estiramiento-acortamiento "rápido".

D. Tasa de desarrollo de la fuerza concéntrica.

Solución – C

5. Una buceadora de 25 años con amplia experiencia en entrenamiento de fuerza realiza un bloque de entrenamiento de 3 meses que incluye levantamientos olímpicos (la cargada de potencia colgada y desde el suelo con barra olímpica). El Especialista en fuerza y acondicionamiento puede estar seguro de que todos los puntajes de las siguientes pruebas mostrarán mejoras cuando la atleta sea evaluado al final del bloque de entrenamiento, EXCEPTO:

A. Altura de la sentadilla con salto.

B. Altura del salto contramovimiento.

C. Tiempo de esprint con aceleración previa.

D. Una repetición máxima de la cargada de potencia.

Solución – C

6. Todos los siguientes se pueden clasificar como ejercicios pliométricos, EXCEPTO:

A. Salto contramovimiento.

B. Sentadilla con salto.

C. Salto en profundidad desde 30 cm.

D. Bounds alternados.

Solución – B

7. Un atleta realiza una prueba de salto contramovimiento y alcance antes de realizar una serie de sentadilla trasera con salto con barra olímpica. Diez minutos después, vuelven a poner a prueba al mismo atleta y registran una puntuación de salto vertical más alta. Esto es un ejemplo de:

A. Entrenamiento balístico.

B. Ciclo de estiramiento-acortamiento "rápido".

C. Potenciación post-activación.

D. Efectos agudos de la fatiga.

Solución – C

8. Una velocista de 200 m de élite se acerca a una fase clave en su calendario de competición. ¿Cuál de las siguientes modalidades de entrenamiento de velocidad-fuerza es probable que ofrezca la mayor transferencia al rendimiento?

A. La sentadilla con salto con barra olímpica con la carga de "$P_{máx}$".

B. Arranque de potencia con barra olímpica.

C. Salto en profundidad (bilateral) desde 60 cm.

D. Bounds alternados en una dirección horizontal.

Solución – D

9. Todas las siguientes son propuestas de entrenamiento específicas para desarrollar componentes particulares de la expresión de potencia rotacional para el lanzamiento de disco, EXCEPTO:

A. Entrenamiento de coordinación.
B. Sentadilla isométrica con barra olímpica.
C. Entrenamiento de fuerza rotacional.
D. Entrenamiento de estabilidad torsional.

Solución – B

10. Al final de un bloque de entrenamiento preparatorio, un atleta de tenis desea realizar un entrenamiento de coordinación para ayudar a transferir sus ganancias de fuerza y potencia. ¿Cuál de los siguientes ejercicios sería el más adecuado?

A. Lanzamiento balístico de press de banca.
B. Lanzamiento de balón medicinal en profundidad.
C. Acción de impulso del derechazo con un máquina de poleas.
D. Lanzamiento de balón medicinal por encima de la cabeza por distancia.

Solución – C

Capítulo Seis

1. ¿La velocidad de carrera de esprint es el producto de cuál de los siguientes factores?

A. Frecuencia de zancada y fuerza de reacción del suelo.
B. Fuerza de reacción del suelo vertical y horizontal.
C. Frecuencia de zancada y distancia recorrida por zancada.
D. Fuerza de reacción del suelo y distancia recorrida por zancada.

Solución – C

2. ¿Cuál de las siguientes afirmaciones sobre el ciclo de marcha de carrera es FALSA?

A. La fase de vuelo describe la porción del ciclo de marcha en donde ambos pies no tocan el suelo.
B. La fase de balanceo comienza después del "despegue" y termina cuando el mismo pie toca el suelo de nuevo.
C. La relación entre el tiempo de vuelo y el tiempo de contacto es siempre de 50:50.
D. La fase de apoyo comprende una fase de frenado seguida de una fase de impulso.

Solución – C

3. Cada una de las siguientes estrategias ayudará al atleta a lograr una mayor velocidad máxima de esprint, EXCEPTO:

A. Minimizar el tiempo de contacto con el suelo.
B. Optimización del tiempo de vuelo.
C. Reducir la duración de la fase de balanceo.
D. Reducir la longitud de zancada.

Solución – D

4. ¿De qué fase del esprint es característica la siguiente descripción del "ataque"? "El talón se dirige hacia el suelo detrás del centro de masa para golpear el suelo con los dedos del pie/antepié flexionados y el tobillo rígido".

A. Arranque inicial.
B. Aceleración temprana.

C. Transición tardía.

D. Fase de velocidad máxima del esprint.

Solución – B

5. ¿Cuál de las siguientes opciones ofrecerá el desarrollo más completo de las cualidades físicas y neuromusculares para cada uno de los elementos respectivos de la carrera de esprint?

A. Modalidades de entrenamiento de velocidad-fuerza (por ejemplo, levantamientos olímpicos).

B. Pliometría.

C. Entrenamiento de coordinación.

D. Todas las anteriores.

Solución – D

6. Cada uno de los siguientes son ejemplos de modalidades de entrenamiento de coordinación para carreras de esprint, EXCEPTO:

A. Sentadilla trasera con barra olímpica.

B. Esprints cuesta arriba.

C. Esfuerzos de 30 m remolcando un trineo lastrado desde una posición de inicio de pie.

D. Elevación de rodilla de pie con máquina de poleas.

Solución – A

7. Un atleta realiza esprints de escalera utilizando escalones de estadio como parte de su desarrollo de velocidad. Esta forma de entrenamiento de coordinación es más aplicable a:

A. Aceleración inicial.

B. Transición tardía.

C. Esprint de velocidad máxima.

D. Recuperación.

Solución – A

8. Una velocista de 200 m de élite se acerca a una fase clave en su calendario de competición. ¿Cuál de las siguientes modalidades de entrenamiento de velocidad-fuerza es probable que ofrezca la mayor transferencia al rendimiento?

A. Sentadilla trasera con barra olímpica.

B. Empuje de trineo con carga pesada (marchando).

C. Salto en profundidad (bilateral) de 60 cm.

D. Esprints con vuelo que incorporan la transición de la inclinación a una posición erguida.

Solución – D

9. Todos los siguientes factores son indicadores clave de rendimiento para la aceleración inicial, EXCEPTO:

A. Inclinación hacia delante pronunciada.

B. Colocación de la pisada durante el contacto hacia atrás del centro de masa.

C. Mecánica de las extremidades inferiores similar a un pistón.

D. Postura erguida y acción cíclica de las piernas.

Solución – D

10. El atleta sufre un desgarro de los músculos isquiosurales de grado 1 (leve). ¿Cuál de los siguientes podría representar una opción provisional de entrenamiento cuando se busca desarrollar la mecánica del esprint de velocidad máxima?

A. Correr con el pie plano.

B. Esprints con vuelo.
C. Esprints sobre vallas bajas.
D. Entrenamiento de esprint de cadencia máxima.

Solución – D

Capítulo Siete

1. Todas las siguientes declaraciones con respecto al cambio de dirección y la agilidad son válidas, EXCEPTO:

A. El rendimiento del cambio de dirección no es genérico y depende de la tarea.
B. La agilidad por definición implica la respuesta a un estímulo.
C. El rendimiento en la misma tarea de cambio de dirección puede variar en diferentes condiciones.
D. El cambio de dirección y la agilidad son sinónimos, y estos términos se pueden usar indistintamente.

Solución – D

2. Un cuerpo permanecerá estacionario o continuará en movimiento a su velocidad actual a menos que actúe sobre él una fuerza de magnitud suficiente. Esto describe a:

A. Primera ley de movimiento de Newton (inercia).
B. Segunda ley del movimiento de Newton (F = m x a).
C. Tercera ley del movimiento de Newton (acción y reacción).
D. Ninguna de las anteriores.

Solución – A

3. ¿Cuáles de los siguientes factores son relevantes para determinar la magnitud del impulso de fuerza que el atleta necesita aplicar para ejecutar un cambio de dirección cuando está en movimiento, de acuerdo con la relación impulso-momento de inercia?

A. Masa del atleta.
B. Velocidad inicial del atleta.
C. Grado de desviación en la dirección de movimiento requerido por la tarea.
D. Todas las anteriores.

Solución – D

4. ¿Cuál de los siguientes afectará la forma en que se ejecuta una maniobra de cambio de velocidad y qué soluciones de movimiento se emplean?

A. Tarea (por ejemplo, corte de 45 grados frente a cambio de dirección de 135 grados).
B. Condiciones de iniciación y velocidad de la aceleración previa.
C. Población (por ejemplo, un atleta de fútbol americano contra una atleta de sóftbol).
D. Todas las anteriores.

Solución – D

5. ¿Cuál de los siguientes factores determinará las soluciones de movimiento disponibles para el atleta para una maniobra de cambio de velocidad?

A. Masa y proporciones corporales (altura, longitudes de palanca).
B. Capacidad de generación de fuerza (fuerza y velocidad-fuerza).
C. Competencia de movimiento (movilidad, conciencia cinestésica) y percepción de esta.
D. Todas las anteriores.

Solución – D

6. Cada uno de los siguientes son ejemplos de expresiones de agilidad deportiva, EXCEPTO:

A. En tenis, el atleta que recibe el servicio se mueve para interceptar y devolver el mismo.

B. Un atleta defensivo en fútbol soccer rastrea al atleta contrario en posesión del balón y realiza una entrada.

C. Un atleta de béisbol que corre desde la segunda base ejecuta un corte para correr alrededor de la tercera base y continuar hacia el plato sin ser desafiado después de que la pelota es golpeada fuera del parque para un jonrón.

D. Un corredor en el fútbol americano recibe el balón del mariscal e intenta evadir a los atletas en la línea defensiva.

Solución – C

7. VERDADERO o FALSO – La <u>única</u> forma válida de desarrollar la agilidad deportiva para un atleta de deportes de equipo es permitirle participar libremente en la práctica de habilidades motrices abiertas en condiciones aleatorias a fin de desarrollar las cualidades sensoriomotoras involucradas a través del descubrimiento y la autooptimización.

Solución – FALSO

8. VERDADERO o FALSO – La <u>única</u> forma válida de desarrollar la agilidad deportiva para un atleta de deportes de equipo es participar en la práctica programada de habilidades cerradas con retroalimentación del entrenador en condiciones de autoaprendizaje y autodeterminación para permitirles desarrollar las cualidades sensoriomotoras involucradas a través del aprendizaje orientado y la repetición.

Solución – FALSO

9. ¿Cuáles de los siguientes son elementos importantes cuando se busca desarrollar las capacidades de cambio de velocidad?

A. Desarrollo de habilidades específicas para la propulsión y la aceleración inicial en una variedad de direcciones.

B. Desarrollo de habilidades específicas para ejecutar cambios de velocidad (aceleración, múltiples direcciones) desde diferentes transiciones (por ejemplo, en movimiento, en diferentes direcciones y velocidades).

C. Desarrollo de habilidades específicas para la desaceleración incorporando varios acoplamientos de movimiento (es decir, acciones subsecuentes a la desaceleración).

D. Todas las anteriores.

Solución – D

10. Cada uno de los siguientes es un método para progresar la transferencia de entrenamiento con el propósito de desarrollar la agilidad deportiva, EXCEPTO:

A. Introducir a otro atleta para activar la iniciación de una tarea de reacción simple.

B. Presentar más opciones de respuesta al movimiento para un drill de estímulo-respuesta.

C. Esprints sobre vallas bajas.

D. Actividades de evasión con compañeros.

Solución – C

Capítulo Ocho

1. Todas las siguientes son declaraciones válidas con respecto a la estabilidad lumbopélvica y la prevención de lesiones, EXCEPTO:

A. Las puntuaciones bajas o desequilibradas en las pruebas de resistencia a la pérdida de fuerza muscular del tronco están relacionadas con la incidencia de dolor lumbar y lesiones.

B. El deterioro de la estabilidad lumbopélvica durante las tareas de carga está relacionado con el riesgo de lesiones en las extremidades inferiores.

C. No se ha demostrado que la estabilidad lumbopélvica tenga relación alguna con el riesgo de lesiones.

D. La estabilidad lumbopélvica deteriorada puede ser tanto una causa como el resultado de una lesión.

Solución – C

2. VERDADERO o FALSO – Es imposible que el entrenamiento para desarrollar la estabilidad, resistencia a la pérdida de fuerza, o fuerza del core, pueda tener algún impacto en el rendimiento deportivo.

Solución – FALSO

3. (Se relaciona con la sección 3) VERDADERO o FALSO – El músculo transverso abdominal (TrA) es el músculo más importante para estabilizar el complejo lumbopélvico en cualquier condición.

Solución – FALSO

4. ¿Cuál de las siguientes es la descripción más completa de los grupos musculares que proporcionan estabilidad a la región lumbopélvica durante el movimiento?

A. Músculos posturales profundos de la columna lumbar.
B. Músculos del tronco.
C. Músculos de la cintura pélvica.
D. Combinación de todo lo anterior.

Solución – D

5. VERDADERO o FALSO – Se han identificado aspectos de la estabilidad del core en el mecanismo de lesión del ligamento cruzado anterior en mujeres.

Solución – VERDADERO

6. ¿Cuál de las modalidades de entrenamiento a continuación podría estar contraindicado para una golfista con antecedentes de dolor lumbar?

A. Crunch abdominal.
B. Alcance contralateral cuadrúpedo o "bird dog".
C. Entrenamiento de equilibrio dinámico.
D. Plancha frontal.

Solución – A

7-10 Haga coincidir la modalidad de entrenamiento de core con cada uno de los siguientes ejercicios:

Ejercicios de core de bajo umbral.
Ejercicios de estabilidad estática del tronco.
Ejercicios de fortalecimiento de los músculos de la cadera.
Entrenamiento de estabilidad torsional.
Entrenamiento rotacional.

7. Rotación de cadera en pelota suiza.

Solución – Entrenamiento rotacional

8. Plancha alternada con brazos extendidos.

Solución – Entrenamiento de estabilidad torsional

9. Plancha lateral sobre un aparato de semi esfera (por ejemplo, pelota de equilibrio bosu).

Solución – Ejercicios de estabilidad estática del tronco

10. Puente de cadera excéntrico con barra olímpica con una sola pierna.

Solución – Ejercicios de fortalecimiento de los músculos de la cadera

Capítulo Nueve

1. Todos los siguientes son objetivos válidos del calentamiento previo al entrenamiento y la competición, EXCEPTO:

A. Inducir fatiga periférica en los músculos.
B. Elevar la frecuencia cardíaca y la frecuencia respiratoria.
C. Elevar la temperatura muscular y del core.
D. Aumentar la flexibilidad de músculos y articulaciones.

Solución – A

2. VERDADERO o FALSO – El aumento de la temperatura mediante métodos pasivos ayudará a reducir la rigidez de las articulaciones y la viscosidad del complejo musculotendinoso.

Solución – VERDADERO

3. VERDADERO o FALSO – El calentamiento activo con carreras a pie y bounds de alta intensidad confiere una mejora adicional en la función neuromuscular en comparación con lo que se produce al aumentar la temperatura muscular mediante el calentamiento pasivo.

Solución – VERDADERO

4. Todas las siguientes son declaraciones válidas sobre la información presentada con respecto a los efectos agudos del estiramiento estático en el rendimiento, EXCEPTO:

A. Se ha reportado que los protocolos de estiramiento estático producen una inhibición transitoria del rendimiento neuromuscular explosivo en ciertos estudios.
B. El calentamiento no debe realizarse debido a los efectos negativos reportados sobre el rendimiento.
C. Según otros estudios, se sugiere que los posibles efectos negativos sobre el rendimiento pueden atenuarse o evitarse asegurando que exista un retraso entre la realización de estiramientos estáticos y el inicio de la actividad, y/o la implementación de actividad de alta intensidad en el intervalo entre el estiramiento y el rendimiento.
D. Los ejercicios de rango de movimiento "activo" o "dinámico" proporcionan una alternativa al estiramiento estático o estiramiento de facilitación neuromuscular propioceptiva que evita cualquier efecto de inhibición potencial sobre el rendimiento.

Solución – B

5. ¿Cuáles de los siguientes son los descriptores correctos para el acrónimo RAMP en el contexto del calentamiento?

A. Descanso, Acción, Movilización, Preparación.
B. Elevación, Acción, Movilización, Potenciación.
C. Elevación, Activación, Movilización, Potenciación.
D. Elevación, Activación, Movilización, Pausa.

Solución – C

6. Todos los siguientes son objetivos válidos de las estrategias de recuperación, EXCEPTO:

A. Inhibir los mecanismos naturales para la remodelación y adaptación de los tejidos.
B. Ayudar al atleta a lidiar con los efectos de la fatiga del período de estrés muscular anterior.
C. Reducir la sensación de rigidez y dolor.
D. Mantener la salud y la función inmunológica.

Solución – A

7. VERDADERO o FALSO – El momento de la alimentación y el estado del equilibrio energético del atleta en el período inmediatamente posterior al entrenamiento influye en la naturaleza de la respuesta adaptativa del cuerpo al entrenamiento.

Solución – VERDADERO

8. ¿Se ha comprado inequívocamente que cuál de las siguientes modalidades de recuperación pasiva mejora tanto la respuesta adaptativa al entrenamiento como la recuperación del rendimiento atlético después de una sesión de entrenamiento?

A. Crioterapia.
B. Oxigenoterapia hiperbárica.
C. Prendas de compresión.
D. Ninguna de las anteriores.

Solución – D

9. ¿Cuáles de los siguientes aspectos están influenciados por la cantidad y la calidad del sueño de un atleta en entrenamiento?

A. Procesos de crecimiento y reparación que sustentan las respuestas adaptativas al entrenamiento.
B. Función inmune.
C. Experiencia de estrés psicofisiológico por parte del atleta.
D. Todas las anteriores.

Solución – D

10. Todas las siguientes son declaraciones válidas con respecto al entrenamiento de flexibilidad, EXCEPTO:

A. La flexibilidad se promueve fundamentándose en que los puntajes de flexibilidad bajos o desequilibrados se identifican como un factor de riesgo para ciertas lesiones.
B. El entrenamiento de flexibilidad es redundante cuando se emplean modalidades de recuperación.
C. El entrenamiento de flexibilidad puede reducir la viscosidad de los tejidos conectivos sin afectar negativamente la elasticidad o las mediciones activas de rigidez.
D. Cuando el entrenamiento de flexibilidad se realiza después del entrenamiento/competición o como una sesión independiente, no existen efectos adversos con respecto a la excitabilidad neuromuscular o la producción de potencia.

Solución – B

Capítulo Diez

1. Todas las siguientes son declaraciones válidas con respecto a la necesidad de preparación física para los atletas jóvenes, EXCEPTO:

A. Los estilos de vida sedentarios modernos hacen que los niños estén cada vez menos preparados para los deportes juveniles.
B. La preparación física adecuada puede tener un efecto protector contra las lesiones deportivas juveniles.
C. Debido a las crecientes tendencias de inactividad física entre los niños, no deben participar en deportes juveniles o preparación física por motivos de seguridad.
D. Se recomienda la preparación física general con el propósito de preparar a los niños a participar en deportes juveniles.

Solución – C

2. En particular, ¿en qué etapa de su crecimiento y maduración es probable que los atletas jóvenes muestren la mayor tasa de mejoras en el rendimiento físico y los parámetros fisiológicos?

A. 12 años.
B. Antes de la pubertad (prepubescencia).
C. Al inicio de la pubertad.
D. La edad a la que alcanzan la velocidad máxima de altura.

Solución – D

3. Todos los siguientes son efectos asociados con un apropiado entrenamiento de fuerza administrado y supervisado adecuadamente para atletas jóvenes, EXCEPTO:

A. Mayor contenido mineral y densidad ósea.
B. Retraso en el crecimiento.
C. Adaptación y fuerza mejorada de los tejidos conectivos.
D. Mayor estabilidad articular.

Solución – B

4. VERDADERO o FALSO – El entrenamiento de fuerza tiene un papel importante a desempeñar para que los atletas jóvenes desarrollen estructuras musculoesqueléticas para los rigores de los deportes juveniles.

Solución – VERDADERO

5. VERDADERO o FALSO – El entrenamiento de fuerza apropiado bajo la supervisión de entrenadores calificados puede considerarse seguro para los atletas jóvenes en todas las etapas de desarrollo, asumiendo que demuestren la madurez emocional necesaria.

Solución – VERDADERO

6. VERDADERO o FALSO – Los atletas prepúberes no responden al entrenamiento de fuerza.

Solución – FALSO

7. VERDADERO o FALSO – El mecanismo de respuesta al entrenamiento de fuerza difiere entre atletas prepúberes y adolescentes.

Solución – VERDADERO

8. ¿Cuáles de las siguientes son declaraciones válidas con respecto a la especialización deportiva temprana y el desarrollo atlético a largo plazo?

A. El objetivo del desarrollo atlético a largo plazo es ganar títulos juveniles.
B. El desarrollo atlético a largo plazo establece que el dominio de un deporte requiere que el joven atleta se especialice a una edad temprana.
C. Se requiere una especialización deportiva temprana para los niños que quieran competir profesionalmente a fin de ganar contratos y becas.
D. La perspectiva del desarrollo atlético a largo plazo estipula que los niños deben participar en el desarrollo físico general y en múltiples deportes.

Solución – D

9. Todas las siguientes son recomendaciones válidas para el acondicionamiento metabólico para un atleta prepúber, EXCEPTO:

A. El acondicionamiento debe incluir un elemento de diversión.
B. Solo deberían aparecer las modalidades de acondicionamiento deportivas específicas.
C. El formato de acondicionamiento debe permitir al joven atleta autorregular su intensidad de trabajo.

D. El acondicionamiento debe incluir una combinación de modalidades de entrenamiento, incluido el entrenamiento cruzado.

Solución – B

10. (Se relaciona con la sección 6) Todas las siguientes son pautas válidas para la programación de la preparación física para atletas jóvenes, EXCEPTO:

A. Los atletas deben especializarse en su deporte elegido y emplear modalidades de preparación física que sean más específicas para ese deporte desde una edad temprana.
B. Las modalidades de entrenamiento de transferencia altamente específicas para el deporte no deben usarse extensamente hasta mediados y finales de la adolescencia.
C. Las modalidades de entrenamiento de fuerza general y las de acondicionamiento de entrenamiento cruzado deben comprender una proporción significativa del entrenamiento del joven atleta en todas las fases hasta el final de la adolescencia.
D. La madurez emocional y psicológica del joven atleta es un factor importante para tener en cuenta al planificar la progresión de la preparación física de cada individuo.

Solución – A

Capítulo Once

1. Todas las siguientes declaraciones en relación con la preparación física y las lesiones en el deporte son válidas, EXCEPTO:

A. Los factores de riesgo intrínsecos de lesión pueden modificarse favorablemente mediante la preparación física.
B. La preparación física, como el entrenamiento de fuerza, tiene un efecto protector general sobre el riesgo de lesiones.
C. El entrenamiento apropiado puede hacer que los atletas sean más resistentes y permitir un regreso a la competición más rápido después de una lesión.
D. Las lesiones son una parte inevitable del deporte y su incidencia, así como su gravedad no se pueden cambiar mediante la preparación física.

Solución – D

2. Las condiciones inusualmente cálidas y secas conducen a campos muy duros para el inicio de la temporada de rugby. Esto es un ejemplo de:

A. Factor de riesgo intrínseco.
B. Factor de riesgo extrínseco.
C. Atleta predispuesto.
D. Ninguna de las anteriores.

Solución – B

3. Según los reportes, los atletas mayores de los deportes de equipo sufren más lesiones. Esto es un ejemplo de:

A. Factor de riesgo intrínseco inmodificable.
B. Factor de riesgo intrínseco modificable.
C. Factor de riesgo extrínseco.
D. Combinación de todo lo anterior.

Solución – A

4. Un entrenador demasiado entusiasta hace progresar de manera inapropiada la carga de entrenamiento de fuerza de un atleta, y este se dobla bajo una carga que no puede gestionar; posteriormente agravándose la lesión durante la competición. Este es un ejemplo de:

A. Factor de riesgo intrínseco inmodificable.
B. Factor de riesgo intrínseco modificable.
C. Factor de riesgo extrínseco.
D. Combinación de todo lo anterior.

Solución – C

5. VERDADERO o FALSO – La función del proceso del examen de exploración y detección preliminar previo a la participación deportiva es identificar los factores de riesgo intrínsecos modificables que podrían abordarse mediante una intervención adecuada, incluido el entrenamiento específico.

Solución – VERDADERO

6. ¿Cuáles de las siguientes modalidades de entrenamiento se han empleado en protocolos exitosos de prevención de lesiones reportados en la literatura de medicina deportiva?

A. Entrenamiento sensoriomotor.
B. Entrenamiento de fuerza.
C. Entrenamiento pliométrico.
D. Todas las anteriores.

Solución – D

7. Todas las siguientes son recomendaciones para implementar el entrenamiento de prevención de lesiones basadas en la información presentada en el texto, EXCEPTO:

A. La propuesta de entrenamiento para atletas sanos debe ser diferente al de los atletas con antecedentes de lesiones.
B. Los protocolos convencionales empleados para la rehabilitación son suficientes para protegerse contra lesiones tanto nuevas como recurrentes.
C. Se recomienda una propuesta menos conservadora y más progresiva para los atletas sanos.
D. La integración del entrenamiento de prevención de lesiones en la rutina de entrenamiento normal de los atletas puede ayudar con el cumplimiento de este.

Solución – B

8. VERDADERO o FALSO – El entrenamiento de fuerza puede considerarse una modalidad de tratamiento, fundamentándose en que la aplicación adecuada puede influir positivamente tanto en los síntomas agudos como en los resultados del tratamiento de las lesiones musculoesqueléticas.

Solución – VERDADERO

9. Cada uno de los siguientes se identifica como factores que deben abordarse para restaurar la función después de una lesión, EXCEPTO:

A. Modificar los factores de riesgo extrínsecos.
B. Desarrollo de fuerza.
C. Restaurar el rango de movimiento y movilidad.
D. Desarrollando el control sensoriomotor.

Solución – A

10. Las decisiones relacionadas con la progresión del entrenamiento prescritas durante la rehabilitación y el proceso de regreso a la competición deben ser:

A. Orientadas por criterios.

B. Basadas en la evaluación y el monitoreo continuos.

C. Susceptibles de modificación en el día a día.

D. Todas las anteriores.

Solución – D

Capítulo Doce

1. Según la información presentada, los siguientes son factores probables que contribuyen a la prevalencia de lesiones relacionadas con la carrera, EXCEPTO:

A. Estilos de vida sedentarios y niveles deficientes de acondicionamiento básico y rasgos musculoesqueléticos asociados.

B. Factores biomecánicos asociados con la técnica de carrera.

C. Correr es simplemente una actividad dañina y, como tal, las personas sanas pueden esperar lesionarse si corren.

D. Entrenamiento inadecuado por corredores recreativos que excede su capacidad para adaptarse a la frecuencia/volumen de estrés involucrado.

Solución – C

2. VERDADERO o FALSO – De acuerdo con la información presentada, los corredores no deben depender de la elección del equipo o el calzado (incluida la carrera descalzo), sino que deben esforzarse por optimizar la técnica para reducir y gestionar de mejor manera el estrés que se les impone cuando corren y, por lo tanto, minimizar el riesgo de lesiones.

Solución – VERDADERO

3. Todos los siguientes factores diferencian la marcha de carrera de la marcha al caminar, EXCEPTO:

A. La marcha al caminar presenta una "fase de doble postura", mientras que en ningún momento del ciclo de marcha de carrera los dos pies están en el suelo al mismo tiempo.

B. En el ciclo de marcha de carrera no existe la fase de balanceo.

C. La acción de recuperación subsecuente al despegue y la acción preparatoria antes de la pisada cuando se corre son considerablemente diferentes a lo que ocurre durante la marcha al caminar.

D. La marcha de carrera incluye una fase de vuelo, mientras que esta no se manifiesta durante la marcha al caminar.

Solución – B

4. VERDADERO o FALSO – Cuando corre a velocidades máximas, el corredor está "en el aire" (es decir, ambos pies están separados del suelo) durante más del 70 % del ciclo de marcha de carrera.

Solución – VERDADERO

5. ¿Cuál de los siguientes representa un factor de riesgo modificable (sin una intervención quirúrgica drástica) que, según se reporta, influye en los riesgos de lesión por correr?

A. Características anatómicas de la pelvis y las extremidades inferiores.

B. Sexo.

C. Biomecánica de la marcha/técnica de carrera.

D. Historial de lesiones.

Solución – C

6. VERDADERO o FALSO – Según ciertos estudios, los "errores de entrenamiento" son un factor que contribuye hasta en un 60 % de las lesiones al correr.

Solución – VERDADERO

7. VERDADERO o FALSO – La tasa de carga durante la marcha de carrera parece ser un factor más importante con respecto al mecanismo de ciertas lesiones por esfuerzo repetitivo en la extremidad inferior, en lugar de la magnitud general de las fuerzas.

Solución – VERDADERO

8. Según la información presentada, todas las siguientes son declaraciones válidas en relación con las lesiones por correr, EXCEPTO:

A. La rodilla es el sitio más común de lesiones relacionadas con la carrera.
B. La tibia es el sitio más común de fracturas por estrés o lesiones por reacción al estrés reportadas por los corredores.
C. El síndrome de sobrecarga biomecánica ofrece una explicación alternativa para el mecanismo y la propuesta de tratamiento de las lesiones que se presentan como síndrome compartimental por esfuerzo.
D. Según la evidencia hasta la fecha, la prescripción de ortesis de pie parece ser relativamente ineficaz como opción de tratamiento para la tendinopatía rotuliana.

Solución – D

9. Fundamentándose en la información presentada, se debe incluir todo lo siguiente al evaluar a un corredor lesionado, EXCEPTO:

A. Un historial completo y una recopilación de información para establecer el entrenamiento habitual del corredor.
B. Prueba de velocidad para evaluar la velocidad máxima de carrera del corredor.
C. Evaluación musculoesquelética.
D. Análisis de la marcha del corredor al caminar y correr.

Solución – B

10. ¿Cuál de las siguientes afirmaciones con respecto al calzado para correr y las lesiones por correr es más precisa (según la evidencia presentada)?

A. Se deben usar zapatillas para correr de alta gama en todo momento; de lo contrario, se producirán lesiones.
B. Se ha comprobado que las características de diseño especializadas y la tecnología de calzado para correr previenen lesiones, pero solo si el calzado para correr prescrito coincide con el tipo de pie del corredor.
C. Hasta la fecha, no existe evidencia que respalde que la tecnología de control de movimiento o pronación presente en ciertas zapatillas para correr especializadas sea efectiva o reduzca las lesiones en los corredores.
D. Todos los corredores no deben usar zapatillas para correr y solo deben correr descalzos, de lo contrario se lesionarán.

Solución – C

11. VERDADERO o FALSO – La evaluación de la marcha de carrera es imposible sin acceso a una clínica especializada con equipo personalizado, que incluye una caminadora de banda instrumentada, cámaras de alta velocidad y software de computadora para análisis 3D.

Solución – FALSO

12. Fundamentándose en la información presentada, todas las siguientes son declaraciones válidas en relación con las intervenciones para reducir el riesgo de lesiones al correr, EXCEPTO:

A. Una transición completa a correr con el antepié o descalzo es la única opción eficaz para reducir el riesgo de lesiones al correr tanto para los corredores sanos como para los previamente lesionados.

B. La transición a una pisada con mediopié representa una buena opción para muchos corredores con el fin de reducir o eliminar el pico de impacto en las fuerzas de reacción del suelo al correr.

C. La incorporación de sesiones de carrera descalzo en la semana de entrenamiento de un corredor ofrece una herramienta potencial para fortalecer el pie y la extremidad inferior, pero debe emplearse de forma selectiva y con precaución.

D. El entrenamiento con la supervisión y la retroalimentación adecuadas para desarrollar aspectos específicos de una técnica de carrera sólida es el medio principal para reducir el estrés que se incurre al correr y, por lo tanto, el riesgo de lesiones.

Solución – A

Referencias

1.   Maughan RJ, Gleeson M. The biochemical basis of sports performance: Oxford University Press; 2010.

2.   Gamble P. Informed: The Art of the Science of Preparing Athletes: Informed in Sport publishing; 2018.

3.   Baz-Valle E, Fontes-Villalba M, Santos-Concejero J. Total Number of Sets as a Training Volume Quantification Method for Muscle Hypertrophy: A Systematic Review. Journal of strength and conditioning research / National Strength & Conditioning Association. 2021;35(3):870-8.

4.   Selye H. The stress of life1956.

5.   Brown LE, Greenwood M. Periodization essentials and innovations in resistance training protocols. Strength Cond J. 2005;27(4):80-5.

6.   Chiu LZ, Barnes JL. The Fitness-Fatigue Model Revisited: Implications for Planning Short- and Long-Term Training. Strength & Conditioning Journal. 2003;25(6):42-51.

7.   Plisk SS, Stone AH. Periodization strategies. Strength Cond J. 2003;25(6):19-37.

8.   Bosquet L, Berryman N, Dupuy O, Mekary S, Arvisais D, Bherer L, et al. Effect of training cessation on muscular performance: a meta-analysis. Scandinavian journal of medicine & science in sports. 2013;23(3):e140-9.

9.   Midgley AW, McNaughton LR, Wilkinson M. Is there an optimal training intensity for enhancing the maximal oxygen uptake of distance runners?: empirical research findings, current opinions, physiological rationale and practical recommendations. Sports medicine. 2006;36(2):117-32.

10.   Jones AM, Carter H. The effect of endurance training on parameters of aerobic fitness. Sports medicine. 2000;29(6):373-86.

11.   Joyner MJ, Coyle EF. Endurance exercise performance: the physiology of champions. The Journal of physiology. 2008;586(1):35-44.

12.   Billat V, Lepretre PM, Heugas AM, Laurence MH, Salim D, Koralsztein JP. Training and bioenergetic characteristics in elite male and female Kenyan runners. Medicine and science in sports and exercise. 2003;35(2):297-304; discussion 5-6.

13.   Baumann CW, Rupp JC, Ingalls CP, Doyle JA. Anaerobic work capacity's contribution to 5-km-race performance in female runners. Int J Sports Physiol Perform. 2012;7(2):170-4.

14.   Rabadan M, Diaz V, Calderon FJ, Benito PJ, Peinado AB, Maffulli N. Physiological determinants of speciality of elite middle- and long-distance runners. Journal of sports sciences. 2011;29(9):975-82.

15.   Billat V, Hamard L, Koralsztein JP, Morton RH. Differential modeling of anaerobic and aerobic metabolism in the 800-m and 1,500-m run. Journal of applied physiology. 2009;107(2):478-87.

16.   Dalamitros AA, Fernandes RJ, Toubekis AG, Manou V, Loupos D, Kellis S. Is Speed Reserve Related to Critical Speed and Anaerobic Distance Capacity in Swimming? Journal of strength and conditioning research / National Strength & Conditioning Association. 2015;29(7):1830-6.

17.   Sanders D, Heijboer M, Akubat I, Meijer K, Hesselink MK. Predicting High-Power Performance in Professional Cyclists. Int J Sports Physiol Perform. 2017;12(3):410-3.

18.   Nummela A, Keranen T, Mikkelsson LO. Factors related to top running speed and economy. International journal of sports medicine. 2007;28(8):655-61.

19.   Weyand PG, Sandell RF, Prime DN, Bundle MW. The biological limits to running speed are imposed from the ground up. Journal of applied physiology. 2010;108(4):950-61.

20.   Dal Pupo J, Arins FB, Antonacci Guglielmo LG, Rosendo da Silva RC, Moro AR, Dos Santos SG. Physiological and neuromuscular indices associated with sprint running performance. Research in sports medicine. 2013;21(2):124-35.

21.   Olds T. The evolution of physique in male rugby union players in the twentieth century. Journal of sports sciences. 2001;19(4):253-62.

22.   American College of Sports M. American College of Sports Medicine position stand. Progression models in resistance training for healthy adults. Medicine and science in sports and exercise. 2009;41(3):687-708.

23.   Rhea MR, Alvar BA, Burkett LN, Ball SD. A meta-analysis to determine the dose response for strength development. Medicine and science in sports and exercise. 2003;35(3):456-64.

24.   Kraemer WJ, Ratamess NA. Fundamentals of resistance training: progression and exercise prescription. Medicine and science in sports and exercise. 2004;36(4):674-88.

25.   Fleck SJ. Periodized strength training: A critical review. J Strength Cond Res. 1999;13(1):82-9.

26.   Stone MH, Collins D, Plisk S, Haff G, Stone ME. Training principles: Evaluation of modes and methods of resistance training. Strength Cond J. 2000;22(3):65-76.

27.   Gamble P. Approaching Physical Preparation for Youth Team-Sports Players. Strength Cond J. 2008;30(1):29-42.

28.   Smith DJ. A framework for understanding the training process leading to elite performance. Sports medicine. 2003;33(15):1103-26.

29.   Beunen G, Thomis M. Gene driven power athletes? Genetic variation in muscular strength and power. British journal of sports medicine. 2006;40(10):822-3.

30.   Impellizzeri FM, Rampinini E, Marcora SM. Physiological assessment of aerobic training in soccer. Journal of sports sciences. 2005;23(6):583-92.

31.   Millet GP, Candau RB, Barbier B, Busso T, Rouillon JD, Chatard JC. Modelling the transfers of training effects on performance in elite triathletes. International journal of sports medicine. 2002;23(1):55-63.

32.   Morrissey MC, Harman EA, Johnson MJ. Resistance training modes: specificity and effectiveness. Medicine and science in sports and exercise. 1995;27(5):648-60.

33.   Foster C, Hector LL, Welsh R, Schrager M, Green MA, Snyder AC. Effects of specific versus cross-training on running performance. Eur J Appl Physiol Occup Physiol. 1995;70(4):367-72.

34.   Gamble P. Training for sports speed and agility: an evidence-based approach: Routledge; 2011.

35.   Bondarchuk A, Yessis M. Transfer of Training in Sports II: Ultimate Athlete Concepts; 2010.

36.   Hoff J. Training and testing physical capacities for elite soccer players. Journal of sports sciences. 2005;23(6):573-82.

37.   Newton RU, Kraemer WJ. Developing Explosive Muscular Power: Implications for a Mixed Methods Training Strategy. Strength & Conditioning Journal. 1994;16(5):20-31.

38.   Peterson MD, Rhea MR, Alvar BA. Maximizing strength development in athletes: a meta-analysis to determine the dose-response relationship. Journal of strength and conditioning research / National Strength & Conditioning Association. 2004;18(2):377-82.

39.   Siff MC. Functional Training Revisited. Strength Cond J. 2002;24(5):42.

40.   Ives JC, Shelley GA. Psychophysics in functional strength and power training: review and implementation framework. Journal of strength and conditioning research / National Strength & Conditioning Association. 2003;17(1):177-86.

41.   Jones K, Hunter G, Fleisig G, Escamilla R, Lemak L. The Effects of Compensatory Acceleration on Upper-Body Strength and Power in Collegiate Football Players. Journal of Strength & Conditioning Research. 1999;13(2):99-105.

42.   Behm DG, Sale DG. Intended Rather Than Actual Movement Velocity Determines Velocity-Specific Training Response. J Appl Physiol. 1993;74(1):359-68.

43.   Behm DG. Neuromuscular implications and applications of resistance training. The Journal of Strength & Conditioning Research. 1995;9(4):264-74.

44.   Handford C, Davids K, Bennett S, Button C. Skill acquisition in sport: some applications of an evolving practice ecology. Journal of sports sciences. 1997;15(6):621-40.

45.   Rhea MR, Ball SD, Phillips WT, Burkett LN. A comparison of linear and daily undulating periodized programs with equated volume and intensity for strength. Journal of strength and conditioning research / National Strength & Conditioning Association. 2002;16(2):250-5.

46.   Zatsiorsky VM, Kraemer WJ. Science and practice of strength training: Human Kinetics; 2006.

47.   Fleck SJ, Kraemer W. Designing Resistance Training Programs, 4E: Human Kinetics; 2014.

48.   Gamble P. Strength and conditioning for team sports: sport-specific physical preparation for high performance: Routledge; 2013.

49.   Gamble P. Periodization of training for team sports athletes. Strength Cond J. 2006;28(5):56-66.

50.   Prestes J, De Lima C, Frollini AB, Donatto FF, Conte M. Comparison of linear and reverse linear periodization effects on maximal strength and body composition. Journal of strength and conditioning research / National Strength & Conditioning Association. 2009;23(1):266-74.

51.   Allerheiligen B. In-season strength training for power athletes. Strength Cond J. 2003;25(3):23-8.

52.   Issurin VB. New horizons for the methodology and physiology of training periodization. Sports medicine. 2010;40(3):189-206.

53.   Kiely J. Periodization paradigms in the 21st century: evidence-led or tradition-driven? Int J Sports Physiol Perform. 2012;7(3):242-50.

54.   Kiely J. New horizons for the methodology and physiology of training periodization: block periodization: new horizon or a false dawn? Sports medicine. 2010;40(9):803-5; author reply 5-7.

55.   Monteiro AG, Aoki MS, Evangelista AL, Alveno DA, Monteiro GA, Picarro Ida C, et al. Nonlinear periodization maximizes strength gains in split resistance training routines. Journal of strength and conditioning research / National Strength & Conditioning Association. 2009;23(4):1321-6.

56.   Buford TW, Rossi SJ, Smith DB, Warren AJ. A comparison of periodization models during nine weeks with equated volume and intensity for strength. Journal of strength and conditioning research / National Strength & Conditioning Association. 2007;21(4):1245-50.

57.   Apel JM, Lacey RM, Kell RT. A comparison of traditional and weekly undulating periodized strength training programs with total volume and intensity equated. Journal of strength and conditioning research / National Strength & Conditioning Association. 2011;25(3):694-703.

58.   Baker D. Applying the in-season periodization of strength and power training to football. Strength Cond. 1998;20(2):18-24.

59. Leveritt M, Abernethy PJ, Barry BK, Logan PA. Concurrent strength and endurance training. A review. Sports medicine. 1999;28(6):413-27.

60. Kraemer WJ, Patton JF, Gordon SE, Harman EA, Deschenes MR, Reynolds K, et al. Compatibility of high-intensity strength and endurance training on hormonal and skeletal muscle adaptations. Journal of applied physiology. 1995;78(3):976-89.

61. Baker D. The effects of an in-season of concurrent training on the maintenance of maximal strength and power in professional and college-aged rugby league football players. Journal of strength and conditioning research / National Strength & Conditioning Association. 2001;15(2):172-7.

62. Reilly T, Morris T, Whyte G. The specificity of training prescription and physiological assessment: a review. Journal of sports sciences. 2009;27(6):575-89.

63. Abernethy P, Wilson G, Logan P. Strength and power assessment. Issues, controversies and challenges. Sports medicine. 1995;19(6):401-17.

64. Lemmink KA, Visscher C, Lambert MI, Lamberts RP. The interval shuttle run test for intermittent sport players: evaluation of reliability. Journal of strength and conditioning research / National Strength & Conditioning Association. 2004;18(4):821-7.

65. Buchheit M. The 30-15 intermittent fitness test: accuracy for individualizing interval training of young intermittent sport players. Journal of strength and conditioning research / National Strength & Conditioning Association. 2008;22(2):365-74.

66. Sierer SP, Battaglini CL, Mihalik JP, Shields EW, Tomasini NT. The National Football League Combine: Performance differences between drafted and nondrafted players entering the 2004 and 2005 drafts. J Strength Cond Res. 2008;22(1):6-12.

67. Kuzmits FE, Adams AJ. The NFL combine: does it predict performance in the National Football League? Journal of strength and conditioning research / National Strength & Conditioning Association. 2008;22(6):1721-7.

68. Wilson GJ, Murphy AJ. Strength diagnosis: the use of test data to determine specific strength training. Journal of sports sciences. 1996;14(2):167-73.

69. Davison RR, Van Someren KA, Jones AM. Physiological monitoring of the Olympic athlete. Journal of sports sciences. 2009;27(13):1433-42.

70. Murphy AJ, Wilson GJ. The ability of tests of muscular function to reflect training-induced changes in performance. Journal of sports sciences. 1997;15(2):191-200.

71. Muller E, Benko U, Raschner C, Schwameder H. Specific fitness training and testing in competitive sports. Medicine and science in sports and exercise. 2000;32(1):216-20.

72. Morales J, Sobonya S. Use of Submaximal Repetition Tests for Predicting 1-RM Strength in Class Athletes. Journal of Strength & Conditioning Research. 1996;10(3):186-9.

73. Meylan C, Cronin J, Nosaka K. Isoinertial Assessment of Eccentric Muscular Strength. Strength Cond J. 2008;30(2):56-64.

74. Yessis M. Training for Power Sports-Part I. Strength & Conditioning Journal. 1994;16(5):42-5.

75. Cronin JB, Hansen KT. Strength and power predictors of sports speed. Journal of strength and conditioning research / National Strength & Conditioning Association. 2005;19(2):349-57.

76. Wilson GJ, Newton RU, Murphy AJ, Humphries BJ. The optimal training load for the development of dynamic athletic performance. Medicine and science in sports and exercise. 1993;25(11):1279-86.

77. Wilson GJ, Lyttle AD, Ostrowski KJ, Murphy AJ. Assessing dynamic performance: A comparison of rate of force development tests. Journal of Strength & Conditioning Research. 1995;9(3):176-81.

78. Baker D, Nance S. The Relation Between Strength and Power in Professional Rugby League Players. Journal of Strength & Conditioning Research. 1999;13(3):224-9.

79. Cormie P, McBride JM, McCaulley GO. Validation of power measurement techniques in dynamic lower body resistance exercises. Journal of applied biomechanics. 2007;23(2):103-18.

80. Cormie P, Deane R, McBride JM. Methodological concerns for determining power output in the jump squat. Journal of strength and conditioning research / National Strength & Conditioning Association. 2007;21(2):424-30.

81. Harris NK, Cronin JB, Hopkins WG. Power outputs of a machine squat-jump across a spectrum of loads. Journal of strength and conditioning research / National Strength & Conditioning Association. 2007;21(4):1260-4.

82. Cormie P, McCaulley GO, Triplett NT, McBride JM. Optimal loading for maximal power output during lower-body resistance exercises. Medicine and science in sports and exercise. 2007;39(2):340-9.

83. Klavora P. Vertical-jump tests: A critical review. Strength Cond J. 2000;22(5):70-4.

84. Young WB, MacDonald C, Flowers MA. Validity of double- and single-leg vertical jumps as tests of leg extensor muscle function. J Strength Cond Res. 2001;15(1):6-11.

85. McGulgan MR, Doyle TL, Newton M, Edwards DJ, Nimphius S, Newton RU. Eccentric utilization ratio: effect of sport and phase of training. Journal of strength and conditioning research / National Strength & Conditioning Association. 2006;20(4):992-5.

86. Mitchell LJ, Argus CK, Taylor KL, Sheppard JM, Chapman DW. The Effect of Initial Knee Angle on Concentric-Only Squat Jump Performance. Research quarterly for exercise and sport. 2017;88(2):184-92.

87. Feltner ME, Fraschetti DJ, Crisp RJ. Upper extremity augmentation of lower extremity kinetics during countermovement vertical jumps. Journal of sports sciences. 1999;17(6):449-66.

88. Ford KR, Myer GD, Smith RL, Byrnes RN, Dopirak SE, Hewett TE. Use of an overhead goal alters vertical jump performance and biomechanics. Journal of strength and conditioning research / National Strength & Conditioning Association. 2005;19(2):394-9.

89. Burr JF, Jamnik VK, Dogra S, Gledhill N. Evaluation of jump protocols to assess leg power and predict hockey playing potential. Journal of strength and conditioning research / National Strength & Conditioning Association. 2007;21(4):1139-45.

90. Lawson BR, Stephens TM, Devoe DE, Reiser RF. Lower-extremity bilateral differences during step-close and no-step countermovement jumps with concern for gender. Journal of strength and conditioning research / National Strength & Conditioning Association. 2006;20(3):608-19.

91. Newton RU, Gerber A, Nimphius S, Shim JK, Doan BK, Robertson M, et al. Determination of functional strength imbalance of the lower extremities. Journal of strength and conditioning research / National Strength & Conditioning Association. 2006;20(4):971-7.

92. Meylan C, McMaster T, Cronin J, Mohammad NI, Rogers C, Deklerk M. Single-leg lateral, horizontal, and vertical jump assessment: reliability, interrelationships, and ability to predict sprint and change-of-direction performance. Journal of strength and conditioning research / National Strength & Conditioning Association. 2009;23(4):1140-7.

93.   Hamilton RT, Shultz SJ, Schmitz RJ, Perrin DH. Triple-hop distance as a valid predictor of lower limb strength and power. Journal of athletic training. 2008;43(2):144-51.

94.   Markovic G, Dizdar D, Jukic I, Cardinale M. Reliability and factorial validity of squat and countermovement jump tests. Journal of strength and conditioning research / National Strength & Conditioning Association. 2004;18(3):551-5.

95.   Newton RU, Dugan E. Application of strength diagnosis. Strength Cond J. 2002;24(5):50-9.

96.   Bobbert MF, Huijing PA, van Ingen Schenau GJ. Drop jumping. I. The influence of jumping technique on the biomechanics of jumping. Medicine and science in sports and exercise. 1987;19(4):332-8.

97.   Hennessy L, Kilty J. Relationship of the stretch-shortening cycle to sprint performance in trained female athletes. Journal of strength and conditioning research / National Strength & Conditioning Association. 2001;15(3):326-31.

98.   Bobbert MF, Huijing PA, van Ingen Schenau GJ. Drop jumping. II. The influence of dropping height on the biomechanics of drop jumping. Medicine and science in sports and exercise. 1987;19(4):339-46.

99.   Kollias I, Panoutsakopoulos V, Papaiakovou G. Comparing jumping ability among athletes of various sports: Vertical drop jumping from 60 centimeters. J Strength Cond Res. 2004;18(3):546-50.

100.   Holm DJ, Stalbom M, Keogh JW, Cronin J. Relationship between the kinetics and kinematics of a unilateral horizontal drop jump to sprint performance. Journal of strength and conditioning research / National Strength & Conditioning Association. 2008;22(5):1589-96.

101.   Nagahara R, Naito H, Miyashiro K, Morin JB, Zushi K. Traditional and ankle-specific vertical jumps as strength-power indicators for maximal sprint acceleration. The Journal of sports medicine and physical fitness. 2014;54(6):691-9.

102.   Young WB, McDowell MH, Scarlett BJ. Specificity of sprint and agility training methods. J Strength Cond Res. 2001;15(3):315-9.

103.   Brechue WF, Mayhew JL, Piper FC. Characteristics of sprint performance in college football players. Journal of strength and conditioning research / National Strength & Conditioning Association. 2010;24(5):1169-78.

104.   Brown TD, Vescovi JD, Vanheest JL. Assessment of linear sprinting performance: a theoretical paradigm. Journal of sports science & medicine. 2004;3(4):203-10.

105.   Hetzler RK, Stickley CD, Lundquist KM, Kimura IF. Reliability and accuracy of handheld stopwatches compared with electronic timing in measuring sprint performance. Journal of strength and conditioning research / National Strength & Conditioning Association. 2008;22(6):1969-76.

106.   Sheppard JM, Young WB. Agility literature review: classifications, training and testing. Journal of sports sciences. 2006;24(9):919-32.

107.   Young WB, Willey B. Analysis of a reactive agility field test. Journal of science and medicine in sport / Sports Medicine Australia. 2010;13(3):376-8.

108.   Farrow D, Young W, Bruce L. The development of a test of reactive agility for netball: a new methodology. Journal of science and medicine in sport / Sports Medicine Australia. 2005;8(1):52-60.

109.   Little T, Williams AG. Specificity of acceleration, maximum speed, and agility in professional soccer players. Journal of strength and conditioning research / National Strength & Conditioning Association. 2005;19(1):76-8.

110.   Brughelli M, Cronin J, Levin G, Chaouachi A. Understanding change of direction ability in sport: a review of resistance training studies. Sports medicine. 2008;38(12):1045-63.

111.   Sporis G, Jukic I, Milanovic L, Vucetic V. Reliability and factorial validity of agility tests for soccer players. Journal of strength and conditioning research / National Strength & Conditioning Association. 2010;24(3):679-86.

112.   Havens KL, Sigward SM. Cutting mechanics: relation to performance and anterior cruciate ligament injury risk. Medicine and science in sports and exercise. 2015;47(4):818-24.

113.   Sigward SM, Cesar GM, Havens KL. Predictors of Frontal Plane Knee Moments During Side-Step Cutting to 45 and 110 Degrees in Men and Women: Implications for Anterior Cruciate Ligament Injury. Clinical journal of sport medicine : official journal of the Canadian Academy of Sport Medicine. 2014.

114.   Havens KL, Sigward SM. Whole body mechanics differ among running and cutting maneuvers in skilled athletes. Gait & posture. 2014.

115.   Vanrenterghem J, Venables E, Pataky T, Robinson MA. The effect of running speed on knee mechanical loading in females during side cutting. Journal of biomechanics. 2012;45(14):2444-9.

116.   Mirkov D, Nedeljkovic A, Kukolj M, Ugarkovic D, Jaric S. Evaluation of the reliability of soccer-specific field tests. Journal of strength and conditioning research / National Strength & Conditioning Association. 2008;22(4):1046-50.

117.   Richardson RS, Harms CA, Grassi B, Hepple RT. Skeletal muscle: master or slave of the cardiovascular system? Medicine and science in sports and exercise. 2000;32(1):89-93.

118.   Aziz AR, Chia MY, Teh KC. Measured maximal oxygen uptake in a multi-stage shuttle test and treadmill-run test in trained athletes. The Journal of sports medicine and physical fitness. 2005;45(3):306-14.

119.   Millet GP, Vleck VE, Bentley DJ. Physiological Differences Between Cycling and Running Lessons from Triathletes. Sports medicine. 2009;39(3):179-206.

120.   Noakes TD, Myburgh KH, Schall R. Peak treadmill running velocity during the VO2 max test predicts running performance. Journal of sports sciences. 1990;8(1):35-45.

121.   Bosquet L, Leger L, Legros P. Methods to determine aerobic endurance. Sports medicine. 2002;32(11):675-700.

122.   Chtara M, Chamari K, Chaouachi M, Chaouachi A, Koubaa D, Feki Y, et al. Effects of intra-session concurrent endurance and strength training sequence on aerobic performance and capacity. British journal of sports medicine. 2005;39(8):555-60.

123.   Castagna C, Impellizzeri FM, Chamari K, Carlomagno D, Rampinini E. Aerobic fitness and yo-yo continuous and intermittent tests performances in soccer players: a correlation study. Journal of strength and conditioning research / National Strength & Conditioning Association. 2006;20(2):320-5.

124.   Wilkinson DM, Fallowfield JL, Myers SD. A modified incremental shuttle run test for the determination of peak shuttle running speed and the prediction of maximal oxygen uptake. Journal of sports sciences. 1999;17(5):413-9.

125.   Leger L, Seliger V, Brassard L. Comparisons among VO2 max values for hockey players and runners. Canadian journal of applied sport sciences Journal canadien des sciences appliquees au sport. 1979;4(1):18-21.

126.   Metaxas TI, Koutlianos NA, Kouidi EJ, Deligiannis AP. Comparative study of field and laboratory tests for the evaluation of aerobic capacity in soccer players. Journal of strength and conditioning research / National Strength & Conditioning Association. 2005;19(1):79-84.

127.   Bangsbo J, Iaia FM, Krustrup P. The Yo-Yo intermittent recovery test : a useful tool for evaluation of physical performance in intermittent sports. Sports medicine. 2008;38(1):37-51.

128.   Young WB, Newton RU, Doyle TL, Chapman D, Cormack S, Stewart G, et al. Physiological and anthropometric characteristics of starters and non-starters and playing positions in elite Australian Rules Football: a case study. Journal of science and medicine in sport / Sports Medicine Australia. 2005;8(3):333-45.

129.   Krustrup P, Mohr M, Amstrup T, Rysgaard T, Johansen J, Steensberg A, et al. The yo-yo intermittent recovery test: physiological response, reliability, and validity. Medicine and science in sports and exercise. 2003;35(4):697-705.

130.   Sirotic AC, Coutts AJ. Physiological and performance test correlates of prolonged, high-intensity, intermittent running performance in moderately trained women team sport athletes. Journal of strength and conditioning research / National Strength & Conditioning Association. 2007;21(1):138-44.

131.   Billat VL, Sirvent P, Py G, Koralsztein JP, Mercier J. The concept of maximal lactate steady state: a bridge between biochemistry, physiology and sport science. Sports medicine. 2003;33(6):407-26.

132.   Moore A, Murphy A. Development of an anaerobic capacity test for field sport athletes. Journal of science and medicine in sport / Sports Medicine Australia. 2003;6(3):275-84.

133.   Popadic Gacesa JZ, Barak OF, Grujic NG. Maximal anaerobic power test in athletes of different sport disciplines. Journal of strength and conditioning research / National Strength & Conditioning Association. 2009;23(3):751-5.

134.   Girard O, Mendez-Villanueva A, Bishop D. Repeated-sprint ability - part I: factors contributing to fatigue. Sports medicine. 2011;41(8):673-94.

135.   Legaz-Arrese A, Munguia-Izquierdo D, Carranza-Garcia LE, Torres-Davila CG. Validity of the Wingate anaerobic test for the evaluation of elite runners. Journal of strength and conditioning research / National Strength & Conditioning Association. 2011;25(3):819-24.

136.   Castagna C, Manzi V, D'Ottavio S, Annino G, Padua E, Bishop D. Relation between maximal aerobic power and the ability to repeat sprints in young basketball players. J Strength Cond Res. 2007;21(4):1172-6.

137.   Boddington MK, Lambert MI, St Clair Gibson A, Noakes TD. Reliability of a 5-m multiple shuttle test. Journal of sports sciences. 2001;19(3):223-8.

138.   Pyne DB, Saunders PU, Montgomery PG, Hewitt AJ, Sheehan K. Relationships between repeated sprint testing, speed, and endurance. Journal of strength and conditioning research / National Strength & Conditioning Association. 2008;22(5):1633-7.

139.   Oliver JL. Is a fatigue index a worthwhile measure of repeated sprint ability? Journal of science and medicine in sport / Sports Medicine Australia. 2009;12(1):20-3.

140.   Spencer M, Fitzsimons M, Dawson B, Bishop D, Goodman C. Reliability of a repeated-sprint test for field-hockey. Journal of science and medicine in sport / Sports Medicine Australia. 2006;9(1-2):181-4.

141.   Spencer M, Bishop D, Dawson B, Goodman C. Physiological and metabolic responses of repeated-sprint activities:specific to field-based team sports. Sports medicine. 2005;35(12):1025-44.

142.   Glaister M, Howatson G, Pattison JR, McInnes G. The reliability and validity of fatigue measures during multiple-sprint work: an issue revisited. Journal of strength and conditioning research / National Strength & Conditioning Association. 2008;22(5):1597-601.

143.   Balsom PD, Seger JY, Sjodin B, Ekblom B. Maximal-intensity intermittent exercise: effect of recovery duration. International journal of sports medicine. 1992;13(7):528-33.

144.   Oliver JL, Armstrong N, Williams CA. Relationship between brief and prolonged repeated sprint ability. Journal of science and medicine in sport / Sports Medicine Australia. 2009;12(1):238-43.

145.   Bishop D, Spencer M, Duffield R, Lawrence S. The validity of a repeated sprint ability test. Journal of science and medicine in sport / Sports Medicine Australia. 2001;4(1):19-29.

146.   Bressel E, Yonker JC, Kras J, Heath EM. Comparison of static and dynamic balance in female collegiate soccer, basketball, and gymnastics athletes. Journal of athletic training. 2007;42(1):42-6.

147.   DiStefano LJ, Clark MA, Padua DA. Evidence supporting balance training in healthy individuals: a systemic review. Journal of strength and conditioning research / National Strength & Conditioning Association. 2009;23(9):2718-31.

148.   Myer GD, Ford KR, McLean SG, Hewett TE. The effects of plyometric versus dynamic stabilization and balance training on lower extremity biomechanics. The American journal of sports medicine. 2006;34(3):445-55.

149.   Hrysomallis C. Relationship between balance ability, training and sports injury risk. Sports medicine. 2007;37(6):547-56.

150.   McKeon PO, Ingersoll CD, Kerrigan DC, Saliba E, Bennett BC, Hertel J. Balance training improves function and postural control in those with chronic ankle instability. Medicine and science in sports and exercise. 2008;40(10):1810-9.

151.   Brown CN, Mynark R. Balance deficits in recreational athletes with chronic ankle instability. Journal of athletic training. 2007;42(3):367-73.

152.   Wikstrom EA, Tillman MD, Chmielewski TL, Borsa PA. Measurement and evaluation of dynamic joint stability of the knee and ankle after injury. Sports medicine. 2006;36(5):393-410.

153.   Gamble P. An integrated approach to training core stability. Strength Cond J. 2007;29(1):58-68.

154.   Juker D, McGill S, Kropf P, Steffen T. Quantitative intramuscular myoelectric activity of lumbar portions of psoas and the abdominal wall during a wide variety of tasks. Medicine and science in sports and exercise. 1998;30(2):301-10.

155.   McGill S. Low back disorders: evidence-based prevention and rehabilitation: Human Kinetics; 2007.

156.   Carter JM, Beam WC, McMahan SG, Barr ML, Brown LE. The effects of stability ball training on spinal stability in sedentary individuals. Journal of strength and conditioning research / National Strength & Conditioning Association. 2006;20(2):429-35.

157.   Ford KR, Myer GD, Hewett TE. Valgus knee motion during landing in high school female and male basketball players. Medicine and science in sports and exercise. 2003;35(10):1745-50.

158.   Witvrouw E, Danneels L, Asselman P, D'Have T, Cambier D. Muscle flexibility as a risk factor for developing muscle injuries in male professional soccer players - A prospective study. American Journal of Sports Medicine. 2003;31(1):41-6.

159.   Arnason A, Sigurdsson SB, Gudmundsson A, Holme I, Engebretsen L, Bahr R. Risk factors for injuries in football. The American journal of sports medicine. 2004;32(1 Suppl):5S-16S.

160.   Croisier JL, Forthomme B, Namurois MH, Vanderthommen M, Crielaard JM. Hamstring muscle strain recurrence and strength performance disorders. The American journal of sports medicine. 2002;30(2):199-203.

161.	Brockett CL, Morgan DL, Proske U. Predicting hamstring strain injury in elite athletes. Medicine and science in sports and exercise. 2004;36(3):379-87.

162.	Trojian TH, McKeag DB. Single leg balance test to identify risk of ankle sprains. British journal of sports medicine. 2006;40(7):610-3; discussion 3.

163.	Guskiewicz KM, Register-Mihalik J, McCrory P, McCrea M, Johnston K, Makdissi M, et al. Evidence-based approach to revising the SCAT2: introducing the SCAT3. British journal of sports medicine. 2013;47(5):289-93.

164.	Crossley KM, Zhang WJ, Schache AG, Bryant A, Cowan SM. Performance on the single-leg squat task indicates hip abductor muscle function. The American journal of sports medicine. 2011;39(4):866-73.

165.	Shields RK, Madhavan S, Gregg E, Leitch J, Petersen B, Salata S, et al. Neuromuscular control of the knee during a resisted single-limb squat exercise. The American journal of sports medicine. 2005;33(10):1520-6.

166.	Myer GD, Ford KR, Khoury J, Succop P, Hewett TE. Development and validation of a clinic-based prediction tool to identify female athletes at high risk for anterior cruciate ligament injury. The American journal of sports medicine. 2010;38(10):2025-33.

167.	Noyes FR, Barber-Westin SD, Fleckenstein C, Walsh C, West J. The drop-jump screening test: difference in lower limb control by gender and effect of neuromuscular training in female athletes. The American journal of sports medicine. 2005;33(2):197-207.

168.	Noyes FR, Barber-Westin SD, Smith ST, Campbell T. A training program to improve neuromuscular indices in female high school volleyball players. Journal of strength and conditioning research / National Strength & Conditioning Association. 2011;25(8):2151-60.

169.	Imwalle LE, Myer GD, Ford KR, Hewett TE. Relationship between hip and knee kinematics in athletic women during cutting maneuvers: a possible link to noncontact anterior cruciate ligament injury and prevention. Journal of strength and conditioning research / National Strength & Conditioning Association. 2009;23(8):2223-30.

170.	Cook G, Burton L, Hoogenboom B. Pre-participation screening: The use of fundamental movements as an assessment of function–Part 2. North American journal of sports physical therapy: NAJSPT. 2006;1(3):132.

171.	Gamble P. Movement screening protocols: Rationale versus evidence. New Zealand Journal of Sports Medicine. 2013;40(2):83-6.

172.	Okada T, Huxel KC, Nesser TW. Relationship between core stability, functional movement, and performance. Journal of strength and conditioning research / National Strength & Conditioning Association. 2011;25(1):252-61.

173.	Parchmann CJ, McBride JM. Relationship between functional movement screen and athletic performance. Journal of strength and conditioning research / National Strength & Conditioning Association. 2011;25(12):3378-84.

174.	McMillan K, Helgerud J, Macdonald R, Hoff J. Physiological adaptations to soccer specific endurance training in professional youth soccer players. British journal of sports medicine. 2005;39(5):273-7.

175.	Walsh NP, Gleeson M, Shephard RJ, Gleeson M, Woods JA, Bishop NC, et al. Position statement. Part one: Immune function and exercise. Exercise immunology review. 2011;17:6-63.

176.	Barnett A. Using recovery modalities between training sessions in elite athletes: does it help? Sports medicine. 2006;36(9):781-96.

177.   Bishop PA, Jones E, Woods AK. Recovery from training: a brief review. Journal of strength and conditioning research / National Strength & Conditioning Association. 2008;22(3):1015-24.

178.   Aughey RJ. Applications of GPS technologies to field sports. Int J Sports Physiol Perform. 2011;6(3):295-310.

179.   Drust B, Reilly T, Cable NT. Physiological responses to laboratory-based soccer-specific intermittent and continuous exercise. Journal of sports sciences. 2000;18(11):885-92.

180.   Coutts AJ, Duffield R. Validity and reliability of GPS devices for measuring movement demands of team sports. Journal of science and medicine in sport / Sports Medicine Australia. 2010;13(1):133-5.

181.   Bangsbo J, Norregaard L, Thorso F. Activity profile of competition soccer. Canadian journal of sport sciences = Journal canadien des sciences du sport. 1991;16(2):110-6.

182.   Stolen T, Chamari K, Castagna C, Wisloff U. Physiology of soccer: an update. Sports medicine. 2005;35(6):501-36.

183.   Hill-Haas SV, Dawson B, Impellizzeri FM, Coutts AJ. Physiology of small-sided games training in football: a systematic review. Sports medicine. 2011;41(3):199-220.

184.   Dupont G, McCall A, Prieur F, Millet GP, Berthoin S. Faster oxygen uptake kinetics during recovery is related to better repeated sprinting ability. European journal of applied physiology. 2010;110(3):627-34.

185.   Foster C, Lucia A. Running economy : the forgotten factor in elite performance. Sports medicine. 2007;37(4-5):316-9.

186.   Saunders PU, Pyne DB, Telford RD, Hawley JA. Factors affecting running economy in trained distance runners. Sports medicine. 2004;34(7):465-85.

187.   Faude O, Kindermann W, Meyer T. Lactate threshold concepts: how valid are they? Sports medicine. 2009;39(6):469-90.

188.   Edge J, Bishop D, Hill-Haas S, Dawson B, Goodman C. Comparison of muscle buffer capacity and repeated-sprint ability of untrained, endurance-trained and team-sport athletes. European journal of applied physiology. 2006;96(3):225-34.

189.   Bell GJ, Snydmiller GD, Davies DS, Quinney HA. Relationship between aerobic fitness and metabolic recovery from intermittent exercise in endurance athletes. Canadian Journal of Applied Physiology-Revue Canadienne De Physiologie Appliquee. 1997;22(1):78-85.

190.   Bishop D, Edge J, Goodman C. Muscle buffer capacity and aerobic fitness are associated with repeated-sprint ability in women. European journal of applied physiology. 2004;92(4-5):540-7.

191.   Urhausen A, Kindermann W. Sports-specific adaptations and differentiation of the athlete's heart. Sports medicine. 1999;28(4):237-44.

192.   Barbier J, Lebiller E, Ville N, Rannou-Bekono F, Carre F. Relationships between sports-specific characteristics of athlete's heart and maximal oxygen uptake. European Journal of Cardiovascular Prevention & Rehabilitation. 2006;13(1):115-21.

193.   Yamamoto K, Miyachi M, Saitoh T, Yoshioka A, Onodera S. Effects of endurance training on resting and post-exercise cardiac autonomic control. Medicine and science in sports and exercise. 2001;33(9):1496-502.

194.   Carter JB, Banister EW, Blaber AP. Effect of endurance exercise on autonomic control of heart rate. Sports medicine. 2003;33(1):33-46.

195.   Seiler S, Joranson K, Olesen BV, Hetlelid KJ. Adaptations to aerobic interval training: interactive effects of exercise intensity and total work duration. Scandinavian journal of medicine & science in sports. 2013;23(1):74-83.

196.   Laursen PB. Training for intense exercise performance: high-intensity or high-volume training? Scandinavian journal of medicine & science in sports. 2010;20 Suppl 2:1-10.

197.   Midgley AW, McNaughton LR, Jones AM. Training to enhance the physiological determinants of long-distance running performance: can valid recommendations be given to runners and coaches based on current scientific knowledge? Sports medicine. 2007;37(10):857-80.

198.   Laursen PB, Jenkins DG. The scientific basis for high-intensity interval training: optimising training programmes and maximising performance in highly trained endurance athletes. Sports medicine. 2002;32(1):53-73.

199.   Gibala MJ, McGee SL. Metabolic adaptations to short-term high-intensity interval training: a little pain for a lot of gain? Exercise and sport sciences reviews. 2008;36(2):58-63.

200.   Gibala MJ, Little JP, van Essen M, Wilkin GP, Burgomaster KA, Safdar A, et al. Short-term sprint interval versus traditional endurance training: similar initial adaptations in human skeletal muscle and exercise performance. The Journal of physiology. 2006;575(Pt 3):901-11.

201.   Buchheit M, Laursen PB. High-intensity interval training, solutions to the programming puzzle: Part I: cardiopulmonary emphasis. Sports medicine. 2013;43(5):313-38.

202.   Billat LV. Interval training for performance: a scientific and empirical practice. Special recommendations for middle- and long-distance running. Part I: aerobic interval training. Sports medicine. 2001;31(1):13-31.

203.   Brooks GA. Cell-cell and intracellular lactate shuttles. The Journal of physiology. 2009;587(Pt 23):5591-600.

204.   Edge J, Bishop D, Goodman C. The effects of training intensity on muscle buffer capacity in females. European journal of applied physiology. 2006;96(1):97-105.

205.   Tabata I, Nishimura K, Kouzaki M, Hirai Y, Ogita F, Miyachi M, et al. Effects of moderate-intensity endurance and high-intensity intermittent training on anaerobic capacity and VO2max. Medicine and science in sports and exercise. 1996;28(10):1327-30.

206.   Seiler S. What is Best Practice for Training Intensity and Duration Distribution in Endurance Athletes? Int J Sport Physiol. 2010;5(3):276-91.

207.   Gunnarsson TP, Bangsbo J. The 10-20-30 training concept improves performance and health profile in moderately trained runners. Journal of applied physiology. 2012;113(1):16-24.

208.   Tabata I, Irisawa K, Kouzaki M, Nishimura K, Ogita F, Miyachi M. Metabolic profile of high intensity intermittent exercises. Medicine and science in sports and exercise. 1997;29(3):390-5.

209.   Vuorimaa T, Karvonen J. Recovery time in interval training for increasing aerobic capacity. Annals of Sports Medicine. 1988;3(4):215-9.

210.   Blasco-Lafarga C, Montoya-Vieco A, Martinez-Navarro I, Mateo-March M, Gallach JE. Six hundred meter-run and broken 800's contribution to pacing improvement in eight hundred meter-athletics: role of expertise and training implications. Journal of strength and conditioning research / National Strength & Conditioning Association. 2013;27(9):2405-13.

211.   Bishop D, Girard O, Mendez-Villanueva A. Repeated-sprint ability - part II: recommendations for training. Sports medicine. 2011;41(9):741-56.

212. Talanian JL, Galloway SD, Heigenhauser GJ, Bonen A, Spriet LL. Two weeks of high-intensity aerobic interval training increases the capacity for fat oxidation during exercise in women. Journal of applied physiology. 2007;102(4):1439-47.

213. Billat LV. Interval training for performance: a scientific and empirical practice. Special recommendations for middle- and long-distance running. Part II: anaerobic interval training. Sports medicine. 2001;31(2):75-90.

214. Gaiga MC, Docherty D. The effect of an aerobic interval training program on intermittent anaerobic performance. Canadian journal of applied physiology = Revue canadienne de physiologie appliquee. 1995;20(4):452-64.

215. Buchheit M, Laursen PB. High-intensity interval training, solutions to the programming puzzle. Part II: anaerobic energy, neuromuscular load and practical applications. Sports medicine. 2013;43(10):927-54.

216. Bogdanis GC, Nevill ME, Boobis LH, Lakomy HK. Contribution of phosphocreatine and aerobic metabolism to energy supply during repeated sprint exercise. Journal of applied physiology. 1996;80(3):876-84.

217. Buchheit M, Mendez-Villanueva A, Quod M, Quesnel T, Ahmaidi S. Improving acceleration and repeated sprint ability in well-trained adolescent handball players: speed versus sprint interval training. Int J Sports Physiol Perform. 2010;5(2):152-64.

218. Ingham SA, Whyte GP, Pedlar C, Bailey DM, Dunman N, Nevill AM. Determinants of 800-m and 1500-m running performance using allometric models. Medicine and science in sports and exercise. 2008;40(2):345-50.

219. Duffield R, Dawson B, Goodman C. Energy system contribution to 400-metre and 800-metre track running. Journal of sports sciences. 2005;23(3):299-307.

220. Duffield R, Dawson B, Goodman C. Energy system contribution to 1500- and 3000-metre track running. Journal of sports sciences. 2005;23(10):993-1002.

221. Renfree A, Mytton GJ, Skorski S, St Clair Gibson A. Tactical considerations in the middle-distance running events at the 2012 Olympic Games: a case study. Int J Sports Physiol Perform. 2014;9(2):362-4.

222. Arsac LM, Locatelli E. Modeling the energetics of 100-m running by using speed curves of world champions. Journal of applied physiology. 2002;92(5):1781-8.

223. Duffield R, Dawson B, Goodman C. Energy system contribution to 100-m and 200-m track running events. Journal of science and medicine in sport / Sports Medicine Australia. 2004;7(3):302-13.

224. Spencer MR, Gastin PB. Energy system contribution during 200- to 1500-m running in highly trained athletes. Medicine and science in sports and exercise. 2001;33(1):157-62.

225. Helgerud J, Engen LC, Wisloff U, Hoff J. Aerobic endurance training improves soccer performance. Medicine and science in sports and exercise. 2001;33(11):1925-31.

226. McInnes SE, Carlson JS, Jones CJ, McKenna MJ. The physiological load imposed on basketball players during competition. Journal of sports sciences. 1995;13(5):387-97.

227. Duthie G, Pyne D, Hooper S. Applied physiology and game analysis of rugby union. Sports medicine. 2003;33(13):973-91.

228. Hoffman JR, Epstein S, Einbinder M, Weinstein Y. The Influence of Aerobic Capacity on Anaerobic Performance and Recovery Indices in Basketball Players. J Strength Cond Res. 1999;13(4):407-11.

229.	Gamble P. Challenges and Game-Related Solutions to Metabolic Conditioning for Team Sports. Strength & Conditioning Journal. 2007;29(4):60-5.

230.	Little T, Williams AG. Effects of sprint duration and exercise: rest ratio on repeated sprint performance and physiological responses in professional soccer players. Journal of strength and conditioning research / National Strength & Conditioning Association. 2007;21(2):646-8.

231.	Gamble P. A skill-based conditioning games approach to metabolic conditioning for elite rugby football players. Journal of strength and conditioning research / National Strength & Conditioning Association. 2004;18(3):491-7.

232.	Hoff J, Wisloff U, Engen LC, Kemi OJ, Helgerud J. Soccer specific aerobic endurance training. British journal of sports medicine. 2002;36(3):218-21.

233.	Rampinini E, Impellizzeri FM, Castagna C, Abt G, Chamari K, Sassi A, et al. Factors influencing physiological responses to small-sided soccer games. Journal of sports sciences. 2007;25(6):659-66.

234.	Kraemer WJ. A series of studies - The physiological basis for strength training in American football: Fact over philosophy. J Strength Cond Res. 1997;11(3):131-42.

235.	Gamble P. Implications and applications of training specificity for coaches and athletes. Strength Cond J. 2006;28(3):54-8.

236.	Stone M, Plisk S, Collins D. Training principles: evaluation of modes and methods of resistance training--a coaching perspective. Sports biomechanics / International Society of Biomechanics in Sports. 2002;1(1):79-103.

237.	Aagaard P, Simonsen EB, Andersen JL, Magnusson SP, Halkjaer-Kristensen J, Dyhre-Poulsen P. Neural inhibition during maximal eccentric and concentric quadriceps contraction: effects of resistance training. Journal of applied physiology. 2000;89(6):2249-57.

238.	Aagaard P, Simonsen EB, Andersen JL, Magnusson P, Dyhre-Poulsen P. Neural adaptation to resistance training: changes in evoked V-wave and H-reflex responses. Journal of applied physiology. 2002;92(6):2309-18.

239.	Young WB. Transfer of strength and power training to sports performance. Int J Sports Physiol Perform. 2006;1(2):74-83.

240.	Fry AC. The role of resistance exercise intensity on muscle fibre adaptations. Sports medicine. 2004;34(10):663-79.

241.	Blazevich AJ, Cannavan D, Coleman DR, Horne S. Influence of concentric and eccentric resistance training on architectural adaptation in human quadriceps muscles. Journal of applied physiology. 2007;103(5):1565-75.

242.	Aagaard P, Andersen JL, Dyhre-Poulsen P, Leffers AM, Wagner A, Magnusson SP, et al. A mechanism for increased contractile strength of human pennate muscle in response to strength training: changes in muscle architecture. The Journal of physiology. 2001;534(Pt. 2):613-23.

243.	Serrano N, Colenso-Semple LM, Lazauskus KK, Siu JW, Bagley JR, Lockie RG, et al. Extraordinary fast-twitch fiber abundance in elite weightlifters. PloS one. 2019;14(3):e0207975.

244.	Greene DA, Naughton GA. Adaptive skeletal responses to mechanical loading during adolescence. Sports medicine. 2006;36(9):723-32.

245.	Magnusson SP, Narici MV, Maganaris CN, Kjaer M. Human tendon behaviour and adaptation, in vivo. The Journal of physiology. 2008;586(1):71-81.

246.	Crewther B, Keogh J, Cronin J, Cook C. Possible stimuli for strength and power adaptation: acute hormonal responses. Sports medicine. 2006;36(3):215-38.

247.   Kraemer WJ, Ratamess NA. Hormonal responses and adaptations to resistance exercise and training. Sports medicine. 2005;35(4):339-61.

248.   Crewther BT, Cook C, Cardinale M, Weatherby RP, Lowe T. Two emerging concepts for elite athletes: the short-term effects of testosterone and cortisol on the neuromuscular system and the dose-response training role of these endogenous hormones. Sports medicine. 2011;41(2):103-23.

249.   Coffey VG, Hawley JA. The molecular bases of training adaptation. Sports medicine. 2007;37(9):737-63.

250.   Hawley JA, Burke LM, Phillips SM, Spriet LL. Nutritional modulation of training-induced skeletal muscle adaptations. Journal of applied physiology. 2011;110(3):834-45.

251.   Harris N, Cronin J, Keogh J. Contraction force specificity and its relationship to functional performance. Journal of sports sciences. 2007;25(2):201-12.

252.   Schoenfeld BJ. Potential mechanisms for a role of metabolic stress in hypertrophic adaptations to resistance training. Sports medicine. 2013;43(3):179-94.

253.   Howarth KR, Moreau NA, Phillips SM, Gibala MJ. Coingestion of protein with carbohydrate during recovery from endurance exercise stimulates skeletal muscle protein synthesis in humans. Journal of applied physiology. 2009;106(4):1394-402.

254.   Wilson JM, Marin PJ, Rhea MR, Wilson SM, Loenneke JP, Anderson JC. Concurrent training: a meta-analysis examining interference of aerobic and resistance exercises. Journal of strength and conditioning research / National Strength & Conditioning Association. 2012;26(8):2293-307.

255.   Peterson MD, Alvar BA, Rhea MR. The contribution of maximal force production to explosive movement among young collegiate athletes. J Strength Cond Res. 2006;20(4):867-73.

256.   McGuigan MR, Wright GA, Fleck SJ. Strength training for athletes: does it really help sports performance? Int J Sports Physiol Perform. 2012;7(1):2-5.

257.   Baker D. Differences in strength and power among junior-high, senior-high, college-aged, and elite professional rugby league players. Journal of strength and conditioning research / National Strength & Conditioning Association. 2002;16(4):581-5.

258.   Mikkola JS, Rusko HK, Nummela AT, Paavolainen LM, Hakkinen K. Concurrent endurance and explosive type strength training increases activation and fast force production of leg extensor muscles in endurance athletes. Journal of strength and conditioning research / National Strength & Conditioning Association. 2007;21(2):613-20.

259.   Millet GP, Jaouen B, Borrani F, Candau R. Effects of concurrent endurance and strength training on running economy and VO2 kinetics. Medicine and science in sports and exercise. 2002;34(8):1351-9.

260.   Paavolainen L, Hakkinen K, Hamalainen I, Nummela A, Rusko H. Explosive-strength training improves 5-km running time by improving running economy and muscle power. Journal of applied physiology. 1999;86(5):1527-33.

261.   Lehnhard RA, Lehnhard HR, Young R, Butterfield SA. Monitoring Injuries on a College Soccer Team: The Effect of Strength Training. The Journal of Strength & Conditioning Research. 1996;10(2):115-9.

262.   Hawkins D, Metheny J. Overuse injuries in youth sports: biomechanical considerations. Medicine and science in sports and exercise. 2001;33(10):1701-7.

263.   Murphy DF, Connolly DA, Beynnon BD. Risk factors for lower extremity injury: a review of the literature. British journal of sports medicine. 2003;37(1):13-29.

264. Verrall GM, Slavotinek JP, Barnes PG. The effect of sports specific training on reducing the incidence of hamstring injuries in professional Australian Rules football players. British journal of sports medicine. 2005;39(6):363-8.

265. Takarada Y. Evaluation of muscle damage after a rugby match with special reference to tackle plays. British journal of sports medicine. 2003;37(5):416-9.

266. Rees JD, Wolman RL, Wilson A. Eccentric exercises; why do they work, what are the problems and how can we improve them? British journal of sports medicine. 2009;43(4):242-6.

267. Hewett TE, Lindenfeld TN, Riccobene JV, Noyes FR. The effect of neuromuscular training on the incidence of knee injury in female athletes. A prospective study. The American journal of sports medicine. 1999;27(6):699-706.

268. Bahr R, Krosshaug T. Understanding injury mechanisms: a key component of preventing injuries in sport. British journal of sports medicine. 2005;39(6):324-9.

269. Murray DP, Brown LE. Variable velocity training in the periodized model. Strength Cond J. 2006;28(1):88-92.

270. Durell DL, Pujol TJ, Barnes JT. A survey of the scientific data and training methods utilized by collegiate strength and conditioning coaches. Journal of strength and conditioning research / National Strength & Conditioning Association. 2003;17(2):368-73.

271. Ebben WP, Carroll RM, Simenz CJ. Strength and conditioning practices of National Hockey League strength and conditioning coaches. Journal of strength and conditioning research / National Strength & Conditioning Association. 2004;18(4):889-97.

272. Ebben WP, Hintz MJ, Simenz CJ. Strength and conditioning practices of Major League Baseball strength and conditioning coaches. Journal of strength and conditioning research / National Strength & Conditioning Association. 2005;19(3):538-46.

273. Simenz CJ, Dugan CA, Ebben WP. Strength and conditioning practices of National Basketball Association strength and conditioning coaches. Journal of strength and conditioning research / National Strength & Conditioning Association. 2005;19(3):495-504.

274. Ebben WP, Blackard DO. Strength and conditioning practices of National Football League strength and conditioning coaches. Journal of strength and conditioning research / National Strength & Conditioning Association. 2001;15(1):48-58.

275. Hoffman JR, Kraemer WJ, Fry AC, Deschenes M, Kemp M. The Effects of Self-selection for Frequency of Training in a Winter Conditioning Program for Football. The Journal of Strength & Conditioning Research. 1990;4(3):76-82.

276. Santana JC, Vera-Garcia FJ, McGill SM. A kinetic and electromyographic comparison of the standing cable press and bench press. Journal of strength and conditioning research / National Strength & Conditioning Association. 2007;21(4):1271-7.

277. Delecluse C, Van Coppenolle H, Willems E, Van Leemputte M, Diels R, Goris M. Influence of high-resistance and high-velocity training on sprint performance. Medicine and science in sports and exercise. 1995;27(8):1203-9.

278. Schoenfeld BJ, Ratamess NA, Peterson MD, Contreras B, Sonmez GT, Alvar BA. Effects of different volume-equated resistance training loading strategies on muscular adaptations in well-trained men. Journal of strength and conditioning research / National Strength & Conditioning Association. 2014;28(10):2909-18.

279. Carroll TJ, Riek S, Carson RG. Neural adaptations to resistance training: implications for movement control. Sports medicine. 2001;31(12):829-40.

280.   Newton RU, Kraemer WJ, Hakkinen K. Effects of ballistic training on preseason preparation of elite volleyball players. Medicine and science in sports and exercise. 1999;31(2):323-30.

281.   Frost DM, Cronin J, Newton RU. A biomechanical evaluation of resistance: fundamental concepts for training and sports performance. Sports medicine. 2010;40(4):303-26.

282.   McCurdy KW, Langford GA, Doscher MW, Wiley LP, Mallard KG. The effects of short-term unilateral and bilateral lower-body resistance training on measures of strength and power. Journal of strength and conditioning research / National Strength & Conditioning Association. 2005;19(1):9-15.

283.   Wilkinson SB, Tarnopolsky MA, Grant EJ, Correia CE, Phillips SM. Hypertrophy with unilateral resistance exercise occurs without increases in endogenous anabolic hormone concentration. European journal of applied physiology. 2006;98(6):546-55.

284.   Jones MT, Ambegaonkar JP, Nindl BC, Smith JA, Headley SA. Effects of unilateral and bilateral lower-body heavy resistance exercise on muscle activity and testosterone responses. Journal of strength and conditioning research / National Strength & Conditioning Association. 2012;26(4):1094-100.

285.   McCurdy K, O'Kelley E, Kutz M, Langford G, Ernest J, Torres M. Comparison of lower extremity EMG between the 2-leg squat and modified single-leg squat in female athletes. Journal of sport rehabilitation. 2010;19(1):57-70.

286.   Knapik JJ, Bauman CL, Jones BH, Harris JM, Vaughan L. Preseason strength and flexibility imbalances associated with athletic injuries in female collegiate athletes. The American journal of sports medicine. 1991;19(1):76-81.

287.   Behm DG, Leonard AM, Young WB, Bonsey WA, MacKinnon SN. Trunk muscle electromyographic activity with unstable and unilateral exercises. Journal of strength and conditioning research / National Strength & Conditioning Association. 2005;19(1):193-201.

288.   Isner-Horobeti ME, Dufour SP, Vautravers P, Geny B, Coudeyre E, Richard R. Eccentric exercise training: modalities, applications and perspectives. Sports medicine. 2013;43(6):483-512.

289.   Douglas J, Pearson S, Ross A, McGuigan M. Chronic Adaptations to Eccentric Training: A Systematic Review. Sports medicine. 2016.

290.   Douglas J, Pearson S, Ross A, McGuigan M. Eccentric Exercise: Physiological Characteristics and Acute Responses. Sports medicine. 2017;47(4):663-75.

291.   Guilhem G, Cornu C, Maffiuletti NA, Guevel A. Neuromuscular adaptations to isoload versus isokinetic eccentric resistance training. Medicine and science in sports and exercise. 2013;45(2):326-35.

292.   Alcaraz PE, Sanchez-Lorente J, Blazevich AJ. Physical performance and cardiovascular responses to an acute bout of heavy resistance circuit training versus traditional strength training. Journal of strength and conditioning research / National Strength & Conditioning Association. 2008;22(3):667-71.

293.   Alcaraz PE, Perez-Gomez J, Chavarrias M, Blazevich AJ. Similarity in adaptations to high-resistance circuit vs. traditional strength training in resistance-trained men. Journal of strength and conditioning research / National Strength & Conditioning Association. 2011;25(9):2519-27.

294.   Hoffman JR, Kang J. Strength changes during an in-season resistance-training program for football. Journal of strength and conditioning research / National Strength & Conditioning Association. 2003;17(1):109-14.

295.   Kovacs MS, Pritchett R, Wickwire PJ, Green JM, Bishop P. Physical performance changes after unsupervised training during the autumn/spring semester break in competitive tennis players. British journal of sports medicine. 2007;41(11):705-10.

296.   Coutts AJ, Murphy AJ, Dascombe BJ. Effect of direct supervision of a strength coach on measures of muscular strength and power in young rugby league players. Journal of strength and conditioning research / National Strength & Conditioning Association. 2004;18(2):316-23.

297.   Hodges NJ, Franks IM. Modelling coaching practice: the role of instruction and demonstration. Journal of sports sciences. 2002;20(10):793-811.

298.   Haff GG, Whitley A, McCoy LB, O'Bryant HS, Kilgore JL, Haff EE, et al. Effects of different set configurations on barbell velocity and displacement during a clean pull. Journal of strength and conditioning research / National Strength & Conditioning Association. 2003;17(1):95-103.

299.   Hardee JP, Lawrence MM, Zwetsloot KA, Triplett NT, Utter AC, McBride JM. Effect of cluster set configurations on power clean technique. Journal of sports sciences. 2013;31(5):488-96.

300.   Stone MH, O'Bryant HS, McCoy L, Coglianese R, Lehmkuhl M, Schilling B. Power and maximum strength relationships during performance of dynamic and static weighted jumps. Journal of strength and conditioning research / National Strength & Conditioning Association. 2003;17(1):140-7.

301.   McBride JM, Triplett-McBride T, Davie A, Newton RU. A comparison of strength and power characteristics between power lifters, Olympic lifters, and sprinters. J Strength Cond Res. 1999;13(1):58-66.

302.   Cormie P, McCaulley GO, McBride JM. Power versus strength-power jump squat training: influence on the load-power relationship. Medicine and science in sports and exercise. 2007;39(6):996-1003.

303.   Winchester JB, McBride JM, Maher MA, Mikat RP, Allen BK, Kline DE, et al. Eight weeks of ballistic exercise improves power independently of changes in strength and muscle fiber type expression. Journal of strength and conditioning research / National Strength & Conditioning Association. 2008;22(6):1728-34.

304.   Cormie P, McGuigan MR, Newton RU. Developing maximal neuromuscular power: Part 1 - biological basis of maximal power production. Sports medicine. 2011;41(1):17-38.

305.   Cormie P, McGuigan MR, Newton RU. Developing maximal neuromuscular power: part 2 - training considerations for improving maximal power production. Sports medicine. 2011;41(2):125-46.

306.   Harris GR, Stone MH, O'Bryant HS, Proulx CM, Johnson RL. Short-term performance effects of high power, high force, or combined weight-training methods. J Strength Cond Res. 2000;14(1):14-20.

307.   Baker D. Improving Vertical Jump Performance Through General, Special, and Specific Strength Training: A Brief Review. The Journal of Strength & Conditioning Research. 1996;10(2):131-6.

308.   Cormie P, McGuigan MR, Newton RU. Influence of strength on magnitude and mechanisms of adaptation to power training. Medicine and science in sports and exercise. 2010;42(8):1566-81.

309.   Stone MH. Position Statement: Explosive Exercise and Training. Strength & Conditioning Journal. 1993;15(3):7-15.

310.   Young W, McLean B, Ardagna J. Relationship between strength qualities and sprinting performance. The Journal of sports medicine and physical fitness. 1995;35(1):13-9.

311.   Hedrick A. Literature Review: High Speed Resistance Training. Strength & Conditioning Journal. 1993;15(6):22-30.

312.   Cronin J, McNair PJ, Marshall RN. Developing explosive power: a comparison of technique and training. Journal of science and medicine in sport / Sports Medicine Australia. 2001;4(1):59-70.

313.   Malisoux L, Francaux M, Nielens H, Theisen D. Stretch-shortening cycle exercises: an effective training paradigm to enhance power output of human single muscle fibers. Journal of applied physiology. 2006;100(3):771-9.

314.   McBride JM, McCaulley GO, Cormie P. Influence of preactivity and eccentric muscle activity on concentric performance during vertical jumping. Journal of strength and conditioning research / National Strength & Conditioning Association. 2008;22(3):750-7.

315.   Wilson JM, Flanagan EP. The role of elastic energy in activities with high force and power requirements: a brief review. Journal of strength and conditioning research / National Strength & Conditioning Association. 2008;22(5):1705-15.

316.   Newton RU, Murphy AJ, Humphries BJ, Wilson GJ, Kraemer WJ, Hakkinen K. Influence of load and stretch shortening cycle on the kinematics, kinetics and muscle activation that occurs during explosive upper-body movements. Eur J Appl Physiol Occup Physiol. 1997;75(4):333-42.

317.   McCarthy JP, Wood DS, Bolding MS, Roy JL, Hunter GR. Potentiation of concentric force and acceleration only occurs early during the stretch-shortening cycle. Journal of strength and conditioning research / National Strength & Conditioning Association. 2012;26(9):2345-55.

318.   Earp JE, Kraemer WJ, Cormie P, Volek JS, Maresh CM, Joseph M, et al. Influence of muscle-tendon unit structure on rate of force development during the squat, countermovement, and drop jumps. Journal of strength and conditioning research / National Strength & Conditioning Association. 2011;25(2):340-7.

319.   Kurokawa S, Fukunaga T, Nagano A, Fukashiro S. Interaction between fascicles and tendinous structures during counter movement jumping investigated in vivo. Journal of applied physiology. 2003;95(6):2306-14.

320.   Kawakami Y, Muraoka T, Ito S, Kanehisa H, Fukunaga T. In vivo muscle fibre behaviour during counter-movement exercise in humans reveals a significant role for tendon elasticity. The Journal of physiology. 2002;540(Pt 2):635-46.

321.   Kopper B, Csende Z, Trzaskoma L, Tihanyi J. Stretch-shortening cycle characteristics during vertical jumps carried out with small and large range of motion. Journal of electromyography and kinesiology : official journal of the International Society of Electrophysiological Kinesiology. 2014;24(2):233-9.

322.   Cronin J, McNair PJ, Marshall RN. Velocity specificity, combination training and sport specific tasks. Journal of science and medicine in sport / Sports Medicine Australia. 2001;4(2):168-78.

323.   Sawicki GS, Robertson BD, Azizi E, Roberts TJ. Timing matters: tuning the mechanics of a muscle-tendon unit by adjusting stimulation phase during cyclic contractions. The Journal of experimental biology. 2015;218(Pt 19):3150-9.

324.   Cormie P, McGuigan MR, Newton RU. Adaptations in athletic performance after ballistic power versus strength training. Medicine and science in sports and exercise. 2010;42(8):1582-98.

325.   Baker D, Newton RU. Methods to increase the effectiveness of maximal power training for the upper body. Strength Cond J. 2005;27(6):24-32.

326.   Moreno SD, Brown LE, Coburn JW, Judelson DA. Effect of cluster sets on plyometric jump power. Journal of strength and conditioning research / National Strength & Conditioning Association. 2014;28(9):2424-8.

327.   Hansen KT, Cronin JB, Newton MJ. The effect of cluster loading on force, velocity, and power during ballistic jump squat training. Int J Sports Physiol Perform. 2011;6(4):455-68.

328.   Cronin JB, McNair PJ, Marshall RN. Force-velocity analysis of strength-training techniques and load: implications for training strategy and research. Journal of strength and conditioning research / National Strength & Conditioning Association. 2003;17(1):148-55.

329.   Newton RU, Kraemer WJ, Hakkinen K, Humphries BJ, Murphy AJ. Kinematics, kinetics, and muscle activation during explosive upper body movements. Journal of applied biomechanics. 1996;12(1):31-43.

330.   Hoffman JR, Ratamess NA, Cooper JJ, Kang J, Chilakos A, Faigenbaum AD. Comparison of loaded and unloaded jump squat training on strength/power performance in college football players. Journal of strength and conditioning research / National Strength & Conditioning Association. 2005;19(4):810-5.

331.   Lyttle AD, Wilson GJ, Ostrowski KJ. Enhancing Performance: Maximal Power Versus Combined Weights and Plyometrics Training. The Journal of Strength & Conditioning Research. 1996;10(3):173-9.

332.   Vossen JF, Kramer JF, Burke DG, Vossen DP. Comparison of dynamic push-up training and plyometric push-up training on upper-body power and strength. J Strength Cond Res. 2000;14(3):248-53.

333.   Cormie P, McGuigan MR, Newton RU. Changes in the eccentric phase contribute to improved stretch-shorten cycle performance after training. Medicine and science in sports and exercise. 2010;42(9):1731-44.

334.   Foure A, Nordez A, Cornu C. Effects of plyometric training on passive stiffness of gastrocnemii muscles and Achilles tendon. European journal of applied physiology. 2012;112(8):2849-57.

335.   Kawamori N, Haff GG. The optimal training load for the development of muscular power. Journal of strength and conditioning research / National Strength & Conditioning Association. 2004;18(3):675-84.

336.   Baker D. A series of studies on the training of high-intensity muscle power in rugby league football players. Journal of strength and conditioning research / National Strength & Conditioning Association. 2001;15(2):198-209.

337.   Cronin J, Sleivert G. Challenges in understanding the influence of maximal power training on improving athletic performance. Sports medicine. 2005;35(3):213-34.

338.   Harris NK, Cronin JB, Hopkins WG, Hansen KT. Squat jump training at maximal power loads vs. heavy loads: effect on sprint ability. Journal of strength and conditioning research / National Strength & Conditioning Association. 2008;22(6):1742-9.

339.   McBride JM, Haines TL, Kirby TJ. Effect of loading on peak power of the bar, body, and system during power cleans, squats, and jump squats. Journal of sports sciences. 2011;29(11):1215-21.

340. Dayne AM, McBride JM, Nuzzo JL, Triplett NT, Skinner J, Burr A. Power output in the jump squat in adolescent male athletes. Journal of strength and conditioning research / National Strength & Conditioning Association. 2011;25(3):585-9.

341. McKenzie C, Brughelli M, Gamble P, Whatman C. Enhancing Jump Performance With Handheld Loading. Strength Cond J. 2014;36(2):32-8.

342. Cronin JB, Brughelli M, Gamble P, Brown SR, McKenzie C. Acute kinematic and kinetic augmentation in horizontal jump performance using haltere type handheld loading. Journal of strength and conditioning research / National Strength & Conditioning Association. 2014;28(6):1559-64.

343. Hydock D. The Weightlifting Pull in Power Development. Strength & Conditioning Journal. 2001;23(1):32.

344. Garhammer J. A Review of Power Output Studies of Olympic and Powerlifting: Methodology, Performance Prediction, and Evaluation Tests. The Journal of Strength & Conditioning Research. 1993;7(2):76-89.

345. Kawamori N, Crum AJ, Blumert PA, Kulik JR, Childers JT, Wood JA, et al. Influence of different relative intensities on power output during the hang power clean: identification of the optimal load. Journal of strength and conditioning research / National Strength & Conditioning Association. 2005;19(3):698-708.

346. Souza AL, Shimada SD, Koontz A. Ground reaction forces during the power clean. Journal of strength and conditioning research / National Strength & Conditioning Association. 2002;16(3):423-7.

347. Hori N, Newton RU, Andrews WA, Kawamori N, McGuigan MR, Nosaka K. Does performance of hang power clean differentiate performance of jumping, sprinting, and changing of direction? Journal of strength and conditioning research / National Strength & Conditioning Association. 2008;22(2):412-8.

348. Baker D, Nance S. The relation between running speed and measures of strength and power in professional rugby league players. J Strength Cond Res. 1999;13(3):230-5.

349. Tricoli V, Lamas L, Carnevale R, Ugrinowitsch C. Short-term effects on lower-body functional power development: weightlifting vs. vertical jump training programs. Journal of strength and conditioning research / National Strength & Conditioning Association. 2005;19(2):433-7.

350. Hakkinen K, Komi PV, Alen M, Kauhanen H. EMG, muscle fibre and force production characteristics during a 1 year training period in elite weight-lifters. Eur J Appl Physiol Occup Physiol. 1987;56(4):419-27.

351. Arabatzi F, Kellis E, Saez-Saez De Villarreal E. Vertical jump biomechanics after plyometric, weight lifting, and combined (weight lifting + plyometric) training. Journal of strength and conditioning research / National Strength & Conditioning Association. 2010;24(9):2440-8.

352. Stone MH, Sanborn K, O'Bryant HS, Hartman M, Stone ME, Proulx C, et al. Maximum strength-power-performance relationships in collegiate throwers. Journal of strength and conditioning research / National Strength & Conditioning Association. 2003;17(4):739-45.

353. Baker D. Acute and long-term power responses to power training: Observations on the training of an elite power athlete. Strength Cond J. 2001;23(1):47-56.

354. Hoffman JR, Cooper J, Wendell M, Kang J. Comparison of Olympic vs. traditional power lifting training programs in football players. Journal of strength and conditioning research / National Strength & Conditioning Association. 2004;18(1):129-35.

355.   Matavulj D, Kukolj M, Ugarkovic D, Tihanyi J, Jaric S. Effects of plyometric training on jumping performance in junior basketball players. The Journal of sports medicine and physical fitness. 2001;41(2):159-64.

356.   Jidovtseff B, Quievre J, Harris NK, Cronin JB. Influence of jumping strategy on kinetic and kinematic variables. The Journal of sports medicine and physical fitness. 2014;54(2):129-38.

357.   Markovic G. Does plyometric training improve vertical jump height? A meta-analytical review. British journal of sports medicine. 2007;41(6):349-55; discussion 55.

358.   Marshall BM, Moran KA. Which drop jump technique is most effective at enhancing countermovement jump ability, "countermovement" drop jump or "bounce" drop jump? Journal of sports sciences. 2013;31(12):1368-74.

359.   Delecluse C. Influence of strength training on sprint running performance. Current findings and implications for training. Sports medicine. 1997;24(3):147-56.

360.   Saez de Villarreal E, Requena B, Cronin JB. The effects of plyometric training on sprint performance: a meta-analysis. Journal of strength and conditioning research / National Strength & Conditioning Association. 2012;26(2):575-84.

361.   Mero A, Komi PV. EMG, force, and power analysis of sprint-specific strength exercises. Journal of applied biomechanics. 1994;10:1-.

362.   Markovic G, Mikulic P. Neuro-musculoskeletal and performance adaptations to lower-extremity plyometric training. Sports medicine. 2010;40(10):859-95.

363.   Ishikawa M, Niemela E, Komi PV. Interaction between fascicle and tendinous tissues in short-contact stretch-shortening cycle exercise with varying eccentric intensities. Journal of applied physiology. 2005;99(1):217-23.

364.   Kubo K, Morimoto M, Komuro T, Yata H, Tsunoda N, Kanehisa H, et al. Effects of plyometric and weight training on muscle-tendon complex and jump performance. Medicine and science in sports and exercise. 2007;39(10):1801-10.

365.   Wilson GJ, Murphy AJ, Giorgi A. Weight and plyometric training: effects on eccentric and concentric force production. Canadian journal of applied physiology = Revue canadienne de physiologie appliquee. 1996;21(4):301-15.

366.   Taube W, Leukel C, Gollhofer A. How neurons make us jump: the neural control of stretch-shortening cycle movements. Exercise and sport sciences reviews. 2012;40(2):106-15.

367.   Earp JE, Newton RU, Cormie P, Blazevich AJ. The influence of loading intensity on muscle-tendon unit behavior during maximal knee extensor stretch shortening cycle exercise. European journal of applied physiology. 2014;114(1):59-69.

368.   Kubo K, Kanehisa H, Fukunaga T. Effects of viscoelastic properties of tendon structures on stretch-shortening cycle exercise in vivo. Journal of sports sciences. 2005;23(8):851-60.

369.   Taube W, Leukel C, Lauber B, Gollhofer A. The drop height determines neuromuscular adaptations and changes in jump performance in stretch-shortening cycle training. Scandinavian journal of medicine & science in sports. 2012;22(5):671-83.

370.   Taube W, Leukel C, Schubert M, Gruber M, Rantalainen T, Gollhofer A. Differential modulation of spinal and corticospinal excitability during drop jumps. Journal of neurophysiology. 2008;99(3):1243-52.

371.   Khlifa R, Aouadi R, Hermassi S, Chelly MS, Jlid MC, Hbacha H, et al. Effects of a plyometric training program with and without added load on jumping ability in basketball players. Journal of strength and conditioning research / National Strength & Conditioning Association. 2010;24(11):2955-61.

372.   Markovic G, Jukic I, Milanovic D, Metikos D. Effects of sprint and plyometric training on muscle function and athletic performance. Journal of strength and conditioning research / National Strength & Conditioning Association. 2007;21(2):543-9.

373.   Chiu LZ, Fry AC, Weiss LW, Schilling BK, Brown LE, Smith SL. Postactivation potentiation response in athletic and recreationally trained individuals. Journal of strength and conditioning research / National Strength & Conditioning Association. 2003;17(4):671-7.

374.   Kilduff LP, Bevan HR, Kingsley MI, Owen NJ, Bennett MA, Bunce PJ, et al. Postactivation potentiation in professional rugby players: optimal recovery. Journal of strength and conditioning research / National Strength & Conditioning Association. 2007;21(4):1134-8.

375.   Young WB, Jenner A, Griffiths K. Acute enhancement of power performance from heavy load squats. J Strength Cond Res. 1998;12(2):82-4.

376.   Paasuke M, Saapar L, Ereline J, Gapeyeva H, Requena B, Oopik V. Postactivation potentiation of knee extensor muscles in power- and endurance-trained, and untrained women. European journal of applied physiology. 2007;101(5):577-85.

377.   Crewther BT, Kilduff LP, Cook CJ, Middleton MK, Bunce PJ, Yang GZ. The acute potentiating effects of back squats on athlete performance. Journal of strength and conditioning research / National Strength & Conditioning Association. 2011;25(12):3319-25.

378.   Chiu LZ, Salem GJ. Potentiation of vertical jump performance during a snatch pull exercise session. Journal of applied biomechanics. 2012;28(6):627-35.

379.   Kilduff LP, Owen N, Bevan H, Bennett M, Kingsley MI, Cunningham D. Influence of recovery time on post-activation potentiation in professional rugby players. Journal of sports sciences. 2008;26(8):795-802.

380.   Baker D. Acute effect of alternating heavy and light resistances on power output during upper-body complex power training. Journal of strength and conditioning research / National Strength & Conditioning Association. 2003;17(3):493-7.

381.   Myers J, Lephart S, Tsai YS, Sell T, Smoliga J, Jolly J. The role of upper torso and pelvis rotation in driving performance during the golf swing. Journal of sports sciences. 2008;26(2):181-8.

382.   Aguinaldo AL, Buttermore J, Chambers H. Effects of upper trunk rotation on shoulder joint torque among baseball pitchers of various levels. Journal of applied biomechanics. 2007;23(1):42-51.

383.   Martin C, Kulpa R, Delamarche P, Bideau B. Professional tennis players' serve: correlation between segmental angular momentums and ball velocity. Sports biomechanics / International Society of Biomechanics in Sports. 2013;12(1):2-14.

384.   Urbin MA, Fleisig GS, Abebe A, Andrews JR. Associations between timing in the baseball pitch and shoulder kinetics, elbow kinetics, and ball speed. The American journal of sports medicine. 2013;41(2):336-42.

385.   van den Tillaar R. Effect of different training programs on the velocity of overarm throwing: a brief review. Journal of strength and conditioning research / National Strength & Conditioning Association. 2004;18(2):388-96.

386.   Escamilla RF, Speer KP, Fleisig GS, Barrentine SW, Andrews JR. Effects of throwing overweight and underweight baseballs on throwing velocity and accuracy. Sports medicine. 2000;29(4):259-72.

387.   DeRenne C, Buxton BP, Hetzler RK, Ho KW. Effects of Under-and Overweighted Implement Training on Pitching Velocity. The Journal of Strength & Conditioning Research. 1994;8(4):247-50.

388. Newton RU, McEvoy KI. Baseball Throwing Velocity: A Comparison of Medicine Ball Training and Weight Training. The Journal of Strength & Conditioning Research. 1994;8(3):198-203.

389. van den Tillaar R, Marques MC. A comparison of three training programs with the same workload on overhead throwing velocity with different weighted balls. Journal of strength and conditioning research / National Strength & Conditioning Association. 2011;25(8):2316-21.

390. Harris-Hayes M, Sahrmann SA, Van Dillen LR. Relationship Between the Hip and Low Back Pain in Athletes Who Participate in Rotation-Related Sports. J Sport Rehabil. 2009;18(1):60-75.

391. Higuchi T, Nagami T, Mizuguchi N, Anderson T. The acute and chronic effects of isometric contraction conditioning on baseball bat velocity. Journal of strength and conditioning research / National Strength & Conditioning Association. 2013;27(1):216-22.

392. Debaere S, Jonkers I, Delecluse C. The contribution of step characteristics to sprint running performance in high-level male and female athletes. Journal of strength and conditioning research / National Strength & Conditioning Association. 2013;27(1):116-24.

393. Hamner SR, Delp SL. Muscle contributions to fore-aft and vertical body mass center accelerations over a range of running speeds. Journal of biomechanics. 2013;46(4):780-7.

394. Miller RH, Umberger BR, Caldwell GE. Sensitivity of maximum sprinting speed to characteristic parameters of the muscle force-velocity relationship. Journal of biomechanics. 2012;45(8):1406-13.

395. Morin JB, Bourdin M, Edouard P, Peyrot N, Samozino P, Lacour JR. Mechanical determinants of 100-m sprint running performance. European journal of applied physiology. 2012;112(11):3921-30.

396. Hautier CA, Linossier MT, Belli A, Lacour JR, Arsac LM. Optimal velocity for maximal power production in non-isokinetic cycling is related to muscle fibre type composition. Eur J Appl Physiol Occup Physiol. 1996;74(1-2):114-8.

397. Stafilidis S, Arampatzis A. Muscle - tendon unit mechanical and morphological properties and sprint performance. Journal of sports sciences. 2007;25(9):1035-46.

398. Miller RH, Umberger BR, Caldwell GE. Limitations to maximum sprinting speed imposed by muscle mechanical properties. Journal of biomechanics. 2012;45(6):1092-7.

399. Morin JB, Samozino P, Zameziati K, Belli A. Effects of altered stride frequency and contact time on leg-spring behavior in human running. Journal of biomechanics. 2007;40(15):3341-8.

400. Kubo K, Kanehisa H, Fukunaga T. Effect of stretching training on the viscoelastic properties of human tendon structures in vivo. Journal of applied physiology. 2002;92(2):595-601.

401. Belli A, Kyrolainen H, Komi PV. Moment and power of lower limb joints in running. International journal of sports medicine. 2002;23(2):136-41.

402. Samozino P, Horvais N, Hintzy F. Why does power output decrease at high pedaling rates during sprint cycling? Medicine and science in sports and exercise. 2007;39(4):680-7.

403. Ross A, Leveritt M, Riek S. Neural influences on sprint running: training adaptations and acute responses. Sports medicine. 2001;31(6):409-25.

404. Morin JB, Edouard P, Samozino P. Technical ability of force application as a determinant factor of sprint performance. Medicine and science in sports and exercise. 2011;43(9):1680-8.

405. Majumdar A, Robergs R. The science of speed: Determinants of performance in the 100 m sprint. International Journal of Sports Science and Coaching. 2011;6(3):479-94.

406. Bundle MW, Weyand PG. Sprint Exercise Performance: Does Metabolic Power Matter? Exercise and sport sciences reviews. 2012;40(3):174-82.

407.	Yu B, Queen RM, Abbey AN, Liu Y, Moorman CT, Garrett WE. Hamstring muscle kinematics and activation during overground sprinting. Journal of biomechanics. 2008;41(15):3121-6.

408.	Hunter JP, Marshall RN, McNair PJ. External and internal forces in sprint running. Routledge Handbook of Biomechanics and Human Movement Science. 2008:354-66.

409.	Mero A, Komi PV. Force-Velocity, Emg-Velocity, and Elasticity-Velocity Relationships at Submaximal, Maximal and Supramaximal Running Speeds in Sprinters. European Journal of Applied Physiology and Occupational Physiology. 1986;55(5):553-61.

410.	Huang L, Liu Y, Wei S, Li L, Fu W, Sun Y, et al. Segment-interaction and its relevance to the control of movement during sprinting. Journal of biomechanics. 2013;46(12):2018-23.

411.	Kugler F, Janshen L. Body position determines propulsive forces in accelerated running. Journal of biomechanics. 2010;43(2):343-8.

412.	Bezodis IN, Kerwin DG, Salo AI. Lower-limb mechanics during the support phase of maximum-velocity sprint running. Medicine and science in sports and exercise. 2008;40(4):707-15.

413.	Debaere S, Delecluse C, Aerenhouts D, Hagman F, Jonkers I. From block clearance to sprint running: characteristics underlying an effective transition. Journal of sports sciences. 2013;31(2):137-49.

414.	Randell AD, Cronin JB, Keogh JWL, Gill ND. Transference of Strength and Power Adaptation to Sports Performance-Horizontal and Vertical Force Production. Strength Cond J. 2010;32(4):100-6.

415.	Dorn TW, Schache AG, Pandy MG. Muscular strategy shift in human running: dependence of running speed on hip and ankle muscle performance. The Journal of experimental biology. 2012;215(Pt 11):1944-56.

416.	Higashihara A, Ono T, Kubota J, Okuwaki T, Fukubayashi T. Functional differences in the activity of the hamstring muscles with increasing running speed. Journal of sports sciences. 2010;28(10):1085-92.

417.	Nagano Y, Higashihara A, Takahashi K, Fukubayashi T. Mechanics of the muscles crossing the hip joint during sprint running. Journal of sports sciences. 2014;32(18):1722-8.

418.	McBride JM, Blow D, Kirby TJ, Haines TL, Dayne AM, Triplett NT. Relationship between maximal squat strength and five, ten, and forty yard sprint times. Journal of strength and conditioning research / National Strength & Conditioning Association. 2009;23(6):1633-6.

419.	Hunter JP, Marshall RN, McNair P. Relationships between ground reaction force impulse and kinematics of sprint-running acceleration. Journal of applied biomechanics. 2005;21(1):31-43.

420.	Zafeiridis A, Saraslanidis P, Manou V, Ioakimidis P, Dipla K, Kellis S. The effects of resisted sled-pulling sprint training on acceleration and maximum speed performance. J Sport Med Phys Fit. 2005;45(3):284-90.

421.	Berryman N, Maurel D, Bosquet L. Effect of plyometric vs. dynamic weight training on the energy cost of running. Journal of strength and conditioning research / National Strength & Conditioning Association. 2010;24(7):1818-25.

422.	Rabita G, Couturier A, Lambertz D. Influence of training background on the relationships between plantarflexor intrinsic stiffness and overall musculoskeletal stiffness during hopping. European journal of applied physiology. 2008;103(2):163-71.

423.	Kubo K, Tabata T, Ikebukuro T, Igarashi K, Yata H, Tsunoda N. Effects of mechanical properties of muscle and tendon on performance in long distance runners. European journal of applied physiology. 2010;110(3):507-14.

424.   Cronin J, T Hansen K. Resisted sprint training for the acceleration phase of sprinting. Strength Cond J. 2006;28(4):42-51.

425.   Cronin J, Hansen K, Kawamori N, McNair P. Effects of weighted vests and sled towing on sprint kinematics. Sports biomechanics / International Society of Biomechanics in Sports. 2008;7(2):160-72.

426.   Alcaraz PE, Palao JM, Elvira JL, Linthorne NP. Effects of three types of resisted sprint training devices on the kinematics of sprinting at maximum velocity. Journal of strength and conditioning research / National Strength & Conditioning Association. 2008;22(3):890-7.

427.   Lockie RG, Murphy AJ, Spinks CD. Effects of resisted sled towing on sprint kinematics in field-sport athletes. Journal of strength and conditioning research / National Strength & Conditioning Association. 2003;17(4):760-7.

428.   Alcaraz PE, Elvira JL, Palao JM. Kinematic, strength, and stiffness adaptations after a short-term sled towing training in athletes. Scandinavian journal of medicine & science in sports. 2014;24(2):279-90.

429.   Andre MJ, Fry AC, Bradford LA, Buhr KW. Determination of friction and pulling forces during a weighted sled pull. Journal of strength and conditioning research / National Strength & Conditioning Association. 2013;27(5):1175-8.

430.   Alcaraz PE, Palao JM, Elvira JL. Determining the optimal load for resisted sprint training with sled towing. Journal of strength and conditioning research / National Strength & Conditioning Association. 2009;23(2):480-5.

431.   Kawamori N, Newton RU, Hori N, Nosaka K. Effects of weighted sled towing with heavy versus light load on sprint acceleration ability. Journal of strength and conditioning research / National Strength & Conditioning Association. 2014;28(10):2738-45.

432.   Kawamori N, Newton R, Nosaka K. Effects of weighted sled towing on ground reaction force during the acceleration phase of sprint running. Journal of sports sciences. 2014;32(12):1139-45.

433.   Gottschall JS, Mills J, Hastings B. Integration core exercises elicit greater muscle activation than isolation exercises. Journal of strength and conditioning research / National Strength & Conditioning Association. 2013;27(3):590-6.

434.   Myer GD, Ford KR, Brent JL, Divine JG, Hewett TE. Predictors of sprint start speed: the effects of resistive ground-based vs. inclined treadmill training. Journal of strength and conditioning research / National Strength & Conditioning Association. 2007;21(3):831-6.

435.   Deane RS, Chow JW, Tillman MD, Fournier KA. Effects of hip flexor training on sprint, shuttle run, and vertical jump performance. Journal of strength and conditioning research / National Strength & Conditioning Association. 2005;19(3):615-21.

436.   Waryasz GR. Exercise Strategies to Prevent the Development of the Anterior Pelvic Tilt: Implications for Possible Prevention of Sports Hernias and Osteitis Pubis. Strength Cond J. 2010;32(4):56-65.

437.   Hansen EA, Ronnestad BR, Vegge G, Raastad T. Cyclists' improvement of pedaling efficacy and performance after heavy strength training. Int J Sports Physiol Perform. 2012;7(4):313-21.

438.   Cai ZY, Hsu CC, Su CP, Lin CF, Lin YA, Lin CL, et al. Comparison of lower limb muscle activation during downhill, level and uphill running. Isokinetics and Exercise Science. 2010;18(3):163-8.

439.   Snyder KL, Kram R, Gottschall JS. The role of elastic energy storage and recovery in downhill and uphill running. The Journal of experimental biology. 2012;215(Pt 13):2283-7.

440. Gottschall JS, Kram R. Ground reaction forces during downhill and uphill running. Journal of biomechanics. 2005;38(3):445-52.

441. Cross MR, Brughelli ME, Cronin JB. Effects of vest loading on sprint kinetics and kinematics. Journal of strength and conditioning research / National Strength & Conditioning Association. 2014;28(7):1867-74.

442. Bennett JP, Sayers MG, Burkett BJ. The impact of lower extremity mass and inertia manipulation on sprint kinematics. Journal of strength and conditioning research / National Strength & Conditioning Association. 2009;23(9):2542-7.

443. Cook CJ, Beaven CM, Kilduff LP. Three weeks of eccentric training combined with overspeed exercises enhances power and running speed performance gains in trained athletes. Journal of strength and conditioning research / National Strength & Conditioning Association. 2013;27(5):1280-6.

444. Paradisis GP, Cooke CB. The effects of sprint running training on sloping surfaces. Journal of strength and conditioning research / National Strength & Conditioning Association. 2006;20(4):767-77.

445. Ebben WP, Davies JA, Clewien RW. Effect of the degree of hill slope on acute downhill running velocity and acceleration. Journal of strength and conditioning research / National Strength & Conditioning Association. 2008;22(3):898-902.

446. Frost DM, Cronin JB, Levin G. Stepping backward can improve sprint performance over short distances. Journal of strength and conditioning research / National Strength & Conditioning Association. 2008;22(3):918-22.

447. LeDune JA, Nesser TW, Finch A, Zakrajsek RA. Biomechanical analysis of two standing sprint start techniques. Journal of strength and conditioning research / National Strength & Conditioning Association. 2012;26(12):3449-53.

448. Gillet E, Leroy D, Thouvarecq R, Megrot F, Stein JF. Movement-production strategy in tennis: a case study. Journal of strength and conditioning research / National Strength & Conditioning Association. 2010;24(7):1942-7.

449. Clark KP, Stearne DJ, Walts CT, Miller AD. The longitudinal effects of resisted sprint training using weighted sleds vs. weighted vests. Journal of strength and conditioning research / National Strength & Conditioning Association. 2010;24(12):3287-95.

450. Kristensen GO, van den Tillaar R, Ettema GJ. Velocity specificity in early-phase sprint training. Journal of strength and conditioning research / National Strength & Conditioning Association. 2006;20(4):833-7.

451. Romero-Franco N, Martinez-Lopez E, Lomas-Vega R, Hita-Contreras F, Martinez-Amat A. Effects of proprioceptive training program on core stability and center of gravity control in sprinters. Journal of strength and conditioning research / National Strength & Conditioning Association. 2012;26(8):2071-7.

452. van Ingen Schenau GJ, de Koning JJ, de Groot G. Optimisation of sprinting performance in running, cycling and speed skating. Sports medicine. 1994;17(4):259-75.

453. Cissik JM. Strength and Conditioning Considerations for the 100-m Sprinter. Strength Cond J. 2010;32(6):89-94.

454. Coh M, Milanovic D, Kampmiller T. Morphologic and kinematic characteristics of elite sprinters. Collegium antropologicum. 2001;25(2):605-10.

455.   Gardner AS, Martin DT, Jenkins DG, Dyer I, Van Eiden J, Barras M, et al. Velocity-specific fatigue: quantifying fatigue during variable velocity cycling. Medicine and science in sports and exercise. 2009;41(4):904-11.

456.   Fujii K, Yamada Y, Oda S. Skilled basketball players rotate their shoulders more during running while dribbling. Perceptual and motor skills. 2010;110(3 Pt 1):983-94.

457.   Cowley HR, Ford KR, Myer GD, Kernozek TW, Hewett TE. Differences in neuromuscular strategies between landing and cutting tasks in female basketball and soccer athletes. Journal of athletic training. 2006;41(1):67-73.

458.   Thompson A, Bezodis IN, Jones RL. An in-depth assessment of expert sprint coaches' technical knowledge. Journal of sports sciences. 2009;27(8):855-61.

459.   Havens KL, Sigward SM. Joint and segmental mechanics differ between cutting maneuvers in skilled athletes. Gait & posture. 2015;41(1):33-8.

460.   Dos'Santos T, Thomas C, Comfort P, Jones PA. The Effect of Angle and Velocity on Change of Direction Biomechanics: An Angle-Velocity Trade-Off. Sports medicine. 2018;48(10):2235-53.

461.   McLean SG, Lipfert SW, van den Bogert AJ. Effect of gender and defensive opponent on the biomechanics of sidestep cutting. Medicine and science in sports and exercise. 2004;36(6):1008-16.

462.   Dempsey AR, Lloyd DG, Elliott BC, Steele JR, Munro BJ. Changing sidestep cutting technique reduces knee valgus loading. The American journal of sports medicine. 2009;37(11):2194-200.

463.   Jones P, Bampouras TM, Marrin K. An investigation into the physical determinants of change of direction speed. J Sport Med Phys Fit. 2009;49(1):97-104.

464.   Spiteri T, Nimphius S, Hart NH, Specos C, Sheppard JM, Newton RU. Contribution of strength characteristics to change of direction and agility performance in female basketball athletes. Journal of strength and conditioning research / National Strength & Conditioning Association. 2014;28(9):2415-23.

465.   Nimphius S, McGuigan MR, Newton RU. Relationship between strength, power, speed, and change of direction performance of female softball players. Journal of strength and conditioning research / National Strength & Conditioning Association. 2010;24(4):885-95.

466.   Young WB, Miller IR, Talpey SW. Physical Qualities Predict Change-of-Direction Speed but Not Defensive Agility in Australian Rules Football. Journal of Strength & Conditioning Research. 2015;29(1):206-12.

467.   McCormick BT, Hannon JC, Hicks-Little CA, Newton M, Shultz B, Detling N, et al. The Relationship between Change of Direction Speed in the Frontal Plane, Power, Reactive Strength, and Strength. International Journal of Exercise Science. 2014;7(4):1.

468.   Young WB, James R, Montgomery I. Is muscle power related to running speed with changes of direction? J Sport Med Phys Fit. 2002;42(3):282-8.

469.   Quatman CE, Ford KR, Myer GD, Hewett TE. Maturation leads to gender differences in landing force and vertical jump performance: a longitudinal study. The American journal of sports medicine. 2006;34(5):806-13.

470.   Barber-Westin SD, Noyes FR, Galloway M. Jump-land characteristics and muscle strength development in young athletes: a gender comparison of 1140 athletes 9 to 17 years of age. The American journal of sports medicine. 2006;34(3):375-84.

471.   Markovic G. Poor relationship between strength and power qualities and agility performance. J Sport Med Phys Fit. 2007;47(3):276-83.

472.   Chaouachi A, Brughelli M, Chamari K, Levin GT, Ben Abdelkrim N, Laurencelle L, et al. Lower limb maximal dynamic strength and agility determinants in elite basketball players. Journal of strength and conditioning research / National Strength & Conditioning Association. 2009;23(5):1570-7.

473.   McGill S. Core Training: Evidence Translating to Better Performance and Injury Prevention. Strength Cond J. 2010;32(3):33-46.

474.   Hewett TE, Torg JS, Boden BP. Video analysis of trunk and knee motion during non-contact anterior cruciate ligament injury in female athletes: lateral trunk and knee abduction motion are combined components of the injury mechanism. British journal of sports medicine. 2009;43(6):417-22.

475.   Jamison ST, Pan X, Chaudhari AM. Knee moments during run-to-cut maneuvers are associated with lateral trunk positioning. Journal of biomechanics. 2012;45(11):1881-5.

476.   Jamison ST, McNally MP, Schmitt LC, Chaudhari AM. The effects of core muscle activation on dynamic trunk position and knee abduction moments: implications for ACL injury. Journal of biomechanics. 2013;46(13):2236-41.

477.   Santello M, McDonagh MJ, Challis JH. Visual and non-visual control of landing movements in humans. The Journal of physiology. 2001;537(Pt 1):313-27.

478.   Holmberg PM. Agility Training for Experienced Athletes: A Dynamical Systems Approach. Strength Cond J. 2009;31(5):73-8.

479.   Le Runigo C, Benguigui N, Bardy BG. Visuo-motor delay, information-movement coupling, and expertise in ball sports. Journal of sports sciences. 2010;28(3):327-37.

480.   Smith J, Pepping G-J. Effects of Affordance Perception on the Initiation and Actualization of Action. Ecological Psychology. 2010;22(2):119-49.

481.   Araújo D, Davids K, Hristovski R. The ecological dynamics of decision making in sport. Psychology of Sport and Exercise. 2006;7(6):653-76.

482.   Supej M, Holmberg HC. How Gate Setup and Turn Radii Influence Energy Dissipation in Slalom Ski Racing. Journal of applied biomechanics. 2010;26(4):454-64.

483.   Kovacs MS. Movement for Tennis: The Importance of Lateral Training. Strength Cond J. 2009;31(4):77-85.

484.   Golden GM, Pavol MJ, Hoffman MA. Knee joint kinematics and kinetics during a lateral false-step maneuver. Journal of athletic training. 2009;44(5):503-10.

485.   Serpell BG, Young WB, Ford M. Are the perceptual and decision-making components of agility trainable? A preliminary investigation. Journal of strength and conditioning research / National Strength & Conditioning Association. 2011;25(5):1240-8.

486.   Bloomfield J, Polman R, O'Donoghue P, McNaughton L. Effective speed and agility conditioning methodology for random intermittent dynamic type sports. Journal of strength and conditioning research / National Strength & Conditioning Association. 2007;21(4):1093-100.

487.   Lakomy J, Haydon DT. The effects of enforced, rapid deceleration on performance in a multiple sprint test. Journal of strength and conditioning research / National Strength & Conditioning Association. 2004;18(3):579-83.

488.   Besier TF, Lloyd DG, Ackland TR, Cochrane JL. Anticipatory effects on knee joint loading during running and cutting maneuvers. Medicine and science in sports and exercise. 2001;33(7):1176-81.

489.   Young W, Farrow D. The Importance of a Sport-Specific Stimulus for Training Agility. Strength Cond J. 2013;35(2):39-43.

490.   Leetun DT, Ireland ML, Willson JD, Ballantyne BT, Davis IM. Core Stability Measures as Risk Factors for Lower Extremity Injury in Athletes. Medicine & Science in Sports & Exercise. 2004;36(6):926-34.

491.   Behm DG, Drinkwater EJ, Willardson JM, Cowley PM. Canadian Society for Exercise Physiology position stand: The use of instability to train the core in athletic and nonathletic conditioning. Applied physiology, nutrition, and metabolism = Physiologie appliquee, nutrition et metabolisme. 2010;35(1):109-12.

492.   Mendiguchia J, Ford KR, Quatman CE, Alentorn-Geli E, Hewett TE. Sex differences in proximal control of the knee joint. Sports medicine. 2011;41(7):541-57.

493.   Reeves NP, Narendra KS, Cholewicki J. Spine stability: the six blind men and the elephant. Clinical biomechanics. 2007;22(3):266-74.

494.   Barr KP, Griggs M, Cadby T. Lumbar stabilization: core concepts and current literature, Part 1. American journal of physical medicine & rehabilitation / Association of Academic Physiatrists. 2005;84(6):473-80.

495.   Cholewicki J, VanVliet JJt. Relative contribution of trunk muscles to the stability of the lumbar spine during isometric exertions. Clinical biomechanics. 2002;17(2):99-105.

496.   Barker PJ, Hapuarachchi KS, Ross JA, Sambaiew E, Ranger TA, Briggs CA. Anatomy and biomechanics of gluteus maximus and the thoracolumbar fascia at the sacroiliac joint. Clinical anatomy. 2014;27(2):234-40.

497.   Kibler WB, Press J, Sciascia A. The role of core stability in athletic function. Sports medicine. 2006;36(3):189-98.

498.   Anderson K, Behm DG. The impact of instability resistance training on balance and stability. Sports medicine. 2005;35(1):43-53.

499.   Willardson JM. Core stability training: applications to sports conditioning programs. Journal of strength and conditioning research / National Strength & Conditioning Association. 2007;21(3):979-85.

500.   Hibbs AE, Thompson KG, French D, Wrigley A, Spears I. Optimizing performance by improving core stability and core strength. Sports medicine. 2008;38(12):995-1008.

501.   Danneels LA, Vanderstraeten GG, Cambier DC, Witvrouw EE, Bourgois J, Dankaerts W, et al. Effects of three different training modalities on the cross sectional area of the lumbar multifidus muscle in patients with chronic low back pain. British journal of sports medicine. 2001;35(3):186-91.

502.   Montgomery S, Haak M. Management of lumbar injuries in athletes. Sports medicine. 1999;27(2):135-41.

503.   Barr KP, Griggs M, Cadby T. Lumbar stabilization: a review of core concepts and current literature, part 2. American journal of physical medicine & rehabilitation / Association of Academic Physiatrists. 2007;86(1):72-80.

504.   Hides JA, Stanton WR. Can motor control training lower the risk of injury for professional football players? Medicine and science in sports and exercise. 2014;46(4):762-8.

505.   Tse MA, McManus AM, Masters RS. Development and validation of a core endurance intervention program: implications for performance in college-age rowers. Journal of strength and conditioning research / National Strength & Conditioning Association. 2005;19(3):547-52.

506.   Nadler SF, Malanga GA, DePrince M, Stitik TP, Feinberg JH. The relationship between lower extremity injury, low back pain, and hip muscle strength in male and female collegiate athletes. Clinical Journal of Sport Medicine. 2000;10(2):89-97.

507. Nadler SF, Malanga GA, Bartoli LA, Feinberg JH, Prybicien M, Deprince M. Hip muscle imbalance and low back pain in athletes: influence of core strengthening. Medicine and science in sports and exercise. 2002;34(1):9-16.

508. Stanton R, Reaburn PR, Humphries B. The effect of short-term Swiss ball training on core stability and running economy. Journal of strength and conditioning research / National Strength & Conditioning Association. 2004;18(3):522-8.

509. Nuzzo JL, McCaulley GO, Cormie P, Cavill MJ, McBride JM. Trunk muscle activity during stability ball and free weight exercises. Journal of strength and conditioning research / National Strength & Conditioning Association. 2008;22(1):95-102.

510. McGill SM, Grenier S, Kavcic N, Cholewicki J. Coordination of muscle activity to assure stability of the lumbar spine. Journal of electromyography and kinesiology : official journal of the International Society of Electrophysiological Kinesiology. 2003;13(4):353-9.

511. Borghuis J, Hof AL, Lemmink KA. The importance of sensory-motor control in providing core stability: implications for measurement and training. Sports medicine. 2008;38(11):893-916.

512. Liemohn WP, Baumgartner TA, Gagnon LH. Measuring core stability. Journal of strength and conditioning research / National Strength & Conditioning Association. 2005;19(3):583-6.

513. Cholewicki J, McGill SM. Mechanical stability of the in vivo lumbar spine: implications for injury and chronic low back pain. Clinical biomechanics. 1996;11(1):1-15.

514. Workman JC, Docherty D, Parfrey KC, Behm DG. Influence of pelvis position on the activation of abdominal and hip flexor muscles. Journal of strength and conditioning research / National Strength & Conditioning Association. 2008;22(5):1563-9.

515. Grenier SG, McGill SM. Quantification of lumbar stability by using 2 different abdominal activation strategies. Archives of physical medicine and rehabilitation. 2007;88(1):54-62.

516. Stokes IA, Gardner-Morse MG, Henry SM. Abdominal muscle activation increases lumbar spinal stability: analysis of contributions of different muscle groups. Clinical biomechanics. 2011;26(8):797-803.

517. Whittaker JL, Warner MB, Stokes M. Comparison of the sonographic features of the abdominal wall muscles and connective tissues in individuals with and without lumbopelvic pain. The Journal of orthopaedic and sports physical therapy. 2013;43(1):11-9.

518. Brown SH, Ward SR, Cook MS, Lieber RL. Architectural analysis of human abdominal wall muscles: implications for mechanical function. Spine. 2011;36(5):355-62.

519. Vera-Garcia FJ, Moreside JM, McGill SM. Abdominal muscle activation changes if the purpose is to control pelvis motion or thorax motion. Journal of electromyography and kinesiology : official journal of the International Society of Electrophysiological Kinesiology. 2011;21(6):893-903.

520. Park RJ, Tsao H, Cresswell AG, Hodges PW. Differential activity of regions of the psoas major and quadratus lumborum during submaximal isometric trunk efforts. Journal of orthopaedic research : official publication of the Orthopaedic Research Society. 2012;30(2):311-8.

521. Andersson E, Oddsson L, Grundstrom H, Thorstensson A. The role of the psoas and iliacus muscles for stability and movement of the lumbar spine, pelvis and hip. Scandinavian journal of medicine & science in sports. 1995;5(1):10-6.

522. Barker KL, Shamley DR, Jackson D. Changes in the cross-sectional area of multifidus and psoas in patients with unilateral back pain: the relationship to pain and disability. Spine. 2004;29(22):E515-9.

523.   Phillips S, Mercer S, Bogduk N. Anatomy and biomechanics of quadratus lumborum. Proc Inst Mech Eng H. 2008;222(2):151-9.

524.   Willard FH, Vleeming A, Schuenke MD, Danneels L, Schleip R. The thoracolumbar fascia: anatomy, function and clinical considerations. Journal of anatomy. 2012;221(6):507-36.

525.   Vleeming A, Schuenke MD, Danneels L, Willard FH. The functional coupling of the deep abdominal and paraspinal muscles: the effects of simulated paraspinal muscle contraction on force transfer to the middle and posterior layer of the thoracolumbar fascia. Journal of anatomy. 2014;225(4):447-62.

526.   Pool-Goudzwaard AL, Vleeming A, Stoeckart R, Snijders CJ, Mens JM. Insufficient lumbopelvic stability: a clinical, anatomical and biomechanical approach to 'a-specific' low back pain. Manual therapy. 1998;3(1):12-20.

527.   Neumann DA. Kinesiology of the hip: a focus on muscular actions. The Journal of orthopaedic and sports physical therapy. 2010;40(2):82-94.

528.   Fabrocini B, Mercaldo N. A comparison between the rotator cuffs of the shoulder and hip. Strength Cond J. 2003;25(4):63-8.

529.   Oliver GD, Keeley DW. Gluteal muscle group activation and its relationship with pelvis and torso kinematics in high-school baseball pitchers. Journal of strength and conditioning research / National Strength & Conditioning Association. 2010;24(11):3015-22.

530.   Zazulak BT, Hewett TE, Reeves NP, Goldberg B, Cholewicki J. Deficits in neuromuscular control of the trunk predict knee injury risk: a prospective biomechanical-epidemiologic study. The American journal of sports medicine. 2007;35(7):1123-30.

531.   Hewett TE, Myer GD. The mechanistic connection between the trunk, hip, knee, and anterior cruciate ligament injury. Exercise and sport sciences reviews. 2011;39(4):161-6.

532.   Hewett TE, Myer GD, Ford KR, Paterno MV, Quatman CE. The 2012 ABJS Nicolas Andry Award: The sequence of prevention: a systematic approach to prevent anterior cruciate ligament injury. Clinical orthopaedics and related research. 2012;470(10):2930-40.

533.   Myer GD, Chu DA, Brent JL, Hewett TE. Trunk and hip control neuromuscular training for the prevention of knee joint injury. Clinics in sports medicine. 2008;27(3):425-48, ix.

534.   McKeon PO, Hertel J, Bramble D, Davis I. The foot core system: a new paradigm for understanding intrinsic foot muscle function. British journal of sports medicine. 2015;49(5):290.

535.   McKeon PO, Fourchet F. Freeing the foot: integrating the foot core system into rehabilitation for lower extremity injuries. Clinics in sports medicine. 2015;34(2):347-61.

536.   Martuscello JM, Nuzzo JL, Ashley CD, Campbell BI, Orriola JJ, Mayer JM. Systematic review of core muscle activity during physical fitness exercises. Journal of strength and conditioning research / National Strength & Conditioning Association. 2013;27(6):1684-98.

537.   Lewis CL, Sahrmann SA. Muscle activation and movement patterns during prone hip extension exercise in women. Journal of athletic training. 2009;44(3):238-48.

538.   Lewis CL, Sahrmann SA, Moran DW. Effect of position and alteration in synergist muscle force contribution on hip forces when performing hip strengthening exercises. Clinical biomechanics. 2009;24(1):35-42.

539.   Myer GD, Ford KR, Palumbo JP, Hewett TE. Neuromuscular training improves performance and lower-extremity biomechanics in female athletes. Journal of strength and conditioning research / National Strength & Conditioning Association. 2005;19(1):51-60.

540.   Axler CT, McGill SM. Low back loads over a variety of abdominal exercises: searching for the safest abdominal challenge. Medicine and science in sports and exercise. 1997;29(6):804-11.

541.   Schoenfeld BJ, Contreras B, Tiryaki-Sonmez G, Willardson JM, Fontana F. An electromyographic comparison of a modified version of the plank with a long lever and posterior tilt versus the traditional plank exercise. Sports biomechanics / International Society of Biomechanics in Sports. 2014;13(3):296-306.

542.   Vera-Garcia FJ, Grenier SG, McGill SM. Abdominal muscle response during curl-ups on both stable and labile surfaces. Phys Ther. 2000;80(6):564-9.

543.   Calatayud J, Borreani S, Colado JC, Martin FF, Rogers ME, Behm DG, et al. Muscle Activation during Push-Ups with Different Suspension Training Systems. Journal of sports science & medicine. 2014;13(3):502-10.

544.   Hamlyn N, Behm DG, Young WB. Trunk muscle activation during dynamic weight-training exercises and isometric instability activities. Journal of strength and conditioning research / National Strength & Conditioning Association. 2007;21(4):1108-12.

545.   Marshall PW, Desai I. Electromyographic analysis of upper body, lower body, and abdominal muscles during advanced Swiss ball exercises. Journal of strength and conditioning research / National Strength & Conditioning Association. 2010;24(6):1537-45.

546.   Contreras B, Cronin J, Schoenfeld B. Barbell Hip Thrust. Strength Cond J. 2011;33(5):58-61.

547.   Marshall LW, McGill SM. The role of axial torque in disc herniation. Clinical biomechanics. 2010;25(1):6-9.

548.   Bishop D. Warm up I: potential mechanisms and the effects of passive warm up on exercise performance. Sports medicine. 2003;33(6):439-54.

549.   Bishop D. Warm up II: performance changes following active warm up and how to structure the warm up. Sports medicine. 2003;33(7):483-98.

550.   Gray S, Nimmo M. Effects of active, passive or no warm-up on metabolism and performance during high-intensity exercise. Journal of sports sciences. 2001;19(9):693-700.

551.   Wilson EE, McKeever TM, Lobb C, Sherriff T, Gupta L, Hearson G, et al. Respiratory muscle specific warm-up and elite swimming performance. British journal of sports medicine. 2014;48(9):789-91.

552.   Tong TK, Fu FH. Effect of specific inspiratory muscle warm-up on intense intermittent run to exhaustion. European journal of applied physiology. 2006;97(6):673-80.

553.   Volianitis S, McConnell AK, Koutedakis Y, Jones DA. Specific respiratory warm-up improves rowing performance and exertional dyspnea. Medicine and science in sports and exercise. 2001;33(7):1189-93.

554.   Volianitis S, McConnell AK, Koutedakis Y, Jones DA. The influence of prior activity upon inspiratory muscle strength in rowers and non-rowers. International journal of sports medicine. 1999;20(8):542-7.

555.   Woods K, Bishop P, Jones E. Warm-up and stretching in the prevention of muscular injury. Sports medicine. 2007;37(12):1089-99.

556.   Stewart D, Macaluso A, De Vito G. The effect of an active warm-up on surface EMG and muscle performance in healthy humans. European journal of applied physiology. 2003;89(6):509-13.

557.   Skof B, Strojnik V. The effect of two warm-up protocols on some biomechanical parameters of the neuromuscular system of middle distance runners. Journal of strength and conditioning research / National Strength & Conditioning Association. 2007;21(2):394-9.

558.   Pearce AJ, Rowe GS, Whyte DG. Neural conduction and excitability following a simple warm up. Journal of science and medicine in sport / Sports Medicine Australia. 2012;15(2):164-8.

559.   Brooks JH, Fuller CW, Kemp SP, Reddin DB. Incidence, risk, and prevention of hamstring muscle injuries in professional rugby union. The American journal of sports medicine. 2006;34(8):1297-306.

560.   Green JP, Grenier SG, McGill SM. Low-back stiffness is altered with warm-up and bench rest: implications for athletes. Medicine and science in sports and exercise. 2002;34(7):1076-81.

561.   McHugh MP, Cosgrave CH. To stretch or not to stretch: the role of stretching in injury prevention and performance. Scandinavian journal of medicine & science in sports. 2010;20(2):169-81.

562.   Rubini EC, Costa AL, Gomes PS. The effects of stretching on strength performance. Sports medicine. 2007;37(3):213-24.

563.   Bradley PS, Olsen PD, Portas MD. The effect of static, ballistic, and proprioceptive neuromuscular facilitation stretching on vertical jump performance. Journal of strength and conditioning research / National Strength & Conditioning Association. 2007;21(1):223-6.

564.   Yamaguchi T, Ishii K, Yamanaka M, Yasuda K. Acute effect of static stretching on power output during concentric dynamic constant external resistance leg extension. Journal of strength and conditioning research / National Strength & Conditioning Association. 2006;20(4):804-10.

565.   Wilson JM, Hornbuckle LM, Kim JS, Ugrinowitsch C, Lee SR, Zourdos MC, et al. Effects of static stretching on energy cost and running endurance performance. Journal of strength and conditioning research / National Strength & Conditioning Association. 2010;24(9):2274-9.

566.   Fletcher IM, Jones B. The effect of different warm-up stretch protocols on 20 meter sprint performance in trained rugby union players. Journal of strength and conditioning research / National Strength & Conditioning Association. 2004;18(4):885-8.

567.   Fletcher IM, Anness R. The acute effects of combined static and dynamic stretch protocols on fifty-meter sprint performance in track-and-field athletes. Journal of strength and conditioning research / National Strength & Conditioning Association. 2007;21(3):784-7.

568.   Kistler BM, Walsh MS, Horn TS, Cox RH. The acute effects of static stretching on the sprint performance of collegiate men in the 60- and 100-m dash after a dynamic warm-up. Journal of strength and conditioning research / National Strength & Conditioning Association. 2010;24(9):2280-4.

569.   Little T, Williams AG. Effects of differential stretching protocols during warm-ups on high-speed motor capacities in professional soccer players. Journal of strength and conditioning research / National Strength & Conditioning Association. 2006;20(1):203-7.

570.   Chaouachi A, Castagna C, Chtara M, Brughelli M, Turki O, Galy O, et al. Effect of warm-ups involving static or dynamic stretching on agility, sprinting, and jumping performance in trained individuals. Journal of strength and conditioning research / National Strength & Conditioning Association. 2010;24(8):2001-11.

571.   Mascarin NC, Vancini RL, Lira CA, Andrade MS. Stretch-Induced Reductions in Throwing Performance Are Attenuated by Warm-up Before Exercise. Journal of strength and conditioning research / National Strength & Conditioning Association. 2015;29(5):1393-8.

572.   Costa PB, Herda TJ, Herda AA, Cramer JT. Effects of dynamic stretching on strength, muscle imbalance, and muscle activation. Medicine and science in sports and exercise. 2014;46(3):586-93.

573.   Jeffreys I. Warm up revisited – the 'ramp' method of optimising performance preparation. Professional Strength and Conditioning. 2007;6:12-8.

574.   Kallerud H, Gleeson N. Effects of stretching on performances involving stretch-shortening cycles. Sports medicine. 2013;43(8):733-50.

575.   Wakefield CB, Cottrell GT. Changes in hip flexor passive compliance do not account for improvement in vertical jump performance after hip flexor static stretching. Journal of strength and conditioning research / National Strength & Conditioning Association. 2015;29(6):1601-8.

576.   Gabbett TJ, Sheppard JM, Pritchard-Peschek KR, Leveritt MD, Aldred MJ. Influence of closed skill and open skill warm-ups on the performance of speed, change of direction speed, vertical jump, and reactive agility in team sport athletes. Journal of strength and conditioning research / National Strength & Conditioning Association. 2008;22(5):1413-5.

577.   Faigenbaum AD, McFarland JE, Schwerdtman JA, Ratamess NA, Kang J, Hoffman JR. Dynamic warm-up protocols, with and without a weighted vest, and fitness performance in high school female athletes. Journal of athletic training. 2006;41(4):357-63.

578.   Thompsen AG, Kackley T, Palumbo MA, Faigenbaum AD. Acute effects of different warm-up protocols with and without a weighted vest on jumping performance in athletic women. Journal of strength and conditioning research / National Strength & Conditioning Association. 2007;21(1):52-6.

579.   Reiman MP, Peintner AM, Boehner AL, Cameron CN, Murphy JR, Carter JW. Effects of dynamic warm-up with and without a weighted vest on lower extremity power performance of high school male athletes. Journal of strength and conditioning research / National Strength & Conditioning Association. 2010;24(12):3387-95.

580.   Crow JF, Buttifant D, Kearny SG, Hrysomallis C. Low load exercises targeting the gluteal muscle group acutely enhance explosive power output in elite athletes. Journal of strength and conditioning research / National Strength & Conditioning Association. 2012;26(2):438-42.

581.   Herman K, Barton C, Malliaras P, Morrissey D. The effectiveness of neuromuscular warm-up strategies, that require no additional equipment, for preventing lower limb injuries during sports participation: a systematic review. BMC medicine. 2012;10:75.

582.   Gilchrist J, Mandelbaum BR, Melancon H, Ryan GW, Silvers HJ, Griffin LY, et al. A randomized controlled trial to prevent noncontact anterior cruciate ligament injury in female collegiate soccer players. The American journal of sports medicine. 2008;36(8):1476-83.

583.   Soligard T, Nilstad A, Steffen K, Myklebust G, Holme I, Dvorak J, et al. Compliance with a comprehensive warm-up programme to prevent injuries in youth football. British journal of sports medicine. 2010;44(11):787-93.

584.   Faigenbaum AD. Maximize recovery. Strength Cond J. 2004;26(4):77-8.

585.   Raysmith BP, Drew MK. Performance success or failure is influenced by weeks lost to injury and illness in elite Australian track and field athletes: A 5-year prospective study. Journal of science and medicine in sport / Sports Medicine Australia. 2016;19(10):778-83.

586.   Walsh NP, Gleeson M, Pyne DB, Nieman DC, Dhabhar FS, Shephard RJ, et al. Position statement. Part two: Maintaining immune health. Exercise immunology review. 2011;17:64-103.

587.   Mann JB, Bryant KR, Johnstone B, Ivey PA, Sayers SP. Effect of Physical and Academic Stress on Illness and Injury in Division 1 College Football Players. Journal of strength and conditioning research / National Strength & Conditioning Association. 2016;30(1):20-5.

588.   Ivy JL, Goforth HW, Jr., Damon BM, McCauley TR, Parsons EC, Price TB. Early postexercise muscle glycogen recovery is enhanced with a carbohydrate-protein supplement. Journal of applied physiology. 2002;93(4):1337-44.

589.	Walsh NP, Oliver SJ. Exercise, immune function and respiratory infection: An update on the influence of training and environmental stress. Immunol Cell Biol. 2016;94(2):132-9.

590.	Sellwood KL, Brukner P, Williams D, Nicol A, Hinman R. Ice-water immersion and delayed-onset muscle soreness: a randomised controlled trial. British journal of sports medicine. 2007;41(6):392-7.

591.	Higgins TR, Heazlewood IT, Climstein M. A random control trial of contrast baths and ice baths for recovery during competition in U/20 rugby union. Journal of strength and conditioning research / National Strength & Conditioning Association. 2011;25(4):1046-51.

592.	Roberts LA, Raastad T, Markworth JF, Figueiredo VC, Egner IM, Shield A, et al. Post-exercise cold water immersion attenuates acute anabolic signalling and long-term adaptations in muscle to strength training. The Journal of physiology. 2015;593(18):4285-301.

593.	Peeling P, Fulton S, Sim M, White J. Recovery effects of hyperoxic gas inhalation or contrast water immersion on the postexercise cytokine response, perceptual recovery, and next day exercise performance. Journal of strength and conditioning research / National Strength & Conditioning Association. 2012;26(4):968-75.

594.	Dupuy O, Douzi W, Theurot D, Bosquet L, Dugue B. An Evidence-Based Approach for Choosing Post-exercise Recovery Techniques to Reduce Markers of Muscle Damage, Soreness, Fatigue, and Inflammation: A Systematic Review With Meta-Analysis. Front Physiol. 2018;9(403):403.

595.	Galloway SDR, Watt JM. Massage provision by physiotherapists at major athletics events between 1987 and 1998. British journal of sports medicine. 2004;38(2):235-7.

596.	Best TM, Hunter R, Wilcox A, Haq F. Effectiveness of sports massage for recovery of skeletal muscle from strenuous exercise. Clinical journal of sport medicine : official journal of the Canadian Academy of Sport Medicine. 2008;18(5):446-60.

597.	Weerapong P, Hume PA, Kolt GS. The mechanisms of massage and effects on performance, muscle recovery and injury prevention. Sports medicine. 2005;35(3):235-56.

598.	MacDonald GZ, Penney MD, Mullaley ME, Cuconato AL, Drake CD, Behm DG, et al. An acute bout of self-myofascial release increases range of motion without a subsequent decrease in muscle activation or force. Journal of strength and conditioning research / National Strength & Conditioning Association. 2013;27(3):812-21.

599.	Macdonald GZ, Button DC, Drinkwater EJ, Behm DG. Foam rolling as a recovery tool after an intense bout of physical activity. Medicine and science in sports and exercise. 2014;46(1):131-42.

600.	Healey KC, Hatfield DL, Blanpied P, Dorfman LR, Riebe D. The effects of myofascial release with foam rolling on performance. Journal of strength and conditioning research / National Strength & Conditioning Association. 2014;28(1):61-8.

601.	Pearcey GE, Bradbury-Squires DJ, Kawamoto JE, Drinkwater EJ, Behm DG, Button DC. Foam rolling for delayed-onset muscle soreness and recovery of dynamic performance measures. Journal of athletic training. 2015;50(1):5-13.

602.	MacRae BA, Cotter JD, Laing RM. Compression garments and exercise: garment considerations, physiology and performance. Sports medicine. 2011;41(10):815-43.

603.	Hill J, Howatson G, van Someren K, Leeder J, Pedlar C. Compression garments and recovery from exercise-induced muscle damage: a meta-analysis. British journal of sports medicine. 2014;48(18):1340-6.

604.	Kraemer WJ, Flanagan SD, Comstock BA, Fragala MS, Earp JE, Dunn-Lewis C, et al. Effects of a whole body compression garment on markers of recovery after a heavy resistance workout in men and women. Journal of strength and conditioning research / National Strength & Conditioning Association. 2010;24(3):804-14.

605.	Cortis C, Tessitore A, D'Artibale E, Meeusen R, Capranica L. Effects of post-exercise recovery interventions on physiological, psychological, and performance parameters. International journal of sports medicine. 2010;31(5):327-35.

606.	Menzies P, Menzies C, McIntyre L, Paterson P, Wilson J, Kemi OJ. Blood lactate clearance during active recovery after an intense running bout depends on the intensity of the active recovery. Journal of sports sciences. 2010;28(9):975-82.

607.	Toubekis AG, Tsolaki A, Smilios I, Douda HT, Kourtesis T, Tokmakidis SP. Swimming Performance After Passive and Active Recovery of Various Durations. Int J Sport Physiol. 2008;3(3):375-86.

608.	Walters PH. Sleep, the athlete, and performance. Strength Cond J. 2002;24(2):17-24.

609.	Fullagar HH, Skorski S, Duffield R, Hammes D, Coutts AJ, Meyer T. Sleep and athletic performance: the effects of sleep loss on exercise performance, and physiological and cognitive responses to exercise. Sports medicine. 2015;45(2):161-86.

610.	Milewski MD, Skaggs DL, Bishop GA, Pace JL, Ibrahim DA, Wren TA, et al. Chronic lack of sleep is associated with increased sports injuries in adolescent athletes. Journal of pediatric orthopedics. 2014;34(2):129-33.

611.	Samuels C, James L, Lawson D, Meeuwisse W. The Athlete Sleep Screening Questionnaire: a new tool for assessing and managing sleep in elite athletes. British journal of sports medicine. 2016;50(7):418-22.

612.	Simpson NS, Gibbs EL, Matheson GO. Optimizing sleep to maximize performance: implications and recommendations for elite athletes. Scandinavian journal of medicine & science in sports. 2017;27(3):266-74.

613.	Juliff LE, Halson SL, Peiffer JJ. Understanding sleep disturbance in athletes prior to important competitions. Journal of science and medicine in sport / Sports Medicine Australia. 2015;18(1):13-8.

614.	Witvrouw E, Bellemans J, Lysens R, Danneels L, Cambier D. Intrinsic risk factors for the development of patellar tendinitis in an athletic population. A two-year prospective study. The American journal of sports medicine. 2001;29(2):190-5.

615.	Witvrouw E, Mahieu N, Danneels L, McNair P. Stretching and injury prevention: an obscure relationship. Sports medicine. 2004;34(7):443-9.

616.	Nelson RT, Bandy WD. An update on flexibility. Strength Cond J. 2005;27(1):10-6.

617.	Konrad A, Tilp M. Effects of ballistic stretching training on the properties of human muscle and tendon structures. Journal of applied physiology. 2014;117(1):29-35.

618.	Huisman E, Lu A, McCormack RG, Scott A. Enhanced collagen type I synthesis by human tenocytes subjected to periodic in vitro mechanical stimulation. BMC musculoskeletal disorders. 2014;15:386.

619.	Bandy WD, Irion JM, Briggler M. The effect of static stretch and dynamic range of motion training on the flexibility of the hamstring muscles. The Journal of orthopaedic and sports physical therapy. 1998;27(4):295-300.

620.	Konrad A, Tilp M. Increased range of motion after static stretching is not due to changes in muscle and tendon structures. Clinical biomechanics. 2014;29(6):636-42.

621.   Maddigan ME, Peach AA, Behm DG. A comparison of assisted and unassisted proprioceptive neuromuscular facilitation techniques and static stretching. Journal of strength and conditioning research / National Strength & Conditioning Association. 2012;26(5):1238-44.

622.   Sharman MJ, Cresswell AG, Riek S. Proprioceptive neuromuscular facilitation stretching : mechanisms and clinical implications. Sports medicine. 2006;36(11):929-39.

623.   Konrad A, Gad M, Tilp M. Effect of PNF stretching training on the properties of human muscle and tendon structures. Scandinavian journal of medicine & science in sports. 2015;25(3):346-55.

624.   Mahieu NN, Cools A, De Wilde B, Boon M, Witvrouw E. Effect of proprioceptive neuromuscular facilitation stretching on the plantar flexor muscle-tendon tissue properties. Scandinavian journal of medicine & science in sports. 2009;19(4):553-60.

625.   O'Sullivan K, McAuliffe S, Deburca N. The effects of eccentric training on lower limb flexibility: a systematic review. British journal of sports medicine. 2012;46(12):838-45.

626.   Aquino CF, Fonseca ST, Goncalves GG, Silva PL, Ocarino JM, Mancini MC. Stretching versus strength training in lengthened position in subjects with tight hamstring muscles: a randomized controlled trial. Manual therapy. 2010;15(1):26-31.

627.   Holtzman S, Beggs RT. Yoga for chronic low back pain: a meta-analysis of randomized controlled trials. Pain research & management : the journal of the Canadian Pain Society = journal de la societe canadienne pour le traitement de la douleur. 2013;18(5):267-72.

628.   Hills AP, King NA, Armstrong TP. The contribution of physical activity and sedentary behaviours to the growth and development of children and adolescents: implications for overweight and obesity. Sports medicine. 2007;37(6):533-45.

629.   Hardy LL, Barnett L, Espinel P, Okely AD. Thirteen-year trends in child and adolescent fundamental movement skills: 1997-2010. Medicine and science in sports and exercise. 2013;45(10):1965-70.

630.   van Beurden E, Zask A, Barnett LM, Dietrich UC. Fundamental movement skills--how do primary school children perform? The 'Move it Groove it' program in rural Australia. Journal of science and medicine in sport / Sports Medicine Australia. 2002;5(3):244-52.

631.   Hardy LL, Reinten-Reynolds T, Espinel P, Zask A, Okely AD. Prevalence and correlates of low fundamental movement skill competency in children. Pediatrics. 2012;130(2):e390-8.

632.   Lubans DR, Morgan PJ, Cliff DP, Barnett LM, Okely AD. Fundamental movement skills in children and adolescents: review of associated health benefits. Sports medicine. 2010;40(12):1019-35.

633.   Adirim TA, Cheng TL. Overview of injuries in the young athlete. Sports medicine. 2003;33(1):75-81.

634.   Lopes L, Santos R, Pereira B, Lopes VP. Associations between gross motor coordination and academic achievement in elementary school children. Human movement science. 2013;32(1):9-20.

635.   Khan NA, Hillman CH. The relation of childhood physical activity and aerobic fitness to brain function and cognition: a review. Pediatric exercise science. 2014;26(2):138-46.

636.   Sleiman SF, Henry J, Al-Haddad R, El Hayek L, Abou Haidar E, Stringer T, et al. Exercise promotes the expression of brain derived neurotrophic factor (BDNF) through the action of the ketone body beta-hydroxybutyrate. Elife. 2016;5.

637.   Weng TB, Pierce GL, Darling WG, Falk D, Magnotta VA, Voss MW. The Acute Effects of Aerobic Exercise on the Functional Connectivity of Human Brain Networks. Brain Plast. 2017;2(2):171-90.

638.   Basso JC, Suzuki WA. The Effects of Acute Exercise on Mood, Cognition, Neurophysiology, and Neurochemical Pathways: A Review. Brain Plast. 2017;2(2):127-52.

639.   Hillman CH, Biggan JR. A Review of Childhood Physical Activity, Brain, and Cognition: Perspectives on the Future. Pediatric exercise science. 2017;29(2):170-6.

640.   Dorsey KB, Thornton JC, Heymsfield SB, Gallagher D. Greater lean tissue and skeletal muscle mass are associated with higher bone mineral content in children. Nutrition & metabolism. 2010;7:41.

641.   Foley S, Quinn S, Jones G. Tracking of bone mass from childhood to adolescence and factors that predict deviation from tracking. Bone. 2009;44(5):752-7.

642.   Faigenbaum AD, Schram J. Can Resistance Training Reduce Injuries in Youth Sports? Strength & Conditioning Journal. 2004;26(3):16-21.

643.   Goldberg AS, Moroz L, Smith A, Ganley T. Injury surveillance in young athletes: a clinician's guide to sports injury literature. Sports medicine. 2007;37(3):265-78.

644.   Barber-Westin SD, Galloway M, Noyes FR, Corbett G, Walsh C. Assessment of lower limb neuromuscular control in prepubescent athletes. The American journal of sports medicine. 2005;33(12):1853-60.

645.   Valovich McLeod TC, Decoster LC, Loud KJ, Micheli LJ, Parker JT, Sandrey MA, et al. National Athletic Trainers' Association position statement: prevention of pediatric overuse injuries. Journal of athletic training. 2011;46(2):206-20.

646.   Bompa TO. Total training for young champions: Human Kinetics; 2000.

647.   Myer GD, Faigenbaum AD, Ford KR, Best TM, Bergeron MF, Hewett TE. When to initiate integrative neuromuscular training to reduce sports-related injuries and enhance health in youth? Current sports medicine reports. 2011;10(3):155-66.

648.   Faigenbaum AD, Kraemer WJ, Blimkie CJ, Jeffreys I, Micheli LJ, Nitka M, et al. Youth resistance training: updated position statement paper from the national strength and conditioning association. Journal of strength and conditioning research / National Strength & Conditioning Association. 2009;23(5 Suppl):S60-79.

649.   Philippaerts RM, Vaeyens R, Janssens M, Van Renterghem B, Matthys D, Craen R, et al. The relationship between peak height velocity and physical performance in youth soccer players. Journal of sports sciences. 2006;24(3):221-30.

650.   McCormack SE, Cousminer DL, Chesi A, Mitchell JA, Roy SM, Kalkwarf HJ, et al. Association Between Linear Growth and Bone Accrual in a Diverse Cohort of Children and Adolescents. JAMA pediatrics. 2017;171(9):e171769.

651.   Naughton G, Farpour-Lambert NJ, Carlson J, Bradney M, Van Praagh E. Physiological issues surrounding the performance of adolescent athletes. Sports medicine. 2000;30(5):309-25.

652.   Purcell L. Causes and prevention of low back pain in young athletes. Paediatrics & Child Health. 2009;14(8):533-8.

653.   Papaiakovou G, Giannakos A, Michailidis C, Patikas D, Bassa E, Kalopisis V, et al. The effect of chronological age and gender on the development of sprint performance during childhood and puberty. Journal of strength and conditioning research / National Strength & Conditioning Association. 2009;23(9):2568-73.

654.   Mirwald RL, Baxter-Jones AD, Bailey DA, Beunen GP. An assessment of maturity from anthropometric measurements. Medicine and science in sports and exercise. 2002;34(4):689-94.

655.   Baxter-Jones ADG, Eisenmann JC, Sherar LB. Controlling for maturation in pediatric exercise science. Pediatric exercise science. 2005;17(1):18-30.

656.   Sherar LB, Mirwald RL, Baxter-Jones AD, Thomis M. Prediction of adult height using maturity-based cumulative height velocity curves. The Journal of pediatrics. 2005;147(4):508-14.

657.   Schmitz RJ, Shultz SJ, Nguyen AD. Dynamic valgus alignment and functional strength in males and females during maturation. Journal of athletic training. 2009;44(1):26-32.

658.   Quatman-Yates CC, Myer GD, Ford KR, Hewett TE. A longitudinal evaluation of maturational effects on lower extremity strength in female adolescent athletes. Pediatric physical therapy : the official publication of the Section on Pediatrics of the American Physical Therapy Association. 2013;25(3):271-6.

659.   Chappell JD, Yu B, Kirkendall DT, Garrett WE. A comparison of knee kinetics between male and female recreational athletes in stop-jump tasks. American Journal of Sports Medicine. 2002;30(2):261-7.

660.   Hanson AM, Padua DA, Troy Blackburn J, Prentice WE, Hirth CJ. Muscle activation during side-step cutting maneuvers in male and female soccer athletes. Journal of athletic training. 2008;43(2):133-43.

661.   Landry SC, McKean KA, Hubley-Kozey CL, Stanish WD, Deluzio KJ. Neuromuscular and lower limb biomechanical differences exist between male and female elite adolescent soccer players during an unanticipated side-cut maneuver. The American journal of sports medicine. 2007;35(11):1888-900.

662.   Landry SC, McKean KA, Hubley-Kozey CL, Stanish WD, Deluzio KJ. Gender differences exist in neuromuscular control patterns during the pre-contact and early stance phase of an unanticipated side-cut and cross-cut maneuver in 15-18 years old adolescent soccer players. Journal of electromyography and kinesiology : official journal of the International Society of Electrophysiological Kinesiology. 2009;19(5):e370-9.

663.   Hewett TE, Myer GD, Ford KR, Heidt RS, Jr., Colosimo AJ, McLean SG, et al. Biomechanical measures of neuromuscular control and valgus loading of the knee predict anterior cruciate ligament injury risk in female athletes: a prospective study. The American journal of sports medicine. 2005;33(4):492-501.

664.   Silvers HJ, Mandelbaum BR. Prevention of anterior cruciate ligament injury in the female athlete. British journal of sports medicine. 2007;41 Suppl 1:i52-9.

665.   Stratton G, Jones M, Fox KR, Tolfrey K, Harris J, Maffulli N, et al. BASES position statement on guidelines for resistance exercise in young people. Journal of sports sciences. 2004;22(4):383-90.

666.   McManus AM, Cheng CH, Leung MP, Yung TC, Macfarlane DJ. Improving aerobic power in primary school boys: a comparison of continuous and interval training. International journal of sports medicine. 2005;26(9):781-6.

667.   Boisseau N, Delamarche P. Metabolic and hormonal responses to exercise in children and adolescents. Sports medicine. 2000;30(6):405-22.

668.   Ford P, De Ste Croix M, Lloyd R, Meyers R, Moosavi M, Oliver J, et al. The long-term athlete development model: physiological evidence and application. Journal of sports sciences. 2011;29(4):389-402.

669.   Baquet G, Berthoin S, Dupont G, Blondel N, Fabre C, van Praagh E. Effects of high intensity intermittent training on peak VO(2) in prepubertal children. International journal of sports medicine. 2002;23(6):439-44.

670.   Baquet G, Gamelin FX, Mucci P, Thevenet D, Van Praagh E, Berthoin S. Continuous vs. interval aerobic training in 8- to 11-year-old children. Journal of strength and conditioning research / National Strength & Conditioning Association. 2010;24(5):1381-8.

671.   Baquet G, Guinhouya C, Dupont G, Nourry C, Berthoin S. Effects of a short-term interval training program on physical fitness in prepubertal children. Journal of strength and conditioning research / National Strength & Conditioning Association. 2004;18(4):708-13.

672.   Mitchell JA, Chesi A, McCormack SE, Cousminer DL, Kalkwarf HJ, Lappe JM, et al. Physical Activity and Bone Accretion: Isotemporal Modeling and Genetic Interactions. Medicine and science in sports and exercise. 2018;50(5):977-86.

673.   Ericsson KA. Deliberate practice and the modifiability of body and mind: toward a science of the structure and acquisition of expert and elite performance. International Journal of Sport Psychology. 2007;38(1):4-34.

674.   Myer GD, Faigenbaum AD, Chu DA, Falkel J, Ford KR, Best TM, et al. Integrative training for children and adolescents: techniques and practices for reducing sports-related injuries and enhancing athletic performance. The Physician and sportsmedicine. 2011;39(1):74-84.

675.   Emery CA, Meeuwisse WH. The effectiveness of a neuromuscular prevention strategy to reduce injuries in youth soccer: a cluster-randomised controlled trial. British journal of sports medicine. 2010;44(8):555-62.

676.   Myer GD, Sugimoto D, Thomas S, Hewett TE. The influence of age on the effectiveness of neuromuscular training to reduce anterior cruciate ligament injury in female athletes: a meta-analysis. The American journal of sports medicine. 2013;41(1):203-15.

677.   Ford KR, Myer GD, Hewett TE. Longitudinal effects of maturation on lower extremity joint stiffness in adolescent athletes. The American journal of sports medicine. 2010;38(9):1829-37.

678.   Myer GD, Ford KR, Brent JL, Hewett TE. An integrated approach to change the outcome part II: targeted neuromuscular training techniques to reduce identified ACL injury risk factors. Journal of strength and conditioning research / National Strength & Conditioning Association. 2012;26(8):2272-92.

679.   Lloyd RS, Faigenbaum AD, Stone MH, Oliver JL, Jeffreys I, Moody JA, et al. Position statement on youth resistance training: the 2014 International Consensus. British journal of sports medicine. 2014;48(7):498-505.

680.   Faigenbaum AD, Myer GD. Resistance training among young athletes: safety, efficacy and injury prevention effects. British journal of sports medicine. 2010;44(1):56-63.

681.   Hamill BP. Relative safety of weightlifting and weight training. The Journal of Strength & Conditioning Research. 1994;8(1):53-7.

682.   Myer GD, Quatman CE, Khoury J, Wall EJ, Hewett TE. Youth versus adult "weightlifting" injuries presenting to United States emergency rooms: accidental versus nonaccidental injury mechanisms. Journal of strength and conditioning research / National Strength & Conditioning Association. 2009;23(7):2054-60.

683.   Herman DC, Onate JA, Weinhold PS, Guskiewicz KM, Garrett WE, Yu B, et al. The effects of feedback with and without strength training on lower extremity biomechanics. The American journal of sports medicine. 2009;37(7):1301-8.

684.   Hewett TE, Ford KR, Myer GD. Anterior cruciate ligament injuries in female athletes: Part 2, a meta-analysis of neuromuscular interventions aimed at injury prevention. The American journal of sports medicine. 2006;34(3):490-8.

685.   MacKay M, Scanlan A, Olsen L, Reid D, Clark M, McKim K, et al. Looking for the evidence: a systematic review of prevention strategies addressing sport and recreational injury among children and youth. Journal of science and medicine in sport / Sports Medicine Australia. 2004;7(1):58-73.

686.   Lephart SM, Abt JP, Ferris CM, Sell TC, Nagai T, Myers JB, et al. Neuromuscular and biomechanical characteristic changes in high school athletes: a plyometric versus basic resistance program. British journal of sports medicine. 2005;39(12):932-8.

687.   Gamble P. Metabolic Conditioning Development in Youths. In: Lloyd RS, Oliver, J.L., editor. Strength and conditioning for young athletes: science and application: Routledge; 2013.

688.   Buchheit M, Laursen PB, Kuhnle J, Ruch D, Renaud C, Ahmaidi S. Game-based training in young elite handball players. International journal of sports medicine. 2009;30(4):251-8.

689.   Malina RM. Children and Adolescents in the Sport Culture: The Overwhelming Majority to the Select Few. J Exerc Sci Fit. 2009;7(2):S1-S10.

690.   Lloyd RS, Oliver JL, Faigenbaum AD, Howard R, De Ste Croix M, Williams CA, et al. Long-Term Athletic Development - Part 1: A Pathway for All Youth. Journal of strength and conditioning research / National Strength & Conditioning Association. 2014.

691.   Lloyd RS, Oliver JL, Faigenbaum AD, Howard R, De Ste Croix MB, Williams CA, et al. Long-term athletic development, part 2: barriers to success and potential solutions. Journal of strength and conditioning research / National Strength & Conditioning Association. 2015;29(5):1451-64.

692.   Malina RM. Early sport specialization: roots, effectiveness, risks. Current sports medicine reports. 2010;9(6):364-71.

693.   Meeuwisse WH. Assessing Causation in Sport Injury: A Multifactorial Model. Clinical Journal of Sport Medicine. 1994;4(3):166-70.

694.   Meeuwisse WH, Tyreman H, Hagel B, Emery C. A dynamic model of etiology in sport injury: the recursive nature of risk and causation. Clinical journal of sport medicine : official journal of the Canadian Academy of Sport Medicine. 2007;17(3):215-9.

695.   Drew MK, Raysmith BP, Charlton PC. Injuries impair the chance of successful performance by sportspeople: a systematic review. British journal of sports medicine. 2017;51(16):1209-14.

696.   Hagglund M, Walden M, Magnusson H, Kristenson K, Bengtsson H, Ekstrand J. Injuries affect team performance negatively in professional football: an 11-year follow-up of the UEFA Champions League injury study. British journal of sports medicine. 2013;47(12):738-42.

697.   Williams S, Trewartha G, Kemp SP, Brooks JH, Fuller CW, Taylor AE, et al. Time loss injuries compromise team success in Elite Rugby Union: a 7-year prospective study. British journal of sports medicine. 2016;50(11):651-6.

698.   Mugele H, Plummer A, Steffen K, Stoll J, Mayer F, Muller J. General versus sports-specific injury prevention programs in athletes: A systematic review on the effect on injury rates. PloS one. 2018;13(10):e0205635.

699.   Best JP, McIntosh AS, Savage TN. Rugby World Cup 2003 injury surveillance project. British journal of sports medicine. 2005;39(11):812-7.

700.   Brooks JH, Fuller CW, Kemp SP, Reddin DB. Epidemiology of injuries in English professional rugby union: part 1 match injuries. British journal of sports medicine. 2005;39(10):757-66.

701.   Hawkins RD, Fuller CW. A prospective epidemiological study of injuries in four English professional football clubs. British journal of sports medicine. 1999;33(3):196-203.

702.   Heidt RS, Jr., Sweeterman LM, Carlonas RL, Traub JA, Tekulve FX. Avoidance of soccer injuries with preseason conditioning. The American journal of sports medicine. 2000;28(5):659-62.

703.   Lauersen JB, Andersen TE, Andersen LB. Strength training as superior, dose-dependent and safe prevention of acute and overuse sports injuries: a systematic review, qualitative analysis and meta-analysis. British journal of sports medicine. 2018;52(24):1557-63.

704.   Lauersen JB, Bertelsen DM, Andersen LB. The effectiveness of exercise interventions to prevent sports injuries: a systematic review and meta-analysis of randomised controlled trials. British journal of sports medicine. 2014;48(11):871-7.

705.   Herman DC, Weinhold PS, Guskiewicz KM, Garrett WE, Yu B, Padua DA. The effects of strength training on the lower extremity biomechanics of female recreational athletes during a stop-jump task. The American journal of sports medicine. 2008;36(4):733-40.

706.   Munn J, Beard DJ, Refshauge KM, Lee RY. Eccentric muscle strength in functional ankle instability. Medicine and science in sports and exercise. 2003;35(2):245-50.

707.   Woods C, Hawkins R, Maltby S, Hulse M, Thomas A, Hodson A. The Football Association Medical Research Programme: an audit of injuries in professional football—analysis of hamstring injuries. British journal of sports medicine. 2004;38(1):36-41.

708.   McHugh MP, Tyler TF, Tetro DT, Mullaney MJ, Nicholas SJ. Risk factors for noncontact ankle sprains in high school athletes: the role of hip strength and balance ability. The American journal of sports medicine. 2006;34(3):464-70.

709.   Agel J, Arendt EA, Bershadsky B. Anterior cruciate ligament injury in national collegiate athletic association basketball and soccer: a 13-year review. The American journal of sports medicine. 2005;33(4):524-30.

710.   Meeuwisse WH, Sellmer R, Hagel BE. Rates and risks of injury during intercollegiate basketball. The American journal of sports medicine. 2003;31(3):379-85.

711.   Brooks JH, Fuller CW, Kemp SP, Reddin DB. Epidemiology of injuries in English professional rugby union: part 2 training Injuries. British journal of sports medicine. 2005;39(10):767-75.

712.   Orchard J, Seward H, McGivern J, Hood S. Intrinsic and extrinsic risk factors for anterior cruciate ligament injury in Australian footballers. The American journal of sports medicine. 2001;29(2):196-200.

713.   Lambson RB, Barnhill BS, Higgins RW. Football cleat design and its effect on anterior cruciate ligament injuries. A three-year prospective study. The American journal of sports medicine. 1996;24(2):155-9.

714.   McKay CD, Tufts RJ, Shaffer B, Meeuwisse WH. The epidemiology of professional ice hockey injuries: a prospective report of six NHL seasons. British journal of sports medicine. 2014;48(1):57-62.

715.   Flik K, Lyman S, Marx RG. American collegiate men's ice hockey: an analysis of injuries. The American journal of sports medicine. 2005;33(2):183-7.

716.   Shankar PR, Fields SK, Collins CL, Dick RW, Comstock RD. Epidemiology of high school and collegiate football injuries in the United States, 2005-2006. The American journal of sports medicine. 2007;35(8):1295-303.

717.   Maffey L, Emery C. Physiotherapist delivered preparticipation examination: rationale and evidence. North American journal of sports physical therapy : NAJSPT. 2006;1(4):176-86.

718. Hubbard TJ, Kramer LC, Denegar CR, Hertel J. Correlations among multiple measures of functional and mechanical instability in subjects with chronic ankle instability. Journal of athletic training. 2007;42(3):361-6.

719. Leppanen M, Aaltonen S, Parkkari J, Heinonen A, Kujala UM. Interventions to prevent sports related injuries: a systematic review and meta-analysis of randomised controlled trials. Sports medicine. 2014;44(4):473-86.

720. Engebretsen AH, Myklebust G, Holme I, Engebretsen L, Bahr R. Prevention of injuries among male soccer players: a prospective, randomized intervention study targeting players with previous injuries or reduced function. The American journal of sports medicine. 2008;36(6):1052-60.

721. Kraemer R, Knobloch K. A soccer-specific balance training program for hamstring muscle and patellar and achilles tendon injuries: an intervention study in premier league female soccer. The American journal of sports medicine. 2009;37(7):1384-93.

722. Fredberg U, Bolvig L, Andersen NT. Prophylactic training in asymptomatic soccer players with ultrasonographic abnormalities in Achilles and patellar tendons: the Danish Super League Study. The American journal of sports medicine. 2008;36(3):451-60.

723. Ingersoll CD, Grindstaff TL, Pietrosimone BG, Hart JM. Neuromuscular consequences of anterior cruciate ligament injury. Clinics in sports medicine. 2008;27(3):383-404, vii.

724. Lee SP, Chow JW, Tillman MD. Persons with reconstructed ACL exhibit altered knee mechanics during high-speed maneuvers. International journal of sports medicine. 2014;35(6):528-33.

725. Mendiguchia J, Brughelli M. A return-to-sport algorithm for acute hamstring injuries. Physical therapy in sport : official journal of the Association of Chartered Physiotherapists in Sports Medicine. 2011;12(1):2-14.

726. Gamble P. 'Strength and conditioning' theory and practice - a need to know. New Zealand Journal of Sports Medicine. 2015;41(1):24-7.

727. Hewett TE, Bates NA. Preventive Biomechanics: A Paradigm Shift With a Translational Approach to Injury Prevention. The American journal of sports medicine. 2017;45(11):2654-64.

728. Ter Stege MH, Dallinga JM, Benjaminse A, Lemmink KA. Effect of interventions on potential, modifiable risk factors for knee injury in team ball sports: a systematic review. Sports medicine. 2014;44(10):1403-26.

729. Stojanovic MD, Ostojic SM. Preventing ACL injuries in team-sport athletes: a systematic review of training interventions. Research in sports medicine. 2012;20(3-4):223-38.

730. Dai B, Herman D, Liu H, Garrett WE, Yu B. Prevention of ACL injury, part II: effects of ACL injury prevention programs on neuromuscular risk factors and injury rate. Research in sports medicine. 2012;20(3-4):198-222.

731. Allison GT, Purdam C. Eccentric loading for Achilles tendinopathy--strengthening or stretching? British journal of sports medicine. 2009;43(4):276-9.

732. Sugimoto D, Myer GD, Foss KD, Hewett TE. Dosage effects of neuromuscular training intervention to reduce anterior cruciate ligament injuries in female athletes: meta- and sub-group analyses. Sports medicine. 2014;44(4):551-62.

733. Steib S, Rahlf AL, Pfeifer K, Zech A. Dose-Response Relationship of Neuromuscular Training for Injury Prevention in Youth Athletes: A Meta-Analysis. Front Physiol. 2017;8(920):920.

734. Mawson R, Creech MJ, Peterson DC, Farrokhyar F, Ayeni OR. Lower limb injury prevention programs in youth soccer: a survey of coach knowledge, usage, and barriers. J Exp Orthop. 2018;5(1):43.

735. Petersen J, Holmich P. Evidence based prevention of hamstring injuries in sport. British journal of sports medicine. 2005;39(6):319-23.

736. Bleakley CM, Glasgow P, MacAuley DC. PRICE needs updating, should we call the POLICE? British journal of sports medicine. 2012;46(4):220-1.

737. Wang JH, Guo Q, Li B. Tendon biomechanics and mechanobiology--a minireview of basic concepts and recent advancements. Journal of hand therapy : official journal of the American Society of Hand Therapists. 2012;25(2):133-40; quiz 41.

738. Kjaer M, Magnusson P, Krogsgaard M, Boysen Moller J, Olesen J, Heinemeier K, et al. Extracellular matrix adaptation of tendon and skeletal muscle to exercise. Journal of anatomy. 2006;208(4):445-50.

739. Khan KM, Scott A. Mechanotherapy: how physical therapists' prescription of exercise promotes tissue repair. British journal of sports medicine. 2009;43(4):247-52.

740. Olsen LA, Nicoll JX, Fry AC. The skeletal muscle fiber: a mechanically sensitive cell. European journal of applied physiology. 2019;119(2):333-49.

741. Burkholder TJ. Mechanotransduction in skeletal muscle. Frontiers in bioscience : a journal and virtual library. 2007;12:174-91.

742. Roberts TJ, Konow N. How Tendons Buffer Energy Dissipation by Muscle. Exercise and sport sciences reviews. 2013;41(4):186-93.

743. Roberts TJ, Azizi E. Flexible mechanisms: the diverse roles of biological springs in vertebrate movement. The Journal of experimental biology. 2011;214(Pt 3):353-61.

744. Roberts TJ, Azizi E. The series-elastic shock absorber: tendons attenuate muscle power during eccentric actions. Journal of applied physiology. 2010;109(2):396-404.

745. Magnusson SP, Kjaer M. The impact of loading, unloading, ageing and injury on the human tendon. The Journal of physiology. 2018.

746. Gamble P. Use of load and strength training modalities for management and rehabilitation of tendinopathy. New Zealand Journal of Sports Medicine. 2016;43(1):17-23.

747. Cook JL, Purdam CR. The challenge of managing tendinopathy in competing athletes. British journal of sports medicine. 2014;48(7):506-9.

748. Stevens M, Tan CW. Effectiveness of the Alfredson protocol compared with a lower repetition-volume protocol for midportion Achilles tendinopathy: a randomized controlled trial. The Journal of orthopaedic and sports physical therapy. 2014;44(2):59-67.

749. Morgan EF, Gleason RE, Hayward LN, Leong PL, Palomares KT. Mechanotransduction and fracture repair. The Journal of bone and joint surgery American volume. 2008;90 Suppl 1:25-30.

750. Goodman CA, Hornberger TA, Robling AG. Bone and skeletal muscle: Key players in mechanotransduction and potential overlapping mechanisms. Bone. 2015;80:24-36.

751. Jarvinen TA, Jarvinen TL, Kaariainen M, Aarimaa V, Vaittinen S, Kalimo H, et al. Muscle injuries: optimising recovery. Best practice & research Clinical rheumatology. 2007;21(2):317-31.

752. Bleakley CM, O'Connor SR, Tully MA, Rocke LG, Macauley DC, Bradbury I, et al. Effect of accelerated rehabilitation on function after ankle sprain: randomised controlled trial. Bmj. 2010;340:c1964.

753. Rio E, Kidgell D, Moseley GL, Gaida J, Docking S, Purdam C, et al. Tendon neuroplastic training: changing the way we think about tendon rehabilitation: a narrative review. British journal of sports medicine. 2015.

754. Glasgow P, Phillips N, Bleakley C. Optimal loading: key variables and mechanisms. British journal of sports medicine. 2015;49(5):278-9.

755. Malliaras P, Barton CJ, Reeves ND, Langberg H. Achilles and patellar tendinopathy loading programmes : a systematic review comparing clinical outcomes and identifying potential mechanisms for effectiveness. Sports medicine. 2013;43(4):267-86.

756. Cook JL, Purdam CR. Is tendon pathology a continuum? A pathology model to explain the clinical presentation of load-induced tendinopathy. British journal of sports medicine. 2009;43(6):409-16.

757. Graham-Engeland JE, Sin NL, Smyth JM, Jones DR, Knight EL, Sliwinski MJ, et al. Negative and positive affect as predictors of inflammation: Timing matters. Brain, behavior, and immunity. 2018;74:222-30.

758. Tripp BL. Principles of restoring function and sensorimotor control in patients with shoulder dysfunction. Clinics in sports medicine. 2008;27(3):507-19, x.

759. Silder A, Sherry MA, Sanfilippo J, Tuite MJ, Hetzel SJ, Heiderscheit BC. Clinical and morphological changes following 2 rehabilitation programs for acute hamstring strain injuries: a randomized clinical trial. The Journal of orthopaedic and sports physical therapy. 2013;43(5):284-99.

760. Lepley LK, Lepley AS, Onate JA, Grooms DR. Eccentric Exercise to Enhance Neuromuscular Control. Sports health. 2017;9(4):333-40.

761. Stearns-Reider KM, Powers CM. Rate of Torque Development and Feedforward Control of the Hip and Knee Extensors: Gender Differences. Journal of motor behavior. 2018;50(3):321-9.

762. Kibler WB, Wilkes T, Sciascia A. Mechanics and pathomechanics in the overhead athlete. Clinics in sports medicine. 2013;32(4):637-51.

763. Fouad K, Forero J, Hurd C. A simple analogy for nervous system plasticity after injury. Exercise and sport sciences reviews. 2015;43(2):100-6.

764. Grooms DR, Page SJ, Nichols-Larsen DS, Chaudhari AM, White SE, Onate JA. Neuroplasticity Associated With Anterior Cruciate Ligament Reconstruction. The Journal of orthopaedic and sports physical therapy. 2017;47(3):180-9.

765. Culvenor AG, Alexander BC, Clark RA, Collins NJ, Ageberg E, Morris HG, et al. Dynamic Single-Leg Postural Control Is Impaired Bilaterally Following Anterior Cruciate Ligament Reconstruction: Implications for Reinjury Risk. The Journal of orthopaedic and sports physical therapy. 2016;46(5):357-64.

766. Grooms DR, Myer GD. Upgraded hardware horizontal line What about the software? Brain updates for return to play following ACL reconstruction. British journal of sports medicine. 2017;51(5):418-9.

767. Noehren B, Sanchez Z, Cunningham T, McKeon PO. The effect of pain on hip and knee kinematics during running in females with chronic patellofemoral pain. Gait & posture. 2012;36(3):596-9.

768. Milandri G, Posthumus M, Small TJ, Bothma A, van der Merwe W, Kassanjee R, et al. Kinematic and kinetic gait deviations in males long after anterior cruciate ligament reconstruction. Clinical biomechanics. 2017;49:78-84.

769.   Ekstrand J, Askling C, Magnusson H, Mithoefer K. Return to play after thigh muscle injury in elite football players: implementation and validation of the Munich muscle injury classification. British journal of sports medicine. 2013;47(12):769-74.

770.   Mueller-Wohlfahrt HW, Haensel L, Mithoefer K, Ekstrand J, English B, McNally S, et al. Terminology and classification of muscle injuries in sport: the Munich consensus statement. British journal of sports medicine. 2013;47(6):342-50.

771.   Clanton TO, Matheny LM, Jarvis HC, Jeronimus AB. Return to play in athletes following ankle injuries. Sports health. 2012;4(6):471-4.

772.   Zwolski C, Schmitt LC, Thomas S, Hewett TE, Paterno MV. The Utility of Limb Symmetry Indices in Return-to-Sport Assessment in Patients With Bilateral Anterior Cruciate Ligament Reconstruction. The American journal of sports medicine. 2016;44(8):2030-8.

773.   Shrier I, Safai P, Charland L. Return to play following injury: whose decision should it be? British journal of sports medicine. 2013:bjsports-2013-092492.

774.   Kristensen J, Franklyn-Miller A. Resistance training in musculoskeletal rehabilitation: a literature review. British journal of sports medicine. 2011:bjsports79376.

775.   Lieberman DE. What we can learn about running from barefoot running: an evolutionary medical perspective. Exercise and sport sciences reviews. 2012;40(2):63-72.

776.   van Gent RN, Siem D, van Middelkoop M, van Os AG, Bierma-Zeinstra SM, Koes BW. Incidence and determinants of lower extremity running injuries in long distance runners: a systematic review. British journal of sports medicine. 2007;41(8):469-80; discussion 80.

777.   Richards CE, Magin PJ, Callister R. Is your prescription of distance running shoes evidence-based? British journal of sports medicine. 2009;43(3):159-62.

778.   Lopes AD, Hespanhol LC, Yeung SS, Costa LOP. What are the Main Running-Related Musculoskeletal Injuries? A Systematic Review. Sports medicine. 2012;42(10):891-905.

779.   Kulmala JP, Kosonen J, Nurminen J, Avela J. Running in highly cushioned shoes increases leg stiffness and amplifies impact loading. Scientific Reports. 2018;8(1):17496.

780.   Lieberman DE, Venkadesan M, Werbel WA, Daoud AI, D'Andrea S, Davis IS, et al. Foot strike patterns and collision forces in habitually barefoot versus shod runners. Nature. 2010;463(7280):531-5.

781.   Napier C, Cochrane CK, Taunton JE, Hunt MA. Gait modifications to change lower extremity gait biomechanics in runners: a systematic review. British journal of sports medicine. 2015;49(21):1382-8.

782.   Almeida MO, Davis IS, Lopes AD. Biomechanical Differences of Foot-Strike Patterns During Running: A Systematic Review With Meta-analysis. The Journal of orthopaedic and sports physical therapy. 2015;45(10):738-55.

783.   Bertelsen ML, Jensen JF, Nielsen MH, Nielsen RO, Rasmussen S. Footstrike patterns among novice runners wearing a conventional, neutral running shoe. Gait & posture. 2013;38(2):354-6.

784.   Franklyn-Miller A, Roberts A, Hulse D, Foster J. Biomechanical overload syndrome: defining a new diagnosis. British journal of sports medicine. 2014;48(6):415-6.

785.   Ryan MB, Valiant GA, McDonald K, Taunton JE. The effect of three different levels of footwear stability on pain outcomes in women runners: a randomised control trial. British journal of sports medicine. 2011;45(9):715-21.

786.   Nielsen RO, Buist I, Parner ET, Nohr EA, Sørensen H, Lind M, et al. Foot pronation is not associated with increased injury risk in novice runners wearing a neutral shoe: a 1-year prospective cohort study. British journal of sports medicine. 2014;48(6):440-7.

787. Warne JP, Gruber AH. Transitioning to Minimal Footwear: a Systematic Review of Methods and Future Clinical Recommendations. Sports Med Open. 2017;3(1):33.

788. Squadrone R, Gallozzi C. Biomechanical and physiological comparison of barefoot and two shod conditions in experienced barefoot runners. The Journal of sports medicine and physical fitness. 2009;49(1):6-13.

789. Tam N, Darragh IAJ, Divekar NV, Lamberts RP. Habitual Minimalist Shod Running Biomechanics and the Acute Response to Running Barefoot. International journal of sports medicine. 2017;38(10):770-5.

790. Hashish R, Samarawickrame SD, Powers CM, Salem GJ. Lower limb dynamics vary in shod runners who acutely transition to barefoot running. Journal of biomechanics. 2016;49(2):284-8.

791. Napier C, Willy RW. Logical fallacies in the running shoe debate: let the evidence guide prescription. British journal of sports medicine. 2018;52(24):1552-3.

792. Nicola TL, Jewison DJ. The anatomy and biomechanics of running. Clinics in sports medicine. 2012;31(2):187-201.

793. Brughelli M, Cronin J. Influence of running velocity on vertical, leg and joint stiffness - Modelling and recommendations for future research. Sports medicine. 2008;38(8):647-57.

794. Gunther M, Blickhan R. Joint stiffness of the ankle and the knee in running. J Biomech. 2002;35(11):1459-74.

795. Breine B, Malcolm P, Segers V, Gerlo J, Derie R, Pataky T, et al. Magnitude and Spatial Distribution of Impact Intensity Under the Foot Relates to Initial Foot Contact Pattern. Journal of applied biomechanics. 2017;33(6):431-6.

796. Napier C, MacLean CL, Maurer J, Taunton JE, Hunt MA. Kinetic risk factors of running-related injuries in female recreational runners. Scandinavian journal of medicine & science in sports. 2018;28(10):2164-72.

797. Lieberman DE, Warrener AG, Wang J, Castillo ER. Effects of stride frequency and foot position at landing on braking force, hip torque, impact peak force and the metabolic cost of running in humans. The Journal of experimental biology. 2015;218(Pt 21):3406-14.

798. Jungers WL. Biomechanics: Barefoot running strikes back. Nature. 2010;463(7280):433-4.

799. Divert C, Mornieux G, Baur H, Mayer F, Belli A. Mechanical comparison of barefoot and shod running. International journal of sports medicine. 2005;26(7):593-8.

800. Hulme A, Nielsen RO, Timpka T, Verhagen E, Finch C. Risk and Protective Factors for Middle- and Long-Distance Running-Related Injury. Sports medicine. 2017;47(5):869-86.

801. Hreljac A. Impact and overuse injuries in runners. Medicine and science in sports and exercise. 2004;36(5):845-9.

802. Mendiguchia J, Alentorn-Geli E, Brughelli M. Hamstring strain injuries: are we heading in the right direction? British journal of sports medicine. 2012;46(2):81-5.

803. Lun V, Meeuwisse WH, Stergiou P, Stefanyshyn D. Relation between running injury and static lower limb alignment in recreational runners. British journal of sports medicine. 2004;38(5):576-80.

804. Thijs Y, De Clercq D, Roosen P, Witvrouw E. Gait-related intrinsic risk factors for patellofemoral pain in novice recreational runners. British journal of sports medicine. 2008;42(6):466-71.

805. Chuter VH, Janse de Jonge XA. Proximal and distal contributions to lower extremity injury: a review of the literature. Gait & posture. 2012;36(1):7-15.

806. Buist I, Bredeweg SW, Lemmink KA, van Mechelen W, Diercks RL. Predictors of running-related injuries in novice runners enrolled in a systematic training program: a prospective cohort study. The American journal of sports medicine. 2010;38(2):273-80.

807. Taunton JE, Ryan MB, Clement DB, McKenzie DC, Lloyd-Smith DR, Zumbo BD. A prospective study of running injuries: the Vancouver Sun Run "In Training" clinics. British journal of sports medicine. 2003;37(3):239-44.

808. Willson JD, Kernozek TW, Arndt RL, Reznichek DA, Scott Straker J. Gluteal muscle activation during running in females with and without patellofemoral pain syndrome. Clinical biomechanics. 2011;26(7):735-40.

809. Lynch SL, Hoch AZ. The female runner: gender specifics. Clinics in sports medicine. 2010;29(3):477-98.

810. Willson JD, Petrowitz I, Butler RJ, Kernozek TW. Male and female gluteal muscle activity and lower extremity kinematics during running. Clinical biomechanics. 2012;27(10):1052-7.

811. Willy RW, Manal KT, Witvrouw EE, Davis IS. Are mechanics different between male and female runners with patellofemoral pain? Medicine and science in sports and exercise. 2012;44(11):2165-71.

812. Daoud AI, Geissler GJ, Wang F, Saretsky J, Daoud YA, Lieberman DE. Foot strike and injury rates in endurance runners: a retrospective study. Medicine and science in sports and exercise. 2012;44(7):1325-34.

813. Videbaek S, Bueno AM, Nielsen RO, Rasmussen S. Incidence of Running-Related Injuries Per 1000 h of running in Different Types of Runners: A Systematic Review and Meta-Analysis. Sports medicine. 2015;45(7):1017-26.

814. Bramah C, Preece SJ, Gill N, Herrington L. Is There a Pathological Gait Associated With Common Soft Tissue Running Injuries? The American journal of sports medicine. 2018;46(12):3023-31.

815. Boyer ER, Derrick TR. Lower extremity joint loads in habitual rearfoot and mid/forefoot strike runners with normal and shortened stride lengths. Journal of sports sciences. 2018;36(5):499-505.

816. Stearne SM, Alderson JA, Green BA, Donnelly CJ, Rubenson J. Joint kinetics in rearfoot versus forefoot running: implications of switching technique. Medicine and science in sports and exercise. 2014;46(8):1578-87.

817. Hamill J, Gruber AH, Derrick TR. Lower extremity joint stiffness characteristics during running with different footfall patterns. European journal of sport science. 2014;14(2):130-6.

818. Knorz S, Kluge F, Gelse K, Schulz-Drost S, Hotfiel T, Lochmann M, et al. Three-Dimensional Biomechanical Analysis of Rearfoot and Forefoot Running. Orthop J Sports Med. 2017;5(7):2325967117719065.

819. Willems TM, Witvrouw E, De Cock A, De Clercq D. Gait-related risk factors for exercise-related lower-leg pain during shod running. Medicine and science in sports and exercise. 2007;39(2):330-9.

820. Nicola TL, El Shami A. Rehabilitation of running injuries. Clinics in sports medicine. 2012;31(2):351-72.

821. Damsted C, Glad S, Nielsen RO, Sorensen H, Malisoux L. Is There Evidence for an Association between Changes in Training Load and Running-Related Injuries? A Systematic Review. International journal of sports physical therapy. 2018;13(6):931-42.

822. Fourchet F, Kelly L, Horobeanu C, Loepelt H, Taiar R, Millet GP. Comparison of plantar pressure distribution in adolescent runners at low vs. high running velocity. Gait & posture. 2012;35(4):685-7.

823. Bertelsen ML, Hulme A, Petersen J, Brund RK, Sorensen H, Finch CF, et al. A framework for the etiology of running-related injuries. Scandinavian journal of medicine & science in sports. 2017;27(11):1170-80.

824. McCormick F, Nwachukwu BU, Provencher MT. Stress fractures in runners. Clinics in sports medicine. 2012;31(2):291-306.

825. Milner CE, Ferber R, Pollard CD, Hamill J, Davis IS. Biomechanical factors associated with tibial stress fracture in female runners. Medicine and science in sports and exercise. 2006;38(2):323-8.

826. Hume P, Hopkins W, Rome K, Maulder P, Coyle G, Nigg B. Effectiveness of foot orthoses for treatment and prevention of lower limb injuries : a review. Sports medicine. 2008;38(9):759-79.

827. Zadpoor AA, Nikooyan AA. The relationship between lower-extremity stress fractures and the ground reaction force: a systematic review. Clinical biomechanics. 2011;26(1):23-8.

828. Crowell HP, Davis IS. Gait retraining to reduce lower extremity loading in runners. Clinical biomechanics. 2011;26(1):78-83.

829. Tenforde AS, Yin A, Hunt KJ. Foot and Ankle Injuries in Runners. Physical medicine and rehabilitation clinics of North America. 2016;27(1):121-37.

830. Mahieu NN, Witvrouw E, Stevens V, Van Tiggelen D, Roget P. Intrinsic risk factors for the development of achilles tendon overuse injury: a prospective study. The American journal of sports medicine. 2006;34(2):226-35.

831. Hein T, Janssen P, Wagner-Fritz U, Haupt G, Grau S. Prospective analysis of intrinsic and extrinsic risk factors on the development of Achilles tendon pain in runners. Scand J Med Sci Spor. 2014;24(3):e201-e12.

832. Kingma JJ, de Knikker R, Wittink HM, Takken T. Eccentric overload training in patients with chronic Achilles tendinopathy: a systematic review. British journal of sports medicine. 2007;41(6):e3.

833. Franettovich Smith MM, Honeywill C, Wyndow N, Crossley KM, Creaby MW. Neuromotor control of gluteal muscles in runners with achilles tendinopathy. Medicine and science in sports and exercise. 2014;46(3):594-9.

834. Collado H, Fredericson M. Patellofemoral pain syndrome. Clinics in sports medicine. 2010;29(3):379-98.

835. Willy RW, Meira EP. Current Concepts in Biomechanical Interventions for Patellofemoral Pain. International journal of sports physical therapy. 2016;11(6):877-90.

836. Priore LB, Azevedo FM, Pazzinatto MF, Ferreira AS, Hart HF, Barton C, et al. Influence of kinesiophobia and pain catastrophism on objective function in women with patellofemoral pain. Physical therapy in sport : official journal of the Association of Chartered Physiotherapists in Sports Medicine. 2019;35:116-21.

837. Ferreira AS, de Oliveira Silva D, Briani RV, Ferrari D, Aragao FA, Pazzinatto MF, et al. Which is the best predictor of excessive hip internal rotation in women with patellofemoral pain: Rearfoot eversion or hip muscle strength? Exploring subgroups. Gait & posture. 2018;62:366-71.

838. Noehren B, Pohl MB, Sanchez Z, Cunningham T, Lattermann C. Proximal and distal kinematics in female runners with patellofemoral pain. Clinical biomechanics. 2012;27(4):366-71.

839. Cowan SM, Crossley KM, Bennell KL. Altered hip and trunk muscle function in individuals with patellofemoral pain. British journal of sports medicine. 2009;43(8):584-8.

840. Boling MC, Padua DA, Creighton RA. Concentric and Eccentric Torque of the Hip Musculature in Individuals With and Without Patellofemoral Pain. Journal of athletic training. 2009;44(1):7-13.

841. Thijs Y, Pattyn E, Van Tiggelen D, Rombaut L, Witvrouw E. Is hip muscle weakness a predisposing factor for patellofemoral pain in female novice runners? A prospective study. The American journal of sports medicine. 2011;39(9):1877-82.

842. Fox A, Ferber R, Saunders N, Osis S, Bonacci J. Gait Kinematics in Individuals with Acute and Chronic Patellofemoral Pain. Medicine and science in sports and exercise. 2018;50(3):502-9.

843. Luz BC, Dos Santos AF, de Souza MC, de Oliveira Sato T, Nawoczenski DA, Serrao FV. Relationship between rearfoot, tibia and femur kinematics in runners with and without patellofemoral pain. Gait & posture. 2018;61:416-22.

844. Neal BS, Barton CJ, Gallie R, O'Halloran P, Morrissey D. Runners with patellofemoral pain have altered biomechanics which targeted interventions can modify: A systematic review and meta-analysis. Gait & posture. 2016;45:69-82.

845. Thomson C, Krouwel O, Kuisma R, Hebron C. The outcome of hip exercise in patellofemoral pain: A systematic review. Manual therapy. 2016;26:1-30.

846. Lack S, Barton C, Sohan O, Crossley K, Morrissey D. Proximal muscle rehabilitation is effective for patellofemoral pain: a systematic review with meta-analysis. British journal of sports medicine. 2015.

847. van der Worp MP, van der Horst N, de Wijer A, Backx FJ, Nijhuis-van der Sanden MW. Iliotibial band syndrome in runners: a systematic review. Sports medicine. 2012;42(11):969-92.

848. Pohl MB, Hamill J, Davis IS. Biomechanical and anatomic factors associated with a history of plantar fasciitis in female runners. Clinical journal of sport medicine : official journal of the Canadian Academy of Sport Medicine. 2009;19(5):372-6.

849. Wilder RP, Magrum E. Exertional compartment syndrome. Clinics in sports medicine. 2010;29(3):429-35.

850. George CA, Hutchinson MR. Chronic exertional compartment syndrome. Clinics in sports medicine. 2012;31(2):307-19.

851. Hartman J, Simpson S. Current Diagnosis and Management of Chronic Exertional Compartment Syndrome. Current Physical Medicine and Rehabilitation Reports. 2018;6(2):136-41.

852. Roberts A, Roscoe D, Hulse D, Bennett AN, Dixon S. Biomechanical differences between cases with suspected chronic exertional compartment syndrome and asymptomatic controls during running. Gait & posture. 2017;58:374-9.

853. Sugimoto D, Brilliant AN, d'Hemecourt DA, d'Hemecourt CA, Morse JM, d'Hemecourt PA. Running mechanics of females with bilateral compartment syndrome. J Phys Ther Sci. 2018;30(8):1056-62.

854. Niemuth PE, Johnson RJ, Myers MJ, Thieman TJ. Hip muscle weakness and overuse injuries in recreational runners. Clinical journal of sport medicine : official journal of the Canadian Academy of Sport Medicine. 2005;15(1):14-21.

855. Meininger AK, Koh JL. Evaluation of the injured runner. Clinics in sports medicine. 2012;31(2):203-15.

856. Magrum E, Wilder RP. Evaluation of the injured runner. Clinics in sports medicine. 2010;29(3):331-45.

857. Hasegawa T, Katsuhira J, Oka H, Fujii T, Matsudaira K. Association of low back load with low back pain during static standing. PloS one. 2018;13(12):e0208877.

858. Buchtelová E, Tichy M, Vaniková K. Influence of muscular imbalances on pelvic position and lumbar lordosis: a theoretical basis. Journal of Nursing, Social Studies, Public Health and Rehabilitation. 2013;1:25-36.

859. Kokmeyer D, Strzelinski M, Lehecka BJ. Gait considerations in patients with femoroacetabular impingement. International journal of sports physical therapy. 2014;9(6):827-38.

860. Peeler J, Leiter J. Using digital photography to document rectus femoris flexibility: A reliability study of the modified Thomas test. Physiotherapy theory and practice. 2013;29(4):319-27.

861. Messier SP, Legault C, Schoenlank CR, Newman JJ, Martin DF, DeVita P. Risk factors and mechanisms of knee injury in runners. Medicine and science in sports and exercise. 2008;40(11):1873-9.

862. Nunes GS, de Oliveira Silva D, Pizzari T, Serrao FV, Crossley KM, Barton CJ. Clinically measured hip muscle capacity deficits in people with patellofemoral pain. Physical therapy in sport : official journal of the Association of Chartered Physiotherapists in Sports Medicine. 2019;35:69-74.

863. Freckleton G, Cook J, Pizzari T. The predictive validity of a single leg bridge test for hamstring injuries in Australian Rules Football Players. British journal of sports medicine. 2014;48(8):713-7.

864. Rees D, Younis A, MacRae S. Is there a correlation in frontal plane knee kinematics between running and performing a single leg squat in runners with patellofemoral pain syndrome and asymptomatic runners? Clinical biomechanics. 2019;61:227-32.

865. Loudon JK, Reiman MP. Lower extremity kinematics in running athletes with and without a history of medial shin pain. International journal of sports physical therapy. 2012;7(4):356.

866. Williams DS, Isom W. Decreased Frontal Plane Hip Joint Moments in Runners With Excessive Varus Excursion at the Knee. Journal of applied biomechanics. 2012;28(2):120-6.

867. Fields KB, Sykes JC, Walker KM, Jackson JC. Prevention of running injuries. Current sports medicine reports. 2010;9(3):176-82.

868. Dicharry J. Kinematics and kinetics of gait: from lab to clinic. Clinics in sports medicine. 2010;29(3):347-64.

869. Brumitt J, Heiderscheit BC, Manske RC, Niemuth PE, Rauh MJ. Lower extremity functional tests and risk of injury in division iii collegiate athletes. International journal of sports physical therapy. 2013;8(3):216-27.

870. Willy RW, Scholz JP, Davis IS. Mirror gait retraining for the treatment of patellofemoral pain in female runners. Clinical biomechanics. 2012;27(10):1045-51.

871. Giandolini M, Arnal PJ, Millet GY, Peyrot N, Samozino P, Dubois B, et al. Impact reduction during running: efficiency of simple acute interventions in recreational runners. European journal of applied physiology. 2013;113(3):599-609.

872. Hasegawa H, Yamauchi T, Kraemer WJ. Foot strike patterns of runners at the 15-km point during an elite-level half marathon. Journal of strength and conditioning research / National Strength & Conditioning Association. 2007;21(3):888-93.

873. Ogueta-Alday A, Rodriguez-Marroyo JA, Garcia-Lopez J. Rearfoot striking runners are more economical than midfoot strikers. Medicine and science in sports and exercise. 2014;46(3):580-5.

874. Hayes P, Caplan N. Foot strike patterns and ground contact times during high-calibre middle-distance races. Journal of sports sciences. 2012;30(12):1275-83.

875. Noehren B, Scholz J, Davis I. The effect of real-time gait retraining on hip kinematics, pain and function in subjects with patellofemoral pain syndrome. British journal of sports medicine. 2011;45(9):691-6.

876. Barton CJ, Bonanno DR, Carr J, Neal BS, Malliaras P, Franklyn-Miller A, et al. Running retraining to treat lower limb injuries: a mixed-methods study of current evidence synthesised with expert opinion. British journal of sports medicine. 2016;50(9):513-26.

877. Napier C, MacLean CL, Maurer J, Taunton JE, Hunt MA. Real-Time Biofeedback of Performance to Reduce Braking Forces Associated With Running-Related Injury: An Exploratory Study. The Journal of orthopaedic and sports physical therapy. 2018:1-33.

878. Chumanov ES, Wille CM, Michalski MP, Heiderscheit BC. Changes in muscle activation patterns when running step rate is increased. Gait & posture. 2012;36(2):231-5.

879. Hobara H, Sato T, Sakaguchi M, Sato T, Nakazawa K. Step frequency and lower extremity loading during running. International journal of sports medicine. 2012;33(4):310-3.

880. Hunter I, Smith GA. Preferred and optimal stride frequency, stiffness and economy: changes with fatigue during a 1-h high-intensity run. European journal of applied physiology. 2007;100(6):653-61.

881. Robertson BD, Sawicki GS. Unconstrained muscle-tendon workloops indicate resonance tuning as a mechanism for elastic limb behavior during terrestrial locomotion. Proceedings of the National Academy of Sciences of the United States of America. 2015;112(43):E5891-8.

882. Willy RW, Meardon SA, Schmidt A, Blaylock NR, Hadding SA, Willson JD. Changes in tibiofemoral contact forces during running in response to in-field gait retraining. Journal of sports sciences. 2016;34(17):1602-11.

883. Pipkin A, Kotecki K, Hetzel S, Heiderscheit B. Reliability of a Qualitative Video Analysis for Running. The Journal of orthopaedic and sports physical therapy. 2016;46(7):556-61.

884. Reinking MF, Dugan L, Ripple N, Schleper K, Scholz H, Spadino J, et al. Reliability of Two-Dimensional Video-Based Running Gait Analysis. International journal of sports physical therapy. 2018;13(3):453-61.

885. Dingenen B, Barton C, Janssen T, Benoit A, Malliaras P. Test-retest reliability of two-dimensional video analysis during running. Physical therapy in sport : official journal of the Association of Chartered Physiotherapists in Sports Medicine. 2018;33:40-7.

886. Dingenen B, Staes FF, Santermans L, Steurs L, Eerdekens M, Geentjens J, et al. Are two-dimensional measured frontal plane angles related to three-dimensional measured kinematic profiles during running? Physical therapy in sport : official journal of the Association of Chartered Physiotherapists in Sports Medicine. 2018;29:84-92.

887. Schmitz A, Russo K, Edwards L, Noehren B. Do novice runners have weak hips and bad running form? Gait & posture. 2014;40(1):82-6.

888. Taipale RS, Mikkola J, Nummela A, Vesterinen V, Capostagno B, Walker S, et al. Strength training in endurance runners. International journal of sports medicine. 2010;31(7):468-76.

889. Bredeweg SW, Zijlstra S, Bessem B, Buist I. The effectiveness of a preconditioning programme on preventing running-related injuries in novice runners: a randomised controlled trial. British journal of sports medicine. 2012;46(12):865-70.

890.   Clark KP, Ryan LJ, Weyand PG. Foot speed, foot-strike and footwear: linking gait mechanics and running ground reaction forces. The Journal of experimental biology. 2014;217(Pt 12):2037-40.

891.   Rice H, Patel M. Manipulation of Foot Strike and Footwear Increases Achilles Tendon Loading During Running. The American journal of sports medicine. 2017;45(10):2411-7.

892.   Kuhman D, Melcher D, Paquette MR. Ankle and knee kinetics between strike patterns at common training speeds in competitive male runners. European journal of sport science. 2016;16(4):433-40.

893.   Boyer ER, Rooney BD, Derrick TR. Rearfoot and midfoot or forefoot impacts in habitually shod runners. Medicine and science in sports and exercise. 2014;46(7):1384-91.

894.   Altman AR, Davis IS. Barefoot running: biomechanics and implications for running injuries. Current sports medicine reports. 2012;11(5):244-50.

895.   Cheung RT, Wong RY, Chung TK, Choi RT, Leung WW, Shek DH. Relationship between foot strike pattern, running speed, and footwear condition in recreational distance runners. Sports biomechanics / International Society of Biomechanics in Sports. 2017;16(2):238-47.

896.   Chan ZYS, Zhang JH, Au IPH, An WW, Shum GLK, Ng GYF, et al. Gait Retraining for the Reduction of Injury Occurrence in Novice Distance Runners: 1-Year Follow-up of a Randomized Controlled Trial. The American journal of sports medicine. 2018;46(2):388-95.

897.   Riley PO, Dicharry J, Franz J, Della Croce U, Wilder RP, Kerrigan DC. A kinematics and kinetic comparison of overground and treadmill running. Medicine and science in sports and exercise. 2008;40(6):1093-100.

898.   Schucker L, Parrington L. Thinking about your running movement makes you less efficient: attentional focus effects on running economy and kinematics. Journal of sports sciences. 2019;37(6):638-46.

899.   Schucker L, Knopf C, Strauss B, Hagemann N. An internal focus of attention is not always as bad as its reputation: how specific aspects of internally focused attention do not hinder running efficiency. Journal of sport & exercise psychology. 2014;36(3):233-43.

900.   Kim W, Joao F, Tan J, Mota P, Vleck V, Aguiar L, et al. The natural shock absorption of the leg spring. Journal of biomechanics. 2013;46(1):129-36.

901.   Hashizume S, Murai A, Hobara H, Kobayashi Y, Tada M, Mochimaru M. Training Shoes do not Decrease the Negative Work of the Lower Extremity Joints. International journal of sports medicine. 2017;38(12):921-7.

902.   Fuller JT, Bellenger CR, Thewlis D, Tsiros MD, Buckley JD. The effect of footwear on running performance and running economy in distance runners. Sports medicine. 2015;45(3):411-22.

903.   Bonacci J, Saunders PU, Hicks A, Rantalainen T, Vicenzino BG, Spratford W. Running in a minimalist and lightweight shoe is not the same as running barefoot: a biomechanical study. British journal of sports medicine. 2013;47(6):387-92.

904.   Tam N, Tucker R, Astephen Wilson JL. Individual Responses to a Barefoot Running Program: Insight Into Risk of Injury. The American journal of sports medicine. 2016;44(3):777-84.

905.   Toner J, Moran A. Enhancing performance proficiency at the expert level: Considering the role of 'somaesthetic awareness'. Psychology of Sport and Exercise. 2015;16:110-7.

906.   Jackson RC, Ashford KJ, Norsworthy G. Attentional focus, dispositional reinvestment, and skilled motor performance under pressure. Journal of sport & exercise psychology. 2006;28(1):49-68.

Referencias

907.   Raisbeck L, Yamada M, Diekfuss JA. Focus of attention in trained distance runners. International Journal of Sports Science & Coaching. 2018;13(6):1143-9.

Referencias

CPSIA information can be obtained
at www.ICGtesting.com
Printed in the USA
LVHW062026220921
698442LV00012B/397

9 781777 608606